La recepción de Góngora en la literatura hispanoamericana

STUDIEN ZU DEN ROMANISCHEN LITERATUREN UND KULTUREN

STUDIES ON ROMANCE LITERATURES AND CULTURES

Herausgegeben von Olaf Müller, Christian von Tschilschke, Ulrich Winter und Samia Kassab-Charfi

BAND 21

Zu Qualitätssicherung und Peer Review der vorliegenden Publikation

Die Qualität der in dieser Reihe erscheinenden Arbeiten wird vor der Publikation durch Herausgeber der Reihe oder andere unabhängige Fachgutachter geprüft.

Notes on the quality assurance and peer review of this publication

Prior to publication, the quality of the work published in this series is reviewed by editors of the series or by other external referees.

Joaquín Roses (ed.)

La recepción de Góngora en la literatura hispanoamericana
De la época colonial al siglo XXI

con la colaboración de Beatriz Ruiz Granados

Bibliographic Information published by the Deutsche Nationalbibliothek
The Deutsche Nationalbibliothek lists this publication in the Deutsche Nationalbibliografie; detailed bibliographic data is available online at http://dnb.d-nb.de.

Este libro ha sido editado gracias a la subvención recibida de la Diputación de Córdoba mediante Convenio firmado con la Universidad de Córdoba para la realización de actividades de la Cátedra Luis de Góngora durante el año 2020.

Cover illustration: © Irma eyewink/shutterstock.com

ISSN 2511-9753
ISBN 978-3-631-84249-2 (Print) · E-ISBN 978-3-631-86000-7 (E-PDF)
E-ISBN 978-3-631-86001-4 (EPUB) · DOI 10.3726/b18588

© Peter Lang GmbH
Internationaler Verlag der Wissenschaften
Berlin 2021
All rights reserved.

Peter Lang – Berlin · Bern · Bruxelles · New York · Oxford · Warszawa · Wien

All parts of this publication are protected by copyright. Any utilisation outside the strict limits of the copyright law, without the permission of the publisher, is forbidden and liable to prosecution. This applies in particular to reproductions, translations, microfilming, and storage and processing in electronic retrieval systems.

This publication has been peer reviewed.

www.peterlang.com

Índice

Relación de autores 9

Joaquín Roses
La proyección de Góngora en Hispanoamérica 11

I. Gongorismo en el Virreinato de la Nueva España

Trinidad Barrera
Gongorismo temprano en la Nueva España: la «Canción» de Francisco
Bramón y la de Simón de Toro en el certamen a San Pedro Nolasco 23

Martha Lilia Tenorio
Góngora y sor Juana 39

Alejandro Jacobo
Entre el ingenio y la parodia: de las *Soledades* gongorinas a las *Estaciones
del día*, de Agustín de Salazar y Torres 61

Adriana Beltrán del Río
Agustín de Salazar y Torres entre gongorismo y calderonismo 83

II. Gongorismo en el Virreinato del Perú

José Carlos Rovira
Antonio Bastidas y el gongorismo ecuatoriano 99

María José Osuna
La polémica gongorina llega a Hispanoamérica: El *Apologético en favor
de don Luis de Góngora*, de Juan de Espinosa Medrano 121

Virginia Gil
La poesía de Pedro José Bermúdez de la Torre en la academia de
«repentinos gongorinos» del marqués de Castelldosríus 139

III. Góngora y un trío de ases

José Antonio Mazzotti
Góngora y Vallejo: ausencias y reminiscencias en *Trilce* 193

Teodosio Fernández
Góngora y Borges: una relación turbulenta 217

Vicente Cervera
Góngora en el Borges de senectud 251

Selena Millares
Góngora como logosfera. El caso de Neruda 271

IV. Góngora, el Neobarroco y otras proyecciones actuales

Joaquín Roses
Góngora reciclado por Sarduy: idolatría y profanaciones 293

Gema Areta
El barroco del siglo xx: *Gestos* de Severo Sarduy 323

Carmen Alemany
Lo implícito gongorino en poetas mexicanas recientes 345

Eva Valero
Ecos gongorinos en la poesía de José Antonio Mazzotti 367

Renato Guizado
Reflexión y praxis del neogongorismo de Javier Sologuren 385

Enrique Ortiz
'Gongoritmos' en un *Cuervo imposible* del poeta salvadoreño André Cruchaga: hacia una poesía total desde lo sublime 405

V. Estudios y ediciones sobre Góngora y el Gongorismo

Amelia de Paz
El Colegio de México, la casa de Góngora en América 431

Emil Volek
Las ediciones de un sueño gongorino: el cierre del Barroco en sor Juana
Inés de la Cruz 447

Relación de autores

Carmen Alemany
Universidad de Alicante

Gema Areta
Universidad de Sevilla

Trinidad Barrera
Universidad de Sevilla

Adriana Beltrán del Río
Universitat de Barcelona

Vicente Cervera
Universidad de Murcia

Teodosio Fernández
Universidad Autónoma de Madrid

Virginia Gil
Universidad de Oviedo

Renato Guizado
Universidad de Salamanca / Universidad de Piura

Alejandro Jacobo
Universidad Católica de Murcia

José Antonio Mazzotti
Tufts University

Selena Millares
Universidad Autónoma de Madrid

Enrique Ortiz
Universidad Complutense de Madrid

María José Osuna
Universidad de Sevilla

Amelia de Paz
Seminario Menéndez Pidal
(Universidad Complutense de Madrid)

Joaquín Roses
Universidad de Córdoba

José Carlos Rovira
Universidad de Alicante

Martha Lilia Tenorio
El Colegio de México

Eva Valero
Universidad de Alicante

Emil Volek
Arizona State University

Joaquín Roses
La proyección de Góngora en Hispanoamérica

En 1927 se conmemoraron los trescientos años de la muerte de quien ya fue un clásico en vida, pero sobre cuyas obras más renovadoras había caído durante varios siglos la sombra del olvido. Casi cien años después, el carácter canónico de su poesía resulta irrebatible. Si por aquellos lejanos años la joven generación de poetas españoles se hacía eco, con mayor o menor fortuna, de su legado, en estos años veinte su alcance es más amplio, pues vuelve a trascender el ámbito español y, como en un mágico regreso a lo que fue su imitación furibunda en el siglo XVII, continúa siendo un hito luminoso para los poetas y escritores de América que comparten con Góngora la grandeza y perfección del idioma que nos une.

He reiterado en varias ocasiones que cuanto más se combate contra esa Hidra de Lerna que hemos convenido en llamar «Gongorismo en América», más se extiende la perplejidad y más se acrecientan las dudas.

Este libro pretende contribuir al examen histórico-crítico de un asunto tan inabarcable como complejo. Los estudios parciales proliferan, en ocasiones sin criterio ni proyecto; con su número aumenta la confusión, y con ella y sin norte alguno el cúmulo de disparates en una época crítica muy dada a ellos y, lo que es más grave, muy tolerante con la necedad. La recepción de Góngora, no solo en América sino en cualquier país o época, merece más que nunca una crítica higiénica y una labor inflexible de clarificación. Baste un solo dato: en las bibliografías de las primeras décadas del siglo XX, las entradas agrupadas bajo la etiqueta «Góngora en América» eran muy escasas; hoy, tanto la materia como su campo crítico son tan desbordantes que, cuando he tenido ocasión de estudiar el fenómeno, me he visto siempre obligado a establecer unos necesarios deslindes: cronológico, geográfico, genérico y estético.

Con el propósito de no hacer demasiado extensa esta introducción y evitar repeticiones innecesarias, recordaré que mis reflexiones sobre el tema se encuentran recogidas, entre otros lugares, en el artículo titulado «La recepción creativa de Góngora en la poesía hispanoamericana», publicado en 2014 y citado en algunos de los capítulos de este libro. Pese a ello, sí debo rescatar algunas observaciones vertidas allí para contextualizar metodológicamente el objetivo de este volumen. Cualquier monografía sobre el Gongorismo en América debe sustentarse en una definición de dicho concepto. Es necesario volver a definir el vocablo y determinar, aunque sea convencionalmente, una serie de características fundamentales del fenómeno. También debemos contar con la evolución histórica de la idea, pues obviamente no era lo mismo el Gongorismo del XVII que lo que hoy, con desproporción interpretativa, denominamos Gongorismo. Tras la clarificación de este embrollo es necesario calibrar el grado de influencia de la idea y sus características en los autores posteriores a Góngora, desde el siglo XVII al XXI, y ya sabemos hasta qué punto son complicados todos los procesos que tienen que ver con graduaciones y matices.

El uso de un concepto excesivamente lato de Gongorismo se remonta al mismo siglo XVII, y se va ampliando al estudiar sus manifestaciones, en las que se incluyen, abusivamente, ciertas extravagancias circunstanciales, síntomas de una influencia y una pasión, pero de dudoso valor literario. Cualquiera que haya leído con atención a Góngora sabe que, si bien coqueteó con algunos de ellos, estos despliegues del ingenio fácil no constituyen en modo alguno la esencialidad de su poesía ni sirven para definir la radicalidad de su agudeza, que iba por derroteros más profundos y menos epidérmicos.

Definir el Gongorismo y calibrar los grados de su influjo en América es hoy, quizá, más difícil que nunca por razones que tienen que ver menos con el conocimiento de los textos y su accesibilidad en ediciones fiables que con la hojarasca teórica que ha ido acumulándose a lo largo del siglo XX. Por ese motivo, una reconsideración del Gongorismo debe empezar adoptando el modo de la sátira historiográfica, ya que resulta imprescindible realizar una crítica razonada de las simplificaciones cometidas en nombre de Góngora, del Gongorismo y de Hispanoamérica. La principal de ellas es la equivalencia grosera entre don Luis y el Barroco, que se desarrolló en las décadas centrales del siglo XX, se vistió de filosofía cultural con las teorías neobarrocas difundidas por creadores de los sesenta y setenta y se incrementó hasta la majadería a finales de ese siglo y comienzos del actual.

Como problema anexo a la definición del término Gongorismo nos encontramos con el nada desdeñable asunto de los paradigmas metodológicos empleados en el estudio de Góngora. Durante gran parte del siglo XX el modelo fue la Estilística, aplicada con determinación en varios trabajos que, a la zaga de los estudios de Dámaso Alonso, pretendían calibrar la influencia de la poesía de don Luis en América, lo cual motivó un predominio del estudio comparativo basado en el componente formal, como ya se atisbaba, por otro lado, en los tempranos artículos de los años treinta. El incremento significativo de los análisis de procedimientos léxicos y figuras de dicción característicos de la Estilística pudo muy bien cimentarse en un capítulo de la historia literaria: la nefasta identificación entre Gongorismo y Culteranismo, un término este último cuya acuñación se remonta al mismo siglo XVII y de carga semántica claramente negativa frente al positivo Conceptismo. Es una antigua cuestión muy estudiada de qué manera el Conceptismo queda lógicamente contrapuesto, en virtud de la primera equivalencia (Gongorismo-Culteranismo), a la poesía de Góngora y sus imitadores. Nada más falso y nada más fácil de rebatir, pero también nada más difícil de borrar de las consignas sagradas y en ocasiones irracionales de la Historia de la Literatura Española. Dicha simplificación supone asignar a la poesía de Góngora rasgos principalmente estilísticos como los recursos fónicos propiciadores de eufonía, el aristocratismo léxico, los mecanismos de intensificación de los códigos sensoriales, el uso constante de la mitología, y otros que están verdaderamente presentes y en un grado supremo en ella, pero no del mismo modo en todos sus poemas. Y, sobre todo, estos rasgos, aunque sirvan para definir gran parte de su poesía, son insuficientes por parciales para explicar otras grandezas estéticas.

Algunos cambios metodológicos del siglo XX con respecto al modelo estilístico inmediatamente anterior fueron fecundos, como las coherentes y soberbias aportaciones de nuestro llorado Robert Jammes. Sin embargo, en muchos casos, farragosas páginas posteriores supusieron una losa para la exégesis del Gongorismo americano. La llegada de nuevos planteamientos sociológicos, culturales y políticos no sirvió para compensar el agotamiento de la estilística sino para aumentar la confusión, por lo que otras claves hermenéuticas han sido sugeridas recientemente.

Así, la definición de Gongorismo se perfila como el primer fundamento de su estudio, al que deben seguir otros, como la determinación de sus características y la calibración en grados y matices de su fortuna en América.

* * *

Para facilitar una visión comprehensiva de la proyección de Góngora en la literatura hispanoamericana, los contenidos de este libro se agrupan en cinco apartados, para cuya determinación se han utilizado criterios cronológicos, geográficos, canónicos y conceptuales.

El primero de ellos está dedicado al «Gongorismo en el Virreinato de la Nueva España», que fue, sin duda, el ámbito geográfico más fértil. Allí fue donde, según todos los indicios, prendió primero la llama de Góngora. Las aportaciones críticas al estudio de esta presencia han sido muchas a lo largo del siglo XX, pero hoy tenemos la fortuna de contar con la documentación y notas ofrecidas por Martha Lilia Tenorio en un *corpus* poético de referencia para cualquier estudioso, *Poesía novohispana. Antología* (2010), al que debe añadirse su trabajo *El gongorismo en Nueva España. Ensayo de restitución* (2013), cuyo rigor y exhaustividad nos libera de entrar en más detalles.

Este primer apartado se divide en cuatro capítulos. Trinidad Barrera (Universidad de Sevilla) repara en algunas manifestaciones muy tempranas y escasamente conocidas de la influencia de Góngora en esos territorios. Para ello, analiza dos canciones incluidas en el certamen a san Pedro Nolasco, una de ellas escrita por Francisco Bramón, autor del libro *Sirgueros de la Virgen* (1620), y otra del menos recordado Simón de Toro. Este último obtuvo el tercer premio del mencionado certamen, pero Barrera demuestra convincentemente que su poema supera en huellas estilísticas de Góngora al de Bramón, que obtuvo el primer premio.

En el segundo capítulo, la mencionada Martha Lilia Tenorio (El Colegio de México) realiza un exhaustivo análisis de las analogías entre Góngora y sor Juana, entre las cuales dedica una especial atención al componente métrico. Su trabajo ofrece resultados novedosos y sorprendentes en una materia que ha recibido ya numerosos asedios por parte de investigadores anteriores. Es relevante su interpretación de algunos lugares oscuros del «Primero sueño», como el pasaje de las pirámides. La lección de Góngora fue notable en la métrica, pues, como defiende la profesora mexicana, antes de muchos experimentos posteriores con la rima, Góngora ya los había explorado casi todos.

Alejandro Jacobo (Universidad Católica de Murcia) se ocupa de las *Estaciones del día*, de Agustín de Salazar y Torres, en relación con las *Soledades* de Góngora, e interpreta las silvas de Salazar no como imitación burlesca, sino como parodia en la que entraban en juego burlas antiamorosas, pastiches, diversos tipos de alotextos y autoparodia.

Aunque dedica también su capítulo a este mismo autor, Adriana Beltrán del Río Sousa (Universitat de Barcelona) se encarga de establecer las conexiones entre el estilo de Góngora y su producción teatral, sin olvidar la ineludible mediación del autor de *La vida es sueño*.

El segundo apartado de este libro indaga sobre el «Gongorismo en el Virreinato del Perú» y consta de tres capítulos. Se inicia con la contribución de José Carlos Rovira (Universidad de Alicante), quien, atendiendo al contexto urbano de Quito, a la institución del mecenazgo y al ambiente intelectual jesuítico, reconstruye la influencia de Góngora en el ecuatoriano Antonio Bastidas, uno de los autores más cercanos al poeta que mejor representa la proyección de Góngora en la Nueva Granada del siglo xvii, Hernando Domínguez Camargo, el mejor seguidor de Góngora junto a la novohispana sor Juana Inés de la Cruz.

Como es sabido, la recepción de Góngora en América no solo fue creativa. Contamos también con diversos documentos que dan cuenta de su recepción crítica. Entre ellos, uno de los más destacados si no el que más es el *Apologético* de Juan de Espinosa Medrano, al que dedica su trabajo María José Osuna Cabezas (Universidad de Sevilla), quien actualiza y ordena la ingente cantidad de información que existe ya sobre este autor peruano y su aportación a la polémica gongorina.

Dentro del ámbito geográfico peruano se inscribe el capítulo de Virginia Gil (Universidad de Oviedo), a cuyos resultados hay que añadir la singularidad de que sea el único de los trabajos de este libro dedicado al siglo XVIII. La profesora Gil analiza diversas composiciones del poeta peruano José Bermúdez de la Torre, perteneciente a la academia de «repentinos gongorinos» del virrey Castelldosríus. Siendo quizá un poeta a destiempo, su imitación estilística de Góngora es superior a la de otros autores del siglo XVII y, lo más interesante, su contexto cultural propicia una síntesis entre lo barroco y el racionalismo, algo que ya había anticipado sor Juana en su *Primero sueño*.

Con estos dos primeros apartados, queda suficientemente ratificada, como afirma Martha Lilia Tenorio, la necesidad de definir el Gongorismo como la creación de conceptos complejos. Otra cuestión es determinar si fue nociva la influencia de Góngora en la literatura colonial o si, por el contrario, sirvió de sustrato para el desarrollo de la mejor lírica hispanoamericana. Y es que la pertinencia del dominio técnico y la búsqueda de la perfección estilística ya era un reto generador de excelencia que Peralta Barnuevo resumió en la máxima de que la poesía tiene su principal libertad en sus prisiones.

Aplicando un criterio canónico, se les ha dado relevancia máxima en este libro a tres autores fundamentales del siglo XX, César Vallejo, Jorge Luis Borges y Pablo Neruda, a cuyo estudio se consagra el tercer apartado del libro, «Góngora y un trío de ases».

Los textos de Góngora orientan con precisión muchas de las grandes trayectorias líricas del siglo XX en Hispanoamérica. El seminal magisterio de Darío, el lugar central del lenguaje poético en Huidobro, los procesos metafóricos de Neruda, el sistema críptico de Lezama Lima o los remozamientos métricos de Severo Sarduy o Carlos Germán Belli son hitos ineludibles vinculados en mayor o menor medida a las innovaciones gongorinas. Desde la adhesión superficial hasta la asunción teórica de sus claves poéticas, don Luis ha sido bandera y modelo para simbolistas, modernistas, vanguardistas, puristas, neopopularistas, herméticos, culturalistas y hasta silenciosos.

Por paradójico que parezca, el examen de esa proyección no ha tenido tanta fortuna como el de la de otros poetas del Siglo de Oro. El caso más relevante es el de Quevedo, que recibió la firme admiración de autores como Borges, Neruda o Paz, quienes le rindieron además homenajes explícitos. Nada parecido existe sobre Góngora. Aunque contamos con varias aproximaciones particulares de carácter comparatista, los panoramas históricos sobre su recepción creativa en la poesía hispanoamericana del último siglo son muy pocos y ninguno en forma de libro.

En 1961, cuando se cumplían 400 años del nacimiento de don Luis, Emilio Carilla, que había vuelto de manera sintética a la línea de investigación trazada en su libro del año 1946, escribió un laborioso artículo sobre la proyección de Góngora en el siglo xx. Allí, empleando una metodología crítica que ya había aplicado a su estudio del gongorismo colonial y del siglo xix (rastreo de menciones, calcos y ecos textuales, fundamentalmente), repasa los nombres de Rubén Darío, los mexicanos Salvador Díaz Mirón, Ramón López Velarde y José Juan Tablada, el uruguayo Julio Herrera y Reissig, el argentino Ricardo Molinari, el ecuatoriano Jorge Carrera Andrade o los cubanos Eugenio Florit y José Lezama Lima, por citar solo a un núcleo representativo, ya que se añaden otros nombres menos conocidos o de filiación gongorina más lábil.

Frente al cargante predominio de los recursos estilísticos como rasgo principal de Gongorismo que encontrábamos en las interminables listas del siglo xvii Carilla concluye que lo que ha prevalecido de Góngora «ha sido el resorte de su inagotable riqueza metafórica y de su actitud poética. Poco o nada lo que tiene que ver con otras exquisiteces o alardes (latinismos, hipérbaton, fórmulas sintácticas)». Me permito dudar, no obstante, de que estas renuncias a la arborescencia expresiva hayan sido tan decididas en algunos autores, muy especialmente entre los poetas y prosistas cubanos.

Tras el artículo de Carilla, la ausencia de este tipo de panoramas se prolonga más de cincuenta años hasta llegar a nuestros días, en que encontramos recorridos más breves y selectos, como los realizados por Gustavo Guerrero en el catálogo de la exposición de 2012 dedicada a Góngora en la Biblioteca Nacional de España.

Así pues, dentro del apartado «Góngora y un trío de ases», se incluyen cuatro capítulos dedicados a estos tres autores canónicos.

José Antonio Mazzotti (Tufts University, Estados Unidos) explora la conexión entre Vallejo y Góngora, un tema de ardua complejidad que el profesor Mazzotti aborda partiendo de una crítica pertinaz recibida por ambos poetas, la del carácter oscuro o hermético de su poesía. A partir de esa premisa se analizan textos diversos en los que puede detectarse la fértil dinámica entre precisión absoluta y ambigüedad expresiva.

De los dos capítulos dedicados a Borges, el primero es más comprehensivo y teórico, mientras el segundo más concreto y analítico. Teodosio Fernández

(Universidad Autónoma de Madrid) aporta a un tema ya explorado con anterioridad algunos documentos y testimonios no considerados previamente por la crítica. El profesor Fernández rescata la nota de Borges a la edición de los años cincuenta del ensayo dedicado por el argentino a Evaristo Carriego veinte años antes y utiliza para su análisis el concepto de metáfora dinámica, al tiempo que nos recuerda la admiración de Borges por el soneto «Menos solicitó veloz saeta», de Góngora. Asimismo, establece un fértil vínculo entre la consideración que el argentino tenía de James Joyce y la que tenía de Góngora, sin olvidar un hecho esencial: al final de su vida, Borges comenzó a dejar de preferir a Quevedo.

Por su parte, Vicente Cervera (Universidad de Murcia) se centra en el último libro poético de Borges, *Los conjurados* (1985), poemario inolvidable que contiene el más emotivo y profundo homenaje tributado por el argentino a don Luis: el poema «Góngora», un texto cuyo campo crítico precedente no es nada despreciable, pero al que Cervera aporta sus análisis, sugerencias e interpretaciones personales.

Tras Vallejo y Borges, el tercer as de la baraja poética es Pablo Neruda. Su vinculación con Góngora es abordada por Selena Millares (Universidad Autónoma de Madrid), quien ya publicó en su momento un trabajo sobre la intertextualidad entre ambos poetas, por lo que aborda en esta ocasión cuestiones de recepción crítica. La profesora Millares señala la década de los treinta como los años de deslumbramiento y rechazo hacia la poesía de Góngora y sitúa la nostalgia y el regreso a Góngora de Neruda en los años sesenta. También nos recuerda que Neruda reunió en su biblioteca personal casi una decena de volúmenes relacionados con don Luis.

La lectura de los capítulos anteriores revela la asimilación de Góngora por parte de los movimientos de vanguardia, por cuanto el poeta de Córdoba puede considerarse un iniciador de las poéticas rupturistas. En cualquier caso, existen cuestiones teóricas esenciales dignas de asedio. Entre ellas destacan la importancia de la metáfora (cardinal para Góngora) en el ultraísmo y el creacionismo o las posibles conexiones, tan polémicas, entre gongorismo y surrealismo. Para el caso de Vicente Huidobro, ha de recordarse su defensa de la plurisignificatividad, que debe relacionarse con la multirreferencialidad gongorina. Una clave para el estudio de estas conexiones es su poema *Altazor*, vinculado con frecuencia al *Primero sueño*. Sigue pendiente, por otra parte, el rastreo de la influencia de Góngora en movimientos vanguardistas latinoamericanos menos relevantes.

El cuarto apartado de este libro, «Góngora, el Neobarroco y otras proyecciones actuales», abarca la influencia de Góngora en la literatura hispanoamericana de la segunda mitad del siglo xx y primeras décadas del xxi, con especial atención a sus conexiones con el llamado Neobarroco.

Se inicia con un capítulo, firmado por quien escribe, dedicado al escritor cubano Severo Sarduy. En él se reivindica su poesía, menos conocida que sus novelas o ensayos, y se analiza su trayectoria poética, con una atención detallada a aquellos poemas que revelan una influencia notable de Góngora, la cual se manifiesta en una serie de claves estéticas vinculadas a la poética de don Luis.

La primera novela publicada por Sarduy, *Gestos* (1963), no suficientemente valorada por la crítica, es abordada en el segundo capítulo de este apartado por Gema Areta (Universidad de Sevilla), quien sustenta su interpretación en lo que el propio Sarduy declaró en «Cromoterapia» (1990) acerca de los cuatro gestos que se repiten para obedecer al deseo de otro: escribir, pintar, beber y ligar. Los resultados alcanzados por la profesora Areta parten del significado elíptico de la perífrasis gongorina, que funciona mediante una lectura longitudinal del discurso, un tema regularmente repetido frente al cual la palabra falla.

Atendiendo a manifestaciones poéticas más cercanas a nuestra época realizadas por autores vivos, Carmen Alemany (Universidad de Alicante) dedica su estudio a las alusiones a Góngora y lo implícito de su estilo en las poetas mexicanas recientes. La profesora describe una amplia trayectoria sobre el asunto y se detiene en ejemplos concretos de autoras como Margarita Michelena, Ulalume González de León, Coral Bracho, Adriana Tafoya o Julia Santibáñez, entre otras.

De nuevo en el ámbito peruano, la profesora Eva Valero (Universidad de Alicante) aborda en su trabajo la huella gongorina en el poeta, estudioso y crítico peruano José Antonio Mazzotti. Esta es, sin duda, una de las primeras aproximaciones exhaustivas a la conexión entre ambos autores. Valero sitúa en el contexto del transbarroco peruano y de la poesía de los años ochenta la poesía de Mazzotti. Tras esos preliminares, se exploran los ecos e imitaciones gongorinas en algunos de los poemarios del autor, para terminar concluyendo que, en su trayectoria poética, la intertextualidad con la tradición literaria y mitológica de ambos lados, occidental y quechua, ha sido fundamental para la construcción del sentido trascendente que ha determinado una savia vital para la trayectoria biográfica y literaria de Mazzotti.

Todavía en el Perú del siglo xx, Renato Guizado Yampi (Universidad de Piura, Perú), en un estudio pormenorizado y riguroso, aborda cómo influye el estilo de Góngora en el universo poético de Javier Sologuren.

Por su parte, Enrique Ortiz Aguirre (Universidad Complutense de Madrid) dedica su capítulo al poemario más reciente de todos los estudiados en este libro, *Cuervo imposible* (2019), del poeta salvadoreño André Cruchaga.

Como balance de este cuarto apartado, debe señalarse que la relación entre el Gongorismo y el Neobarroco sigue siendo un campo de estudio privilegiado, sin olvidar las conexiones entre el neobarroco y el transbarroco peruano y otras manifestaciones nacionales del fenómeno. Ausente de este libro, como sucede con Huidobro, no debe olvidarse el nombre de un verdadero imán del gongorismo, José Lezama Lima, del que deben atenderse, entre otros puntos, sus relaciones, tanto vitales como conceptuales, con Virgilio Piñera, del que se llegó a afirmar que fue el mejor lector del autor de *Paradiso*.

Es también absolutamente necesario establecer las diferencias pertinentes entre la huella de Lezama junto a otros actualizadores del barroco histórico en el siglo XX y el concepto de neobarroco difundido por Severo Sarduy en sus numerosos ensayos.

El quinto y último apartado de este libro recoge reflexiones sobre estudios críticos dedicados a Góngora o ediciones de textos. La profesora Amelia de Paz (Universidad Complutense de Madrid) rinde homenaje a aquellos ilustres mexicanos, un póker de ases, que dedicaron sus desvelos e inteligencia a Góngora: Alfonso Reyes, Raimundo Lida, Antonio Alatorre y Martha Lilia Tenorio. El cierre de su capítulo supone toda una reivindicación del principio metodológico y moral que vertebra este libro y que sustenta todos los estudios trasatlánticos: «Español, ¿cuánto has pensado en América? Americano, ¿cuánto has pensado en España? Americano, español, ¿cuánto habéis pensado en Góngora, la lengua que habitamos? ¿Cuántos versos de Góngora necesita un hombre?».

Por último, Emil Volek (Arizona State University, EE.UU.) regresa a sor Juana Inés de la Cruz, autora estudiada en el primer apartado del libro. El profesor Volek adopta una perspectiva ecdótica, se basa en cuestiones de crítica textual como la datación, el título y las variantes más polémicas de su principal poema, conocido como *El sueño* o *Primero sueño*. Volek defiende de sus impugnadores la edición de Alfonso Méndez Plancarte, pese a sus carencias, y plantea diversas críticas a las ediciones de otros estudiosos posteriores, para terminar concluyendo que de la textualidad derivan muchas ramificaciones. Por ello, postula que la edición de la obra poética de sor Juana es todavía un trabajo en proceso.

* * *

Es una dinámica cíclica y bien conocida: los epígonos buscan el halo de luz dejado por el genio, aprovechan la estela de su excelencia poética y —condenados al infierno de su propia voz— terminan inevitablemente dilapidando la herencia recibida y manchando el linaje del maestro. Con soltura, con naturalidad y desparpajo, en las décadas finales del siglo XX y en los primeros años de este siglo, la vertiente neobarroquista, bien instalada bajo la luz tutelar de Góngora, ha ido produciendo engendros académicos y creativos de ineficaz argumentación y de escasa relevancia poética. Ahora, más que nunca, errantes y perdidos en este universo babélico de satélites gongorinos, resulta pertinente preguntarse: ¿quién es Góngora?, ¿qué es el Gongorismo?, ¿qué es, verdaderamente, la poesía actual?

Estoy convencido de que en los últimos años cada vez se lee menos a Góngora. Pese a ello, su nombre se enarbola como bandera de una plaga de cigarras que se expande por el ya saturado campo crítico, cuando no se utiliza con atrevido desconocimiento para cimentar la cultura de masas. La crisis de superproducción creativa y crítica acabará por anegarnos en un tsunami de tinta y obligarnos a suplicar un justo olvido para tanto nombre olvidable. Cada vez dudo más de la existencia del Gongorismo y cada vez desconfío más de quienes se presentan bajo ese inmenso refugio para sobrevivir al diluvio de su propia nadería poética.

Lo he dicho y lo he escrito varias veces: cansa mucho leer poesía que no conmueve ni deslumbra. O quizá se trate solo de un insoportable hastío de la escritura creativa como institución, parque recreativo o negocio. Hubo un tiempo en que resultaba impensable que la actividad poética llegara a compartir los espacios de la estafa con ciertos discursos artísticos del siglo xx, como el de la pintura o el de la novela, pero hace ya décadas que casi todos los habitantes ocupan la misma casa.

No sé si el Gongorismo ha sobrevivido a Góngora, pero sí creo firmemente en la existencia de dos tipos de poesía: la excelente y la pésima. Por romántico —en el mejor sentido de la palabra— que suene, no hay término medio, no puede haber poesía mediocre porque, a estas alturas, la mediocre es directamente mala. Por eso, si Hernán González de Eslava afirmaba hace más de cuatro siglos que en México había más poetas que estiércol, hoy puede afirmarse, siguiendo el espíritu de una de mis citas favoritas de Samuel Johnson, que en nuestra época hay más poetas que felices lectores.

I. Gongorismo en el Virreinato de la Nueva España

Trinidad Barrera

Gongorismo temprano en la Nueva España: la «Canción» de Francisco Bramón y la de Simón de Toro en el certamen a San Pedro Nolasco

Resumen: Se saca a la luz la «Canción» de Francisco Bramón y la de Simón de Toro en el certamen novohispano a San Pedro Nolasco para poner de relieve la huella gongorina de una y otra, muy diferente y reflejo en parte de los gustos del momento.

Palabras clave: certamen literario, Nueva España, canciones, San Pedro Nolasco.

> *Yo soy la oliva del campo,*
> *tú para defensa mía*
> *quien ha de tomar las ramas*
> *de una celestial milicia.*
> *Con mi nombre y mi favor*
> *una religión fabrica,*
> *que por mi blanca pureza*
> *hábito blanco se vista.*
> *El nombre de redentor*
> *de Jesús mi hijo imita*
> *en rescatar los cristianos,*
> *que los bárbaros cautivan.*
>
> (Lope de Vega, 1635).

Las huellas que el insigne cordobés fue dejando a lo largo y ancho del continente americano han sido rastreadas con precisión por la crítica. De la Nueva España al Perú o a la Nueva Granada, la estela gongorina fue larga, extensa y también, como no, en algunos casos, de excesos no recomendables (Fernández, 2004; Rovira, 2004). En la Nueva España dicho gongorismo ya señalado por Méndez Plancarte (1944) ha sido rastreado por Pascual Buxó (1960) y más recientemente por Tenorio (2013). No podemos olvidar que nuestro insigne Bernardo de Balbuena en fecha muy temprana, en su «Compendio apologético en alabanza de la poesía», lo destacó como «agudísimo» entre los poetas «dignos de veneración y respeto». Es sabido que fue Dorothy Schons (1939) la primera en advertir la huella gongorina en el certamen de 1633 a San Pedro Nolasco. Y precisamente de dos poemas de ese certamen me voy a ocupar aquí, concretamente de las «canciones» compuestas por Francisco Bramón y por Simón de Toro, respectivamente, que relatan la intervención de Nolasco en la toma de Sevilla a los árabes por Fernando III en el año 1248. Ese fue el tema del quinto certamen en el que ambos, entre otros, participaron, ganando el primer y tercer premio. Dicho momento fue inmortalizado por Zurbarán en un lienzo de 1634:

Fig. 1: *Rendición de Sevilla (Zurbarán)*

El mismo motivo que había reproducido Francisco Pacheco, al parecer en el mismo año, pero sin la aparición en el cuadro de ningún miembro de la orden mercedaria.

Lamentablemente no tenemos ningún dato sobre Simón de Toro, como recoge Locke en su reciente libro (2019), y tampoco es mucha la información sobre Francisco Bramón, no obstante, sobre este tenemos algunos datos, proporcionados especialmente por Humberto Maldonado Macías (1992)[1]. Sabemos

---

1   Beristáin y Souza (1980) lo citan como «natural de la Nueva España» y «uno de los buenos poetas de América» (5 v.).

que era criollo, nacido en la Nueva España —como así lo deja entrever en el prólogo de su obra—, y aunque no podemos precisar la fecha de su nacimiento, sí la de su muerte, en 1664, concretamente el 1 de mayo del año citado[2]. Como apunta Areta (2013: 186), «el bachiller Francisco Bramón obtuvo el 18 de marzo de 1618 la capellanía que había dejado al morir Francisco Rodríguez de los Ríos, recibiéndola de parte del arzobispo Juan Pérez de la Serna». Fue nombrado consiliario de la Universidad en 1619, como se califica en su novela, y desde 1618 era bachiller y clérigo «de corona y grados», recibiendo las órdenes sacerdotales en la capellanía de Mixquic. En ese mismo año, pero meses después, concursó para la cátedra de Retórica de la Universidad de México, sin éxito, dato que refiere con cierta amargura en el prólogo de su única novela conocida, *Los Sirgueros de la Virgen sin original pecado*, México, 1620, cuando dice que esta —su novela— vino «a aliviarle de una cansada oposición, dejando el popular concurso y ambigüedad de amigos, que los más de este calamitoso tiempo son fingidos griegos» (2013: 7)[3]. Más adelante pone en boca de Anfriso, su *alter ego*, estas palabras explicativas de su venida al espacio rústico: «Solo fue a dar larga y alivio al trabajado pensamiento de una oposición que en la real y florentísima Academia mexicana, con grande aprobación de hombres sabios y doctos, hice; adonde mostré el trabajo mucho y continuas vigilias mías en la demostración de mis estudios» (2013: 82). Su preocupación por la envidia salpica varios momentos de su novela, utilizando el personaje de Zoile, el «fiscal Zoile» lo llama, como símbolo: «y no que en estos nuestros calamitosos tiempos está desenfrenado el apetito de Zoile, de suerte que tiene su mayor dicha en solo roer y ladrar como envidioso perro las obras que por humildes que sean, merecen grande honor y estima, por haber costado excesivo estudio y continuas vigilias» (2013: 164).

Su fama de poeta ya lo había llevado a participar en 1618 en el certamen[4] poético de los plateros que él mismo menciona en su libro en varias ocasiones: «y sé que en un certamen que los artífices plateros dedicaron a esta Señora [. . .]» (2013: 93)[5] y más adelante:

---

2   Gracias al libro de asiento de la Cofradía de San Pedro, a la que pertenecía Bramón desde 1631. Datos proporcionados por Maldonado Macías (1992: 54).
3   (2013) *Los Sirgueros de la Virgen sin original pecado* de Francisco Bramón. Citaremos en el interior del trabajo con indicación de la página.
4   Dicho certamen enfrentó a franciscanos y dominicos, venciendo los primeros frente a los embates de los segundos que no compartían el dogma inmaculista.
5   Composición que pone en boca de Palmerio al finalizar el segundo libro de su novela.

pero en particular Florinarda le pidió, rogando, una glosa que al certamen que en honor de María habían los plateros publicado. Anfriso, por darle gusto, prometió cantarle aquella noche, que sería entretenida y de gusto; y junto con ella un romance, tan bueno como en aquel juicio desgraciado, aunque gozó por premio una amatista fina, engastada en una sortija.

Hacia 1654 ya tenía el grado de licenciado[6], cuando participa de nuevo en otro certamen poético en el que queda en cuarto lugar con una de sus composiciones. Con anterioridad, hacia 1633, sabemos que era presbítero, predicador y confesor en la congregación de la Anunciata del colegio de la Compañía de Jesús (Traslosheros, 2008: 92) y que en esa fecha interviene además en el Certamen en honor a San Pedro Nolasco con una «Canción», según datos aportados en 2010 por Martha Lilia Tenorio y completados recientemente por Jessica Locke (2019), con dicha composición consigue el primer lugar en el quinto certamen de la *Relación historiada* de fray Juan de Alavés (Tenorio, 2010). En la *Antología* compilada por Tenorio se recogen varias composiciones del mexicano, todas ellas, excepto dos, provienen de su novela pastoril e inciden en su vocación inmaculista, quedando fuera de la novela la «Canción» a la que me voy a referir y una «Glosa» con la que ganó el cuarto lugar en la categoría «glosa», también de tema inmaculista, pero de otro certamen a la Inmaculada coordinado por Juan de Guevara (México, Viuda de Bernardo Calderón, 1654). Conviene apuntar de entrada que Bramón debió ser buen conocedor de los maestros de la poesía española, toscana y latina y desde luego tenía una clara inclinación a la poesía por su participación continuada en certámenes de la capital. Ya en su momento apuntamos cómo el soneto con el que Marcilda inicia sus cantos en la primera parte de *Los Sirgueros de la Virgen* estaba en clara consonancia con el soneto I de Garcilaso:

> Si a contemplar me paro el triste estado
> de la humana miseria, que en mí ha sido
> causa de que tal vez haya sentido
> así del mal el mismo fin logrado,
>
> los años que el vivir han sustentado
> miro sin logro ausentes y en olvido
> haber quedado y de ellos no tenido
> sino llorar presente su cuidado.
>
> ¡Oh, vida, por Adán así sujeta!,
> pluguiera a Dios que la dé el alma al punto,
> que libre pudo estar sin que pecara,

---

6   Aunque todos los que le dedican una composición, en los preliminares de su libro, lo califican de licenciado.

obedeciendo a Dios, de la perfecta
justicia original en su trasunto,
la ley, por mí y por él, no quebrantara

(Barrera, 2013: 53).

En suma, las composiciones poéticas del mexicano que conocemos hasta el momento formaban parte en buena medida de su decidida vocación inmaculista, de sus participaciones en certámenes por dicho motivo, y sobre todo del acervo poético de su novela pastoril con la excepción de la «Canción» del certamen mercedario.

1. San Pedro Nolasco, redentor de cautivos, y la orden de la Merced

San Pedro Nolasco, aunque de origen francés, pronto se traslada con su familia a tierras catalanas, asentándose en Barcelona, pero la muerte de su padre en fecha temprana le hizo viajar por razones comerciales hasta Valencia, entonces en manos musulmanas. El espectáculo que allí vio no debió agradarle porque pronto se destacó por su redención de cautivos en mano de los árabes. La aparición de la Virgen fue decisiva para que crease la orden de la Merced el 10 de agosto de 1218 en la Catedral de Barcelona, en presencia del Rey Jaime I de Aragón y del Obispo Berenguer de Palou. El 17 de enero de 1235 el Papa Gregorio IX, mediante la bula «*Devotionis vestræ*», la aprueba otorgándole la regla de San Agustín. Los miembros de la nueva orden de los mercedarios asumían cuatro votos: pobreza, castidad, obediencia y un cuarto muy específico, por el que se obligan a entregarse como rehenes para la liberación de los cautivos si no obtenían el dinero necesario para su rescate. Estas mínimas referencias nos sirven de puente al tema que el poema de Bramón desarrolla, la toma de Sevilla a los árabes por parte de Fernando III el Santo en la que, según la leyenda, colaboró San Pedro Nolasco[7] y cuyo episodio ha quedado magníficamente reflejado en el cuadro de Zurbarán conocido como «La rendición de Sevilla» (Colección del duque de Westminster) en el que el rey moro ofrece a San Fernando las llaves de la ciudad,

---

7 Parece dudoso que San Pedro Nolasco estuviera en Sevilla en aquellos momentos, presencia cuestionada ya en el siglo XVII, en su lugar debió mandar a San Pedro de Amer quien fundó en Sevilla, gracias a una carta enviada por Nolasco al rey Fernando III. Para estos y otros datos de las pinturas sobre San Pedro Nolasco remitimos al libro de José Fernández López (2002).

con Nolasco y Raimundo de Peñafort al fondo junto a otros frailes mercedarios con sus túnicas blancas (Figura 1)[8]:

Fig. 2: *Rendición de Sevilla (escuela cuzqueña)*

Sabemos que la Nueva España era dada a la celebración de certámenes de carácter religioso. Muy documentado es el certamen de los plateros de 1618 sobre la inmaculada concepción de la Virgen en los que Bramón participó activamente pero no menos importante es el certamen a San Pedro Nolasco cuya relación historiada acaba de ser publicada por Jessica C. Locke (2019): «*Es grande el poder de la poesía*»: *el Libro segundo de la Relación historiada de las solemnes fiestas que se hicieron en la muy noble y leal Ciudad de México al glorioso padre y esclarecido patriarca san Pedro Nolasco* (1633[9]). Con anterioridad

---

8   En la figura 2 ofrecemos este mismo motivo, pero sin la presencia de Nolasco, en un cuadro de la escuela cuzqueña expuesto en el Museo de Osma, Barranco, Lima, a quien agradecemos la generosidad de facilitarnos la foto.
9   En la parte preliminar del libro se analiza con detención la afición a los certámenes en la vida novohispana, la introducción en México de la Orden de la Merced así como el desarrollo del certamen mercedario al que aludimos aquí.

a esta edición teníamos las referencias que Tenorio nos había proporcionado en su *Antología* ya citada, donde se nos apuntaba las fechas de celebración de las fiestas, por la canonización del santo, entre el 21 de enero y el 5 de febrero de 1633. Si bien la palma gongorina se debe, como apunta Tenorio, a las octavas de fray Juan de Valdés, cuarto lugar del certamen cuarto (Tenorio, 2013: 51), otros testimonios pueden rastrearse.

2. Las canciones de Bramón y Simón de Toro

La «Canción» de Bramón obtiene, como dijimos, el primer lugar en el quinto certamen de la *Relación historiada* de Alavés. Fueron ocho los concursos de poesía, cada uno se ocupaba de un género diferente: epigrama latino, décima, soneto, octavas, canción, lira, glosa y «soneto faceto». En este caso, para el quinto, convocado por Marte, demanda «una grave canción real de seis estancias castellanas con su remate en que [...] los ingeniosos poetas mexicanos [...] describan el cerco y toma de la populosa ciudad de Sevilla, en que se halló presente san Pedro Nolasco con toda la caballería primitiva de su orden, y entró triunfando al lado del señor rey don Fernando, y fundó el convento magnífico que allí tiene esta sagrada religión» (Locke, 2019: 76)[10].

El tema, como dijimos con anterioridad, no parece ser fiel a la verdad pero poco importa, son momentos conmemorativos del santo donde sus participaciones milagrosas deben prodigarse en pro de su santidad, su intervención en la toma de Sevilla a los moros no podía desperdiciarse pues conecta con su vocación de redentor de cautivos. Se elige como molde la «canción» (a la italiana), una de las formas líricas de la poesía culta del Siglo de Oro, dicho molde, aunque se emplea normalmente para asuntos amorosos, también se utiliza para casos heroicos, ya que se consideraba una forma noble y elevada de la poesía, como en este caso. La canción está compuesta por un conjunto de seis estancias que combinan endecasílabos y heptasílabos, y un «envío» final o «remate» que actúa de moraleja o coda. El esquema de la estancia es el habitual: fronte, verso de enlace y sirima. Los dos pies de la fronte, de tres versos cada uno, tienen la misma rima, el verso de enlace rima con el último de la fronte mientras que la

---

10 En la Capilla de San Pedro de la Catedral de Sevilla, en el muro derecho, se encuentran cuatro lienzos con escenas de la vida de San Pedro Nolasco: «La aparición de la Virgen de la Merced a San Pedro Nolasco en el coro de los novicios», «El milagro de la barca», «San Fernando entregando la Virgen de la Merced a San Pedro Nolasco» y «La muerte de San Pedro Nolasco». Atribuidas según la «Memoria» de 1730 a Francisco Reina.

sirima tiene su peculiar esquema de rima. En cada estancia varían las terminaciones de rima, pero no su esquema, que se mantiene a lo largo de toda ella. Como dijimos anteriormente, el número de estancias de la «Canción» así como su forma venía prefijado por el certamen. En el manuscrito del *Libro Segundo* solo se recogen dos canciones —como recoge Locke—, el primer y tercer premio. Son de corte muy diferente, más de ecos gongorinos la segunda que la primera.

Los matices gongoristas que se puedan apreciar en la composición de Bramón son muy someros, algunos cultismos, versos bimembres («coronas te dará, llanto a sus ojos», «de la cándida flor, del rojo fruto»), algún que otro hipérbaton violento, encabalgamiento y poco más. De entrada, el poema establece una disposición paralela y alegórica entre Josué y la toma de Jericó y Fernando III el Santo y la toma de Sevilla, la simbología de la primera con el Arca de Noé y toda la leyenda que la acompañaba está continuamente intercambiando sus atributos y condiciones con la toma de la ciudad andaluza por parte del rey Fernando y la inestimable ayuda de Nolasco. Al igual que la leyenda de la toma de Jericó fue para algunos una proeza religiosa de los sacerdotes que portaban el Arca de la Alianza, para Bramón el papel decisivo de la orden mercedaria, la «blanca milicia» capitaneada por Nolasco, fue aún más determinante que la ofensiva militar comandada por el rey Fernando. Sin embargo, la temática religiosa que le sirve de base se salpica con dos alusiones mitológicas. Marte, lógicamente, el dios de la guerra y «convocante» del quinto certamen tiene que aparecer. Ya la primera estancia dice:

> ¡Al arma, invicto rey, Josué valiente!
> Los muros cerca de la turca luna,
> cual otra Jericó vencida, en tanto
> que el príncipe Nolasco a tu fortuna
> presta de Marte estoque reluciente.
> Admiración del sol, del moro espanto,
> atiende alegre al llanto
> de la canalla vil que, ya cercada,
> al brillar de tu espada
> rotos sus muros, gime tu victoria,
> profetizada gloria
> del ángel poderoso, pues a vista
> del arca del Señor, ciudad conquista.

«Nolasco, ungido por Marte, el dios de la guerra, "presta", da un estoque. Que el príncipe Nolasco a tu fortuna / presta de Marte estoque reluciente». El poema, aunque generoso en hipérbatos, está aún muy lejos del lenguaje gongorino (quizás por eso ganó el primer premio). Como telón de fondo el Arca de la alianza cercando la ciudad de Jericó en continua alegoría en el poema. Si la leyenda dice que al toque de las trompetas y gritos de los sacerdotes que portaban el Arca y dieron vueltas a la ciudad durante siete días consiguieron el derrumbamiento de los muros de Jericó, otro tanto significó la mediación religiosa, aquí se impone la versión religiosa por encima de la profana, es la intervención divina encarnada en sus representantes lo que acarrea el triunfo militar más allá del papel del ejército. Esta es la versión que le interesa destacar a Bramón: «Los muros rompe al bárbaro otomano/ y, en vistoso escuadrón, ¡ah, maravilla!: blanca milicia de alentados Martes/ la luna eclipse y, trágica, a Sevilla». Blanca milicia de alentados Martes, que con la fe «rayos reparte», «enciende pechos» y «atiza llamas». El ejército moro rendido, a los pies del estandarte del rey, ejemplificado en ese león dorado que lo adorna:

> Que a los pies del rapante león dorado,
> al moro destrozado,
> rendida su soberbia, por despojos
> corona te dará, llanto a sus ojos.

La comparación con Josué prosigue en ese «salvador de Israel», en el resonar de trompetas: «Resonando Nolasco sus trompetas. . .los fuertes muros desgajándose». La otra alusión mitológica se refiere al padre de Faetonte, Helios, dios del sol:

> No más gallardo, el padre de Faetonte,
> de brillante piropo alcázar bello,
> entra glorioso, cual de luz monarca,
> brillando rayos al flamante cuello
> que esparce auroras al crespado monte
> que primicias del sol ufano abarca.

Dado el desconocimiento que hasta el momento había respecto a estas composiciones, nos ha parecido oportuno incluir aquí la «Canción» de Bramón y la de Simón de Toro, respectivamente, para que puedan detectarse sus diferencias.

«Canción» de Francisco Bramón

> ¡Al arma, invicto rey, Josué valiente!
> Los muros cerca de la turca luna,
> cual otra Jericó vencida, en tanto
> que el príncipe Nolasco a tu fortuna
> presta de Marte estoque reluciente.   5
> Admiración del sol, del moro espanto,
> atiende alegre al llanto,
> de la canalla vil que, ya cercada,

al brillar de tu espada
rotos sus muros, gime tu victoria, 10
profetizada gloria
del ángel poderoso, pues a vista
del arca del Señor, ciudad conquista.
Los muros rompe al bárbaro otomano,
y en vistoso escuadrón, ¡ah maravilla!: 15
blanca milicia de alentados Martes,
la luna eclipse y, trágica, a Sevilla,
con pujante valor, con diestra mano,
rinda, batiendo al sol los estandartes,
pues rayos tu repartes. 20
Enciende pechos, y atizando llama,
endiósese tu fama,
que a los pies del rapante león dorado,
el moro destrozado,
rendida su soberbia, por despojos 25
coronas te dará, llanto a sus ojos.
Resonando Nolasco sus trompetas,
al cielo emulación, los fuertes muros,
desgajándose, van precipitados;
juzgando que, rendidos, más seguros 30
viven del fuego, y rápidas cometas
que capiteles dejan desgranados.
Alienta a tus soldados,
salvador de Israel, al arma, cierra.
Dichosa va tu guerra, 35
victoria aclama en triunfos peregrinos;
qué mucho, si divinos
alientos de la voz de sus clarines
te da Nolasco, y profetiza fines.
No más gallardo, el padre de Faetonte, 40
de brillante piropo alcázar bello,
entra glorioso, cual de luz monarca,
brillando rayos al flamante cuello,
que esparce auroras al crespado monte
que primicias del sol ufano abarca; 45
que el nuevo patriarca,
al lado triunfa de Fernando invicto,
después del gran conflicto
por las plazas rendidas de Sevilla,
llevando su cuadrilla 50
las sienes coronadas que, por vellas,
aguija el sol y corren las estrellas.

Vencida Jericó, las puertas francas,
rotos sus muros, dio, porque gloriosa
el Arca del Señor triunfos prosiga,   55
prodigio del poder de la preciosa
Arca divina que, con pieles blancas,
al bárbaro furor valiente hostiga.
¿Qué fuera de la liga
del victorioso rey, si allí faltara   60
de Dios la hermosa cara;
de Nolasco, el valor por cuya gloria
se canta la victoria?
Que a Fernando dichoso aclama, en tanto;
que todos a Nolasco, «santo, santo».   65
Del celo de Nolasco el dulce empeño
llamas de amor produce deseoso;
que Sevilla eternice su instituto,
vergel divino planta, deleitoso,
donde la Esposa-reina, como dueño   70
de la cándida flor, del rojo fruto,
baja por el tributo
de amor ardiente y, recogiendo flores
de tantos redentores,
a su tranzado hermoso llegan ellas,   75
animadas estrellas,
clamando de tal reina la persona
que a Nolasco le debe esta corona.
Canción, mujer y sola,
con brillante esplendor ante los jueces: 80
¿te atreves tantas veces?
Sí, que, si sola vas, vuelves honrada,
de joyas adornada,
y juzgando hoy de Atenas los más sabios,
con honra volverás, no con agravios.   85

«Canción» de Simón de Toro

Cuando las garras ensortija, airado,
el soberbio escorpión, y eriza el cuello
entre incendios de luz, la fulminante
frámea del gran planeta (que un cabello
de Venus suspendió) mira y, turbado,   5
la túnica sangrienta de diamante,
le escribe en el semblante
las iras y desmayos
que oprimen su cerviz, a cuya fiera

voz, en la quinta esfera, 10
gimen de mayo los opuestos rayos,
a aquellos que valiente
sufrió el Paquino derribar su frente,
cuando, entre sombra negra,
Etna sudó carbón, cenizas Flegra. 15
Ondas de pluma el crestón desata
sobre el luciente arnés y, con ruido,
la tartárea trompeta el ronco acento
alterna entre los montes, repetido
del sonoro cristal, a cuya plata 20
hurta la voz el árbol, hurta el viento,
y, enojado el sangriento
planeta, planchas brilla,
para que el Betis andaluz presuma
monumentos de espuma 25
levantar de sus ondas en su orilla
donde, turbantes, y, antes
teñidos de coral, tantos turbantes
verá con triste lloro
el África enlutar sus timbres de oro. 30
Y a él, auriga del dios quinto, el azote
hacía crujir, y el coche rechinante
celajes de esplendor sombras volvía,
cuando, el cabello en ondas, ve delante
a Venus que, erizándose Boote, 35
el oro bebe que en el sol tendía.
El vencimiento fía
del intrépido vuelo
la deidad a los ojos, donde mira
las flechas que le tira 40
el que enfrena la luz del quinto cielo
y, cuando más se atreve,
la cólera moral desata en nieve,
que teme en sus enojos
vibrar la mano y esgrimir los ojos. 45
Ya depuesto el arnés, ya la manchada
túnica del planeta, en la azucena
áspides desatando, el blanco pecho
de Venus le detiene, ya le enfrena
un cabello sutil, cuando alternada. 50
En los montes la voz del contrahecho
rayo de Jove estrecho
campo en los brazos halla,

donde el ocio le dio tal amo y cuna,
y vio, de tanta luna 55
alarbe, las banderas a batalla
provocando en Sevilla
las águilas gloriosas de Castilla.
dando al África espanto
aquel Marte español, Fernando el Santo. 60
Montañas de penachos vio la aurora,
entre selvas de timbres, el luciente
metal tiranizando luz al día;
el Betis, dilatando su corriente,
bebió coral y, entonces, más sonora, 65
túmulos hace la corriente fría;
las banderas tendía
el viento, retozando,
cuando el muro se rinde al vencimiento,
y el estrago sangriento, 70
Nolasco, esfuerzas, donde vio Fernando
otro Josué divino
que enfrentar pudo el sol en su camino;
pues la africana pompa
tanto temió su voz como la trompa. 75
Tú, con Fernando, de laurel dorado
ceñido, derribaste aquellas lunas
opuestas a la luz de tantos rayos,
y alentando el blasón a las fortunas,
Elías fuerte en el Jordán sagrado. 80
haciendo el Betis de tu gloria ensayos.
Y porque más desmayos
bebiese el enemigo,
tus caballeros primitivos cuanto
obró Fernando el Santo 85
ellos leyeron, para ser testigos,
y como fiel piloto,
no sólo al templo diste tabla y voto
sino, con claro ejemplo,
culto a tu religión y a Dios el templo. 90
Canción, que al cielo subes,
águila por los vientos remontada,
si al sol mirarte agrada,
pisando rayos y apartando nubes,
mira a Nolasco santo, 95
que es sol con mayor luz su blanco manto

(Locke, 2019: 205–208, 210–214).

Como puede apreciarse, es muy diferente el poema de Simón de Toro, mucho más oscuro de significado, toma como eje de referencia el doble significado del escorpión, como animal y artilugio guerrero. Neologismos, cultismos sintácticos, hipérbatos, versos bimembres, perífrasis, etc. salpican el poema. Es evidente que aquí ya señorea el estilo del cordobés, sin embargo, solo fue merecedor del tercer premio mientras que el poema de Bramón, más diáfano de significado, obtuvo el primero. Ahí quedaron estos dos testimonios del quinto certamen, de elaboración muy diferente aunque compartan el mismo tema, pero que evidencian, especialmente el segundo, el asomar gongorino aunque me atrevería a afirmar que las inclinaciones a coronarlo con el primer premio no estaban aún en el sentir de los jurados de estos certámenes.

Referencias bibliográficas

ARETA, Gema (2013): «La pastoril académica». En T. Barrera, *Los Sirgueros de la Virgen sin original pecado* de Francisco Bramón (217–235). Madrid-México D.F.: Iberoamericana-Bonilla Artigas.

BARRERA, Trinidad (2013): *Los Sirgueros de la Virgen sin original pecado de Francisco Bramón*. Madrid-México D.F.: Iberoamericana-Bonilla Artigas.

BERISTAÍN Y SOUZA, José Mariano (1980): *Biblioteca Hispanoamericana septentrional* (1816-1821), ed. facsimilar. México: Universidad del claustro de sor Juana-UNAM.

FERNÁNDEZ, Teodosio (2004): «Góngora en la literatura colonial». En J. Roses (ed.), *Góngora hoy, IV-V* (173–187). Córdoba: Diputación de Córdoba.

FERNÁNDEZ LÓPEZ, José (2002): *Programas iconográficos de la pintura barroca sevillana del siglo XVII*. Sevilla: Publicaciones de la Universidad de Sevilla.

LOCKE, Jessica (2019): *«Es grande el poder de la poesía»: el Libro segundo de la Relación historiada de las solemnes fiestas que se hicieron en la muy noble y leal Ciudad de México al glorioso padre y esclarecido patriarca san Pedro Nolasco* (1633). Madrid: Iberoamericana.

MALDONADO MACÍAS, Humberto (1992): *La teatralidad criolla del siglo XVII*. En H. Azar (coord.), *Teatro mexicano. Historia y dramaturgia. VIII*. México: Consejo Nacional para la Cultura y las Artes.

MÉNDEZ PLANCARTE, Alfonso (1944): *Poetas novohispanos. Segundo siglo (1621-1721) Parte primera*. México: Ediciones de la UNAM.

PASCUAL BUXÓ, José (1960): *Góngora en la poesía novohispana*. México: Imprenta Universitaria.

Rovira, José Carlos (2004): «De cómo D. Luis de Góngora viajó y se afincó definitivamente en América». En J. Roses (ed.), *Góngora hoy, IV-V* (189–208). Córdoba: Diputación de Córdoba.

Schons, Dorothy (1939): «The influence of Góngora on Mexican literature during the Seventeenth Century». *The Hispanic Review*, 7, 22–34.

Tenorio, Martha Lilia (2010): *Poesía novohispana. Antología*, tomo I. México: El Colegio de México.

Tenorio, Martha Lilia (2013): *El gongorismo en Nueva España. Ensayo de restitución*. México: El Colegio de México.

Traslosheros, Jorge E. (2008): «Entre el otoño, la primavera y la reforma de las costumbres. La Vieja y la Nueva España en la encrucijada del siglo xvii». *Destiempos*, 14, 82–96.

Vega, Lope de (1635): *La vida de San Pedro Nolasco*. Biblioteca Virtual Miguel de Cervantes. Disponible en http://www.cervantesvirtual.com/obra-visor/la-vida-de-san-pedro-nolasco--0/html/fffa79b2-82b1-11df-acc7002185ce6064_2.html#I_1_ [18/09/2019].

Martha Lilia Tenorio

Góngora y sor Juana

Resumen: En este trabajo se estudian comparativamente la *Soledad I* y el *Primero sueño*, a partir de tres recursos estilísticos empleados por los dos poetas: la rima, la perífrasis y las comparaciones. A partir de la práctica de la *imitatio* característica de la lírica barroca y de la noción del filólogo italiano, Giorgio Pasquali sobre «el arte alusiva», se trata de demostrar la manera como sor Juana rinde homenaje a la poética de Góngora, al mismo tiempo que se inserta dentro de esa tradición al recrearla.

Palabras clave: Góngora, sor Juana, arte alusiva, perífrasis, rima, comparaciones.

Escribe Joaquín Roses que «para encontrar un verdadero gongorista habría que hallar, no sólo la calca de un estilo, sino una analogía en la actitud renovadora, en la intención transformadora, en el ejercicio innovador» (Roses, 2010: 421). En este sentido, me parece que en todo el Barroco hispánico no hay más auténtica y más grande gongorista que sor Juana.

Es verdad que la lengua de Góngora creó un patrimonio de soluciones expresivas; un repertorio articulado de versos encomendados a la memoria de todo poeta; un conjunto de hábitos expresivos, de posibilidades y preferencias estilísticas; en fin, una gramática lírica: fórmulas, figuras, tropos que se ofrecían a todo poeta de la segunda mitad del siglo XVII (Blanco, 2012). Por esto es pertinente la distinción que hace Andrés Sánchez Robayna entre imitación e influencia[1]: la primera se refiere a detalles textuales concretos, rasgos de composición o procedimientos. La influencia, en cambio, implica una modificación en la visión artística del receptor, con las consecuencias éticas o epistemológicas que la aceptación de esa lección artística y estética pueda traer. Me parece, pues, sugerente la propuesta de Giorgio Pasquali de diferenciar entre reminiscencia e imitación, por un lado, y alusión por otro[2]. Las dos primeras pueden ser no deliberadas e involuntarias; la alusión, por el contrario, es intencional, voluntaria y totalmente explícita. Así, una red alusiva no solo tiene que ver con la repetición

---

1 Sánchez Robayna se apoya en las ideas expuestas por Alejandro Cioranescu en *Principios de literatura comparada* (Sánchez Robayna, 2012: 171–189).
2 Resulta indispensable su artículo, tan breve cuanto clásico, «Arte allusiva», publicado por primera vez en Pasquali, 1951, y reimpreso en Pasquali, 1968.

o recreación de un verso, una imagen, una *iunctura* o incluso una rima; sino también con las razones por las que se usa una determinada herramienta estilística y con la manera en que se la hace funcionar. La característica particular de lo que el filólogo italiano llama «arte alusiva» es que el poeta que alude busca que el lector reconstruya con precisión el texto evocado; esta dinámica carga de sentido las obras en cuestión (la que alude y la aludida), por lo que resulta una suerte de mapa, de instrucciones de lectura: «I have tried to bring allusion and poetic memory (within which I situate allusion) into a functional rhetorical matrix (defining rhetoric as the ability to motivate the linguistic sign) and thus to make them contribute to the process of poetic signification as constitutive elements of poetic discourse» (Conte, 1986: 23).

Cuando sor Juana toma a Góngora como modelo, no puede decirse que «rivalice» con él: más bien, rinde homenaje a las herramientas de una poética que valora y aprecia y con la cual quiere ser identificada; hace de la poesía gongorina no solo objeto de emulación, sino un espacio de diálogo poético: el poeta cordobés es al mismo tiempo, «testigo» de tradición o linaje, y garante de la nueva historia que ella está haciendo. Sor Juana apela a la *auctoritas* para instaurar una memoria literaria; de manera que la dimensión poética se crea por la presencia de dos diferentes realidades (el hipotexto gongorino y el texto sorjuanino), cuya confrontación produce una realidad más compleja. Esto sucede especialmente en el diálogo que se establece entre su *Primero sueño* y la *Soledad I*.

Dice el epígrafe del *Primero sueño*: «Primero sueño, que así intituló y compuso la madre Juana Inés de la Cruz, imitando a Góngora»[3]. Es probable que sor Juana haya organizado las secciones y el orden de los textos para la publicación de su *Segundo volumen* en 1692; lo que ya no es tan probable es que sea ella la autora de los epígrafes. Sí parece que debió de insistir encarecidamente a sus editores que respetaran el término *Primero*, pues en su *Respuesta a sor Filotea* habla del poema como un «papelillo que llaman el *Sueño*»: es decir, así lo llamarían quienes lo conocían, pero ella lo tituló *Primero sueño*[4]. En el caso

---

3 Cruz, 2009: 486. A partir de esta edición, en adelante sólo señalaré los números de versos entre paréntesis.

4 Juan Navarro Vélez, uno de los censores del *Segundo volumen* lo llama *Sueño* «Pero donde, a mi parecer, este ingenio grande se remontó aun sobre sí mismo, es en el *Sueño* [. . .] En fin, es tal este *Sueño*. . .» (Cruz, 1995: [8]). Todavía en su Aprobación para la *Fama y Obras póstumas*, el padre Calleja se detiene y comenta el poema (a pesar de que no se publica en el volumen que está aprobando: su Aprobación es un ensayo biográfico y literario de la obra completa de sor Juana). El jesuita lo menciona sin el numeral: «Otro papel de que es fuerza no desentendernos es el *Sueño*, obra de

de Góngora, *primera* es solo un adjetivo ordinal que funciona como atributo del sustantivo *Soledad*: no la presenta, sino que la enlista dentro de una serie (puesto que hay una *segunda*, y, según esto, habría una *tercera* y una *cuarta*). El *Primero* de sor Juana precede al sustantivo; lo presenta caracterizándolo como parte de un linaje poético muy específico: nada menos que del poema que casi ochenta años atrás había cambiado el rumbo de la poesía en español. Este *Primero*, pues, está preñado de sentido. Luego está la enfática oración «que así intituló y compuso», que ya es toda una declaración de principios: con toda naturalidad, el epigrafista entiende que sor Juana se dispone, por un lado, a usar, con esa misma vocación renovadora y transformadora, todos los recursos formales de la lírica gongorina; por otro, a cargarlos de sentido para decir cosas nunca antes dichas, como en su momento hizo Góngora[5].

En mi *Gongorismo en Nueva España* (Tenorio, 2014), acepté acríticamente, con poca reflexión, lo que dijo el padre Calleja, amigo epistolar y primer biógrafo de sor Juana, sobre la relación entre el *Primero sueño* y la *Soledad I*. Dice el jesuita:

> El metro es de silva, suelta de tasar los consonantes a cierto número de versos, como el que arbitró el príncipe numen de don Luis de Góngora en sus *Soledades*, a cuya imitación, sin duda, se animó en este *Sueño* la madre Juana; y si no tan sublime, ninguno que lo entienda bien negará que vuelan ambos por una esfera misma. No le disputemos alguna (sea mucha ventaja) a don Luis; pero es menester balancear también las materias, pues aunque la poesía, cuanto es de su parte, las prescinde, hay unas más que otras capaces de que en ellas vuele la pluma con desahogo. De esta calidad fueron cuantas tomó don Luis para componer sus *Soledades*; pero las más que para su *Sueño* la madre Juana Inés escogió son materias por su naturaleza tan áridas, que haberlas hecho florecer tanto arguye maravillosa fecundidad en su cultivo[6].

---

que dice ella misma que a sola contemplación suya escribió» (tomado de Alatorre, 2007: t. 1, 245). Llama la atención que no figure el «primero», pues la *Fama*... es de 1700 y Calleja debió de leer el poema en el *Segundo volumen* y, como se verá más adelante, es muy enfático en señalar la relación entre esta composición sorjuanina y la *Soledad I*.

5 Escribe el mismo Navarro Vélez: «Yo creo que qualquiera que le leyere [el *Primero sueño*] con atención lo juzgará assí; porque el estilo es el más heroyco y el más proprio de el assumpto, las traslaciones y metáphoras son muchas y son muy elegantes y muy proprias; los conceptos son continuos y nada vulgares, sino siempre elevados y espiritosos; las alusiones son recónditas y no son confusas; las alegorías son misteriosas, con solidez y con verdad; las noticias son una Amalthea de toda mejor erudición, y están insinuadas con discreción grande, sin pompa y sin afectación» (tomado de Alatorre, 2007: t. 1, 245).

6 Tomado de Alatorre, 2007: t. 1, 245-246.

Estamos de acuerdo, el metro es la silva, y la elección, como trataré de explicar aquí, tiene consecuencias que van más allá de las meras emulación o imitación. Parecería que el padre Calleja reconoce que las *Soledades* pueden aventajar un tanto al *Primero sueño*; pueden ser más elevadas o sublimes, y lo justifica con la diferencia de materias de que está hecho cada poema. Antonio Alatorre parafrasea lo dicho por el jesuita: «la materia de Góngora, los paisajes amenos, los prados y arroyos, las dulzuras de la vida bucólica, estaba ya predispuesta, como si dijéramos a medio poetizar, mientras que la materia de sor Juana nunca antes había sido poetizada» (Góngora-Cruz, 2013: 124).

Coincidimos con Calleja en que se trata de dos poemas incomparables, igualmente hermosos y originales, y en que no vale la vena disputar cuál se lleva las palmas. Pero aquí vienen las discrepancias: ¿de verdad puede decirse que la materia de Góngora fuera más apta para el «desahogo de la pluma», más «poetizable» y, de alguna manera, más «poetizada»? El trabajo del poeta cordobés no se limita a describir las maravillas del ameno mundo campirano (flores, árboles, pastores, amaneceres, atardeceres, etc.), sino que tiene el objetivo de hacernos descubrir, uno por uno, los milagros naturales, diarios y cotidianos, de ese mundo, supuestamente ya conocido. En este sentido, la materia gongorina no había sido poetizada, por lo menos en la tradición hispánica. Sor Juana entendió perfectamente esa lección: mostrar, esto es, hacernos ver, y definir, esto es, hacernos entender. Las cosas (en el sentido de las *res* de Lucrecio) no solo tienen un nombre: son, tienen determinadas características materiales, cierto aspecto visual, una historia. El trabajo lingüístico y estilístico de Góngora circunscribe y define con precisión los referentes descritos, evitando cualquier vaguedad y cualquier inercia del sentido. Un trozo de cecina, el queso prensado por una serrana, un tazón para leche, una mesa, un gallo, las gallinas, se descubren como un espectáculo digno de conocer; tanto cuanto, en el *Primero sueño*, la digestión, la fisiología del cerebro, la fotosíntesis o la linterna mágica. Solo son materias diferentes, igualmente complejas, tras las cuales hay la misma curiosidad intelectual, la misma vocación enciclopédica y el mismo objetivismo (o materialismo) poético.

Como lo señaló el padre Calleja, la herramienta más evidente, implícita en el adjetivo *Primero*, es el uso de la silva. Según Juan Montero Delgado y Pedro Ruiz Pérez, la silva se venía cultivando por lo menos diez años antes de la composición de la *Soledad I* (Montero-Ruiz, 1991: 19); y, según nos dice Eugenio Asensio, para el primer cuarto del siglo XVII constituía un nuevo género prosódico que permitía «una fácil transición hacia una poesía ya lírico-descriptiva, ya reflexiva, ya narrativa, ya didáctica» (Asensio, 1983: 17). Con todo, fue Góngora quien le confirió una realización genérica definida. Porque, al igual que otras formas métricas, la silva no solo es un molde compuesto por versos con un determinado número de sílabas, combinados de alguna manera y con una específica organización de las rimas. La silva es también un código genérico, como lo entiende Gian Biagio Conte: «If a text's intention is considered as an active tension between virtuality and its actualization, the literary genre can be well defined as the sign of this intention» (Conte, 1994: 36). Esto es, hay que concebir el género como una forma discursiva capaz de construir un modelo coherente del mundo en su propia imagen; como un lenguaje, es decir, un léxico y un estilo, pero también como un sistema mental y una gramática de las cosas. Hablando del renacimiento de la silva durante el *Quattroccento*, Pierre Galand destaca, entre otros, dos aspectos; el primero, la «impossibilité taxonomique» de este tipo de composiciones: «[Poliziano] crée un type de poème [la silva] à visée à la fois esthétique et didactique qui n'a en commun avec les textes staciens que le titre, un mélange de spontanéité chaleureuse et d'erudition profonde et nombre d'emprunts stylistiques et lexicaux» (Galland, 2013: 10-11). El segundo, el hecho de que se trata de una «escritura de la rebelión», que toma como modelo la variedad de la Naturaleza y que tiene como vocación, por un lado, afinar la capacidad reflexiva del poeta y del lector, gracias a la selección que hace de la información y de las palabras, y, por otro, liberar el *pathos* y la voz individual (Galland, 2013: 12).

Me parece que la *Soledad I* y el *Primero sueño* ejemplifican muy ilustrativamente esta caracterización de la silva. En los dos casos, la elección del molde métrico no es solo una decisión formal, sino una actitud ideológica, por llamarla de alguna manera, que ofrece una visión fragmentada del mundo, que revela, por un lado, la inquietud del observador, incapaz de dar cuenta del *puzzle* del universo, y por otro, su fascinación por los detalles. En la Introducción a su edición de las *Soledades* R. Jammes llama la atención hacia «la abundancia de detalles poco perceptibles a primera lectura, pero extraordinariamente precisos y minuciosamente concertados, que hacen pensar —si nos limitamos a este aspecto— en un trabajo de relojería» (Góngora, 1994: 41-42)[7]. Lo mismo puede decirse del *Primero sueño*. Son varias las herramientas de este «trabajo de relojería». Aquí quiero destacar, comparando los dos poemas, algunos aspectos de las siguientes: el funcionamiento de la rima, las perífrasis y las comparaciones.

En las dos composiciones el hilo narrativo es, en apariencia, igualmente simple: en la *Soledad I*, un peregrino naufraga, llega a un lugar idílico donde lo hospedan unos cabreros y asiste a unas bodas. En el *Primero sueño*, anochece, el

---

7 Uso esta edición; en adelante marcaré el número de versos entre paréntesis.

mundo se duerme, se produce el sueño, amanece y despierto (la incongruencia gramatical es intencional). Los dos poetas se desdoblan en yo lírico y personaje: Góngora en el peregrino; sor Juana en el alma. La asociación entre Góngora y su personaje se plantea de manera muy sutil en los primeros versos de la Dedicatoria que dramatizan de forma curiosa las circunstancias de composición del poema mismo (el cordobés vuelve a ello en la décima «Royendo, sí, más no tanto» y en el soneto «Restituye a tu mudo horror divino»). Sor Juana ostenta en el pareado final del poema la asociación entre ella y su personaje: «... quedando a luz más cierta, / el mundo iluminado, y yo despierta» (vv. 974-975). Ni el peregrino gongorino ni el alma sorjuanina conocen el recorrido ni lo que encontrarán por el camino, pero los dos van con los ojos bien abiertos, y esa mirada es el detonante de un material narrativo complejo, variado y preciso. Pero sor Juana no se queda aquí, con alusiones textuales deliberadas, vincula a su personaje con el peregrino gongorino: su alma naufraga, como el peregrino, en un mar de zozobras (en su caso, intelectuales): como el «inconsiderado peregrino», el ánima sorjuanina fio, «desatenta», sus velas «al mar traidor, al viento ventilante», y, como el náufrago de Góngora, dio en la «mental orilla», «el timón roto, la quebrada entena, / besando arena a arena / de la playa el bajel, astilla a astilla» (vv. 560-570). Marcas textuales como el muy gongorino uso del verbo *fiar* (con diéresis a la manera del cordobés), el «desatenta» en sustitución de «inconsiderado», pero en el mismo campo semántico, y la repetición de la rima *orilla-astilla*, no pueden ser casuales[8].

Dice R. Jammes que el mejor ejemplo del refinamiento de Góngora es la versificación, dentro de la que destaca la distribución de las rimas y la ausencia de versos sueltos (Góngora, 1994: 143). El hecho de que, usando una forma tan libre como la silva, el poeta se someta tan fielmente a la disciplina de la rima significa para el estudioso francés que el cordobés la consideraba «imprescindible en tanto que elemento musical del poema» (Góngora, 1994: 144-145), y es esa musicalidad la que dicta buena parte del sentido y la sintaxis del texto. Por ejemplo, el discurso «¡Oh bienaventurado / albergue...!», vv. 94-135, parece dividirse en tres tiradas más o menos simétricas de 12, 16 y 14, versos cada una, que simulan la cadencia lírica de las estancias petrarquistas: las dos primeras

---

8   Es importante subrayar este aspecto de la «deliberación», pues como explica Gian Biaggio Conte «Before the allusion can have the desired effect on the reader, it must first exert that effect on the poet. The more easily the original can be recognized —the more "quotable" (because memorable) it is— the more intense and immediate its effect will be» (Conte, 1986: 35). Precisamente porque el trabajo poético es *intencional*, el poeta *motiva* cada elemento para dotar de coherencia el texto completo.

tiradas tienen exactamente la misma proporción de heptasílabos (el 75 %), proporción que disminuye un poco (57 %) en la última parte. La cantidad de heptasílabos es notable, pues no es la norma de la *Soledad I*, cuyo porcentaje de heptasílabos es de 25 %. Cada tirada queda encerrada en sus rimas: abren y cierran con la misma consonancia y en medio predominan los pareados; pero, a diferencia de las estancias de canción, la última rima de cada tirada se «parea» con la primera de la siguiente, enfatizando la vocación aestrófica de la silva. Así, la disposición y número de heptasílabos y endecasílabos y la distribución de las rimas están al servicio del lirismo tan nostálgico como crítico de esta *sui generis* expresión de la alabanza de aldea y desprecio de corte.

Traigo a colación otros dos ejemplos de esta muy particular asunción de la libertad métrica de la silva; los dos proceden de la *Soledad I*. Uno es el canto amebeo. Cada tirada de este canto forma una estancia petrarquista, delimitada por la distribución de las rimas, y con un solo heptasílabo. Góngora vuelve a mostrar la absoluta ductilidad de la silva al encomendar al endecasílabo la expresión amorosa y al hacer funcionar el heptasílabo casi como un verso de vuelta para introducir el estribillo. El otro ejemplo son los últimos ocho versos, todos endecasílabos, que, anunciando batallas de amor, se organizan en una especie de octava real (el metro de la épica), pero de pareados (como reflejo, quizá, de la pareja que lidiará esas batallas de amor).

Otras veces, Góngora forma estrofas que no se corresponden con formas métricas convencionales, que, prescindiendo del número o distribución de heptasílabos o endecasílabos, se encierran en sus rimas y forman una especie de viñeta que describe un objeto específico. Por ejemplo, todos y cada uno de los regalos que llevan los serranos a la boda: seis versos para la terneruela, seis para las gallinas, seis para los cabritos, seis para los conejos, seis para el pavo, seis para las perdices, ocho para la miel (la miel tiene un lugar muy especial en la poética gongorina), seis para el gamo. Y, solo para enfatizar la importancia casi cognoscitiva de esta función descriptiva de la rima, pensemos en los 14 versos, casi todos pareados, dedicados a la brújula[9].

Además de la ausencia de versos sueltos, de que la separación máxima entre una rima y otra es de 14 versos (*desafío-frío*, vv. 985-999), de la presentación de algunas tiradas en formas métricas más o menos convencionales (evidentemente marcando ciertas pautas narrativas o líricas) y de la formación de viñetas

---

9   Hay que hacer notar que en el *Primero sueño* hay dos pasajes simétricos, de 14 versos, predominantemente pareados, dedicados, uno al Faro de Alejandría (vv. 266-279), y el otro, a la linterna mágica (vv. 873-886).

encerrando las consonancias, encuentro otras dos particularidades de la rima en Góngora. La primera es la frecuencia de pareados y de tríadas, estas formadas por una consonancia separada por unos pocos versos (no más de seis) de un pareado con la misma consonancia. Llama la atención la primera de estas tríadas: *pino* (v. 15) que rima con el pareado *peregrino-camino* de los vv. 19-20; esta tríada enfatiza muy sutil, pero eficazmente, el manifiesto poético de los primeros versos de la Dedicatoria (los «pasos perdidos» del peregrino que son los «versos inspirados» del poeta). El juego fonético entre pareados y este tipo de tríadas cohesiona la materia sonora y narrativa y marca la continuidad de la silva como totalidad. La segunda particularidad es una suerte de «encabalgamiento sonoro» (así lo llama Jammes) o rima encabalgada: gramatical y narrativamente la idea termina en el verso, lo único que se continúa es la rima. Por ejemplo: al final del pasaje del «Bienaventurado albergue», para que este pasaje, en discurso directo, intrínsecamente coherente y autónomo, no quede como una unidad aislada que interrumpa el libre fluir de los versos y de los pasos del peregrino, el poeta «encabalga» la rima: «"¡Oh bienaventurado / albergue a cualquier *hora*!". No pues de aquella sierra, *engendradora*...». Esto sucede varias veces: vv. 28-29, 166-167, 170-171, 365-366, 373-374, 442-443, 460-461, 476-477, 515-516, 622-623, 668-669, 687-688, 690-691, 694-695, y varios más, solo en la *Soledad I*.

Ahora veamos cómo explota sor Juana la partitura métrica propuesta por Góngora. En relación con la proporción de endecasílabos y heptasílabos, aunque no mucho más alto, sí hay que decir que el porcentaje de heptasílabos es mayor en el *Primero sueño* (32 %). Qué implicaciones puede tener esta diferencia: no estoy muy segura; quizá ninguna. El hecho es que la proclividad sorjuanina hacia el heptasílabo se corrobora con creces en su otra silva, el *Epinicio* dedicado al virrey conde de Galve por su victoria sobre los franceses (podría pensarse, pues, en cierta aspiración heroica), en la que los heptasílabos son el 48 %; mientras que en la *Soledad II* son el 22 %, lo que a su vez confirma la inclinación gongorina hacia el endecasílabo. Preceptivamente hablando, se supone que el endecasílabo es un verso más grave, propio del discurso épico-narrativo, y el heptasílabo, un verso más suave, propio de un discurso más ligero. Creo que tanto Góngora cuanto sor Juana, conscientes de la convención y gracias a esa conciencia, usan una y otra medida indistintamente con valores narrativos o líricos. Simplificando mucho: la música gongorina «aligeró» el endecasílabo; el razonamiento sorjuanino «agravó» el heptasílabo.

En relación con la rima, un guiño de la «denominación de origen» es la repetición de varios pareados gongorinos (tiendo a pensar que más deliberadamente que de oído): *ala-escala* (PS, vv 358-359; *Sol. I*, vv. 50-51), *hierba-Minerva* (PS, vv. 36-40; *Sol. I*, vv. 826-827), *trofeos-Ptolomeos* (PS, vv. 344-345; *Sol. I*, vv.

956-957), el ya mencionado *orillas-astillas* (*PS*, 571-575; *Sol. II*, vv. 386-387). Asegurado el linaje, la gran libertad que se toma sor Juana tiene que ver con la distancia entre las rimas: frente al máximo de 14 versos de la *Soledad I* (*desafío-frío*, vv.985-999), en el *Primero sueño* hay casos como *intercadente* del v. 65, que encuentra su par hasta el *valiente* del v. 366; *recogida* del v. 126 en el *convertida* del v. 292; *ventilante* del v. 562 en *fulminante* del v. 798; *horrendo* del v. 329, en *tremendo* del v. 718. Tanta es la separación, que se produce la impresión de que hay más versos sueltos de los que en realidad hay.

De la misma manera y provocando la misma sensación de versos que quedan sueltos, sor Juana recurre a las tríadas gongorinas, pero las estructura al revés: primero el par de rimas más o menos cercanas, y mucho más adelante el verso que completa la tríada. Por ejemplo: *resquicios* del v. 28 rima con *propicios* del v. 30 y luego en el v. 162 aparece un *ejercicios*; o *cantidades* (v. 522)-*cualidades* (v. 524)-*facultades* (v. 665). En los dos casos, parece que *ejercicios* y *facultades* quedan sueltos, pero, en realidad, forman una tríada con los dos anteriores. Este fenómeno bien puede ser solo una artimaña de la memoria auditiva de sor Juana, pero hay una tríada que me parece particularmente significativa: *cobarde* del v. 453-*alarde* del v. 457-*tarde* del v. 769. Esta asociación consonántica no me parece tan casual: cuando el alma pudo ver la grandeza del universo, «retrocedió *cobarde*» intentando no hacer *alarde* de fuerzas que no tenía, y después de mucho cavilar y esforzarse, se repone *tarde* de la dificultad de la empresa. Además, más de cien versos después del 769, se repite la consonancia *cobarde-alarde*: «cuando —como tirana al fin, *cobarde* / de recelos medrosos / embarazada, bien que hacer *alarde*...» (vv. 924-926); como puede verse, casi en un mismo contexto semántico: hacia el final del poema, la noche pretende hacer *alarde* de un vigor que ya no tiene, pero reacciona *tarde*, y, ante la eminente embestida del día, retrocede *cobarde*.

A riesgo de caer en un formalismo excesivo, desmenuzando —no tan objetivamente como creemos a veces los estudiosos— un texto hasta sus últimos elementos constitutivos, al grado de inventarnos juegos sonoros (tal vez inexistentes en la mente del poeta) capaces de cargar el significado que nuestra ocurrencia nos dicte, quiero llamar la atención a este tipo de trabajo con las posibilidades de la rima. La tríada *cobarde-alarde-tarde* no es el único caso en que los pares (o tríos) de rimas, sin importar la distancia que haya entre una y otra, son portadores de significado. Solo al comienzo del poema, no creo que sea producto del azar que la punta *altiva* del obelisco que forma la sombra al hacerse de noche, rime, seis versos más adelante, con la «pavorosa sombra *fugitiva*» (v. 9), esto es, la misma noche soberbia que viene huyendo de un hemisferio para coronarse en el opuesto. Además, con esta misma imagen de la fuga termina el poema: hacia el final, sor Juana habla del «fugitivo paso» de la noche (auto aludiendo a aquella «sombra fugitiva» del comienzo del poema), ya derrotada por el día, emprendiendo la huida hacia el hemisferio contrario.

Lo mismo pasa con los vv. 73 y 79, donde riman *vivientes* y *obedientes*: la monja está hablando de cómo la noche impone la oscuridad y, acto seguido, ordena el silencio, circunstancias que favorecen el dormir, y es precisamente el sueño el tributo que todo ser animado paga a la Naturaleza por el hecho de vivir: he aquí el vínculo lógico-causal, no solo sonoro, entre *vivientes* y *obedientes*. Tampoco deben de ser casuales otros pares como *cadena-pena* de los vv. 299 y 306, *doctrina* (v. 600)-*disciplina* (v. 603), *experiencia-ciencia* (en dos ocasiones: vv. 515-516 y 534-536; los dos casos en el contexto de la búsqueda de un método «científico» de conocimiento), *conocimiento-fundamento* (vv. 652-653), y otros aún más evidentes porque se presentan pareados: *escalas-alas* (vv. 338-339), la sutil *punta* de las pirámides egipcias que parece que se *junta* con el primer cielo (vv. 360-361), *ciego-griego* (vv. 381-382), que anuncia la alusión a Homero, *Tonante-fulminante* (vv. 393-394), y como estos, muchos pareados más.

A la manera gongorina, la rima no solo es parte del andamiaje sonoro y melódico del poema, sino que colabora de manera importante en la fragua del sentido; a veces, incluso, de manera sediciosa, pues si no se repara en cómo se presentan los pares consonánticos, queda oculto lo que verdaderamente está diciendo sor Juana. Veamos, si no, el pasaje donde, después de zozobrar en el mar del conocimiento, el entendimiento, más tranquilo, juzga conveniente:

> a singular asunto reducirse,
> o separadamente
> una por una discurrir las cosas
> que vienen a ceñirse
> en las que, artificiosas,
> dos veces cinco son Categorías:
> reducción metafísica que enseña
> (los entes concibiendo generales
> en sólo unas mentales fantasías
> donde de la materia se desdeña
> el discurso abstraído)
> ciencia a formar de los Universales...
>
> (vv. 577-588).

Varios críticos (principalmente Méndez Plancarte y Soriano Vallés[10]) han insistido en la filiación de sor Juana a la filosofía aristotélico-tomista, y este pasaje

---

10 Méndez Plancarte (Cruz, 1951), en sus notas a su edición del *Primero sueño*. Soriano Vallés en su libro *El «Primero sueño" de sor Juana Inés de la Cruz. Bases tomistas*

es uno de los argumentos a favor de esa filiación. En sus notas a este pasaje comenta Antonio Alatorre:

> MP [Méndez Plancarte], seguidor de la filosofía aristotélico-tomista, enumera estas Categorías: substancia, cuantidad, calidad, relación, acción, pasión, dónde, cuándo, sitio y hábito, y dice que sor Juana hizo mal en llamarlas *mentales fantasías*, cuando son nada menos que la «base de la ciencia»; yo, que no soy aristotélico, siento que aquí, por una especie de obligación, hace sor Juana un elogio de Aristóteles (mucho menos entusiasta, por menos espontáneo, que su elogio de Homero); además, el propósito de «discurrir una por una» las cosas que caben en cada una de las Categorías (vv. 579–580) no tiene realización alguna; lo que ella imagina para salir del aprieto (vv. 617 y siguientes) es cosa muy distinta (Cruz, 2009: 518).

En efecto, si reparamos en las rimas, lo que hay aquí es una crítica del sistema aristotélico: *cosas-artificiosas, categorías-fantasías, enseña-desdeña, generales-Universales*. Lo que realmente está diciendo sor Juana es que es *artificial* separar el conjunto de asuntos, para ceñirlos, *artificialmente*, a diez categorías, que no son sino «mentales fantasías» (esto es, concepciones intelectuales que no necesariamente explican las cosas), «fantasías» que, generalizando, aspiran a ser representaciones *universales*. En pocas palabras, la monja no acepta esa «reducción metafísica» que enseña desdeñando la materia: la ciencia, lo dice más adelante en dos pareados, parte de la experiencia, de la materialidad del objeto. Como dice Antonio Alatorre, la propuesta metodológica de la monja «es cosa muy distinta».

En el *Gongorismo en Nueva España* señalé que una particularidad de la silva sorjuanina frente a la gongorina era que sor Juana sometía la forma aestrófica por excelencia a un sutilísimo estrofismo, acercando las rimas para marcar secciones narrativas (Tenorio, 2014: 166). Notoriamente esto es un error. Este funcionamiento narrativo de la rima es lección del cordobés, como ya pudimos

---

(Soriano Vallés, 2000). Comenta Emilio Hidalgo-Serna: «La ciencia aristotélica se ocupa exclusivamente del conocimiento de lo universal, cabe preguntarse si existe otro método válido [...] de filosofar. Se trata de un intento de expresar la esencia de las cosas particulares. ¿Tendremos que renunciar a la esencia particular, o deberíamos concluir, más bien, que esta concepción tradicional no se puede ser la única lógica imperante?» (Hidalgo-Serna, 1993: 136). Este conocimiento «particular» de las cosas concretas, en su aquí y ahora, es el que, como propongo más adelante, proporcionan las perífrasis y conceptos gongorinos, que, como explica el mismo Hidalgo-Serna en relación con el concepto en Gracián: no son «de ningún modo portadore[s] de un saber universal, sino el instrumento propio del conocimiento de lo singular» (Hidalgo-Serna, 1993: 141).

verlo. Tan lo es, que para marcar y encerrar esas secciones, como Góngora, la monja recurre preferentemente al uso de pareados. Por ejemplo, son tiradas de pareados los 24 versos dedicados al funcionamiento del corazón y de los pulmones (vv. 205-228), los 7 que discurren sobre los afeites femeninos (vv. 751-756), los 15 sobre la fisiología del cerebro (vv. 252-266), los 24 acerca de la medicina (vv. 516-539), etc. En fin, no voy a repetirme, solo quería corregirme: este estrofismo es también herencia gongorina.

Para cerrar esta reflexión sobre la rima, me queda hablar de la rima encabalgada y de los cuatro versos sueltos que hay en el *Primero sueño*. En cuanto a lo primero, sor Juana «encabalga» solo en cuatro ocasiones. Quizá porque hace demasiados excursos o paréntesis, que «salen» del hilo narrativo del poema, los marca muy claramente, dándoles cierta autonomía de rima. Con todo, me parece que los cuatro casos de «rima encabalgada» están cargados de sentido. El primero está en los vv. 85-86: dice que al hacerse de noche, el viento se calma, queda sosegado. Punto para pasar a hablar de lo que sucede en el mar: sin viento, el mar está «no ya *alterado*» (*sosegado-alterado* unen los mundos terrestre y acuático)[11]. El segundo ocupa los vv. 122-123: la noche es tan profunda que aun el temeroso venadito está *dormido*. Punto para describir a las aves, también dormidas «en la quietud del *nido*» (*dormido-nido* unen dos especies animales)[12]. El tercero es el pareado de los vv. 326-327: se trata de la evocación de los montes Atlante y Olimpo, para compararlos con la altura del monte donde se encuentra su alma. Toda la comparación ocupa los vv. 310-339 y está estructurada en dos partes separadas por un punto. El primer término de comparación está dedicado a la altura de dichos montes y va del v. 310 al 326; el segundo describe la altura del monte donde, sorpresivamente, se halló el alma sorjuanina: ese monte, para el que las nubes que coronan las más elevadas montañas (como el Olimpo o el Atlante) son solo «cíngulo tosco», «mal ceñido», al que el viento sacude o «o vecino el calor del sol lo *apura*»; punto: «A la región primera de su *altura*». Puesto que se dilata en la exposición del primer elemento, el encabalgamiento de la rima le permite dar continuidad a la comparación. El último caso está hacia el final del poema, vv. 894-895: el sol

---

11 «El viento *sosegado*, el can dormido, / éste yace, aquél quedo / los átomos no mueve, / con el susurro hacer temiendo leve, / aunque poco, sacrílego ruïdo, / violador del silencio *sosegado*. / El mar, no ya *alterado*...» (vv. 80-86; nótese además la repetición de *sosegado* en rima interna).

12 «Tímido ya venado, / con vigilante oído, / del sosegado ambiente / al menor perceptible movimiento / que los átomos muda, / la oreja alterna aguda / y el leve rumor siente / que aun le altera *dormido*. / Y en la quietud del *nido*..» (vv. 115-123).

abandona el hemisferio opuesto, para hacer, *luminoso*, su oriente en nuestro hemisferio. Punto para aclarar que, antes de que esto suceda, primero aparece el «apacible lucero» de Venus, calificado de *hermoso* (*luminoso-hermoso* señalan dos momentos del amanecer, además en *hýsteron-próteron*)[13].

En cuanto a los versos sueltos, sabemos que la silva permite su uso, pero también sabemos que el modelo de sor Juana no tiene uno solo y que ella se ha preocupado por marcar muy claramente esa filiación, innovando en algunos aspectos como la distancia entre las rimas o la estructura de las tríadas. Esos versos sueltos ¿son licencia, descuido o innovación? El primer caso es *trabajo*, del v. 171, consonancia no fácil, pero su soltura resulta muy relativa, porque, si bien no hay un par para *trabajo*, el sustantivo se encuentra en una construcción muy particular: dos versos dentro de un paréntesis explicativo que abre y cierra con él y lo repite al centro, en rima interna: «(*trabajo* en fin, pero *trabajo* amado, / si hay amable *trabajo*)». Otro caso de verso suelto es *halla*, del v. 790, que puede caber en la categoría de descuido o licencia, aunque me decanto por lo segundo: la rima es fácil y el poema es una pieza simétrica, muy bien pensada y construida, por lo que me parece un gesto deliberado. Los dos versos sueltos restantes son: *fantasía* (v. 264) y *comprenderlo* (768). No sé si sobre-interpreto, pero encuentro mucho sentido en estas cuatro rimas sueltas: en la *Respuesta a sor Filotea*, sor Juana habla insistentemente del *trabajo* que le ha costado estudiar sola, «a secas», sin maestro, con libros mudos[14]. Buena parte del *Primero sueño* está dedicado a la posibilidad de encontrar, *hallar*, el método más efectivo de conocimiento. Finalmente, ¿de qué trata el poema sino de la *fantasía* de poder ver todo frente a la imposibilidad de *comprenderlo*? Pues no se trata solo de ver, sino de comprender. Si la lección de Góngora era preñar de sentido la rima, es esta una pequeña aportación de su discípula más aplicada.

Escribe Borges:

> El mundo es un tropel de percepciones baraustradas. Una visión de cielo agreste, ese olor como de resignación que alientan los campos, la gustosa acrimonia del tabaco enardeciendo la garganta, el viento largo flagelando nuestro camino y la sumisa

---

13 «que, de su luz en trémulos desmayos, / en el punto hace mismo su Occidente, / que nuestro Oriente ilustra *luminosos*. / Pero de Venus, antes, el *hermoso* / apacible lucero. ...» (vv. 891-896).

14 «Volví (mal dije, pues nunca cesé); proseguí, digo, a la estudiosa tarea (que para mí era descanso en todos los ratos que sobraban a mi obligación) de leer y más leer, de estudiar y más estudiar, sin más maestro que los mismos libros. Ya se ve cuán duro es estudiar en aquellos caracteres sin alma, careciendo de la voz viva y explicación del maestro...» (Cruz, 1951: t. 4, 447).

rectitud de un bastón ofreciéndose a nuestros dedos, caben aunados en cualquier conciencia, casi de golpe. El idioma es un ordenamiento eficaz de esa enigmática abundancia del mundo. Lo que nombramos sustantivo no es más que una abreviatura de adjetivos y su falaz probabilidad, muchas veces. En lugar de contar frío, filoso, hiriente, inquebrantable, brillador, puntiagudo, enunciamos puñal... (Borges, 1925: 65-66).

Hablando de la perífrasis en Góngora, Nadine Ly explica que el cordobés «tiene perfecta conciencia de que la palabra *no* es el objeto, sino su abstracción lingüística: nombrar, pues, promueve una realidad lingüística que destrona la realidad de la experiencia de las cosas, y la borra, condensándola y abreviándola en una cifra verbal. La perífrasis en su sistema poético, viene a ser el nombre propio de una relación particular que el nombre directo implica pero no expresa explícitamente» (Ly, 2002: 166). Volviendo a Borges, precisamente lo que hace la perífrasis gongorina es, como ya dije, mostrar y definir, refiriéndose a lo frío, filoso, hiriente, inquebrantable, etc., sin decir *puñal*. Podría decirse que la perífrasis es, como el concepto, el resultado de un pensamiento intuitivo que capta con concisión las cualidades más relevantes de los objetos, superando las imprecisiones de nuestro pensamiento cotidiano. Como muy bien dice Wallace Stevens, «the accuracy of accurate images is an accuracy with respect to the structure of reality»[15]. La perífrasis puede considerarse una manera de realización del concepto: «Después de buscar y descubrir las semejanzas y correspondencias que existen entre las cosas, el ingenio cristaliza en sus propios conceptos» (Hidalgo-Serna, 1993: 10).[16] Es, pues, una herramienta epistemológica que encuentra correspondencias nunca vistas: paradójicamente, conforme más se aleja, según la lógica, del objeto descrito, más cerca está de él; y nos hace ver algo nuevo, que no habíamos descubierto, aportando un conocimiento que representa más eficazmente la naturaleza del objeto.

Pienso, para empezar, en una perífrasis muy simple, quizá de las más simples de la *Soledad I*, cuya epifánica sencillez siempre me ha emocionado: «Limpio sayal (en vez de blanco lino) / cubrió el cuadrado pino». ¡«Cuadrado pino»! (vv. 143-144). Es muy fácil saber que Góngora se está refiriendo a una mesa, pero

---

15 Tomado de Carne-Ross, 1979: 121.
16 A este respecto, el mismo Hidalgo-Serna trae a colación una observación de José Ángel Valente sobre la epistemología de Gracián: «frente a la sabiduría escolástica de contenido abstracto, Gracián ofrece un tipo de conocimiento basado en la observación de la realidad y encaminado a operar eficazmente sobre ésta, con vistas también a la obtención de "fines prácticos y concretos"» («El arte del Estado y el arte de la persona. (A propósito de dos ensayos sobre Maquiavelo y Gracián)» (tomado de Hidalgo-Serna, 1993: 49-50).

¡todo lo que encierra ese sencillísimo sintagma! Hubo una vez un pino, que alguien cortó, serruchó, lo hizo tablones, para luego trabajar esa madera, lijarla, darle forma cuadrada, martillarla para ponerle las patas, y al fin, después de este trabajo artesanal, convertirlo en una mesa[17]. El término *mesa* hubiera dejado fuera la materia de que está hecha, su forma, y, sobre todo, su historia, que es la que le dio el ser. El «cuadrado pino» no solo es un hallazgo lírico de Góngora, sino un manifiesto ético: un homenaje al trabajo del campo, al respeto que se debe a la Naturaleza, que nos brinda esos bienes casi gratuitamente. Como este «cuadrado pino», en la *Soledad I* nos salen al paso los «purpúreos hilos» de cecina, las «crestadas aves» y su marido el «doméstico nuncio canoro» del Sol, el arroyo de «clavijas de marfil y negras guijas», etc.[18].

En el *Primero sueño* encontramos igualmente perífrasis «sencillas», esto es, breves, de un solo sintagma o verso, como esta que hace alusión a la tráquea: «musculoso, claro arcaduz blando» (además, con vocablo gongorino: *arcaduz*). El verso es casi una definición anatómica: la tráquea es un órgano membranoso, cartilaginoso (de ahí el «musculoso»), «blando», puesto que se dilata y se comprime; que funciona a la manera de un canal en el proceso de inhalación y exhalación. Como Góngora, y sobre todo en las construcciones perifrásticas en que la precisión es condición *sine qua non*, sor Juana no adjetiva al tuntún; por esto, el adjetivo *claro* me intriga: creo que está usado como cultismo semántico, en una de las acepciones que tiene en latín: «penetrante, sonoro, límpido», por la función que tiene este órgano en la producción de la voz.

Góngora presenta en ocho breves y vívidas viñetas los regalos que los serranos llevan a las bodas: la ternerita, las gallinas, el pavo, etc.; ocho imágenes simétricas y estilizadas en que, sin aspavientos mitológicos o librescos, nos hace ver la realidad material de cada uno de estos animales, la familiar extrañeza de su apariencia. Fijar estas imágenes supone una lengua que al mismo tiempo que subraya lo inesperado de la representación, da las claves para desencriptar los signos así construidos. En el *Primero sueño*, tras mucho cavilar sobre qué método usar para empezar a comprender la «maquinosa pesadumbre» del universo, el alma sorjuanina concluye que es «excesivo atrevimiento» pretender

---

17 Comentando unos versos de Lucrecio (*De rerum natura*, I, 897-900), dice G. B. Conte: «Lofty mountains, tall trees, peaks lashed by the winds, a flame "flowering" on high among the branches: the grandiose image has not yet filled our eyes, and it has already ceased to be a picture and instead has become part of a demonstrative argument» (Conte, 1994: 27).
18 «La clave y la fuerza de la imagen y de la metáfora se encuentran en su capacidad de dar razón de la "relatividad" de lo real» (Hidalgo-Serna, 1993: 143).

discurrirlo todo «quien aun la más pequeña, / aun la más fácil parte no entendía / de los más manüales / efectos naturales» (vv. 707-711). Habla, entonces, de no poder siquiera explicar objetos singulares, tan aparentemente sencillos, como una fuente o una rosa. Sobre esta última dice:

> ...quien de la breve flor aun no sabía
> por qué ebúrnea figura
> circunscribe su frágil hermosura;
> mixtos, por qué, colores,
> confundiendo la grana en los albores,
> fragante le son gala;
> ámbares por qué exhala,
> y el leve, si más bello
> ropaje al viento explica,
> que una y otra fresca multiplica
> hoja, formando pompa escarolada
> de dorados perfiles cairelada,
> que, roto del capillo el blanco sello,
> de dulce herida de la cipria diosa
> los despojos ostenta jactanciosa,
> si ya el que la colora,
> candor al alba, púrpura a la aurora
> no le usurpó y, mezclado,
> purpúreo es ampo, rosicler nevado...
>
> (vv. 730-748)[19].

Si buscamos en un diccionario el término *rosa*, encontramos la siguiente definición «flor del rosal»; si buscamos en un diccionario un poco más especializado,

---

19 Solo un paréntesis para abonar en lo que he venido diciendo de la rima: todo este pasaje sobre lo difícil que es explicar aun las cosas más «manüales», es decir, las que tenemos más a la mano, comienza en el v. 708, cuya consonancia es *pequeña* que rima cuatro versos más adelante con *risueña* (adjetivo aplicado a la fuente), y en seguida viene el verso «aun la más fácil parte no entendía». Después de los 17 versos dedicados a la fuente (encerrados en rimas pareadas o muy cercanas), viene la parte de la rosa (vv. 731-750, casi todos pareados), usando como puente el verso «quien de la breve flor aun no sabía», y *sabía* es, precisamente, el par, 21 versos después, de *entendía*, los dos verbos pertenecientes a un mismo campo semántico. Probablemente exagero, pero en una poesía tan «objetiva, racional y aquilatada» (muy exacta caracterización: Paz, 2011: 27), como la de Góngora y, en este caso, la de su discípula, me cuesta creer en una disposición casual, no intencional. Por cierto, tengamos presente la idea y vocabulario de estos versos, muy cercanos a un pasaje de la *Soledad I* que citaré más adelante.

hallamos «planta dicotiledónea» (por cierto, también la soya es una «planta dicotiledónea»). En ninguna de estas dos definiciones *vemos* la rosa. ¿Qué pasa cuando sor Juana hace una enumeración que asocia los colores, las texturas y el perfume, y habla de la «figura ebúrnea» de esa misma rosa, de su frágil hermosura, de sus colores mixtos, de los ámbares que exhala y de cómo, roto el capullo, brota jactanciosa, como ampo purpúreo y rosicler nevado? Toda la verdad de lo que es la rosa se recoge plásticamente en una perífrasis formada por una trama de imágenes visualmente poderosas: se nos pone frente a los ojos: su color, sus pétalos cairelados, su delicadeza, y se nos recuerda su fragancia. Cuanto más se ajustan a la realidad las relaciones plasmadas en la lengua, tanto más intensamente cala en nosotros, lectores, el contenido de verdad.

Como en las viñetas de los regalos de la *Soledad I*, el poder de estos versos está en su *pathos* racional y su fuerza visual. Lo poético es ver, dice Juan de Mairena a sus alumnos (Machado, 1987: 103), y esto es, precisamente, lo que hacen posible las perífrasis, descubriéndonos que la aproximación poética a lo real es la más real que puede concebirse, porque descubre vínculos nunca antes vistos entre los elementos que conforman las cosas. La perífrasis, más que describir o narrar, hace brotar las cosas mismas. Tras ella no solo hay una técnica artística magistralmente llevada a cabo, no solo está el placer de la belleza, sino también una actitud filosófica que reflexiona sobre las cosas, las causas y sus efectos, una actitud que quiere sobrepasar las apariencias y comunicar una verdad interior, percibida instintiva, pero racionalmente, por los poetas.

En su artículo «Función de la retórica de las *Soledades*», R. Jammes estudia convincentemente el *modus operandi* de las comparaciones gongorinas. Me detengo en uno de sus ejemplos, los vv. 727-731 de la *Soledad I*:

> ...cual del rizado verde botón, donde
> abrevia su hermosura virgen rosa,
> las cisuras cairelea
> un color que la púrpura que cela
> por brújula concede vergonzosa[20].

Explica Jammes que el objetivo de esta comparación es «ponderar el pudor juvenil, la hermosura todavía en cierne de la novia», pero que lo que queda, finalmente, en el lector es, en realidad, la rosa, que ni siquiera se menciona por su nombre. «Es decir –concluye Jammes– el segundo término de la comparación se desconecta en cierta medida del primero (al que tenía que ir sometido), para cobrar cierta autonomía y desarrollarse de manera independiente» (Jammes, 1991: 217).

---

20 Aquí es donde debemos recordar los versos sorjuaninos sobre la rosa.

Algo parecido pasa con las comparaciones sorjuaninas, aunque la poeta no solo, o no necesariamente, «es raptada» por los prodigios de la Naturaleza, sino por las noticias eruditas. Por ejemplo, para ponderar la altura del mirador donde se halla su alma en el sueño, recurre a tres comparaciones muy desarrolladas y relativamente extensas (encerradas en sus respectivas tiradas de pareados): la ya mencionada de los montes Atlante y Olimpo, las pirámides de Egipto (vv. 340-403, con el excurso sobre Homero en medio: vv. 382-399) y la torre de Babel (vv. 414-422). En los tres casos, como dice el gongorista francés, el segundo término de la comparación pasa a primer plano, adquiere autonomía y se explica y encierra en sí mismo. Por ejemplo, en el pasaje de las pirámides, lo que sor Juana pretende enfatizar es la altura, a la que dedica 13 de los 63 versos que forman la comparación. Dice la poeta que por más que la vista, cual lince, se esfuerza por alcanzar a ver la punta que con el primer orbe «finge que se junta», cae despeñada hasta al «pie de la espaciosa basa», «tarde o mal recobrada / del desvanecimiento: / que pena fue no escasa / del visüal alado atrevimiento» (vv. 365-368); notemos la variante «tarde o mal» de la *iunctura* gongorina y la hermosa recreación del tópico de Ícaro. El resto del pasaje es una acumulación de vocación enciclopédica de todas las noticias que tiene sobre el tema. Lo que queda, pues, en la memoria del lector es que las pirámides eran dos, que estaban en Menfis, que ahora es Cairo, que son como pendones fijos que sirven de tumba y bandera a los Ptolomeos, de quienes son «bárbaros trofeos» (con lo que se refiere a los esclavos, botines de guerra, usados para construirlas), que su construcción es un prodigio del conocimiento geométrico, que refractan el sol y por tanto no producen sombra y que Homero habló de ellas (no sabemos de dónde sacó sor Juana esta noticia; el caso es que la licencia pseudoerudita le permite una digresión sobre el poeta griego).

En estos versos hay varias alusiones textuales gongorinas muy deliberadas: además de la ya mencionada «tarde o mal», están «...si ya no pendones / fijos, no tremolantes» que recuerda los vv. 421-422 de la *Soledad I*, donde Góngora habla de otras glorias: la victoria española sobre los «Caribes flechados». El uso del «que su», en vez de *cuyo*: «éstas, que en nivelada simetría / su estatura crecía», esto es, «éstas, cuya estatura...», como en Góngora «ni la que su alimento / el áspid es gitano» (*Sol. I*, vv. 110-111), es decir, «esa, cuyo alimento», etc. La alusión más intencionalmente obvia, puesto que en el modelo está en el mismo contexto, es la de los «bárbaros trofeos» con el pareado «trofeos-Ptolomeos»: «bárbaros trofeos / que Egipto erigió a sus Ptolomeos» (*Sol. I*, vv. 956-957). Esta última alusión es especialmente significativa: sor Juana dice «Las pirámides dos –ostentaciones / de Menfis vano...»; habla, pues, de *dos* pirámides; la noticia que tenemos nosotros ahora es que son *tres*. Los sorjuanistas han buscado por todas partes el simbolismo de ese *dos*: los dos volcanes, el Popocatépetl y el Iztlaccíhuatl, al pie de los cuales nació la monja; el masculino y el femenino; el ying y el yang, etc. Cuando me tocó a mí explicar las razones de ese *dos* di, según yo, con el hallazgo de que, en su *Historia natural*, Plinio habla de más de 200 pirámides, pero solo destaca dos por ser las más altas. Me pareció que si lo que se quería ponderar en este pasaje era la altura, en la noticia de Plinio estaban, sin duda, las razones de ese *dos*[21]. Sin embargo, gracias al descubrimiento de mi alumno Emiliano Delgadillo, ahora pienso que tampoco es esta la explicación correcta. Solo Dios sabe si sor Juana leyó a Plinio o si encontró la información en alguna poliantea. Lo que sí sabemos con toda seguridad es que leyó muy bien a Góngora; y en esta red alusiva, tan tupida de guiños gongorinos, es otro texto de Góngora el que explica las «Pirámides dos»: en un romance apócrifo («En buen ora, o gran Felipe»), pero recogido en la edición de Gonzalo de Hoces (el 215 de los *Romances* de A. Carreira[22]), encontramos estos versos: «en cuyas memorias pías, / devotamente lustrosas, / en *dos pirámides altas* / que los indios montes moran» (vv. 421-424); los versos hablan de *dos* pirámides, calificadas de *altas*, a las que el cordobés compara con *montes*, como hace sor Juana al recapitular sobre la altura de su mirador: después de las tres comparaciones y de varias y extensas digresiones, refiriéndose específicamente a las pirámides, dice: «Estos, pues, *montes dos* artificiales» (v. 412). Estoy casi segura de que este vínculo textual es la mejor explicación para esas *pirámides dos*.

En la comparación con la torre de Babel —la más breve de la tres—, la ponderación de la altura queda en un tercer plano; en el segundo, la historia bíblica. En primer plano y lo que más impacta al lector es la reflexión ética de sor Juana: los vestigios de la sacrílega torre no son ruinas de piedra (que esas las borra el tiempo), sino «los idiomas diversos que escasean / el sociable trato de las gentes» (vv. 418-419), esto es, las diferentes lenguas que hablamos los seres humanos: «(haciendo que parezcan diferentes / los que unos hizo la naturaleza, / de la lengua por sólo la extrañeza)» (vv. 420-422: nótese el pareado: *naturaleza-extrañeza*): la patria del ser humano es solo una; las barreras lingüísticas son un castigo que, siendo iguales, nos hace extraños.

Así, pues, al funcionamiento gongorino de las comparaciones, sor Juana suma el recurso de la acumulación, la redundancia: hila afanosamente tres extensos pasajes comparativos, con sus respectivas noticias eruditas, para

---

21 Véase mi nota a este pasaje en Cruz, 2018: 273.
22 Góngora, 1998: t. 4, 38-62.

enfatizar el mismo dato (la altura). Esta acumulación casi sinonímica, sin embargo, le permite claridad y funcionalidad, pues de esta manera prepara el terreno para transcribir la excitación, la perplejidad, el encuentro de emociones, de su alma al hallarse en tan privilegiado mirador: «En cuya casi elevación inmensa, / gozosa más suspensa, / suspensa pero ufana...» (vv. 435–437). Gozo sí, pero también temor; temor, sí, pero otra vez gozo. Y luego el miedo de lanzarse a la empresa, seguido del coraje de hacerlo, más la búsqueda de la manera para hacerlo, etc. En fin, todo lo que es, en esencia, el *Primero sueño*.

Para concluir diría que las diferentes formas en que la memoria poética de sor Juana alude a Góngora resultan de una elección artística y estética, esto es, están motivadas por el propósito de subrayar la construcción del texto poético. La monja encontró en el arte alusiva (como llama Pasquali a todo este conjunto de fenómenos de imitación, evocación, reminiscencia, etc.) el verdadero camino hacia la originalidad: «The attentive philologist uses the memory of past [verses] to perceive the text in formation —analyzing the implicit allusions through which the artistic intention of the work is both suggested and declared» (Conte, 1986: 84). No se trata de un mero concurso de fuerzas entre el poeta que alude y el aludido, sino de establecer un diálogo, un intercambio de pensamientos entre dos voces, una continua confrontación entre formas y lenguas yuxtapuestas. En este sentido, el *Primero sueño* re-escribe sus reminiscencias, afina nuestra lectura de las *Soledades*, tanto cuanto estas lo determinan, y reafirma la importancia de los dos poemas dentro del cuerpo de la tradición.

Referencias bibliográficas

Alatorre, Antonio (2007): *Sor Juana a través de los siglos (1668–1910)*. México: El Colegio de México-El Colegio Nacional- Universidad Nacional Autónoma de México.

Asensio, Eugenio (1983): «Un Quevedo incógnito. Las silvas». *Edad de Oro*, 2, 13–48.

Blanco, Mercedes (2012): *Góngora o la invención de una lengua*. León: Universidad.

Borges, Jorge Luis (1925): *Inquisiciones*. Buenos Aires: Proa.

Carne-Ross, D. S. (1979): *Instaurations. Essays in and out Literature Pindar to Pound*. Berkeley-Los Angeles-London.

Conte, Gian Biaggio (1986): *The Rhetoric of Imitation. Genre and Poetic Memory in Virgil and Other Latin Poets*. Trans. and ed. by Ch. Segal. Ithaca-London: Cornell University Press.

CONTE, Gian Biaggio (1994): *Genres and Readers. Lucretius. Love Elegy. Pliny's Encyclopedia*. Trans. by G. W. Most, ed. Ch. Segal. Baltimore-London: The Johns Hopkins University Press.

CRUZ, sor Juana Inés de la (1951): *Lírica personal*. Ed. de A. Méndez Plancarte. México: Fondo de Cultura Económica.

CRUZ, sor Juana Ines de la (1995): *Segundo volumen*. Ed. facs. Mexico: Universidad Nacional Autonoma de Mexico.

CRUZ, sor Juana Ines de la (2009): *Lírica personal*. Ed., introd. y notas de A. Alatorre. Mexico: Fondo de Cultura Economica.

CRUZ, sor Juana Inés de la (2018): *Ecos de mi pluma. Antología en prosa y verso*. México: Universidad Nacional Autónoma de México-Penguin Random House.

GALLAND, Pierre (2013): *La silve. Histoire d'une écriture libérée en Europe de l'Antiquité au XVIIIe siècle*. Belgium: Brepols.

GÓNGORA, Luis de (1994): *Soledades*. Ed., introd. y notas de R. Jammes. Madrid: Castalia.

GÓNGORA, Luis de (1998): *Romances*. Ed., introd. y notas de A. Carreira. Barcelona: Quaderns Crema.

GÓNGORA, Luis de (2013): *Soledades*. Introd. y ed. de A. Carreira. Sor Juana Inés de la Cruz, *Primero sueño*. Introd. y ed. de A. Alatorre. México: Fondo de Cultura Económica. p. 124.

HIDALGO-SERNA, Emilio (1993): *El pensamiento ingenioso en Baltasar Gracián*. Barcelona: Anthropos.

JAMMES, Robert (1991): «Función de la retórica en las *Soledades*». En B. López Bueno (ed.), *La silva* (213–233). Sevilla: Grupo PASO-Universidad de Sevilla-Universidad de Córdoba.

LY, Nadine (2002): «Propiedad lingüística y verdad de las cosas: "deleyte de la palabra, deleyte de la cosa". (A propósito del anti-barroquismo de Machado)». J. Roses (ed.), *Góngora hoy I-II-III* (145–177). Córdoba: Diputación de Córdoba.

MACHADO, Antonio (1987): *Juan de Mairena*. Ed. J. M. Valverde. Madrid: Castalia.

MONTERO DELGADO, Juan y Pedro RUIZ PÉREZ (1991): «La silva entre el metro y el género». En B. López Bueno (ed.), *La silva* (19–56). Sevilla: Grupo PASO-Universidad de Sevilla-Universidad de Córdoba.

PASQUALI, Giorgio (1951): *Stravaganze quarte e supreme*. Venecia: Neri Pozza, 1951.

Pasquali, Giorgio (1968): *Pagine stravaganti*. Florencia: Casa Editrice Le Lettere.

Paz, Amelia de (2011): «Góngora». En *Delenda est Carthago (Góngora y otros fenicios)* (17-42). Santander: Esles de Cayón.

Roses, Joaquín (2010): «La alhaja en el estiércol: claves geográficas y estéticas de la poesía virreinal (acerca del gongorismo colonial)». En A. Sánchez Robayna (ed.), *Literatura y territorio. Hacia una geografía de la creación literaria en los Siglos de Oro* (407-443). Las Palmas de Gran Canaria: Academia Canaria de la Historia.

Sánchez Robayna, Andrés (2012): «La recepción de Góngora en Europa y su estela en América». En *Góngora. La estrella inextinguible: magnitud estética y universo contemporáneo* (171-189). Madrid: Sociedad Estatal de Acción Cultural.

Soriano Vallés, Alejandro (2000): *El «Primero sueño» de sor Juana Inés de la Cruz. Bases tomistas*. México: Universidad Nacional Autónoma de México.

Tenorio, Martha Lilia (2014): *El gongorismo en Nueva España. Ensayo de restitución*. México: El Colegio de México.

Alejandro Jacobo

Entre el ingenio y la parodia: de las *Soledades* gongorinas a las *Estaciones del día*, de Agustín de Salazar y Torres

Resumen: De los numerosos autores sobre los que la obra poética de Luis de Góngora (1561-1627) ejerció una notable influencia en el virreinato de Nueva España en el siglo XVII, uno de los más destacados fue Agustín de Salazar y Torres (1636-1675). En este trabajo se estudia la imitación paródica que Salazar y Torres realizó sobre la obra gongorina en una obra cuyo título es *Las Estaciones del día*, la cual supone un poema extenso que muestra sin duda un marcado ingenio por parte del poeta novohispano. Se analiza para ello el interesante contenido de la obra y los numerosos *pastiches* paródicos que Salazar y Torres tomó tanto de la obra gongorina —de las *Soledades* principalmente, pero también de otras obras como el *Polifemo* o algunos *romances* y *sonetos* del poeta cordobés— como de otros poetas de la tradición literaria española. Por último, se analiza la burla del código petrarquista o *antipetrarquismo*, de gran tradición en las letras hispánicas.

Palabras clave: Agustín de Salazar y Torres, *Estaciones del día*, parodia, burla, antipetrarquismo, gongorismo novohispano.

1. Introducción

Si pudiéramos definir y caracterizar toda la poesía que se compuso a lo largo del Barroco hispánico, *grosso modo* diríamos que esta fue una de las formas literarias a través de las cuales los poetas pudieron expresar su aceptación o su rechazo a las instituciones sociales y culturales de la época.

Es decir, mediante esta modalidad de escritura los poetas dedicaban sus composiciones a las autoridades públicas, religiosas, y a personajes insignes donde, o bien manifestaban su ortodoxia ideológica, política o religiosa y aceptaban su situación en el entramado social de la época —para lo cual hablaríamos de una poesía vinculada necesariamente al poder que se produjo en los que en este estudio he querido denominar los *escenarios oficiales* de la cultura letrada (es decir, en las academias literarias, en las fiestas y los certámenes poéticos, e incluso en monasterios y conventos)—, o, por el contrario, en las composiciones los poetas exponían sin ningún reparo su encono o animadversión hacia los hechos que ellos mismos estimaban como subversivos dentro del orden sociopolítico y cultural, por más que algunos de estos poetas tratasen de inducir a los lectores u oyentes a la risa y a la diversión. Era esta última, pues, un tipo de poesía perseguida por las autoridades; una literatura mayormente popular que se transmitía en los *escenarios no oficiales* de la cultura, que fueron principalmente las calles y las plazas de las ciudades.

Estas dos vías de producción trazan la idiosincrasia de toda la poesía barroca, la cual sin duda estuvo marcada —tanto en la península como en los virreinatos— por el *gongorismo*, fenómeno lírico derivado de la modalidad literaria del *culteranismo*, que se gestó como una última evolución de la tradición renacentista y que representó la imposición decisiva del barroquismo literario (Pulido Tirado, 2004: 394-398). Efectivamente, mediante la intensificación de los recursos poéticos de la tradición renacentista, Góngora creó lo que en su época se llamó «nueva poesía» (Collard, 1967), la cual fue arrastrando numerosos seguidores pero cuya estela también generó una polémica[1] a ambos lados del Atlántico entre defensores y detractores de su obra poética.

Por lo que respecta al fenómeno del *gongorismo* virreinal[2], Zamir Bechara, refiriéndose a la indefectible imitación de la poesía de Góngora en Hispanoamérica, señala que:

> La poesía gongorina representa, dentro del movimiento culterano, la más alta cima de expresión del barroco literario. [Esta] ejerció una poderosa seducción que embriagó hasta el exceso la inabarcable galería de seguidores que con mayor o menor fortuna le imitaron de manera intencionada. Como en toda tradición literaria que imite a sus modelos, los poetas que gongorizaban podían ser buenos, mediocres o, simplemente, malos; los críticos, gongoristas o antigongoristas; pero tanto unos como otros, consciente o inconscientemente, quedaban marcados todos por el estigma gongorino (1998: 152-153).

Por su parte, y centrándome en el ámbito novohispano, Martha Lilia Tenorio explica que la influencia de Góngora en la poesía se manifestó de dos maneras, a saber: en primer lugar, mediante «la imitación en las evocaciones o recreaciones (o plagios) evidentes» (Tenorio, 2013: 23) de su poesía, las cuales, si hacemos

---

1 Para conocer sobre la polémica entre gongorinos y antigongorinos, remito a los siguientes estudios: García Berrio (1980); Gates (1960); Martínez Arancón (1978); y Roses (1994).
2 La bibliografía sobre el *gongorismo* en el ámbito virreinal es prácticamente inabarcable. Entre los trabajos más importantes destacan los siguientes: Carilla (1946); Fernández (2004: 173-187); Rivers (1992: 856-861); Roses (2010a: 161-168); Roses (2010b: 407-443); Roses (2014: 181-209); Rovira (2004: 189-208). Para el ámbito novohispano destacamos, entre otros muchos, los siguientes estudios sobre el *gongorismo*: Pascual Buxó (1960); Méndez Plancarte (1994) y Tenorio (2013).

un repaso por la lírica novohispana del seiscientos, encontramos en «arcos triunfales, certámenes poéticos, relaciones de fiestas civiles y religiosas, pompas fúnebres, nacimientos de príncipes y los contados poemas de índole personal» (Pascual Buxó, 1960: 10). En este sentido, según explica Jaime Concha (1976), estas manifestaciones que se iniciaron con el conocimiento de la obra de Góngora por vía de la educación jesuítica dieron cuenta de la importante posición que había adquirido el poeta cordobés en las letras novohispanas. En segundo lugar, esta influencia de Góngora se manifestó en la manera como los poetas novohispanos concibieron el ingenio lingüístico gongorino, es decir, en el empleo de los recursos —léxico, cultismos sintácticos, hipérbaton, fórmulas estilísticas, simetría bilateral, perífrasis y alusión, metáfora e imagen—; para Tenorio, este es el verdadero *gongorismo* que se dio en Nueva España, «resultado de una decisión de carácter estético e intelectual: la elección, no sólo por moda, sino convencida, razonada, estéticamente preferible, de la lengua propuesta por Góngora» (Tenorio, 2013: 24).

Sea como fuere, el fenómeno poético del *gongorismo* arrastró a seguidores e imitadores de la poesía de Góngora en ambos lados del Atlántico; poetas que la crítica ha llamado —no sin razón y salvo muy pocas excepciones— poetas gongorinos o gongorizados (Orozco, 1988: 67).

Uno de esos poetas gongorinos fue Agustín de Salazar y Torres (1642-1675), cuya obra literaria completa fue reunida en 1681 —reimpresa en 1694— con el nombre de *Cýtara de Apolo*; recopilación llevada a cabo por su amigo y editor Juan de Vera y Tassis y Villarroel. La *Cýtara de Apolo* comprende un buen número de poemas sacros, de circunstancias, fábulas mitológicas, poemas sentimentales, algunas loas y bailes teatrales, y un importante corpus de poesía satírico-burlesca; poemas estos últimos, dice el editor, que fueron «travesuras del ingenio [...] efectos y trabajos de la puerilidad, no ocios de la juventud» (Salazar y Torres, 1694: 12).

Dentro del corpus de poesía lírica de Salazar y Torres, me interesa destacar aquí dos obras, donde vemos más que en ninguna otra de sus composiciones su fervor gongorino: la primera de ellas es la *Soledad a imitación de las de don Luis de Góngora*, poema serio de 153 versos, «cargados de toda la pompa metafórica y musical que en los campos soledosos o polifémicos había agavillado don Agustín» (Ares Montes, 1961: 305), que ha sido estudiado y analizado lúcidamente por Ponce Cárdenas (2008: 134-142). La segunda es la titulada: *Teatro de la Vida humana, desde que amanece hasta que anochece, por las cuatro Estaciones del día, no olvidando la fiera ingratitud de su amada Marica, a quien ofrece este tratado*, o sencillamente las *Estaciones del día*, título acortado por el que se la conoce.

El objeto de este trabajo se centra en el análisis de esta última obra mencionada; es el propósito entonces dilucidar de qué modo Salazar y Torres dialoga con la tradición gongorina, y en qué medida las *Estaciones del día* puede interpretarse como una imitación paródica de los códigos vigentes en la obra del poeta cordobés y de otros poetas egregios de la tradición literaria hispánica.

En su aspecto estructural, la obra es un extenso poema de 1217 versos distribuidos en cuatro silvas de métrica y extensión diferentes —226, 307, 266 y 458 versos, respectivamente— que se corresponden con las cuatro partes del día (el alba, el mediodía, la tarde y la noche). Cabe decir que Salazar y Torres escribió las tres primeras estaciones y los 34 versos iniciales de la cuarta; el resto y final fue obra del editor Vera y Tassis.

2. Ingenio y parodia en las *Estaciones del día*

En el Barroco la poesía no se entendía únicamente como arte, sino que sobre todo se concebía como «arte de ingenio»[3], cuyo objetivo principal era provocar la admiración en los receptores; es decir, la poesía mostraba a los lectores y oyentes una especie de *anagnórisis* o revelación —reconocimiento—, donde el significado escondido de los poemas se hiciera evidente.

Si esto lo trasladamos al ámbito de la sátira y la burla, no es una casualidad, por tanto, que esta modalidad literaria requiriese de más ingenio y agudeza a la hora de componer[4]; consideración esta última que nos remite al principio

---

3   El jesuita aragonés Baltasar Gracián fue uno de los primeros en tratar y elaborar una teoría sobre el «ingenio» en su tratado *Arte de ingenio, tratado de la agudeza. En que se explican todos los modos y diferencias de conceptos* (1642). En este trabajo Gracián mostró todos los mecanismos del arte de ingenio en dos nociones más: la «agudeza» y el «concepto». En cuanto a la primera, cabe decir que era el engranaje principal del ingenio, mediante el que se ponía en marcha el concepto, o en sus propias palabras: «Válese la agudeza de tropos y figuras retóricas, como de instrumentos para exprimir cultamente sus conceptos» (1987, I: 45). Asimismo, el jesuita aragonés consideró que la agudeza era el puente de unión entre el ingenio y el concepto, que definió como «un acto del entendimiento que exprime la correspondencia que se halla entre los objetos» (1987, I: 55).

4   Por ejemplo, uno de los más importantes preceptistas del siglo XVII, Juan Caramuel, decía en su *Rhytmica* (1665) a propósito de las composiciones burlescas que decir tonterías era fácil, pero decirlas con ingenio era extremadamente difícil, y precisaba: «poetas eruditísimos trabajan desde hace mucho tiempo para desarrollar el arte de decir insignificancias con ingenio» (2007, II: 201). Se trata, pues, del mismo arte de ingenio, solo que trasladado al otro extremo de la poesía oficial o convencionalmente aceptada, es decir, trasladado al ámbito de la sátira y la burla.

de extremosidad de la estética del Barroco y a la búsqueda de la dificultad que recaía en lograr una correlación entre los objetos disímiles[5].

En este sentido es innegable que Salazar y Torres, «aplicadísimo discípulo de Góngora e indiscutible maestro de Sor Juana» (Tenorio, 2010a: 66)[6], muy consciente y conocedor de la poesía de su época, compuso versos con rimas forzadas y también por encargo, pues se sabe que Salazar y Torres fue un poeta de Academia literaria, tal y como se ocupa de decirnos el propio poeta y su editor en la *Cýtara*, ya que en muchas de las rúbricas de sus poemas se aclara que fueron «assumpto de Academia»[7].

Sabemos que en las tertulias de estas Academias se les pedía a los poetas —al igual que ocurría en las *justas poéticas* de los certámenes literarios, donde nuestro poeta también participó— que demostrasen su ingenio mediante la composición de centones, glosas y la evocación de determinadas imágenes, e incluso en la inserción de versos ajenos con diferentes fines —algunos de ellos paródicos—; inserción que en ocasiones llegaba a la paráfrasis e incluso a la recreación (Tenorio, 2010a: 64).

Relacionado con esto último que acabo de apuntar, las *Estaciones del día* ha sido calificada por algunos críticos (Ares Montes, 1961: 307 y Tenorio,

---

5 O como ha expresado acertadamente Cacho Casal: «Si lo bajo y lo sorprendente siguen siendo dos puntos clave [de la poesía satírico-burlesca], éstos se manifiestan [...] con una mayor complejidad formal y conceptuosa. La estética de la agudeza barroca exige la búsqueda de asociaciones inesperadas entre ideas y objetos muy dispares. [...] El empleo de estos recursos favorece la condensación de varios significados en un solo vocablo, con lo cual se realiza el ideal del *multo in parvo*, tan importante en el código conceptista. El uso conjunto de la metáfora y silepsis abre nuevas puertas a la imaginación y pone a prueba la inteligencia del lector, que debe demostrar su capacidad y descubrir las gracias escondidas en el rico tejido de relaciones semánticas trazado por el poeta [satírico-]burlesco» (2007: 16).
6 En otro trabajo, la profesora Tenorio ha estudiado la influencia que ejerció Góngora en la poesía de Salazar y Torres, y ha demostrado cómo parte del gongorismo de Sor Juana es una muestra de la asimilación por su parte de la poesía de Salazar y Torres, en tanto que antecedente evidente de su poesía. Véase Tenorio (2010b).
7 A este respecto, señala Ares Montes: «La primera Academia en que actuó Salazar debió ser la que acogía en sus salones virreinales de Méjico el duque de Alburquerque; después, en Madrid, también debió de frecuentar alguna y hasta presidirla» (1961: 293). Sobre la pertenencia y participación de Salazar y Torres en Academias literarias es indispensable el trabajo de Barragán Aroche (2008), en el que la autora dedica numerosas e interesantes páginas al asunto.

2010b: 175) como una *imitación burlesca* de las *Soledades* gongorinas. No obstante, a mi juicio, el extenso poema de Salazar y Torres excede el estrato imitativo-burlesco para proyectarse como *parodia*; es decir, las *Estaciones del día* no puede catalogarse como una imitación burlesca de las *Soledades* de Góngora, sino más bien una parodia sobre estas y sobre otros textos, aunque contenga, eso sí, numerosos elementos que, a través de la invectiva o ataque *ad hominem*, son motivo de burla en muchos de sus versos —principalmente el propio autor y la figura de la mujer coprotagonista de la obra, como se verá seguidamente—.

Señalo esto porque *burla* y *parodia* no son lo mismo, aunque ambas expliquen y justifiquen la materia cómica —como esta también la conforman la *sátira*, la *invectiva*, el *escarnio*, o la *ironía*—; categorías que se incluyen, eso sí, dentro de la modalidad literaria de lo satírico-burlesco[8]. Así, a diferencia de la sátira —que se caracteriza principalmente por su carácter moralizante y crítico dentro de unos determinados valores de la sociedad—, la burla se refiere siempre a una cuestión de estilo. En palabras de Ignacio Arellano:

> La relación entre ambas esferas [la sátira y la burla] es un tanto contradictoria: por un lado los elementos burlescos debilitan la dimensión «inversionista» propia de la sátira; por otro son esos elementos de orden lúdico-estético los que convierten a la sátira en literatura e impiden que se reduzca a un sermón o adoctrinamiento puro, o al puro insulto. El carácter lúdico y estético de lo burlesco es, específicamente, de tipo risible: podría analizarse no según la intención ética del autor (como la sátira), sino según los efectos estéticos inmediatos (la risa) que provoca en el receptor. Ambas categorías pueden formar parte de un poema en diversos grados: más que de poemas satíricos opuestos a poemas burlescos habría que hablar de poemas más o menos satíricos expresados en estilo más o menos burlesco, lo cual postula la existencia de varias modalidades (2003: 34).

Por tanto, establecer el límite que vincula una modalidad con la otra se nos presenta como una tarea ardua, ya que ambas categorías confluyen en planos distintos.

En cuanto a la *parodia*, cabe decir que esta es también un procedimiento estilístico, sin embargo, a diferencia de la burla, su peculiaridad radica en que mediante la parodia se desvaloriza «el contenido, la forma o los personajes de *obras ya existentes concebidas con un propósito serio* o dirigidas a fines estéticamente superiores» (Rangel, 1979: 151 [cursiva mía]). Como se puede comprobar,

---

8 Para la caracterización de estas categorías como constituyentes de la literatura satírico-burlesca, véase Jacobo Egea (2017: 111–124).

la diferencia entre ambas categorías radica en la *intencionalidad* con que el discurso paródico es formulado por el poeta; de manera que en las *Estaciones del día* la *parodia* funciona como una forma —o estilo— de la materia cómica, en que Salazar y Torres *imita* en tono de burla el estilo de otro autor o autores, incluso de sí mismo.

Aclarado lo anterior, voy a justificar en las próximas páginas el elemento satírico-burlesco de las *Estaciones del día* principalmente a través de dos motivos: por un lado, la parodia y la autoparodia (con algunos ejemplos de pastiches o *alotextos* con sentido paródico); y por otro lado, la burla sobre el sentimiento del amor o *antipetrarquismo* que aparece prácticamente a lo largo de todo el poema.

2.1. *La parodia en las* Estaciones del día

No cabe duda de que tras la lectura de esta obra el lector sagaz puede inferir que Salazar y Torres buscaron la dificultad en la composición, según he comentado anteriormente, para lo cual el poeta tuvo que sacar a la luz todo su ingenio. Asimismo, la presencia de lo satírico-burlesco en la obra se explica no solo por el contenido con intención cómica en muchos de sus versos, sino también gracias a la inclusión en esta de textos ajenos, lo que supone una especie de *contaminatio* de fuentes textuales que el poeta utiliza con fines paródicos; es lo que se conoce como alotextos «o parodias sistemáticas de otras formas literarias» (Arellano, 2003: 230)[9]. Veámoslo a continuación.

La *Estación primera* comienza con un extenso *incipit* donde el poeta nos describe el amanecer y donde se nos anuncia el tono general del poema:

> El alba hermosa y fría,
> que bien puede ser fría y ser hermosa,
> como mujer casera y hacendosa,
> con la primera luz del claro día
> se levantó aliñando paralelos,
> barriendo nubes y fregando cielos.
> Salía con las crenchas destrenzadas,
> el jaque descompuesto,
> y echada por los hombros la basquiña;
> sólo un zarcillo puesto,
> que por que el Sol que viene no la riña,

---

9 Sobre el concepto de «alotexto» y los tipos de este procedimiento literario dentro de la teoría de la parodia, véase Golopentia (1969).

> y regarle el salón del Mundo presto,
> dejó prendido el otro en la almohada;
> [...]
> Dejando el estropajo,
> que del cielo lavó los azulejos,
> por dar al orbe luces, y reflejos;
> tomó la regadera,
> y desaguando una tinaja entera
> (que estaba serenada de la noche,
> del cielo en los desvanes,
> en que tuvo en remojo tulipanes)
> y una jarra con rosas y alhelíes,
> en los zaquizamíes,
> antes que el sol sus rayos desabroche
> (si los rayos del sol tienen corchetes),
> regó las plantas y roció las flores;
> y, salpicando a algunos ruiseñores,
> a entonar empezaron mil motetes,
> con sonora armonía,
> mas nada de la letra se entendía.
>
> (I, vv. 1-13, 16-32)[10].

Versos en los que la aurora personificada riega las plantas y las flores, puliendo los regazos de las montañas y peinando de sombras las malezas; todo ello para evitar la reprimenda de Febo, el dios del sol, lo cual se entiende aquí como un chiste, y más si sabemos que estos versos primeros han sido calificados como una parodia del amanecer de la *Soledad primera* [«Era el año de la estación florida / en que el mentido robador de Europa / (media luna las armas de su frente, / y el Sol todos los rayos de su pelo), / luciente honor del cielo / en campos de zafiro pace estrellas», (vv. 1-6, Góngora, 2017: 75)]. Efectivamente, aunque es cierto que estos versos parodian el inicio de la obra de Góngora, también Salazar y Torres está parodiando el inicio de su *Soledad a imitación de las de don Luis*. Compárense entonces los versos iniciales de la *Estación primera* con los versos iniciales de la *Soledad nueva*[11] de nuestro poeta novohispano[12]:

---

10 Cito, de aquí en adelante, el número de las silvas en romanos y los versos del poema de acuerdo con la magnífica edición, con transcripción moderna y anotada, que ha realizado la profesora Martha Lilia Tenorio sobre las *Estaciones* (2010a: 486-508).

11 Utilizo aquí el sintagma *Soledad nueva* para referirme a la composición que escribió Salazar y Torres y para diferenciarla de las dos silvas gongorinas.

12 Utilizo aquí el marbete «novohispano» para referirme a Salazar y Torres porque, aunque nació en España, llevó a cabo la mayor parte de su producción literaria en el virreinato de Nueva España.

Del blanco cisne la progenie hermosa
iluminaba el Sol con rayos de oro,
la imagen luminosa
dejando opaca del fingido Toro,
cuando del lecho de nevada espuma,
segunda de las ondas Citerea,
de aljófares bañada
si no de cuanta perla coronada
concha parió Eritrea,
se levantó la Aurora.
Por cuya luz primera
tanta la saludó turba canora,
música —digo— pluma
de pintada armonía,
cuanta huyó de la nueva luz del día
multitud luminosa
de la más tachonada ardiente esfera.

(*Soledad nueva*, vv. 1-17)[13].

Como se puede observar, encontramos aquí una clara muestra de autoparodia, pues Salazar y Torres degradan en estos versos su propio poema (Bonilla, 2013: 50).

Tras este inicio el poeta prepara el escenario de esta primera estación: comienza el despertar de la vida, en el que cantan los pájaros, se esconde la luna, y donde el alba

[...] mirando ya vacío
uno y otro horizonte,
y que Prois y Etonte
(dos caballos del Sol napolitanos)
venían abollando con las manos
del sosegado mar la tersa plata,
cada cual con su manta de escarlata,
voló con alas de jazmín y rosa
a dorar otros valles y otras cumbres,
siguiendo de la noche tenebrosa
las apagadas lumbres,
por aquellos senderos
que le iban enseñando luceros.
Iba llorando, y sola,
a despertar su llanto y su trabajo

---

13 Cito por Ponce Cárdenas (2008). Los versos de la *Soledad nueva* aquí transcritos, en pp. 134 y 135.

> a los que, pies con pies y boca abajo,
> del mundo habitan la otra media bola,
> que antípoda se llama
>
> (I, vv. 94-111).

Encontramos asimismo motivos de autoparodia en esta primera silva, pues con el Alba, el poeta-protagonista, radicalmente opuesto al peregrino de Góngora, consciente de su quehacer poético, se despierta y salta de la cama, se viste y sale inquieto y turbado (I, vv. 112-126), «diciendo mil amantes desatinos, / que no dijo más tierno Garcilaso» (I, vv. 127-128), dirigiendo seguidamente hacia su amada Marica un soliloquio aflictivo de naturaleza antipetrarquista sobre el que volveré más adelante.

Como digo, la apariencia del protagonista que reflejan los versos se convierte aquí en un motivo de risa a causa de la pobreza que se refleja en su rostro, y también por las pulgas que hay en su cama (I, v.114); de esta manera, Salazar y Torres presenta a su protagonista como una marioneta de este gran teatro que es el mundo.

La *Estación segunda* comienza así:

> Es la estación ardiente,
> en que es muy necesario y conveniente
> que escriban los poetas
> y el docto plectro tomen
> (que en fin algo han de hacer ya que no comen),
> si bien dirán que salen imperfectas
> las cláusulas sonoras;
> y aquesto lo colijo
> de que Góngora dijo
> que él escribía en las purpúreas horas
> que es rosa el alba y rosicler el día,
> de que se infiere que tal vez comía.
>
> (II, vv. 227-238).

Inicio en el que Salazar y Torres esta vez sí homenajea el inicio de la *Soledad primera* de Góngora, aunque el poeta novohispano suprima el léxico astrológico, pues ya lo había utilizado al inicio de su *Soledad nueva*, según ha podido comprobar el lector. Además, el poeta utiliza como *alotexto paródico* un verso gongorino, conocidísimo, que aparece en la dedicatoria al Conde de Niebla, y que el poeta cordobés escribió al inició de su *Fábula de Polifemo y Galatea*: «Estas que me dictó rimas sonoras, / culta sí, aunque bucólica, Talía / —¡oh excelso conde!—, *en las purpúreas horas / que es rosas la alba y rosicler el día.*» (Góngora, 2010: 155, vv. 1-4 [cursiva mía]).

Seguidamente, el poeta nos presenta una parodia de numerosos elementos tratados por Góngora en su *Soledad primera*, concretamente los siguientes versos recuerdan a la vida serrana que narraba dicha silva: encontramos la vida de los segadores cabreados por no tener vino:

> Recogíanse ya los segadores
> debajo de las sombras más vecinas,
> dejando ociosas hoces y dediles,
> y huyendo los ardores,
> hacían de los árboles cocinas,
> con prevención de botas y barriles,
> cuyo dulce licor templó su anhelo
> y alivió su trabajo
>
> (II, vv. 239-246).

Y lo hace en un nuevo escenario que cambia con la hora del día, donde se rebelan las fuerzas de la naturaleza: «El viento, que otras veces, / con el ruido, en la selva pone grima / y hace que el roble más robusto cruja / y que el abeto más valiente gima...» (II, vv. 256-259). También hallamos la parodia en otro episodio donde se nos presenta al pescador de caña, quien espera pacientemente a que piquen los peces (II, vv. 263-279); con ello, Salazar y Torres rompe con el *decoro* que caracteriza a las *Soledades* gongorinas; asimismo da entrada a otros personajes en esta segunda estación y plasma mediante una alegoría todos los peligros que acechan a la corte (II, vv. 322-339).

A continuación encontramos la *Estación tercera*, dedicada a la tarde, que comienza con la descripción del atardecer (III, vv. 534-551) y la desmitificación de algunas figuras mitológicas; tema este último —el de la desvalorización de las figuras mitológicas— muy tratado en la literatura del siglo XVII, pues la objetivación de los mitos que se produjo en la época barroca se orientó con frecuencia hacia la degradación, lo cual dio lugar a un elevado número de composiciones burlescas (Arellano, 2003: 230-236).

Por este motivo, en los versos que siguen vemos que Etón, uno de los caballos del Sol, se dedica a lanzar coces debido a que un tábano le pica en la cola (III, vv. 555-557); los versos aluden también a Apolo con actitud insolente y altiva, cualidades impropias de este dios:

> Tira la rienda, el látigo enarbola
> el dios, por sosegar su orgullo fiero;
> que como es de las ciencias presidente,
> es un dios tan prudente,

> que a sí mismo se sirve de cochero,
> porque dice que es menos indecencia,
> que sufrir de un cochero la insolencia.
>
> (III, vv. 558-564).

Tras la cómica escena, Salazar y Torres nos presenta un sentido homenaje al tema de la cetrería, y con ello a Góngora, ya que este lo trató magistralmente en su *Soledad segunda*. No obstante, Salazar y Torres nos muestra este tema en tono paródico, en uno de los pasajes más narrativos y logrados de todo el poema; primeramente Salazar y Torres centra su descripción en una montería (vv. 574-592) y luego en una caza de altanería (II, vv. 605-614); retrata aquí, como digo, la caza del conejo, de la perdiz, el jabalí o el lobo, así como la caza de los pájaros con red; aparecen aquí asimismo las frías madrugadas, las selvas cansadas, los tristes galgos y los cazadores fracasados; todo ello, como digo, plasmado en los versos con certera comicidad[14].

Sobre este episodio poco más que añadir; tan solo destacar el hecho de que, de repente, el poeta da un giro inesperado a la composición y nos hace pasar del mundo idílico de la vida pastoril (III, vv. 664-668) a la realidad de unos sucios cabreros y una sucia pastora:

> Sus cabras conduciendo a los rediles
> vienen, porque no dora
> ya Febo la campaña;
> pero de la cabaña
> salía a recibirles la pastora;
> y que no era la Ninfa certifico,
> nieve el pecho y armiños el pellico,
> pues sólo era su aliño
> de sayal un corpiño,
> y las manos, que no eran de manteca,
> los mechones pelaban de una rueca;
> de buriel el manteo, y hecho andrajos;
> con dos dedos de costra en los zancajos.
>
> (III, vv. 669-682).

Finalmente, encontramos la silva dedicada a la noche en la *Estación cuarta*, que comienza con una imagen cómica del Sol y la Luna (IV, vv. 800-833). El resto del poema, según se ha comentado ya, fue obra del editor Vera y Tassis, en cuyos

---

14 Para el episodio de la cetrería, remito al excelente análisis que sobre dicho asunto realiza Bonilla (2013: 71-76).

versos ya «no encontramos la desgarrada gracia de Salazar ni el ágil desarrollo de sus divagaciones, debido quizá esto último a la preferencia que muestra Vera por el endecasílabo» (Ares Montes, 1961: 317), que sin duda alguna rompe con el ritmo natural propio de las silvas.

2.2. *Burla del sentimiento amoroso y ecos antipetrarquistas*

Señalados algunos motivos paródicos relacionados con los alotextos que Salazar y Torres realiza sobre sus modelos poéticos y literarios, me dispongo a continuación a comentar aquellos versos que más sobresalen atinentes a la burla del sentimiento amoroso y al marcado antipetrarquismo de la obra.

Como se sabe el tema no es nuevo, pues la sátira amorosa ha sido y es una constante de la poesía satírico-burlesca desde Juvenal hasta Marcial, pasando por textos medievales como *Il Corbaccio*, de Boccaccio, hasta llegar a maestros de este tipo de subcategoría modal como Quevedo, Castillo Solórzano, y autores como Juan del Valle y Caviedes, Mateo Rosas de Oquendo o Eugenio de Salazar, dentro del ámbito virreinal.

Cuando me refiero a la poesía que trata el tema de la burla hacia el sentimiento del amor me refiero a textos en los que sobresale el ataque hacia las mujeres, a quienes se las refleja en general como personas predispuestas al cortejo, escandalosas, frívolas, o preocupadas por encontrar a un marido que las mantenga (Scholberg, 1971: 125-137)[15].

Salazar y Torres trató también la burla del sentimiento amoroso en muchas de sus composiciones, al subvertir el sistema retórico petrarquista «con el fin de menospreciar el sentimiento amoroso que lo sustentaba situando en su lugar una visión antiidealizada del mismo» (Martínez Martín, 2010: 264). Veamos algunos ejemplos de ello en las *Estaciones del día*.

Ya en la *Estación primera*, tras el mal despertar del poeta, este dirige a su amada Marica un sentido soliloquio aflictivo, ya que, como sabemos, esta le

---

15 En este sentido, Hodgart justifica el sentimiento de degradación que el poeta satírico-burlesco experimenta hacia el sector femenino. En sus palabras: «El hecho de que las mujeres, al contrario que las minorías raciales o los regímenes políticos, no puedan ser desterradas o abolidas, sino que están aquí para siempre, es, por consiguiente, una fuente de irritación más profunda para el satírico masculino, así como un estímulo más persistente para escribir que los producidos por cualquier otro tema. [...] Tal vez los hombres sientan algún complejo de culpabilidad por su explotación de la inferioridad de las mujeres, pero sienten también cierto resentimiento, porque, con todas sus ventajas, el poder que ejercen sobre las mujeres dista mucho de ser completo, y aun en algunos aspectos las mujeres quizá ejerzan su poder sobre ellos» (1969: 79).

ha rechazado; así, además de maldecir todo lo que le rodea (I, vv. 129-140), le dedica a su amada un soliloquio en el que le pregunta por el motivo de su desprecio, lo cual viola el código petrarquista de manera explícita:

> Dime, bella homicida,
> lleve el diablo tu vida,
> ¿es delito adorarte:
> no quería Belerma a Durandarte?
> ¿Dulcinea no amaba Don Quijote?
> ¿Y la reina Ginebra a Lanzarote?
> Y aunque no los iguale en bizarría,
> ¿Angélica la bella no moría
> por un alarbe como fue Medoro?
> ¿No soy cristiano yo, y él era moro?
> La misma diosa Venus ¿no seguía
> a su cojo marido,
> aunque de hollín teñido?
> Pues dime ahora, por cierto,
> ¿era mejor ser cojo que ser tuerto?
> Pasife, ¿no se andaba desalada
> de vacada en vacada
> tras un toro mohíno?
> ¿Será mejor un toro que un cochino?
> Semíramis, si llegas a miralllo,
> diz que quiso a un caballo;
> pues di, ¿por qué me das tanta molestia?;
> ¿no seré yo mejor, bestia por bestia?
> ¿Quieres, como Aretusa desdeñosa,
> que por huir a Alfeo
> (que al feo huyes también, pues me aborreces)
> verte mudada en fuente presurosa,
> y lo que antes en carnes, mi deseo
> busque después en peces?
> Pero tus esquiveces,
> como a Anaxarte [sic], en roca han de mudarte:
> que aun sin estar en nada convertida
> eres mucho más roca que Anaxarte!

(I, vv. 141-174).

Como se puede comprobar, en estos versos hallamos la enumeración de personajes mitológicos —Venus, Pasifae, Semíramis, Aretusa y Alfeo— y de héroes de caballería/parejas de la literatura —Belerma y Durandarte, Dulcinea y don Quijote, Ginebra y Lanzarote—, a través de los cuales el poeta-protagonista del poema compara y exige su amor por Marica, pues mediante estos ejemplos el protagonista pretende hacer ver a Marica que estas parejas de amantes son ejemplos de amores felices de los que aprender —*modus operandi* que por cierto Salazar y Torres llevó a cabo en otras composiciones, sonetos sobre todo, de naturaleza antipetrarquista (Martínez Martín, 2010)—. Por ello, al no conseguir que su amada cambie de actitud, el poeta-protagonista se duele y lamenta de la esquivez de Marica.

Despechado y plenamente convencido de que el rechazo de Marica es excesivo, seguidamente el poeta dirige sus ataques contra Cupido, a quien acusa de no romper la coraza de Marica para que se enamore del poeta:

> Pero tú, hijo de Marte,
> amor crüel y fiero,
> en fin, de un dios guerrero
> engendrado y nacido,
> para nocivos fines,
> para daños, estragos y temores,
> entre el tintirintín de los clarines
> y entre el tantabalán de los tambores;
> a ti, digo, Cupido,
> de majestad tirana y absoluta,
> hijo de Venus y de sus maldades,
> que la veleta fue de las deidades;
> y en fin, hijo de puta:
> ¿por qué, dime, le diste a Mariquilla
> tan grande preeminencia en mi albedrío,
> que no le quiera suyo, y no sea mío?
> Dime, mocoso, ¿fuera maravilla
> que me mirara un poco cariñosa?
> ¿Conmigo sólo quieres ser injusto?
> ¿No sabes tú que no ay mujer hermosa
> que no tenga mal gusto?
> Pues si de mí se hubiera enamorado,
> ¿qué peor gusto pudiera haber hallado?
> Y si la descarada
> fuera, como mujer, interesada
> (que no lo es su belleza)...

(I, vv. 175-200).

La burla hacia la mujer continúa en la *Estación segunda*, acto seguido del episodio en el que el autor nos cuenta sobre la vida serrana; después del canto de las chicharras y de la huida de los serranos hacia la sombra para buscar el frescor ante el caluroso mediodía, el hablante lírico contempla a su amada mientras esta come y retoma con sórdida invectiva todos los tópicos del retrato petrarquista, en cuyos versos describe a una hermosa dama, sí, pero una dama humana, es decir, no idealizada; una mujer glotona —que nos recuerda a la *Tisbe* gongorina— y, sobre todo, perezosa; versos donde se alterna el tono serio con el jocoso, que son una clara muestra de burla sobre los tópicos femeninos de la *descriptio* de la poesía petrarquista:

> tirana me convida
> a que asista a su mesa mentalmente,
> y sus acciones todas pinte y cuente.
> ¡Qué loco es quien afirma
> que las damas no comen!
> Aqueste ejemplo tomen
> de la golosa causa de mi pena,
> porque no sólo come, pero cena.
> Ya, tirana, te miro
> que cuando no te debo ni un suspiro,
> das tu divino aliento
> al viento, ingrata (¡o quien bebiera el viento!),
> soplando el caldo, porque está caliente,
> y soplando y sorbiendo juntamente:
> ¡quién fuera la escudilla!
> Mas dejaras de asilla,
> por no tocarme con tus manos bellas,
> y se enfriaran las sopas sin comellas.
> Apenas toca el pan con los cristales,
> cuando, aunque sea moreno,
> de mijo o de centeno,
> se hacen las rebanadas candeales;
> y si un dedo le toca,
> amasado con leche va a la boca.
> Mas como ni cuidado, ni amor siente,
> come bonicamente,
> tanto, que el plato menos regalado,
> no sólo queda limpio, mas fregado.
> Si es dulce lo que come, es tan discreta,
> que jamás se limpió en la servilleta;
> luego los dedos al clavel aplica,
> como la que se pica
> con alfiler o aguja,
> y la sangre se chupa, sin ser bruja.
> ¡O Amor, se te quitaran mil pesares,
> si la vieras lamerse los pulgares!

> Compuesto hechizo de jazmín y rosa,
> que es el último extremo de golosa;
> con perlas masca y con corales bebe,
> pues sus dientes son nieve,
> y sus labios son ascuas;
> y ella está más contenta que mil pascuas
> de saber que en su risa
> en fuego o nieve es la prisión precisa.
> Dicen los hombres sabios
> que como siempre bebe con sus labios,
> la vez que con la sed, Amor, la brindas,
> bebe siempre con guindas;
> y aun mi afecto repara
> que su garganta es tan tersa y clara,
> que lo que bebe (¡raro disparate!)
> se trasluce al pasar por el gaznate,
> como el sol cuando pasa por vidriera;
> no hiciera más de si de Venecia fuera.
> En fin, comen y beben las hermosas.
> Ahora, ¡qué de cosas
> pudiera yo decir de Cupidillo!
> Pero aguarda, que tengo un gran cuidado,
> que ha cogido el palillo,
> y al partido rubí le ha trasladado.
>
> (II, vv. 347–406).

De esta manera, los términos petrarquistas se convierten en motivo de burla porque Salazar y Torres los opone a la realidad que están viendo sus ojos: Marica deglute a dos manos y se chupa los dedos con cada bocado «como la que se pica / con alfiler o aguja»; son versos que introducen de nuevo descripciones de la mujer y que enfatizan rasgos y elementos de su fisionomía poco nobles de acuerdo con el código retórico petrarquista: «con perlas masca y con corales bebe, / pues sus dientes son nieve, / y sus labios ascuas».

Como se puede ver, en este pasaje «el efecto de la burla se ve aumentado cuando Salazar emplea justamente estas metáforas fijadas como si fueran sinónimos de los elementos reales, aquí sucesivamente la boca, los dientes, los labios y su garganta que tan tersa y clara es que devela lo que pasa por ella» (Barragán Aroche, 2008: 101).

La escena cómica hacia Marica continúa, al mofarse el poeta de que esta, que se ha ido a dormir la siesta, ronca mientras duerme:

> Ya está dormida, y el Amor alerta;
> y como duerme la boquilla abierta,

> el lecho queda todo y la almohada
> del fragrante resuello sahumada
> (aquesta voz, resuello en los dormidos,
> es la frase más culta de ronquidos);
> por que no la fatiguen los calores,
> mil alados Amores,
> con ricas flechas y carcajes ricos,
> de las alas le forman abanicos,
> batiendo apresuradas
> las plumas matizadas
> para hacerla más viento.
> Pero, advertid: ¡qué loco atrevimiento!
> ¡Aun el oírlo espanta!
>
> (II, vv. 420-434).

En la *Estación tercera*, tras evocar y rendir homenaje al oficio de la cetrería, Salazar recuerda de nuevo los encantos y la gracia de Marica (vv. 746-776), pero seguidamente se lamenta otra vez de su actitud de reproche:

> Si alguna vez me mira de repente,
> abrazando su calle con mis quejas
> –y sólo que me vea la suplico–,
> luego arruga la frente,
> enarquea las cejas
> y retuerce el hocico;
> y aun en esto no para,
> pues volviendo la cara
> hacia otra parte, pone el abanico
> de suerte que no pueda ni aun miralla,
> por que su luz no goce sin pantalla.
> Pero ¿de qué, ligero, me lamento?,
> si ha sido tanto su aborrecimiento,
> que el día que me ve más aliñado,
> con vascas me ha mirado
> (¡o casos infelices!)
> y escupiendo, la mano en las narices.
>
> (III, vv. 777-793).

Este episodio supone una parodia del *amor cortés*, de larga tradición literaria, tratado hábilmente por Salazar y Torres para contrastar otra vez con el petrarquismo. La estación finaliza con las quejas del poeta:

> Mas ya se puso el Sol en el poniente,
> siendo urna un monte a su esplendor luciente,

> ya en luto el mundo la tiniebla espesa,
> y mi dolor no cesa.
> ¡O dura infatigable suerte impía,
> pues no muere mi pena y muere el día!
>
> (III, vv. 794-799).

Por último, en la *Estación cuarta* encontramos otro lamentoso y extenso soliloquio del protagonista, quien ve desnudarse a Marica y se lamenta porque quisiera ayudarla a ello. No obstante, ni siquiera puede sacar provecho del placer que tal escena le proporcionaría, ya que una cortina corrida y un candil apagado le prohíben la visión clara de la mujer.

3. Conclusiones

Como se ha tratado de demostrar, las *Estaciones del día* representa el texto más ambicioso de los que escribió Salazar y Torres, pues a través de esta obra su autor ofrece un mosaico de temas y motivos a los que da un sentido de parodia, que funcionan en la obra como una especie de intertextualidad, como una especie de género, al igual que la sátira; es decir, unas veces funcionan como la transposición burlesca de un texto y otras veces como la imitación paródica de un estilo, sobre todo del estilo gongorino.

En consecuencia, por el poema se hallan diseminados algunos de los temas y motivos más importantes de la poesía barroca así como los recursos expresivos propios del estilo gongorino (léxico, cultismo, hipérbatos, ablativos absolutos, metáforas, alusiones y perífrasis), y, aunque la huella de Góngora se vislumbre a lo largo de todo el extenso poema, debe quedarnos claro que Salazar y Torres no se burla ni de Góngora ni del que es su texto más importante —en tanto que culminación de la obra poética del cordobés—, sino que lo toma como modelo para desarticular en las *Estaciones del día*, eso sí, modelos textuales precedentes de la tradición literaria —principalmente el *Polifemo* y las *Soledades* y algún que otro romance y soneto de Góngora, pero también otros muchos modelos más, como su *Soledad nueva*, e incluso los de autores como Pantaleón de Ribera, Polo de Medina y Gerónimo de Cáncer y Velasco—.

Homenaje, sí; parodia y burla, mucha. Una burla que se centra en sí mismo y sobre todo en el retrato canónico petrarquista de la mujer, que el poeta logra subvertir gracias a los motivos que aparecen en los versos satíricos de corte antiidealista, los cuales, por cierto, son los que más predominan a lo largo de toda la obra: ridiculización del amor —con relación a la negación del cuerpo y sus atributos—, el dolor que produce el sentimiento del amor, esta vez tratado en forma de parodia para zaherir al amante que sufre por ello, o la despreocupación ante dicho sentimiento, producida por el desgarro anímico y vital. Todo ello expresado mediante un lenguaje con frecuentes connotaciones vulgares o ridículas sobre la mujer.

En síntesis, el humor que proyecta Salazar y Torres en las *Estaciones del día* lo consagra como uno de los mejores poetas satírico burlescos novohispanos, donde la continua caricatura que reflejan sus versos paródicos hunde sus raíces en un estilo intenso fiel a sus modelos poéticos precedentes.

Referencias bibliográficas

Arellano, Ignacio (2003): *Poesía satírico burlesca de Quevedo. Estudio y anotación filológica de los sonetos*. Madrid: Iberoamericana-Vervuert.

Ares Montes, José (1961): «Del otoño del gongorismo: Agustín de Salazar y Torres». *Revista de Filología Española*, XLIV, 3-4, 283-321.

Barragán Aroche, Magda Raquel (2008): *El arte de las artes de Salazar y Torres: imitatio y estética gongorina en el siglo xvii novohispano* [Tesis de licenciatura. Universidad Nacional Autónoma de México].

Bechara, Zamir (1998): «Notas para una estética del "Barroco de Indias"». En P. Schumm (ed.), *Barrocos y modernos. Nuevos caminos en la investigación del Barroco Iberoamericano* (141-166). Madrid: Iberoamericana-Vervuert.

Bonilla, Rafael (2013): «El *Teatro de la vida humana desde que amanece hasta que anochece* de Agustín de Salazar y Torres». En B. Camplloch, G. Poggi y J. Ponce Cárdenas (eds.), *La Edad del Genio: España e Italia en tiempos de Góngora* (7-47). Pisa: ETS.

Cacho Casal, Rodrigo (2007): «El ingenio del arte: introducción a la poesía burlesca del Siglo de Oro». *Criticón*, 100, 9-26.

Caramuel, Juan (2007): *Primer Cálamo. Rítmica* [1665] (ed. y est. de I. Paraíso). Valladolid: Universidad de Valladolid. 2 tomos.

Carilla, Emilio (1946): *El gongorismo en América*, Buenos Aires: Universidad de Buenos Aires-Instituto de Cultura Latino-Americana.

Collard, Andrée (ed.) (1967): *Nueva poesía. Conceptismo, culteranismo en la crítica española*. Madrid: Castalia.

Concha, Jaime (1976): «La literatura colonial hispanoamericana: problemas e hipótesis». *Neohelicon*, IV, 1-2, 31-50.

Fernández, Teodosio (2004): «Góngora en la literatura colonial». En J. Roses (ed.), *Góngora hoy IV-V* (173-187). Córdoba: Diputación de Córdoba.

GARCÍA BERRIO, Antonio (1980): *Formación de la teoría literaria moderna, 2, Poética manierista. Siglo de Oro*. Murcia: Servicio de Publicaciones de la Universidad de Murcia.

GATES, Eunice Joiner (ed.) (1960): *Documentos gongorinos*. México: El Colegio de México.

GOLOPENTIA, Sanda (1969): «Grammaire de la parodie». *Cahiers de linguistique théorique et appliquée*, 6, 167-181.

GÓNGORA, Luis de (2010): *Fábula de Polifemo y Galatea* (ed. de J. Ponce Cárdenas). Madrid: Cátedra.

GÓNGORA, Luis de (2017): *Soledades* (ed. de J. Beverley). Madrid: Cátedra.

GRACIÁN, Baltasar (1987): *Agudeza y arte de ingenio* [1642] (ed. de E. Correa Calderón). Madrid: Castalia.

HODGART, Matthew (1969): *La sátira*. Madrid: Guadarrama.

JACOBO EGEA, Alejandro (2017): *Poesía satírico-burlesca barroca en Nueva España (1582-1695). Estudio y edición crítica* [Tesis doctoral. Universidad de Alicante].

MARTÍNEZ ARANCÓN, Ana (ed.) (1978): *La batalla en torno a Góngora*. Barcelona: A. Bosch.

MARTÍNEZ MARTÍN, Jaime José (2010): «Del antipetrarquismo en la América colonial: Agustín de Salazar y Torres». En J. Mª. Ferri y J. C. Rovira (eds.), *Parnaso de dos mundos. De literatura española e hispanoamericana en el Siglo de Oro* (255-269). Madrid-Frankfurt am Main: Universidad de Navarra-Iberoamericana-Vervuert.

MÉNDEZ PLANCARTE, Alfonso (1994): *Poetas novohispanos. Segundo siglo* [1945]. México: Universidad Nacional Autónoma de México.

OROZCO, Emilio (1988): «Modalidades estilísticas del barroco: sobre el conceptismo, el cultismo y el gongorismo», en su *Introducción al Barroco. Volumen I* (59-68). Granada: Universidad de Granada.

PASCUAL BUXÓ, José (1960): *Góngora en la poesía novohispana*. México: Imprenta Universitaria.

PONCE CÁRDENAS, Jesús (2008): «El oro del otoño: glosas a la poesía de Agustín de Salazar y Torres». *Criticón*, 103-104, 131-152.

PULIDO TIRADO, Genara (2004), «El lenguaje Barroco». En P. Aullón de Haro (coord.), *Barroco* (377-446). Madrid, Verbum.

RANGEL, V. H. (1979): «Dos aspectos de la parodia quevedesca». *Revista de Literatura*, 41, 82, 151-166.

RIVERS, Elías (1992), «Góngora y el Nuevo Mundo». *Hispania*, 75, 856-861.

Roses, Joaquín (1994): *Una poética de la oscuridad. La recepción crítica de las Soledades en el siglo XVII*. Londres: Tamesis Books.

Roses, Joaquín (2010a): «Góngora en la poesía hispanoamericana del siglo XVII». En J. Mª. Ferri y J. C. Rovira (eds.), *Parnaso de dos mundos. De literatura española e hispanoamericana en el Siglo de Oro* (161–168). Madrid-Frankfurt am Main: Universidad de Navarra-Iberoamericana-Vervuert.

Roses, Joaquín (2010b): «La alhaja en el estiércol: claves geográficas y estéticas de la poesía virreinal». En A. Sánchez Robayna, (ed.), *Literatura y territorio. Hacia una geografía de la creación literaria en los Siglos de Oro* (407–443). Las Palmas: Academia Canaria de la Historia.

Roses, Joaquín (2014): «La recepción creativa de Góngora en la poesía hispanoamericana», en A. Castro Díaz (ed.), *Actas del Congreso «Góngora y su estela en la poesía española e hispanoamericana. El Polifemo y las Soledades en su IV Centenario» (Córdoba, 17–20 de octubre de 2013)* (181–209). Sevilla: Asociación Andaluza de Profesores de Español «Elio Antonio de Nebrija» / Diputación de Córdoba.

Rovira, José Carlos (2004): «De cómo don Luis de Góngora viajó y se afincó definitivamente América». En J. Roses (ed.), *Góngora hoy IV-V* (189–208). Córdoba: Diputación de Córdoba.

Salazar y Torres, Agustín de (1694): *Cýtara de Apolo. Varias poesía divinas y humanas* [1691]. Madrid: Antonio González Reyes.

Scholberg, Kenneth R. (1971): *Sátira e invectiva en la España medieval*. Madrid: Gredos.

Tenorio, Martha Lilia (ed.) (2010a): *Poesía novohispana. Antología* (presentación de A. Alatorre). México: El Colegio de México-CELL-FML. 2 tomos.

Tenorio, Martha Lilia (2010b): «Agustín de Salazar y Torres: discípulo de Góngora, maestro de sor Juana». *Nueva Revista de Filología Hispánica*, LVIII, 1, 5–29.

Tenorio, Martha Lilia (2013): *El gongorismo en Nueva España. Ensayo de restitución*. México: El Colegio de México-CELL.

Adriana Beltrán del Río

Agustín de Salazar y Torres entre gongorismo y calderonismo[1]

Resumen: En la estela de los trabajos de José Ares Montes, Jesús Ponce Cárdenas y Martha Lilia Tenorio, el presente trabajo se interroga sobre la influencia de Luis de Góngora y Pedro Calderón de la Barca en la obra temprana de Agustín de Salazar y Torres (1636–1675), un poeta y dramaturgo español que vivió en la Nueva España durante su juventud, entre los años 1646 y 1661. El estudio de algunos poemas novohispanos de Salazar, así como de la primera comedia que escribió en la península, *Elegir al enemigo* (1664), revelan que el gongorismo del autor no se ciñó a su obra poética. La huella de Góngora está presente en el teatro salazariano, no solo por mediación de Calderón de la Barca, sino también de forma directa, como demuestran sobre todo el uso de la rima, la métrica y la musicalidad.

Palabras clave: Agustín de Salazar y Torres, Luis de Góngora, Pedro Calderón de la Barca, poesía novohispana, música teatral.

Agustín de Salazar y Torres, poeta y dramaturgo nacido en Soria en 1636, murió a los treintainueve años, sin ver publicadas todavía sus obras completas. Estas salieron a la luz en 1681, en dos volúmenes titulados *Cítara de Apolo*, editados por Juan de Vera Tassis y Villarroel. Entre los paratextos del primer volumen de la *Cítara* se encuentra una «Canción fúnebre» que elogia póstumamente al poeta comparándolo con grandes figuras de la literatura universal:

> Formó Don Agustín nuevo parnaso
> en su capaz gloriosa poesía,
> pues de Homero alcanzó la melodía
> con la erudita locución del Tasso,
> lo lírico de Lope y Garcilaso,

---

1 Este trabajo se inscribe dentro del Grupo de Investigación Consolidado *Aula Música Poética* (2017 SGR 251) de la Generalitat de Catalunya, y del Proyecto de Investigación *Digital Música Poética* financiado por el Ministerio de Ciencia e Innovación (FFI2011-22646; FFI2015-65197-C3-2-P). Ha sido posible gracias a una Ayuda para la Contratación de Personal Investigador (FI 2018 – FI_B 00023) de la Generalitat de Catalunya.

> de Góngora lo culto y elegante,
> de Quevedo lo agudo y lo picante,
> de Virgilio, los heroico y lo elevado,
> de Marcial, lo juicioso y lo salado,
> del Petrarca, lo sabio y lo eminente,
> del Ovidio, la inventiva y lo elocuente,
> del Camoens, lo dulce y lo amoroso,
> de Calderón, la idea y lo ingenioso
> del Marino, lo docto y lo suave,
> de Argensola, y de Zárate lo grave,
> de Lucano, la frasi y la sentencia,
> del Dante, la facundia y la elocuencia,
> de Pantaleón y Hortensio, lo divino
> porque el todo de todos fue Agustino.
>
> (Salazar, 1681a: *xxiii*).

La enumeración puede parecer meramente retórica, pero si la leemos con cuidado, vemos que proporciona algunas pistas útiles para el análisis hipotextual de las obras salazarianas. Aunque es cierto que los clásicos, antiguos y modernos, aparecen aquí sin excepción, es significativo que también se nombren algunos autores secundarios y contemporáneos —o casi— de Salazar, como Anastasio Pantaleón de Ribera, Hortensio Félix Paravicino o Antonio Enríquez Gómez, conocido también como Fernando de Zárate. Estos autores fueron elegidos o bien porque en la época tenían una fama de la que no gozan hoy, o bien porque Vera Tassis, probable autor del elogio, estimaba que eran estilísticamente próximos a Salazar.

A partir de la «Canción fúnebre» o de sus propias intuiciones, varios críticos han estudiado puntualmente la influencia de Lope de Vega, Garcilaso, Petrarca, Calderón y otros más en obra de Salazar (O'Connor, 1971: 66–91; Murillo-Caballero, 1995: 172; Benítez Laborde, 1998: 146–191). Sin embargo, ninguna relación hipotextual ha sido tan explorada como aquella que une al autor con Luis de Góngora, maestro —como sostiene el autor del poema— de «lo culto y elegante».

En 1927, Gerardo Diego incluyó un centón de Agustín de Salazar y Torres en su *Antología poética en honor de Góngora* (1927: 112-17). En 1961, José Ares Montes, discípulo de Dámaso Alonso, dedicó un artículo titulado «El otoño del gongorismo» al estudio de la impronta gongorina en Salazar, ocupándose sobre todo de su obra lírica y juzgando, quizás de forma demasiado sumaria, que «en un otoño todavía dorado y tenazmente persistente, [Salazar] se desvía, en parte, de la ruta trazada por el autor de las *Soledades* para seguir por la que le abre, con delirante pompa barroca, el gongorista Calderón de la Barca en sus tramoyas mitológicas, caballerescas y cortesanas» (1961: 284).

Varios años después, Jesús Ponce Cárdenas reprochó a Ares Montes «una cierta actitud derrotista hacia el objeto de estudio» (2008: 131) y procuró demostrar, mediante el análisis de la *Soledad a imitación de las de don Luis de Góngora* (Salazar, 1681a: 34–38) y el centón *Describe la visión del capítulo doce del Apocalipsis, con solo versos mayores de don Luis de Góngora, siguiendo el método de sus* Soledades (Salazar, 1681a: 259–62), que la lírica salazariana no era un trasunto decadente del gongorismo, y que «circunscribir los textos de Agustín de Salazar y Torres a los parámetros reductores de un mero epígono de Calderón en lo dramático y de Góngora en lo poético empobrece sobremanera la visión del crítico» (2008: 150).

A este parecer se sumó, en 2010, Martha Lilia Tenorio. Apoyándose en un corpus de estudio más amplio que el de Ponce Cárdenas[2], la investigadora afirmó que el gongorismo de Salazar «va más allá del mero recuento de elementos formales, y da cuenta de una intención estética, determinada, sí, por una "moda", pero ejercida honesta y gozosamente con total convicción y disciplina» (2010: 166). Para la investigadora, Salazar fue un gongorista pleno que no solo retuvo las lecciones formales de las obras mayores del cordobés, sino también el espíritu jocoso y paródico de sus composiciones de juventud (2010: 174–75), y fue un innovador —sobre todo en el ámbito métrico y formal— que supo transmitir la lección gongorina a una gran lectora suya: sor Juana Inés de la Cruz (2010: 180–189).

Los trabajos de estos tres críticos acabaron de demostrar, y sobradamente, el influjo de Luis de Góngora en la obra lírica de Salazar. Pero además de incursiones puntuales (Ares Montes, 1961: 318–21; Tenorio, 2010: 177–79), ninguno de ellos amplió su estudio al arte dramático del autor, donde la cuestión se vuelve más espinosa por la inevitable hibridación hipotextual. El presente trabajo se origina en una intuición lanzada por Martha Lilia Tenorio, quien sugirió que en el teatro de Salazar «la influencia de Góngora decrece frente al gran —y lógico— modelo que es Calderón. Los giros gongorinos son escasos y aislados. Sin embargo, me atrevería a decir que los pasajes en que Salazar vuelve a lucir

---

2   Además de los dos poemas antes mencionados, Tenorio estudió en su artículo (2010: 166–179) el *Canto amebeo* (Salazar, 1681a: 10–44), la *Fábula de Adonis y Venus* (Salazar, 1681a: 169–71), la *Égloga de amor* (Salazar, 1681a: 3) y el autoparódico *Discurso del autor en el teatro de la vida humana...* (Salazar, 1681a: 67–104).

su educado lirismo son los que elabora a partir de una evocación gongorina» (2010: 78).

La hipótesis se apoya, al menos parcialmente, en datos biográficos. Agustín de Salazar y Torres se fue a vivir a la Nueva España en 1646, en compañía de sus padres y de un tío materno, Marcos de Torres y Rueda, quien había sido nombrado obispo de Yucatán y más tarde ocuparía el cargo de gobernador interino del virreinato. Salazar leyó a Góngora, pues, en tierras americanas, donde vivió hasta el año 1661, y donde se forjó una carrera como poeta académico y cortesano. Aunque se conoce el título de una obra teatral estrenada por Salazar en la Ciudad de México —el *Auto virginal de la destrucción de Troya* (Sigüenza, 1680: 57)— la carrera dramatúrgica del autor no arrancó sino a principios de la década de 1660, cuando Salazar volvió a la península en el séquito del virrey saliente de la Nueva España, el poderoso duque de Alburquerque, y entró en la corte madrileña[3]. En esos años, el joven autor conoció personalmente a Pedro Calderón de la Barca y, siguiendo su estela, se convirtió en un reconocido autor de comedias palaciegas.

A la vista de estas consideraciones biográficas, cabe preguntarse si hay o no gongorismo en el teatro escrito por Salazar a partir de su vuelta al viejo mundo. En caso de que lo hubiera, ¿se trata de un gongorismo mediado por aquella nueva influencia a la que estaba sometido el autor: el calderonismo? ¿O es, al contrario, una interpretación personal del gongorismo, fruto de la evolución de la lírica salazariana?

El estudio conjunto de algunas composiciones novohispanas de Salazar y de la primera comedia escrita por el autor en la península, *Elegir al enemigo* (1664), revela que la transición de Salazar desde la lírica hacia el arte dramático, y desde el gongorismo hacia el calderonismo, fue más orgánica de lo que sugiere su biografía. Como veremos, el gongorismo novohispano de Salazar tiene un potencial representativo que se acomodó perfectamente al nuevo influjo calderoniano y que, además, siguió evolucionando por sus propios derroteros para constituir una poética dramática singularmente salazariana.

---

3   A la vista de su trayectoria, consideramos con Octavio Paz que Agustín de Salazar y Torres es «español y mexicano» a la vez (1985: 81), es decir, pertenece tanto a la literatura peninsular como a la literatura hispanoamericana virreinal. Los años pasados en la Nueva España, catorce en total, no solo corresponden a más de un tercio de la vida del autor: también fueron años de aprendizaje y descubrimiento de una vocación poética y dramatúrgica, y en ellos se fecha una buena parte de la poesía reunida en el primer tomo de la *Cítara de Apolo*.

1. El gongorismo novohispano de Salazar: la representación

Juan de Vera Tassis cuenta en su «Discurso de la vida y escritos de don Agustín de Salazar y Torres» que el autor, estando aun en el colegio, era capaz de recitar de memoria las *Soledades* y de interpretar sus «más oscuros lugares» ante un público (Salazar, 1681a: xix-xx). La anécdota, además de demostrar la precocidad del gongorismo del autor, sugiere que Salazar intuía desde un inicio que la poesía gongorina tenía un potencial teatral, o por lo menos, representativo.

Es bien sabido que Góngora no concibió su poesía, en un primer momento, para ser impresa (Carreira, 1998: 77-78). Sus romances, sonetos y letrillas circularon, simultáneamente, por vía manuscrita y oral (Guerry, 2017: § 3). María Cristina Quintero ve en los primeros versos del *Polifemo* la evidencia de que Góngora concebía la experiencia del poema como una «representación ante un público específico» (1991: 210)[4]. En efecto, el poeta intima allí al conde de Niebla a prestar atención a sus «rimas sonoras» al «son de [su] zampoña» y también a escuchar «del músico jayán el fiero canto». El canto de Polifemo es, así, una «representación oral interna dentro del recital más amplio de la *Fábula*» (Quintero, 1991: 210).

Es significativo que los primeros escritos gongorinos de Agustín de Salazar y Torres hayan sido creados, precisamente, para ser representados en certámenes. A primera vista, por su dificultad léxica y sintáctica, la poesía gongorina no parece predispuesta a la oralidad. Pero Salazar debió de percibir la profunda musicalidad de los versos de Góngora, evidente paliativo a la dificultad lingüística, y es justamente esta dimensión la que procuró acentuar en los suyos. Salazar compuso su centón *Describe la visión del capítulo doce del Apocalipsis...* con ocasión de un certamen en honor de la Inmaculada Concepción del cual, desafortunadamente, desconocemos los detalles, pero suponemos haber tenido lugar en la Nueva España. Martha Lilia Tenorio ha calificado esta composición de ingeniosa porque no solo sigue el método de las *Soledades*, es decir, la silva, sino que potencia la musicalidad de esta forma métrica al hacer predominar, en ella, los versos pareados. Si recordamos que el centón es un ejercicio académico que consiste en componer un poema empleando exclusivamente versos de otro autor —en este caso, de Góngora—, veremos que Salazar no rehúye, aquí, la dificultad (Tenorio, 2010: 166). En estos versos procedentes de las *Soledades* y del *Panegírico al Duque de Lerma* (Ponce

---

4   Las traducciones de citas de María Cristina Quintero son nuestras.

Cárdenas, 2008: 145–46), las rimas pareadas y abrazadas, sumadas a una aliteración sibilante, otorgan al poema una fuerza prosódica que debió de cautivar a los jueces del certamen:

> Si arrebatado merecí algún día,
> tu dictamen, Euterpe, soberano,
> solicitando, en vano,
> las alas sepultar de mi osadía,
> audaz mi pensamiento,
> su canoro dará dulce instrumento
> son de la ninfa un tiempo, ahora caña,
> si ya la erudición no nos engaña [...].

(Salazar, 1681a: 259-260).

Salazar encontró en la recitación poética un marco ideal para potenciar el carácter representativo de la poesía gongorina. Pero también exploró otros géneros líricos no recitativos en donde Góngora, antes que él, ya había coqueteado con la teatralidad. Antes de escribir *Las firmezas de Isabela* (1610) y *El doctor Carlino* (1613), Góngora compuso la *Comedia venatoria*, una obra incompleta de 355 versos que se sitúa, según Robert Jammes, entre el género de la égloga y el de la comedia, y se inspiró probablemente en el *Aminta* del Tasso (1580) (1967: 434–42). Por su carácter dialógico y su hibridez lírico-teatral, la *Comedia venatoria* es precedente de los cantos amebeos de las *Soledades*, composiciones, estas últimas, que interrumpen el hilo monológico de la poesía para introducir dos voces musicales alternas. El canto amebeo de la primera *Soledad* (vv. 767-844) es de tema epitalámico, y se caracteriza por la repetición del estribillo «Ven, Himeneo, ven; ven Himeneo», y por ser cantado por dos coros, uno de «zagalejas» y otro de «garzones». El de la segunda *Soledad* (vv. 542-611), en cambio, es de tema piscatorio, y pone en escena las quejas amorosas de dos personajes, Micón y Lícidas (Gómez, 2018: 378–79).

Pues bien, Agustín de Salazar y Torres tiene un *Canto amebeo* (1681a: 10–24) que explota hábilmente los recursos dramáticos y musicales de ambos hipotextos gongorinos. El autor retoma el estribillo del primer canto gongorino transformándolo en «Ven, o Cupido, ven; ven, o Cupido» (Tenorio, 2010: 109), haciendo bascular la temática de lo epitalámico hacia lo mitológico. En efecto, la composición retoma la lucha entre las Musas y las Piérides que figura en el quinto libro de las *Metamorfosis* de Ovidio, pero, a la manera del canto amebeo de la segunda *Soledad*, no se limita a alternar dos coros y otorga las voces alternas a dos personajes individuales: la primera Musa y la primera Piéride. Además —y esto es una aportación salazariana— interviene la ninfa Eco, un tercer personaje cuya función es repetir la última sílaba de lo pronunciado por las voces principales, acentuando así la musicalidad de la composición[5].

2. El gongorismo calderoniano de Salazar: la teatralización

Ya desde la Nueva España, y en el seno mismo de su poesía, Salazar y Torres iba dando sus primeros pasos teatrales. Pero para que arrancara su carrera de dramaturgo, fue decisivo el encuentro que tuvo con Pedro Calderón de la Barca, autor de comedias predilecto de la corte de Madrid. Algunas fuentes documentales y, en particular, la elogiosa aprobación escrita por Calderón para las obras completas de Salazar (1681a: xxvii-xxviii), confirman que ambos hombres se conocieron personalmente y que tuvieron una relación si no amistosa, al menos profesional. Salazar y Torres, como otros discípulos de Calderón, se referían al gran dramaturgo como «padre» (Wilson, 1960: 13), y lo tuvo como referente en todas las piezas dramáticas que escribió desde 1660 hasta su muerte en 1675.

La adscripción de Salazar al modelo calderoniano de teatro palaciego era natural para un autor que había crecido en la corte virreinal y que debía encontrar medios de subsistencia en la corte madrileña. Las primeras composiciones dramáticas del autor en la península se inscribieron plenamente en la dinámica cortesana: fueron loas escritas para reposiciones de obras ajenas ante públicos aristocráticos, como la loa para *Dar tiempo al tiempo*, de Calderón, representada en casa de los duques de Alburquerque, o la loa para *Eurídice y Orfeo*, de Antonio de Solís, representada en casa de los duques de Alcalá (Salazar, 1681a: 229-242).

La primera comedia de Salazar se estrenó en el Palacio Real en noviembre de 1664, y se tituló *Elegir al enemigo*. En ella hay huellas de gongorismo, pero también muchísimas evidencias de la nueva influencia calderoniana. Antes de analizar algunos pasajes de la comedia, haría falta aclarar lo que entendemos aquí por «calderonismo», o, para ser más precisos, por «gongorismo calderoniano». A grandes rasgos, consideramos como María Cristina Quintero que uno de los grandes méritos de Pedro Calderón de la Barca fue el de lograr adaptar el gongorismo al género dramático sin empobrecerlo (1991: 202-203). Contrariamente a lo que ocurrió con el teatro de Góngora, poco representado

---

5 Aunque no conocemos la fecha exacta de composición del *Canto amebeo* de Salazar, suponemos que pertenece a una etapa temprana de la carrera del autor, ya que sirvió de modelo a otro canto del mismo género que fue musicalizado e incluido en la comedia *El amor más desgraciado* (1667-1669) (Salazar, 1681b: 56-89).

y desigualmente considerado (Jammes, 1967: 530-31), el teatro Calderón logró ser exitoso a pesar de ser, él también, lingüísticamente desafiante.

En sus obras, Calderón rinde homenaje a Góngora mediante la cita o la parodia (Quintero, 1991: 205-206), pero no se descuida de «teatralizar» el lenguaje gongorino. En efecto, mientras que el autor de *Las firmezas de Isabela* conserva en su teatro todas las características retóricas de su lírica[6], Calderón «construye un lenguaje que funciona específicamente para el teatro» y emprende «una purificación casi matemática de las figuras retóricas que asociamos con la poesía de Góngora» (Quintero, 1991: 204-205). Por otro lado, Calderón parece reforzar la conciencia de la artificialidad del código dramático que ya se encontraba en el teatro gongorino. Siguiendo los análisis de Jammes (1967) y Dolfi (1983), Quintero apunta que la construcción rígida de los personajes, la estructura aristotélica y el tema mismo de *Las firmezas de Isabela*, el honor, buscan evidenciar las limitaciones internas del código teatral, al que Góngora no estaba dispuesto a someterse (1991:84-96). Igualmente, aunque de manera menos crítica y casi convencional, el teatro de Calderón es «un claro ejemplo del "metateatro" en su definición más básica, la de un teatro que demuestra tener conciencia de su propia teatralidad» (Quintero, 1991: 198).

La lectura de *Elegir al enemigo* revela que Salazar también hizo un esfuerzo por adaptar a las exigencias de la escena aquel lenguaje gongorino que le brotaba tan naturalmente. En el teatro, no bastaba seducir con el susurro musical del poema: el público tenía que comprender de manera bastante inmediata el significado preciso de los versos para no perderse en el desarrollo de la acción. Los estilemas gongorinos que más podrían dificultar la comprensión inmediata, como el hipérbaton, las perífrasis o la metaforización intrincada, están ausentes en gran parte de la comedia y solo aparecen en momentos puntuales donde la acción está pausada, como en esta «relación» de la primera jornada:

> Bramó tormentoso el aire,
> a cuyos silbos disformes
> se movió de ondas y pinos,
> máquina instable de montes.
> Y ya la mísera nave

---

6 «Il passagio dalla dimensione poetica a quella drammatica non comporta notevoli variazioni nello stile gongorino; in questa commedia [*Las firmezas de Isabela*] ritroviamo tutti i procedimenti ritmici e sintattici considerati tipici della poesia: l'amplia varietà tropica, l'occultment dell'oggetto reale dietro la perifrasi, l'iperbole descrittiva, la bimembrazione del verso, la correlazione, le formule stlistiche, il riferimento mitologico, la valorizzazione di colori, di luci, ecc. [...]» (Dolfi, 1983: 78-79).

> que, pájaro al viento indócil,
> tendió las nevadas alas,
> la deshecha pluma encoge.
>
> (Salazar, 1681b: 16).

Por otro lado, en *Elegir al enemigo* el metateatro es omnipresente, y más a la manera calderoniana que a la gongorina. Salazar emplea referencias metateatrales o bien para establecer complicidad con el público de la obra, o bien como recurso cómico. En la loa que abre la comedia, el personaje de la Noche pregunta, así: «[...] ¿Qué os espanta? / Esto es empezar la fiesta / de una Comedia ordenada /a tanto debido aplauso» (Salazar, 1681b: 8), recordándole a los espectadores que se trata de una comedia especialmente encargada para el tercer cumpleaños del príncipe Carlos. En la tercera jornada, Estela, una dama que presenta rasgos de graciosa, se interroga sobre la adecuación de estas características en un personaje como ella: «Contaré lo que intentan: pero tente, / (¡o, ley de damería rigurosa!), ¿si es lícito a una dama ser chismosa?» (Salazar, 1681b, 39). Esta conciencia del código dramático recuerda mucho los mecanismos metateatrales empleados en comedias calderonianas como *El escondido y la tapada*, *La fiera, el rayo y la piedra* o *No hay burlas con el amor* (Quintero, 1991: 199).

Hemos visto algunas muestras de «gongorismo calderoniano» en *Elegir al enemigo*, pero sigue abierta la pregunta sobre la existencia de un gongorismo «inmediato», por así decirlo, en el teatro de Agustín de Salazar y Torres.

3. Tras las huellas de un gongorismo salazariano

La lectura atenta de las comedias del segundo volumen de la *Cítara de Apolo* permite detectar una serie de características que podría definir lo que es la estética salazariana. Como ocurre a menudo en literatura, estos rasgos no son específicos del autor, pero sí aparecen particularmente potenciados en su obra. Más que por la singularidad de sus propuestas temáticas o estilísticas, el arte dramático de Salazar parece regirse por el grado de realización de algunas de estas. Curiosamente, lo más «salazariano» que hay en el teatro de Salazar es también lo más gongorino, y lo que más retrotrae a aquel arte lírico de juventud, definiendo así una estética diacrónicamente unitaria. Es imposible ser exhaustivos en este punto, pero sí podemos hacer algunas calas en aquel «gongorismo salazariano» que constituye la esencia misma del teatro del autor.

Salazar muestra una fuerte predilección, en su dramaturgia, por los escenarios exteriores: marítimos, fluviales o selváticos. Aunque esto no sea sorprendente en comedias de temática mitológica, lo es un tanto más en comedias palatinas, de santos o de enredos, que es, precisamente, donde los usa Salazar.

Elegir al enemigo, *La mejor flor de Sicilia: santa Rosalía* y *El encanto es la hermosura* tienen escenas que transcurren, respectivamente, en la isla de Creta, el monte Pellegrino de Palermo y la orilla del Guadalquivir. No deja de resultar curioso que la comedia *Elegir al enemigo* comience de manera muy similar a la primera *Soledad* de Góngora. Los personajes, dos náufragos, llegan de noche a la costa escarpada de Creta, donde «montes las sombras ofrecen, / y sombras las peñas siguen» (Salazar, 1681b: 9). El relato del naufragio presenta gran semejanza con la historia del peregrino: Aristeo y Escaparate llegaron a la costa «en una tabla» que «delfín racional [. . .] arrojó» (Salazar, 1681b: 10–15). Temáticamente, el íncipit de *Elegir al enemigo* parece un homenaje de Luis de Góngora, y otras huellas de esto pueden encontrarse a lo largo de la comedia, que muestra cómo Aristeo, en realidad un joven príncipe, busca reencontrarse a sí mismo en Creta, una isla enemiga que acaba acogiéndolo como aliado.

En cierto punto de la acción de *Elegir al enemigo*, Aristeo se enamora de Rosimunda, princesa de Creta, y expresa la violencia de su amor naciente en un soneto que captó la atención de Antonio Alatorre (2007: 341), al tratarse de un soneto de rima aguda:

> El alma, que no tienes, te entregó
> ya inadvertida mi alevosa fe,
> los cuidados que siempre lloraré
> tu descuido en el sueño me causó.

(Salazar, 1681b: 32).

Como en el centón que mencionamos antes, el interés principal de este pasaje es de naturaleza rímica. En materia de rima y de metro, Salazar parece innovar más aún que Calderón, y en este aspecto demuestra un gongorismo sin mediaciones. En *Elegir al enemigo*, una obra primeriza y algo tímida, encontramos ya, además del soneto, formas tan gongorinas como la silva pareada y las décimas. Estas últimas, además, tienen la particularidad de acabar todas con un verso cantado que retoma, en cuatro tiempos, una copla de romance anterior, también cantado (Salazar, 1681b: 26).

Aquí llegamos al rasgo que más destaca en la obra dramática de Salazar: su musicalidad. Además de sus unos intrínsecamente musicales, Salazar incorporó a su teatro partes cantadas e instrumentadas. En *Elegir al enemigo* hay un total de cinco canciones, y tres de ellas están escritas en romance[7]. Esto no puede sino recordarnos las palabras de Antonio Carreira, para quien

---

7   La letra de una de ellas proviene, de hecho, de un romance apócrifo de Góngora, «Conocidos mis deseos, / admitidos por constantes» (Salazar, 1681b: 41), incluido en la antología de 1789 de Ramón Fernández (Góngora, 1789: 156).

Góngora, por su parte, vio en el romance un dominio métrico cuya principal característica es la libertad. En cuanto a los contenidos, ya lo hemos comprobado; también en cuanto a la forma. El romance, frente a estrofas fijas como el soneto, es variable en todos los sentidos: consta de octosílabos, heptasílabos o hexasílabos. Su extensión oscila entre los cuatro versos y los varios centenares. Sus rimas pueden ser asonantes o consonantes, de modo continuo o discontinuo. La única constricción, negativa, es la de evitar que un verso par rime con el contiguo impar. [...] Góngora, desde su primer romance, introduce en la forma otra variable esencial: el estribillo. Este, apenas usado antes en los romances, tiene efectos trascendentes: el primero es cancelar, de entrada, el tono narrativo. No solo desvía el género de la épica a la lírica por prestarse mejor a la simbiosis con la música, sino que, al interrumpir todo conato de narración, lo aproxima al género estático por definición que es la glosa, y que Góngora practica desde sus primeras letrillas [...] (1998: 389).

Pues bien, las canciones teatrales de Salazar son, en cierta medida, la culminación de la exploración romancística del gongorismo. Es en ellas donde el dramaturgo lleva más lejos su innovación métrica, incorporando heptasílabos y hexasílabos, practicando la asonancia aguda y saltándose la última regla de todas —la rima contigua de dos versos—:

> Cesen, Amor, los arpones,
> porque es sobrado rigor,
> cuando un alma está rendida,
> toda la fuerza de un dios.
> De tanto tiro, en la aljaba
> no te ha de quedar arpón,
> con que si vuelves a herirme,
> te he de dar las armas yo.
> Mas, ay, tirano dios,
> que si te faltan las flechas,
> te sirven los ojos,
> te basta el oído,
> te sobra la voz.

(Salazar, 1681b: 22–23).

Los diversos estudios existentes sobre la música en la poesía gongorina han demostrado que, más allá del aspecto métrico, Góngora empleó la música en sus modalidades temática y metafórica. La música es el eje argumental de la *Fábula de Polifemo y Galatea*, como bien lo demuestran Lola Josa y Mariano Lambea (2012), y sin la clave musical y semántico-rítmica, se pierde mucho del sentido de la dedicatoria de las *Soledades* al duque de Béjar, siguiendo los análisis de Elena del Río Parra (2001) y Séverine Delahaye (2004).

Pues bien, en *Elegir al enemigo*, la musicalidad tampoco se manifiesta de manera exclusivamente métrica. La canción antes citada aparece intercalada con un diálogo en el que Rosimunda explica a Nise que se ha enamorado de Aristeo por culpa de dos de sus sentidos —la vista y el oído—:

> Apenas vi su retrato,
> cuando del todo el incendio
> acabó de reventar,
> víbora ardiente del pecho.
> Si por los ojos y los oídos
> introduce amor su imperio,
> mal haya, amén, quien de hoy más
> le pinta sordo, ni ciego.
>
> (Salazar, 1681b: 25).

Cuando pronuncia estas palabras, Rosimunda todavía no ha hablado con Aristeo, así que el único factor auditivo que puede haber contribuido a su enamoramiento es la propia letra cantada que rodea su discurso. La música, ahora como tema y no solo como ejercicio rítmico, tiene en *Elegir al enemigo* una función dramática esencial, ya que el amor de Rosimunda por Aristeo, su enemigo político, es el conflicto central de la obra. En esto, Salazar es heredero del gongorismo y sobre todo del *Polifemo*, donde las «coreografías amorosas» de Acis y Galatea, el horrísono canto del Cíclope y el lamento desesperado de la naturaleza estructuran el desarrollo de la acción (Josa y Lambea, 2012: 149).

En su estudio sobre la música de Góngora, Lola Josa y Mariano Lambea sostienen que Góngora «participó, también, de aquella aspiración humanística que buscaba la creación interdisciplinaria, la analogía entre las diferentes expresiones artísticas» (2012: 148). En la misma línea, María Cristina Quintero afirma que Góngora «explora la relación entre la poesía y otras formas de arte, como la música y la pintura» y que, en Calderón «también descubrimos el deseo de estirar los límites de la clasificación genérica» (1991: 220).

Salazar no se queda atrás en este intento de aunar diferentes artes: poesía, música y pintura. La presencia de lo visual en los versos de Rosimunda —es decir, el retrato de Aristeo y la referencia a las representaciones pictóricas de Cupido—, nos lleva a interpretar la escena como una reflexión sobre los orígenes sinestésicos de la pasión, la cual fácilmente podría extrapolarse al ámbito del placer estético.

La explosión sensorial sitúa a Salazar en la misma búsqueda artística y existencial que emprendieron sus maestros Góngora y Calderón, y lo convierte en un dramaturgo digno de estudiarse —eso sí, desde un punto de vista necesariamente interdisciplinar—. Tenemos la fortuna de conservar algunas partituras de canciones teatrales de Salazar, y la comprensión global del teatro de este autor depende del trabajo conjunto de musicólogos y filólogos. Hasta hoy solo se ha hecho una pequeña parte de la investigación, y queda mucho por explorar. Esperamos que pronto puedan multiplicarse los frutos de esta labor en ciernes.

Referencias bibliográficas

ALATORRE, Antonio (2007): *Cuatro ensayos sobre arte poética*. México: El Colegio de México.

GUERRY, François-Xavier (2017): «Otras cuestiones [Algunas consideraciones sobre el proceso editorial]». En Anónimo, *Escrutinio sobre las impresiones de las obras poéticas de don Luis de Góngora y Argote*. François-Xavier Guerry (ed.). Disponible en http://obvil.sorbonne-universite.fr/corpus/gongora/1633_escrutinio. [16/12/2019].

ARES MONTES, José (1961): «Del otoño del gongorismo: Agustín de Salazar y Torres». *Revista de Filología Española*, 44.3-4, 283-321.

BENÍTEZ LABORDE, Edna (1998): *La poesía de Agustín de Salazar y Torres* [Tesis doctoral. State University of New York at Albany].

CARREIRA, Antonio (1998): *Gongoremas*. Barcelona, Península.

DELAHAYE, Séverine (2004): «Severo Arïón dulce instrumento: la música de Góngora». En *Actas del XIV Congreso de la Asociación Internacional de Hispanistas, II*. Isaías Lerner et al. (coord.). Nueva York, Juan de la Cuesta.

DEL RÍO PARRA, Elena (2001): «La escritura como pentagrama en las *Soledades* de Luis de Góngora». *DICENDA. Cuadernos de Filología Hispánica*, 18, 319-330.

DIEGO, Gerardo (1927): *Antología poética en honor de Góngora*. Madrid: Revista de Occidente.

DOLFI, Laura (1983): *Il teatro di Góngora: «Comedia de Las firmezas de Isabela». I. Studio e nota filológica*. Pisa, C. Cursi Editore.

GÓMEZ, Jesús (2018): «Cantos amebeos: de Garcilaso a Góngora». *Revista de Literatura*, 80.160, 361-84.

GÓNGORA, Luis de (1789): *Poesías*. Ramón Fernández (ed.). Madrid: Imprenta Real.

GÓNGORA, Luis de (2016): *Soledades*. Robert Jammes (ed.). Madrid: Castalia.

JAMMES, Robert (1967): *Études sur l'œuvre poétique de don Luis de Góngora y Argote*. Bordeaux: Institut d'Études Ibériques et Ibéro-américaines de l'Université de Bordeaux.

Josa, Lola y Lambea, Mariano (2012): «Góngora y la música». En *Góngora, la estrella inextinguible. Magnitud estética y universo contemporáneo*. Madrid: Biblioteca Nacional.

Murillo-Caballero, Esther (1995): *Un barroco olvidado: Agustín de Salazar y Torres* [Tesis doctoral. State University of New York at Albany].

O'Connor, Thomas Austin (1971): *Structure and dramatic techniques in the works of Agustín de Salazar y Torres* [Tesis doctoral, State University of New York at Albany].

Paz, Octavio (1985): *Sor Juana Inés de la Cruz, o las trampas de la fe*, México, Fondo de Cultura Económica.

Ponce Cárdenas, Jesús (2008): «El oro del otoño: glosas a la poesía de Agustín de Salazar y Torres». *Criticón*, 103-104, 131-152.

Quintero, María Cristina (1991): *Poetry as play:* Gongorismo *and the* comedia. Amsterdam/Philadelphia: John Benjamins.

Salazar y Torres, Agustín de (1681a): *Cítara de Apolo, Primera Parte*. Madrid: Francisco Sanz.

Salazar y Torres, Agustín de (1681b): *Cítara de Apolo, Segunda Parte*. Madrid: Francisco Sanz.

Sigüenza y Góngora, Carlos de (1680): *Glorias de Querétaro en la nueva congregación eclesiástica de María Santísima de Guadalupe*. México: Viuda de Bernardo Calderón.

Tenorio, Martha Lilia (2010): «Agustín de Salazar y Torres: discípulo de Góngora, maestro de sor Juana». *Nueva Revista de Filología Hispánica*, 58.1, 159-189.

Wilson, Edward M (1960): «Textos impresos y apenas utilizados para la biografía de Calderón». *Hispanófila*, 9, 1-14.

II. Gongorismo en el Virreinato del Perú

José Carlos Rovira

Antonio Bastidas y el gongorismo ecuatoriano

Resumen: Se plantea la obra del jesuita Antonio Bastidas dentro del primer gongorismo ecuatoriano del siglo XVII. Se analiza su presencia en el *Ramillete de varias flores poéticas...*, publicado en Madrid por Jacinto de Evia en 1676, que contiene obras de ambos, junto a algunas de Hernando Domínguez Camargo. Se analiza la producción de Bastidas, de menor valor que la de los otros, dentro del impulso que los ejercicios de retórica y gramática determinaban en la Compañía de Jesús, en los que Góngora era ejemplo obligatorio, junto a los clásicos. Se vuelve a analizar el papel de Bastidas como gestor económico de la edición en Madrid de la obra mencionada, con una parte final que contiene la *Invectiva apologética* de Hernando Domínguez Camargo. También y antes, en 1660, había sufragado la edición del *San Ignacio de Loyola* de este, sin duda obra mayor en la tradición literaria ecuatoriana y americana, en la que, tras un nombre apócrifo, elogia, en sus prólogos y dedicatorias (también en los de la *Invectiva*), a Góngora —frente a la polémica muy extendida sobre su obra— y celebra al autor y al mecenas que podemos deducir, el Provincial de los agustinos, Basilio Ribera, con lo que se abre una reflexión sobre el mecenazgo literario y pictórico en Quito que nos permite un recorrido por aquella sociedad ejemplo del barroco hispanoamericano.

Palabras clave: Ecuador, jesuitas, primer gongorismo, retórica, mecenazgo.

Mi primera información sobre Antonio Bastidas fue por un error. En un amplio epígrafe dedicado a Quito, en mi libro *Ciudad y literatura en América Latina* (Rovira, 2005: 88–89), atribuí a Jacinto de Evia el poema tan urbano y tan quiteño, dedicado al «Certamen que se hizo en Quito [...] a la muerte de nuestra Reyna Doña Isabel de Borbón», que forma parte de las primeras composiciones del *Ramillete de varias flores poéticas recogidas y cultivadas en los primeros abriles de sus años por el maestro Jacinto de Evia natural de Guayaquil en el Perú*, aparecido en Madrid en 1676. Era una equivocación no difícil de cometer por la confusión que crea que el recolector de esta obra sea el autor de menos composiciones que las que recoge de su maestro Antonio Bastidas, las más abundantes en ese libro, y cultiva algunas flores también de Hernando Domínguez Camargo. Aurelio Espinosa Pólit propuso que, de los ciento ochenta poemas de alguna extensión que tiene la obra, noventa y nueve son de Bastidas, sesenta y nueve de Evia, siete de un jesuita del que desconocemos el nombre y cinco de

Domínguez Camargo (Espinosa, 1960: 29). Con la obra se edita también, al final de la misma, la *Invectiva apologética* de Domínguez Camargo.

Por una cuestión errónea sobre el lugar de nacimiento, ya que Menéndez Pelayo dijo que era sevillano y lo repitieron a partir de él todos hasta que se encontraron documentos que demostraban que había nacido en Guayaquil, Juan León Mera, en su *Ojeada histórico-crítica sobre la poesía ecuatoriana*, recoge sólo poemas de Evia y cita de pasada y solo un par de veces a Bastidas.

Mi error antiguo es entonces el que me lleva a ocuparme ahora de Antonio Bastidas, el menos estudiado de los tres nombres que he citado que son, como todos saben, tres ejemplos del gongorismo americano y los dos primeros, por su origen, del gongorismo ecuatoriano, o de los principios de lo que llamaremos también, en relación a la literatura de aquella geografía, comienzos del «período jesuítico», o lo denominaremos barroco quiteño.

Plantearé por lo tanto a Antonio Bastidas, intentando reflejar el valor de su obra, en el interior de un espacio, la ciudad de Quito y su entorno geográfico cuyo significado cultural es muy amplio. En el planteamiento sobre Bastidas, destacaré de nuevo su papel en la publicación de la obra de Domínguez Camargo, y del Ramillete de Evia, abriendo una reflexión sobre el mecenazgo en la Real Audiencia de Quito durante el siglo XVII.

Vamos inicialmente a la ciudad; quizá para explicar a Bastidas sea imprescindible una localización precisa en un entorno urbano en cuyo desarrollo está la clave de una huella poética sobre cuyo valor voy a hablar.

Como sabemos, la Real Audiencia de Quito en el siglo XVII, desde la fundación en 1534 de la ciudad sobre el espacio indígena previo y asolado, mantuvo un desarrollo muy importante, hasta el punto de que hoy podamos considerarla uno de los ejemplos principales del Barroco americano, del arquitectónico y del artístico. El siglo XVI fue un tiempo preparatorio de la eclosión del siglo siguiente, pues hay una sobreabundancia de edificios religiosos para una población que solo era de menos de diez mil habitantes entre criollos y españoles, junto a más de veinte mil indígenas que trabajaban en los telares y la minería. Se cuentan a comienzos del XVII hasta cuarenta iglesias, conventos y monasterios en una proliferación eclesial de traza principalmente renacentista.

La Quebrada de Sanguña dividía la ciudad y desde luego los espacios civiles que quedan a la derecha del mapa (Figura 1): La Plaza Mayor, las casas del Cabildo, las casas de la Audiencia y la catedral, como espacio central construido en su parte trasera sobre la misma gran quebrada que tuvo un sistema de arcos de piedra para sostener parte del ábside. En la parte izquierda de la quebrada aparece toda la zona de la Compañía o el Convento de San Francisco.

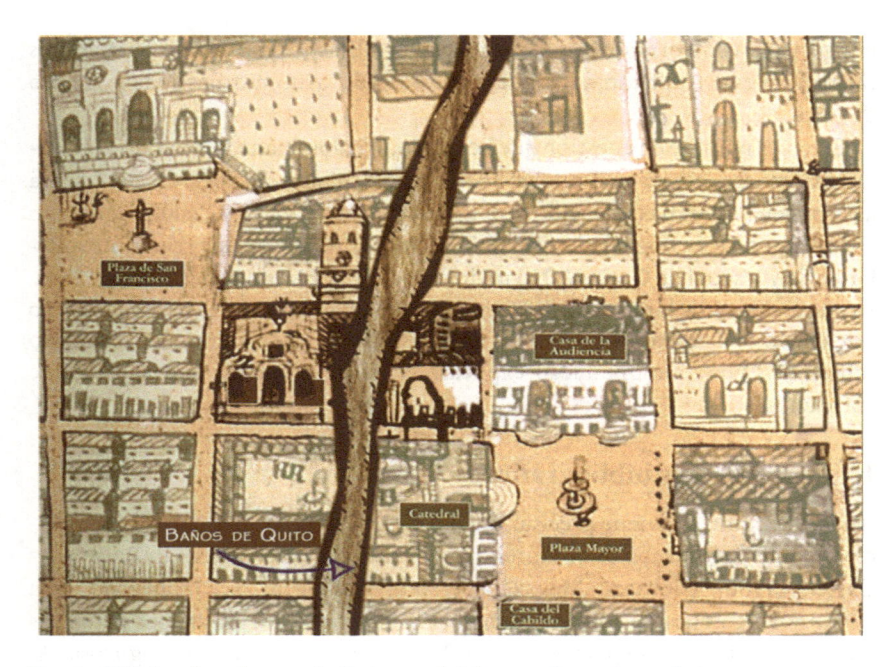

Fig. 1: *Dibujo sobre el mapa de Quito en el siglo XVII.* Reproduzco la imagen, que no tiene indicacion de autoria, de *Luz a través de los muros. El colegio máximo de los jesuitas (1597–1767)*, Centro Cultural Metropolitano de Quito Garcia Moreno, Quito, en file://http://www.centroculturalq.quito.gob.ec/ccmq.php?c=61 Consultada el 15 de octubre de 2019.

En 1586 la Compañía de Jesús llega a Quito y empieza su expansión en la ciudad. En 1605 comienzan las obras de la Iglesia de la Compañía que será el más imponente edificio y espacio barroco en el centro de la ciudad. Se ha indicado siempre que el edificio coincide en su planta y en elementos arquitectónicos con la Chiesa del Gesù de Roma, el emblema principal de la Compañía de Jesús, pero esta comparación es excesiva, aunque una gran cantidad de iglesias de la Compañía tuvieron en cuenta la planta romana de Vignola. En sus proximidades, a espaldas de la Catedral que también se construía, se crea el Seminario de San Luis en 1594, que será inmediatamente Colegio-Seminario de la Compañía de Jesús. Es en este espacio donde surgirá en el siglo XVII un imponente edificio rehecho en su fábrica y fachada por destrucciones operadas por los terremotos y desastres urbanísticos. En ese lugar, en el Colegio de San Luis, es donde surge la historia literaria que voy a contar, que es la del primer gongorismo ecuatoriano, por la coincidencia allí de los dos primeros nombres ilustres de esta tradición a los que ya he aludido, Antonio Bastidas y Jacinto de Evia.

El tercer nombre en cuestión que he citado, el colombiano Hernando Domínguez Camargo, estará en Quito en 1623 y algún tiempo después, en 1631, se irá a Cartagena de Indias y abandonará la Compañía de Jesús, y de allí regresa en 1636 a Santa Fe de Bogotá, donde había nacido en 1606, para ser sacerdote regular en San Miguel de Gachetá. No pudo coincidir por tanto con Bastidas y Evia, ya que el mayor de los dos, Bastidas, nació en Guayaquil en 1615 e ingresó como novicio en la Compañía en 1632, el año después de que Domínguez Camargo saliese de Quito, aunque luego explicaré la relación poética que se establece entre ellos.

1. Antecedentes bibliográficos

Antes de seguir, conviene precisar que lo que voy a contar tiene su origen principalmente en los trabajos de Aurelio Espinosa Pólit (1960), Hernán Rodríguez Castelo (1980), Giovanni Meo Zilio (1986), Guillermo Hernández de Alba (1960) y Hugo Hernán Ramírez Sierra (1998); sobre todo en los dos primeros que se ocuparon de la época y de Bastidas de una forma amplia y rigurosa. Al planteármelo así, solo una relectura sistemática del *Ramillete de varias flores poéticas recogidas y cultivadas en los primeros abriles de sus años por el maestro Jacinto de Evia natural de Guayaquil en el Perú* (Evia, 1676) podía hacer que avanzásemos algo en la propuesta. Por orientarla más para posibles interesados en su lectura, diré que el *Ramillete* de Evia está digitalizado en la Biblioteca Virtual Miguel de Cervantes, precisamente en el Portal José Toribio Medina, de cuya biblioteca procede el ejemplar que reprodujimos en 2001, y que el libro de Espinosa Pólit, *Los dos primeros poetas coloniales ecuatorianos* (el otro es el dieciochesco Juan Bautista Aguirre) también está en el mismo fondo digital, este en el Portal de Ecuador.

2. La primera efervescencia poética en Quito

Hay ejemplos poéticos de una poesía previa al momento que inicia Bastidas. Hay nombres de los que, en algunos casos, no se conservan obras, pero en fiestas y certámenes hubo una actividad poética de interés. Hay enigmas también, como el que nos recordó Juan León Mera (1893: 36), el de aquella escritora a la que Lope de Vega llamó divina en su *Laurel de Apolo*, de la que no conservamos más que el nombre y ninguna obra:

> Parece que se opone a competencia
> en Quito aquella Safo, aquella Erina,
> que si doña Jerónima divina
> se mereció llamar por excelencia,
> ¿Qué ingenio, qué cultura, qué elocuencia
> podrá oponerse a perfecciones tales,
> qué sustancias imitan celestiales?
> Pues ya sus manos bellas
> estampan el Velasco en las estrellas.
>
> (Medina, 1922: 13).

Jerónima de Velasco es el primer nombre de mujer de la literatura ecuatoriana, y Lope, en un exceso más que de generosidad, de confianza en su informante, publica en 1630, aunque está escrito en 1629, el nombre de esta mujer de la que seguramente no habría leído nada, aunque podamos congratularnos de la presencia de una escritora quiteña en tan ilustre repertorio. Juan Valera (en sus *Cartas americanas*), Juan León Mera en su estudio citado, y sobre todo José Toribio Medina, que editó y comentó el *Laurel* en un trabajo memorable (Medina, 1922), dan cuenta del nombre y nada más. Al no conocer nada de su obra, que no se conserva, nada más podemos decir.

Hay además otros nombres y escasa producción conservada. Todos son del siglo XVII. Es cierto que el XVI, en plena conquista y fundación, no era un buen tiempo para la lírica, ni para la épica en Quito, pero la ciudad en el XVII avanza tímidamente hacia la poesía: Juan de Enebra, Marco, Pedro y Hernando Alcócer, Hernando de la Cruz, Francisco Mosquera, José de Lizarazu, Cristóbal de Arbildo y Juan de Oviedo forman un primer grupo, que escribe entre 1635 y 1650, según la clasificación de Hernán Rodríguez Castelo (Rodríguez, 1980: 483). Indicios gongoristas hay en todos ellos y una muestra de su obra aparece en la *Antología general de la poesía ecuatoriana durante la Colonia española* de Alejandro Carrión (1992).

Parece el más interesante Hernando de la Cruz, nombre en religión de quien se llamaba Fernando de Ribera. Se comenta siempre el único poema conservado de quien, nacido en Panamá en 1592, tras una vida civil entre Lima y Quito, en la que era pintor y escribía versos, entró a los treinta años, en 1622, en la Compañía de Jesús y quemó sus versos aniquilando su pasado por mandato de la Compañía, conservando solo su actividad de pintor.

El poema conservado es «A la bienaventurada virgen Mariana de Jesús» (Di Patre, 2008: apéndice), una historia personal de quien acompañó durante ocho años como guía espiritual a la monja Mariana de Jesús, que es la primera santa ecuatoriana. Se trata de un poema con alcances gongoristas que no llegan a dignificar grandes torpezas poéticas:

> Es de Jesús Mariana
> En quien Jesús estampa como plana
> De batido papel, porque sellado
> Está de su pasión autorizado;
> Que el blanco sin la cruz está prohibido
> Y en su Corte imperial no es admitido.
> Este sellado después nuestra doncella
> Porque Jesús pasible en él se sella.
> Anhelos de martirio
> Fueron la causa de formarla lirio.
> Ejecutadas penas
> Las atestiguan sus cruentas venas;
> En un año fatal fuentes corrieron
> Ciento y sesenta veces carmín dieron.
> ¡Tanto licor cruento
> Deste cadáver vivo sin sustento!

Desde el hipérbaton inicial, hasta con el nombre de la monja, a la historia narrada, no merece desde luego mucha atención este relato en el que prevalecen los ayunos a los que la Santa se somete desde su niñez, cuestión que extrañamente ha servido para una aventurada y desconcertante lectura de alguien que sin duda ha trabajado bien a Jacinto de Evia como Patrizia di Patre y, sin embargo, ha pretendido leer como «Condensación» y dramatización de fuentes dantescas este texto, que desde luego no tiene nada que ver con el episodio del Conde Ugolino (*Inferno*, XXXIII) con el que lo compara (di Patre, 2008).

Es curioso, porque si yo hubiera querido hablar de inspiración dantesca en Hernando de la Cruz, recurriría a dos excelentes cuadros suyos de los que solo se conservan buenas copias del siglo xix, que están en la entrada de la Iglesia de la Compañía en Quito, de los que reproduzco el relativo al infierno (Figura 2):

Fig. 2: Infierno *de Hernando de la Cruz*

Pero no hablaría de Dante, sino de una tradición pictórica de raíces medievales y religiosas que está en los orígenes de lo que conocemos como «escuela quiteña» y de la que Hernando de la Cruz sería uno de sus iniciadores, y luego Miguel de Santiago, de quien comentaré más tarde algo que considero relevante, sería la figura principal. Lo traigo aquí para recordar la importancia cultural que la Real Audiencia de Quito estaba teniendo en ese siglo XVII.

Plantearé ya una cuestión sobre la que no tenemos respuesta: en plena efervescencia cultural quiteña, la ciudad y el territorio (con enclaves importantes como Guayaquil, Riobamba o Ambato) no tuvo imprenta hasta 1755 en Ambato, que en 1760 fue trasladada a Quito por su propietaria, que era la Compañía de Jesús. Aunque no se hubiera dedicado más que a la publicación de obras religiosas, hubo que buscar en Madrid o en Lima la impresión de algunos libros que son esenciales. Pero volvamos por ello ya al gongorismo.

3. La edición del *Ramillete* y la autoría de Bastidas

En 1676, en Madrid, en la Imprenta de Nicolás de Xamares apareció el libro de flores poéticas «cultivadas» por Jacinto de Evia (Figura 3):

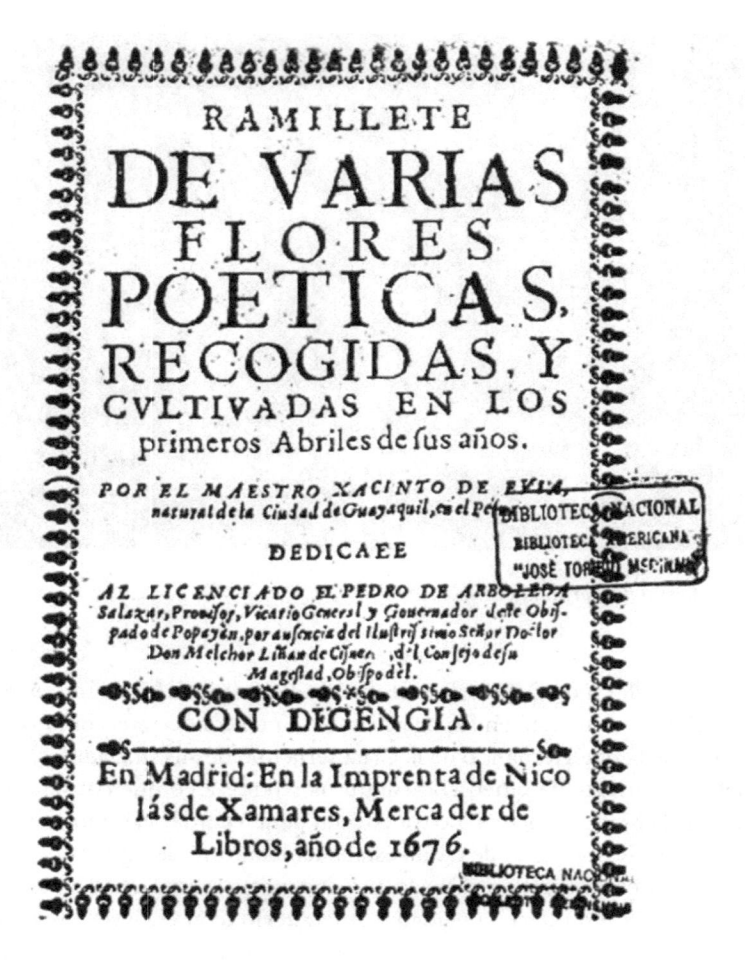

> RAMILLETE
> DE VARIAS
> FLORES
> POETICAS,
> RECOGIDAS, Y
> CVLTIVADAS EN LOS
> primeros Abriles de sus años.
>
> POR EL MAESTRO XACINTO DE EVIA,
> natural de la Ciudad de Guayaquil, en el Pe[...]
>
> DEDICAEE
>
> AL LICENCIADO D. PEDRO DE ARBOLEDA
> Salazar, Prouisor, Vicario General y Gouernador deste Obispado de Popayán, por ausencia del Ilustrissimo Señor Doctor Don Melchor Liñan de Cisneros, del Consejo de su Magestad, Obispo del.
>
> CON LICENCIA.
>
> En Madrid: En la Imprenta de Nicolás de Xamares, Mercader de Libros, año de 1676.

Fig. 3: Ramillete, *Jacinto de Evia*

Se destaca que, en uno de los prólogos dedicado «A la juventud estudiosa», Evia anuncia el papel de Bastidas en su formación, sus poemas y su ejercicio de maestro de retórica:

> Ofrezco a la juventud este *Ramillete de varias Flores Poéticas*, algunas cultivadas de mi ingenio, y otras que tenía recogidas del muy Reverendo Padre Antonio Bastidas, de la sapientísima y nobilísima Religión de la Compañía de Jesús, el tiempo que fue mi maestro de mayores y retórica. Califícolas con tan ilustre epígrafe, no porque juzgue

que sean de tal aseo, y aliño, que por lo vistoso, y galante de los poemas, le venga nacido lo florido, y honroso de este título; cuanto por haber sido los primeros partos en que desabrocharon los abriles tiernos de mis años, y la amena primavera de la edad de mi maestro; porque como este es tiempo, que sólo se trata en flores, y no en frutos, me parece que por primeras, más que por su elegancia (hablo de las mías) les viene más ajustado el título de Flores. Verdad que tenía notada en Lipsio: *Ut in vere anni flores gignuntur; autumnus tamen est quid dat fructum; sic litterati in florida aetate ameniora dant, insenili utiliora*. Llámole Ramillete, por los varios, y diversos asuntos, y argumentos que recojo en este volumen de los jardines de tres floridos ingenios que en él propongo (Evia, 1676: [9] sin pág.).

La cita del humanista flamenco Justo Lipsio («Así como en la primavera del año las flores se reproducen, el otoño sin embargo es lo que da el fruto; así los literatos en la florida edad lo dan más agradable, en la vejez excelente»)[1] tiene su origen en alguna *Poliantea* –en el inventario de bienes al que luego aludiré hay dos en la relación de libros incautados a la Compañía de Jesús en 1767 (*Inventario*, 1767), y puede ser en la de Josepho Langius, publicada en Lyon en 1659.

Pero esto nos lleva a hablar de los ejercicios retóricos y gramaticales que nos están mostrando las palabras de nuestro Jacinto de Evia. El origen de su recopilación poética puede estar en los adiestramientos de retórica característicos de la enseñanza jesuítica, como indicó Teodosio Fernández (2004: 176–178) a propósito de Espinosa Medrano y su *Apologético*, en un trabajo en el que nos indicaba otro muy amplio y esencial de Luis Jaime Cisneros (1987: 1–82), sin limitar por supuesto el alcance del *Apologético* a esta posibilidad. En lo que nos concierne ahora, el gongorismo estaba en los seminarios jesuíticos como parte de los ejercicios continuos de retórica. También lo estaban, en menor medida, Quevedo, Calderón, Lope y los clásicos latinos a los que cita en otros apartados Evia.

Hernán Rodríguez Castelo (1980: 472) ha llamado la atención sobre el papel de la *Ratio Studiorum* (1599) en la configuración de los estudios de la Compañía de Jesús en la amplia red que crearon en Europa y en América. El documento,

---

[1] *Iusti Lipsi de Cruce: ad sacram profanamque historiam utiles*, Ed. Jan Moretus, Antverpiae, ex officina Plantiniana, apud Ioannem Moretum, 1593. La cita está muy presente en textos de los mismos años: recoge la misma por ejemplo un novenario de Miguel Sánchez que se publica en México en 1665 (*Novenas de la Virgen María, Madre de Dios: Para sus dos devotísimos santuarios de los Remedios y Guadalupe*, México, Viuda de Bernardo Calderón, 1665) lo que demuestra que debía ser muy común el texto en los ejercicios retóricos eclesiásticos y jesuíticos.

publicado en 1599, ha sido generalmente muy bien valorado en lo referente a los estudios de humanidades y su plasmación en la gramática y la retórica.

Sobre el espacio concreto del Seminario y colegio de San Luis, hay un escrito tardío e importante, de 1767, cuando con la expulsión de los territorios españoles y americanos de la Compañía se expropiaron todos los bienes de la misma. Se trata de un inventario de bienes cuando «su secuestro», según lo llama el repertorio; en el, depone uno de los encargados de realizarlo, el doctor Antonio Viteri y Orozco, que había sido nombrado Rector de la Universidad de San Gregorio y relata:

> que es constante y notorio que la Real y Pontificia Universidad de San Gregorio de esta ciudad, desde su primitiva y antigua erección, ha estado a cargo y gobierno de los padres de la Compañía de Jesús, del mismo modo que lo ha estado la casa de estudios del colegio Real mayor y seminario de San Luis; y siguiendo el estilo mas común de las escuelas de nuestros reinos en orden a las facultades con que en ellos es instruida la juventud; han mantenido con maestros jesuitas las cátedras siguientes. Una de filosofía; tres de teología, distribuidas en la de prima, la de vísperas y la de moral. También han tenido por tiempo en ejercicio la cátedra de Escritura Sagrada y por tiempos (como al presente) ha estado supresa. *También han tenido siempre dos padres destinados a las aulas de gramática y latinidad en sus respectivas clases de menores, de humanidad y retórica. Estas han sido las cátedras que de tiempo inmemorial han regentado los mencionados padres*; y posteriormente para mayor lustre de la (fol. 3v) universidad como para la utilidad y progreso de los alumnos del seminario destinaron un fundo principal de veinte mil pesos con cuyo rédito se dotasen las tres cátedras de instituta, de cánones y de leyes encomendadas a sujetos seculares de esta profesión cuyo establecimiento vino recientemente aprobado y confirmado por su Majestad. Los oficios y empleos respectivos al régimen de la universidad han sido en esta forma (Inventario, 1767: 7).

En estas cátedras mantenidas, dice, desde «tiempo inmemorial», en la tercera década del siglo xvii ocupó la de gramática y retórica el padre Antonio Bastidas.

4. La obra de Antonio Bastidas: gongorismo y debilidad poética

No es un poeta importante Antonio Bastidas. Es un regular poeta de conmemoraciones, halagos, muertes, nombramientos y poesía encomiástica. Sus «Flores fúnebres», la primera parte de la recopilación, se cierran con un ejemplar ejercicio de retórica en el que comenzamos oyendo:

> De los tiempos del año era el Verano,
> (El de Mantua cantó en su dulce Lira)

esmalta nubes con que sale ufano;
el austro templa, porque suave aliente,
y así con blando diente
muerde la flor, que aun tierna no se esquiva
si aún solicita alientos más lasciva

(Evia, 1676: 57).

Es una dificultosa silva «A la Rosa, comparada a la inconstante flor de la hermosura», en la que el primer verso «De los tiempos del año era el verano», nos recordará el comienzo de la «Soledad primera», pero la sintaxis, las metáforas, el léxico nos llevará a lo incomprensible forzado, cuyo desarrollo además viene a través de ejemplos latinos de los que dice que son una traducción de Virgilio, o en fragmentos de Ausonio, que aparecen cotejados al frente del poema que debía ser traducción, libérrima en cualquier caso, de los mismos. Y no lo es. El ejercicio didáctico, escolar, parece evidente en este juego destinado una vez más al motivo universal de la caducidad de la belleza.

Señala Hernán Rodríguez Castelo fragmentos que a él le indican que Bastidas es un poeta que adquiere en el culteranismo su mejor dicción, siendo más débil en otros momentos poéticos. Se centra en imágenes concretas (Rodríguez, 1980: 519 ss.) o en el análisis minucioso del poema «A la solemne fiesta de la Visitación de la Virgen a Santa Isabel que en el Convento de Santa Clara festejaron sus Religiosas hijas» (Rodríguez, 1980: 528 ss.).

5. La relación de Bastidas con la obra de Domínguez Camargo

Domínguez Camargo es sin duda una figura importante del gongorismo americano y su *San Ignacio de Loyola: Poema heroico* (1666), un libro que ha tenido resonancias críticas entre las que recordaré siempre el memorable artículo de Gerardo Diego en 1961, la valoración de Emilio Carilla (1946) y la de Ángel Valbuena Prat (1950). Además, como siempre tenemos referencias personales detrás de nuestras elecciones y atenciones, diré que conocí esta obra en 1974 por el libro que Giovanni Meo Zilio publicó en Florencia en 1969, en la colección que dirigía el maestro Macrí. Me interesa ahora sintetizar la relación que hay entre Bastidas y Domínguez Camargo.

Creo que la podemos resumir en la idea de que Antonio Bastidas fue el primero en realizar un ejercicio de crítica literaria en el que resalta el valor de la obras del colombiano. Es además el editor de las mismas, como demostraron dos cartas que Aurelio Espinosa Pólit recuperó, dedicadas por Bastidas al Padre Pedro Bermudo de la Compañía de Jesús, Procurador General de Indias en la Corte de Madrid (Espinosa, 1960: 40-56). Son dos cartas —la primera de noviembre de 1670 y la segunda de abril de 1672— sobre cuestiones editoriales, en las que entendemos que Antonio Bastidas es quien ha pagado, o gestionado el pago, de la edición del *San Ignacio de Loyola* de Domínguez Camargo, quien va a pagar la del *Ramillete de varias flores* de Jacinto de Evia (con su parte principal como poeta en la misma) y quien está intentando que se edite la *Invectiva apologética* de Domínguez Camargo, aparte, o junto al *Ramillete* de Evia. Anuncia también que enviará un libro propio del que no tenemos referencias ni más datos.

Son cartas extrañas, difíciles de interpretar con seguridad, que llevaron a Aurelio Espinosa, también por las indicaciones de que había corregido y ampliado versos del *San Ignacio de Loyola*, a deducir y negar luego la posibilidad de que Bastidas fuese el autor real de esta obra, aunque simplemente la comparación poética entre esta y lo que escribió Bastidas impidiese insistir, por valores poéticos y diferencias extremas de valor, en esta posibilidad.

Cabe decir que además está el problema de los Prólogos al *San Ignacio de Loyola* y a la *Invectiva Apologética*, aquellos prólogos que firman Antonio Navarro Navarrete y Atanasio Amescua y Navarrete, cuya paternidad real es de Antonio de Bastidas, según minuciosas deducciones y comparaciones estilísticas realizadas por ejemplo por Guillermo Hernández de Alba (Domínguez Camargo, 1960: xxv-cxxiii).

Me sorprendió que el *San Ignacio de Loyola* (1666) de Domínguez Camargo tuviese una amplia dedicatoria, la firmada por Navarro Navarrete tras el que se oculta Antonio Bastidas, dirigida al «Padre Maestro Fray Basilio de Ribera», que es un personaje como vamos a ver conocido e importante en el Quito de mediados del siglo XVII. La portada nos indica abundantemente algunos aspectos que llaman la atención (Figura 4):

> S. IGNACIO
> DE LOYOLA,
> FVNDADOR DE LA COMPAÑIA
> DE IESVS.
> POEMA HEROYCO.
> ESCRIVIALO
> EL DOCTOR D. HERNANDO DOMINGVEZ
> CAMARGO, NATVRAL DE SANTAFE DE
> BOGOTA DEL NVEVO REYNO DE
> GRANADA, EN LAS ISLAS
> OCCIDENTALES.
> OBRA POSTVMA.
> DALA A LA ESTAMPA,
> Y AL CVLTO TEATRO DE LOS DOCTOS
> EL MAESTRO
> D. ANTONIO NAVARRO NAVARRETE.
> ACREDITALA
> CON LA ILVSTRE PROTECCION
> del Reuerendíssimo P. M. Fr. Basilio de Ribera,
> dignissimo Prouincial de la esclarecida Familia del
> Serafin, y Cherubin en el entender, y amar,
> el Grande Agustino, en esta Prouincia
> Año   de Quito.   1666.
> CON LICENCIA.
> EN MADRID, Por Ioseph Fernandez de Buendia.

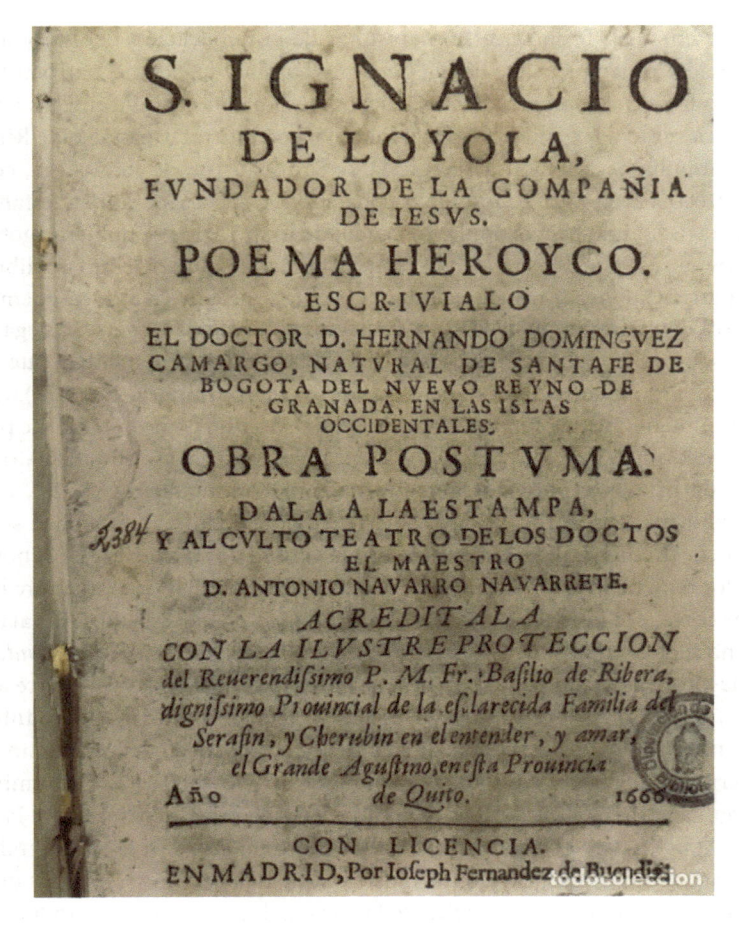

Fig. 4: San Ignacio de Loyola, *de Hernando Rodríguez Camargo*

En la cubierta ya, junto al nombre de quien «dala a la estampa y al culto teatro de los doctos el maestro D. Antonio Navarro Navarrete», aparece el nombre del protector de una manera encomiásticamente excesiva: «Acredítala con la ilustre protección del Reverendísimo Padre Maestro Fray Basilio de Ribera, dignísimo Provincial de la Esclarecida Familia del Serafín, y Cherubín en el entender, y amar, el Grande Agustino, en esta Provincia de Quito».

Fray Basilio Ribera aparece con fuerza tipográfica en un libro que ha publicado Bastidas en Madrid en 1666. Su autor, Domínguez Camargo, había fallecido en 1659. Toda la gestión epistolar de la publicación del libro la realiza Bastidas quien paga la edición, podemos suponer que con el patrocinio del agustino Ribera. La larga dedicatoria del libro, que se desarrolla en varias páginas, es un canto a la generosidad y al mecenazgo cultural y artístico de Ribera.

Una amplia descripción de la iglesia de San Agustín, de su riqueza, con la que tanto tiene que ver Ribera; la afirmación de que a este nunca le falta en qué gastar «cuando el más opulento caudal de un príncipe se hubiera agotado» (Domínguez, 1960: 18), se une a la referencia directa al patrocinio del libro de Domínguez Camargo: «Mucho sintiera el poeta (que aún vive en su poema), si careciera del patrocinio de V.P.R., y tuviera por infelicidad que se le negase su asilo y sombra, cuando tantos han hallado abrigo de su generosidad, pues ésta al más cobarde le convida, le defiende animosa» (Domínguez, 1960: 27). Interviene también Bastidas con justificaciones de su actitud como «Nadie me podrá notar en lo que hasta aquí he dicho de apasionado, pues me rijo por la razón; menos de lisonjero, pues no pretendo nada» (Domínguez, 1960: 25), o casi para finalizar: «Y sea última clave de este elogio, el confesar mi buena suerte, el publicar mi dicha, pues me excusa con la verdad de sus hechos de la nota de adulador o mentiroso» (Domínguez, 1960: 29), para concluir: «Y siempre he de quedar corto, por mucho que diga; y el acabar no es poner término a sus alabanzas, sino señalar la raya de adonde otros deben comenzar la carrera» (*ibidem*).

Y desde luego es verdad lo del mecenazgo extenso e intenso del ilustre agustino, cuya vida se ha escrito con vinculación a la del pintor Miguel de Santiago, el más importante de la escuela quiteña. Elegido Provincial de los agustinos en dos períodos (1653–1657 y 1661–1665, aunque en 1658 y 1659 lo fue también), encargó hacia 1653 al pintor Santiago una serie de doce cuadros sobre la vida de San Agustín para el convento central de la orden. En 1658, le encomendó un enorme cuadro, «La Regla de San Agustín», que tiene el interés además de que en su interior aparecen personajes de la sociedad quiteña, que reproduciré en detalle luego (Figura 5):

Fig. 5: La Regla de San Agustín *de Miguel de Santiago*

Figuras como las del margen inferior derecho del cuadro, donde, por deducciones genealógicas, se puede identificar al personaje vestido como caballero de la Orden de Santiago como Francisco Villacís Carvajal, de ilustre familia sevillana-quiteña (Figura 6):

Fig. 6: *Detalle de la parte inferior derecha de la tabla anterior*

Una deducción sobre que fuera su hermano Carlos el que aparece, también caballero de la Orden de Santiago, la reorientamos hacia que realmente es Francisco por su afición a estar presente en espacios públicos y ser el más acaudalado de la familia, como demuestra su presencia en la Capilla Villacís en el Convento de San Francisco, cuya imagen recojo de un trabajo de Fátima Halcón (2003: 478) sobre este monumento barroco (Figura 7):

Fig. 7: *Capilla Villacís en el Convento de San Francisco de Quito*

Podríamos seguir con una reflexión que partiese de propuestas iconográficas de Aby Warburg en espacios similares en otros cuadros de otras geografías y tiempos (Warburg, 2015: 9–56), pero la atenúo y hasta la evito, para hablar solamente de que la presencia de un personaje identificable de una familia poderosa en una escena celestial y terrestre, que tiene que ver con el poderío de la orden y la Regla de San Agustín, nos remite con seguridad al terreno imprescindible del mecenazgo, un mecenazgo civil en este caso que acrecentaría el eclesiástico de Ribera.

Basilio Ribera, figura clave en el mecenazgo pictórico y, por la edición del *San Ignacio*, también en el literario, ocupa la atención de nuestro Bastidas también en un texto poético del *Ramillete*. Se titula: «El día que recibió el grado de Maestro el Muy Reverendo Padre Fray Basilio Ribera», aunque el texto dice en el subtítulo que ya era Prior y Provincial por lo que lo escribe a partir de 1653. Se trata de un romance bastante pobre con infortunados recursos culteranos:

> Si es Agustino eminente
> monte, en cuya cumbre apoya,
> mejor que en Atlante el cielo,
> su esfera la Iglesia toda,
> ya no admiro se desate
> de su altura, sonorosa
> fuente, que en raudal crecido,
> de Fuentes renombre logra.
> Tan festiva se despeña,
> que el risco que más la estorba,
> obligado de su halago,
> su altivez le rinde pronta.
> Y si explaya sus corrientes,
> de oro las arenas corta;
> que pues le impele el amor
> piedras de rigor no ronda.
> Las vegas que ha fecundado
> lo digan a espigas rojas,
> que en aumentos de sus dichas
> feliz les cogió la poda.
> Y si valles retirados,
> e incultos campos hoy gozan
> de su suelo en lo fecundo
> frutos con que se coronan,
> con más crecidas usuras
> su Rivera (¿quién lo ignora?)
> admirará su riqueza,
> y blasonará su pompa.

(Evia, 1676: 164–165).

El poema encomiástico alterna una y otra vez la dignidad y la riqueza del padre agustino, hasta su consideración como oferta que debe ser pagada... en moneda de silencio:

> Pues divertiros pretende
> hoy nuestra lengua, aunque corta,
> en moneda de silencio
> pagad esta oferta honrosa.

Y parece evidente entonces que el objetivo de Bastidas en relación con Basilio Ribera, desde la dedicatoria del *San Ignacio* que seguramente había financiado, era mantener su mecenazgo.

6. El gongorismo como organizador de la transformación poética

Hay varias controversias sobre el gongorismo que solo puedo citar de pasada: el primero es el concerniente al valor de la obra de Góngora, el de su oscuridad, debate coetáneo y sobre todo inmediato a su muerte, tanto en España como en las colonias americanas. Recordaba Teodosio Fernández, en un panorama sobre la disputa americana, con especial atención al *Apologético* de Espinosa Medrano, como Antonio Bastidas se introduce en la misma cuando escribe en la dedicatoria al *San Ignacio*: «Por su escudo le escoge el poema: muchas saetas tendrá que rebatir, de críticos que estén mal hallados con el supremo numen de Góngora, cuyo espíritu parece que lo heredó o bebió en sus versos. Contagio es de otros siglos, como vicio del nuestro, mirar con semblante desganado estilo tan supremo, numen tan alto» (Fernández, 2004: 176-177).

El *Ramillete*, aparte de la *imitatio* gongorina en muchas composiciones, tiene una serie de referencias explícitas que considero importantes, pues vienen acompañadas de modelos del cordobés. Desde el mismo prefacio ya citado de Evia dedicado «A la Juventud estudiosa» leemos

> Y así sólo convido a aquellos que en los primeros mayos de su juventud comienzan a gustar las numerosas aguas de Hipocrene: no a los Virgilios, no a los Lopes, y Góngoras; porque como consumados maestros, y ya laureados por Apolo, las despreciarán por pueriles. A aquellos sí, para que como solícitas abejas lleven estas flores que ya en otra oración don Luis convidó a estos mismos, y que en las primeras flores de la elocuencia ejercitaban los ingenios en las eruditas escuelas de la Compañía de Jesús de Sevilla.

Y cita un fragmento de «A la traslación de una reliquia de S. Hermenegildo, al Colegio de la Compañía de Jesús».

> Hoy pues, aquesta tu Latina Escuela
> A la docta ovejuela
> No sin devota emulación imitas
> Vuela el campo, las flores solicita,

> Campo de erudición, flor de alabanza,
> Por honrar sus estudios de ti, y de ellas
>
> (Evia, 1676: (10), sin pág.).

Hay otras referencias a Góngora y otros fragmentos del poeta y creo que el hecho de que las ideas vengan acompañadas de versos que son modelos, indica el carácter didáctico que ha ido formando el *Ramillete*. Y, al margen de denuestos tan frecuentes hacia lo que algunos llamarán epidemia gongorista, su carácter de organizador de una tradición poética parece claro aquí.

7. Quito como guía y respuesta

He intentado trazar un panorama descriptivo de un poeta que casi no estaba en el repertorio del gongorismo americano. Creo que la clave última de explicación de todo está en la pujanza de la Compañía de Jesús, en el valor de su *Ratio Studiorum* y de los ejercicios de retórica y gramática, pero la impronta determinante está como siempre en la energía múltiple del espacio urbano en el que se asienta aquella transformación y aquella creación. No puedo contar —ya lo hice hace años (Rovira, 2005: 86-93)— cómo Quito se convierte en un espacio esencial artístico, musical, arquitectónico, pictórico en el que surgen además excelentes *Laudes civitatis* como la que el jesuita Pedro Delgado escribió a mediados de siglo XVII con el título *Historia de la Provincia del Nuevo Reino y Quito de la Compañía de Jesús* (Rodríguez, 1963: 3-34).

Creo que los poemas quiteños de Bastidas, parte de la *Laudatio quitensis urbis* a la que me refiero, son lo mejor que escribió:

> Pastores de aquestas cumbres
> que a Quito dan tanto honor
> ¿dónde la rosada Aurora
> se esconde ya de Borbón?
> Si registráis de esa altura
> de la luz primer albor,
> ¿dónde los floridos rayos
> de Isabel traspone el Sol?
> [...]
> Las dos cimas, que coronan
> de Quito el mayor blasón
> por eminentes gozaban
> del Alba el primer ardor.
> Dando en sus claros reflejos
> al valle que le atendió,
> ejecutorias de ilustre
> con tan prevenido honor.

> Pero que presto llegaron
> a Ocaso tanto esplendor,
> pues ya túmulo de sombras,
> si teatro fue del Sol.
> Una atezada tiniebla
> su bella luz les robó;
> más que mucho, si ya eclipse
> padece el Sol de Borbón.
>
> (Evia, 1676: 12–14).

Este es por ahora el poeta Antonio Bastidas y su entorno, que creo densifica el interés sobre su obra, sobre todo por los muchos valores culturales de la ciudad que vivió.

Referencias bibliográficas

CARILLA, Emilio (1946): «Hernando Domínguez Camargo». *El gongorismo en América* (110–122). Buenos Aires: Universidad de Buenos Aires/ Instituto de Cultura Latinoamericana.

CARRIÓN, Alejandro (1992): *Antología general de la poesía ecuatoriana durante la Colonia española*. Quito: Banco de los Andes.

CISNEROS, Luis Jaime (1987): «La polémica Faria-Espinosa Medrano. Planteamiento crítico». *Lexis*, vol. XI, 1, 1–62.

DIEGO, Gerardo (1961): «La poesía de Hernando Rodríguez Camargo». *Nuevas vísperas*. Bogotá: Instituto Caro y Cuervo.

DOMÍNGUEZ CAMARGO, Hernando (1666): *S. Ignacio de Loyola. Poema Heroico*. Madrid: Joseph Fernández de Buendía.

DOMÍNGUEZ CAMARGO, Hernando (1960): *Obras*. Ed. de Rafael Torres Quintero. Estudios de Alfonso Méndez Plancarte, Joaquín Antonio Peñalosa y Guillermo Hernández de Alba. Bogotá: Publicaciones del Instituto Caro y Cuervo.

ESPINOSA PÓLIT, Aurelio (1960): *Los dos primeros poetas coloniales ecuatorianos*. Quito: Biblioteca Ecuatoriana Mínima.

EVIA, Jacinto de (1676): *Ramillete de varias flores poéticas recogidas y cultivadas en los primeros abriles de sus años por el maestro Jacinto de Evia natural de Guayaquil en el Perú*. Madrid: Imprenta de Nicolás de Xamares. Hay edición digital en http://www.cervantesvirtual.com/obra-visor/ramillete-de-varias-flores-poeticas-recogidas-y-cultivadas-en-los-primeros-abriles-de-sus-anos--0/html/ff115ce6-82b1-11df-acc7-002185ce6064_2.html. Consultado 15 de octubre de 2019.

FERNÁNDEZ, Teodosio (2004): «Góngora en la literatura colonial». En J. Roses, *Góngora hoy IV-V* (173–187). Córdoba: Diputación de Córdoba.

HALCÓN, Fátima (2003): «La capilla Villacís del Convento de San Francisco de Quito». *Laboratorio de arte*, 16, 465–480.

Inventario (1767): *Inventario del Colegio Seminario de San Luis de Quito y sus haciendas durante el secuestro en 1767*. Transcripción Francisco Peñas Rubio. En http://www.cervantesvirtual.com/obra/inventario-del-colegio-seminario-de-san-luis-de-quito-y-sus-haciendas-durante-su-secuestro-en-1767/. Consultado 20 de octubre de 2019.

Langius, Josepho (1659): *Polyantheae*. Lugduni: Ioannis Antonii Huguetan.

Lipsio, Justo (1593): *De Cruce: ad sacram profanamque historiam útiles*. Antverpiae: Ed. Jan Moretus, ex officina Plantiniana, apud Ioannem Moretum.

Medina, José Toribio (1922): *Escritores hispanoamericanos celebrados por Lope de Vega en su* Laurel de Apolo. Santiago de Chile: Imprenta Universitaria.

Meo Zilio, Giovanni (1967): *Estudio sobre Hernando Domínguez Camargo y su «Ignacio de Loyola», poema heroico*. Messina-Firenze: G. D' Anna.

Meo Zilio, Giovanni (1986): «Prólogo» a Domínguez Camargo, Hernando: *Obras* (ix–xcv). Caracas: Biblioteca Ayacucho.

Mera, Juan León (1893): *Ojeada histórico-crítica sobre la poesía ecuatoriana*. Barcelona: Imprenta de José Cunill Sala, 2ª ed.

Patre, Patrizia di (2008): «Un ejemplo de "condensación" y dramatización de fuentes dantescas en la poesía ecuatoriana de la época colonial (Hernando de la Cruz, "A la Bienaventurada Virgen Mariana de Jesús")». *Espéculo: Revista de Estudios Literarios*, 38.

Ramírez Sierra, Hugo Hernán (1998): «Antonio Bastidas, crítico de la obra de don Hernando Rodríguez Camargo en el siglo xvii». *Thesaurus. Boletín del Instituto Caro y Cuervo*. Tomo LIII, 3, 528–548.

Ratio Studiorum (1599): De la Compañía de Jesús. Traducido en file:///C:/Users/Jose/Downloads/Compa%C3%B1%C3%ADa%20de%20Jes%C3%BAs%201599%20-%20Ratio%20Studiorum%20Oficial%20(1).pdf. Consultado 15 de octubre de 2019.

Rodríguez Castelo, Hernán (ed.) (1963): *Letras de la audiencia de Quito (Período jesuítico)* (3–33). Caracas: Biblioteca Ayacucho.

Rodríguez Castelo, Hernán (1980): *Literatura de la Audiencia de Quito. Siglo xvii*. Quito: Banco Central del Ecuador.

Rovira, José Carlos (2005): *Ciudad y literatura en América Latina*. Madrid: Síntesis.

Sánchez, Miguel (1665): *Novenas de la Virgen María, Madre de Dios: Para sus dos devotísimos santuarios de los Remedios y Guadalupe*, México: Viuda de Bernardo Calderón.

Valbuena Prat, Ángel (1950): «Hernando Rodríguez Camargo». *Historia de la literatura española* (II: 239–245). Barcelona: Editorial Gustavo Gili.

Warburg, Aby (2015): *Arte del ritratto e borghesia fiorentina*. Milano: Aesthetica.

María José Osuna

La polémica gongorina llega a Hispanoamérica: El *Apologético en favor de don Luis de Góngora*, de Juan de Espinosa Medrano

Resumen: La difusión de la *Fábula de Polifemo y Galatea* y las *Soledades* de Góngora originó en España un importante e intenso debate en torno a las novedades introducidas por el cordobés en sus poemas. Este debate se materializó en un complejo y vasto corpus de textos, que integran lo que se conoce como polémica gongorina. A pesar de que la controversia se suscita en el año 1613, hay que esperar hasta 1662 para encontrar la participación de un escritor y crítico hispanoamericano: Juan de Espinosa Medrano, quien prácticamente cierra el catálogo de testimonios de la polémica gongorina con un texto que lleva el ilustrativo título de: *Apologético en favor de don Luis de Góngora, príncipe de los poetas líricos de España, contra Manuel de Faría y Sousa, caballero portugués*.

Así, en este trabajo se analiza la importancia y repercusión de este texto en la literatura española e hispanoamericana. Para ello no se tendrá en cuenta al texto de forma aislada, sino que se pondrá en diálogo con otros textos de la polémica gongorina para valorar en su justa medida las aportaciones que Espinosa Medrano realiza al debate sobre la nueva poesía.

Palabras clave: polémica gongorina, Juan de Espinosa Medrano, *Apologético en favor de don Luis de Góngora*, Manuel de Faría y Sousa.

El objetivo fundamental de esta investigación es analizar la importancia y repercusión del *Apologético* de Espinosa Medrano en la literatura española e hispanoamericana. Para ello no se tendrá en cuenta solo el texto de forma aislada, sino que se pondrá en diálogo con otros textos de la polémica gongorina para valorar en su justa medida las aportaciones que Espinosa Medrano realiza al debate sobre la nueva poesía.

Así, abordar el estudio del *Apologético* de Espinosa Medrano conlleva necesariamente reflexionar sobre una fecha: 1662, sobre unos lugares: Cuzco, Perú y Lima, sobre un autor: Juan de Espinosa Medrano, sobre un título: *Apologético en favor de D. Luis de Góngora, príncipe de los poetas líricos de España, contra Manuel de Faría y Sousa, caballero portugués* y sobre un contexto: la llamada polémica gongorina.

1. Contexto: polémica gongorina

Empezamos, pues, con el contexto: como es consabido, la difusión del *Polifemo* y las *Soledades* de Góngora suscitó un amplio e intenso debate en torno a las novedades introducidas por el cordobés en sus poemas, unas novedades que provocaban, entre otras cuestiones, la oscuridad de los versos. Este debate se materializó en un conjunto de textos en defensa o en vituperio de Góngora, a los que se conoce como polémica gongorina. Para hacerse una idea del alcance de esta controversia basta con que apuntemos algunos datos concretos que se pueden deducir del catálogo de testimonios de la polémica gongorina que aportó Robert Jammes (1994: 605-719) en el apéndice II de su edición de las *Soledades*: así, hablamos de más de sesenta y cinco documentos de diferente importancia, extensión y repercusión y hablamos de más de cincuenta años de polémica, pues se acepta que la polémica comienza en el mismo año de 1613, año de la difusión manuscrita del *Polifemo* y las *Soledades*, y se extiende hasta 1666. De esta forma la polémica se abre con el *Parecer* de Pedro de Valencia y se cierra con la *Lira de Melpómene* de Enrique Vaca de Alfaro Gómez. En este contexto de defensas y ataques a Góngora es donde debemos situar el *Apologético* de Espinosa Medrano.

Nos detenemos ahora en la fecha para poder perfilar aún más el lugar que ocupa el texto de Espinosa en el contexto de la polémica gongorina: el *Apologético*, aunque sabemos por las fechas de los preliminares de la obra que estaba terminado en 1660, se publica por primera vez en 1662. Acabamos de señalar que la polémica gongorina se extiende desde 1613 a 1666, por tanto, es fácil deducir que nos encontramos en los últimos años de la polémica; de hecho, el *Apologético* de Espinosa Medrano aparece en el mencionado catálogo de Jammes (1994: 713-714) registrado como el antepenúltimo documento, esto es, el documento número sesenta y cuatro.

Muchas circunstancias habían cambiado en la recepción de los poemas gongorinos a la altura de la década de 1660. Señalaremos fundamentalmente tres de ellas. La primera es que, muerto Góngora, los «malos» imitadores del estilo gongorino se convirtieron en la nueva diana de los ataques. En segundo lugar, las obras de Góngora ya habían conocido la imprenta y habían sido comentadas. Estos dos hechos contribuyen a la canonización y recepción del escritor, pues los comentaristas vienen a demostrar, entre otras cuestiones, que las *Soledades* gongorinas, la obra sin duda más atacada, puede ser leída y comprendida. Se demuestra, por tanto, que las obras gongorinas son inteligibles, por más que en el siglo XX algunos críticos como Menéndez Pelayo se empeñaran en seguir afirmando la imposibilidad de comprender los versos del cordobés. La tercera circunstancia a tener en cuenta es que a partir de la muerte de Góngora aumenta la heterogeneidad de los documentos que integran la polémica gongorina hasta el punto de que se puede afirmar que muchos participantes en la contienda van a utilizar a Góngora como excusa para arremeter contra sus enemigos particulares, de manera que la inicial polémica gongorina derivó en una serie de polémicas que enfrentaba a partidarios y detractores del estilo del cordobés, que al tiempo que defendían o atacaban a Góngora resolvían rencillas personales: Lope de Vega y Colmenares; Francisco Cascales, Francisco del Villar y fray Juan Ortiz; Portichuelo y Navarrete, etc. Es el caso también del texto de Espinosa Medrano. Recordemos el título de la obra: *Apologético en favor de D. Luis de Góngora, príncipe de los poetas líricos de España, contra Manuel de Faría y Sousa, caballero portugués.* Así, el texto de Espinosa Medrano tiene un doble objetivo: defender a Góngora y atacar a Manuel de Faría y Sousa[1], quien había publicado en 1639 unos comentarios a la obra Os Lusíadas de Camoens: *Lusíadas de Luis de Camoens, Príncipe de los poetas de España. Comentadas por Manuel de Faría y Sousa* (Faría, 1639).

Faría y Sousa para ensalzar a Camoens continuamente lo compara con Góngora y crítica el estilo del *Polifemo* y las *Soledades*. Como suele ser habitual en los textos de los detractores de la poesía gongorina, en los aspectos en los que más se insisten son en la oscuridad, en la intrascendencia del contenido, en el abuso del hipérbaton y en el exceso de metáforas. Además, no es este el único texto donde Faría y Sousa se había pronunciado en contra de Góngora, pues podemos citar dos textos más: la *Palestra IV* de sus *Discursos morales y políticos*, publicados en Madrid en 1624 bajo el título de *Noches claras*[2] (Faría, 1624) y el prólogo de la *Fuente de Aganipe*, publicada en 1644 (Faría, 1644).

Curiosamente Faría y Sousa solo menciona directamente a Góngora en esta última obra y en los comentarios a Camoens y en la *Palestra IV* se limita a censurar a los cultos, hecho que demuestra una tónica general en algunos de los testimonios de la polémica: solo se critica abiertamente a Góngora a partir de 1627, es decir, ya muerto el cordobés.

Como comentábamos, el texto de Espinosa Medrano es un ataque o una respuesta a las críticas vertidas por Faría contra Góngora en sus comentarios a

---

1 Recientemente, Núñez Rivera (2020) ha tratado la figura de Faría y Sousa en una monografía fundamental para conocer la personalidad y conciencia autorial del portugués.
2 Un fragmento de las *Noches claras* ha sido editado recientemente por Aude Plagnard (Faría, 2019) en el contexto del Proyecto: «Edición digital y estudio de la polémica gongorina», liderado por Mercedes Blanco.

Camoens, aunque sabemos que Espinosa Medrano también conocía el prólogo de la *Fuente de Aganipe*, a la que recurre en varias ocasiones, y la obra histórica de Faría, que es mencionada en el *Apologético* y que aparece en el inventario que se realizó de su biblioteca tras su fallecimiento: «Faria ystoria portuguesa» (Guibovich, 1992: 24).

2. Fechas: 1639, 1649, 1660, 1662

Tenemos ya ubicado al *Apologético* en el contexto de la polémica gongorina, pero fijémonos ahora de forma más detenida en la fecha: 1660, año de la composición; 1662, año de la publicación. Las preguntas que surgen son: ¿tiene sentido una defensa de Góngora a estas alturas? y, ¿tiene sentido una respuesta al texto de Faría? Recordemos que los comentarios a Camoens son de 1639 y tengamos en cuenta además que Faría ya había fallecido en 1649. El propio Espinosa es consciente de lo anacrónico de su intervención y así se dirige «Al lector» con estas palabras:

> Tarde parece que salgo a esta empresa, pero vivimos muy lejos los criollos y, si no traen las alas del interés, perezosamente nos visitan las cosas de España; además que cuando Manuel de Faría pronunció su censura, Góngora era muerto y yo no había nacido. Si alguien quisiera proseguir la batalla, la pluma me queda sana y volveré sin temor al combate. Ya ves cuán poco me va en defender a quien aun sus paisanos desamparan, pero dicen que es linaje de generosidad reñir las pendencias de los buenos[3] (Espinosa, 2019 y 1997: 41).

Como puede apreciarse, Espinosa alega tres circunstancias para justificar lo extemporáneo de su empresa. La primera, la falta de comunicación o contacto entre España e Hispanoamérica. La segunda, su juventud y, por tanto, la imposibilidad de haber intervenido con anterioridad. En este sentido, llega a afirmar que cuando Góngora murió y Faría escribió su texto él todavía no había nacido. Según sus biógrafos (Cisneros y Guibovich, 1988), Espinosa nació entre 1628 y 1630, por tanto, aceptamos que Góngora había muerto antes de su nacimiento, pero es una exageración afirmar que no había nacido cuando Faría publicó su escrito[4], aunque admitimos que Espinosa tendría en aquel momento, en 1639,

---

3 Reproduciremos siempre los textos del *Apologético* por la reciente edición de Ruiz (2019). No obstante, daremos también la referencia por la edición de González Boixo (1997), pues es imposible aportar la paginación de la edición de Ruiz por tratarse de una edición digital.

4 En este sentido, González Boixo (1997: 12–13) recuerda que en la edición de 1662 aparece un punto y coma entre la frase «Góngora era muerto» e «y yo no había nacido». La existencia de este punto y coma le sirve a González Boixo para proponer

entre 9 y 11 años. La tercera circunstancia es quizás la más extemporánea, pues manifiesta no tener inconveniente en proseguir o reavivar la polémica gongorina. Además, parece no estar muy bien informado, pues da a entender que los paisanos de Góngora lo han dejado solo en el combate. Sobre el conocimiento que Espinosa tenía de la polémica gongorina volveremos luego.

Las explicaciones que da Espinosa justifican, en cierta medida, el motivo por el que no pudo contestar a Faría con anterioridad, pero no aclara la pertinencia de responder en esa década ya tan tardía de 1660. Para encontrar una justificación lógica, quizás haya que recurrir a algunos datos biográficos del propio Espinosa y al contexto cultural de las ciudades vinculadas con el autor y su escrito: Cuzco, Perú y Lima.

3. Autor, contexto cultural y título: a propósito de las motivaciones de Espinosa Medrano al escribir el *Apologético*

Teniendo en cuenta estos aspectos (los datos biográficos de Espinosa y el contexto cultural de las ciudades vinculadas con el autor y su escrito), son muchas las explicaciones que se han ido dando acerca de la intención que albergaba el escrito de Espinosa Medrano. Haremos un breve repaso por las que se han repetido más. Así, Núñez Cáceres (1983: 174-175) y González Echevarría (1992) consideran que el objetivo de Espinosa era escribir un «manifiesto americanista» en el contexto de las polémicas sobre el Nuevo Mundo que se desarrollarán en el siglo XVIII. Esta interpretación no parece válida si tenemos en cuenta que solo tres afirmaciones de Espinosa parecen avalar esta posibilidad. La primera aparece en el apartado «Erratas», que desaparece en la edición de 1694: «Enmienda, lector, con pluma estos renglones, que no es justo que sobre los míos me acumules yerros de la imprenta. Son notados de barbaridad en España los indianos y será esforzar la calumnia no barrerle aun los indicios a esta sospecha» (Espinosa, 2019)[5]. La segunda la podemos encontrar en la «Dedicatoria»: «En esta cumbre tienen colocado a vuestra excelencia sus ínclitas prendas, y en esa le deseamos eternizado los que en tan remoto hemisferio vivimos, distantes del corazón de la monarquía, poco alentados del calor preciso con que viven las letras y se animan los ingenios, contentándonos con saludarle siquiera con

---

una interpretación diferente de la afirmación de Espinosa Medrano, de modo que lo que querría decir el autor es que él no había nacido cuando murió Góngora, es decir, en 1627.

5   En la edición de González Boixo (1997) no aparece el epígrafe de «Erratas», de ahí que no aportemos la referencia.

los afectos» (Espinosa, 2019)[6]. Por último, la tercera afirmación se puede localizar en unas frases, que también fueron suprimidas en la edición de 1694, del epígrafe «Al lector»: «Pero, ¿qué puede haber bueno en las Indias? ¿Qué puede haber que contente a los europeos, que de esta suerte dudan? Sátiros nos juzgan, tritones nos presumen, que, brutos de alma, en vano se alientan a desmentirnos máscaras de humanidad» (Espinosa, 2019 y 1997: 41).

Por su parte, Cisneros (1987) considera que el objetivo de Espinosa era realizar un ejercicio de retórica, característico del ambiente universitario al que él pertenece, de modo que se considera que la estructura del *Apologético* se corresponde con los «ejercicios de retórica» o «ejercicios literarios» practicados fundamentalmente en la enseñanza jesuítica. Se apunta incluso a la posibilidad de que se empleara en el Seminario de San Antonio Abad, centro en el que Espinosa desarrolló su actividad como docente durante buena parte de su vida. Esta explicación de Cisneros puede relacionarse con la que da el propio Espinosa en «Al lector»: «Ocios son estos que me permiten estudios más severos» (Espinosa, 2019 y 1997: 41). Sin embargo, algunas evidencias se pueden aportar para desmentir que el propósito fundamental del *Apologético* sea realizar un ejercicio de retórica u ocupar el tiempo ocioso. Aportaremos, en concreto, cuatro evidencias.

La primera es que Espinosa no duda en dar su texto a la imprenta, por tanto, no quiere que permanezca en el ámbito privado o en el ámbito universitario, sino que quiere que tenga una circulación mayor.

La segunda evidencia es que no solo lo da a la imprenta, sino que acopia un buen número de paratextos, innecesarios desde un punto de vista legal, sobre todo, si tenemos en cuenta que no nos encontramos ante un texto de asuntos políticos o religiosos. Así, en los preliminares nos encontramos con tres licencias, tres aprobaciones, dos censuras y cinco poemas laudatorios.

La tercera evidencia es que Espinosa dedica su escrito nada más y nada menos que a Luis Méndez de Haro, sexto marqués del Carpio y segundo condeduque de Olivares, valido además de Felipe IV a partir de 1643. ¿Por qué dedica Espinosa su escrito al valido de Felipe IV? El propio Espinosa explica en su dedicatoria que lo hace siguiendo el ejemplo de Salcedo Coronel, quien también dedicó sus comentarios a las obras de Góngora a Luis Méndez de Haro. Sin embargo, consideramos que debe de haber más motivos: Faría había dedicado sus comentarios a Camoens a Felipe IV. Hubiera sido extraño que Espinosa también dedicase su escrito al monarca, pero puede resultarle de sumo interés

---

6 Tampoco aparece en la edición de González Boixo (1997) la «Dedicatoria».

dedicárselo a alguien tan cercano al rey. Además, la dedicatoria no carece de cierta malicia si tenemos en cuenta los esfuerzos diplomáticos y militares que había realizado el conde-duque para recuperar a Portugal, que estaba separada de la corona castellana desde 1640. Al fin y al cabo, en el enfrentamiento entre Faría y Espinosa se enfrentaba a un poeta portugués con un poeta español y el premio era ser erigido como príncipe de los poetas líricos de España. Por último, no se puede pasar por alto que es un hombre poderoso de España el que recibe la dedicatoria de Espinosa, por tanto, parece evidente que Espinosa no solo quería un reconocimiento en el ámbito cultural hispanoamericano, sino que quería un reconocimiento en el ámbito peninsular. Dicho de otra manera, quería que su obra atravesara a la otra orilla del charco. En cualquier caso, si Espinosa esperaba del conde-duque algo a cambio de su dedicatoria, erró a la hora de seleccionarlo porque la dedicatoria está fechada a 20 de febrero de 1662 y el conde-duque de Olivares había fallecido el 26 de noviembre de 1661. Llevaba, pues, tres meses muerto.

La cuarta y última evidencia que podemos aportar es el título completo de la obra: *Apologético en favor de don Luis de Góngora, príncipe de los poetas líricos de España, contra Manuel de Faría y Sousa, caballero portugués. Que dedica al excelentísimo señor don Luis Méndez de Haro, duque conde de Olivares, etc. Su autor el doctor Juan de Espinosa Medrano, colegial real en el insigne seminario de San Antonio el Magno, catedrático de Artes y Sagrada Teología en él, cura rector de la santa iglesia catedral de la ciudad del Cuzco, cabeza de los reinos del Perú en el Nuevo Mundo.*

Dos cuestiones merecen ser comentadas de este largo título. En primer lugar, la ausencia del nombre de Camoens, probablemente con la intención de no involucrarlo en sus disputas con Faría. En este sentido, es interesante aclarar que Espinosa nunca va a atacar a Camoens, quizás con la conciencia de que si lo hiciera incurriría en los mismos defectos que achaca a Faría: la envidia y la ignorancia. Aunque también es cierto que, al proclamar a Góngora «príncipe de los poetas líricos de España», está destronando a Camoens del honor que Faría le había otorgado en el título de sus comentarios. En segundo lugar, tres nombres son los que sobresalen al utilizarse un tipo de letra mucho mayor que para el resto del título: Luis de Góngora, Luis Méndez de Haro y Juan Espinosa Medrano[7]. Y aquí es donde puede radicar el verdadero objetivo que tiene

---

7   La edición digital de Ruiz (2019) permite la posibilidad de revisar la edición de 1662 y, por tanto, de comprobar que los tres nombres reseñados aparecen con un tamaño de letra mucho mayor que el resto del título. Nos referimos, en concreto, a los folios 1r y 2r. Nótese además que de Faría solo se indica que es un «caballero portugués»,

Espinosa al redactar su *Apologético*: nada más y nada menos que vincular su nombre al de Góngora y al del conde duque de Olivares, es decir, hilar su memoria entre los poetas y poderosos españoles. Si este era su objetivo, lo consiguió, pues, como indica González Boixo (1997: 18), «no hay duda de que la fama de Espinosa se debe a su *Apologético*». Gracias a este texto, los investigadores se afanan en buscar más datos biográficos sobre el autor y en acercarse al resto de obras que escribió.

La importancia del *Apologético* queda además atestiguada por el hecho de que sea recurrentemente considerado el texto que inaugura la crítica culterana en el Perú, por su prestigio en el panorama crítico sobre la época del Barroco y por el hecho de que sea, sin duda, el texto más editado de la polémica gongorina. En el propio siglo XVII, además de la ya citada edición de 1662, hubo otra, aunque con un pie de imprenta falso, en 1694. En los siglos XX y XXI podemos contar hasta siete ediciones. Así, Guibovich (2005: 97-98) recuerda las ediciones realizadas por Ventura García Calderón en 1925, por Luis Nieto en 1965, por José Miguel Oviedo en 1973, por Augusto Tamayo Vargas en 1982, por José Carlos González Boixo en 1997 y reseña, sobre todo, la de Luis Jaime Cisneros en 2005. A estas seis ediciones hay que sumar la de Héctor Ruiz (2019). Aunque son de calidad y repercusión muy desiguales, son muy elocuentes. Téngase en cuenta que muchos de los textos de la polémica gongorina están todavía a la espera de conocer una edición contemporánea.

En conclusión, Espinosa empleó varias estrategias de autopromoción que dieron fruto en su propia época y en los siglos posteriores. Las armas con las que contaba eran, entre otras, la confianza en que su *Apologético* era solo un trampolín para futuras empresas, su propia capacidad para polemizar y su erudición. Y su erudición es la última cuestión sobre la que nos vamos a centrar con la intención de responder a una pregunta fundamental: ¿Cuál es la verdadera aportación del texto de Espinosa? La respuesta puede parecer clara: aporta a la historia de la literatura española e hispanoamericana un texto clave para entender la recepción crítica de la poesía gongorina y del Barroco español en el Perú de la segunda mitad del siglo XVII. Pero queremos ir más allá. ¿Qué novedades aporta al debate sobre la nueva poesía? ¿Qué aporta a la polémica gongorina? ¿Qué aporta a lo ya dicho por defensores y detractores de la poesía del cordobés?

---

mientras que Espinosa hace un buen resumen de su currículum. Puede comprobarse también en la edición facsímil que incorpora González Boixo (1997: 127-128) a continuación de la edición crítica.

4. Aportaciones del *Apologético* al debate en torno a la nueva poesía

Para poder responder a las preguntas que acabamos de formular no basta con leer el *Apologético*, sino que hay que ponerlo en diálogo con los demás testimonios de la polémica. La tarea es ardua, pero podemos hacer una primera aproximación tomando como referencia el despliegue de erudición que muestra Espinosa en su obra y que refrenda colocando al principio de su escrito un «Catálogo de los escritores que autorizan este *Apologético*», es decir, Espinosa nos ofrece las fuentes, la bibliografía de la que ha bebido para componer su escrito.

Estamos llevando a cabo un estudio pormenorizado sobre la importancia que adquiere cada uno de los autores citados por Espinosa, pero para los objetivos de este trabajo nos interesa ahora centrarnos solo en dilucidar qué textos de la polémica gongorina conocía Espinosa para así calibrar las novedades de sus argumentos.

Dejando de lado a autores que puntualmente realizaron algún elogio a Góngora o que siguieron su estilo, en el listado que nos ofrece Espinosa identificamos claramente a cuatro grandes participantes en la polémica gongorina: Salcedo Coronel, Lope de Vega, José de Pellicer y Tomás Tamayo de Vargas, aunque realmente estos cuatro nombres pueden reducirse a dos, pues fácilmente podemos suprimir los nombres de Tamayo de Vargas y de Lope de Vega.

El de Tamayo de Vargas lo podemos eliminar porque no lo menciona ni por haber sido amigo de Góngora ni por haber escrito un parecer sobre las *Soledades*[8], sino por haber aprobado la obra de Faría. En este sentido, reproducir un fragmento de la aprobación de Tamayo le sirve a Espinosa para refrendar su opinión de que lo único interesante que hay en el texto de Faría son los fragmentos en los que trata cuestiones relacionadas con la historia:

> El comento de Camoens (con ser que allí abrió todo el almacén de sus estudios), prescindiendo las sofisterías, palillos, arrogancias y críticas mazadas de poetas, veréis que lo mejor es lo que enarra, y de lo de más importancia son algunos trozos de historia de que salpica a veces aquella prolijísima tarea: como notó don Tomás Tamayo de Vargas (a quien Faría confiesa por «judicioso docto») en la misma aprobación que hace de tal comento, diciendo: «Aquí no solamente se descubren y deleitan las galas de la poesía —habla de la de Camoens—, sino se ejecutan y aprovechan los aciertos de la historia con tal conocimiento de sus veras, que parece que aun lo que toca de paso es su principal

---

8   Para más información sobre la intervención de Tamayo de Vargas en la polémica gongorina puede consultarse el mencionado catálogo de Jammes (1994: 629–630).

intento». Y es que como el talento no es más de para historia, es eso lo que más acierta. Con que eso que toca de paso, ya que no sea su principal intento, lo parece, porque es su principal habilidad (Espinosa, 2019 y 1997: 116-117).

También podemos eliminar el nombre de Lope de Vega, pues no lo considera atacante de Góngora y parece desconocer su participación activa en la polémica gongorina. Así, Espinosa se limita a mencionarlo a propósito de cuatro cuestiones. En primer lugar, recurrir a Lope de Vega le sirve a Espinosa para refrendar su mala opinión sobre los imitadores de Góngora: «Por esto llamaría (claro está) Lope de Vega "Ícaros" a los imitadores de Góngora, porque siendo contrahechas las alas de su osadía, es preciso ser arriesgado el vuelo de su emulación. Alábale primero y luego dice que sus imitadores son los que han menester las defensas, que por don Luis se hacen ostentosas» (Espinosa, 2019 y 1997: 94). Se reproduce a continuación el poema de Lope que comienza: «Claro cisne del Betis, que, sonoro», que aparece en la *Circe*, obra publicada en 1624. Efectivamente, en este poema Lope llama «ícaros» a los imitadores de Góngora. No obstante, Espinosa lee literalmente el poema e interpreta que Lope nunca cuestionaría a Góngora, sino solo a sus malos imitadores. No sabemos si Espinosa lo hace por desconocimiento de la verdadera participación de Lope en la polémica o por una estrategia consistente en volver contra Lope los elogios meramente tácticos que había utilizado.

La segunda ocasión en la que Lope de Vega se hace presente en el texto de Espinosa es a propósito del uso del verso esdrújulo:

> Por ventura, ¿es muchísima la traza de Faría en su *fábula de Dafne y Apolo*, o la de *Tamiras y las Musas*? ¿O es mayor la de *Pan y Apolo*? Y la de otros poemas ridículos, fríos, lánguidos, forzados, inertes, mal puestos y bien cacareados, como los que su clueca Musa abortó en el segundo tomo de su *Aganipe*? (Dejo los pecados de los demás, porque se haga la comparación de fábula con fábulas). Y ¿a quién no asombrará tanto disparate, como agrega en los esdrújulos forzados de que tejió el poema de Tamiras? Donde por consonante de «número», largó «cucúmero», que malos cucumerazos le habían de dar al cucúmero de sus cascos, pues aun en latín es *cucumis*. Pero donde se ensartan «satúrnicos», «admirábiles», «ebúrnicos», «orfénica», «puérpera», «pérpera», «saxátiles» y otras monstruosidades semejantes, bien podría pasar el «cucúmero». Y la gracia de todo es que al fin de tanto desatino sin traza quiere persuadirnos en un párrafo en prosa que en aquel género de poesía ha excedido a cuantos con fama y acierto la ejercitaron en nuestro idioma, como el insigne Cairasco, Lope de Vega, etc. (Espinosa, 2019 y 1997: 100).

Se hace así eco Espinosa de lo manifestado por Faría en su *Fuente de Aganipe* (1644: 63r-63v), pues Faría enumera a sus propios antecesores en el uso del esdrújulo: Serafino Aquilano, Marino, Sannazaro, Jorge de Montemayor,

Bartolomé Cairasco de Figueroa, Lope de Vega y Góngora. De Lope de Vega aporta además un ejemplo concreto: «Lope de Vega la usó también con buena fortuna y fue estimada aquella canción de su *Arcadia* que empieza "Fieras montañas rígidas", etc.» (Faría, 1644: 63r).

Las otras dos referencias a Lope de Vega afectan a su producción dramática. En el primer caso Espinosa (2019 y 1997: 100–101) se lamenta de que Lope le dedicara una obra a Faría e insiste en los pocos beneficios que obtuvo Lope por esa dedicatoria. Como indica acertadamente Ruiz (2019) se trata de *El marido más firme*, publicada en 1625 en la parte XX de las *Comedias* de Lope. En el segundo caso Espinosa (2019) reproduce unos versos de *El príncipe perfecto* de Lope, publicado en 1618 en la parte IX de sus *Comedias*. En el pasaje aparece un paje que dice haber visto una estatua de mármol de César reírse. Esta anécdota le sirve a Espinosa (2019 y 1997: 120) para arremeter contra la afirmación de Faría de que incluso después de muerto se reiría de los que se atrevieran a comparar a Góngora y a Camoens.

En definitiva, al suprimir los nombres de Tamayo de Vargas y de Lope de Vega por los motivos ya expuestos, nos quedamos solo con Salcedo Coronel y con Pellicer. Como se sabe, Pellicer publicó en 1630 las *Lecciones solemnes a las obras de don Luis de Góngora y Argote, Píndaro andaluz, Príncipe de los poetas líricos de España* y Salcedo Coronel publicó a partir de 1636 sus comentarios a las *Soledades*.

No obstante, la presencia de Salcedo y de Pellicer es más escasa de lo que cabría esperar en un principio. Así, Pellicer aparece solo citado en dos ocasiones. En el primer caso, Pellicer es nombrado a propósito del tema de los imitadores de Góngora:

> Muchos acometieron a la imitación de Góngora y viciando sus versos, por alcanzar aquella alteza, ocasionaron a Faría a que dijese inficionaron peor que Góngora sus secuaces a España. Confesamos que aquel peregrino ingenio tan soberanamente abstraído del vulgo fue inimitable, o se deja remedar poco y con dificultad. Eso tiene lo único, eso tiene de estimable el Sol, que no admitir émulo feliz, tolerando las competencias, es la valentía de lo singular. Si os parece fácil imitar a Góngora, durará la presunción hasta la experiencia, pero estimaréis la hermosura de sus versos a costa de vuestra flaqueza y desengaño [...] Y eso ha sido lo mayor de don Luis, escribir versos que todos anhelen por imitarlos y nadie o pocos arriben a conseguirlos [...] En particular lo dijo de Góngora su comentador don Joseph Pellicer en la Dedicatoria al infante Cardenal: «Irritados —habla de los envidiosos— de genio tan más allá de todos, que pudo y supo mejorar el idioma castellano, enseñando rumbo, entre la novedad misma docto y grave con la imitación de griegos y latinos, conspiraron contra él, y echando la culpa al estilo bien admitido de todos, y mal imitado de muchos, de cuanto los cansaba su ingenio se dio por ofendida la calumnia, se agravó la envidia» [Pellicer,

1630: 4r-4v], etc. Sin duda dijo bien, pues por más que lo afecte curiosidad presumida, siempre se queda aquel estilo bien admitido de todos y mal imitado de muchos. Porque son sus colores los del arco celeste, inimitables a la fatiga, fénix en fin raro no corvo, que en altísimos vuelos se ostenta a los remedos fugitivo y a las admiraciones sereno (Espinosa, 2019 y 1997: 89-90).

En el segundo caso, Pellicer es solo mencionado como ejemplo de orador que imita las transposiciones gongorinas: «Los mayores oradores de España y América imitaron la transposición [...] También don Joseph Pellicer y don García Coronel son perpetuos discípulos de aquel bizarro espíritu» (Espinosa, 2019 y 1997: 90).

Por su parte, Salcedo Coronel aparece de forma explícita o implícita, al menos, en cuatro ocasiones. En primer lugar, podemos establecer un correlato entre la dedicatoria que realizó Salcedo Coronel (1644: 1r-2r) en el segundo tomo de sus comentarios y la que hace Espinosa (Espinosa, 2019), pues ambos dirigen su escrito a Luis Méndez de Haro: «Discúlpeme haber pensado en que si el docto y feliz intérprete don García Coronel dedicó a vuestra excelencia los *Comentarios sobre Góngora*, también se le debían las defensas de aquel gran poeta» (Espinosa, 2019). En segundo lugar, se reproduce literalmente un fragmento del segundo tomo de los comentarios de Salcedo, a propósito del soneto IX de Góngora[9]. La cita le sirve a Espinosa para insistir en lo necesario que resulta valorar las obras sin pasión, sin envidia y sin ignorancia:

> No hay piedra que no mueva para disuadirnos del engaño en que vivimos y, declamando a lo retórico, demuestra la utilidad que después de asperezas tan arduas se malogra. ¡O cielos inmortales, con qué claridad se desembaraza la vista si le quitan los antojos azules! ¡Qué distintamente aparecen las cosas a quien mira sin pasión, a quien juzga sin envidia! Oíd al docto Coronel: «Quien leyere a don Luis sin pasión -dice- hallará inestimables tesoros en la propiedad de las voces y en la grandeza de sus sentencias. Quisiera yo que hiciese juicio de sus obras quien fuese grande en la Poesía, o por mejor decir a quien hubiese el cielo comunicado liberalmente el furor, que se consigue por naturaleza y no con el arte; pero que culpe a don Luis el profano de esta profesión es cosa intolerable y digna de castigo. Por ventura algunos quieren hacerse memorables por la detracción como otros por estudios» [Salcedo, 1644: 59v-60r], hasta aquí este autor y *disperiam* si no lo dijo por Faría (Espinosa, 2019 y 1997: 54).

---

9 Se trata del soneto, fechado en 1607, que lleva por título: *De la marquesa de Ayamonte y su hija, en Lepe* y que comienza: «A los campos de Lepe, a las arenas». El pasaje que reproduce Espinosa se refiere, en concreto, a los comentarios realizados por Salcedo Coronel a propósito del verso 11: «con devoción, de pobres pescadores».

Se reproduce también literalmente una afirmación de Salcedo Coronel referida al soneto LXXXVIII de Góngora[10]:

> Gran patrón tienen las leyes poéticas en Faría. Celoso de su observancia acusa a nuestro Góngora por transgresor de ellas. Pero, ¿quién no se reirá de ver acusado de ese crimen a quien, no contento con solo observar todas las de la poesía castellana, pero introducido en las clases griega y latina, descubrió nuevos preceptos a que regularse y solicitó leyes estrañas a que ceñirse? [...] Pues véase ahora si quien lo dijo es mayor que Góngora para doblarle la cerviz al yugo de sus leyes, que don Luis con la autoridad que le decora puede estatuirlas y discernirlas como varón grande. Como creyó su comentador don García Coronel, cuando viendo la novedad de la composición del Soneto 88 dijo: «Autoridad tuvo don Luis de introducir novedades» [Salcedo Coronel, 1644: 445] [...] Deseamos ver estos quebrantamientos de las leyes poéticas: salgan a luz estas facinorosas transgresiones, porque hasta ahora Faría no ha exhibido más que saltos de cabras ridículos, hipérbatos mal entendidos y metáforas peor penetradas (Espinosa, 2019 y 1997: 87).

Es interesante señalar que Espinosa obvia el contexto de la cita, quizás porque no le interesa cómo termina, pues el pasaje completo dice así: «Los tercetos de este soneto guardan entre sí un orden que no he visto ejemplar, ni en los poetas italianos ni en los españoles, añadiendo dos versos de siete sílabas que se interponen entre los de once. Autoridad tuvo don Luis para introducir estas novedades, pero yo no las imitaré» (Salcedo Coronel, 1644: 445).

Por último, Salcedo Coronel, al igual que ocurriera con Pellicer, aparece como ejemplo de orador que imita las transposiciones gongorinas: «Los mayores oradores de España y América imitaron la transposición [...] También don Joseph Pellicer y don García Coronel son perpetuos discípulos de aquel bizarro espíritu» (Espinosa, 2019 y 1997: 90).

En cualquier caso, la importancia de Salcedo es mayor que la de Pellicer, pues, además de las menciones que hemos tenido ocasión de ver, parece evidente que Espinosa leyó a Góngora a través de los comentarios de Salcedo. Basamos esta afirmación en un hecho ya apuntado por Ruiz (2019): cuando Espinosa reproduce el segundo cuarteto del poema gongorino *A Lope de Vega y sus secuaces*, indica en nota marginal: «Soneto 144» y este es el número que efectivamente recibe este poema en los comentarios de Salcedo (1644: 532). Además, no solo le interesan los comentarios, sino que demuestra especial interés por Pedro de

---

10 Se trata del soneto, fechado en 1620, que lleva por título: *Del rey y reina nuestros señores, en el Pardo, antes de reinar*. El soneto comienza en los comentarios de Salcedo (1644: 444) con el verso: «Claro arroyuelo de la nieve fría». Sin embargo, los editores modernos de este poema prefieren la lectura: «Dulce arroyuelo de la nieve fría».

Bustamante —que aparece también citado en el catálogo de escritores que autorizan el *Apologético*—, pues se reproduce un fragmento de la aprobación que hizo a la obra de Salcedo Coronel[11]:

> Alma poética dice Faría también que les pidió en Góngora: así suelen llamar la alegoría, que tramando la invención épica sirve de fundamento al poema heroico; mas habiendo empleádose el espíritu de don Luis en lo erótico y lírico, ¿qué mayor necedad que pedir esta alma en sus obras? Mas si alma llamó las centellas del ardor intelectivo con que lucidamente animó tan divino canto, mil almas tiene cada verso suyo, cada concepto mil vivezas. Bien lo significó aquel gran jurisconsulto [Pedro de Bustamante], diciendo: «Nadie consiguió esto como don Luis de Góngora, honra de su patria y lustre de su nación: pues cada verso es una sentencia y cada palabra una historia, etc.». Además, que cuando tuviera aquella alma poética (que como digo no es menester sino en poema heroico), no todos la podrían demostrar, porque no todos merecen raptos, éxtasis y arrobos en que sus poetas les aparezcan, glorificados, a revelarles sus almas, como a Faría sucedió. ¡Qué necedad tan ridícula! (Espinosa, 2019 y 1997: 48-49).

5. Conclusiones

A priori parece que Espinosa solo tuvo acceso a los comentarios de Salcedo y de Pellicer, que además se habían difundido a través de la imprenta, hecho que favoreció su circulación. Parece además que los emplea muy poco en sus argumentaciones. Si esto es así, tendríamos que concluir que el *Apologético* es uno de los textos más originales y brillantes de los que comprenden la polémica gongorina. Él mismo parece elevarse por encima de todos los comentaristas gongorinos cuando indica, a propósito del verso 400 del *Polifemo* («y en ruecas de oro rayos del sol hilan»), lo siguiente:

> Trujimos el ejemplo de cuando se declara la oración de lo anteriormente dicho, para responder a Faría, que culpa de remotas las metáforas de Góngora y exhibe la de «En ruecas de oro rayos del Sol hilan», por decir cera y miel. Este verso es el último de una octava, en que aquel gigantazo describe la afluencia de miel y panales que le rinden sus colmenas, árboles, y cortezos [...] Solo esta octava vale más que todos los versos juntos de Faría y cuantos puede hacer en toda su vida. Y lo mejor de ella es el último verso, que quedó claro, abierto y patente con las frasis que le precedieron [...] Dejo aparte el que la cera se llame «ruecas de oro», que es elegante y clarísima traslación por la color y el oficio en la colmena, como deben de explicar e ilustrar los comentadores de Góngora sobre este verso, a quienes dejo esas observaciones. Y vamos a lo que

---

11 *Aprobación del licenciado don Pedro de Bustamante y Torreblanca, abogado de los Reales Consejos*. Puede leerse la aprobación completa en Salcedo Coronel (1644: 4).

parece más obscuro, aun con tenerse hilado todo el sol en luces, que es haber llamado a la miel «rayos del Sol» (Espinosa, 2019 y 1997: 78-79).

De este fragmento podemos deducir que Espinosa no quiere detenerse en lugares oscuros que fácilmente pueden aclarar los comentaristas de Góngora, sino que prefiere explicar aquellos otros que pueden resultar incomprensibles incluso para los comentaristas, quizás con la conciencia de que su erudición es superior a la de todos aquellos que se han acercado a la poesía gongorina.

Sin embargo, debemos poner en tela de juicio la veracidad de que Espinosa solo manejase a Salcedo y a Pellicer. Es cierto que en el inventario que se hizo de su biblioteca solo aparecen los comentarios de Pellicer y de Salcedo (Guibovich, 1992: 23, 27), pero también es cierto que podemos presumir que Espinosa tuvo acceso a los escritos de Díaz de Rivas, Cristóbal de Salazar Mardones, Vázquez Siruela, y quizás los de Francisco del Villar y Cascales. Lo manifiesta así Ruiz (2019):

> Su conocimiento de Góngora está claramente determinado por los tres comentaristas impresos: Pellicer, Salcedo Coronel y Salazar Mardones, aunque también maneja la *Circe* de Lope de Vega y es probable que conociera la polémica entre Francisco del Villar y Cascales, o el *Discurso* de Vázquez Siruela, pues el *Apologético* se asemeja en varios lugares a una reescritura puntual de estos autores [...] El hecho de silenciar algunas de estas fuentes se explica por motivos estratégicos: al callar el antigongorismo de Lope de Vega, por ejemplo, puede enfrentarlo con Faría [...] y al ocultar, en el «Catálogo de escritores que autorizan este *Apologético*», a Salazar Mardones, puede acudir a Nicolás de Albiz, que firma uno de los poemas preliminares de la *Ilustración y defensa de la Fábula de Píramo y Tisbe* y que, en calidad de contador de la Orden de Calatrava, es religioso como el propio Lunarejo. La erudición desplegada por Espinosa Medrano es por tanto instrumento de autorización y arma de controversia.

No obstante, solo se puede afirmar con rotundidad, a falta de realizar un estudio más exhaustivo, que Espinosa manejó los comentarios de Cristóbal de Salazar Mardones (1636). Podemos confirmar este hecho con varios datos: Espinosa cita un verso de Nicolás de Albiz perteneciente a una composición laudatoria a Salazar Mardones que aparece en los preliminares de la obra[12]. Aunque, en la nota marginal que acompaña a la cita[13], Espinosa no tiene inconveniente en

---

12 Bajo el apartado «Epigramas latinos de algunos ilustres ingenios de esta Corte, en alabanza del Comentador desta» encontramos el de Nicolás de Albiz. El verso que reproduce Espinosa es, en concreto, el cuarto: «*Boetis oliuiferi Gongora primus honor*» (Salazar Mardones, 1636).
13 Se indica, en concreto: «Nicol. Albiz elog. ad com. Christophori Salaçarii» (Espinosa, 2019).

citar los comentarios de Salazar Mardones oculta su nombre en el catálogo de escritores que autorizan el *Apologético* y, sin embargo, sí incluye a Nicolás de Albiz. Podríamos pensar, por tanto, que de los comentarios de Salazar Mardones solo le resultó interesante el poema de Nicolás de Albiz, de ahí que sí incluya su nombre, pero ignore el de Salazar Mardones. Esta posibilidad se elimina en el momento en que identificamos que Espinosa manejó los comentarios de Salazar Mardones en otro momento de su escrito, aunque sin citarlo. Así, cuando Salazar Mardones (1636: 81) habla de los hipérbatos aporta diez ejemplos de Garcilaso[14]. Estos diez ejemplos son los mismos que aportará Espinosa[15] (Espinosa, 2019 y 1997: 70) en su escrito[16]. Entendemos que no se puede justificar esta coincidencia apelando al azar, de ahí que afirmemos con rotundidad que Espinosa utilizó los comentarios de Salazar Mardones para escribir su *Apologético*.

Así, concluimos manifestando que el valor del *Apologético* es indiscutible, pero para calibrar en su justa medida las aportaciones que realizó al debate de la nueva poesía es imprescindible no solo leerlo, sino ponerlo en diálogo con el resto de los testimonios de la polémica gongorina. Solo cuando hayamos conseguido establecer ese diálogo podremos otorgarle a cada documento de la polémica el lugar que merece. Mientras eso sucede, alegrémonos de la buena acogida que tuvo y tiene el *Apologético* en Hispanoamérica y en España donde ha conseguido incluso que un antigongorino como Menéndez Pelayo

---

14 Los diez versos son: «Y con voz lamentándose quejosa» (*Égloga* 2, v. 225), «Entre la humana puede, y mortal gente» (*Elegía* 1, v. 59), «Aquella tan amada mi enemiga» (*Canción* 4, v. 146), «Escondiendo su luz al mundo cara» (*Égloga* 3, v. 274), «Más helada que nieve, Galatea» (*Égloga* 1, v. 59), «De aquel mancebo, por su mal valiente» (*Égloga* 3, v. 178), «Guarda del verde bosque verdadera» (*Égloga* 2, v. 610), «Los accidentes de mi mal primeros» (*Égloga* 2, v. 523), «Ya de rigor de espinas intratable» (*Égloga* 1, v. 307), y «Como en luciente de cristal coluna» (*Elegía* 1, v. 73).
15 Lo único que cambia es el orden en el que aparecen los versos, de modo que el primer verso que cita Salazar Mardones corresponde al verso 10 en Espinosa, el verso 2 en Salazar al 9 en Espinosa y así sucesivamente.
16 Esta coincidencia ya fue apuntada por Jammes: «Se refiere [Salazar Mardones] a menudo, como todos los apologistas, a autoridades antiguas (sobre todo en los dos primeros apartados), pero cita también a Juan de Mena, Herrera y Garcilaso para justificar los acusativos griegos, los latinismos (30 ejemplos sacados de Garcilaso, 42 de Juan de Mena), los hipérbatos (5 ejemplos de Juan de Mena, 10 de Garcilaso reunidos con la colaboración de un amigo: estos diez ejemplos se volverán a encontrar en el *Apologético* de Espinosa Medrano), las frases largas y las diéresis» (Jammes, 1994: 700–701). Sin embargo, los editores de Espinosa no han tenido en cuenta esta circunstancia.

(1894: CCIX) se refiera a él como: «una perla caída en el muladar de la poética culterana».

Referencias bibliográficas

Cisneros, Luis Jaime (1987): «La polémica Faría-Espinosa Medrano. Planteamiento crítico». *Lexis*, XI.1, 1-62.

Cisneros, Luis Jaime y Pedro Guibovich Pérez (1988): «Juan de Espinosa Medrano, un intelectual cuzqueño del seiscientos: nuevos datos biográficos». *Revista de Indias*, 48.182-183, 327-347.

Espinosa Medrano, Juan de (1997): *Apologético en favor de don Luis de Góngora*. Ed. José Carlos González Boixo. Roma: Bulzoni.

Espinosa Medrano, Juan de (2005): *Apologético en favor de don Luis de Góngora*. Ed. Luis Jaime Cisneros. Lima: Academia Peruana de la Lengua.

Espinosa Medrano, Juan de (2019): *Apologético en favor de don Luis de Góngora, príncipe de los poetas líricos de España, contra Manuel de Faría y Sousa, caballero portugués* [1662]. Ed. Hector Ruiz. Disponible en http://obvil.sorbonne-universite.fr/corpus/gongora/1662_apologetico [15/09/2019].

Faría y Sousa, Manuel de (1644): *Fuente de Aganipe o rimas varias* [...]. Madrid: Por Juan Sánchez.

Faría y Sousa, Manuel (1624): *Noches claras*. Madrid: Por la viuda de Cosme Delgado.

Faría y Sousa, Manuel (1639): *Lusíadas de Luis de Camoens, Príncipe de los poetas de España. Comentadas por Manuel de Faria e Sousa*. Madrid: Por Juan Sánchez (por Antonio Duplastre, a costa de Pedro Coello).

Faría y Sousa, Manuel (2019): *Noches claras [fragmento]* [1624]. Disponible en http://obvil.sorbonne-universite.site/corpus/gongora/1624_nochesclaras [15/09/2019].

González Boixo, José Carlos (ed.) (1997): *Apologético en favor de don Luis de Góngora de Juan de Espinosa Medrano*. Roma: Bulzoni.

González Echevarría, Roberto (1992): «Poética y modernidad en Juan de Espinosa Medrano, El Lunarejo». *Revista de Estudios Hispánicos*, 19, 221-237.

Guibovich Pérez, Pedro (1992): «El testamento e inventario de bienes de Espinosa Medrano». *Histórica*, XVI.1, 1-31.

Guibovich Pérez, Pedro (2005): «El *Apologético* de Espinosa Medrano y su contexto histórico». *Lexis*, XXIX.1, 97-109.

Jammes, Robert (ed.) (1994): *Soledades* de Luis de Góngora. Madrid: Castalia.

Menéndez Pelayo, Marcelino (1894): *Antología de poetas hispano-americanos. 3, Colombia. Ecuador. Perú. Bolivia*. Madrid: Sucesores de Rivadeneyra.

Núñez Cáceres, Javier (1983): «Próposito y originalidad del *Apologético* de Juan de Espinosa Medrano». *Nueva Revista de Filología Hispánica*, XXXII.1, 170–175.

Núñez Rivera, Valentín (2020): *Escrituras del yo y carrera literaria: las biografías de Faria y Sousa*. Huelva: Universidad de Huelva.

Pellicer, José (1630): *Lecciones solemnes a las obras de don Luis de Góngora y Argote, Píndaro andaluz, Príncipe de los poetas líricos de España*. Madrid: Imprenta del Reino.

Ruiz, Hector (ed.) (2019): *Apologético en favor de don Luis de Góngora, príncipe de los poetas líricos de España, contra Manuel de Faría y Sousa, caballero portugués* [1662]. Disponible en http://obvil.sorbonne-universite.fr/corpus/gongora/1662_apologetico [15/09/2019].

Salazar Mardones, Cristóbal (1636): *Ilustración y defensa de la Fábula de Píramo y Tisbe*. Madrid: Imprenta Real, a costa de Domingo González, mercader de libros.

Salcedo Coronel, García de (1644): *Segundo tomo de las obras de don Luis de Góngora, comentadas, por D. García de Salcedo Coronel, caballero de la Orden de Santiago. Primera parte*. Madrid: Por Diego Díaz de la Carrera, a costa de Pedro Laso.

Virginia Gil

La poesía de Pedro José Bermúdez de la Torre en la academia de «repentinos gongorinos» del marqués de Castelldosríus

Resumen: Este trabajo se centra en la academia literaria que se desarrolló en Lima entre el 23 de septiembre de 1709 y el 24 de marzo de 1710, auspiciada por el virrey Manuel de Sentmenat, marqués de Castelldosríus. Su propósito es el estudio del marco formal que rodeó las reuniones, poniendo de manifiesto tanto la continuación de la tradición poética del alto barroco como su adaptación, pionera en el mundo hispánico por las fechas en las que se producían en el Perú los nuevos modos poéticos, a los valores literarios del siglo XVIII. Así mismo, la investigación analiza el concreto marco político que rodeó las sesiones y las vías expresivas que sirvieron de cauce a la protesta o a la burla de los académicos al ver amenazado y vilipendiado al virrey del Perú desde las cortes de España y Francia. La especial atención puesta en la poesía de Pedro José Bermúdez de la Torre permitirá ver el funcionamiento de los códigos expresivos del bajo barroco, entre ellos los elementos que pervivían del modelo gongorino, en esta academia novadora.

Palabras clave: Virreinato del Perú, Siglo XVIII, *Flor de Academias*, Pedro José Bermúdez de la Torre, Luis de Góngora.

Aunque para los interesados en la literatura del virreinato del Perú no es desconocida la academia que el virrey del Perú Manuel de Sentmenat-Oms de Santa Pau, marqués de Castelldosríus, puso en marcha durante la primera década del siglo XVIII, no sobra a estas alturas dar alguna noticia porque sigue envuelta en imprecisiones, contextuales y estéticas, que desajustan tanto el sentido como los méritos literarios de las veintiuna reuniones poéticas llevadas a cabo entre el 23 de septiembre de 1709 y el 24 de marzo de 1710, a las que los académicos sumaron un acto final en memoria del virrey, fallecido en Lima justo un mes después, el 24 de abril, de aquella postrera sesión.

Empezando por lo más básico, debemos distinguir los autores que sostuvieron con el virrey la academia, de aquellos que enviaron de vez en cuando sus colaboraciones (este sería el caso de Luis Antonio de Oviedo y Herrera, conde de la Granja) o participaron, también de forma esporádica, en las reuniones (caso de Antonio Zamudio de las Infantas, marqués de Villar del Tajo). Estos pormenores no son del todo prescindibles si de la imagen que se fija de este cenáculo poético se presumen conclusiones sobre el equilibrio de poder, cultural y político, entre España y el virreinato del Perú o sobre los intereses y el papel que jugaban los académicos criollos separándolos de los que pudieron sostener sus cofrades nacidos en España.

Las personalidades en las que se apoyó el virrey para crear y mantener estas veladas literarias, en las que convivieron, al igual que lo hacían en el resto de academias de la época, la tertulia, la música, las composiciones poéticas y alguna representación teatral[1], pueden verse en la nómina de asistentes que figuran al principio de cada una de las actas[2] de las sesiones. Estos fueron, en su núcleo inicial, Pedro José Bermúdez de la Torre, Miguel Sáenz Cascante, Pedro de Peralta Barnuevo, Juan Eustaquio Vicentelo de Leca, marqués de Brenes, Jerónimo de Monforte y Vera y Juan Manuel de Rojas. Por tanto, y en el orden citado, tres criollos y tres españoles europeos. Menos Peralta Barnuevo, ausente en dos sesiones por enfermedad, el resto asistió a la totalidad de los actos académicos, a los que se sumaron, en la octava sesión (18/11/1709), el confesor del virrey, Agustín Sanz, y en la decimotercera (21/1/1710) Matías Anglés de Meca, paje del virrey, en calidad de «novicio» (313) no de miembro nato[3].

En la academia limeña actuó de secretario y albacea el capitán Diego Rodríguez de Guzmán que encomendaría el manuscrito *Flor de Academias* al X duque de Alburquerque. Como Castelldosríus en Perú, Francisco Fernández de la Cueva había sido virrey de Nueva España (1702- 1710) en los convulsos

---

1 El estudio de las academias españolas de las primeras décadas del siglo XVIII cuenta con una abundante bibliografía de la que se puede destacar, para un conocimiento general, Caso González (1981), Risco (1983) y Rodríguez Cuadros (1993); y para el particular sobre la Academia de los Desconfiados de Barcelona, Riquer (1953) y Germán Torres (1993); sobre la Academia del Trípode de Granada, Marín (1962); sobre la Academia del Buen Gusto de Madrid, Tortosa Linde (1987), y sobre la Academia del Buen Gusto de Zaragoza, Álvarez de Miranda (2014).

2 El presente trabajo se basa en el manuscrito *Flor de Academias* (1713) de la Biblioteca Nacional de España (Mss/8722, reproducido en la Biblioteca Digital Hispánica). El manuscrito no cuenta con paginación, pero si tiene doble foliación, de ellas utilizaré para las referencias la más moderna agregada a lápiz. He modernizado la ortografía en los casos en los que no altera la sonoridad de la palabra, he respetado las mayúsculas enfáticas y la puntuación que los poetas quisieron para sus composiciones. Consignaré el número de página, o el de verso y página en su caso, a continuación de las citas.

3 Es esta una categoría que funcionó en la Academia de los Desconfiados de Barcelona donde pudieron presentar sus obras poéticas, y sobre todo escuchar para aprender, jóvenes de la alta nobleza a los que llamaban «meninos» (Riquer, 1953: 276).

años del cambio de dinastía y la inmediata Guerra de Sucesión y, al igual que el virrey del Perú, fue objeto de denuncias en la corte por cargos similares en materia económica y política, entre ellos los de comercio ilícito, venta de cargos y sospechas sobre su disposición ante las demandas de la Corona. Situación esta última estrechamente ligada a la presión que se ejerció sobre los virreyes para que aumentaran el envío de remesas con las que sostener los gastos ocasionados por la guerra (Sala i Vila, 2004b: 56-57). La dedicatoria del manuscrito, fechada el 4 de mayo de 1713, iba acompañada de un soneto laudatorio de Bermúdez de la Torre hacia ambos mandatarios en el que defendía al marqués de Castelldosríus y a la academia limeña de los bulos esparcidos, por las cortes de España y Francia[4], sobre la moralidad del virrey y su supuesta desatención de los asuntos relativos al virreinato y al Estado —«De la envidia las iras obstinadas/ no harán en ellas su violenta herida» (vv. 5-6, 10), «logren pues sin temer profanas huellas/ esmaltar vuestras aras estas flores», (vv. 12-13,10)—. Los poetas que habían formado parte de la academia de Castelldosríus confiaban en la mediación de Francisco Fernández de la Cueva sin saber que al duque le esperaba, al llegar a España en 1713, la confiscación de sus caudales, el destierro de la corte y el confinamiento en Segovia hasta que su caso se resolvió, previo pago de 700.000 pesos, en 1715 (Sala i Vila, 2004b: 57).

En la Biblioteca Nacional de España está depositado el manuscrito ajeno a la multitud de erratas y a los juicios, tan divertidos como perturbadores del cabal conocimiento de la poesía que gestaron sus integrantes, con los que Ricardo Palma encarriló su edición de 1899. El hecho de contar con una memoria tan cuidada (obviamente si el lector se encomienda al manuscrito) distingue a la academia limeña de otras que durante estas primeras décadas del siglo XVIII se llevaron a cabo en España, no solo en el sentido de la precisa y ordenada

---

4   La función pública de Castelldosríus ha sido analizada por Nuria Sala i Vila (2004b) y Bernat Hernández (2012). La primera desde una perspectiva económica y atendiendo tanto a la correspondencia privada, como a los memoriales contra el virrey que llegaron al Consejo de Indias y al rey Felipe V. El segundo incardinando los datos económicos con el contexto político del Antiguo Régimen y la concreta situación que se les planteaba a los mandatarios en Indias, así como atendiendo a los informes secretos franceses, no menos denigratorios para el virrey, que llegaron a la corte de Luis XIV. Guillermo Lohmann Villena (1964) publicó el «cuadernillo de noticias», remitido por Castelldosríus, en agosto de 1708, a su agente en Madrid Pedro de Adrados Balmaceda, en él sustanciaba la persecución a la que se veía sometido. Posteriormente, Alfredo Sáenz Rico-Urbina (1978) dio a conocer las «Noticias reservadas» enviadas por el virrey a su hijo Antonio en febrero de 1709.

información que proporciona sobre el desarrollo de una academia novatora, sino también de la alta valoración que sus propios integrantes tuvieron de lo realizado en ella[5].

El funcionamiento, los estilos poéticos, los asuntos graves o mundanos, los temas religiosos, políticos, jocosos, mitológicos o de circunstancias, así como el ambiente reinante, a juzgar por lo expresado en la Noticia Proemial, no difieren

---

[5] Frente a la encarnizada crítica que han soportado los autores de la primera mitad del siglo XVIII, en nuestros días los criterios de valoración de la poesía española del bajo barroco han cambiado sustancialmente al atender al marco estético y mental que rodeó a los autores de esta época (Ruiz Pérez, 2012 y 2015). La nueva consideración, sin embargo, no ha servido para amparar a los poetas de los virreinatos americanos abocados a hacer frente a juicios trazados con lo que *debe ser* la poesía según el gusto de nuestros días en el que, obviamente, no caben sus poéticas. En otras ocasiones, cuando el crítico ha decidido hacer su labor y dedicarse al estudio de la poesía del periodo, tampoco suelen salir bien parados porque, o bien se les juzga sumariamente en función del modelo imperante en el alto barroco o, al contrario, se les encuentra poco ilustrados para ser autores del siglo XVIII. Una variante de la primera opción, indudablemente más amable pero que no mejora sustancialmente el conocimiento de lo que escribieron, es la de aquellos que deciden perdonarles la vida al tomarlos como epígonos tardíos de los grandes poetas del XVII y no dejan de considerar un tanto insólito, y siempre distintivo de Indias, la perduración del modelo barroco, prescindiendo de lo que pasaba en España en esa misma época. Sirva como ejemplo el hecho de que, en la Academia del Buen Gusto madrileña, que empezó a funcionar cuarenta años después de la limeña, convivían defensores de la tradición barroca como José Villarroel, el conde de Torrepalma o José Antonio Porcel, al que Luis José Velázquez, otro de los académicos, calificaba de miembro de la «religión descalza del Parnaso», con los defensores del, en ese momento todavía, incipiente neoclasicismo, como Ignacio de Luzán y Agustín Montiano (Tortosa Linde, 1987: 10-11). De todas maneras, la barrera más alta que siguen sin poder traspasar los poetas de esta época la constituye el muro de la obligada diferencia con respecto a la poesía española. Sirva como ejemplo la valoración que, de la poesía nada menos que del siglo XVI a las primeras décadas del XVIII surgida en el marco de certámenes y academias, incluida la del virrey Castelldosríus, se da en la más reciente historia de la literatura peruana: «Tanto los certámenes poéticos como las academias palaciegas muestran en el Virreinato del Perú un arte de minorías, caracterizado por una erudición hoy día considerada inútil. No obstante, con el paso del tiempo, el trabajo verbal, la atención al detalle, el deseo de superar el modelo, terminarán por transformar el patrón peninsular e imprimirle una peculiar tensión a la poesía virreinal peruana» (Chang-Rodríguez, 2017: 91). No es que sea un consuelo, pero en eso se parece la suerte crítica de aquellos poetas del Perú a la que tuvo que soportar Góngora, entre otras cosas, también, por extranjerizante.

en lo sustancial de otras academias literarias de su tiempo, sea la de los Desconfiados de Barcelona (1700-1703), sea la del Trípode de Granada (1738-1748) o la Academia del Buen Gusto de Madrid (1749-1751), nucleadas alrededor de un mecenas (una mecenas, la Marquesa de Sarriá, para el caso de la madrileña) que convocaba en sus salones palaciegos a un selecto grupo de nobles y literatos, los académicos, junto al público que seguía sus reuniones. De ese auditorio[6] partió en alguna ocasión, en la limeña, la iniciativa de señalar tema, metro y dificultad retórica a los poetas[7], en un ejemplo del carácter mundano de las reuniones. No obstante, el procedimiento habitual de los actos académicos estaba regido por el orden convencional de este tipo de organizaciones en las que el presidente señalaba el asunto sobre el que versarían los poemas y el carácter de estos, repartido entre los que debían hacerse durante la sesión[8], «señalando un breve espacio de

---

6   En la sesión decimoquinta se da una somera descripción del público asistente: «Antes de leer las obras de los Ingenios, leyó su Ex.ª el Romance Hispano Latino que hizo en alabanza de los Poetas, Músicos, Damas y otros Concurrentes, y de la misma Academia» (341).
7   Sucede esto en la octava sesión (18/XII/1709) en la que, según anota el secretario, «enviaron unas señoras a la Academia una carta en que pedían se escribiese una Décima con los consonantes forzados que tienen las dos que se siguen; y que el último pie se hiciese glosando este verso *eres tú, como eres tú*; y que el asunto fuese alabar a una Dama de hermosa, airosa y honesta» (129). Los únicos poetas que decidieron atender el pedido fueron Bermúdez de la Torre y el marqués de Brenes.
8   Ricardo Palma (1899: 105) señaló en su día la imposibilidad de que poemas de la extensión que alcanzaban algunos de los compuestos en la academia pudieran haber sido improvisados. Con gracia (y algunas precisiones difíciles de contrastar) anotaba ante un poema de Juan Manuel de Rojas: «Composición tan larga como este Ovillejo no puede, materialmente, escribirse en las cuatro horas que duraba una velada. Es claro que el autor amplió en su casa, con toda tranquilidad, los primitivos versos». Efectivamente, en el manuscrito pueden observarse caligrafías diferentes pero no los tachones o las dudas propias de la improvisación, por lo que, quizás, los poetas revisaran sus colaboraciones antes de su envío al duque de Alburquerque, sobre todo teniendo en cuenta que una de las aspiraciones declaradas en la Dedicatoria era conseguir la impresión de *Flor de Academias*, difícil de realizar en ese momento en el Perú por el estado en el que se encontraba la imprenta: «Logrará mi atención ofrecer a Vex.ª este libro mejorado de letra al beneficio de la estampa por el descaecido desaliento (si ya no última ruina) en la que al presente se hallan en esta ciudad los Moldes de su Perezosa Oficina habiendo extinguido el tiempo la mayor parte de sus caracteres y dilatado el transporte de otros nuevos que se conducen de Reinos tan distantes» (4). Puede comprobarse que la situación a la que se refiere Rodríguez de Guzmán no es mera retórica atendiendo a las investigaciones de José Toribio Medina (1958: principalmente 483-488) y Pedro Guibovich (2019b: principalmente 54-63).

tiempo para correr la pluma» (13), y los «de pensado» (14), esto es, aquellos que debían traer los poetas el siguiente lunes. También era potestad suya determinar el metro, la extensión de las composiciones y las dificultades retóricas a solventar, ajustándose con ello a la tradición de las academias literarias que habían proliferado en España en el siglo XVII[9] y se multiplicaron, a lo largo del siglo XVIII, alentadas por la nueva mentalidad dispuesta a sacarle partido al ocio[10], de la cual participó, desde el primer momento, el virreinato del Perú.

Sin embargo, si los estudios dedicados a las academias españolas han ido aclarando sus relaciones con la tradición anterior, los modelos poéticos en los que se basaban junto a las novedades estéticas, sociales y culturales que estrenaban, no deja de sorprender que los dedicados a la academia limeña fuercen su sentido para extraer de ella una representación en vivo, no ya del absolutismo, sino del más feroz despotismo, en la que a los poetas se les concedería graciosamente «el ejercido de la voz, a condición de disociarla del entendimiento» (Rodríguez Garrido, 2000: 260). Bajo este prisma, la academia limeña, a diferencia de sus pares españolas, no sería otra cosa que una especie de *deus ex machina* del paradigma crítico que, sin matices, soportaron las letras (y los escritores) del alto y bajo barroco durante varias décadas en el siglo XX, al quedar convertida en

---

9 No deben confundirse, ni en los fines que perseguían ni en el ambiente que dominaba en las sesiones, las academias privadas con las institucionales que empezaron a crearse en Francia a finales del XVII y en España a lo largo del siglo XVIII. Una cosa es que de estas primeras academias que reunía a individuos capaces de disfrutar con el conocimiento y la literatura se derivara, e incrementara, el espíritu de colaboración para potenciar el saber, especializarlo y abrirlo hacia círculos cada vez más amplios, y otra pensar que son lo mismo. Buen ejemplo de ello lo tenemos en el virreinato del Perú donde, unos años después de la academia de Castelldosríus, Pedro de Peralta Barnuevo regentará una Academia de Matemáticas y Elocuencia para la que buscaba el amparo real a finales de la década del 20. No es, por tanto, el *dirigismo* cultural, que alarma a tantos críticos paradójicamente integrantes ellos mismos de fuertes instituciones académicas, lo que parece imperar en la academia de Castelldosríus y sí lo que se buscaba (por supuesto debidamente despojado el término de las sospechas de nuestros días) para la academia científica alentada por un particular.

10 No otra cosa había recomendado Boileau en el Canto IV de *El arte poética*: «Es al sabio Le[c]tor muy fastidioso / Un entretenimiento infructuoso, / Quiere sus diversiones provechosas» (1787: 79). Esta directriz está tan presente en la academia limeña que, en numerosas ocasiones, de la Noticia Proemial de Rodríguez de Guzmán a la Urna Panegírica de Bermúdez de la Torre, pasando por la dedicatoria al Duque de Alburquerque y por la introducción al Acta Nona, se aludirá a las «diversiones estudiosas», las «ingeniosas diversiones», las «discretas diversiones» o los «Poéticos estudiosos desvelos» que ocupaban las sesiones.

«una institución por la cual la máxima autoridad del Virreinato establece un medio de dirección y control de las élites a través del ejercicio de la poesía» (Rodríguez Garrido, 2000: 260). Quizá no sea necesario detenerse mucho en esta cuestión puesto que los estudios de Teodosio Fernández (1991, 2004, 2010 y 2014) han ido demostrando, para el ámbito de la literatura virreinal, que es bastante más clarificador poner el foco de atención en los escritores y procurar que los constructos teóricos no se impongan a lo que puede leerse en las obras literarias debidamente contextualizadas.

Curiosamente, para el asunto que nos ocupa, si todas las academias de esta primera parte del siglo XVIII se parecen (como también se parecerán las posteriores academias institucionalizadas a partir de la segunda mitad del siglo siguiendo, ahí sí y no antes, el modelo francés de operar estatalmente en el ámbito de la cultura), todas tienen también sus rasgos distintivos y la del Perú, a tenor de las Actas, se distinguió por la tendencia hacia la insubordinación de los poetas frente a los preceptos dados por el virrey: o bien no se ajustaban al metro señalado, o sobrepasaban muy mucho la extensión marcada, o se presentaban sin la tarea encomendada, o aparecían con un poema de cosecha propia que añadían al solicitado, o matizaban el recurso exigido para adaptarlo a sus conveniencias particulares o, en fin, respondían al reclamo para organizar la rotación de los cargos, que no deja de ser todo un bromazo en Indias, excusándose de ocupar responsabilidad alguna o introduciendo en la urna que sancionaba dicha organización interna la papeleta con su negativa a colaborar. Así pasó en la sesión de 21 de enero de 1710 en la que el virrey indicó, entre un total de cuatro dificultades retóricas, que los versos incluyeran una calle de Madrid y otra de Lima, ocasionando la protesta de los poetas que solicitaron, con éxito, saltarse la localización de los topónimos y el orden de las precisiones. Bermúdez de la Torre, por ejemplo, compuso su callejero atendiendo únicamente a la capital del virreinato (321-324).

Otra disensión colectiva se produjo el 24 de febrero de 1710 al advertir los poetas, ante la dificultad exigida en la que la última voz del verso final de cada estrofa debía ser retrógrada de la penúltima, que no se atendiera «a la común ortografía» en lo concerniente a la grafía de las letras «b» y «v» y tampoco se respetara norma alguna en lo referente a «z», «s» y «c» (371). Esta última solicitud ha sido tomada en ocasiones como una muestra, un tanto tautológica, del criollismo[11] de los miembros criollos de la academia, sin embargo, Rodríguez de Guzmán dejaba constancia en las Actas de que la licencia era necesaria sobre

---

11 En las actas no hay la menor indicación de que fuera esta una petición de los criollos de ahí que, con buen criterio, Riva Agüero valoró que no menos que a los limeños se les complicaba la tarea a «andaluces y catalanes» (1962: 288-289).

todo para los andaluces y, efectivamente, será el andaluz marqués de Brenes el que con más profusión traslada su seseo fonético a la dificultad retórica obligada, mientras que el único en utilizarlo fuera de la obligación retórica sustanciada en la rima es el extremeño Rojas (o su copista, claro). Sin embargo, en los tres criollos vemos, o bien una utilización de la inversión de «s» por «c» o «z» para que los palíndromos sean perfectos (así el «onsa» [onza]-«asno» (vv. 18–19, 372) o el «Asor» [Azor]-«rosa» (v. 26, 372) de Cascante o el «sagala» [zagala]-«alagas» (v. 160, 380) de Bermúdez de la Torre), o bien una licencia más gráfica que sonora, como puede apreciarse en esta de Bermúdez de la Torre: «Cuanto Zafir acumule/ allí el Mar, le muestra espejo/ del Cielo, porque al reflejo,/ el Cristal que usa, asule», (vv. 37–40, 378), donde «asule» une el palíndromo de «usa» con la lectura en espejo de «le usa». Sin embargo, nuestro poeta no tendrá problema alguno en distinguir la realización fonética de la lengua con la grafía de la misma en los pares «raza»-«azar» (v. 84, 379) y «azor»-«roza» (v. 176, 381). Con más claridad aún se verá en los complejos palíndromos de Peralta Barnuevo, «templo, que de cuantos dones,/ feliz le acreces, se acerca» (vv. 27–28, 382) y «esa es yedra; arde y se ase» (v. 92, 383). Vemos, entonces, que lo que guiaba la petición de los académicos, como puede observarse si se tiene en cuenta toda la anotación del secretario, era un fino conocimiento filológico de los usos de la lengua y una aclaración sobre el límite ortográfico del recurso: «Y así los Ingenios que usaron de alguna de estas licencias, procedieron conforme a esta Declaración, y a la autoridad de Don Sebastián de Covarruvias en su Tesoro de la Lengua Castellana, litter. ç. fol. 159. verb. çalea, por estas palabras: Adviertase que la letra S. se pronuncia como Z. algunas veces en todas las lenguas, lo cual experimentamos en la nuestra, y es cosa ordinaria en los Andaluces» (371).

Las sesiones tuvieron una periodicidad semanal, por lo que esta academia fue más laboriosa que sus homólogas españolas. No es extraño si se tiene en cuenta que las reuniones sirvieron, entre otras cosas, de desahogo, al virrey y sus afines criollos y españoles europeos, ante la crítica situación política en la que se encontraba el virreinato por el acoso al que se vio sometido Castelldosríus dentro y fuera del Perú. Se realizaron en dos espacios del palacio virreinal, el gabinete del virrey y una galería de cristal construida en los jardines del palacio, denominada en las Actas «casina»[12], y en la casa de campo cercana a Lima en la que descansaba el virrey en los meses previos a su fallecimiento.

---

12 En la sesión dedicada a conmemorar el cumpleaños de Felipe V hay una descripción de esta edificación que el marqués mandó construir en los jardines del palacio

El gusto por la música que amenizaba las reuniones, la indudable sociabilidad que fomentaba esta academia, la conversación sobre «Filosofía, Matemáticas, Jurisprudencia, Teología, Historia, Poética y Razón de Estado» (15), el refinamiento cortesano que señalaba la galería de cristal de los jardines palaciegos, nos pone ante el inicio, bien temprano en el virreinato del Perú, de la sensibilidad y los valores civiles que dominarán en el siglo XVIII, a la par que muestra la continuación y adaptación de la estética barroca a los nuevos tiempos, a los nuevos espacios en los que se desarrolla la poesía y a las nuevas ideas que de la ciencia están filtrándose hacia las artes desde finales del siglo XVII (Ruiz Pérez, 2012). El poema que compuso Bermúdez de la Torre como loa al virrey tomando como asunto la casina[13] se convierte en una clara muestra de la pervivencia de los estilemas barrocos (su lenguaje, su sintaxis, sus imágenes, la utilización de la metáfora mitológica), adaptado a los temas mundanos

---

virreinal: «Era este un precioso Gabineto, o Galería de Cristales, que en el centro del florido vergel se ostentaba fiel correspondencia del sol, erario de la luz, depósito del Día, espíritu del Arte, y firmamento de la Tierra, donde gloriosamente naufragaba la admiración entre las dulces confusiones de brillantes luces, fragrantes flores, y músicas cadencias, que ocupaban todos los espacios del deseo» (170). Como puede apreciarse, Rodríguez de Guzmán enfatiza en su descripción el cristal como material porque este permite incardinar el ámbito de la poesía con el de la naturaleza. La casina viene a reforzar y metaforizar el carácter mimético de la poesía y a convertirse en un ejemplo de civilización al ser un «majestuoso sitio y culta mansión» (170). A pesar de la minuciosa descripción dada en las actas, Geoffrey J. Walker convirtió la galería de cristal, sin citar fuente alguna, en un salón de espejos que remedaba una «miniatura del "Saló dels Miralls" a Versalles» (1985: 188) lo cual le da pie a establecer una semblanza bastante caricaturesca del virrey: «Es veía Castelldosrius a si mateix com una mena de Lluis XIV peruà, amb la seva sala dels miralls, els seus jardins a la francesa, el seu pa francés i la seva perruca i Barret de tres punxes, el llibetinatge dins i fora del seu Palau, mecenes de la música i de les arts...» (1985: 196). El delirio no se detiene ahí por lo que, el retrato que traza de la situación cultural del virreinato del Perú, habría convertido en moderada la imagen que sobre la colonia mantuvo Juan María Gutiérrez: «...una societat que durant tres-cents anys romangué quasi ininterrompudament endarrerida, obscurantista i prou reaccionària en matèria de cultura i moda» (1985: 187). Nuria Sala i Vila se hace eco de esa descripción de la galería (y del virrey) y eso le permite vincular, indebidamente, la academia limeña al modelo estatal francés (2004a: 60).

13 La loa de Bermúdez de la Torre formó parte de otras «que compuso para el Día 25 del mismo mes a los Años de su Ex[a]» (170), según se lee en el acta de 19/12/1709, pero se incorporó, en el manuscrito, a la introducción explicativa y encomiástica de la sesión organizada el 19 de diciembre con motivo del cumpleaños de Felipe V.

y circunstanciales que entraban como nuevo caudal para la poesía, en este caso la celebración del flamante espacio dedicado al cultivo de las letras y la conversación. La loa discurre con una plena consciencia del carácter verbal, estético y elevado, de sus imágenes, que no copian sino construyen (la casina no deja de ser una edificación por ser de cristal que es justo lo que le permite la artificial simbiosis con el espacio que la circunda, el jardín) su propio universo verbal. La asunción de la autonomía del lenguaje poético, cuyo eje axial se encuentra en la obra de Góngora, está presente y convive con otros objetivos, entre ellos el de la utilidad (de ahí que las «dulces suavidades» y las «elevadas discreciones» deban caminar juntas):

> El Real Palacio de Lima
> su grandeza reconoce,
> pues su fábrica opulenta
> hizo que también se adorne
> de jardines, y de fuentes,
> que de ocultos surtidores
> impetuosas despiden
> del aire flechas veloces,
> lloviendo en rayos de perlas
> vistoso esmalte a las flores;
> y que el Camarín luciente,
> que el oro y cristal componen,
> su varia pompa florida
> en puros reflejos copie,
> donde en competencia hermosa
> de esferas, y elisios, formen,
> si los luceros, cuarteles,
> las rosas, constelaciones,
> para que flores, y estrellas,
> por sus canceles se asomen
> a escuchar del alto Numen,
> que allí sus luces recoge,
> entre dulces suavidades
> elevadas discreciones,
> que de su voz y su pluma
> en los sublimes remontes
> sustituyen la armonía
> de los celestiales Orbes (170)[14].

---

14 La desastrada transcripción dada en la edición de Ricardo Palma (1899: 121) crea incongruencias semánticas, al variar la puntuación, y anula, con sus erratas y

Rodríguez de Guzmán advertirá que «no hubo composición ordinaria o común» (15), esto es, tosca o vulgar, porque humorística hasta unos niveles de procacidad que alarmaron al mismísimo Ricardo Palma[15] cuando no parecían incomodar al presbítero Miguel Sáenz Cascante ni a fray Agustín Sanz, a los

enmiendas al poema, buena parte del sentido que Bermúdez de la Torre le da a la mímesis: en el verso 3 cambia el género del adjetivo «opulenta». Esto ocasiona que, lo que en el manuscrito es una práctica muy gongorina de alabanza doble, regida por el adjetivo sustantivado «grandeza», al palacio de Lima, que ya era una «fábrica opulenta» antes de la llegada de Castelldosríus, y al virrey que lo ha embellecido aún más, se convierta en un mero calificativo del palacio virreinal al que hace artífice de su propia obra. Al final del verso 6 coloca un indebido punto que destruye la amplia y gongorina imagen con la que el poeta zanja la lucha entre Neptuno y Minerva; comienza el verso 7 invirtiendo el género de «tempestuosas», haciendo que su referente sean los «ocultos surtidores» y no las evidentes «fuentes» del jardín; es en el verso 14 donde opera sobre el sentido recto del poema nada menos que corrigiendo el estilo al forzar una anáfora, inexistente en el manuscrito, permutando la preposición «en» por el posesivo «sus», el sentido queda francamente alterado puesto que los «puros reflejos» ya no se estarán refiriendo al arte de la mímesis sino que serán un atributo de la naturaleza; el paralelismo de los versos 17 y 18 es rebajado al suprimir la coma después de «rosas»; finalmente, el triunfo de la voz y la pluma, que en *Flor de Academias* «sustituyen la armonía/ de los celestiales Orbes» (vv. 27–28), queda relegado a la aspiración expresada con el erróneo subjuntivo «sustituyan».

15 En el «Juicio sintético» que coloca a continuación de la sesión decimosexta, Palma (1899: 269) censurará tanto «el estragado gusto literario» del virrey, como el abuso «de imágenes y palabras sucias y obscenas» por parte de los poetas. Curiosamente condenará también «el sandio tema que impuso». Este no era otro que escribir, en romance o redondilla, diez coplas sobre «un Arriero que llega a un Mesón, enamora a la Moza y la pide de comer» (353), asunto sobre el que Góngora había escrito el hermoso soneto *De un caminante enfermo que se enamoró donde fue hospedado*. De todas formas, lo más interesante del juicio de Palma es su reflexión sobre las diferentes épocas literarias, la de la academia limeña y aquella en la que está escribiendo él, en lo referido a la libertad del escritor y a la recepción de la obra. En la amarga conclusión de Palma (1899: 269) sale más airoso el siglo XVIII que el ambiente de finales del XIX. Copio el párrafo entero por no haber perdido actualidad: «lo muy notable de esta sesión, y que se presta a meditados estudios sociológicos, es la libertad de lenguaje, propia ahora de los lupanares, en una velada a la que concurrían las primeras señoras de la aristocracia limeña, damas que no hallaron motivo de ofensa ni de escándalo en la pornografía nauseabunda de los romances. ¿Será que aquellos tiempos fueron de naturalidad patriarcal en la expresión, y no como los nuestros en que todo es lícito al escritor, siempre que cuide de salvar hipócritamente las apariencias de la forma? La píldora pasaba antes groseramente amasada por el boticario. . . hoy, la píldora se dora. No diré si en esto hemos ganado o perdido».

que vemos sumarse encantados a la fiesta satírica, sí que las hubo[16]. Estamos con ello ante una clara continuidad de una tradición tan arraigada en la poesía culta del alto barroco que, en modo alguno, les resultará escandaloso, a estos poetas de las primeras décadas del setecientos, lo que en el xix volvía a sonrojar y no me atrevo a pensar lo que pueden causar bajo las estrictas convenciones morales y los constructos ideológicos del xxi. Si la poesía gongorina había abierto las vías de las posibilidades arreferenciales de la palabra poética (Ruiz Pérez, 2015), los poetas de la academia del virrey Castelldosríus la llevaban gozosamente a la práctica en su sentido profundo, esto es, en emplear la libertad que el discurso poético otorgaba, sujeto a sus propias convenciones retóricas, más aún en el seno de una academia poética de la época de los novatores, porque en la intencionalidad[17] prácticamente no hay sesión de esta academia en la que sus miembros no se estén mofando de los detractores del virrey y no estén contestando a los ataques que recibía por sus alarmantes (para algunos) costumbres, entre las que se computaba su afición a las letras y a las veladas teatrales y literarias, o su cuestionada lealtad al rey fundada, entre otras cosas, en lo que sus opositores consideraban unas parcas celebraciones en Lima de los asuntos relacionados con la Corona, un consentimiento del contrabando francés y un escaso envío de remesas a la corte, aunque durante los primeros meses de su mandato hubieran llegado a España desde el Perú 1.679.310 pesos (Torres Revello, 1920: 8; Sáenz-Rico Urbina, 1978: 129; Sala i Vila, 2004b: 62).

---

16 Rodríguez Garrido (2009: 393), sin embargo, al analizar los poemas dedicados a Narciso durante la velada académica del 7 de octubre de 1709 caracteriza estos en comparación con el resto de poemas, para él burlescos o jocosos, que pueden leerse en *Flor de Academias* y concluye: «Por su desenfado, el vejamen a Narciso es, en verdad, un conjunto inusual dentro de las actas de la Academia de Castell dos Rius [...] un conjunto, caracterizado en general por un desborde que rompe la jocosidad más bien recatada que muestra el resto de las composiciones de la Academia». Su planteamiento, ya expuesto en el año 2000 y matizado en sus extremos al menos para el caso de Peralta, se asienta ahora en la idea de que la academia limeña puede verse como el espacio en el que el virrey Castelldosríus ejerce «el control absoluto sobre la producción de los poetas reunidos en su entorno» (2009: 390). A esa notable constricción de la práctica poética añadía, como elemento coercitivo, el espacio en el que se desarrollaban las sesiones, de ahí que señale «el reto» que para Peralta suponía «elaborar un vejamen satírico respetando el decoro que dictaba el contexto de producción poética en el palacio» (2009: 394).
17 Joaquín Roses ha explicado la aparente paradoja de que la obra de Góngora no sea «reducible a claridades» y, sin embargo, entronque con «la tradición del realismo como constante estética» (2010: 168 y 170, respectivamente).

No hubo en la academia limeña desequilibrio alguno entre lo grave y lo jocoso, al revés, lo significativo para comprender la poesía de la primera mitad del siglo XVIII es comprobar que estos poetas componían igual un poema sacro que uno galante, un poema de asunto político (y en su época estos también versaban sobre las luces y las sombras del imperio, sobre la corona, el rey y toda su parentela, sobre los «grandes» que servían para ejemplificar lo peor y lo mejor del ser humano) que uno de asunto intrascendente, un poema procaz que uno moral, uno mitológico que uno guiado por las ciencias naturales. La tradición inmediata de la poesía en lengua española, de la que obviamente formaban parte activa los poetas del Perú, había asentado esa versatilidad no solo de tonos, sino de distancia con respecto al asunto del poema (Ruiz Pérez, 2012: 22).

Será en la décima sesión donde, tras reiterados pedidos de los propios poetas, según advierte Rodríguez de Guzmán en el acta del 19 de diciembre de 1709, el virrey acepta cambiar su papel de presidente por el de fiscal para realizar el acostumbrado vejamen, de los académicos y sus composiciones poéticas, que en las academias se hacían como uno de sus actos naturales y más esperados. En estas notables piezas de prosa cómica compuestas por el virrey Castelldosríus, el personaje que remeda a Pedro de Peralta Barnuevo es el que denominará al cenáculo palaciego «Academia Lunática[18] Establecida; para repentinos Gongorinos y Cascantinos poemas» (*Flor de Academias*: 253) en una broma interna, de las muchas que se lanzaron los poetas.

---

18 Cuatro décadas después, en el seno de la Academia del Buen Gusto de Madrid, continuaba manteniéndose la tradición de los «Vejámenes» y las consecuentes contestaciones de los académicos. Así, el 1 de octubre de 1750, José Antonio Porcel leía su combativo vejamen titulado «Juicio lunático del fiscal de la Academia» en el que defendía tanto a Góngora como la libertad poética no constreñida a regla alguna (Orozco Díaz, 1968: 36–40). Estas sesiones, además de servir de regocijo a los poetas y al público asistente, contienen en sus pullas y caricaturas de autores y estéticas una información muy valiosa para los estudiosos de la literatura sobre los gustos, las ideas y las polémicas del momento. A pesar de ello, Geoffrey J. Walker no sacó otra conclusión del vejamen de Castelldosríus de 1709 que la de hallarse ante un censurable espectáculo de humillación física y moral de los académicos (1985:189); por su parte, Rodríguez Garrido, en su libre y alambicada interpretación simbólica, va a considerar el vejamen «algo más que un acto convencional» (2000: 258–259) pero solo en el sentido de afianzar también en esa sesión su tesis sobre el control de la autoridad sobre el intelecto de los autores. En lo que toca al vejamen, su juicio no ha variado sustancialmente en el trabajo, más meditado en lo que toca a la valoración literaria de alguna de las sesiones de la Academia limeña, sobre el uso de la sátira en la corte virreinal (2009: 396).

Efectivamente, las referencias a Góngora estuvieron presentes desde la primera sesión. El que las estrenó fue Jerónimo de Monforte al culminar el último terceto, del soneto de consonantes forzadas que debían componer, con una alusión en la que concentraba una burla del poema autoparódico con el que había inaugurado la velada Miguel Sáenz Cascante. Los pies forzados que debían manejar los poetas eran *jarrillo, ronquillo, perrillo, sentina, letrina, fina, China, diamante, Cascante, mazmorra, gorra, Maestre* y *ecuestre*. Si no se tiene en cuenta que, a esas alturas de septiembre de 1709 en que se inició la academia, el virrey ya hacia frente a las variadas denuncias que sobre su persona y gobierno se llevaban a cabo en Madrid, intentado conseguir que no se le destituyera o, al menos, que se «suavizaran los cargos» (Burgos Lejonagoitia, 2010: 322) contra él, podría parecerle a alguno (no obstante el ingenio demostrado por varios de los poetas en los sonetos que compusieron sujetos a tanta clausula retórica) que nos encontramos ante banales poemas cortesanos de autores medio descerebrados y no ante una buena colección de sonetos político-satíricos que ilustran sobre la situación del Perú del momento.

Los consonantes ya se prestaban de partida al humorismo y a la clave política. A saber, Castelldosríus había enviado a su capellán, José Ruiz Cano, a España ante el cariz que habían tomado las acusaciones que contra él se vertían en la corte desde 1708. Su valedor tenía como interlocutor al gobernador del Consejo de Castilla, Francisco *Ronquillo*, con el que negociaba las cantidades necesarias que debía pagar el virrey para salir airoso de la intriga. Por su parte, desde el Consejo de Indias, ya se había elevado un informe al rey recomendado la destitución de Castelldosríus, al dar por buenas las informaciones en las que, entre otras cosas, se le acusaba de dedicar el tiempo a «Comedias, Saraos y otras funciones de regocijo, que en aquel País llaman Fandangos a que es sumamente dado» (Sáenz-Rico Urbina, 1978: 121). Las iniciales denuncias habían partido de Francisco Espinosa de los Monteros, se habían incrementado con la controversia sostenida con la marquesa de la Monclova ante el ingreso en religión de su hija, a lo que la madre se oponía sin la ayuda del virrey (Lohmann Villena, 1964: 215–216 y 226–230), para seguir incrementándose la campaña con los memoriales e informaciones en su contra dados por Marcos de Ulaortua y José Garazatua, en enero de 1708 (Sáenz Rico-Urbina, 1978: 129; Sala i Vila, 2004b: 41). En ellos se aludía al comercio ilícito, según los denunciantes consentido por el virrey, de ropas *chinas*, cargo que se repetirá más veces en su contra cuando el que eleve la denuncia en la corte sea José de Rozas acompañado de su cuñado, Fernando Galindo, *maestre* de campo del Callao y pertinaz autor de numerosos escritos, antes contra el conde de la Monclova, ahora contra Castelldosríus (Sala i Vila, 2004b: 61).

Así estaban las cosas en Madrid cuando, en Lima, ajustándose a lo pedido, Cascante iniciaba las sesiones de la academia estructurando su soneto a partir de la concentración, en el primer cuarteto, del retrato de un «Zoilo» y sus denuncias. La raíz del personaje se remonta a la homonimia con el sofista detractor de las obras de Homero y de Platón, cuyos ecos como representante de los maledicentes, se extienden en las poéticas del barroco (Roses, 1990: 48). Por su parte, los concretos atributos con los que Cascante lo define en la primera estrofa provienen de los *Epigramas* de Marcial[19], pero su referente se hallaba en el presente político que rodeó el mandato de Castelldosríus:

> Aunque Zoylo levante un caramillo
> con el nocivo aliento de sentina,
> no infestará con aires de letrina
> voces que no bebieron su jarrillo.
>
> (vv. 1-4, 17).

Como vemos, las murmuraciones se expresan a través de la doble imagen que permite la voz «caramillo», al venir dada bajo el modismo «levante un caramillo», esto es, un chisme o un embuste, sin perder por ello su significado de flauta, impulsada en los versos por un «aliento de sentina» o unos «aires de letrina». Bajo esta dualidad el poeta desarrolla los dos asuntos temáticos del soneto y los dos registros empleados, la sátira (dedicada a Zoilo, presente en el primer cuarteto) y la burla (en la autoparodia extendida a partir del segundo cuarteto y motivada por el pie *cascante* que, si algunos académicos utilizarán como adjetivo, el propio Cascante no dudará en convertirlo en nombre propio):

> En su armonía, acento no hay ronquillo,
> pues todos forman consonancia fina,
> más sutil que tejidos de la China,
> ya un pájaro dibujen[20], ya un perrillo.

---

19 De entre los muchos epigramas dedicados a Zoilo por Marcial copio dos en los que los motivos de la sátira son reelaborados por Cascante: «Dices que la boca les huele mal a los abogados y a los poetas; pero al que la mama, Zoilo, le huele peor» (Marcial, 2004: Libro XI,XXX, 475); «Los perfumes, y la canela, y la mirra que huele a funeral, y el incienso a medio quemar de mitad de la pira, y el cinamomo que has robado del lecho estigio, truhán, sácalos, Zoilo, de tu seno asqueroso. De tus pies han aprendido a obrar mal tus manos perversas. No me extraña que seas un ladrón tú, que eras un prófugo» (Marcial, 2004: Libro XI, LIV, 487).

20 En la edición de Palma (1899: 9) se transcribe erróneamente «dibuje». La errata confunde el referente que, en este caso, sería Cascante, cuando a lo que se refiere el verso no es al hacedor sino a su maestría, al «todos» (v. 6, 17) del metonímico «acento» (v. 5, 17).

> Lira que atrae riscos de　　　　diamante,
> del olvido no ocupe la　　　　 mazmorra,
> pues es nave que rige gran　　 Maestre.
> Este[21] aplaude descuidos de　Cascante,
> con voz, y pluma, no con calza, y　gorra,
> cuando sobre el Pegaso monta　ecuestre.
>
> 　　　　　　　　　　　　　　　(vv. 5-14, 17).

El «caramillo» (v. 1) se contrapone a la «lira» (v. 9) de «Cascante» (v. 12) que tanto pinta del natural, en mímesis verbal («ya un pájaro dibujen, ya un perrillo», v. 8), como resuena, con mayor o menor «armonía» (v. 5), empleando la «consonancia fina» (v. 6) señalada. Los dos tercetos aglutinarán, en el eje que vertebra la figura del virrey (aquí el «gran Maestre», v. 11), la solución para el poeta calumniado al tener aquel la llave de la «mazmorra» (v. 10) y no condenar sino celebrar sus hurtos poéticos («descuidos», v. 12, los llama), producidos tan solo, en metáfora jocosa del oficio poético, «cuando sobre el Pegaso monta ecuestre», v. 14).

Jerónimo de Monforte retomará para su soneto la parte dedicada al autorretrato paródico trazado por Cascante, de ahí que el único objeto del poema sea «Miguel» (v. 5). La burla conduce al terceto final donde el vate (trasmutado cómicamente en la figura de Apolo) resultará, una vez despojado de sus variaciones y alusiones («quitándole la gorra», v. 13), un «ecuestre», parodiando la imagen que de su rapto poético había hecho Cascante. Para entender la broma (tanto de los «descuidos» señalados por Cascante, como de los numerosos préstamos poéticos que en su soneto destaca Monforte) será necesario conocer los procedimientos gongorinos («en gongorino estilo», v. 14). Estos apuntan tanto a los usos metamórficos del maestro cordobés como al concreto soneto satírico que le endiñó a Quevedo para, de un plumazo, menoscabar la originalidad de su poesía y de la de Lope[22]. Así termina el soneto de Monforte que, por supuesto, no está movido por acritud alguna sino por el sano ejercicio de la risa, las lecturas y los gustos compartidos en la academia del virrey:

21　La edición de Palma (1899: 10) transcribe «Ese», deíctico menos cortés que el que puede leerse en el manuscrito.
22　El soneto «Anacreonte español...» es uno de los que pueden ser considerados de la autoría de Góngora (Paz, 1999: 33-34), su segundo cuarteto es el que estaría sirviéndole a Monforte de base: «¿No imitaréis al terenciano Lope, / Que al de Belerofonte cada día / Sobre zuecos de cómica poesía / Se calza espuelas, y le da un galope?» (Góngora, 2016: n. 442).

Su canto ablandará cualquier	diamante
y la puerta abrirá de la	mazmorra
donde infernal Plutón es el	Maestre.
Digno elogio solo de	Cascante,
pues Apolo quitándole la	gorra,
en Gongorino estilo, es un	ecuestre.

(vv. 9–14, 20)[23].

De los sonetos que se compusieron para esta sesión, son los Bermúdez de la Torre y Peralta Barnuevo los que con mayor destreza manejan la sátira, al ser los que con más ingenio enhebran la dificultad retórica con la clave política del momento. El tema del poema de Bermúdez de la Torre versa sobre el seguro fracaso que le aguarda a un infundio:

Por más que a levantar un	Caramillo
deje la envidia la infernal	Sentina,
se volverá doliente a su	Letrina
a tomar su ponzoña por	Jarrillo.
Pues, aunque Alcalde quiera ser	Ronquillo,
no hallará causa en música tan	Fina,
para poder tirarle ni una	China,
ni encajarle sus dientes de	Perrillo.
Ceda Orfeo su Lira, y de	Diamante

---

23 La edición de Palma (1899: 12) altera la sintaxis del último terceto variando sustancialmente su sentido semántico. Comienza invirtiendo el orden en que aparecen en el manuscrito el adjetivo y el sustantivo del primer verso y continúa corrigiendo a su gusto la puntuación de los dos últimos versos («Elogio digno solo de *Cascante,* / Pues Apolo, quitándole la *gorra,* / en gongorino estilo es un *ecuestre*», 1899: 12. Las cursivas pertenecen a la edición de Palma). De ello resulta que «pues» deja de ser el adverbio incidental mediante el cual compone la anástrofe Monforte («pues Apolo quitándole la gorra»-«Apolo pues quitándole la gorra»), para ser en la errática edición de Palma un transpositor (conmutable por «puesto que») que convierte a «Apolo» en el «ecuestre» sin que la imagen toque al «Orfeo-Miguel», cuando lo que Monforte escribió, al menos siguiendo el manuscrito y el soneto de Cascante como referencia directa para la imagen final, es que «Miguel» es «Apolo», siempre y cuando no se tenga en cuenta su liberal disposición de los versos ajenos, por ello, «en gongorino estilo» (y ahí se cruza la otra broma, la del poema satírico de Góngora) es Cascante el «ecuestre». Como vemos, no son solo mutilaciones y erratas lo que hay en la edición de Palma sino una continua agresión al recto sentido de los poemas.

los muros rompa la fatal	Mazmorra,
y el remo el barco en que es Carón[24]	Maestre.
Pues hoy aquí, benigno, y no	Cascante,
Apolo con el Plectro, y sin la	Gorra,
quedó más alto que su estatua	Ecuestre (18).

Como vemos, los cuartetos despliegan el asunto contraponiendo las maledicencias a los vaticinios del poeta, marcados con el futuro perfecto de las formas verbales «se volverá» (v. 3), «no hallará» (v. 6), intensificados con la oposición, que entrelaza los versos alternos, entre lo que se quiere «levantar» (v. 1) y, de seguro, regresará «doliente» (v. 3), al igual que la «envidia» (v. 2) terminará siendo la «ponzoña» (v. 4) del calumniador. Frente a la deshonra pretendida en la que «Apolo» (v. 13), figura habitual del virrey en el Parnaso académico, sale victorioso (y amablemente caricaturizado, «Apolo con el plectro, y sin la gorra,/ quedó más alto que su estatua ecuestre», vv. 13-14) en el concreto espacio de la sesión poética y del poema («hoy», «aquí», v. 12). Mientras se han ido desplegando, bajo licencias poética jocosas, los protagonistas y las situaciones de la trama urdida (en este caso todos los elementos parecen apuntar a José de Rozas, conde de Castelblanco) contra Castelldosríus. Rozas, acusado en las misivas que el virrey enviaba a sus valedores en España de aspirar a suplantarlo en el virreinato, aparece en la metáfora burlesca «pues, aunque Alcalde quiera ser Ronquillo» (v. 5)[25] con la que Bermúdez conseguía aunar el recurso forzado («Ronquillo») a la alusión doble al convertirlo en nombre propio, pues en una sola imagen confluía la referencia a José de Rozas, y sus pretensiones (ser «Alcalde»), y a Francisco Ronquillo y su voluntad de abrir «negociaciones con quienes estuvieran dispuestos a pujar por el cargo» (Sala i Vila, 2004b: 70) de virrey del Perú. No obstante, en el poema, los tejemanejes se plantean como una lucha inútil frente al impecable

---

24 La edición de Palma (1899: 10-11) rebaja la carga cultista del verso al transcribir erróneamente «varón» en lugar de «Carón» (v. 11). Destruye así la imagen mitológica que en el poema de Bermúdez, utilizando con notable dignidad los usos de la poesía gongorina, convocaba un haz de sentidos.

25 En su edición, Ricardo Palma explica el verso con una nota: «En este y otro soneto se alude al famoso alcalde Ronquillo, de Valladolid» (1899: nota 1, 10), que contribuye al despiste porque, efectivamente, Bermúdez de la Torre estaba utilizando al Alcalde Ronquillo, esto es, a Rodrigo Ronquillo y Briceño, alcalde de Casa y Corte (pero no de Valladolid sino de Segovia), famoso por su fiereza y por haber combatido a los comuneros de Castilla. El Alcalde Ronquillo es por tanto la metáfora de la que se vale el poeta, no lo que nombra.

historial que pretenden manchar («no hallará causa en música tan Fina,/ para poder tirarle ni una China/ ni encajarle sus dientes de Perrillo», vv. 6–8), incrementándose con ello la ridiculización de los personajes aludidos. La brevedad de un soneto no es óbice para que Bermúdez de la Torre consiga incluir al acompañante de Rozas en el viaje a la corte, el maestre de campo del Callao. Si este figuraba en la correspondencia del virrey a su hijo Antonio como un individuo que había escrito «contra todo el género humano» (carta de 30-XI-1709, citado en Sala i Vila, 2004b: 61), en el poema encontramos la imagen mitológica del que conduce al inframundo («el barco en que es Carón Maestre», v. 11). Con absoluta naturalidad fluyen los consonantes forzados en el poema de Bermúdez de la Torre para construir con ellos un mordaz soneto político en el que se observa, no solo el ingenio del poeta sino el grado de conocimiento que los académicos, y por tanto el público que asistía a las veladas, tuvieron de las vicisitudes en las que se hallaba el virrey y el virreinato.

Mas afilado aún será el soneto de Peralta Barnuevo donde lo mitológico deja de ser metáfora para convertirse en la base alegórica de un universo paródico:

Las Musas han formado un Caramillo,
porque Aganipe ya es una sentina
de celos, y de furias; y aún letrina;
ya lo que suda Apolo aun no es Jarrillo.

Merecen que las prenda ya Ronquillo,
porque no corre bien su plata fina,
y parece que vienen de la China,
trayéndose a su Apolo de perrillo.

Ya es berrueco su luz, que era diamante;
llévenlas luego al punto a una mazmorra,
y Aquerón las embarque en vez de Maestre.

Pues, al oír los primores de Cascante,
Júpiter mismo quita ya la gorra,
Y del orden le manda ser Ecuestre (19)[26].

---

26 La edición de Palma (1899: 11–12) cambia «furias» por «furia» (v. 3) rebajando la fuerza de la parodia mitológica creada por Peralta al mudarla en un mero estado de ánimo; coloca indebidamente punto y coma después de «sentina» (v. 2) impidiendo que su sentido se complete con los complementos «de celos, y de furias» del verso siguiente; no respeta la separación con punto y coma, inicial y final, de «y aun letrina» (v. 3) por lo que su sentido parece no estar completo, desvirtuando así que Peralta hacía convivir el pie forzado «letrina» con el calambur *aún le trina* variando del todo el sentido del cuarto verso; cambia erróneamente el posesivo «su» (v. 9) por la

En el poema todos los elementos de la trama política están presentes: unas «Musas» (coro de voces) tan revueltas, desde el primer verso, que «han formado un Caramillo» (la acusación, los memoriales que llegan a la corte) y tan venidas a menos, al menos en el desiderátum que representa un poema, que su «luz» es ahora un «berrueco» (v. 9), esto es, una especie de verruga en el iris; una «Aganipe», (v. 2, los inductores de las denuncias) llena «de celos, y de furias» (v. 3); un «Apolo» (vv. 4 y 8) paródico, que aquí obviamente ocupa el lugar de los redactores de libelos y no parece estar a la altura de las circunstancias («trayéndose a su Apolo de perrillo» v. 8) ni tener mayor capacidad (el «sudor» que no llega a ser «jarrillo», v. 4); finalmente, el viaje y uno de los cargos contra el virrey concentrados en el mismo verso, «parece que vienen de la China» (v. 7). El último verso del primer terceto cierra los asuntos desarrollados abriéndose tanto al plano de lo mitológico como al del contexto virreinal, puesto que tales Musas merecen ser llevadas, según el poeta, por «Aquerón» (por supuesto al inframundo) en vez de ser el «Maestre» el que «embarque» los bulos (rumbo a España).

Dos asuntos se encuentran en el soneto de Peralta que no habían aparecido en el de Bermúdez de la Torre, uno es la alusión a la corruptela que rodea a la justicia y a la administración, expresada con la mordaz ironía de hablar a la vez, tal cual hacia Góngora en sus letrillas, de lo general (la compra de voluntades) y de lo concreto (optando, como Bermúdez de la Torre, por usar «Ronquillo» como sustantivo para designar al que se inclinará hacia un bando u otro en función de la venalidad administrativa): «Merecen que las prenda ya Ronquillo,/ porque no corre bien su plata fina» (vv. 5–6). La otra es haber creado, por medio de la alusión grotesca (ese Apolo sudando, viendo el Parnaso revuelto por una de sus amantes, justo aquella que terminó convertida en fuente), un soneto que recreaba la acusación de libertino, propulsada entre otros por Rozas, una vez que se rompieron las buenas relaciones que en un principio lo unieron al virrey, para terminar sustanciada en el informe del Consejo de Indias que llevó a Felipe V a firmar la primera de las dos destituciones que afrontó Castelldosríus durante su mandato (Sáenz-Rico Urbina, 1978: 130; Sala i Vila, 2004b: 54).

---

preposición «de» dando como resultado el sinsentido «berrueco de luz»; finalmente, suprime el determinante «los» (v. 12) con lo que se anula la referencia directa al poema de Cascante con el que Peralta enlaza el suyo. No es de extrañar que, ante una edición de estas características, tanto el propio Palma como todos los que se han acercado a las composiciones de esta academia a través de él, valoren a estos poetas a la baja.

A partir de esta primera sesión que nos muestra a los poetas estrechamente conectados con su presente, irán creciendo las citas y variaciones de versos de Luis de Góngora[27]. Esto, lejos de ser indicio de retardo estético como tantas veces se ha querido ver, era todo lo contrario: la muestra de que su poesía evolucionaba a la par de la que se gestaba al otro lado del Atlántico porque, si bien estaban en otro lugar (y le sacarán notable partido a esto) no estaban en otro tiempo[28]. El hecho de que muchas de las referencias directas que hacen del poeta cordobés sean jocosas revela que conocen su obra a la perfección, respetan el modelo y lo aprendido en la poesía barroca de España y de América, pero no lo reverencian (esto para el caso americano vendrá mucho más tarde,

---

27 Góngora, junto a Quevedo, Lope y Calderón, son referencias literarias muy apreciadas por los poetas de la academia limeña pero no únicas. Junto a ellos aparecen autores de la literatura virreinal, entre otros Solórzano Pereira, Agustín de Salazar, Sigüenza y Góngora y sor Juana Inés de la Cruz. Así el soneto burlesco de la monja novohispana «Inés, cuando te riñen por bellaca...» cuyo final, «aunque eres zancarrón, y yo de Meca» (Cruz, 1976: 634), será utilizado por el marqués de Brenes para su retrato jocoso de Matías Anglés de Meca: «Don Matías el garzón,/ escribe al uso, y sin rueca,/ y es digno de galardón,/ al ver que no es Zancarrón,/ aun con ser él mismo Meca» (422). También Bermúdez de la Torre construirá una de las rimas forzadas de su romance en la sesión decimosexta apelando a la misma burla: «y.n.s. [y en ese] empeño...t.d. [te de] / culto en que ciego... t.r.c. [te rece] / como al Zancarrón...d.M.K. [de Meca] / cualquier Pagano...c.n.t. [cenete]» (365). Por supuesto, la expresión tenía una larga presencia en la poesía y la comedia española, ejemplo de ello es su utilización por Francisco Bernardo de Quirós en *El hermano de su hermana* (1656): «Señor, como es Nochebuena, se fue a prevenir la cena al gran zancarrón de Meca» (Arellano y Mata Induráin, 2000: 176). Junto a estos autores que los poetas de la academia ni censuran ni esquivan, aparecen otros modelos del gusto del virrey y de los académicos, entre ellos Eugenio Gerardo Lobo, Jerónimo Cáncer y Anastasio Pantaleón.

28 Luis Alberto Sánchez hacía otro juicio, del que desconozco a qué calendario responde, aunque para cualquiera que frecuente la literatura escrita en español durante la primera mitad del siglo XVIII apreciará que este no parte de los textos: «el virreinato corresponde exactamente a nuestra Edad Media» (1927: 12). Su afán de condenar la colonia lo conduce al dislate de deprimir a los autores virreinales: «Los americanos ignoraban lo que sucedía en el resto del mundo» (1927: 16). A pesar del calibre de estos disparates, algunas reminiscencias de ese particular punto de vista llegan hasta nuestros días, puesto que, cuando se centra en lo que llama «los rimadores de la Academia de Castell-dos-Ríus» (1927: 7) y sus aledaños, esto es, la literatura de certámenes y concursos, decretará: «la literatura florece oficialmente —cual si obedeciera a una Pragmática Real—» (1927: 7).

curiosamente en etapas marcadas por la afirmación de lo identitario y diferencial).

Si nos fijamos en los poemas de José Bermúdez de la Torre hay ejemplos sobrados de una expresividad forjada bajo el cauce formal gongorino, en la selección lingüística, en los símbolos y las imágenes empleados, junto a poemas donde las citas y parafraseos del cordobés son directas. Así, en la sexta sesión el virrey, tan amante de dotar de belleza y sofisticación su entorno, tan dieciochesco en su gusto por lo sensual, sorprendió a la concurrencia estrenando, en el salón adaptado para la representación de las comedias, «una preciosa araña de cristal» (80). Este motivo dio pie a Bermúdez para improvisar una décima:

> De Vuestro ánimo Real
> copiarán su lucimiento
> valor, nobleza y talento
> en ardor, Luz y Cristal.
> Y en ese claro fanal
> dirán las Luces[29] hermosas,
> que aun las Arañas ociosas
> en vuestra Casa sin quejas
> tienen ingenio de Abejas,
> y afición de Mariposas (79).

Aunque el poema no tiene pretensión de ser otra cosa que una composición efímera, festiva y galante, sí es de notar que los atributos destacados por Bermúdez de la Torre no se quedan en los consabidos de «valor» y «nobleza» sino que incluyen el «talento» (v. 3), al igual que del contrapunto paralelístico, la lámpara, se resaltarán su elemento compositivo («Cristal», v. 4) y su función (iluminar), tanto en sentido estricto («Luz», v. 4) como en el figurado («ardor», v. 4) de mover afectos y pasiones. La vinculación del palacio («Casa», v. 8) con el «claro fanal» (v. 5) que protege la llama de las velas, junto a la personificación de la luz del verso 6, metonímicamente convertida de un fenómeno físico a uno moral, «Luces», dará cabida a la prosopopeya con la que el poeta muestra, y celebra, el dinamismo cultural («ingenio de Abejas», v. 9), en comunión de intereses, gustos e ideas («afición de Mariposas», v. 10), de la corte virreinal[30].

---

29 Palma (1899: 47) transcribe «lunas», perdiéndose con la errata el sentido del motivo.
30 El nuevo estilo con el que Castelldosríus ejerció su cargo afectaban también a los usos que durante el siglo XVII habían marcado la distancia entre el virrey y otros estamentos sociales. Con respecto al palacio virreinal, en el «cuadernillo de noticias» que le envió a su hijo Antonio para que, llegado el caso, pudiera defenderlo en la corte, trazaba una expresiva exageración de la accesibilidad del mismo: «...con

No es de extrañar el entusiasmo de Bermúdez de la Torre al ver amparadas las letras en el palacio limeño, sobre todo si tenemos en cuenta que lograr que la cultura y el saber se consideraran asuntos del máximo interés para un reino, e implicar en ello a las autoridades, será una de las más fuertes aspiraciones de los dedicados a tareas artísticas, científicas y técnicas a lo largo del siglo XVIII y los poetas del Perú se encontraban con esa manifiesta voluntad, en la más alta instancia estatal del virreinato, nada menos que en la primera centuria del siglo. Ante este marco mental consustancial a la época, quizá habría conducido a mayores aciertos haber continuado (puliendo sus extremos, claro está) la senda que marcó el pionero retrato dado por Juan María Gutiérrez de Peralta Barnuevo y los poetas de su época, antes que transitar la tortuosa senda de los que hoy en día continúan considerándolos una tropa de aduladores o de interesados, más o menos, taimados. El argentino, visiblemente empeñado en menoscabar a los escritores de España, apuntaba una curiosa y certera observación laboral y social válida no solo durante, sino inmediatamente antes y después, del mandato de Castelldosríus para lo que toca a los criollos de la academia: «Los literatos limeños o más bien los que producían libros en aquella ciudad, no pertenecían al enjambre de ingenios necesitados que pululaban en las alcobas de los magnates de Madrid [...]. No, Peralta y sus colegas vivían en condiciones diferentes: desempeñaban empleos honrosos y lucrativos, e inspiraban respeto por la aplicación que hacían de su talento» (Gutiérrez, 1874: VIII, 31, 363).

Aquel lunes de 1709 en que se estrenaron las veladas de la academia, fue particularmente laborioso Bermúdez de la Torre. Además del poema a la flamante lámpara, atendió a la solicitud del virrey de improvisar una glosa del calambur «A mas no poder Anarda/ Amas no poder Anarda», que había sido interpretado previamente por los músicos. Los dos poemas circunstanciales se sumaron a la lectura de la poesía, encargada en la sesión anterior, sobre una fábula de Esopo

---

estar tan abierto todo mi Palazio, y tan de par en par, que no ay nadie a quien se le aya antojado o se le antoje que no le ande, y passee, y examine hasta el más mínimo rincón de todos los quartos de él» (Lohmann Villena, 1964: 225). Entre los cargos que se sustanciaron en el informe que el consejero de Indias, Nicolás Manrique, hizo llegar al rey el 14 de abril de 1709 vemos que la misma cualidad, abierta y mundana del palacio, se le achacaba también a las costumbres del virrey: «Que es suma la desestimazión con que allí se trata la persona del Virrey, assí por estas cosas como por la frequencia que tiene de asistir a casas de particulares (lo que nunca han usado los Virreyes)» (Sáenz-Urbina Rico, 1978: 121).

y a la posterior improvisación de una endecha, cuyo asunto debía describir «lo que pasa en una portería, torno, locutorio y demás lugares de un convento» (80).

El hecho de que el virrey repartiera fábulas de la tradición clásica, para traducir y glosar, nos pone delante de uno de los géneros que van a revalorizarse en el siglo xviii, hermanados al didactismo y la utilidad, y que a la par permite continuar la tradición barroca a través del gusto compartido hacia los clásicos. Lo que hicieron con las fábulas los poetas de la academia va de la composición cómica a la reflexión moral, lo que hizo en concreto Bermúdez de la Torre fue un complejo poema filosófico que incluía la recreación de la fábula clásica, la utilización del marco mitológico barroco, la celebración de la academia limeña, la reflexión moral sobre el lugar que las letras y los letrados debían ocupar en la esfera pública y la declaración de la poética del autor, cuyo nuevo código expresivo no le impedía el uso de imágenes y variaciones tomadas de Góngora y Quevedo acompañando a las amplias fuentes literarias que demuestra conocer. Precisamente, si puede utilizar la obra de los poetas del alto barroco, es porque lo que no ha cambiado es la consideración de que la poesía es en sí misma un discurso elevado, una forma, no necesariamente definida por el fondo (el asunto temático), que conduce al gozo estético, teniendo este diferentes gradaciones, como puede verse en esta academia, que van de la mera fiesta en la que se pone en juego la capacidad expresiva y el bagaje cultural de los poetas, al deleite intelectual sustanciado en la dificultad para la que es condición necesaria una alta competencia en la materia[31].

El poema, un largo romance de 23 estrofas basado en la fábula del gallo y la perla, choca con otro sambenito endosado a los miembros de la academia de Castelldosríus consistente en considerarlos individuos que no tuvieron la deferencia de localizarse acogiendo lo particular en sus poemas, a pesar de que, desde sus pioneros estudios, Riva Agüero señalara el acendrado «criollismo» (1962: 288) de estos poetas, sin importar si habían nacido en España o en Perú, puesto que lo que encontraba en muchos de sus poemas eran ecos de las experiencias compartidas y de las costumbres propias del lugar donde vivían. Las directas alusiones de Bermúdez de la Torre y el resto de poetas a su contexto vital, no contravenían el modelo gongorino puesto que, en la poesía del cordobés, se alternaba y combinaba la deslocalización mitológica, con el aquí y el ahora del entorno que lo rodeaba. No

---

31 En los estudios de Joaquín Roses (1994 y 2014a) hay precisas explicaciones sobre la deliberada dificultad expresiva de la poética gongorina sustanciada en parte de su poesía; en los de Teodosio Fernández (2004, 2010 y 2014) se ahonda en el sentido que para los autores virreinales barrocos tuvo la poesía.

obstante, lo que sí se va a incrementar, en estos inicios del siglo XVIII, es la revalorización temática que los académicos realizan de los asuntos del Perú, más allá de lo religioso, lo militar o lo imperial, dando entrada a poemas en los que aparecían los temblores de tierra, los conventos, el palacio virreinal, el agradecimiento por la contribución al bienestar público, los productos regionales, las ferias comerciales, el peligro de la piratería o el contrabando.

En el romance de Bermúdez de la Torre la glosa no se realiza sobre la fábula de Esopo traducida sino sobre la variación de la misma, aplicada al campo del saber, dada por Gualterio Ánglico y por el Arcipreste de Hita[32]. El limeño, al igual que los autores del medievo, centra la reflexión en la incapacidad para valorar «las luces de lo raro» (v. 47), encarnadas en la «ciencia» (v. 53) y en la «discreción» (v. 53), tanto en su sentido de discernimiento y buen juicio, como en el de aguda expresión frente al irracionalismo o la necedad. La enseñanza moral sitúa la razón, las altas miras que encierra la metáfora de la perla en el poema, por encima del interés rampante, aquello que simboliza el grano:

> Entre el desmonte de su cruel ruina,
> donde siembra escarmientos el aviso,
> el Ave, que es del Sol Nuncio canoro,[33]
> buscó el pasto en menudos desperdicios.
>
> Breve esplendor divisa en terso grano,
> que fue, del Sur en puro nácar fino,
> si no del Alba a lágrimas formado,
> del cielo á rosicleres producido.
>
> Pero de lo admirable al justo aprecio
> no alcanza torpe irracional instinto,
> ni consiguen las Luces de lo raro
> vencer las ceguedades de lo indigno.

---

32 Las fábulas esópicas de Gualterio Ánglico, así como las contenidas en el *Libro de buen amor* del Arcipreste de Hita, las he consultado en la página web del proyecto «La transformación y adaptación de la tradición esópica en el *Libro de buen amor*» [En Línea: http://fele.unileon.es/librobuenamor/]. La traducción de las fábulas de Gualterio (2012) se debe a Hugo O. Bizzarri [En Línea: http://fele.unileon.es/librobuenamor/wp-content/uploads/2012/05/Gualterio1.pdf]; El «Enxiemplo del gallo que falló el çafir en el muladar» [En Línea: http://fele.unileon.es/librobuenamor/?page_id=151].

33 La edición de Palma (1899: 51) suprime, por ultracorrección, la coma interna, diluyendo de ese modo la aposición con la que Bermúdez de la Torre marca claramente la cita de Góngora.

> Dejó el Gallo la Perla por inútil
> á la bruta ambición de su apetito,
> y buscando alimento menos noble,
> clamó: Pues no me sirves, no te admiro.
>
> Así a la Ciencia y Discreción, sucede,
> tratándola los necios con desvío,
> pues los que solo al interés adoran
> mandan la estimación por el sentido.
>
> (vv. 37-56, 85).

Puede apreciarse en esta parte central del poema que, junto al desarrollo temático de la fábula, se erige la forma que Bermúdez de la Torre toma de la *Soledad I* de Góngora. La conceptuosa imagen del gallo creada por el cordobés («doméstico es del sol nuncio canoro», v. 294) será evocada de forma directa en el poema del limeño («el Ave, que es del Sol Nuncio canoro», v. 39), mientras los excelsos atributos del gallo gongorino («penda el rugoso nácar de tu frente/ sobre el crespo zafiro de tu cuello», vv. 312-313) se traspasan al templo arrasado de Artemisa en el poema de Bermúdez de la Torre («Breve esplendor divisa en terso grano,/ que fue, del Sur en puro nácar fino» vv. 41-42). El procedimiento compositivo aglutina el tema principal (la fábula), con otro no menos importante, la engañosa opulencia, tomado de la *Soledad I* al ser el fin del gallo gongorino («que Himeneo a sus mesas te destina» v. 314) bien prosaico.

La estructura del poema que, en su parte central, engloba el sentido filosófico, comienza, en una larga y conceptuosa secuencia, con la destrucción del templo de Artemisa en Efeso, el majestuoso edificio quemado por Eróstrato con la intención de que su nombre fuera recordado. No obstante, lo que el poeta quiere destacar es que sobre sus ruinas se erigió un nuevo templo, copia inauténtica mucho más fastuosa, que también fue pasto de la destrucción. La técnica de Bermúdez de la Torre consiste en recuperar lo concreto a través de lo simbólico. El poema comienza recorriendo los vestigios del templo primigenio, sin que la intención didáctica sacrifique la emoción verbal sustanciada en el uso del hipérbaton, la anáfora, el contraste y la personificación:

> Donde en leves cenizas desatado,
> o en trágicos fragmentos dividido,
> oprimiendo sus altos homenajes,
> se erige monte el que cayó edificio.
>
> Allí el destrozo remontado á Templo
> (Fénix, de sus despojos renacido)

se consagra en altar al desengaño
el que a la vanidad fue sacrificio.

A sus perdidos bienes da su estrago,
entre la blanda yerba asiento fijo,
vistiendo nobles, compasivas yedras,
a los desnudos extranjeros riscos.

(vv. 1-12, 84)

El poeta obliga a la erudición, al conocimiento transmitido por los historiadores romanos y cristianos sobre la opulencia del segundo templo consagrado a Artemisa, si quieren desvelarse las imágenes a las que enlazará la reflexión sobre la creación artística y sus modas. Este es el asunto que irá cobrando importancia conforme avancen las estrofas. La multiplicación de los elementos decorativos será vista por el poeta como un innecesario «adorno sin arbitrio» (v. 16), un arte no guiado por la proporción y la armonía, no tanto por las reglas retóricas, idea que veintitrés años después continuará defendiendo en su analítica aprobación de *Lima Fundada*. Bermúdez de la Torre, con ecos cervantinos, lleva su reflexión sobre la creación artística hacia las bases que hacen nacer lo artificioso, puesto que es el ansia de acercarse a lo sublime, al leve recuerdo del esplendor perdido, lo que produce el desorden:

Adoración rendía el pensamiento
de su hermosura al esplendor jarifo,
y Estatuas del asombro, los vivientes,
aumentaban su adorno sin arbitrio.

Su perfección fue rémora al errante
Pasajero, sin voces advertido;
y en ella a su fatiga, y su esperanza,
dos alientos lograba el Peregrino.

Espléndido aparato le prestaron
Mármoles Griegos, Pórfidos Latinos,
y entre la elevación de sus primores
se incluyó Roma, se perdió Corinto.

Cuanto en púrpura, y oro, en humo, y llama,
rinden Ofir, Ceylán, Arabia y Tiro,
vio el aire en sus espacios, luminoso,
exhalado, pendiente, y esparcido.

La proporción austera, y regulada,
que alma infunde al primor, y al arte brío,

fatigó la paciencia del deseo
con la prolijidad del artificio.

(vv. 13-32, 84-85)[34].

Es en esta fase del poema, en la que el recorrido por la historia del templo ha cedido el paso a la reflexión metapoética, cuando se cambia el elemento temático (el templo de Artemisa) que le ha servido para ilustrar lo universal (lo grande devenido en ruina por obra de la vanidad humana) por lo particular, la situación de la poesía, las artes y las ciencias en Lima bajo el mandato de un virrey amante de las letras. El recurso del que se valdrá para ese tránsito es el doble paralelismo. El primero lo traza entre los ríos, el Caistro que baña las ruinas de Efeso y el Rímac que acompaña a los poetas en Lima; el segundo lo sostienen las figuras centrales, en la recreación poética, de ambos espacios, de modo que el virrey, al ocupar por tradición académica el lugar de Apolo, es, en el plano mitológico, el hermano mellizo de Artemisa.

El recuento laudatorio que hará de los poetas de la academia, realizado a partir de la paronomasia y el epigrama, culmina, en la estrofa final del romance, con una convencional, en términos poéticos, reverencia al virrey. Esta muestra de cortesía le permite conectar el tema y motivo de partida (la deidad, la memoria) con el de llegada (el virrey y las letras en el Perú), en el medio ha estado la

---

34 La edición de Palma (1899: 51) destruye, sintáctica y semánticamente, las cuatro estrofas. Comienza sustituyendo el posesivo «Su» (v. 17), que concreta e individualiza en el manuscrito una característica del templo («Su perfección») y liga esta estrofa con la anterior, por el determinante «La». En el v. 27 cambia el número del adjetivo «luminoso» de singular a plural y suprime las comas que lo anteceden y preceden, anulando de esta manera el hipérbaton y cambiando el sentido al hacerlo depender del sustantivo «espacios», y no de «aire». Sin embargo, lo que hace la recta forma del poema, siguiendo el manuscrito, es algo más complejo: Bermúdez de la Torre conectaba los cuatro sustantivos del v. 25 (púrpura, oro, fuego y llama) y los cuatro topónimos del v. 26 (Ofir, Ceylán, Arabia y Tiro), con los cuatro elementos que «vio el aire en sus espacios, luminoso, / exhalado, pendiente y esparcido.» (vv. 27-28). En el v. 24 cambia «incluyó» por «incendió», haciendo que el poema evoque de forma disparatada otros hechos (el incendio de Roma) y se separe del asunto, la suplantación de estilos arquitectónicos y decorativos, que está expresando el poeta. En el v. 25 Palma considera que es mejor poner «fuego» donde, con claridad en el manuscrito, se lee «humo». Por lo demás suprime todas las mayúsculas enfáticas y va alterando a su gusto la puntuación de los versos, cambiando con ello el ritmo que el poeta quiso darle a su composición, así como la visualidad que buscó para los paralelismos y la bimembraciones de los versos.

fábula y su moraleja sobre el lugar que le corresponde ocupar a la alta cultura y el papel, indicado por el propio poeta, que deben activamente propiciar los mandatarios.

El impulso de las artes, las letras y las ciencias, que no su dirigismo, y la protección de los letrados es lo que celebra Bermúdez de la Torre:

> De este Numen, que inspira a vuestras voces
> la armonía que forman vuestros ritmos,
> cuantas Perlas esparcen vuestras plumas
> el favor las reserve del olvido.
>
> Su fama repetida en vuestros ecos,
> aun más que explicación, será prodigio,
> pues en sus glorias aun Apolo deja
> suspenso el Plectro, el canto enmudecido.
>
> Y porque de las Musas, y las Gracias,
> remudéis los Laureles, y los Mirtos,
> venza al cascado tiempo edad Cascante,
> y culto Brenes breñas rompa al Pindo.
>
> Oh Sol, razón[35] dar puedes de tu aliento,
> pues Rojas señas son tus rayos limpios,
> y aunque Monforte afirme al Monte fuerte,
> Barrio-nuevo en Peralta mude Clío.
>
> (vv. 69-84, 85-86).

Lo que se advierte leyendo *Flor de Academias* es la atmósfera relajada y celebratoria alrededor de la poesía en el palacio virreinal y la satisfacción de los autores con el virrey que les había tocado en suerte: un firme defensor de Felipe V, como ellos lo eran antes de que llegara al Perú Castelldosríus[36], porque veían en la nueva dinastía una obvia cercanía con la cultura francesa que no les era ajena ni rechazaban y

---

35 Palma (1899: 52) suprime la nota que Bermúdez de la Torre adjunta al verso: «Epigrama de Solorzano». Con la figura retórica enlazaba el segundo apellido de Rojas, con el primero del Oidor de la Audiencia de Lima, Juan de Solórzano y Pereira, que tanto «aliento» (v. 81) dio a las aspiraciones de la población virreinal en la primera mitad del siglo XVII.

36 Si no bastaran los poemas de Peralta Barnuevo celebrando la nueva dinastía, sirvan las palabras del jesuita Fermín de Irisarri (1730: s.p.), catedrático de Teología en la Universidad de Cuzco, en su Aprobación de *Historia de España vindicada* de Pedro de Peralta: «... y el Idioma Francés lo supo mucho antes, que Francia frequentasse nuestros Puertos, quando ardía tanto en guerras una y otra Nación, que aun las palabras Castellanas presentaban como enemigas batalla a las Francesas».

sentían un particular orgullo ante el hecho de que el noble elegido para gobernar su reino no fuera cualquier aristócrata español sino aquel que en su día, siendo embajador de España en la corte francesa, puso la corona en manos del duque de Anjou. A lo que se unirá, en el tiempo en que duró su mandato, y arreciando entre 1709 y 1710, una mayúscula disputa sobre su persona y la administración del virreinato americano que se dirimía en la Corte europea, situación que, si era nueva para los académicos que habían llegado en el séquito del virrey (Rojas, el marqués de Brenes y el joven Anglés), no lo era para los criollos (Cascante, Bermúdez y Peralta) ni para los avecindados en Indias (Monforte y Sanz).

Desde ese ángulo, los académicos no son los que soportan, bajo diversos intereses, el peso de la autoridad del virrey sino sus *sostenedores*[37]. Esta conciencia plena que los poetas tuvieron de sí mismos y de su tarea, se concentra en los versos finales del romance de Bermúdez de la Torre, en donde, con ecos horacianos, realiza un llamamiento para que, una vez ocupado por los hombres de letras el puesto que otrora tuvieron los guerreros y los nobles[38], lleven a cabo la alta función a la que están destinados:

> Vuestro esplendor discreto corresponda
> de la Luz al recíproco Latido,
> hallando en él iluminada senda
> la insaciable carrera de los siglos.

---

37 Rodríguez Garrido al examinar la *Imagen política del gobierno de Diego Ladrón de Guevara* (1714) de Pedro de Peralta Barnuevo destaca que «el autor quería sin duda mostrarse también como partícipe del poder, y resaltar ante la autoridad colonial la función esencial que los intelectuales criollos como él cumplían en el sostenimiento del Imperio como cuerpo político» (2008: 243), de ahí que, en este trabajo en el que no se advierten los presupuestos que guiaron sus lapidarios juicios sobre la academia del virrey Castelldosríus (Rodríguez Garrido, 2000), apunte la necesidad de «revaluar la activa participación de Peralta en la producción de discursos asociados estrechamente a las instancias más altas del poder virreinal» (243). Efectivamente, leyendo en su conjunto la obra de Peralta, se llega a la conclusión que extrae Pedro Guibovich (2019a: 122) de encontrarse ante un autor que evidenciaba «ante la autoridad colonial la función de los hombres de letras del virreinato como sostenedores del imperio español como cuerpo político». Asimismo, en la lectura de *Flor de Academias*, contextualizada en las concretas circunstancias políticas que rodearon a la academia limeña, lo que encontramos no es una llamada de atención al virrey por parte de los autores, ni una táctica ansiosa en pos de un reconocimiento extraliterario, sino una continua muestra de solidaridad con la autoridad, amenazada, de su reino.

38 Joaquín Álvarez Barrientos (2006) ha explicado con detalle esta suplantación de las armas y los blasones por las letras en la mentalidad de los autores españoles del siglo XVIII.

> Y dando el pecho á la fatiga heroica,
> volved la espalda al ocio entorpecido,
> pues ya lo fervoroso del empeño
> se ilustra con lo noble del destino.
>
> (vv. 85-92, 86).

Esa «fatiga heroica» (v. 89), que en esos inicios del siglo XVIII representa la labor de los letrados, no la harán despreciando la tradición hispánica que demuestran conocer y estimar tanto como el virrey catalán. Es este un asunto de interés porque, en el ámbito de los estudios hispanoamericanos, sigue pesando una distribución que conecta estéticas y lealtades patriótico-políticas, desentendiéndose del hecho de que estos autores de principios de la centuria (siendo Bermúdez de la Torre y Peralta Barnuevo un claro ejemplo de ello) buscaban su cauce expresivo tanto en los clásicos griegos y latinos (y esta es una de sus vías de unión con los grandes autores del alto barroco, fundamentalmente con Góngora), como en los autores de la literatura escrita en su propia lengua, esto es, la española, y no por ello estaban cerrados a la novedad. Es más, en el estricto campo de la poesía, es esa apertura hacia la innovación una de las enseñanzas más fructíferas que dio Góngora. Otra, también aprendida en el cordobés, es la creencia en una palabra poética capaz de iluminar y dotar de belleza el entendimiento. Y otra, es que no solo para lo sublime y lo elevado sirve la poesía, al ser también cauce natural para la chanza, el divertimento y la alegría.

Esa lección de la que, por supuesto, han extraído un leguaje y una variedad rítmica y estrófica la combinan estos poetas, fundamentalmente Bermúdez de la Torre y Peralta Barnuevo, con el hecho de no ser exclusivamente poetas sino profesionales de la ciencia, la judicatura o la docencia, que irá modulando una mentalidad utilitaria, afín al siglo, que ellos inauguran desde el virreinato del Perú sin desfase temporal alguno.

De esa forma, en el concreto caso de Bermúdez de la Torre, y con ánimo de aumentar la comicidad de la endecha que debían improvisar describiendo «lo que pasa en una portería, torno, locutorio y demás lugares de un convento de monjas» (78), mezclará las citas de otros con sus versos para expresar con ellas la «Babel en suma» (v. 277, 103) que es su, tan imaginado como localista, convento («Allí mil regatonas / pregonan desde fuera / pastelillo, tamales / empanadas, mixturas, rosa y Brevas», vv. 265-268, 102). La pieza toma la forma de una ensalada carnavalesca en la que entran y salen personajes, hay diálogo, caricaturas de situaciones cotidianas y multitud de préstamos deliberados, como he dicho, que van del verso inicial del soneto X de Garcilaso («¡Oh dulces prendas, por mi mal halladas»), donde el lamento melancólico por lo perdido del poema matriz, da paso a una permutación de la disposición de los elementos del verso en el poema jocoso («¡ay por mi mal halladas dulces prendas!», v. 188, 101) para situar primero lo que uno de los apostados en la puerta del convento ha encontrado, en un estado no del todo insólito en los conventos de Indias («y aunque están de Revuelta», v. 186, 101), y después lo que, no obstante, aprecia su vista al contemplar la entrada de «dos mulatillas» (v. 185, 101). Otro de los visitantes pedirá «que le llamen al punto / a Dorotea» (vv. 73-74, 99). La mención de Lope se hará de forma directa, aunque la dama ha variado un tanto: «que aunque no es la de Lope, / es rara pues sin ser hermosa, es necia» (vv. 75-76, 99). En la estrofa 5 volverán a estar presentes las comedias de Lope, en este caso *El casamiento de la muerte* (1604), pero también las jácaras de Quevedo (en concreto la VIII correspondiente a la Musa V de *El Parnaso español*) o todos los autores del XVII que utilizaron el verso del romancero, «Con la grande polvareda perdimos a Don Beltrán», para referirse con chanza (o con culpa) a un descuido: «Las sirvientas que barren / hacen que allí cualquiera, / sin ser don Beltrán, quede / perdido con la mucha polvareda» (vv. 17-20, 98). Un verso de *El Parnaso español* de Quevedo, «Templar quiso al desdén tantos rigores» (1648, Musa IV, Idilio IV, 299), será deconstruido por Bermúdez para adaptarlo, desde los lamentos de Erato, a las quejas de un poeta hacia una «bachillera» (v. 98, 99) del convento: «Dícela: dueño ingrato / que música mis penas / a tus injustas iras / harán si tus rigores no se templan?» (vv. 101-104, 99).

Por supuesto Góngora también será convocado en este largo poema. Así una «Filis» mostrará, tomando prestado el verso 339 de la *Soledad II*, «en breve espacio mucha primavera» (v. 72, 99), y un «devoto» le confiesa a una «seglar»: «Que soy tu esclavo sabes: / díganlo cuantas señas / en este umbral imprimen / a pesar de los vientos mis cadenas» (vv. 93-96, 99), siguiendo a la letra el lamento de Micón (v. 569) de la *Soledad II*. Por su parte, un «apasionado», echando mano del verso 204 de la *Soledad I*, le revelará a una «zagaleja» (v. 190, 101) su temor de que lo adorne «[...] de las insignas fieras / que al hombre no le arman / si al animal armaron de Amaltea» (vv. 194-196, 101). Más intrincada será la alusión que realiza en las estrofas 9 y 10. Allí, el que se presenta a la puerta del convento es un poeta cuya semblanza jocosa se traza desde el contraste entre su figura y sus pretensiones expresivas. Los elementos del retrato convocan la polémica sobre la poesía cultista desde un ángulo irónico (el poeta, que no es exactamente Horacio; la poesía como expresión sagrada y aprendida en el modelo latinista de Juan de Mena), que no duda en apropiarse del verso 369 de la *Soledad II* al saludar a una variopinta concurrencia (el sacristán, las sirvientas, un fraile, una monja y un soldado). El hurto es develado en el paréntesis por la voz autorial que también deja clara su admiración por Góngora y su obra:

> Aparece muy flaco,
> si no Horacio, un poeta
> que como dijo el otro
> estudió teología en Juan de Mena.
>
> Con bien mandéis, les dice
> este año torno y puerta:
> (¡Góngora! ¡Y qué texto!)
> jubilando la red en los que os restan.
>
> (vv. 33-40, 98).

El hecho de que muchas (y muchas no son todas) de las sesiones se presten a la comicidad no les resta valor ni al conocimiento que demuestran tener los académicos de la poesía de Góngora, ni a las reflexiones que sobre sus propias poéticas van dando al hilo de las citas. Por tanto, también el barullo en la puerta de un convento le sirve a Bermúdez de la Torre para zaherir a un galán empeñado en seguir las tendencias estéticas del momento que, para 1709 y una vez enumerados en los versos la peluca[39], la corbata y los afeites, apuntan hacia la mofa de las modas francesas. Como casi todos los asuntos nombrados en el poema tienen una vertiente erótica, el caballero estará buscando a una «seglarita ojinegra» (v. 58, 99) sobrada de «devotos» (v. 60, 99). La concatenación de asuntos que realizan las endechas endecasílabas le permite a Bermúdez de la Torre conectar la reflexión estilística con la situación venérea. El adorador de la moda y de la moza quedará ridiculizado frente a lo que no atenta contra la tradición poética como ejercicio de disfrute estético e intelectual:

> Viene un Galán pomposo
> de Perruca y que precia
> de haber puesto en corbatas
> el gusto que poner pudo en corbetas.
>
> Es hombre que al espejo
> se compone y se afeita;
> pero queda en su engaño
> más simple cuanto más compuesto queda.

---

39   Es digno de tenerse en cuenta que Bermúdez, en amistosa complicidad con el virrey, pone la palabra en catalán, «Perruca» (v. 50, 98), y la distingue gráficamente con mayúscula enfática.

> Hace llamar a Filis
> seglarita ojinegra
> que los más de los días
> se muda los devotos por limpieza.
>
> Ser devoto es pecado
> contra naturaleza
> que sus obras se impiden
> en la mentalidad de las Ideas.
>
> (vv. 49-60, 98-99).

Asimismo, en la sesión vigésima, mientras Bermúdez de la Torre desarrollaba el tema dado consistente en darle explicación al milagro gestado por los ingenios de la academia de atraer a los sordos, convertía sus quintillas en una divertida puesta al día de la necesaria elevación formal de la palabra poética. El asunto de la velada venía motivado por una anécdota, sucedida en una sesión anterior, en la que el virrey había visto a un mayordomo sordo asomado al salón en el que se realizaban las reuniones en la casa de campo, de ahí que el poeta recree el motivo desde un ángulo burlesco donde de partida coloca la sorpresa de que a los «nobles» (v. 1, 425) cantos de estos «Orfeos» (v. 2, 425) les corresponda una imperturbable atención. Lo que hará es una reflexión jocoseria sobre lo que debe ser la poesía. Para el autor esta no podrá ser digna de tal nombre sin conmover, que en las quintillas pronto adquiere un sentido práctico ligado a la potenciación y expansión del intelecto y a la labor de la academia, puesta en entredicho en los términos humorísticos del poema, por un público receptor tan incapaz. El sordo y los poetas, entonces, representan la oposición entre el vulgo y la alta cultura, pero no se ceba en el desprecio de aquel, sino en la comprometida situación de estos:

> Un sordo, que a los más nobles
> dulces canoros Orfeos
> rindió atenciones inmobles[40],
> acreditó los trofeos
> de atraer peñas, y robles.
>
> Si de Orfeo el blando acento
> los hombres pudo mover
> silvestres; este portento
> fue otra cosa que atraer

---

40 Palma (1899: 301) transcribe incorrectamente «innobles», cambiando completamente el sentido del verso y desviando desde el tercer verso el asunto del que se ocupará el poema.

a Sordos de entendimiento?

> Si un Sordo, tan familiares
> tratos en esta vivienda
> introduce, los vulgares
> juzgarán que es ya esta Hacienda
> la Huerta de Palomares[41].

(vv. 1-15, 425).

La emoción se condensa, para Bermúdez de la Torre, en la complejidad expresiva que deja fuera de «[. . .] los primores subidos / del dulce sonoro canto» (vv. 37–38, 426) al «necio» (v. 36, 426). Hay por tanto una defensa de la *oscuritas* (Roses, 1994) al asumir que esa dificultad, tal cual la había planteado Góngora en defensa de su propia obra, es consustancial a la poesía, tanto en su sentido interno (su lenguaje, su estructura) como en el externo (alcanzar la emoción al vencer ante lo complejo que, por supuesto, deja fuera a los legos así como a muchos supuestos doctos). Para los dos aspectos que se contemplan en el poema de Bermúdez, escribir y *escuchar*, se necesita un bagaje cultural (el saber, el conocimiento, la erudición) y una competencia en materia poética. De ahí que la Academia sea el espacio en el que estos poetas se reúnen sin peligro de ser incomprendidos o malentendidos (variando para expresarlo uno de los versos de la dedicatoria de las *Soledades* al duque de Bejar («en soledad confusa»,v. 3), «en soledad no confusa», v. 133, 428) a disfrutar, en un sentido tan epicúreo como vitalista muy dieciochesco, de «la vida» (v. 134, 428) que es, también, «la Musa» (v. 135, 428):

> Por eso ninguno acusa
> mirar tanta luz florida
> en soledad no confusa,
> adonde, como la vida,
> vienen a busca la Musa.

(vv. 131-135, 428).

Por medio de la paronomasia, el anagrama o las alusiones indirectas irá calificando el estilo particular o lo que representa poéticamente cada académico (y de nuevo la lista va del «Mínimo» (v. 140, 428), esto es fray Agustín Sanz, al meritorio «Matías» (v. 170, 428), pasando por Cascante, Brenes, Rojas, Peralta y él mismo bajo el anagrama «en el oír el ver-mudes», v. 175, 428), para celebrar la tradición que los une («De tan cultas armonías / es uniforme el concierto»,

---

41 Bermúdez de la Torre introduce una nota aclaratoria de esta referencia local: «Un caballero sordo, dueño de una Huerta cercana a la ciudad» (425).

vv. 166-167, 428). Los aspectos estilísticos que irá celebrando agrupan la inspiración y la técnica, esto es el «furor» (v. 142, 428) unido a la «destreza» (v. 143, 428), el hallazgo feliz que permite el «ingenio raro» (v. 147, 428) provocando «admiración» (v. 148, 425) al descubrir «lo profundo, y lo claro» (v. 149, 428), la «armonía» (v. 152, 428) y la «elegancia» (v. 162, 428). Solo en los atributos que le da a la poesía de Pedro de Peralta se advierte la presencia de un código expresivo atento a depurar y enderezar la libertad de la «pluma» que, a ojos de Bermúdez, parece un tanto relamido de tan arreglado:

> Que peinada allí se exalta
> diestra pluma! Y porque dé
> sus señas mi voz sin falta,
> es la que admira per se
> y la que vuela Per-alta.
>
> (vv. 156-160, 428).

No obstante, como el rasgo definitorio de esta academia es la presencia constante en las composiciones poéticas de la situación política que atravesaba el virrey[42], Bermúdez de la Torre desarrolla en paralelo el asunto vinculándolo tanto a la lealtad de los académicos y al descanso feliz que representan las veladas académicas («Aquí en blandas suspensiones / de discretas suavidades, / cortesanos Anfiones / le cantan serenidades / no le halagan ambiciones», vv. 111-115, 427) como a reprobar la idea utilitaria que del Perú se tiene en la corte. Para eso cambia la voz poética, ahora es el mayordomo sordo el que se dirige al virrey:

> Lleno de temor me asomo
> de que a pesar de mi afán,
> me dejen de Plaza romo;
> porque, si ay Domo en Milán,
> aquí ay otro mayor-domo.
>
> Ni ya se podrá lograr
> de la labor la porfía,

---

42 Esta se extiende a poemas que han sido despachados como banales ocurrencias temáticas del virrey coreadas por los insustanciales poetas de su academia. Un claro ejemplo es la sesión de 14 de octubre de 1709 (acta cuarta) en la que los académicos, además de conmemorar con un jeroglífico la victoria de las tropas franco-españolas en la batalla de Luzzara, se dedicaba a descubrir las razones por las que «las damas de Lima» se acercaron a la playa de Chorrillos a ver varada una «disforme y monstruosa ballena» (43), en la que los poetas, recogiendo el reto del virrey cuyas claves no se les escondían, desglosarán el catálogo de quejas sobre el contrabando francés, las flotas del Pacífico o las denuncias injustificadas que padecían el virreinato y el virrey.

> que al hombre ha de sustentar,
> si dan en llevar Poesía
> las tierras de pan llevar.
>
> Y es razón, que el Amo entienda,
> para admitir mis escusas,
> que la que en estéril senda
> padece plaga de Musas,
> ya no puede ser Hacienda.
>
> (vv. 91-105, 427).

Como puede observarse, la comicidad se multiplica de forma involuntaria para el hablante por el doble sentido de los calambures, las paronomasias o las homonimias a las que se prestan algunas de las palabras y los finales que cierran las quintillas: mayordomo (sirviente) / mayor-domo (montículo), que se une a la inquietud por quedarse sin Plaza, siendo una de las imputaciones que se le hicieron a Castelldosríus la adjudicación de cargos entre sus familiares y allegados; las tierras de pan (alimento) / Pan (el semidios identificado como un fauno, entre cuyas habilidades se encontraba la música), cuando otra de las imputaciones contra el virrey aludía a su dejadez en materia gubernativa por su dedicación a la música y la fiesta, así como a su dudosa moral; o, finalmente, la referencia a la «Hacienda» (v. 105) cuya mayúscula enfática convierte el sustantivo común, finca, en relativo a la Real Hacienda a la que se contribuirá poco, en clara alusión irónica, si sigue transitándose una «estéril senda» (v. 103) arrasada por una «plaga de Musas» (v. 104), en referencia a los alarmantes, para los detractores del virrey, rumbos administrativos y morales del virreinato, y, para la corona, a los siempre insatisfactorios montos enviados desde el Perú.

De todos los poetas el que con más entusiasmo realizó las tareas académicas fue de largo Bermúdez de la Torre. Su compromiso con la academia sin duda estuvo relacionado con su afinidad con el virrey que puede comprobarse desde el anuncio, hecho por Rodríguez de Guzmán en el prólogo, de un futuro volumen donde estarían contenidas las mutuas loas que se dedicaron, hasta sus sentidas composiciones durante la sesión extraordinaria en memoria del virrey. Es evidente, leyendo *Flor de Academias*, que compartían sentido del humor, posiciones políticas y gustos literarios, entre ellos su aprecio de la poesía gongorina. Así, en la sesión novena el marqués le «insinuó» (147), según se indica en las Actas, glosar una copla de fray Hortensio Félix Paravicino «en la forma que aquí va escrita, que es como la dictó su Ex[a] y que la glosa fuese en alabanza de la Academia» (147). Nuestro poeta no se conformó con la indicación temática y extendió el elogio al virrey y al salón de sesiones. Los versos a glosar pertenecían al *Romance describiendo la noche y el día* que fray Hortensio dedicó a Góngora y el reparo del secretario se debía a que Castelldosríus unía los tres primeros versos del inicio con el último de la estrofa 26: «Ya muere el día: aquel monte, / o le vence, o le sepulta, / que en las sombras que descoge / [luctuosamente triunfa] todo el horizonte inunda» (147).

No parece ninguna casualidad la elección del virrey ni la variación efectuada en la cuarteta, en esta sesión celebrada a los seis meses de haber sido destituido por Felipe V, pendiente en Lima de las negociaciones puramente económicas que sus hijos, Antonio y Catalina, su cuñado, el consejero de Indias Antonio de Oms, y su capellán, José Ruiz Cano, llevaban a cabo en la corte (Sala i Vila, 2004b: 65). Castelldosríus optaba porque en el alegórico combate entre el día y la noche no hubiera un triunfo claro de los agentes de las sombras. El poema de Hortensio, en el que se defendía a Góngora de sus detractores, oponía la deshonra, la iniquidad y la injuria a la belleza, fértil y esplendorosa, celebrando al poeta cordobés como aquel «por quien las voces de España / se ven de bárbaras, cultas» (Paravicino, 1650: vv. 119–120, fol. 15v.). El romance culminaba, en un final expansivo, dando el triunfo a las fuerzas de lo diurno:

> No los disgustos nos venzan,
> temporal es la fortuna,
> si el Sol muere muchas veces,
> también resucita muchas.
>
> (Paravicino, 1650: vv. 129–132, fol. 15v.)

Bermúdez de la Torre estructuró las décimas de su glosa distribuyendo temáticamente las estrofas de forma que la primera la ocupaba la figura del virrey, la segunda los poetas de la Academia, la tercera el salón de sesiones y la cuarta la resolución de la lucha entre las luces y las sombras:

> Ya Señor, Vuestra presencia
> da nuevo esplendor a Apolo
> aun cuando al opuesto Polo
> de este Hemisferio hace ausencia.
> Del Parnaso a la Eminencia
> logran por vos el remonte
> las plumas que al horizonte
> del sol aún se ven (triunfando
> de la noche) escalar, cuando
> *Ya muere el día, aquel monte.*
>
> Los Cisnes en sus amenas
> Voces con mejor aliento,
> de vuestro agrado y talento

> sean musas, no sirenas.
> Las memorias de Mecenas
> ya el tiempo las dificulta,
> dejando su Gloria oculta,
> porque en vuestro aplauso asombre
> que solo es el que a su nombre
> *o le vence, o le sepulta.*
>
> Cuanto en luces y cristales
> brilla esta regia mansión
> rinde la oscura impresión
> de la noche a sus Umbrales.
> Y aunque en tornos desiguales
> a ver su esplendor se arroje,
> su mismo anhelo la encoge,
> pues su confusión se admira
> más en las luces que gira,
> *que en las sombras que descoge.*
>
> Aun a la envidia alevosa
> aquí el aplauso avasalla
> cuando aún del olvido halla
> a la fama Victoriosa.
> Y si la noche no osa
> romper (sin que se confunda)
> la luminosa coyunda,
> más torpe la envidia gime
> que cuanto esplendor la oprime
> *todo el horizonte inunda.*[43] (147-148)

La configuración del virrey no se hacía en esta glosa partiendo de la identificación con Apolo, sino deconstruyendo el carácter metafórico del apelativo y vinculándolo a la dignificación del virreinato del Perú. Este aparece puesto en pie de igualdad física con Europa (dos «Polos», v. 3, 147, dos «Hemisferios», v. 4, 147) y elevado sobre ella en lo que toca a la alta cultura al disfrutar de un protector de las letras en

---

43 La edición de Palma (1899: 98) sustituye erróneamente, en el verso 14, «sean» por «dan», alterando notablemente la semántica del verso. Añade, además, «y» después de la coma, desajustando la métrica del octosílabo. En el verso 18 varía el tiempo verbal, transcribiendo «asombra», limita con ello el sentido temporal más amplio que el poeta ha querido darle al aplauso. Todavía es más perturbadora la supresión que realiza en el verso 19 de la preposición «a» porque lo que ocasiona es que el «nombre» se imponga a las posibilidades de un individuo y no al revés, tal cual puede leerse en el manuscrito.

la más alta instancia del gobierno. El retrato de Castelldosríus es dinámico, se hace destacando sus acciones no sus blasones. De ahí que en su semblanza jueguen un papel primordial los poetas que antes vagaban por un difuso «Parnaso» (v. 5, 147) y ahora «logran por vos el remonte» (v. 6, 147) al lugar que les corresponde, el de «la Eminencia» (v. 5, 147). Obviamente no estamos ante un aviso o una advertencia subrepticia al virrey sobre los derechos de las élites letradas criollas en el Perú (sería raro circunscribir el plural de las «plumas», en este marco académico, solo a los nacidos en el virreinato dejando a un lado a sus pares oriundos de España), sino ante una celebración, muy dieciochesca, del presente. Es en este momento cuando Bermúdez de la Torre trueca el sentido del verso que le toca glosar, en el que imperaba el fatalismo en la metáfora con la que ilustraba Hortensio el ciclo natural (el «día» eclipsándose inexorablemente tras un inamovible, y siniestro, «monte»), abogando por el dominio del hombre sobre un destino que no se contempla inmutable. Para expresarlo toma la culta imagen del fracaso que Góngora, en la *Soledad II* («Escalar pretendiendo el monte en vano», v. 13), y Sor Juana, en el *Primero Sueño* («Escalar pretendiendo las estrellas», v. 4), habían fijado y desplaza el sentido hacia la lucha por medio del encabalgamiento brusco y del hipérbaton. En la glosa de Bermúdez de la Torre se seguirá viendo, en los cuatro últimos versos de la primera estrofa «escalar» a las «las plumas» el «monte» en el ocaso del «Sol» y por eso «triunfando/ de la noche» incluso «cuando / ya muere el día».

De forma paralela, en la estrofa dedicada a los poetas ocupará un lugar central el virrey. En este caso aludiendo a su papel de protector de los que cultivan las letras, expresado a través de la comparación con Cayo Cilnio Mecenas, el impulsor y protector de la obra, entre otros, de Horacio y de Virgilio, tan admirados por estos autores del bajo barroco como lo habían sido por las grandes figuras del siglo xvii. Bermúdez de la Torre tiene una voluntad clara de fijar la imagen de los académicos y de la academia limeña en relación con su mecenas, de ahí que las «voces» (v. 12, 148) alentadas por el virrey «sean musas», en su oficio de inspiradas e inspiradoras, y «no sirenas» (v. 14, 148) falsas y engañosas. La larga tradición que cargaba el sentido de estas prosopopeyas abarca también la obra de Góngora que tantas veces había mostrado la hipócrita alabanza cortesana a través del canto de las sirenas («la Adulación, sirena / de reales palacios, cuya arena / besó ya tanto leño», *Soledad I*, vv. 125-126).

El salón de sesiones vuelve a ocupar, en la poesía de Bermúdez de la Torre y en esta glosa, un singular protagonismo. Su evocación sigue unida a sus elementos arquitectónicos, la luz y el cristal, que a su vez van a ser desarrollados como símbolos del saber. Al optar por el sentido figurado, el poeta puede mostrar el comportamiento, ante las luces, de la sombra. Su ofuscación insensata («su mismo anhelo la encoge», v. 27, 148) le permitirá neutralizar el verso que le toca glosar («que en las sombras que descoge») ensamblando perfectamente la rima de la décima, puesto que lo que se contrae (la «noche», v. 24, 148) en los versos 25 a 27 es lo mismo que se expande (la confusión de las «sombras», v. 30, 148) en los versos 28 a 30.

La suerte del virrey, la lealtad de los poetas y el espacio académico en el que tanto uno como otros pueden sentirse a salvo, se unen en la estrofa final para focalizar la causa de los males («la envidia alevosa», v. 30, 148). Bermúdez de la Torre dispondrá todas las rimas en oposición de sentidos, de forma que todo lo que tiene que ver con la «fama Victoriosa» (v. 33, 148) se opondrá a la «envidia alevosa», como la academia aparece metaforizada («la luminosa coyunda» (v. 36), siendo esta la única de las figuraciones que el poeta introduce burlonamente con un inciso explicativo, «(sin que se confunda)» v. 35, 148) en el verso 37 que es el que debe vincularse, por rima, con el final, es la academia y su esplendor, y no las sombras de la cuarteta dada por el virrey, lo que «todo el horizonte inunda» (v. 40, 148) en esta glosa.

La presencia de Góngora continuará, en esa misma sesión, en el ovillejo compuesto por Bermúdez de la Torre. El tema indicado por el mecenas se prestaba de partida a la broma al dedicarse a las frustradas peticiones de una dama que nunca recibía exactamente lo solicitado porque el recurso literario, la homonimia de las voces, se encargaba de impedirlo. El poeta amplificará el efecto cómico haciendo que el primer requerimiento de la dama sea precisamente lo que solicitó Castelldosrius. Lo hace, además, citando de partida la comedia de Calderón, *Darlo todo y no dar nada*, que sirve para sustentar la ambigüedad por ser un autor celebrado por el virrey dramaturgo:

> Mandásteme Lucinda confiada
> hacer de Darlo todo y no dar nada
> la comedia contigo y a mi modo
> cuando sin darte nada lo doy todo.
> Y obedeciendo tus insinuaciones,
> te daré sólo representaciones,
> aunque no hay diferencia
> de hacer tramoya, y de dar en apariencia[44].

(vv. 1–8, 152).

Aunque el enredo está servido, Bermúdez de la Torre dispondrá la siguiente estrofa en forma de apartado dramático en el que situará, dentro del amplio margen que otorgan las licencias poéticas, los versos burlescos:

---

44 Palma (1899: 101) cambia a su gusto la puntuación de todo el fragmento, a lo que suma la sustitución de «y de» por «a» en el verso 8 desdibujando la bimembración que ha intentado Bermúdez de la Torre.

> (perdona si al decoro
> la sacra inmunidad he profanado;
> que aunque ya entre el respeto y el cuidado
> lo mudo y lo atrevido diferencio,
> yo sé muy bien lo que habla mi silencio)[45].
>
> (vv. 10-14, 152).

Lo «atrevido» (v. 13), por tanto, tiene cabida, no así una desconsiderada falta de respeto entendida, más que como mera pleitesía estamental, como la debida cortesía que regía en los usos civilizados de estos cenáculos dieciochescos. Una vez sentados los márgenes de lo burlesco, la carga humorística recaerá, en el primer equívoco, en la multiplicación de sentidos que convocan las acciones *dar* y *tomar* entre el caballero y Lucinda, en el decurso del poema; o entre el mecenas y uno de los ingenios, en el marco de la academia, donde este *da* lo que ha pedido aquel como tarea poética; redondeando la farsa las ocupaciones que desarrollan Bermúdez de la Torre, en la Audiencia de Lima, y Castelldosríus, en el palacio virreinal, de ahí que argüir, escuchar «pesares» (v. 19), atender cualquier tropelía o muchas «demandas» (v. 24) y estar obligado a dar «respuestas» (v. 24), sirva tanto para el desarrollo del asunto del poema (las cuitas de un galán con su dama), como para señalar al poeta y al mecenas e ir dejando caer asuntos candentes de la situación que experimentaba el virrey:

> Y aunque se arguyen Piñas y pesares
> en los que tienen dares y tomares
> pues tú a tomar yo a darte me acomodo
> conque ambos de este modo
> sin dar nuestras acciones por opuestas,
> andamos en demandas y respuestas[46].
>
> (vv. 19-24, 152).

---

45   En la edición de Palma (1899: 101) el paréntesis se cierra en el segundo verso (v. 11), lo cual perturba el sentido completo de la matización, enfatizando, por el contrario, la diferencia estamental sobre el aprecio que permite no tener tanto «cuidado» (v. 12).

46   En la edición de Palma (1988: 101) figura «riñas» donde en el manuscrito se lee «Piñas» (v. 19) con cierta dificultad que queda aclarada al comparar la otra «p» mayúscula con la que se inicia el verso 110 («Perlas»). Por supuesto, «riñas» no se conecta con ningún asunto concreto extraliterario, mientras «Piñas», de ahí la mayúscula enfática, hace referencia a uno de los cargos que se le imputaban al virrey: el de consentir que la plata se sacara del Perú sin quintar (plata piña).

Entre las dislocadas peticiones de la dama y las igualmente jocosas respuestas del galán se encuentran la cita, casi idéntica, del *Polifemo*:

> Que todo lo he de hacer porque se aliente
> con ellas mi esperanza a estar pendiente,
> ya que a las perlas el amor no deja
> pender en oro al nácar de tu oreja,
> aunque yo su esplendor cándido y terso,
> de Góngora te envío en ese verso,
> confesando que es suyo porque airada
> no digas que te envío cosa hurtada[47].
>
> (vv. 43–50, 152).

Ahora bien, el poema burlesco de Bermúdez no solo se nutre de referencias librescas, al contrario, lo que prima son los productos locales, sean aguacates, paltas o calabazas que el galán le va a traer de Chile, de Mala o de Sayán, hasta que harto zanja las peticiones juntando las formas vulgares del habla con la paronomasia «pides-despides» (v. 115) que vuelve a redundar en las quejas suscitadas por los damnificados en la distribución de cargos y prebendas desde la llegada de Castelldosríus al virreinato:

> Y si de tantas dádivas te obligas,
> aguarda que aun te quiero dar dos higas,
> en tanto que otras alhajuelas pides:
> y a Dios; que pues me pides, me despides.
>
> (vv. 112–115, 154).

Pronto le devolverá las burlas el virrey en el marco de la siguiente sesión (19-XII-1709) dedicada al cumpleaños de Felipe V y a los esperados vejámenes de los académicos.[48] El fiscal comienza la descripción satírica del poeta basando

---

47 Palma (1988: 102) decide variar, en el v. 46, «al» por «el» con lo que anula la literalidad del verso 113 del *Polifemo* que Bermúdez conserva según se aprecia en el manuscrito. Esa operación procura, además, una rara imagen en la que no sería el oro lo que pendería de la oreja de la dama, sino al revés.

48 Castelldosríus comienza el vejamen de Bermúdez de la Torre con una semblanza de Clio. La descripción que realiza se basa en el grabado de la edición de *Las nueve musas castellanas* de *Obras de don Francisco de Quevedo*, t. III (1699). Es en esa imagen donde se observan los objetos musicales, matemáticos y militares que dice estar viendo el virrey, es allí también donde puede leer el díptico (1699: 2) de presentación de la musa que transcribe y atribuirlo a «Nuestro insigne y nunca bien entronizado Quevedo» (228) al figurar este sin las siglas «D.J.A.» que aparecían en la edición de

la ironía en el juego que le permite el apellido y la envergadura de Bermúdez de la Torre[49]. El personaje del vejamen es un sujeto que se sitúa en lo «más elevado de una torre» (229), desde donde mira «tan de alto abajo» (229) que no reconoce «otro alguno que se le parezca, sino aquel a quien sus mismos pinceles, o borrando, o añadiendo quieran que le iguale» (229). Esta alusión burlona a los prestamos poéticos que se permite Bermúdez de la Torre, se incrementa cuando el fiscal se detiene al escucharlo recitar «en alta voz, porque en sus versos no hay voz baja» (230) y lo que oye no es exactamente un poema de su cosecha sino una variación de la letrilla satírica de Quevedo («Deseado he desde niño / y antes, si puede ser antes...», 1648: Musa V, Letrilla XII, 326) rematada con una versión deformada del verso que Bermúdez de la Torre había utilizado en la primera sesión de la academia: «Desde niño deseé/ y antes si pudo ser antes,/ ver a un médico sin guantes/ y un montado ecuestre a pie.» (230). Por supuesto, para unos poetas tan leídos, las citas del virrey, unidas a la broma interna, redoblaban el efecto cómico y, de paso, señalaban, de forma amable, los réditos de Bermúdez de la Torre con los poetas del XVII.

Pero no solo en lo festivo está presente la tradición poética barroca porque, en la academia de Castelldosríus, la fiesta placentera, el desahogo que procuraba la sátira política y la diversión burlesca fue una parte de un todo destinado a la celebración de las letras. No es extraño, entonces, que los versos de Góngora reaparezcan profusamente en la sesión que los académicos convocaron en memoria del virrey. El encargado de realizar el discurso fúnebre llamado «Urna panegírica» fue Bermúdez de la Torre que, lejos de enredarse en retóricas loas, se dedicó a resaltar «la gran pérdida de la importante y amable vida del Exmo. Señor Marqués de Castelldosríus, arrebatada de los ojos, y de los afectos, entre la amenidad de estas ingeniosas diversiones» (445-446). Su composición atenderá a algunas de las palabras de la máxima latina, *Pulvis es, et in pulverem reverteris*, que el virrey había dado por asunto en la decimonovena sesión al coincidir esta con el comienzo de la cuaresma. La preocupación que el mecenas de la academia mostró entonces por desentrañar, a través de la reflexión poética, el sentido de las voces *pulvis* y *reverteris* por los «misteriosos ecos» (396) que contenían, esto es: *vis, is, teris, eris, is*, es desarrollada por Bermúdez

---

El parnaso español de 1648. El grabado correspondiente a Clio en la edición de 1648 es más sobrio y no coincide con la descripción dada en el texto del virrey.
49 Una semblanza de Bermúdez de la Torre la ofrece Riva Agüero (1962: 307-317).

de la Torre mes y medio después con un recuento del *memento mori* en el que los cinco elementos que cerraban el soneto gongorino, «en tierra, en humo, en polvo, en sombra, en nada»(2006, v. 14, n. 24), se reducen a un desolado «tierra, polvo y nada» (446).

Bermúdez de la Torre también compondrá un largo epitafio cuyo soporte será el manuscrito de la academia, en el que se destacan los valores civiles, morales y culturales del virrey. Lo culminará con dos sonetos a los que agregará, en el homenaje poético grupal, al menos otros dos. Los que forman parte del «Epitafio» constituyen un lamento por la muerte del virrey, pero el primero pone el acento en la figura de Castelldosríus y el segundo en el dolor dejado en los que lo apreciaban.

Comienza el protagonizado por el virrey con el poeta rebelándose contra la muerte y erigiendo ante ella la trayectoria del astro-sol, al ser esta la metáfora con la que nombra a Castelldosríus. De este modo la imagen tradicional utilizada de la muerte como ocaso, representado bajo el esquema visual geométrico del desplazamiento este-oeste, con la que en tantos poemas del barroco se neutralizaba el hecho natural definitivo con la esperanza de índole retórica y religiosa (buen ejemplo es el verso que cierra una de las composiciones fúnebres de Góngora a la muerte de la reina Margarita, «renace a nuevo sol en nuevo oriente», 2016, v. 14, n. 238), se trasmuta en el soneto de Bermúdez de la Torre en una concreta y conceptuosa alusión a la carrera del marqués que engloba una esplendorosa reivindicación del Perú, ese «límite» último, para el poeta limeño, del occidente: «Murió. Bárbara voz: el labio miente: / Pasó de este Hemisferio la carrera / Aquel Sol, que a lucir en más esfera, / Los límites tocó del Occidente»[50] (vv. 1–4, 451).

---

[50] La edición de Palma (1899: 322) convierte en signo de exclamación el punto después de «Murió» creando un énfasis indebido donde en el manuscrito hay una concreción, sin adorno alguno, de la situación que motiva el dolor y la reflexión que desarrollarán los versos. Así mismo, decide sustituir la doble utilización de los dos puntos por signos de exclamación, desvirtuando no solo la entonación del verso, sino el sentido conclusivo de la imagen metonímica «el labio miente» y la pausa enfática antes de enfocar los hechos desde el ángulo de la vida del virrey que constituyen los tres siguientes versos de la estrofa. Suprime también alegremente las mayúsculas de «Hemisferio», «Sol» y «Occidente» que son justo los términos que inciden en la trayectoria de Castelldosríus o nombran metafóricamente al virrey y al virreinato.

La segunda estrofa ensalzará al virrey a partir de la utilización de la antítesis: «No faltó su esplendor[51]; pues más luciente / Aun entre opuestas sombras reverbera, / Y la voz, que truncó Parca severa, / En el silencio está más elocuente.» (vv. 5-8, 451). Ese «esplendor» que «reverbera» ante enemigas («opuestas» es el adjetivo elegido por Bermúdez de la Torre, en cuyo plural, junto al uso del verbo en pasado al inicio del verso, convoca más sombras que la singular de la muerte) «sombras» y la «voz» que no se apaga en el oxímoron del verso final, son, obviamente, usos afines a las imágenes fúnebres que Góngora había naturalizado.

Es en el primer terceto donde el modelo moral que representa el virrey ante las adversidades de la vida no se interrumpe por la muerte, de ahí que utilice la imagen gongorina «cenizas frías» para redoblar el «ardor», al igual que el olor del «lilio» se imponía a lo caduco en uno de los sonetos fúnebres que Góngora compuso en 1603 a la memoria de la duquesa de Lerma («Lilio siempre real nací en Medina...», Góngora, 2006: n. 135). La situación, continuando con esta fecunda influencia (Roses, 2014b: 184), es idéntica a la de muchas de las composiciones fúnebres gongorinas en las que el poema, convertido en epitafio, hace que la palabra poética funcione como aviso y amplificador de la memoria y el ejemplo, de ahí que los tercetos se dirijan al que está en el curso de la vida (el «caminante»). Si, en lo particular (lo que atañe al virrey), el ejemplo dado es la elegancia ante el «desaliento» y los «desengaños», en lo universal, la vida será la misma carrera imposible contra el tiempo a la que le dio expresión Góngora en 1623: «las horas que limando están los días / los días que royendo están los años» (2006, *De la brevedad engañosa de la vida*, vv. 13-14, n. 389):

> Óyele, pues, que allí más elegante
> Su desaliento anima desengaños
> Con más ardor en sus cenizas frías.
>
> Escúchale; y contempla, caminante,
> La mentida lisonja de los años,
> La engañosa esperanza de los días.
>
> (vv. 9-14, 451).

En el segundo soneto centrado en el dolor («Pues ni el clamor de tanto ruego ardiente/ suspender pudo el ímpetu inclemente», vv. 2-3, 451) y la pérdida («Cuánto fruto de Ciencia has malogrado», v. 5, 451), Bermúdez se dolía de que

---

51 Las erratas de la edición de Palma incluyen correcciones innecesarias que terminan en faltas de ortografía inexistentes en el manuscrito: así el «esplendor» (v. 5), escrito con claridad en la página 451 de las actas, termina convertido en «explendor» (1899: 322) en la transcripción que se da del poema.

el combate entre Eros y Tánatos lo hubiera ganado el segundo. No guía esperanza alguna este soneto, más cercano a aquel inacabado de Góngora *Al conde de Lemus, habiendo venido nueva de que era muerto en Nápoles*, en el que imperaba el amargo reproche del poeta hacia la muerte («¡oh de la muerte irrevocables daños, / si de la invidia no ejecución fiera, / Parca cruel, más que las tres severa!», 2006, vv. 22-24, n. 273).

Con un dominio notable de los elementos con los que construye su soneto (el contraste, la prosopopeya, la metonimia y el paralelismo), Bermúdez de la Torre muestra que sería conveniente no identificar a los opositores del virrey Castelldosríus con el nombre de «partido criollo» (Sala i Vila, 2004a) porque en el Perú, ya sin la menor sospecha de estar intentando medrar o medirse frente al poder, Bermúdez de la Torre leía este soneto, ante sus compañeros de academia, durante un otoño de 1710:

> ¡Oh Parca inexorable! ¡Oh cruel hado!
> Pues ni el clamor de tanto ruego ardiente
> Suspender pudo el ímpetu inclemente
> Conque holló tanta flor el sordo arado.
>
> ¡Cuánto fruto de Ciencia has malogrado,
> Ciega cortando vida tan luciente!
> Sin duda que al Amor bárbaramente
> La Venda, como el Arco, le has quitado.
>
> Deja el Arpón, o quítate la Venda,
> Conque menos atenta en las heridas,
> A tu impiedad le multiplicas palmas.
>
> No así los triunfos tu rigor emprenda:
> Mira que en una llevas muchas vidas,
> Y en una vida hieres muchas almas. (451)

Referencias bibliográficas

Ánglico Gualterio (2012): *Fábulas*. H. O. Bizzarri (trad.). Proyecto «La transformación y adaptación de la tradición esópica en el Libro del buen amor». Universidad de León [En Línea: http://fele.unileon.es/librobuenamor/wp-content/uploads/2012/05/Gualterio1.pdf].

Álvarez Barrientos, Joaquín (2006): *Los hombres de letras en la España del siglo XVIII. Apóstoles y arribistas*. Madrid: Castalia.

Álvarez de Miranda, Pedro (2014): «La Academia del Buen Gusto de Zaragoza y sus estatutos». *Boletín de la Real Academia Española*, XCIV. Cuaderno CCCIX (enero-junio), 10-30.

Arellano, Ignacio y Mata Induráin, Carlos (2000): *Dos comedias burlescas del Siglo de Oro. El comendador de Ocaña, Anónima. El hermano de su hermana, de Francisco Bernardo de Quirós*. Kassel: Reichenberger.

Boileau, Nicolás (1787): *El arte poética*. J. B. Madramany y Carbonell (trad. y pról.), Valencia: Joseph y Tomás de Orga.

Burgos Lejonagoitia, Guillermo (2010): «Los documentos "secretos" de las negociaciones del marqués de Castelldosrius, virrey de Perú». *Chronica Nova*, 36, 317-338.

Caso González, José Miguel (1981): «La Academia del Buen Gusto y la poesía de la época» (383-418). En *La época de Fernando VI y la poesía de la época*. Oviedo: Cátedra Feijoo.

Chang-Rodríguez, Raquel (2017): «La lírica en castellano y sus variados acentos» (87-118). En R. Chang-Rodríguez y C. García-Bedoya, *Literatura y cultura en el Virreinato del Perú: apropiación y diferencia*, vol. II. Lima: Pontificia Universidad Católica del Perú.

Cruz, Sor Juana Inés de la (1976): *Obras selectas*. G. Sabàt de Rivers (ed.), Barcelona: Noguer.

Fernández, Teodosio (1991): «Góngora en la literatura barroca hispanoamericana». *Glosa*, 2, 107-123.

Fernández, Teodosio (2004): «Góngora en la literatura colonial». En J. Roses (ed.), *Góngora hoy IV-V* (173-188). Córdoba: Diputación de Córdoba.

Fernández, Teodosio (2010): «Épica culta y barroco hispanoamericano». *Edad de Oro*, 29, 69-84.

Fernández, Teodosio (2014): «Pedro de Oña: proyección y significado del culteranismo en el Virreinato del Perú». En J. Roses, *El universo de Góngora. Orígenes, textos y representaciones* (531-547). Córdoba: Diputación de Córdoba.

Flor de Academias que se celebraron en el Real Palacio de Lima, en el gabinete de D. Manuel de Oms y de Santa Pau, Virrey del Perú (1713). D. Rodríguez de Guzmán (comp.), Lima [Mss/8722, Biblioteca Digital Hispánica de la Biblioteca Nacional de España].

Germán Torres, Isabel (1993): «La Academia de los Desconfiados». *Pedralbes. Revista d' Historia Moderna*, 13,2, 565-572.

Guibovich, Pedro (2019a): «La ciudad letrada en el virreinato peruano (1680-1750)». En B. Lavallé (ed.) *Los virreinatos de Nueva España y del Perú (1680-1740). Un balance historiográfico* (119-131). Madrid: Casa de Velázquez.

Guibovich, Pedro (2019b): *Imprimir en Lima durante la colonia. Historia y documentos, 1584-1750*. Madrid: Iberoamericana / Vervuert.

Góngora, Luis de (2016): *Poesía*. A. Carreira (ed.), Sorbonne Univeristè: LABEX OBVIL [Disponible en http://obvil.sorbonne-universite.fr/corpus/gongora/gongora_obra-poetica].

Gutiérrez, Juan María (1874): «Escritores americanos anteriores al siglo xix. Doctor don Pedro de Peralta (peruano)». *Revista del Río de la Plata*, VIII,31, 331-367.

Irisarri, Fermín de (1730): «Aprobación» de Pedro de Peralta Barnuevo, *Historia de España vindicada*. Lima: Oficina de Francisco Sobrino.

Lohmann Villena, Guillermo (1964). «El "cuadernillo de noticias" del virrey del Perú Marqués de Castelldosríus (agosto de 1708)». *Anuario de Historia de América Latina*, 1, 207-237.

Marcial, Marco Valerio (2004): *Epigramas de Marco Valerio Marcial*. J. Guillén (texto, intro. y notas), Zaragoza: Institución Fernando el Católico-Excma. Diputación de Zaragoza.

Marín, Nicolás (1962): «La Academia del Trípode (Granada 1738-1748)». *Romanistisches Jahrbuch*, 13, Issue 1, 313-328.

Medina, José Toribio (1958): *Historia de la imprenta en los antiguos dominios españoles de América y Oceanía*, tomo I. Santiago de Chile: Fondo Histórico y Bibliográfico José Toribio Medina [Disponible en: http://www.cervantesvirtual.com/nd/ark:/59851/bmc2j6b].

Orozco Díaz, Emilio (1968): *Porcel y el barroquismo literario del siglo xviii*. Oviedo: Cuadernos de la Cátedra Feijoo n. 21.

Palma, Ricardo (1899): *Flor de Academias y Diente del Parnaso*. Lima: Oficina Tipográfica de El Tiempo.

Paravicino, Hortensio Félix (1650): *Obras póstumas, divinas y humanas*. Alcalá: Imprenta de María Fernández.

Quevedo, Francisco (1648): *El Parnaso español*. Madrid: Oficina del Libro Abierto de Diego Díaz de la Carrera. [Disponible en http://bdh-rd.bne.es/viewer.vm?id=0000050707]

Quevedo, Francisco (1699): *Obras de Don Francisco de Quevedo Villegas*, t. III. Amberes: Henrico y Cornelio Verdussen [Disponible en http://www.cervantesvirtual.com/nd/ark:/59851/bmcgq6s8]

Riquer, Martín de (1953): «Breve historia de la Real Academia de Buenas Letras de Barcelona». *Boletín de la Real Academia de Buenas Letras de Barcelona*, XXV, 275-304.

Risco, Antonio (1983): «Sobre la noción de "Academia" en el siglo xviii español». *Cuadernos de Estudio del Siglo xviii*, 10-11, 35-57.

Riva Agüero, José de la (1962), *Estudios de literatura peruana. Del Inca Garcilaso a Eguren. Obras Completas II*. Lima: Pontificia Universidad Católica del Perú [Disponible en http://repositorio.pucp.edu.pe/index/handle/123456789/7145]

Rodríguez Cuadros, Evangelina (ed.) (1993): *De las academias a la Enciclopedia: el discurso del saber en la modernidad*. Valencia: Edicions Alfons el Magnànim.

Rodríguez Garrido, José A. (2000): «"La voz de las repúblicas": poesía y poder en la Lima de inicios del xviii». En J. A. Mazzotti (ed.), *Agencias criollas. La ambigüedad colonial en las letras hispanoamericanas* (249-265). Pittsburgh: Instituto Internacional de Literatura Iberoamericana.

Rodríguez Garrido, José A. (2008): «Ópera, tragedia y comedia: el teatro de Pedro de Peralta como práctica de poder». En I. Arellano y J. A. Rodríguez Garrido, *El teatro en la Hispanoamérica colonial* (241-258). Madrid: Iberoamericana/Vervuert.

Rodríguez Garrido, José A. (2009): «Peralta Barnuevo y la sátira en la corte virreinal de Lima». En I. Arellano y A. Lorente Medina, *Poesía satírico burlesca en la Hispanoamérica colonial* (387-402). Madrid: Universidad de Navarra-Iberoamericana/Vervuert.

Roses, Joaquín (1990): «Sobre el ingenio y la inspiración en la edad de Góngora». *Criticón*, 49, 31-49.

Roses, Joaquín (1994): *Una poética de la oscuridad. La recepción crítica de las Soledades en el siglo xvii*. Madrid, Támesis.

Roses, Joaquín (2010): «El rayo y el águila: verdades y abstracciones en un soneto de Góngora». *RILCE*, 26,1, 168-186.

Roses, Joaquín (2014a): «La *descriptio* diacrónica en las *Soledades*». En J. Roses, *El universo de Góngora: orígenes, textos y representaciones* (216-233). Córdoba: Diputación de Córdoba.

Roses, Joaquín (2014b): «La recepción creativa de Góngora en la poesía hispanoamericana». En A. Castro (ed.), *Actas del Congreso «Góngora y su estela en la poesía española e hispanoamericana. El Polifemo y las Soledades en su IV Centenario»* (181-209). Sevilla: Diputación de Córdoba/Asociación Andaluza de Profesores de Español «Elio Antonio de Nebrija».

Ruiz Pérez, Pedro (2012): «Para la historia y la crítica de un periodo oscuro: la poesía del bajo barroco». *Calíope*, 18,1, 9-25.

Ruiz Pérez, Pedro (2015): «Razones poéticas en los umbrales de la Ilustración temprana. Desde los fragmentos del ocio». *Cuadernos de Estudio del Siglo xviii*, 25, 191-218.

SÁENZ-RICO URBINA, Alfredo (1978): «Las acusaciones contra el Virrey del Perú, Marqués de Castelldosríus, y sus "noticas reservadas" (febrero de 1709)». *Boletín Americanista*, 28, 119-135.

SALA I VILA, Nuria (2004a): «La escenificación de poder: el marqués de Castelldosríus, primer virrey Borbón del Perú (1707-1710)». *Anuario de Estudios Americanos*, 61,1, 31-68.

SALA I VILA, Nuria (2004b): «Una corona bien vale un virreinato: el marqués de Castelldosríus, primer virrey borbónico del Perú (1707-1710)». En A. Moreno Cebrián y N. Sala i Vila, *El premio de ser virrey. Los intereses públicos y privados del gobierno virreinal en el Perú de Felipe V* (17-159). Madrid: Consejo Superior de Investigaciones Científicas.

SÁNCHEZ, Luis Alberto (1927): *Góngora en América y El Lunarejo en Góngora*. Quito: Publicaciones de la Biblioteca Nacional.

TORRES REVELLO, José (1920): *Las veladas literarias del virrey del Perú Marqués de Castelldosríus (1709-1710)*. Sevilla: Publicaciones del Centro Oficial de Estudios Americanistas, Cuaderno IV.

TORTOSA LINDE, María Dolores (1987): *La Academia del Buen Gusto. Estudio y textos* [Tesis doctoral. Universidad de Granada] [Disponible en http://hdl.handle.net/10481/6024].

WALKER, Geoffrey J. (1985): «El marqués de Castelldosríus, virrey del Perú (1707-1710)». En *Actas Primeres Jornades d' Estudis Catalano-Americanes* (185-202). Barcelona: Generalitat de Catalunya.

III. Góngora y un trío de ases

José Antonio Mazzotti

Góngora y Vallejo: ausencias y reminiscencias en *Trilce*

Resumen: Este artículo aborda una comparación entre dos de los poetas más grandes de la lengua, al decir de muchos, Góngora y Vallejo. Ambos representan una revolución, cada uno en su momento, que ha sido poco estudiada desde un punto de vista contrastivo. Cada uno es en sí mismo un universo que expresa una determinada conciencia de la crisis de su tiempo. Cada uno descompone el idioma y lo recompone a través de una poética radicalmente novedosa. Sin duda hay algunas semejanzas, ya señaladas por los escasos estudios existentes sobre el tema, pero también hay enormes diferencias, como es lógico esperar por los tres siglos de distancia que los separan, amén de su procedencia geográfica, social, étnica y cultural casi contrapuesta. Nos centraremos en los dos poemas mayores de Góngora (el *Polifemo* y las *Soledades*) y algunos aspectos de los dos primeros poemas de *Trilce*, de César Vallejo.

Palabras clave: Luis de Góngora, *Fábula de Polifemo y Galatea*, *Soledades*, César Vallejo, *Trilce*, barroco, vanguardia.

1. Estado de la cuestión

Para entrar en autos, debo declarar que no apelaré al socorrido tema de la influencia ni de la presencia o evocación de Góngora en la poesía de Vallejo. La razón es simple: no hay una influencia visible en cuanto a estilo ni temas, aunque sí es posible rastrear algunos rasgos de la conflictiva modernidad temprana de Góngora, como el fraccionamiento de la subjetividad, que hace que su perspectiva se trasmute en una propuesta de alguna manera dislocada de las modas vigentes en su tiempo. Robert Jammes nos recuerda que el arrebatamiento que causaron los versos de Góngora produjeron reacciones inéditas en su momento: «los primeros —y casi confidenciales— lectores del poema [las *Soledades*] apenas empezado se maravillaron ante lo que descubrían: imágenes como nunca las habían visto, presentadas en una lengua inaudita, liberada por fin de las pesadeces de la prosa» (Jammes, 2012: 25, que cita inmediatamente después a Francisco del Villar, contemporáneo de Góngora). Esto viene de lo que el propio Jammes califica como el «derecho del poeta a hablar otra lengua» (Jammes, 2012: 26)[1]. Se trata de un proceso análogo al que formula Vallejo

---

1 Citando el *Discurso sobre el estilo de don Luis de Góngora y carácter legítimo de la poética* de Martín Vázquez Siruela, que alude a «aquella lengua extranjera» en la que

en *Trilce*, que produjo un tremendo asombro y hasta un rechazo visceral en la mayor parte de la crítica de su momento, como más adelante veremos, al inventar desde el título de su libro de 1922 todo un lenguaje hasta entonces inédito en la poesía en español.

Pero antes de ingresar plenamente a la galaxia Vallejo, conviene hacer un recuento rápido de la presencia de Góngora en el Perú, precisamente para evaluar sus alcances desde una primera mirada macrohistórica y descatar cualquier tipo de influencia textual, directa o transmitida. El gongorismo es visible en el país andino por lo menos desde 1630, con el hoy inhallable *Poema de las Fiestas que hizo el Convento de San Francisco de Jesús de Lima a la Canonización de los Veintitrés Mártires del Japón*, del franciscano limeño Juan de Ayllón[2]. También debe mencionarse el poema *Las fiestas de Lima*, de Rodrigo de Carvajal y Robles, ese mismo año, aunque no es un poema gongorino en toda su extensión. Y poco después otro criollo, fray Vicente de Valverde, publica en 1641 el *Santuario de Nuestra Señora de Copacabana en el Perú*, un largo poema épico-pastoril compuesto en diecisiete silvas o «cantos», con una proliferación de imágenes y recursos que reflejan claramente la presencia de las *Soledades* en la poesía virreinal peruana, pero también con descripciones de gigantes andinos siguiendo el modelo del *Polifemo* del cordobés.

Sin duda el más conocido texto de esta breve genealogía es el *Apologético en favor de don Luis de Góngora*, de Juan de Espinosa Medrano, criollo cuzqueño que hace en 1662 una de las más resonantes defensas y emulaciones del estilo de Góngora en las letras virreinales en contra de don Manuel de Faria e Souza, a manera de ejercicio retórico, ya que tanto Góngora como Faria estaban para entonces bien muertos.

Góngora habla, Jammes comprueba el estupor y extrañeza que causaron los poemas propiamente culteranos del cordobés desde el momento de su circulación inicial.

2 El título completo es *Poema de las Fiestas que hizo el Convento de San Francisco de Jesús de Lima a la Canonización de los Veintitrés Mártires del Japón, Seis Religiosos y los Demás Japoneses que les ayudaban: Declarados de Su Santidad por Religiosos de la Tercera Orden de Nuestro Seráfico San Francisco*. El incendio de la Biblioteca Nacional de Lima en 1943 destruyó el único ejemplar conocido del poema de Ayllón. Lo estudian fragmentariamente José María Gutiérrez (1865), Luis Alberto Sánchez ([1921] 1974: 151–156) y Guillermo Lohmann Villena (1945). Más adelante, Emilio Carilla, en su famoso estudio *El gongorismo en América* ([1946] 1964) también se refiere a él como el primer poema propiamente gongorino publicado en América. Las retorcidas estrofas que Gutiérrez, Sánchez y Lohmann reproducen son muestra del esplendor con que Ayllón presentaba las fiestas limeñas en la primera mitad del siglo XVII.

Y la lista sigue con el poema épico hispano-latino *Fundación y grandezas de Lima*, del jesuita criollo Rodrigo de Valdés en 1687, y la *Vida de Rosa de Santa María*, de Luis Antonio de Oviedo y Herrera o Conde de la Granja, en 1711[3].

Podría también decirse que muchas estrofas de la *Lima fundada o Conquista del Perú* del polígrafo criollo Pedro Peralta y Barnuevo, de 1732, llevan la marca de las metáforas y los hipérbatos de inspiración gongorina, si bien también es detectable en ellas la poética de Nicolás Boileau y la búsqueda de la sobriedad neoclásica[4].

Estos son apenas algunos de los ejemplos que han asentado la certeza de que el gongorismo y el Barroco en general fueron muy fecundos en tierras peruanas. De ahí que una parte importante de la poesía contemporánea del país andino haya sido llamada «transbarroca» y no «neobarroca», ya que (según el crítico Rubén Quiroz Ávila, orfebre de tal etiqueta) en el Perú el Barroco goza de una larguísima e intermitente existencia y, por lo tanto, de «neo» no adolece nada[5].

Pero no nos desviemos del tema, ya que nuestro punto de llegada es Vallejo, y no la poesía cien años posterior a él. ¿Hasta qué punto, pues, se puede hablar de una presencia de Góngora en Vallejo?

La respuesta no es fácil, ya que Vallejo no cita a Góngora ni lo menciona, a diferencia de otros autores del Siglo de Oro como Quevedo (a quien llama

---

3   Me he referido extensamente a los poemas de Fernando de Valverde y de Rodrigo de Valdés en los capítulos 4 y 5, respectivamente, de mi libro *Lima fundida: épica y nación criolla en el Perú colonial* (Mazzotti, 2016).

4   Véase Mazzotti, 2016: Cap. 6 para una evaluación de Peralta y la formación del discurso criollo en el Perú. Una revisión reciente del «Gongorismo americano» se encuentra en el volumen homónimo preparado para la *Revista de Crítica Literaria Latinoamericana* (n. 83, 2016) por Julia Sabena y Tadeo Stein. Joaquín Roses (1994), por su lado, estudia la recepción de Góngora en el siglo XVII. Un panorama más general de la recepción en Europa y el continente americano puede encontrarse asimismo en Sánchez Robayna (2012).

5   La fundamentación de esta propuesta clasificatoria de la última poesía peruana se encuentra en la «Introducción» de Quiroz (2017) a su antología *Divina metalengua que pronuncio*, así como en su artículo «El transbarroco en la poesía peruana contemporánea» (Quiroz, 2012). Estudio el fenómeno transbarroco a partir del trabajo de Quiroz en el artículo «De "la otra vanguardia" al transbarroco peruano» (2020). Asunto aparte y mucho más prolífico es el fenómeno del neobarroco hispanoamericano, atribuido en su origen a los cubanos José Lezama Lima y Severo Sarduy. Importantes acercamientos a esta importante tendencia de las letras actuales y su vinculación remota con la obra de Góngora pueden verse en Roses (2014) y Guerrero (2012).

«abuelo instantáneo de los dinamiteros») y Santa Teresa (de la que dice «que muere porque no muere»). Ambos aparecen de manera explícita en el «Himno a los voluntarios de la República» de *España, aparta de mí este cáliz* (1939), lo que ha servido para hablar más bien de una presencia del conceptismo aurisecular en su poesía (ver Paoli 1988).

El conocimiento de Vallejo de la literatura del Siglo de Oro español fue temprano y fundamental, según nos recuerda Ricardo González-Vigil:

> Vallejo escribió poemas desde la Educación Secundaria, pero hasta 1915 fue un autor muy incipiente y rezagado en lecturas. Conocía el Siglo de Oro español, que le dejó un gusto perenne por el endecasílabo y el heptasílabo, por los juegos antitéticos del Conceptismo (que, en él, se fusionarían con giros bíblicos y expresiones del Evangelio) y algunos temas y símbolos sobre el sentido de la vida y sobre la muerte (ecos de Jorge Manrique, Lope de Vega, Quevedo, Calderón de la Barca, el *Quijote*, etc.). Gustaba mucho del Romanticismo, al cual le dedicó su tesis de 1915: *El Romanticismo en la poesía castellana* (González-Vigil, 2019: 62–63).

Por su lado, Stephen Hart menciona sobre todo estos autores, de clara orientación religiosa, entre sus lecturas de juventud: «San Juan de la Cruz, Santa Teresa y Luis de León» (Hart, 1987: 14). Ya antes, Antenor Orrego, amigo personal de Vallejo desde sus años en Trujillo y el grupo Norte, señalaba en 1955 que Vallejo se le acercó inicialmente, hacia fines de 1914, con un cuaderno de poemas en que «imitaba a Lope, a Tirso, a Garcilaso, a Góngora» (Orrego, 2004: 92; cotejar también Coyné, 1988: 20). Como se ve, Góngora figura en la lista de los autores familiares de sus años peruanos y es claro que Vallejo lo conoció, hasta el punto de llegar a imitarlo, aunque no sabemos bien qué poemas de Góngora toma como modelos.

Sin embargo, las conexiones de Vallejo con Góngora van más allá de simple imitación juvenil. En su obra publicada son sutiles y tienen que ver más con perspectivas y configuraciones del sujeto poético antes que con citas o directas influencias estilísticas.

Corpus Barga, por ejemplo, plantea, señalando la mediación de Mallarmé, que a Góngora y Vallejo los une el problema de la insuficiencia del lenguaje y la aparente ininteligibilidad de su escritura. Analiza para ello —aunque algo rápidamente— el poema I de *Trilce*, encontrándole un sentido específico, a lo Dámaso Alonso con el *Polifemo* o lo Neale-Silva con *Trilce*. Añade Barga que «la oscuridad de Mallarmé está en cómo hace adivinar poco a poco el objeto. La de Góngora está en cómo lo esconde. La de Vallejo, en lo ahincadamente con que lo muestra, parece que no encuentra las palabras que necesita» (1969: 17). Y continúa en esta línea que trata de explicar el hermetismo peculiar del peruano:

Góngora y Mallarmé fueron dos maestros de albañilería poética que tenían a su disposición todas las palabras, todos los materiales que necesitaban: arcilla, madera, piedra, mármoles, metales, cristales..., todos los materiales de su tiempo. Cuando a Mallarmé, al simbolismo, le faltaron palabras, fue en verdad lo contrario: a las palabras les faltó él. Vallejo era un albañil humilde, le decían poco las palabras conocidas, no podía decir lo que quería con ellas, se entendía, eso sí, con los giros populares; tenía que hacer él mismo sus ladrillos, no solían resultarle paralelepípedos (Barga, 1969: 17).

La analogía de Corpus Barga sobre Vallejo como albañil frustrado puede resultar simpática para explicar las invenciones léxicas del poeta peruano en busca de nuevas herramientas y materiales, pero no pasa de una ser una impresión bastante general que, además, en su análisis del poema I de *Trilce*, el que comienza diciendo «Quién hace tanta bulla y ni deja / testar las islas que van quedando», soslaya muchos elementos, de carácter verdaderamente radical, como más adelante veremos[6].

Por su lado, Pedro Granados (2004: 65) ha mencionado la coincidencia de *Trilce* y el *Polifemo*, pues ambos textos comienzan y terminan con una alusión al mar, pero sin desarrollar la idea de otras analogías entre el poema I y el resto de la obra gongorina, particularmente las *Soledades*. Interesa, eso sí, su propuesta de la «isla» como espacio epifánico donde la voz poética, en Góngora y en Vallejo, configura un mundo alternativo.

Pero quien más ha ahondado en el tema es sin duda Crystal Anne Chemris, en el último capítulo de su valioso libro *Góngora's Soledades and the Problem of Modernity*, del 2008. Por ejemplo, Chemris analiza sobre todo un poema de *Los heraldos negros* (1919; «Nostalgias imperiales») y otro de *España, aparta de mí este cáliz* (1939; el poema III, sobre «Pedro Rojas») a la luz de varios temas y perspectivas gongorinas, como el fraccionamiento del hombre moderno, la utopía inversa y la escritura desde las ruinas de la civilización. Sin embargo, no

---

6 Aunque Barga no lo cita, Rubén Darío resulta también una mediación fundamental para el conocimiento de Góngora por Vallejo. Ignacio Iriarte (2015) se ha referido al tema, pues en Darío es explícito: «Como la Galatea gongorina / me encantó la marquesa verleniana, / y así juntaba a la pasión divina / una sensual hiperestesia humana» (del poema «Yo soy aquel», de *Cantos de vida y esperanza*, 1905, en clara alusión al *Polifemo*). Por otro lado, como parte de esa inventiva vallejiana por conseguir nuevas herramientas y materiales (para seguir con la alegoría albañilesca) Vallejo recurre a numerosos neologismos, arcaísmos, peruanismos, quechuismos y cullismos (de la lengua culle, la de sus abuelas maternas chimúes). Este léxico peculiar es estudiado por Ángeles Caballero (1958), Martos y Villanueva (1989) y Rojas (2013 y 2016), entre otros.

incluye en su agudo análisis el fundamental *Trilce* (1922), libro al que dedicaré la mayor parte de este ensayo, sin soslayar los otros pilares de la producción vallejiana.

Chemris plantea que el cordobés desarrolla la idea de una utopía inversa o anti-épica, sobre todo en el Capítulo 5 de su libro, titulado «Góngora and the Modern: "New Poetry"?», así, con signo de interrogación, pues expresa la duda sobre posibles transferencias directas entre el culteranismo y la poesía de la vanguardia y la postvanguardia. Para Chemris, las *Soledades* constituyen «una respuesta estética a la crisis de la modernidad temprana»[7]. Asimismo, en su reseña del libro de Chemris, Cory Reed señala que las *Soledades* reflejan «artísticamente los temas de la fragmentación, la subjetividad, la inseguridad ontológica que caracterizaban la pérdida de la visión del mundo medieval y el advenimiento del moderno»[8]. Por lo tanto, Góngora responde a «la crisis barroca del yo», pues acusa el tránsito de una concepción aristotélico-tomista a una visión racionalista y empiricista de la modernidad temprana. Por ejemplo, los hipérbatos corresponderían a una «manipulación de las convenciones del orden de las palabras paralela al difícil proceso de la percepción humana»[9].

Sin embargo, ya antes John Beverley (1987), en su famoso ensayo «Barroco de estado», había planteado que la profusión de hipérbatos en Góngora y su sintaxis latinizante obedecían a un afán por equiparar la lengua castellana a la imperial romana, dando con ello cuenta de un reconocimiento político implícito al proyecto de la Corona por llevar su cultura y los valores del catolicismo hasta los últimos rincones del planeta. En el siglo XVII habrían sido conscientes de ello el propio Góngora y los partidarios de su estilo novedoso. Citando al maestro Martín Vázquez Siruela, Mercedes Blanco señala que

> la poesía y las demás artes evolucionan en ciclos que van del momento germinal de la inspiración a la esterilidad de la decadencia, y las lenguas imperiales, con vocación de universalidad, conocen todas un instante heroico en el que son llamadas a fundar

---

7 «An aesthetic response to the crisis of early modernity» (Chemris, 2008: xv). Las traducciones son mías, aquí y en adelante. Por su lado, Mercedes Blanco, en su enjundioso estudio *Góngora heroico* (2012b), también aborda el complejo tema de la relación conflictiva del poeta cordobés con el género de la épica, pero sin mencionar a Chemris.

8 «Artistically the issues of fragmentation, subjectivity, and ontological insecurity that characterized the loss of the medieval worldview and the advent of the modern» (Reed, 2009: 112).

9 «Manipulation of word order conventions to parallel the difficult process of human perception» (Reed, 2009: 112).

su supremacía. Les sobreviene entonces un escritor inspirado y genial que las lleva a la cumbre de sus posibilidades. Para los españoles, llegados a ese momento, Góngora fue lo que Homero para los griegos, o Virgilio para los romanos (Blanco, 2012a: 127).

Así, por un lado, la consagración de una lengua imperial alcanza dimensiones intercontinentales, llegando a «la cumbre de sus posibilidades», pero por otro, y debido a su novedad, la *mudanza* del estilo aparece como síntoma de la inestabilidad del sujeto, expresando la crisis ontológica en que el lenguaje deja de tener referentes unívocos y lineales. Esta *mudanza*, sumada al rechazo de Góngora hacia la violencia sexual y al paradójico horror ante la decadencia de valores de una España imperialista (condenando su Codicia) habrían motivado a los poetas del siglo XX a redescubrir la estética de Góngora, en la que se da una fragmentación del sujeto lírico acorde a la mencionada crisis ontológica del Barroco, anticipo de la modernidad.

Volviendo a Chemris, esta crisis adquiere diversas configuraciones, como la imagen del poeta en tanto ser que intenta comprehender una realidad que se le escabulle de las manos. La estudiosa norteamericana, analizando asimismo la poesía de José Gorostiza, propone que «como en las *Soledades*, las aspiraciones del poeta se identifican con las de Ícaro, una noción que [...] también desarrolló Vallejo»[10]. En el poeta de Santiago de Chuco, por lo tanto, hay un «fracaso de la aspiración épica» y un «colapso temporal», que se manifiesta como el «naufragio de la Modernidad»[11] visible también en las *Soledades* y en Mallarmé[12].

Chemris aporta una lectura original e iluminadora de los cuatro sonetos de «Nostalgias imperiales» en *Los heraldos negros*, indicando que el tiempo del claroscuro del atardecer simboliza una entrada a la noche de la modernidad

---

10 «As in the *Soledades*, the aspirations of the poet [Gorostiza] are identified with those of Icarus, a notion which, as we will see, was also developed by César Vallejo» (Chemris, 2008: 115, n. 21). La autora volverá a referirse al mito de Ícaro en Góngora y Vallejo en su análisis del poema III de *España, aparta de mí este cáliz*.
11 «failure of epic aspiration», «temporal collapse», «the shipwreck of Modernity» (Chemris, 2008: 131, 132).
12 Sin embargo, para Chemris, este naufragio se reescribe en la «poética indigenista marxista» (2008: 132) de Vallejo de *Los heraldos negros*. El problema aquí es que Chemris no observa que el marxismo en Vallejo es posterior, pues el poeta peruano aún no lo había asumido en 1919, año de la publicación de su primer libro. Vallejo adoptará el marxismo como doctrina unos años después de su migración a Francia en 1923. Se sabe de sus lecturas y artículos de enfoque marxista recién desde 1927. Poco después se inscribe en el Partido Comunista Francés, siendo expulsado de Francia en 1930 por sus 'actividades subversivas' e ingresa en el Partido Comunista Español en 1931.

fallida del Perú de principios del siglo XX, de algún modo análoga a la visión gongorina de un imperio español en proceso de descenso por obra de la Codicia, como señalaba el serrano anciano de las *Soledades* cuando habla de sus viajes interoceánicos. Un análisis semejante podría aplicarse a otros poemas como «Huaco», «Terceto autótono» e «Idilio muerto», en la misma sección de *Los heraldos negros*, pero prefiero sortear esas sirtes para proponer más adelante algunas ideas nuevas sobre *Trilce*, como ya he anunciado.

Asimismo, Chemris relaciona a Góngora con Vallejo en su análisis del poema «Pedro Rojas» (el número III de *España, aparta de mí este cáliz*), en el que es evidente la imposibilidad de alcanzar la plenitud de un tiempo estable. Traza el paralelismo de Pedro Rojas con el *Polifemo* a través de la imagen de la «escritura en el aire» que se encuentra en versos como «y en los cielos desde esta roca puedo / escribir mis desdichas con el dedo» (estr. 52, vv. 415–416 del *Polifemo*). Más adelante, en las *Soledades*, aparece una variante en los versos «caracteres tal vez formando alados / en el papel d̈iáfano del cielo / las plumas de su vuelo» (*Soledad primera*, vv. 609–611), que resultan evocados en el «Solía escribir con su dedo grande en el aire: "Abisa a los compañeros. Pedro Rojas"», del poema vallejiano.

En su comentario al poema «España...» (número XIII en la edición príncipe de *España, aparta de mí este cáliz*), Chemris se refiere también a la degradación y dispersión de las lenguas como un rasgo gongorino. Lo que no apunta es que eso se ve mucho más claramente en *Trilce* del propio Vallejo y en *Altazor* de Huidobro, sobre todo en el Canto VII del último. Nos dice: «la aspiración icariana retratada por Góngora como una lucha utópica fallida para sobrevolar la crisis (original) de la modernidad española continúa en Vallejo [...] como la aspiración internacional al socialismo frente a una inminente derrota» en la Guerra Civil[13]. Así, «la visión utópica de Góngora compartida con los reformistas de su tiempo anticipó los sueños de Vallejo y Mariátegui»[14], según Chemris. Por eso, Góngora, Mallarmé y Vallejo comparten una «teleología frustrada» en la que «el paisaje de destrucción y guerra con el que Góngora cierra las *Soledades*, o el espectro de los niños desnutridos y moribundos de Vallejo en su poesía de la Guerra Civil son quizá imágenes demasiado familiares para aquellos

---

13 «The Icaran aspiration portrayed by Góngora as a failed utopian struggle to surmount the [original] crisis of Spanish modernity continues in Vallejo [...] as the international aspiration to socialism in the face of impending defeat» (Chemris, 2008: 138).
14 «The utopian vision Góngora shared with the reformers of his day, anticipated the dreams of Vallejo and Mariátegui» (Chemris, 2008: 140).

como nosotros que vivimos en la era de la violencia comunitaria e imperialista del siglo XXI»[15].

Podría detallar otros aspectos del novedoso análisis de Chemris, pero por la tiranía del espacio quiero pasar a determinados aspectos de *Trilce* en un intento por aprehender esa cumbre de la poesía en castellano que significó una revolución semejante a la de Góngora trescientos años antes.

2. Islas y soledades en *Trilce*

Vallejo se encontraba en Lima en julio de 1919 cuando apareció *Los heraldos negros*, libro que gozó de una buena acogida en los medios literarios y periodísticos de una ciudad que atravesaba una crisis política y social de considerables proporciones[16].

En lo personal, los meses previos tampoco habían sido nada tranquilos ni halagüeños para el poeta. El 8 de agosto de 1918 su madre había fallecido súbitamente en Santiago de Chuco, sin que él pudiera ir a su entierro. En noviembre de ese año muere su amigo y mentor Abraham Valdelomar, y en abril de 1919 se da la ruptura definitiva con Otilia Villanueva Pajares, la enamorada de Vallejo con quien aparentemente iba a tener un hijo, pero que se aleja de Lima ante la negativa de Vallejo a casarse, por lo que ella decide abortar. Al poco tiempo el poeta pierde su trabajo en el colegio Barrós y debe pasar a medrar en otras instituciones. Son esos meses entre 1918 y 1919 los que atestiguan el nacimiento de varios poemas de *Trilce*, sobre todo aquellos de tema amoroso.

Volviendo al plano social, recordemos que en julio de 1919 Augusto B. Leguía propinó un golpe de estado y proclamó la construcción de una «Patria Nueva», que en la práctica significó el inicio del fin de la «República Aristocrática» peruana, liderada por los grandes gamonales y algunas familias privilegiadas, para iniciar una apertura mayor a la influencia norteamericana y la incipiente industrialización agroexportadora en la economía de un país aún convaleciente por el estrepitoso fracaso de la guerra con Chile tres décadas antes.

Para no entrar demasiado en las explicaciones sociologistas ni historicistas, solo añadiré que ese año de 1919 signó una división entre los partidarios

---

15 «The landscape of destruction and war with which Góngora closes the *Soledades*, or the specter of malnourished and dying children envisioned by Vallejo in his Civil War poetry, are perhaps all too familiar images for those of us who live in the era of twenty-first-century communal and imperialist violence» (Chemris, 2008: 142).
16 Pachas Almeyda (2018: 223–229) registra las primeras críticas sobre el libro, en general muy positivas.

del régimen anterior, representado por el depuesto presidente José Pardo, y los del nuevo mandatario, Augusto B. Leguía. En ese ambiente tumultuoso parte Vallejo a su natal pueblo de Santiago de Chuco un año después, en julio de 1920, cuando ya había iniciado, como dije, los experimentos verbales que derivarían en el revolucionario *Trilce*. La división entre pardistas y leguiístas motivaría en 1920 las disputas entre sectores conservadores de Santiago de Chuco, como la familia Santamaría, y los más renovadores, como los familiares de Vallejo. Fue entonces que ocurrió un incendio en los almacenes de la familia Santamaría del que responsabilizaron al joven César, quien fue perseguido por la policía durante varias semanas. Al ser capturado, pasó inmediatamente a la cárcel de Trujillo, donde estuvo encerrado por poco más de tres meses, entre el 6 de noviembre de 1920 y el 12 de febrero de 1921.

La experiencia del presidio fue sin duda un golpe personal y profesional del que difícilmente se repondría. Pero como no hay mal que por bien no venga, Vallejo decidió radicalizar su escritura y llevar más lejos que nunca las innovaciones que ya había aprendido en sus lecturas de Mallarmé a través de la revista *Cervantes* y algunas muestras del primer ultraísmo español, como ha quedado bien documentado[17].

Al trauma carcelario hay que añadir una constante que puede observarse a lo largo de toda la poesía de Vallejo: el dislocamiento geográfico, social, cultural y subjetivo, que lo lleva constantemente a añorar el terruño natal y la comunidad familiar de su origen andino[18]. Vallejo es un expulsado, como el peregrino de las *Soledades*, de una arcadia primordial, la de su comunidad original, su mundo en las montañas, donde alcanzó la felicidad y conjunción a través del amor, como con la «andina y dulce Rita» del poema «Idilio muerto». Ya en la ciudad, la «Bizancio» del universo moderno que lo «asfixia», se encuentra desencajado, pero no deja por ello de situarse en un plano contemplativo que poetiza hasta los más vulgares de los acontecimientos. *Trilce* aparecerá en octubre de 1922, causando un tremendo estupor y rechazo en el medio limeño, salvo por dos o tres comentarios en defensa del libro, como el prólogo de Antenor Orrego, que

---

17 Juan Espejo Asturrizaga señala estas influencias literarias en su biografía *Vallejo, itinerario del hombre* (1965); pero ya antes lo había hecho Xavier Abril en *Vallejo* (1958) y en *César Vallejo o la teoría poética* (1962) del mismo autor; asimismo Saúl Yurkiévich en *Valoración de Vallejo* (1958) y Enrique Anderson Imbert en la *Historia de la literatura hispanoamericana* (1961).

18 He tratado el tema de la «migrancia» en Vallejo en mi artículo «Nota sobre el exilio y la migrancia en tres poemas de Vallejo» (Mazzotti, 2017).

sin embargo, no pudieron silenciar la sorna aplicada a Vallejo por la mayor parte de poetas y comentaristas de su momento[19].

Es por eso que podemos plantear una analogía relativa entre las *Soledades* y *Trilce*, sin olvidar que el poeta cordobés transforma la arcadia pastoril en un universo signado por el protagonismo del náufrago o peregrino, que no deja de admirarse y admirarnos ante el esplendor de los campos y las riberas en los que es amablemente acogido. En contraste, el sujeto poético en Vallejo choca constantemente con la realidad con la que se enfrenta, y su arcadia parece más bien situarse en el pasado y en la infancia. Más adelante, en su etapa marxista, se situará en la utopía socialista, en la que «sólo la muerte morirá», como apunta en un verso del «Himno a los voluntarios de la República» de *España, aparte de mí este cáliz* (1939).

Hay, además, otro aspecto importante que conviene mencionar en las analogías entre ambos poetas. Me refiero a su relación con el silencio y la elipsis, que ya Jorge Guillén y Aurora Egido han notado para el caso de Góngora. Se trata de la capacidad del cordobés de *dejar hablar* a los elementos de la naturaleza en vez de apropiarse del discurso desde un yo protagonista. En las *Soledades* y otras composiciones, Guillén señala que «Góngora ha creado el *follaje cantor*» (Guillén, 2002: 114; énfasis en el original) para referirse al efecto de vida propia que adquieren el paisaje y sus componentes, no como simples decorados de la acción, sino como contribuyentes al dinamismo polifónico de la trama. Egido se refiere a tal fenómeno, que ella llama «*silencio retórico*», con estas palabras:

> Las *Soledades* son [...] clave de la sinonimia entre retiro y silencio. Lo que tienen de polifonía descansa en una aguda percepción de la lengua del agua («escuela ruda», II, v. 58), del oído del mar («la erudición engaña», II, v. 172) y de cuanto implica la paralización del habla del poeta ante las voces de la naturaleza: «Vence la noche al fin, y triunfa mudo / El silencio, aunque breve, del rüido» (I, vv. 694–695)» (Egido, 1986: 104).

Es decir, la lengua de Góngora logra expresar una subjetividad traspuesta a la música de la naturaleza, al propio ritmo y materialidad del idioma, sin

---

19 Espejo Asturrizaga registra las burlas que le endilgaron al poeta otros personajes de la época como José Santos Chocano y Alberto Ureta apenas aparecido *Trilce*. Incluso décadas más tarde, críticos españoles como Emiliano Díaz Echarri y José María Roca Franquesa declaraban en su *Historia general de la literatura española e hispanoamericana*, de 1960, que la de *Trilce* era «una poesía descoyuntada, incoherente, ininteligible y, no hay por qué asustarse del calificativo, absurda». Y añaden socarronamente que «No falta quien a esta forma de expresarse le llame "hondura y trascendencia"» (citado en Neale-Silva, 1975: 10). Ver también el reciente *«El escándalo acerca de Vallejo»: Trilce y el diario El Norte*, de Jorge Puccinelli Villanueva (2020).

conceder al efluvio emocional y el protagonismo del yo, típico de la poesía de estirpe petrarquista. La certeza del individuo como centro de la subjetividad se disuelve en la incorporación de la agencia del mundo circundante como medio eficaz para garantizar la trascendencia del poema. Este, así, resulta una transfiguración de lo real que subvierte la linealidad del signo con sus referentes, provocando con ello la incertidumbre de que la lengua solo pueda servir para reafirmar *una* visión del mundo, unívoca y estrictamente comunicativa.

La comparación que establece Egido con la poesía de Vallejo lleva al reconocimiento de que ambos poetas comparten una tensión parecida: «La lucha del poeta contra el silencio y el folio, que es decir, contra la muerte, como en la poesía de César Vallejo, fue experimentada con parecidos resortes por aquellos poetas [del Siglo de Oro] conscientes de su diálogo mudo ante el papel y de la recepción callada, interiorizada –salvo conocidos casos de lectura en voz alta– del poema» (Egido, 1986: 107). La idea también es desarrollada por Antonio Armisén (1985) en su análisis comparativo del soneto de Lope de Vega «Quiero escribir, y el llanto no me deja» con «Intensidad y altura», el soneto de César Vallejo en *Poemas humanos* (1939), que comienza con «Quiero escribir, pero me sale espuma» y ha sido considerado como una verdadera poética del autor peruano en su etapa europea. El silencio y la impotencia de la escritura son resueltos por Vallejo mediante la conversión del sujeto poético en un elemento más de la naturaleza («quiero escribir, pero me siento puma», dice más adelante). En ese sentido, si bien Vallejo disuelve y transforma el yo en el entorno natural, desestabilizando la voz para dejar hablar al universo, en Góngora ese universo habla a partir de la invención de una realidad que adquiere vida propia a través de sus propias voces. Mantengamos esta idea en la mira para la lectura de los poemas de *Trilce* que propondré en los próximos párrafos[20].

---

20 De alguna manera lo había esbozado Jean Franco en su polémico libro de 1976: «A lo largo de la poesía de Vallejo, el cuerpo humano se presenta como un texto en el que se ha documentado la historia de la especie. [...] La poesía de Vallejo busca constantemente inscribir esta historia silenciosa que es obra de la especie. Y este orden físico (a menudo presente en los poemas como un animal, como microbio o bacteria o como testigo silencioso) se inserta en el clamor de la vida consciente» («Throughout Vallejo's poetry, the human body is presented as a text in which the history of the species has been documented. [...] Vallejo's poetry consistently seeks to inscribe this silent history which is the work of the species. And this physical order (often present in the poems as an animal, as microbe or bacteria or as silent witness) inserts itself within the very clamour of conscious life», Franco, 1976: 57).

Para volver a *Trilce*, pues, y apenas rozar la complejidad del tema de la relación entre Góngora y Vallejo, quiero centrarme brevemente en el poema I de los 77 que conforman el enigmático libro. Dice así:

> Quién hace tanta bulla, y ni deja
> testar las islas que van quedando.
>
> Un poco más de consideración
> en cuanto será tarde, temprano,
> y se aquilatará mejor
> el guano, la simple calabrina tesórea
> que brinda sin querer,
> en el insular corazón,
> salobre alcatraz, a cada hialóidea
>   grupada.
>
> Un poco más de consideración,
> y el mantillo líquido, seis de la tarde
> DE LOS MÁS SOBERBIOS BEMOLES.
>
> Y la península párase
> por la espalda, abozaleada, impertérrita
> en la línea mortal del equilibrio
>
> (Vallejo, 1922: 5).

Hay muchas interpretaciones de este poema inicial del libro. André Coyné fue el primero que ensayó una lectura, si bien escatológica, en 1958. Algunos críticos han tratado de rechazar este sentido del poema (una representación del acto de defecar), ya que semejante función orgánica resultaría incompatible con una idea aceptable de la poesía y con el propio quehacer escritural. Neale-Silva, por ejemplo, siendo uno de los más acuciosos intérpretes de *Trilce*, libro al que dedica todo un volumen de 665 páginas, prefiere subrayar el significado del poema como una representación de la vivencia poética en sí, coincidiendo con el sentido del poema final, el LXXVII. De este modo, *Trilce* se iniciaría y concluiría con sendos poemas sobre el quehacer poético, no como arte-poéticas, sino como expresiones de la vivencia poética y su escritura (ver Neale-Silva, 1975: 27 y ss). Para el estudioso chileno, «las islas que van quedando» representarían a los escritores y artistas, que viven aislados e incomprendidos[21]. Esta idea se reforzaría por la alusión a un «insular corazón» sobre el que, «sin

---

21 Para reforzar esta interpretación, Neale-Silva arguye que «en *Trilce* XLVII [Vallejo] llega a identificarse con un *ciliado arrecife*» (Neale-Silva, 1975: 33; cursivas en el original). La recurrencia a las islas guaneras de la costa peruana vuelve a hacerse clara

querer», un «salobre alcatraz» brindaría «el guano, la simple calabrina tesórea» (Neale-Silva, 1975: 35). El alcatraz sería así una representación de los críticos, que dejan su «guano», su pestilencia y detrito (su «calabrina») irónicamente dorado («tesóreo»), sobre las islas, y chillan estridentemente a la hora del atardecer, impidiendo a los poetas concentrarse en su misión de «testar». De ahí la «tanta bulla» que obstaculiza la labor creativa.

Detengámonos, sin embargo, y desde una lectura gongorina, en los procedimientos mediante los cuales Vallejo inicia *Trilce* con tan intrincado poema. Ya ha quedado establecido que el fraccionamiento del yo poético se manifiesta a través del claroscuro del atardecer como tema recurrente. Chemris lo propuso para su análisis de «Nostalgias imperiales» y algo semejante podría decirse de *Trilce* I, que también transcurre en un tiempo de ambigüedad e incertidumbre: «en cuanto será tarde, temprano», y luego «seis de la tarde», que es la hora del crepúsculo en la latitud peruana, particularmente en el invierno, ya que en el verano el atardecer se da apenas a las seis y media de la tarde. Se trata también de la hora del tercer rezo del Ángelus («*Angelus Domini nuntiavit Mariæ...*»), tema religioso recurrente en la poesía vallejiana. Esta referencia indirecta puede reforzar la lectura del poema como una protesta contra el ruido (la «tanta bulla») del mundo moderno, que impide la comunicación con Dios y con el orden del universo y su propia música. De este modo, el «*silencio retórico*» gongorino (Egido) que deja hablar al «*follaje cantor*» (Guillén) encuentra en el poeta peruano un reclamo por la necesidad de «testar las islas que van quedando», de dar espacio y tiempo a la plenitud de la función evacuadora y su resultado visible y oloroso, «cada hialóidea / grupada» con su brillo propio[22].

Más adelante, y extrapolando unos versos de las *Soledades* (al margen de que Vallejo haya sido consciente de ello o no), podríamos pensar en la analogía entre las «firmes islas [...] en aquel mar del Alba» de la *Soledad primera* (vv. 481-482), referidas al archipiélago filipino en el discurso del serrano anciano que recuerda, no sin cierto desencanto, sus hazañas en la conquista del Nuevo Mundo y Asia, y las islas vallejianas, también en el océano Pacífico. La blancura de las islas guaneras, comunes y abundantes en la costa peruana, viene a la

---

en los versos «desde las islas guaneras / hasta las islas guaneras», de *Trilce* XXV, como espacio de la monotonía del quehacer escritural dentro del contexto carcelario.

22 El adjetivo «hialóideo» que usa Vallejo alude al vocablo «hialoideo» (sin tilde). Según el DRAE, se refiere a algo «que se parece al vidrio o tiene sus propiedades», lo que potencia el efecto cromático y reluciente de «cada [...] grupada», transformando así la realidad excrementicia en un referente con sus propias características, sin duda sublimadas.

mente como la reminiscencia de un espacio extraño, distópico, que adquiere su significación particular dentro del universo creado en el poema, al margen de la realidad geográfica. En tal sentido, como en Góngora, en Vallejo importa la creación de un universo alternativo en que los elementos adquieren su propio valor y función, solo que en este caso las islas gongorinas son de un esplendor lácteo, típico de la imaginería del cordobés[23], mientras que las islas vallejianas implican un descenso a un submundo en deterioro, de desechos orgánicos que, sin embargo, encierran la potencialidad de la regeneración, ya que el guano, como se sabe, es un poderoso fertilizante.

Comentando el discurso del serrano sobre el Nuevo Mundo y otros lugares lejanos (vv. 366-502 de la *Soledad primera*), Jammes (2012: 29) señala que el entusiasmo de Góngora por la maravilla del paisaje de extramares no es ingenuo en absoluto: la «Codicia» es el móvil de las conquistas y las navegaciones, por lo que la utopía adquiere así un matiz desencantado, un valor dual de admiración, pero sobre todo de condena[24]. En Vallejo, José Cerna-Bazán también ha leído el estatuto dual del excremento de las aves marinas, es decir, como excedente económico y como excremento al mismo tiempo (Cerna-Bazán, 1995: 203).

Por eso, no resulta del todo descabellado volver a la intepretación escatológica esbozada por Coyné (1958) y rechazada por una parte de la crítica. Me refiero a que si tomamos *Trilce* I como una declaración de principios, justamente como la pauta que marcará una poética de los elementos vulgares en alternancia con los supuestamente sublimes, tal como en las *Soledades*, podemos enriquecer nuestra lectura del segundo poemario de Vallejo.

Por ejemplo, si leemos el poema desde la clave coprológica, como una posible transfiguración del acto excrementicio, estaríamos dentro de las mismas

---

23 Sobre la importancia del color blanco en Góngora, nos dice Enrica Cancelliere que «el Blanco asume la función de escenario cosmogónico en la representación epifánica de Galatea en el verso «la Alba entre lilios cándidos deshoja» (v. 106). En esta acepción el Blanco como el color teofánico de la revelación, de la transfiguración deslumbrante, connota la aparición de la ninfa, la seductora condena de Venus, el objeto de amor que ciega y, por consiguiente, ella misma se hace cegadora y mortal. Además Galatea, a la letra «blanca como la leche» derivando su propio nombre de γαλα-γάλακτος, encuentra su cosmogónica manifestación simbólica y figurativa en la Γαλαχίας o Vía Lactea, la región de los astros lejanos sobre la bóveda negra, sendero luminoso del cual la tierra ya se ha separado» (Cancelliere, 2012: 111).

24 Reprobando el móvil materialista de las empresas de exploración y conquista, Góngora (1972) pone en boca del serrano estos famosos versos contra la codicia: «Tú, Codicia, tú, pues, de las profundas / estigias aguas torpe marinero, / cuantos abre sepulcros el mar fiero / a tus huesos desdeñas» (*Soledad primera*, vv. 443-446).

coordenadas con que Góngora sorprendió al público de su tiempo al traer al poema elementos vulgares como un simple queso y las manos de una rústica vaquera sin mayor alcurnia. Esto recuerda la «escandalosa transgresión de las normas» a la que alude Jammes:

> Basta leer el *Antídoto* y ver cómo Jáuregui denuncia metódicamente las audacias lingüísticas, la confusión de los géneros, la inadecuación del asunto al metro «heroico», la mezcla de lo humilde con lo «sublime», etc., para comprender hasta qué punto las *Soledades* representaron, para los preceptistas de la época, una escandalosa transgresión de las normas (Jammes, 2012: 24).

También le critica Jáuregui a Góngora la referencia a objetos vulgares, como el ya mencionado quesillo de los pastores en la *Soledad primera*:

> Sellar del fuego quiso regalado
> los gulosos estómagos el rubio
> imitador süave de la cera,
> quesillo dulcemente apremïado
> de rústica, vaquera,
> blanca, hermosa mano, cuyas venas,
> la distinguieron de la leche apenas...
>
> (vv. 872–878).

Mercedes Blanco comenta este pasaje como parte del muestrario de argumentos en contra de Góngora en el siglo XVII, señalando que

> Desaparecen pues las distancias entre lo grande y lo menudo, lo noble y lo plebeyo. El proceso de realce afecta a cuantos objetos entran en el campo de la representación y el poema se detiene en cosas sin prestigio y sin valor: el «cuadrado pino» de una mesa, el boj elegantemente torneado que contiene la leche, una ternera, unos álamos, las retamas sobre roble que forman una choza, unas redes de pescador, un vestido puesto a secar al sol, una fuente en una encrucijada (Blanco, 2012a: 127).

Asimismo, Joaquín Roses, comparando a Góngora con el gran pintor Diego Velázquez, nos dice que «si el pintor de Sevilla pinta aguadores y enanos y termina pintando el aire, el poeta de Córdoba habla de gallos y gallinas (y de otras realidades más chuscas)» (Roses, 2012: 107), constituyendo así un antecedente del vulgarismo sublimado de Neruda en sus *Odas elementales*. Para nosotros, la recurrencia a objetos vulgares y su conversión en materia poética es también un adelanto gongorino de cierto feísmo de la poesía moderna, ya más descarnado, que Vallejo llevará a un extremo con la poetización de los excrementos.

Naturalmente, el feísmo de Vallejo pasa por las mediaciones de Baudelaire, Rimbaud y las primeras vanguardias, por lo menos, pero ese camino ya había sido vislumbrado con las novedades propuestas por Góngora en su momento. La diferencia está en que Góngora convierte lo vulgar y desdeñable en materia de alta poesía, articulando un mundo donde la imagen es más importante que el objeto. En Vallejo, en cambio, la imagen reconstruye el objeto para señalar la precariedad del mundo, el deterioro que amenaza hasta las más primarias de las funciones corporales.

Hay mucho más que decir sobre este primer poema de *Trilce*, sus neologismos, su uso de las mayúsculas y de la distribución espacial de los versos, que podrían reforzar distintas interpretaciones de su sentido escatológico[25]. Prefiero ahora comentar brevemente el poema II, en que se plantea no ya un universo alterno, casi carnavalesco (en tono grave) como el del poema I, sino una concepción del tiempo como experiencia detenida y, por lo tanto, contradictoria en sí misma. En *Trilce* II el movimiento cesa para caer en el letargo y a la vez en la desesperación impotente del encierro carcelario. Dice, pues, el poema:

> Tiempo Tiempo.
> Mediodía estancado entre relentes.
> Bomba aburrida del cuartel achica
> tiempo tiempo tiempo tiempo.
>
> Era Era.
>
> Gallos cancionan escarbando en vano.
> Boca del claro día que conjuga
> era era era era.
>
> Mañana Mañana.
>
> El reposo caliente aun de ser.
> Piensa el presente guárdame para
> mañana mañana mañana mañana
>
> Nombre Nombre.
>
> ¿Qué se llama cuanto heriza nos?
> Se llama Lomismo que padece
> nombre nombre nombre nombrE.
>
> (Vallejo, 1922: 6–7).

---

25 Un valioso resumen de algunas de esas interpretaciones puede verse en las notas de González Vigil (2019, tomo I: 381–385) al poema I. Sin embargo, en esas notas no se considera la interpretación de Neale-Silva, que, como hemos resumido, evade la interpretación coprológica.

Este es otro poema que ha recibido múltiples lecturas que no intentaré repetir aquí. Solo quiero subrayar el aspecto temporal que nos remite, paradójicamente, a un no-tiempo, pero no como estadio primordial, incoativo, incluso semejante al de la Arcadia pastoril; por el contrario, la conciencia del presente y de la precariedad del mundo real lleva a Vallejo a la dualidad del tiempo detenido como eternidad disminuida, pues los elementos de ese entorno «cuartelario» (gallos, bombas de agua, la misma estructura cuaternaria del poema) pueblan el paisaje de una manera estática. Así, por ejemplo, los relentes (humedad de la noche) impiden al mediodía desplazarse, lo atrapan y estancan, creando nuevamente el trasfondo cromático de la noche-día en que se aguza la mirada vallejiana para nombrar y, sobre todo, transfigurar la realidad[26]. De igual modo, la «Bomba aburrida del cuartel achica / tiempo tiempo tiempo tiempo» lleva a la imagen de una bomba de agua oxidada y chirriante, efecto que se refuerza con la onomatopeya «rri/chi» en «abu*rri*da» y «a*chi*ca». Por lo mismo, la monotonía de ese ruido y ese movimiento duplica el tiempo, haciéndolo más largo y diluido (de «Tiempo Tiempo», con mayúsculas, a «tiempo tiempo tiempo tiempo», con minúsculas).

La acción, así, transcurre lenta, casi imperceptiblemente. Convierte los sustantivos temporales («Tiempo, Era, Mañana») en sustantivos múltiples, partidos en pequeñas unidades. Sin embargo, la secuencia se pierde con la última estrofa, en que el «Nombre» no señala ninguna forma de temporalidad, sino un intento de definición que al final termina rebelándose en su propia ortografía (la E mayúscula), única expresión que se levanta literalmente contra «Lomismo» (es decir, la repetición como un lomo que soporta el peso del hastío).

Lo que Chemris había identificado como la creación de un tiempo indefinido, no solo en cuanto duración, sino también en sus aristas cromáticas, específicamente el claroscuro del atardecer, se convierte en *Trilce* II en un mediodía nebuloso y eterno, sin progreso alguno. La cárcel no es solo espacial, sino, lo que es peor, temporal. Esta idea expande los límites del encarcelamiento a todas las instancias de la experiencia, como si el universo del poema fuera tan totalizante que no deja lugar a una temporalidad acorde al ritmo de la vigilia

---

26 DRAE: «relente: 1. *m*. humedad que en noches serenas se nota en la atmósfera». Curiosamente, Martos y Villanueva dan el significado de «Aplícase a los rayos del sol muy intensos que nos obligan a desviar la mirada. Puede venir también de un objeto que refracte los rayos del sol» (137). Este último significado implicaría asimismo estatismo, inmovilidad del mediodía ante el resplandor apabullante del sol, por lo que el exceso de luz borraría los contornos del patio carcelario donde aparentemente tiene lugar la escena y nace la reflexión del poema.

cotidiana, con su devenir lineal y progresivo del tiempo, según el paradigma de la modernidad.

3. Conclusiones

Si atendemos a los tres sentidos de la soledad que se encuentran implícitos en el título del gran poema gongorino, según Nazaret Solís Mendoza (2019: 88-89), es decir, la soledad geográfica (como espacio aislado), la personal (como sentimiento de abandono o alejamiento) y la poética (en el sentido del estilo mismo de Góngora), veremos que en *Trilce* de Vallejo ocurre un proceso semejante. Los espacios son construcciones que pueden partir de un referente identificable, como la costa peruana o la cárcel, pero convertidos en paisajes interiores que trascienden una ubicación precisa. Asimismo, la orfandad del sujeto poético, percibible desde *Los heraldos negros* y su «Dios enfermo» (en «Espergesia») y las «Marías que se van» (de «Los dados eternos»), produce una soledad emocional que en *Trilce* se manifiesta de manera elocuente en los poemas a la madre ausente (como el XXIII, que comienza con «Tahona estuosa de aquellos mis bizcochos / pura yema infantil innumerable, madre», o el XXVIII, que dice «He almorzado solo ahora, y no he tenido / ni madre, ni súplica, ni sírvete, ni agua»). Tal soledad se produce también en el encerramiento metafísico (como en el poema III, que concluye con un revelador «no me vayan a haber dejado solo / y el único recluso sea yo»). Por último, la soledad poética en tanto lenguaje exclusivo y excluyente también se da en *Trilce* de manera plena, pues, como Góngora, Vallejo tiene que inventarse una lengua para expresar una visión nueva sobre el mundo, llena de incertidumbre y desasosiego y sin embargo carente de palabras suficientes.

Repito que las conexiones no se dan en el plano del estilo, sino de concepciones análogas de ruptura con todas las convenciones de sus respectivos momentos. Los acercamientos de Corpus Barga y Crystal Chemris plantean sin duda vínculos importantes, pero la relación entre estas dos cumbres de la poesía en castellano que son Góngora y Vallejo aún tiene mucho que ofrecer a los investigadores.

Hay, sin embargo, algo más, que siempre conviene recordar: ambos poetas causaron controversia sonada en su momento y ambos permanecieron fieles a su credo poético y a su compromiso inalienable con la libertad creativa, pese a todos los escollos y las diatribas de sus contemporáneos. Por eso, no es impertinente terminar con un fragmento del poema que Luis Cernuda, ese otro gran poeta, le dedica a Luis de Góngora, perfectamente aplicable también al autor de *Trilce*:

> El andaluz envejecido que tiene gran razón para su orgullo,
> El poeta cuya palabra lúcida es como diamante,
> Harto de fatigar sus esperanzas por la corte,
> Harto de su pobreza noble que le obligue
> A no salir de casa cuando el día, sino al atardecer, ya que las sombras,
> Más generosas que los hombres, disimulan
> En la común tiniebla parda de las calles
> La bayeta caduca de su coche y el tafetán delgado de su traje;
> Harto de pretender favores de magnates,
> Su altivez humillada por el ruego insistente,
> Harto de los años tan largos malgastados
> En perseguir fortuna lejos de Córdoba la llana y de su muro excelso,
> Vuelve al rincón nativo para morir tranquilo y silencioso.
> [...]
> Pero en la poesía encontró siempre, no tan sólo hermosura, sino ánimo,
> La fuerza del vivir más libre y más soberbio,
> Como un neblí que deja el puño duro para buscar las nubes
> Traslúcidas de oro allá en el cielo alto.
>
> (Cernuda, 1964: 198-200, vv. 1-13, 27–30).

Si bien Góngora murió «tranquilo y silencioso» en su «rincón nativo» en 1627, Vallejo se fue en 1938 en el exilio parisino y en medio de la angustia de ver perdida la posibilidad de una redención social a través de la República española y la construcción del socialismo. Pero los desencantos adquieren múltiples formas, propias de su momento, y quedan ahí esos dos grandes picos de la cordillera de la poesía en castellano, las *Soledades* y *Trilce*, para seguir escalando.

Referencias bibliográficas

ABRIL, Xavier (1958): *Vallejo*. Buenos Aires: Editorial Front.

ABRIL, Xavier (1962): *César Vallejo o la teoría poética*. Madrid: Taurus.

ANDERSON IMBERT, Enrique (1961): *Historia de la literatura hispanoamericana*, 3a. ed., 2 vols. México: FCE.

ÁNGELES CABALLERO, César (1958): *Los peruanismos en César Vallejo*. Lima: Editorial Universitaria.

ARMISÉN, Antonio (1985): «*Intensidad y altura*: Lope de Vega, César Vallejo y los problemas de la escritura poética». *Bulletin Hispanique*, 87.3-4, 277-303.

BARGA, Corpus [pseudónimo del ensayista español Andrés García de la Barga y Gómez de la Serna] (1969): «Vallejo indescifrado». En *Homenaje internacional de César Vallejo*. Revista *Visión del Perú*, 4, 15-18.

BEVERLEY, John (1987): «Barroco de estado: Góngora y el gongorismo». En *Del Lazarillo al sandinismo: estudios sobe la función ideológica de la literatura española e hispanoamericana* (77-97). Minneapolis: Prisma Institute.

BLANCO, Mercedes (2012a): «La extrañeza sublime de las *Soledades*». En *Góngora: la estrella inextinguible. Magnitud estética y universo contemporáneo* (125-138), libro que acompaña la exposición correspondiente en la Biblioteca Nacional de España del 30 de mayo al 19 de agosto de 2012, al cuidado de Joaquín Roses. Madrid: Acción Cultural Española.

BLANCO, Mercedes (2012b): *Góngora heroico. Las* Soledades *y la tradición épica*. Madrid: Centro de Estudios Europa Hispánica.

CANCELLIERE, Enrica (2012): «Forma y color en el *Polifemo* de Góngora». En *Góngora: la estrella inextinguible. Magnitud estética y universo contemporáneo* (109-123), libro que acompaña la exposición correspondiente en la Biblioteca Nacional de España del 30 de mayo al 19 de agosto de 2012, al cuidado de Joaquín Roses. Madrid: Acción Cultural Española.

CARILLA, Emilio (1964): *El gongorismo en América* [1946]. Buenos Aires: Instituto de Cultura Latino-Americana / Universidad de Buenos Aires.

CERNA-BAZÁN, José (1995): *Sujeto a cambio: de las relaciones del texto y la sociedad en la escritura de César Vallejo (1914-1930)*. Lima: Latinoamericana Editores.

CERNUDA, Luis (1964): *La realidad y el deseo*. México: FCE.

CHEMRIS, Crystal Anne (2008): *Góngora's Soledades and the Problem of Modernity*. Woodbridge: Támesis.

COYNÉ, André (1958): *César Vallejo y su obra poética*. Lima: Editorial Letras Peruanas.

COYNÉ, André (1988): «Cuando Vallejo se volvió Vallejo». En N. Ly (ed.), *César Vallejo: la escritura y lo real. Cincuentenario de Vallejo. Coloquio Internacional, abril 1988, Universidad de Burdeos III, Instituto de Estudios Ibéricos e Iberoamericanos* (11-26). Madrid: Ediciones de la Torre.

EGIDO, Aurora (1986): «La poética del silencio en el Siglo de Oro. Su pervivencia». *Bulletin Hispanique*, 88.1-2, 93-120.

ESPEJO ASTURRIZAGA, Juan (1965): *César Vallejo, itinerario del hombre*. Lima: Librería Editorial Juan Mejía Baca.

FRANCO, Jean (1976): *César Vallejo: The Dialectics of Poetry and Silence*. Cambrdige: Cambridge University Press.

GÓNGORA Y ARGOTE, Luis de (1972): *Obras completas*. Juan e Isabel Millé (eds.). Madrid: Aguilar.

González Vigil, Ricardo (2019): «Trayectoria de Vallejo». En César Vallejo, *Todos los poemas* (tomo I, 59-102), nueva edición crítica de Ricardo González Vigil. Lima: Universidad Ricardo Palma.

Granados, Pedro (2004): *Poéticas y utopías en la poesía de César Vallejo*. Lima: Fondo Editorial de la Pontificia Universidad Católica del Perú.

Guerrero, Gustavo (2012): «En sus dominios no se pone el sol: neobarrocos y otros gongorinos en la poesía latinoamericana del siglo xx». En *Góngora: la estrella inextinguible. Magnitud estética y universo contemporáneo* (209-224), libro que acompaña la exposición correspondiente en la Biblioteca Nacional de España del 30 de mayo al 19 de agosto de 2012, al cuidado de Joaquín Roses. Madrid: Acción Cultural Española.

Guillén, Jorge (2002): *Notas para una edición comentada de Góngora*. Edición, notas y acotaciones de Antonio Piedra y Juan Bravo, prólogo de José María Micó. Valladolid: Fundación Jorge Guillén.

Gutiérrez, Juan María (1865): «Fray Juan de Ayllón y el gongorismo». En *Estudios biográficos y críticos sobre algunos poetas sud-americanos anteriores al siglo xix* (1-17). Tomo I. Edición tirada a un corto número de ejemplares. Buenos Aires: Imprenta del Siglo.

Hart, Stephen (1987): *Religión, política y ciencia en la obra de César Vallejo*. Londres: Támesis.

Iriarte, Ignacio (2015): «Barroco, Modernismo, Neobarroco». *Orbis Tertius*, XX.21, 106-114.

Jammes, Robert (2012): «Góngora, poeta para nuestro siglo». En *Góngora: la estrella inextinguible. Magnitud estética y universo contemporáneo* (17-30). Libro que acompaña la exposición correspondiente en la Biblioteca Nacional de España del 30 de mayo al 19 de agosto de 2012, al cuidado de Joaquín Roses. Madrid: Acción Cultural Española.

Lohmann Villena, Guillermo (1945): *El arte dramático en Lima durante el virreinato*. Sevilla: Universidad de Sevilla.

Martos, Marcos, y Elsa Villanueva (1989): *Las palabras de Trilce*. Lima: Seglusa Editores.

Mazzotti, José Antonio (2016): *Lima fundida: épica y nación criolla en el Perú colonial*. Madrid y Frankfurt: Iberoamericana y Vervuert.

Mazzotti, José Antonio (2017): «Nota sobre el exilio y la migrancia en tres poemas de Vallejo». En Javier García Liendo (ed.), *Migración y frontera: experiencias culturales en la literatura peruana del siglo xx* (55-70). Madrid/Frankfurt: Iberoamericana/Vervuert.

MAZZOTTI, José Antonio (2020): «De "la otra vanguardia" al transbarroco peruano». En Selena Millares (ed.), *La vanguardia y su huella* (67-82). Madrid/Frankfurt: Iberoamericana/Vervuert.

NEALE-SILVA, Eduardo (1975): *César Vallejo en su fase trílcica*. Madison: University of Wisconsin Press.

ORREGO, Antenor (2004): *Modernidad y culturas americanas. Páginas escogidas.* Selección y edición de Eugenio Chang-Rodríguez. Lima: Fondo Editorial del Congreso del Perú.

PACHAS ALMEYDA, Miguel (2018): *¡Yo que tan solo he nacido! (Una biografía de César Vallejo)*. Lima: Juan Gutemberg Editores.

PAOLI, Roberto (1988): «El lenguaje conceptista de César Vallejo». *Cuadernos Hispanoamericanos. Homenaje a César Vallejo*, 2.456-457, 945-959.

PUCCINELLI VILLANUEVA, Jorge (2020): «*El escándalo acerca de Vallejo*»: Trilce *y el diario El Norte*. Lima: Fuente de Cultura Peruana.

QUIROZ ÁVILA, Rubén (2012): «El transbarroco en la poesía peruana contemporánea». *Revista de Crítica Literaria Latinoamericana*, 76, 431-445.

QUIROZ ÁVILA, Rubén (ed.) (2017): *Divina metalengua que pronuncio: 16 poetas transbarrocos*. Lima: Editorial El Lamparero Alucinado.

REED, Cory A. (2009): «Reseña» de *Góngora's Soledades and the Problem of Modernity*, de Crystal Chemris. *Revista Hispánica Moderna*, 62.1, 111-114.

ROJAS, Íbico (2013): «Culle: las voces del silencio». En Lumbreras, Luis G., et al. (eds.), *Los Huamachucos: testimonios de una gran cultura*. Lima: Asociación Civil Ruta Moche.

ROJAS, Íbico (2016): «Tahuashando, enigma culle en la poesía de Vallejo». Revista *Espergesia*, 3.2, 1-25. Publicación en línea: http://revistas.ucv.edu.pe/index.php/ESPERGESIA/article/view/1311/1068 [02/03/2020]

ROSES, Joaquín (1994): *Una poética de la oscuridad. La recepción crítica de las Soledades en el siglo XVII*. Londres: Támesis.

ROSES, Joaquín (2012): «La magnitud estética de Góngora». En *Góngora: la estrella inextinguible. Magnitud estética y universo contemporáneo* (101-107), libro que acompaña la exposición correspondiente en la Biblioteca Nacional de España del 30 de mayo al 19 de agosto de 2012, al cuidado de Joaquín Roses. Madrid: Acción Cultural Española.

ROSES, Joaquín (2014): «La recepción creativa de Góngora en la poesía hispanomericana». En Antonio Castro Díaz (ed.), *Actas del Congreso «Góngora y su estela en la poesía española e hispanoamericana. El* Polifemo *y las* Soledades *en su IV Centenario»* (Córdoba, 17-20 de octubre de 2013) (181-209). Sevilla: Asociación Andaluza de Profesores de Español «Elio Antonio de Nebrija» y Diputación de Córdoba.

SÁNCHEZ, Luis Alberto (1974): *Los poetas de la colonia y de la revolución* [1921]. Lima: Editorial Universo.

SÁNCHEZ ROBAYNA, Andrés (2012): «La recepción de Góngora en Europa y su estela en América». En *Góngora: la estrella inextinguible. Magnitud estética y universo contemporáneo* (171-190), libro que acompaña la exposición correspondiente en la Biblioteca Nacional de España del 30 de mayo al 19 de agosto de 2012, al cuidado de Joaquín Roses. Madrid: Acción Cultural Española.

SOLÍS MENDOZA, Nazaret (2019): «Pasión por la influencia. El Siglo de Oro en la poesía de la generación del 50» En Ángel Esteban y Agustín Prado Alvarado (eds.). *El mar no es ancho ni ajeno. Complicidades transatlánticas entre el Perú y España* (81-99). Madrid y Frankfurt: Iberoamericana y Vervuert.

VALLEJO, César ([1918] 1919): *Los heraldos negros*. Lima: Imprenta de Souza y Ferreyra.

VALLEJO, César (1922): *Trilce*. Lima: Talleres Gráficos de la Penitenciaría de Lima.

VALLEJO, César (1939): *Poemas humanos (1923-1938)*. Al cuidado de Georgette de Vallejo y Raúl Porras Barrenechea. París: Les Éditions des Presses Modernes.

VALLEJO, César (2019): *Todos los poemas*. Nueva edición crítica de Ricardo González Vigil, 2 tomos. Lima: Universidad Ricardo Palma.

YURKIÉVICH, Saúl (1958): *Valoración de Vallejo*. Resistencia: Universidad Nacional del Nordeste.

Teodosio Fernández

Góngora y Borges: una relación turbulenta[1]

Resumen: Los comentarios de Jorge Luis Borges sobre la poesía de Luis de Góngora han sido objeto de valoraciones diversas. Este breve ensayo recupera y analiza las referencias a Góngora detectables en los escritos del escritor argentino desde su participación juvenil en la vanguardia ultraísta hasta *Los conjurados*, su último poemario. Asociado primero con el modernismo y después con el ultraísmo (cuanto este cayó en desgracia), el culteranismo o gongorismo, que encontrara su mejor manifestación en las *Soledades* y en la *Fábula de Polifemo y Galatea*, nunca mereció un juicio favorable, ni siquiera cuando, con el paso de los años, algunos sonetos del poeta cordobés consiguieran matizar en cierta medida los reiterados desdenes recibidos. El proceso seguido por esas opiniones, que comprometen a otros muchos escritores (a Francisco de Quevedo y a Leopoldo Lugones, especialmente), muestra distintas etapas y se revela estrechamente relacionado con la búsqueda literaria que Borges desarrolló con su obra, también en sus poemas y sus relatos.

Palabras clave: Borges, Góngora, Quevedo, Lugones, culteranismo, metáfora, modernismo.

Al referirse en *Evaristo Carriego* a la «incomunicada palabrería» y otras deficiencias de *Misas herejes*, Borges dictaminó que «el verdadero y famoso padre de esa relajación fue Rubén Darío, hombre que a trueque de importar del francés ciertas comodidades métricas, amuebló a mansalva sus versos en el *Petit Larousse* con una tan infinita ausencia de escrúpulos que *panteísmo* y *cristianismo* eran palabras sinónimas para él y que al representarse *aburrimiento*, escribía *nirvana*» (1930: 53). En «Nota de 1954» agregada a la edición de 1955, añadió: «Conservo estas impertinencias para castigarme por haberlas escrito. En aquel tiempo creía que los poemas de Lugones eran superiores a

---

1 No he encontrado razones para no repetir aquí el alarmado título que di a mi participación en el congreso internacional «La recepción de Góngora en la literatura hispanoamericana» celebrado en Córdoba en octubre de 2019. Agradezco además a Joaquín Roses la oportunidad que me brindó para aprender de sus «Borges hechizado por Góngora» (2007) y «La recepción creativa de Góngora en la poesía hispanoamericana» (2014), cuyas páginas hacen en gran medida innecesarias las que yo he redactado ahora, de algún modo reescribiendo torpemente las suyas y siguiendo sus pautas. También he leído (con escaso provecho) otros estudios sobre el tema que se mencionan allí.

los de Darío. Es verdad que también creía que los de Quevedo eran superiores a los de Góngora» (1955a: 55). Esa nota puede resultar útil aquí para entrever un antes y un después en unas relaciones que quizá merecen algún comentario que sumar a los recibidos hasta ahora. De ella cabe deducir que la antigua preferencia por Quevedo se había diluido ya. No pretendo valorar esa preferencia, tan proclamada que hasta los lectores y los críticos o estudiosos creemos haberla percibido, ni defender a Góngora de los ataques de Borges, ni sumarme a quienes han señalado lo que este no entendió y podría haber entendido. En suma: me limitaré a recordar y comentar las opiniones de Borges en orden cronológico, por si eso ayuda a explicarlas y les da algún sentido en función de lo que pudo ser la búsqueda literaria del escritor argentino.

No es imposible que la preferencia por Quevedo se iniciara con un hallazgo que las cartas de Borges a Jacobo Sureda registran. El domingo 5 de diciembre de 1920 explicaba su concepción de lo que debía ser la metáfora ultraísta: «¿Sabes por qué resulta mejor *literaturizar* la luna como un brick-barca que como un plátano? Sencillamente porque la primera metáfora tiene movimiento. De esto me hallo convencido. La metáfora clásica fue ante todo romántica o meramente visual ("el sol poniente: cadáver de oro en ataúd de sombras", Quevedo...). La metáfora expresionista[2] debe ser dinámica, en consonancia con el supuesto ritmo occidentalista o *yanquee* que nos empuja. ("Ya grita el sol" – J. L. B.)» (1999: 184). Como buen ultraísta, Borges se mostraba interesado en la metáfora, y Quevedo —que aparecía entre los autores abordados en sus «séances de lecture au Cercle» (1999: 88) de Palma de Mallorca, según carta dirigida a Maurice Abramowicz a finales de junio de 1920— ofrecía un ejemplo de índole visual, de factura clásica, como cabía esperar. Lo que importa es que el 22 de junio de 1921, ya en Buenos Aires, escribía a Sureda:

> Yo sigo sumergido en la lectura. ¿Sabes que Quevedo fue un formidable ultraísta? Le dedica un poema al jilguero que comienza: «flor que cantas, flor que vuelas...». Y después:
>
> Voz pintada, canto alado,
> poco al ver, mucho al oído.
> ¿Dónde tienes escondido
> tanto instrumento templado?
>
> Y en otra parte lo llama: «Laúd de plumas volante...»

(1999: 199–200).

---

2 «Ya que lo de *ultraísta* no te convence, empleo esta palabra», aclaraba en nota (1999: 184).

Cabe suponer que la inmersión en la lectura no se relacionaba exclusivamente con Quevedo y que incluía a otros escritores que también contribuyeron a dejar para siempre en la escritura de Borges huellas comprobables de la literatura barroca[3]. Es lo que permite deducir «Ultraísmo», el ensayo que publicó en *El Diario Español* de Buenos Aires (23 de octubre de 1921) contra los comentarios sobre la poesía española publicados en el mismo periódico en los que Manuel Machado, antes de valorarlo, aseguraba que el ultraísmo «no es netamente español ni mucho menos» (1922: 85). Borges interesadamente los leyó como si aquel lo acusara «de ser una tendencia forastera e importada, sin raigambre española», lo que le permitía argumentar que «la tendencia a escribir en sucesión de imágenes —tendencia que Machado apunta como la exteriorización más resaltante de la lírica ultraica— campea en nuestros clásicos, y no solo en poetas marginales y banderizos como don Luis de Góngora, sino en Calderón, en Baltasar Gracián, y con principalísimo relieve, en Quevedo» (1997: 108)[4]. No es de extrañar que a continuación citase los primeros versos de la décima «Al ruiseñor», de tema similar al de la letrilla lírica recordada para Sureda —«*Flor con voz, volante flor, / Silbo alado, voz pintada, / Lira de pluma animada / Y ramillete cantor*»—, y que alentara a sus lectores a comprobar «cómo en su prosa, en los sueños, y subrayadamente en el intitulado "La hora de todos y la fortuna con seso", el último que forjó, emplea para definir un personaje o un símbolo el procedimiento de engarzar metáforas tras metáforas» (1997: 109).

Sospecho que el dinamismo exigido para las imágenes de la nueva poesía —el acorde con «la concepción dinámica del kosmos que proclamara Spencer» (1920: 15), según había propuesto desde la revista *Grecia* en los días entusiastas de Sevilla— no suponía solo asociar el movimiento a lo inmóvil («flor que vuelas»), y que también incluía dar voz a lo inanimado y lo vegetal («ya grita el sol», «flor que cantas»). Entre los textos primeros que permiten avanzar en el análisis destaca «La metáfora» (*Cosmópolis*, noviembre de 1921), donde además recibimos el consejo o advertencia de que «las distinciones gramaticales entre comparación y tropo, distinciones determinadas por el empleo o la ausencia

---

3   Al respecto aún se puede leer con provecho Emir Rodríguez Monegal (1978) y Jaime Alazraki (1990).
4   En su contribución al «Prólogo» que (con las de Alberto Hidalgo y Vicente Huidobro) abría *Índice de la nueva poesía americana* puede encontrarse a Góngora, «que (al decir de su primer prologuista) huyó de la sencillez de nuestra habla» (1926b: 17), entre los escritores españoles (Saavedra Fajardo, Cervantes, Quevedo, fray Luis de León) que habían enriquecido el idioma a costa de su pureza, tarea que emulaban ahora los poetas vanguardistas.

de la palabra *como*, no deben detenernos» (1921b: 396). No se olvidó de insistir allí en la excepcional eficacia de «las imágenes obtenidas transmutando las percepciones estáticas en percepciones dinámicas» (1921b: 400) mientras ensayaba el estudio de algunas formas o posibilidades de asociación voluntaria de dos o más conceptos diferentes. Planteada la consideración previa de que «nuestra memoria es, principalmente, visual y secundariamente auditiva» (1921b: 396), de ahí Borges podía extraer «que la metáfora que se limita a aprovechar un paralelismo de formas existente entre dos visibilidades sea la más sencilla y la más fácil» (1921b: 396), y, en consecuencia, la de menor interés:

> En la poesía castellana, recién Góngora sistematiza la explotación de las coincidencias formales en líneas como el verso crisográfico:
>
> *En campos de zafir pacen estrellas*
>
> o cuando afirma: *Los arados peinan agros.* Martingala que alcanzó luego su más plenaria reducción al absurdo en el axiomático *Lunario sentimental* de nuestro Tagore, Lugones, y de la cual también se burló Heine cuando dijo que la noche era una capa renegrida de armiño con pintitas doradas (1921b: 397)[5].

La cuestión es interesante porque acto seguido se dice que «quizá de menos fijación efectiva, pero mucho más audaces, son las metáforas conseguidas mediante la traducción de percepciones acústicas en percepciones oculares, y viceversa» (1921b: 397). La suerte estaba echada desde el primero de los ejemplos aducidos: «Ya alrededor de 1620, Quevedo habló de *negras voces* y apostrofó al jilguero: *voz pintada*» (1921b: 397). Más asegurado quedaba el triunfo cuando tocó el turno de «las metáforas excepcionales, las que se hallan al margen de la intelectualización», que Borges se permitió valorar, ya que no definir:

> Estas constituyen el corazón, el verdadero milagro de la milenaria gesta verbal, y son poquísimas. En ellas se nos escurre el nudo enlazador de ambos términos, y, sin embargo, ejercen mayor fuerza efectiva que las imágenes verificables sensorialmente o ilustradoras de una receta. Arquetipo de esas metáforas únicas puede ser el encerrado en la siguiente estrofa quevedesca, inmortalizadora de la muerte de don Pedro Girón, virrey y capitán general de las Dos Sicilias:
>
> *Su tumba son de Flandes las campañas*
> *Y su epitafio la sangrienta luna* (1921b: 401).

---

5   Los errores de Borges en la transcripción de los versos citados —aquí «zafir pacen» por «zafiro pace» (*Soledad primera*, v. 6), «agros» por «los campos» (*Polifemo*, octava XXI, vv. 1-2)— son frecuentes, tal vez porque los fiaba a su memoria, con la que se conjuraba en estos casos la probable lectura distraída de poemas que nunca le interesaron.

No es imposible que Góngora pueda suministrar ejemplos similares, pero Borges los detectó en Quevedo, quien, de un modo u otro, se revelaba así como el antecedente remoto de los hallazgos ultraístas, cubistas o creacionistas. Nada que no estuviera en consonancia con la preferencia por el «polo expresionista» frente al «polo impresionista» —«aquellos dos polos antagónicos de la mentalidad»—, por «la estética activa de los prismas» frente a «la estética pasiva de los espejos» (1921a: s. p.), según planteara en «Anatomía de mi ultra», precisamente en la revista *Ultra*, en mayo de 1921. Esa opción suponía el desdén de Borges para las opciones literarias que le parecían vigentes en la Argentina, a juzgar por la «Proclama» incluida en el primer número de *Prisma* (noviembre-diciembre de 1921) y por el artículo «Ultraísmo» publicado en la revista *Nosotros* (diciembre de 1921): el «rubenianismo» y el «anecdotismo» que, según se precisaba en ese último ensayo (1921c: 466), los ultraístas pretendían abolir. Podemos prescindir de la segunda opción, la representada por los sencillistas —que «ejercen un anecdotismo gárrulo, i fomentan penas rimables que barnizadas de visualidades oportunas venderán después con un gesto de amaestrada sencillez i de espontaneidad prevista»[6]—, para fijarnos en los que «solo se ocupan de cambiar de sitio los cachivaches ornamentales que los rubenianos heredaron de Góngora —las rosas, los cisnes, los faunos, los dioses griegos, los paisajes ecuánimes i ajardinados— i engarzar millonariamente los flojos adjetivos *inefable, divino, azul, misterioso*». Se confirmaba así una asimilación al menos tan vieja e injustificada como el prólogo de Eduardo de la Barra en la primera edición de *Azul...*,[7] identificación negativa y perezosa que durante años Borges no dejará de repetir[8].

---

6   Cito por la «Proclama» reproducida en *Ultra* (1922: s. p.), con las peculiaridades gráficas del texto.
7   «Darío tiene bastante talento para escapar a la Sirena de la moda que lo atrae al escollo... Pero, ¡cuidado! Góngora también tenía talento...» (Barra, 1888: X), advertía tras recordar a los neuróticos o *decadentes* de París, para después mencionar, entre otras plagas que alguna vez afectaron a la literatura, «el *marinismo* que invade la Italia con sus *concetti*, al propio tiempo que el *gongorismo* hace estragos en las letras castellanas» (XI).
8   No sin apreciaciones diferentes cuando las circunstancias lo aconsejaban. En carta de marzo de 1922, desde Buenos Aires, Borges valoraba positivamente a Adriano del Valle como fiel al creacionismo, que estimaba «la consecuencia lógica de Góngora y de Rubén», aunque en los poemas de su (aún) amigo encontrara «más travesura, más música y más placer evidente en la cacería de imágenes y en la sorpresa de cada vocablo» (Pellicer, 1990: 212).

En el prólogo «A quien leyere» de la primera edición de *Fervor de Buenos Aires* se puede encontrar un buen ejemplo de esa identificación: «A la lírica decorativamente visual y lustrosa que nos legó don Luis de Góngora por intermedio de su albacea Rubén, quise oponer otra, meditabunda, hecha de aventuras espirituales», aseguraba, apoyándose en Sir Thomas Browne para defender unos poemas que mostraban una ciudad íntima, impregnada de sentimientos personales, y cuyas metáforas deberían mostrar que en ellas siempre había buscado «antes lo eficaz que lo insólito» (1923: s. p.)[9]. Es posible advertir, por otra parte, que la valoración de Góngora y de Darío iba proyectándose no solo sobre esos escritores y sus épocas sino también sobre la concepción y la práctica de la literatura. En «Acerca de Unamuno, poeta», artículo que se publicó en diciembre de ese año 1923 en la revista *Nosotros*, pudo leerse que «el culterano se llama Rimbaud, Swinburne, Herrera-Reissig; el conceptista Hegel, Browning, Almafuerte, Unamuno»; Borges acababa de precisar (o reiterar), sin necesidad de mencionar a Góngora ni a Quevedo, que «el primero cultiva la palabrera hojarasca por cariño al enmarañamiento y al relumbrón y el segundo es enrevesado para seguir con más veracidad las corvaduras de un pensamiento complejo» (1925: 107)[10]. Si después se mostró positivo con Julio Herrera y Reissig fue probablemente porque en su lírica vio «la subidora vereda que va del gongorismo al conceptismo; es la escritura que comienza en el encanto singular de las voces para recabar finalmente una dicción» (1925: 139), según rezaba el artículo que le dedicó en la revista *Inicial* en diciembre de 1924. En «Menoscabo y grandeza de Quevedo», que la *Revista de Occidente* había publicado en noviembre, el gongorismo quedó disminuido a «una intentona de gramáticos a quienes urgió el plan de trastornar la frase castellana en desorden latino, sin querer comprender que el tal desorden es aparencial en latín y sería efectivo entre nosotros por la carencia de declinaciones» (1925: 45).

---

9   Esa concepción del gongorismo afloró también cuando en el número 3 de *Proa* (julio de 1923) se ocupaba de *Hélices*, el poemario de Guillermo de Torre: «Hace unos meses Buenos Aires dio con el verbo *sufra* y la palabra se despeñó por un millón y medio de bocas, rijiosas y felices como Góngora, al dar con esa otra palabreja: *purpúreo*. En ambas coyunturas, la raigambre del placer fue la misma. Placer verbal, oral, de palabra» (1997: 174).

10 Aclaro desde aquí que cito de *Inquisiciones* (1925), *El tamaño de mi esperanza* (1926) y *El idioma de los argentinos* (1928) cuando los ensayos acabaron incluidos en esos volúmenes. Cabe suponer que, al prepararlos, Borges consideró definitiva esa versión. Por las mismas razones tendré en cuenta las dos primeras ediciones de *Discusión* (1932a, 1957), la primera de *Otras inquisiciones* (1952) y la segunda de *Historia de la eternidad* (1953).

Las reticencias hacia Góngora adoptaron una perspectiva nueva a medida que Borges se alejaba del ultraísmo, incluso en la orientación peculiar que él había impuesto en Buenos Aires. Eso no supuso un súbito cambio de intereses, a juzgar por «Examen de metáforas», ensayo que la revista coruñesa *Alfar* publicó en sus números de mayo y junio-julio de 1924, y donde no es imposible detectar novedades: tal vez la comprobación de su infrecuencia en las coplas anónimas o poesía popular era una prueba de que las metáforas no eran inevitables para la poesía; tal vez Borges entrevió incluso que no eran sino hipérboles algunas de las que había propuesto y analizado con anterioridad[11]. Con todo, seguían interesándole, y lo probaban allí las requisadas en épocas y literaturas diferentes, aunque la reflexión final se limitara al ámbito hispánico: «Hay libros que son como un señalamiento de la enteriza posibilidad metafórica de un alma o de un estilo. En castellano deben señalarse como vivas almácigas de tropos los sonetos de Góngora, la Hora de todos, de Quevedo; los Peregrinos de piedra, de Herrera y Reissig; el Divino fracaso, de Rafael Cansinos Assens, y el Lunario sentimental, de Lugones» (1925: 75).

Pero su segundo viaje a Europa (o su regreso) pareció impulsarlo a dejar atrás la hechicería o travesura de las metáforas, pues empezó a referirse a aquellas experiencias como un pasado superado ya: «nos enardeció la metáfora por la precisión que hay en ella, por su algébrica forma de correlacionar lejanías», escribía en *Proa* en agosto de 1924 a propósito de *Prismas*, libro de Eduardo González Lanuza que parecía representar los logros y fracasos de su generación, y tal vez tenía razón (al menos en su caso personal) al diferenciar previamente los cenáculos ultraístas españoles, donde los nombres de Vicente Huidobro y Guillaume Apollinaire eran invocados con frecuencia (y «el avión, las antenas y la hélice»), de los ultraístas argentinos que sopesaban «líneas de Garcilaso, andariegos y graves a lo largo de las estrellas del suburbio, solicitando un límpido arte que fuera tan intemporal como las estrellas de siempre» (1925: 96-97). Ahora se trataba de emprender la aventura heroica de «añadir provincias al Ser, alucinar ciudades y espacios de la conjunta realidad» (1925: 28), según proponía en el ensayo significativamente titulado «Después de las imágenes» (*Proa*, diciembre de 1924), con el fin preferente de conseguir la inmortalización poética de Buenos Aires. Confirma también esa deriva «Queja de todo criollo»,

---

11 Lo deduzco de sus propios ejemplos: «ya grita el sol» o «flor que vuelas» no son menos «promesa del milagro» que lo que «con esperanza casi literal manifestó el salmista: "Los ríos aplaudirán con la mano, y juntamente brincarán de gozo los montes delante del Señor"» (1925: 69).

texto clave en la búsqueda de la argentinidad que Borges emprendió por entonces: «El criollo, a mi entender, es burlón, suspicaz, desengañado de antemano de todo y tan mal sufridor de la grandiosidad verbal que en poquísimos la perdona y en ninguno la ensalza», aseguraba allí. Eludo entrar en consideraciones sobre la relación de ese carácter con «el silencio arrimado al fatalismo» que encarnó «en los dos caudillos mayores que abrazaron el alma de Buenos Aires: en Rosas e Irigoyen» (1925: 132), pero conviene advertir que esa indagación en la identidad argentina lo llevaba ahora a preferir a Baldomero Fernández Moreno —el *sencillismo* denostado desde su llegada a Buenos Aires— frente a Leopoldo Lugones, a quien ya había recriminado «su altilocuencia de bostezable asustador de leyentes» (1925: 136), lo que de algún modo declaraba a Góngora incompatible con el carácter criollo: «Nadie se arriesgará a pensar que en Fernández Moreno hay más valía que en Lugones, pero toda alma nuestra se acordará mejor con la serenidad del uno que con el arduo gongorismo del otro» (1925: 137).

Como prueban los ensayos reunidos en *El tamaño de mi esperanza*, las inquietudes nacionalistas (o meramente porteñas) no impidieron a Borges insistir en «gramatiquerías»[12] que alguna vez afectaron negativamente a Góngora, mal citado en «El idioma infinito» al proponer ejemplos de «la traslación de verbos neutros en transitivos y lo contrario» como posibilidad de enriquecer el idioma castellano: «Hay uno mentadísimo (pienso que de Don Luis de Góngora y por cierto, algo cursilón) que así reza: Plumas vestido, ya las selvas mora» (1926a: 40-41). Igualmente sin otra finalidad que el desdén, en «Historia de los Ángeles» recordaría el terceto final del soneto que iniciara el verso «En el cristal de tu divina mano»:

> Para don Luis de Góngora, el ángel es un adornito valioso, apto para halagar señoras y niñas:
>
> ¿Cuándo será aquel día que por yerro
> Oh, Serafín, desates, bien nacido,
> Con manos de Cristal nudos de Hierro? (1926a: 68)

Tampoco en «La aventura y el orden», ensayo donde se recordó que Apollinaire había separado a los escritores «en estudiosos del Orden y en traviesos de la Aventura» (1926a: 70)[13], Góngora tuvo oportunidad de encontrar acomodo que de algún modo lo justificase, cuando ya sus innovaciones se asociaban menos

---

12 Él mismo se defendió en «Indagación de la palabra», ensayo publicado en la revista *Síntesis* en junio de 1927, de aquellos lectores que habían censurado sus «gramatiquerías» y le solicitaban «una obra *humana*» (1928: 9).

13 La «longue querelle de la tradition et de l'invention / De l'Ordre et de l'Aventure», planteada y comentada en el poema «La jolie rousse» (Apollinaire, 1974: 183). «La aventura

al modernismo que a las ahora desdeñadas rupturas de la vanguardia. «Toda aventura es norma venidera; toda actuación tiende a inevitarse en costumbre» (1926a: 71), dictaminaba Borges no mucho después de haber contrastado las diferencias de actitud que distanciaban a Apollinaire, quien solicitaba «piedad por sus pecados y desaciertos», de Góngora,

> que, en trance parecido, salió a campear resueltamente por los fueros de su tiniebla, y ejecutó el soneto que dice:
> Restituye a tu mudo Horror divino
> Amiga Soledad, el Pie sagrado (1926a: 70).

Las primeras líneas de «Examen de un soneto de Góngora»[14], que la revista *Inicial* dio a conocer en mayo de 1926, permiten al lector abrigar la esperanza de encontrar una valoración positiva del iniciado con el verso «Raya, dorado sol, orna y colora», considerado «uno de los más agradables que alcanzó el famoso don Luis y [que] las antologías frecuentaron», pero esa esperanza, confirmada en parte, no tarda en verse finalmente defraudada: «He dicho mi verdad: la de la medianía de estos versos, la de sus aciertos posibles y sus equivocaciones seguras, la de su flaqueza y ternura enternecedoras ante cualquier reparo» (1926a: 129-130), concluía Borges, a quien la deriva criollista no impediría recuperar planteamientos de años anteriores. Permite comprobarlo «Otra vez la metáfora» —inicialmente «La metáfora», ensayo publicado en *La Prensa* el 31 de octubre de 1926 y recogido con el nuevo título en *El idioma de los argentinos*—, donde ya juzgaba «lisonjeada equivocación» la de identificar la tarea fundamental del poeta con «la invención de ocurrencias y de metáforas» (1928: 55), asumiendo su propia culpabilidad en la difusión de ese error, aunque atestiguara un interés destinado a perdurar a pesar de todo, incluso al estimar que «la concepción clásica de la metáfora es quizá la menos imposible de cuantas

---

y el orden» había aparecido como «Sobre un verso de Apollinaire» en *Nosotros*, en marzo de 1925.

14 En ese ensayo declaró que copiaba el soneto analizado de «la edición bruselense que Francisco Foppens, impresor y mercader de libros, publicó en mil seiscientos cincuenta y nueve» (1926a: 123). Parece haber sido esa la edición que circuló entre los escritores relacionados con *Martín Fierro*: de allí procedían los cinco sonetos reproducidos en la tercera página del número 41 de esa revista (mayo 28 de 1927), según se hacía constar: «Estos sonetos y el facsímile de una página, que reproducimos, han sido tomados del volumen OBRAS DE DON LUIS DE GÓNGORA. / Dedicadas / Al Excelentmo. Señor Don Luis / de Benavidez, Carrillo, y Toledo, &c /. En Bruselas /, De la Imprenta de Francisco Foppens, Impressor / y Mercader de Libros M. D. C. LIX.».

hay: la de considerarla como un adorno» (1928: 62). Pero si recuerdo ahora ese ensayo es sobre todo por la reiterada mención de Góngora: por primera vez para acordarse de sus romances, «ya literarios» (1928: 56), y por tanto pródigos en las metáforas que los romances viejos habían ignorado; por segunda, para apoyar la «fórmula» de Unamuno «los mártires hacen la fe»[15] con los versos «*Ídolos a los Troncos, la Escultura: / Dioses, hace a los Ídolos el Ruego*, como cautelosamente pensó y enrevesadamente escribió D. Luis de Góngora (*Sonetos Varios, XXXII*)» (1928: 56); y por tercera vez al reaparecer el antiguo ultraísta para valorar «una misma metáfora en dos poetas, infausta en uno y de siempre lista eficacia para maravillar, en otro» (1928: 61). Esa metáfora era la registrada por Góngora como «Velero bosque de árboles poblado / Que visten hojas de inquieto lino» («A la Armada en que los Marqueses de Ayamonte passavan a ser Virreyes de México») y por Quevedo como «Las Selvas hizo navegar» («Inscripción de la Statua Augusta del César Carlos Quinto en Aranjuez»). En el primer caso, «la igualación del bosque y la escuadra, está justificada con desconfianza y la traducción de mástiles en árboles y de velámenes en hojas, peca de metódica y fría», mientras que en el segundo, «inversamente, Quevedo fija la idéntica imaginación en cuatro palabras y la muestra movediza, no estática» (1928: 61-62). El dinamismo exigido años atrás para las imágenes de la nueva poesía volvía a determinar las preferencias de Borges.

Así llegamos al centenario de la muerte de Góngora, a cuya conmemoración *Martín Fierro* dedicó parte de su número 41, del 28 de mayo de 1927, con la participación elogiosa de Ricardo E. Molinari, Pedro Henríquez Ureña[16] y Arturo Marasso. «Yo siempre estaré listo a pensar en don Luis de Góngora cada cien años», discrepaba Borges en una colaboración dedicada a manifestar sus reticencias: «Góngora —ojalá injustamente— es símbolo de la cuidadosa tecniquería, de la simulación del misterio, de las meras aventuras de la sintaxis. Es decir, del academismo que se porta mal y es escandaloso. Es decir, de esa melodiosa y perfecta no literatura que he repudiado siempre» (1927a: 1). El afán de polémica

---

15 Literalmente: «los mártires hacen la fe más aún que la fe los mártires» (Unamuno, 1912: 190).
16 En la *Revista de Filología Española* Henríquez Ureña había reseñado *Inquisiciones*, libro que debía interesar a los lectores «por la orientación del autor, nueva en castellano, hacia la estilística» (1926: 79), y por sus trabajos sobre Quevedo y Torres Villarroel. No dejó de manifestar alguna discrepancia: «Insuficientes, las observaciones sobre conceptismo y gongorismo: el gongorismo es más que "intentona de gramáticos" enamorados de las "palabras nobles"; tuvo el ansia de la riqueza de imágenes y —en Góngora— el amor de los colores» (1926: 80).

quedó claramente de manifiesto en una nota también «Para el centenario de Góngora» publicada en el primer número de la revista *Síntesis*, en junio de ese año: «Disputemos de Góngora; nuestra polémica es su inmortalidad. Ayúdenos a pensar en el general misterio de la poesía su consideración; séanos belicosa su fama» (1927b: 109)[17]. Desde luego, las polémicas eran sobre todo una forma de divertirse, entretenimientos propios del juvenilismo vanguardista. «Vivimos la maravillosa certidumbre de que don Luis ha sido y será siempre el mayor poeta de la lengua española» (1927a: 4), había asegurado Molinari en el mes de marzo, en el número 39 de *Martín Fierro*, y en el 40, de 28 de abril, saludaba la inminente llegada de Alfonso Reyes sin olvidar que este había colaborado en la edición de las *Obras poéticas de Don Luis de Góngora* publicadas años atrás en Nueva York[18] y anunciando que sus *Estudios gongorinos* —finalmente *Cuestiones gongorinas*— habían de ser «una de las más serias contribuciones para honrar el tercer centenario de la muerte de Góngora» (1927b: 5)[19]. En «El culteranismo» (*La Prensa*, 17 de julio de 1927), Borges recordaba la primera «devota página» de Molinari asociando burlonamente la afirmación antes citada a otra sintácticamente equiparable —«*Buenos Aires ha sido, y será siempre, el mayor puerto de esta república*»— para concluir valorando aquella como «casi una interjección, un énfasis más», de condición emocional o afectiva: «*Decir D. Luis ha sido y será siempre el mayor poeta de la lengua es dictaminar D. Luis es indudablemente el mayor poeta de la lengua española o exclamar D. Luis es, ¡a ver quién me lo discute!, el mayor poeta*» (1928: 65-66). Naturalmente, los amigos

---

17 No puedo no recordar la confidencia a Jacobo Sureda en carta fechada en Palma de Mallorca el 9 de octubre de 1920, cuando se aprestaban a defender el ultraísmo de los ataques de Elviro Sanz, «L'Aura de l'Illot»: «Tenemos la ventaja de que nuestro *enemigo* toma muy seguramente en serio el asunto, y nosotros, no» (1999: 166).

18 Se refería a las *Obras poéticas de Don Luis de Góngora* (New York: The Hispanic Society of America, 1921), donde no parece constar esa colaboración. Molinari pudo haber leído «De algunas sociedades secretas», texto fechado en la primavera de 1922 e incluido en *Reloj de sol*, donde Reyes aseguraba «haber trabajado como humilde albañil en la soberbia edición gongorina de Raymond Foulché-Delbosc, hace varios lustros esperada» (1926: 46).

19 En «Alfonso Reyes. *Reloj de sol*, Madrid, 1926», reseña publicada en el primer número de la revista *Síntesis*, Borges parecía cuestionar su interés por Góngora: «Esos miramientos con Góngora, esa su piadosa tertulia de *Los amigos de Lope*, ¿no están insinuándonos que le interesa más la pregustada (posgustada) realidad de esos escritores que la de su tan laureada escritura?» (1928: 131).

de Borges tuvieron sus propias opiniones sobre el asunto[20], y no es imposible que las diferencias provocaran algún leve roce o resentimiento. L. M. (Leopoldo Marechal) aportó al «Parnaso satírico» del último número de *Martín Fierro* un epitafio titulado «Venganza» contra Borges, del que lo más interesante (y tal vez lo único) es que se refería a él como «Jorge Luis Quevedo y Argote»[21].

«Gongorismo» y el ya citado «El culteranismo», dos versiones del mismo ensayo —la primera apareció en 1927 en *Humanidades*, publicación de la Universidad Nacional de La Plata—, prueban que para Borges esos términos significaban lo mismo, y distinguían en los procesos del lenguaje poético dos etapas que se reiteran: aquellas en que los poetas proceden a enriquecer la visión del mundo, y aquellas otras de clasicismo, en las que, conseguido aquel objetivo, «suceden las travesuras del ocio, las vacaciones, el jugar con los símbolos ya obtenidos, los dichosos desparpajos de la confianza»; eso es lo que se puede leer en «Gongorismo» antes de identificar tal degradación clasicista: «Esencialmente, el gongorismo o culteranismo. El academismo que se porta mal y es escandaloso» (1927c: 238), conclusión repetida en «El culteranismo» (1928: 68). En consecuencia, en ese momento la poesía de Góngora correspondía para Borges a una de esas etapas degenerativas propias de los procesos literarios, aunque no siempre parecía de acuerdo consigo mismo: «Sostengo que ni siquiera abundó en metáforas» (1927c: 238), se lee en «Gongorismo»; «he descubierto ilustres metáforas en don Luis», rectifica o matiza «El culteranismo»[22], para precisar:

> Escribo adrede el verbo, porque son de las que ningún fervoroso suyo ha elogiado. Copio la mejor de ellas, la del sentir eterno español, la del *Rimado de Palacio*, la de Manrique, la de que el tiempo es temporal:

---

20 El número inicial de *Síntesis* incluía también «Góngora y el clasicismo», ensayo que Pablo Rojas Paz concluía aseverando que «el arte vive a fuerza de los talentos creadores; lo demás es faramalla. Góngora es original en la doble actitud que esto significa: en la de revolucionario y creador» (1927: 89).
21 Yace aquí, profesor de sueño,
Jorge Luis Quevedo y Argote.
La retórica está sin dueño.
Galvanizarlo es vano empeño:
Murió por falta de bigote (Marechal, 1927: 16).
22 Supongo que tales ensayos fueron redactados en ese orden y que eso determinó que «El culteranismo» fuese el elegido para *El idioma de los argentinos*. Esta solución resulta la más acorde con el almácigo de tropos que Borges había encontrado tiempo atrás en los sonetos de Góngora.

Mal te perdonarán a ti las Horas,
Las Horas que limando están los Días,
Los Días, que royendo están los Años (1928: 70).

Borges recordó en «El culteranismo» las tres equivocaciones que el «consenso crítico» había señalado y que «fueron las preferidas de Góngora: el abuso de metáforas, el de latinismos, el de ficciones griegas» (1828: 69). No es difícil comprobar que (inevitablemente) la primera equivocación lo era en contraste con su proyecto poético de hacer de la metáfora una forma de pensamiento por asociación de ideas o representaciones, en un contexto contemporáneo en el que «casi todos los poetas han abdicado la imaginación a favor de novelistas e historiadores y trafican con el solo prestigio de las palabras» (1928: 72)[23]. La segunda no debía parecerle una equivocación, como lo era para el consenso crítico, cuando en favor de Góngora se podían invocar sus latinismos, su ánimo de «probar que nuestro romance puede lo que el latín» (1928: 73). Pero faltaban aún las consideraciones sobre su tercera equivocación, «la única sin remisión y sin lástima», su utilización de la mitología: «Poesía es el descubrimiento de mitos o el experimentarlos otra vez con intimidad, no el aprovechar su halago forastero y su lontananza. El culteranismo pecó: se alimentó de sombras, de reflejos, de huellas, de palabras, de ecos, de ausencias, de apariciones. Habló —sin creer en ellos— del fénix, de las divinidades clásicas, de los ángeles. Fue simulacro vistosísimo de poesía: se engalanó de muertes» (1928: 73-74).

Nunca Borges fue más lejos en la descalificación del culteranismo, aunque en los ensayos reunidos en *El idioma de los argentinos* aún hay otros comentarios de interés al respecto. En «La simulación de la imagen», publicado en *La Prensa* el 25 de diciembre de 1927, insistía en planteamientos ya sabidos:

> Casi todas las que se dicen metáforas no pasan de incontinencias de lo visual. Menéndez y Pelayo, aludiendo a la festejada línea de Góngora,
>
> *El rojo passo de la blanca Aurora*
>
> y a otras emparentadas, escribió que la sola motivación de algún verso de él fue la de lisonjear la vista con la suave mezcla de lo blanco y de lo rojo (1928: 87)[24].

---

23 Esa valoración no podía resultar grata a los afectados, y menos cuando continuaba: «Los unos viven de palabras de lejanía, los otros de palabras lujosas, los demás practican el diminutivo y la interjección y son héroes del *quién pudiera* y del *nunca* y del *si supieras*; ninguno quiere imaginar o pensar. Acaso, Góngora fue más consciente o menos hipócrita que ellos» (1928: 72-73).
24 «Quevedo no hace versos por el solo placer de halagar la vista con la suave mezcla de lo *blanco* y de lo *rojo*», había generalizado Marcelino Menéndez Pelayo (1896: 478).

Pero esta vez el verdaderamente afectado no fue Góngora sino Dámaso Alonso, responsable de ejemplos «amenísimos» de «la falacia de lo visual que manda en literatura» (1928: 84). Borges señaló el «ingenuo paralogismo» de negar «la sensible vaciedad poética de las *Soledades*, en razón de su cargamento visual o mención continua de plumas, pelos, cintas, gallinas, gavilanes, vidrios y corchos»[25], y la «equivocación parecida» de «inferir que don Luis de Góngora es claro, léase perspicuo, por su mencionar cosas claras, léase relucientes. La naturaleza de ese enredo es de calembour»[26] (1928: 85–86). Góngora, por otra parte, se habría beneficiado del interés que «una exhibición de métodos novedosos, aunque desacertados», suscita en cualquier momento, y que el escritor contemporáneo de Borges también sabría aprovechar: «Sabe que la imagen fracasada goza de mejor nombre ahora, que es el de *audaz*. Sabe que los fracasos perseverantes de la expresión, siempre que blasonen misterio, siempre que finja un método su locura, pueden componer nombradía» (1928: 91–92).

Los sonetos mencionados hasta aquí invitan a considerar que Borges apenas prestó atención al resto de la variada obra de Góngora, al parecer nombrado ya en un supuesto prólogo juvenil a *Notas lejanas*, cuadernillo de dibujos y poemas de Norah, como uno de los autores que habrían servido de inspiración a su hermana (Vaccaro, 2006: 55). Esa complicidad quizá justificó la dedicatoria «A mi hermana Norah / "que dio espíritu al leño, vida al lino"» que aparece en la anteportada de un ejemplar de *Fervor de Buenos Aires* que Borges le dedicó (Torre Borges, 2005: 81), recordando su condición de grabadora y pintora con ese último verso del cuarteto inicial del soneto dedicado «Al Sepulcro de Dominico Greco excelente Pintor» (Góngora, 1659: 96). Sin pretensión de exhaustividad, a los citados o aludidos hasta ahora cabe sumar la referencia al que comienza

---

25 Había escrito Dámaso Alonso: «En la poesía de Góngora flores, árboles, animales de la tierra, aves, pescados, variedad de manjares... pasan en suntuoso desfile ante los ojos del lector. El símbolo más fiel de esta poesía es la cornucopia. ¿En qué estaban pensando los que dijeron que las Soledades estaban vacías? Tan nutridas están que apenas si en tan poco espacio pueden contener tal variedad de formas. Están cargadas de vida: recargadas» (1927: 30–31).

26 «No oscuridad: claridad radiante, claridad deslumbrante. Claridad de íntima, profunda iluminación. Mar luciente: cristal azul. Cielo color zafiro, sin mácula, constelado de diamantes, o rasgado por la corva carrera del sol. *Mundo abreviado, renovado y puro*, entre las armonías de lo blanco, lo rojo y lo verde. Mundo iluminado, ya no solo por la luz del día, sino por una irradiación, una luz interior, una como fosforescencia de todas las cosas. *Claritas.* Hiperluminosidad. Luz estética: clara por bella. Bella por clara» (Alonso, 1927: 35–36).

«Grandes más que Elefantes, y que Abadas» («A la Confusión de la Corte»), señalado a la vez que el soneto «A la injusta prosperidad» de Quevedo «y aun la sátira tercera de Juvenal» como origen de «Describe algunas cosas de la Corte» de Diego Torres Villarroel, soneto reproducido en el ensayo que dedicó a este en *Proa*, en noviembre de 1924, y que luego incluyó en *Inquisiciones* (1925: 11).

Por otra parte, el joven Borges parece tempranamente interesado en las investigaciones sobre el poeta cordobés: «As-tu lu un très bel étude sur les techniques de Góngora et de Mallarmé comparées entr'elles dans le numéro *L'Esprit Nouveau*, 3ᵐᵉ numéro, je crois?», preguntaba en carta a Sureda hacia marzo de 1922, para precisar de inmediato: «Le titre: "Góngora et Mallarmé"» (1999: 211), un ensayo cuyos ecos puede rastrearse en algunos comentarios suyos, a pesar de que en «Examen de un soneto de Góngora» discrepara abiertamente del «amorosísimo y metidísimo estudio» (1926a: 125) de Zidlas Milner[27]. Para relacionar a Góngora con Mallarmé y la significación compartida se hacía referencia allí a fenómenos que se repetirían «au déclin des grandes époques littéraires», a los momentos en los que «les libertés de jadis sont devenus des règles ayant force de loi» (Milner, 1920: 285), lo que de algún modo reaparecería en «Gongorismo» al ver en el culteranismo «el novelero simulacro de valor que hay al final de toda declinación literaria» (1927c: 238). No es imposible que Borges encontrase interesante la hipérbole «étroitement liée à la métaphore» o «métaphore hyperbolique» (1920: 292) que caracterizaría a ambos poetas según Milner, quien probablemente le aportó también el mal recordado verso «plumas vestido ya las selvas mora» (1920: 291). La significación de Góngora y sus relaciones con Mallarmé serían reactivadas por las páginas que Guillermo de Torre les dedicó en *Literaturas europeas de vanguardia* al ocuparse de «La imagen y la metáfora en la nueva lírica», donde aprovechaba y alguna vez corregía las opiniones de Borges sin que «la cuantiosa y genial cantera de Góngora» (1925: 304) resultase perjudicada; incluso recordó la actitud de «la nueva generación española» al respecto: «Siempre que se trata de aducir precedentes eximios, estableciendo filiaciones, y para contrapesar las influencias extranjeras, los ultraístas han invocado unánimes, sin previo acuerdo, al autor de las *Soledades*, como precursor cierto y remoto de sus pesquisas metafóricas» (1925: 307). Guillermo de Torre, por su parte, consideraba «evidente y curiosísima» (1925: 308) esa conexión, para volver a continuación sobre las afinidades de Góngora y Mallarmé,

---

27 Entiendo que la referencia a la «malquerencia valbuenera» (1926a: 124) allí incluida alude a la vindicación de Pedro Calderón de la Barca que Ángel Valbuena Prat sostenía por entonces en perjuicio de Góngora.

esbozadas por Francis de Miomandre y confirmadas por Milner, y concluir recordando aquella opinión de Manuel Machado que ocupara a Borges para contradecirla ahora con ejemplos del *Polifemo* y para elaborar una visión de Góngora que sin afirmar su influencia permitiera hablar de «su virtud ejemplificante» y «su fuerza precursora», así como de la «sólida raigambre» de la nueva generación: «Bajo el estro demiúrgico de Góngora, verdaderamente creacionista, el Universo se metamorfosea, y al igual que en los novísimos líricos cubistas y ultraístas, los paisajes permutan sus elementos y brillan con un verdadero resplandor cósmico» (1925: 312).

Resulta evidente que esas páginas de Guillermo de Torre exacerbaron el afán de polémica que Borges concretó, como ya ha quedado de manifiesto, en «Gongorismo» y «El culteranismo». Ambos ensayos insisten en repetir literalmente el verso allí citado como «peinar el viento, fatigar la selva» (Torre, 1925: 311), último de la primera de las tres octavas reales que conformaban la dedicatoria al conde de Niebla con la que se abría la *Fábula de Polifemo y Galatea*, para admitir, solo en parte en «Gongorismo» —«cuyo primer hemistiquio acierta en lo de igualar el viento a una cabellera, no en lo de peinarlo» (1927c: 238)— y con alguna desgana en «El culteranismo», el acierto del hemistiquio inicial, y señalar unánimes que el final «es traducción fidelísima de Virgilio», recordando no solo el precedente latino —«*venatu invigilant pueri, sylvasque fatigant*»— sino también que se trataba del exacto verso 605 del libro noveno de la *Eneida* (1927c: 238; 1928: 70). Borges había decidido olvidar que él mismo había defendido contra Manuel Machado los lazos del ultraísmo con los clásicos españoles, incluso cuando estos rechazaban el culteranismo: «Ni Quevedo ni Jáuregui ni Lope se espantaron de la audacia o numerosidad de las metáforas de Góngora, que los académicos desaprueban ahora. Su crítica se enderezó más bien a motejar la hinchazón, los latinismos y la pobreza de los tropos gongorianos, siempre derivados de motivos astronómicos, bucólicos o suntuosos» (1997: 109). Instalado en la discrepancia, observó con atención y desdén el interés creciente e incluso el entusiasmo que la obra de Góngora despertaba a medida que avanzaban los años veinte, como se desprende del ensayo «Sir Thomas Browne», que *Proa* publicó en febrero de 1925: «Hay una crítica idolátrica y torpe que, sin saberlo, personaliza en ciertos individuos los tiempos y lo resuelve todo en imaginarias discordias entre el aislado semidiós que destaca y sus contemporáneos y maestros, siempre remisos en confesar su milagro. Así, la crítica española nos está armando un Luis de Góngora que ni deriva de Fernando de Herrera ni fue coetáneo de Hortensio Félix Paravicino ni sufrió dura reducción al absurdo en los escritos de Gracián» (1925: 36–37).

Algo más preciso cabe entrever en «El *Ulises* de Joyce», ensayo publicado en *Proa* en enero de 1925, cuando Borges acercaba ya el culteranismo a la vanguardia al concluir haciendo suyas, no sin ironía, *«las decentes palabras que confesó Lope de Vega acerca de Góngora:* Sea lo que fuere, yo he de estimar y amar el divino ingenio deste Cavallero, tomando dél lo que entendiere con humildad y admirando con veneración lo que no alcanzare a entender» (1925: 25), citando (más o menos) la «Respuesta de Lope de Vega Carpio»[28] al «Papel que escribió un señor destos Reynos a Lope de Vega Carpio, en razón de la nueva Poesía», incluida con otros escritos en la edición de *La Filomena* en 1621. De manera menos rigurosa (o menos rigurosa aún) recurría a ese «Discurso de la nueva Poesía» en «Sir Thomas Browne»: «Narra Lope de Vega que encareciéndole a un gongorista la claridad que para deleitar quieren los versos, este le replicó: También deleita el ajedrez. Réplica, que sobre sus dos excelencias de enrevesar la discusión y de sacar ventaja de un reproche (pues cuanto más difícil es un juego, tanto es más apreciado) no es otra cosa que un sofisma» (1925: 36)[29]. En «Gongorismo» y «El culteranismo» pueden entrarse otras pruebas de que Borges se interesó en los comentarios suscitados por Góngora, pues los seis primeros versos de la *Soledad primera* (ahora correctamente citados) le sirvieron allí para mostrar que sabía de «asiduos cabalistas (desde Pellicer o Salcedo y Coronel hasta los contemporáneos)» (1927c: 239; 1928: 71) que habían intentado «la justificación lógica de esa versificada neblina, sin advertir que su finalidad sustancial es la de enfilar vocablos rumbosos» (1927c: 239), según resumía en el primero de esos ensayos, para recabar en ambos opiniones antiguas que apoyaran la suya: «Don Juan de Jáuregui, cuyo honestísimo *Discurso poético* ha sido republicado por Menéndez y Pelayo y justicieramente elogiado (*Ideas estéticas*, t. III, p. 494), señala esa nadería de los cultos: *Aun no merece el habla de los cultos en muchos lugares nombre de oscuridad, sino de la misma nada.* También,

---

28 «[Decía el doctor Garay] Que la poesía auía de costar grande trabajo al que la escriuiesse, y poco al que la leyesse; esto es sin duda infalible Dilema, y que no ofende al diuino ingenio desde Cauallero, sino a la opinión desta lengua que dessea introducir. Mas sea lo que fuere, yo le he de estimar, y amar, tomando dél lo que entendiere con humildad, y admirando lo que no entendiere con veneración» (Vega Carpio, 1621: f. 197r).

29 «Muchas cosas se pudieran decir acerca de la claridad que los versos quieren para deleytar, si alguien no dixesse que también deleyta el Axedrez, y es estudio importuno del entendimiento, yo hallo esta novedad como la liga que se echa al oro que le dilata, y aumenta, pero con menos valor, pues quita de la sentencia lo que añade de dificultad» (Vega Carpio, 1621: f. 199r).

Francisco de Cascales: *Harta desdicha que nos tengan amarrados al banco de la obscuridad solas palabras*» (1927c: 239; 1928: 71-72).

En efecto, en su *Historia de las ideas estéticas en España* Menéndez Pelayo elogió ese *Discurso poético* de Juan de Jáuregui y lo incluyó «casi íntegro no extractándole, sino suprimiendo repeticiones ociosas, de las muy pocas que afean aquellas discretísimas páginas» (1896: 493). De allí extrajo Borges la primera cita (1896: 503) y del mismo volumen procedía la de Francisco de Cascales (1896: 486), requisada en la epístola «Al Licenciado Luis Tribaldos de Toledo», la octava de la Década primera de sus *Cartas philologicas* (1634: f 33r). Es probable que cuando escribió su «Examen de un soneto de Góngora» conociera *Don Luis de Góngora y Argote. Biografía y estudio crítico*, que Miguel Artigas había publicado en Madrid en 1925: «No he realizado ni una disección vengativa a lo don Juan de Jáuregui ni una prolija aprobación maniatada a lo don Francisco de Córdoba» (1926a: 129), afirmaba entonces, tal vez porque en aquel volumen había podido acceder al *Examen del Antídoto* atribuido a Francisco Fernández de Córdoba (1925). Artigas también incluyó el *Discurso sobre el estilo de don Luis de Góngora y carácter legítimo de la poética*, de Martín Vázquez Siruela, de quien un elogio de Góngora aparece citado en «El culteranismo»[30]. Ese *Discurso* iba dirigido a García de Salcedo Coronel, editor y comentador de *El Polifemo* (1629), *Soledades* (1636) y *Segundo tomo de las obras de Don Luis de Góngora* (primera parte en 1644 y segunda en 1648). Tampoco era un secreto que entre los admiradores de Góngora se había contado José Pellicer de Salas y Tovar, autor de *Lecciones solemnes a las obras de don Luis de Góngora y Argote, Píndaro andaluz, príncipe de los poetas de España* (1630) y también de dos elogiosas biografías del poeta que Foulché-Delbosc había publicado y distinguido como «Vida menor» y «Vida mayor» en el tomo tercero de su edición de las *Obras poéticas* de Góngora (Pellicer de Salas y Tovar, 1921). Borges no necesitaba más información para resucitar las polémicas de antaño. En su artículo de *Síntesis* dedicado a la celebración del centenario puede verse un resumen de lo que sabía y pensaba de Góngora y sus contemporáneos:

> Su vida fue una dedicación a las letras, no coronada por la obtención indiscutible de una hermosura, pero sí por admiraciones fervientes y odios fervientes. Castigos de

---

30 «*Porque si no nos queremos negar a la razón, sino confesalla sinceramente, ¿quién escribe hoy que no sea besando las huellas de Góngora o quién ha escrito verso en España, después que esta antorcha se encendió, que no haya sido mirando a su luz?*, finge interrogar, antes de 1628, Vázquez Siruela...» (1928: 68). Véase Artigas (1925: 382).

Jáuregui, vaivén de plácemes y de censuras de Lope, risa de Quevedo, elogios razonadísimos de Gracián, idolatrías de Pellicer y de D. Francisco de Córdoba, fueron su audiencia. Su nombre, ahora, es un símbolo. Hemos vinculado en él toda poesía laberíntica y pudorosa, toda poesía que *yace obscura en el demasiado brillo e intensa irradiación de una mente a la que ciegan sus interiores relámpagos*, según los versos de Shelley acerca de Coleridge (1927b: 109).

Ecos de aquellas disputas aún cabe advertir en el «Prefacio» que Borges fechó el 19 de octubre de 1932 para *Nacimiento del fuego*, poemario de su amigo Roberto Godel, quien había dedicado a Góngora un elogioso soneto en *Martín Fierro* —«Dueño mayor: testigo de las rosas» (1927: 2) rezaba el último verso— y al que intentó defender de cualquier identificación con su «precursor», definido como «hombre de tan atrofiada imaginación que se burla una vez de un auto de fe provinciano, porque sus modestas atracciones se limitaban a un abrasado vivo. Góngora, como Oliverio Twist, quería más. El soneto consta en sus obras...» (1932b: 8). Borges sin duda se refería al IX de los «Sonetos burlescos», el dedicado «Al Auto General de la Fe que se celebró en la Ciudad de Granada», último terceto: «Cinco en Estatua, solo uno en Persona, / Encomendados justamente al Fuego, / Fueron el Auto de la Fe, en Granada» (Góngora, 1659: 85). Antes y después de ese prólogo no faltaron otras ocasiones para recordar a Góngora, cuyo nombre puede encontrarse sucesivamente en «La supersticiosa ética del lector» (*Azul*, junio de 1931), «La postulación de la realidad» (*Azul*, enero-febrero de 1931), «La versiones homéricas» (*La Prensa*, 8 de mayo de 1932), «Leyes de la narración policial» (*Hoy Argentina*, abril de 1933) y «La eternidad y T. S. Eliot» (*Poesía*, julio de 1933) (estos dos últimos en Borges, 2001), normalmente para perjuicio suyo y también del crítico o del escritor afectado por la mención[31], que asimismo podía resultar lesiva para un tema, para un género y aun para el proceso histórico de la literatura española. Quizá merezca atención el primero de estos ensayos, pues dejaba progresivamente patentes las reticencias de Borges ante «la superstición del estilo», ante «las habilidades aparentes del escritor» (1932a: 43), en razonamientos que discurrían demorados y favorables para

---

31 Entre los afectados se contó Roberto Ledesma, culpable de este «calembour deliberado, no indigno de Muñoz Seca o de Góngora: / *Fuerza lineal, en signo, con el garbo / nuevo, garbo de estilo Greta Garbo*» (Borges, 1933: 8). También los traductores de la *Historia de la literatura* de Klabund (Barcelona: Labor, 1937) lo fueron de proponer a la veneración de los lectores algunos versos de la *Soledad primera* que consiguieron el difícil demérito de que Borges los considerase «tal vez los más ridículos de toda la obra de Góngora» (1986: 222) en la reseña que publicó en *El Hogar* en abril de 1938.

Cervantes y solo se acordaban de Góngora para hacerlo representativo de lo que se pretendía denostar[32]. Por lo demás, para entonces Borges poco o nada tenía ya que decir, lo que en el futuro habría de acentuarse a medida que el recuerdo de sus opiniones sobre Góngora eclipsaba el recuerdo de los versos leídos.

En los últimos años cuarenta la búsqueda literaria de Borges ofrecía novedades que se concretaban con espléndidos resultados en sus ficciones, pero que poco o nada afectaban al tema que nos ocupa, al menos a juzgar por la referencia incluida en «Nota sobre Walt Whitman», artículo publicado en marzo de 1947 en *Los Anales de Buenos Aires*: «Góngora, creo, fue el primero en juzgar que un libro importante puede prescindir de un tema importante; la vaga historia que refieren las *Soledades* es deliberadamente baladí, según lo señalaron y reprobaron Cascales y Gracián (*Cartas filológicas*, VIII, 1934) *El Criticón*, II, 4)» (1957: 121)[33]. No carece de interés que en «Hawthorne»[34] recordara el primer terceto del soneto que inicia el verso «Varia imaginación, que en mil intentos» —«El sueño, autor de representaciones, / en su teatro sobre el viento armado, / sombras suele vestir de bulto bello»[35]— a la vez que cuestionaba la posibilidad de crear metáforas nuevas: «La verdaderas, las que formulan íntimas conexiones entre una imagen y otra, han existido siempre; las que aún podemos inventar son las falsas, las que no vale la pena inventar» (1952: 59). Pero no mucho después, en «La metáfora» (*La Nación*, 9 de noviembre de 1952), cuando en las perífrasis recogidas por Snorri Sturluson veía resultados de un proceso mental «que no percibe analogías [entre las cosas] sino que combina palabras» y «la *reductio ad absurdum* de *cualquier* propósito de elaborar metáforas nuevas»

---

32 «No se puede impunemente variar (así lo afirman quienes restablecen su texto) ninguna línea de las perpetradas por Góngora; nombre acondicionado; pero el Quijote gana póstumas batallas contra sus traductores y sobrevive a toda versión», escribió en «La supersticiosa ética del lector» (1932: 48). La versión corregida de ese ensayo atenuó en los años cincuenta esa agresividad al sustituir «perpetradas» por «fabricadas», suprimir «nombre acondicionado» y mejorar la conclusión a la que quería llegar: «Más vivo es el fantasma alemán o escandinavo o indostánico de Don Quijote que los ansiosos artificios verbales del estilista» (1957: 48).

33 Aunque ese artículo formó parte de *Otras inquisiciones* en 1952, quedó definitivamente integrado en *Discusión* desde la edición de 1957, de donde cito.

34 Se publicó en *Cursos y conferencias*, julio-agosto-septiembre de 1949, y fue incluido como «Nathaniel Hawthorne» en *Otras inquisiciones (1937-1952)*.

35 Muchos años después habría de recordar esos versos para afirmar que en ellos Góngora «expresa con exactitud la idea de que los sueños y la pesadilla, desde luego, son ficciones, son creaciones literarias» (1980: 45). No debió escribir *bulto*, sino *vulto*: rostro, cara, desus. según la RAE.

(1953: 69-70), Góngora resultó otra vez malparado, y no solo porque Borges reiterase su preferencia por algunos «grupos famosos» de metáforas que revelarían afinidades íntimas y necesarias («el sueño y la muerte» y «la mujer y la flor» permitían allí recordar un buen número de ejemplos), pues advertía:

> Ello no significa, naturalmente, que se haya agotado el número de metáforas; los modos de indicar o insinuar estas secretas simpatías de los conceptos resultan, de hecho, ilimitados. Su virtud y flaqueza está en las palabras; el curioso verso en que Dante (*Purgatorio*, I, 13), para definir el cielo oriental invoca una piedra oriental, una piedra límpida en cuyo nombre está, por venturoso azar, el Oriente: *Dolce color d'oriental zaffiro* es, más allá de cualquier duda, admirable; no así el de Góngora (*Soledad*, I, 6): *En campos de zafiro pace estrellas* que es, si no me equivoco, una mera grosería, un mero énfasis (1953: 74).

Ciertamente, para llegar a la «Nota de 1954» de *Evaristo Carriego* algo ocurrió desde los últimos años cuarenta, pero eso parece menos relacionado con las variables teorías y preferencias de Borges en torno a la metáfora[36] que con otras derivas que afectaron a su valoración de Quevedo, de Lugones, del modernismo y aun de la literatura. Conviene tener en cuenta aquí el prólogo que escribió para el volumen *Prosa y verso* de Quevedo publicado en 1948, que inició con consideraciones sobre la extraña suerte del antologado, quien no había dado con «un símbolo que se apodere de la imaginación de la gente», y de ahí su ausencia en los «censos universales» de la literatura (Borges, 1948: 7). La ocasión le resultó propicia para observar que «Góngora o Mallarmé, verbigracia, perduran como tipos del escritor que laboriosamente elabora una obra secreta» (1948: 8), tal vez porque no había olvidado la asociación de esos escritores registrada en lecturas ya lejanas. Mayor atención merece que ahora afirmara que «la grandeza de Quevedo es verbal» (1948: 8), despojándolo de su posible condición de filósofo, de teólogo o de hombre de estado antes de ocuparse de su poesía, que solo mostraría un «acento personal» en los versos que le permitieron «publicar su melancolía, su coraje o su desengaño» (1948: 12). Esa valoración, aún generalmente positiva, no impedía señalar en su obra los «gongorismos intercalados para probar que también él era capaz de jugar a ese juego» (1948: 14). Como Aureliano de Aquilea y Juan de Panonia para la insondable divinidad, para Borges los dos antiguos rivales habían dejado de serlo e iban camino de conformar una

---

36 Cuando en 1921 se ocupó del tema en *Cosmópolis*, había ensayado suficientes metáforas «para hacer posible, y hasta casi segura, la suposición de que en su gran mayoría cada una de ellas es referible a una fórmula general», punto de partida para que con el tiempo hablara de metáforas esenciales. Entonces prefería las metáforas irreductibles a esa fórmula y que (como se recordará) consideraba «poquísimas» (1921b: 401).

sola persona: en su tardío prólogo a una *Antología poética* de Quevedo no pudo no recordar a «su ostensible rival y secreto cómplice, Góngora» (1982: 7), para asegurar después que el tiempo atenúa las diferencias y que «los adversarios acaban por confundirse» (1982: 14).

A la luz de ese proceso cabe explicar el «Discurso» incluido en el «Homenaje a don Luis de Góngora» con que el *Boletín de la Academia Argentina de Letras* contribuyó a la celebración del cuarto centenario de su nacimiento, donde Borges invocó los versos iniciales del *Polifemo* —de la primera octava de la dedicatoria al Conde de Niebla: «Estas que me dictó rimas sonoras / Culta sí, aunque bucólica, Talía»— para reprobar la condición fríamente verbal de la poesía de Góngora, recordó el cuarteto inicial del soneto dedicado a Córdoba para descubrirlo inusualmente «arrebatado por una pasión» (1961: 393)[37], y analizó los catorce versos de «De la brevedad engañosa de la vida» para conjeturar que «este soneto sería acaso el mejor soneto de Quevedo» y relacionarlo con otras reflexiones sobre el tiempo y la fugacidad hasta concluir: «Creo que si tuviéramos que salvar una sola página de Góngora, no habría que salvar una de las páginas decorativas, sino este poema, que más allá de Góngora pertenece al eterno sentimiento español» (1961: 395)[38]. Ya sin cautela alguna, en el prólogo a la *Antología poética* antes mencionada habría de incluir completo «De la brevedad engañosa de la vida» para decidir que «es un típico soneto de Quevedo y lo escribió Góngora» (1982: 14).

No es que se hubiera modificado esencialmente la opinión sobre Góngora, era Quevedo quien había perdido el antiguo trato de favor. Paralelamente se registraban cambios de actitud frente al modernismo, evidentes en *Leopoldo Lugones*, libro que Borges (con la colaboración de Betina Edelberg) publicó

---

37 «¡Oh excelso muro, oh torres coronadas / De honor, de majestad, de gallardía, / Oh gran río, Oh gran rey de Andalucía / De arenas nobles, ya que no doradas» (1961: 393). Para esas fechas Borges parece haber prescindido de la edición de 1659.

38 Al ocuparse de *Mutaciones*, poemario de Betina Edelberg, Borges, en descargo de algunas «infracciones» de la autora, recordó que Quevedo censuraba a Góngora el empleo de voces que con el tiempo no alarmarían a nadie, y aprovechó la ocasión para citar los versos «*las horas, que limando están los días, / los días, que royendo están los años*» entre otros ejemplos de «la renovada expresión de algo que, alguna vez, han sentido todos los hombres y que cada dialecto y cada época tendrán, si son sinceros, que repetir» (1965: 126). Quizá no sea inútil recordar que en «Sobre la estética de Góngora», conferencia leída en el mexicano Ateneo de la Juventud el 26 de enero de 1910, Alfonso Reyes (1910: 106) había recordado los versos «La Fortuna mis tiempos ha mordido; / las Horas, mi locura las esconde» de Quevedo para señalar su «paralelismo» con el terceto de Góngora reiteradamente citado por Borges.

por primera vez en 1955. El ensayo se abría con la mención de Quevedo y el olvido de Góngora, tal vez porque ya resultaban intercambiables: «Como el de Quevedo, como el de Kipling, como el de Claudel, el genio de Lugones es magníficamente verbal» (1955b: 9), se aseguraba. Con la ayuda declarada de Pedro Henríquez Ureña y *Las corrientes literarias de la América Hispánica*, Borges reconocía ahora la significación renovadora del modernismo para las literaturas de lengua española y también, aunque con reticencias, la relevancia de Rubén Darío, que sería, «para la historia de la literatura, un gran poeta de España y de América» (1955b: 21)[39]. La relación con el modernismo ya no perjudicaba a Lugones, y Borges podía recordar que «Góngora, reprobado por la Academia y admirado, acaso desde lejos, por Verlaine, es de nuevo propuesto a la admiración por los modernistas» (1955b: 22)[40]. No es de extrañar que en la «Página final», a cargo exclusivamente de Borges y para explicar a un escritor que, como Lugones, conjugaba «el goce verbal, la música instintiva, la facultad de comprender y reproducir cualquier artificio» con «cierta indiferencia esencial, la posibilidad de encarar un tema desde distintos ángulos, de usarlo para la exaltación o la burla» (1955b: 96), Góngora irrumpiera con naturalidad para atribuirle que «pudo sonoramente saludar la Armada Invencible y denunciar en un soneto burlesco la cobardía de los defensores de Cádiz» (1955b: 96-97)[41].

---

39 También encontraron eco las opiniones de Alfonso Reyes, en quien Borges finalmente vio a un contemporáneo de «la más diversa y afortunada revolución de las letras hispánicas», el modernismo, que «sintió que su heredad era cuanto habían soñado los siglos y así Ricardo Jaimes Freyre pudo versificar los mitos escandinavos, como Leconte de Lisle, y Leopoldo Lugones, en *El Payador*, se desvió del tema pampeano para alabar a Góngora, proscripto por los académicos españoles» (1960b: 2). He revisado la primera edición de *El payador* para confirmar esa referencia, sin éxito. Góngora solo aparece citado junto a los versos de una de sus «letrillas líricas» y de una de sus «letrillas sacras» (1916: 184, nota 5). También aparece Quevedo, y eso para encarecer su lucha contra el culteranismo, significativamente «pues no se trataba solamente del primer escritor contemporáneo, sino del hablista que poseía más idioma y más idiomas» (1916: 138). Lo comprobable es que Lugones veía entonces en el culteranismo un resultado de los esfuerzos de los humanistas para latinizar el idioma, con la lamentable consecuencia de alejarlo de la vida o ámbito popular en el que se había desarrollado.
40 A pie de página se recordaba que «en los *Poèmes Saturniens* (1867), el soneto "Lassitude" lleva como paradójico epígrafe: *a batallas de amor campo de pluma* (Soledad Primera)» (1955b: 22).
41 Se refería en primer lugar a la Canción II «heroica» «A la Armada que el Rey Felipe Segundo, nuestro Señor, envió contra Inglaterra» (Góngora 1659: 180-184). En cuanto al soneto burlesco, puede tratarse de alguno de los dos que Juan Antonio Pellicer

Eso no significa que Borges dejara de reiterar hasta la monotonía antiguos juicios negativos sobre Góngora. Al participar en el homenaje con el que la Academia Argentina de Letras conmemoró el centenario del nacimiento de Rubén Darío, aprovechó la ocasión para formular una valoración que habría de repetir hasta el fin de sus días: «A partir del siglo diecisiete la literatura española empieza a declinar; esta declinación es perceptible en la rigidez, en el abuso del hipérbaton, en las falsas metáforas y en las simetrías verbales que acumulan hombres de genio como Quevedo y Góngora, para no hablar de los lastimosos retruécanos de Baltasar Gracián» (1967: 79). Varias veces habría de asociar la obra de Góngora a la de James Joyce, como recordando la relación establecida ya en los años veinte. Puede comprobarse en el «Discurso de don Jorge Luis Borges» con motivo del cuarto centenario del nacimiento del poeta cordobés: «en nuestro tiempo, tendríamos a Joyce como el ejemplo más ilustre de la literatura concebida como arte verbal; y en el siglo XVI, tendríamos a Marino y a Góngora, que parecen haber procesado o ejecutado lo mismo» (1961: 391). Introduciendo consideraciones sobre la fatalidad que entraña la tradición de un idioma, en el prólogo a *El otro, el mismo* aseguró que «los experimentos individuales son, de hecho, mínimos, salvo cuando el innovador se resigna a labrar un espécimen de museo, un juego destinado a la discusión de los historiadores de la literatura o al mero escándalo, como el *Finnegans Wake* o las *Soledades*» (1969: 10). La asociación reapareció tardíamente al menos en la conferencia «La poesía», al considerar que de las percepciones de la realidad el lenguaje nos permite hacer «algo tan complejo como un poema de Góngora o una sentencia de Joyce» (1980: 104), y en el «Prólogo» de *Los conjurados*, donde, al negarse en posesión de una estética personal y advertir que las teorías «pueden engendrar monstruos o meras piezas de museo», recordó como pruebas «el monólogo interior de James Joyce o el sumamente incómodo Polifemo» (1985a: 13).

(1800: 46–48) difundió sobre el tema mencionado, uno de Miguel de Cervantes y otro que tituló «Al saco de Cádiz» y atribuyó al sevillano Juan Sanz de Zumeta. Encuentro el primero entre los considerados apócrifos por Biruté Ciplijauskaité (Góngora, 1981: 669), con el título «A la toma de Cádiz» y variantes numerosas. En cuanto al segundo, leo en *Armada Española desde la Unión de los reinos de Castilla y de León* (1897: 121, nota 1) de Cesáreo Fernández Duro, a propósito de la actuación del duque de Medina Sidonia en las campañas contra Inglaterra: «Góngora le había titulado *Dios de los atunes* en un verso satírico, pareciéndole poco significativa la designación común de *gallina*, aplicada por el vulgo». Se trataba del último verso del soneto de Sanz de Zumeta, lamentando la deshonra de España: «¡Y el Dios de los atunes lo consiente!» (Pellicer, 1800: 48).

Otros ejemplos de sus últimos años permiten confirmar que algún recuerdo de Góngora acompañó a Borges hasta el final. En la conferencia «La metáfora», impartida el 22 de abril de 1980 en el Instituto de España de Madrid, volvió a recordar el dilema entre metáforas esenciales y nuevas metáforas que innecesariamente él mismo había creado años atrás para alguna vez cuestionar incluso la posibilidad de la segunda opción. Si recupero aquí sus reflexiones de aquella ocasión es porque al referirse a las metáforas no imposibles, como quedaba patente al mencionarlas, sino aparentemente irreductibles «a un esquema prefijado» —el de las escasas «metáforas esenciales» (el río y el tiempo y las estrellas y los ojos fueron las elegidas entonces)—, recuperó, no sin sustituir «gozques» por «perros» y pluralizar al intruso[42], «dos líneas de Góngora, acaso las más extrañas de su obra y que no suelen citarse: "como suele tejer bárbara aldea / soga de perros contra forasteros"», lo que estimaba «una imagen de pesadilla» (1985b: 38). En el coloquio que siguió recordaría de nuevo el verso «¡Oh, gran río, gran rey de Andalucía!» del soneto dedicado a Córdoba, aprobándolo al explicar que «uno no piensa que es una metáfora, uno no piensa que se equipara un río a un rey, no, uno lo acepta inmediatamente. Y la eficacia está en eso» (1985b: 41).

En *Los conjurados*, su último libro, Góngora no solo estuvo presente en el prólogo: también en el soneto «De la diversa Andalucía» y sobre todo en el poema precisamente titulado «Góngora». Poco puedo decir del soneto, donde la mención «Góngora de oro» (1985: 81) tal vez fue consecuencia (o causa) de la necesidad de rimar con el «ávido tesoro» de las Indias que cierra el verso siguiente. En cuando al poema, se ha visto en él la identificación de Borges con Góngora, propuesta para la que se ha buscado apoyo en otros textos propicios para facilitarla y justificarla. Entre ellos se ha contado «Borges y yo», una de las «Prosas» publicadas en el número 1 de *La Biblioteca* (primer trimestre de 1957), donde quien narra o reflexiona asegura que vive o se deja vivir mientras otro Borges trama su literatura, y aquel asegura reconocerse «menos en sus libros que en muchos otros o que en el laborioso rasgueo de una guitarra» (1960a: 51). Pero lo comprobable es que ese texto marca la distancia que media entre el hombre que escribe y su producción literaria, y poco o nada dice sobre la condición verbal de la literatura y sus siempre problemáticas relaciones con la realidad. Más justificada me parece la mención del titulado «Una rosa amarilla», publicado en *El Hogar*, el 20 de enero de 1956, y también incluido en *El*

---

42 No es imposible que en esta ocasión las «variantes» sean errores originados en la transcripción de la conferencia.

hacedor. No en vano Giambattista Marino aparece en alguno de los ensayos antes citados a propósito de Góngora, a los que se podrían añadir otros como cuando Lugones indujo a Borges a señalar que «cíclicamente surgen poetas que parecen agotar la literatura, ya que se cifra en ellos toda la ciencia retórica de su tiempo; tales artífices, cuyo fin es el estupor ("qui non sa far stupire, vada alla striglia", decretó uno de ellos, Marino), acaban por cansar» (1955b: 97).

Lugones, por cierto, había sido para él otro de esos poetas, y su caso se torna especialmente dramático si se recuerda el fin de este escritor que en su opinión resultaba «un poco lejos de su obra; esta no es casi nunca la inmediata voz de su intimidad sino un objeto elaborado por él. En lugar de la inocente expresión tenemos un sistema de habilidades, un juego de destrezas retóricas» (1955b: 97). Memorablemente, Borges identificó con él «la historia de un hombre que, sin saberlo, se negó a la pasión y laboriosamente erigió altos e ilustres edificios verbales hasta que el frío y la soledad lo alcanzaron», hasta que «sintió en la entraña que la realidad no es verbal y puede ser incomunicable y atroz, y fue, callado y solo, a buscar, en el crepúsculo de una isla, la muerte» (1955b: 98). La suerte de Marino carece de los encantos patéticos del suicidio, aunque fuera en el lecho de muerte donde una rosa le hizo recordar los versos que le había dedicado y luego, cuando sobrevino la revelación, «*vio* la rosa, como Adán pudo verla en el paraíso»: antes de nombrarla, cabe suponer, pues no hay razón para creer que Adán solo se ocupara de las aves del cielo y de las bestias del campo (Génesis 2, 19-20). La resignada convicción de que «podemos mencionar y aludir pero no expresar», con su corolario de que los volúmenes que conformaban la obra de Marino «no eran (como su vanidad había soñado) un espejo del mundo, sino una cosa más agregada al mundo» (1960a: 31-32), no anula la posibilidad de mencionar o aludir a la realidad, de hacer otra literatura cuyo fin no sea el estupor del leyente.

Yo también me hubiera rendido al encanto de una reconciliación final si en el poema «Góngora» hubiera encontrado alguna razón para confirmarla. No la hay, y menos si se basa en la equiparación de la ceguera física de Borges con la incapacidad literaria de Góngora para ver la realidad. Prefiero y me basta una explicación que encuentro en su reticente contribución al homenaje de la Academia Argentina de Letras en 1961: «No hay imágenes en Góngora; compara cosas que sensiblemente son incomparables, por ejemplo, el cuerpo de una mujer con el cristal, la blancura de una mujer con la nieve, el pelo de una mujer con el oro. Si Góngora hubiera mirado estas cosas hubiera descubierto que no se parecen, pero Góngora vive, como he dicho, en un mundo verbal» (1961: 392). Ese mundo, habitado por seres mitológicos en los que el poeta no cree y construido con objetos y percepciones culturales, no le deja ver la realidad porque le impide mirarla. No hay razones para afirmar que Borges se identificaba con esa ceguera que no radica en el ojo sino en el obstáculo que distrae o anula la mirada. Por supuesto, sus diferencias con Góngora se diluyen si suponemos que cualquier manifestación oral y escrita oculta o enmascara la realidad, lo que ya estaba previsto: «Hablar es metaforizar, es falsear; hablar es resignarse a ser Góngora» (1945: 9), había dictaminado Borges años atrás al celebrar la victoria de Inglaterra sobre Alemania en la segunda guerra mundial. Cada vez más consciente de la distancia insalvable que media entre el lenguaje y la realidad, sabía que la condición verbal, que a veces es la debilidad y otras el mérito de una obra, es siempre y fatalmente la única realidad de la literatura.

Pero esa conciencia no le impidió reconocer que «el mundo, desgraciadamente, es real» (1947: 33), ni advertir diferencias entre los escritores y entre las diversas orientaciones literarias y sus procesos históricos. Para el caso que nos ocupa resulta pertinente esta opinión tardía que reelabora otras anteriores: «Antes de Quevedo y de Góngora, la literatura española podía fluir. Sobran ejemplos de ello: básteme recordar el romancero y Villasandino y Manrique y Luis de León y San Juan de la Cruz y, tantas veces, Lope y Cervantes. Quevedo y Góngora ya son espléndidos ocasos; el lenguaje se hace barroco, los rostros se endurecen en máscaras» (1982: 11). Esa rigidez o inmovilidad vuelve en «Góngora» sobre el estatismo condenado ya en los años olvidados del ultraísmo. «Troqué en oro el cabello, que está vivo», parece lamentar el poeta, por si no quedaba claro el lastimoso proceder expuesto en versos precedentes: «Veo en el tiempo que huye una saeta / rígida y un cristal en la corriente / y perlas en la lágrima doliente», había declarado, consciente de que ese proceder atentaba contra el movimiento y contra la vida al optar en sus sustituciones por lo estático, inanimado o mineral. Góngora se veía forzado a cuestionar su propia poesía, o lo que su poesía era para Borges, adoptando una posición acorde con lo que este había buscado desde su juventud: animar lo inanimado, dar movimiento a lo inmóvil. No puedo imaginar una manera más contundente o cruel de rechazar una obra que mostrar a su autor asumiendo ese rechazo, incluso en aspectos que Borges podía compartir en esas fechas tardías, como la fascinación por Virgilio y la nostalgia del latín[43]. «Quiero volver a las comunes cosas: / el

---

43 Él mismo se atribuía «una incurable / nostalgia del latín» en el poema «Aquel», incluido en *La cifra* (1981: 25). El 13 de septiembre de 1980, en la Escuela Freudiana de la Argentina, Borges declaraba que esa nostalgia no era una ilusión suya, «la nostalgia del latín la sintieron, desde luego, Quevedo y Góngora. Cuando Góngora escribe un verso no demasiado hermoso, *plumas vestido ya las aguas mora*, se diría que está tratando de escribir en latín, ya que *plumas vestido* es un ablativo (vestido

agua, el pan, un cántaro, unas rosas», manifiesta el Góngora del poema, lo que no significa optar por la realidad o negar la literatura; supone, sencillamente, preferir algo diferente a las vanas destrezas retóricas que Borges tozudamente había identificado y aún identificaba con el gongorismo o culteranismo.

Referencias bibliográficas

ALAZRAKI, Jaime (1990): «Borges o la ambivalencia como sistema», en Fernando Rodríguez Lafuente (coord.), *España en Borges*. Madrid: Ediciones El Arquero, pp. 11-22.

ALONSO, Dámaso (1927): «Claridad y belleza de las *Soledades*», introducción a *Soledades de Góngora*, editadas por Dámaso Alonso. Madrid: Revista de Occidente, pp. 7-38.

APOLLINAIRE, Guillaume (1974): *Calligrammes. Poèmes de la paix et de la guerre (1913-1916)* [1918]. Préface de Michel Butor. París: Gallimard.

ARTIGAS, Miguel (1925): *Don Luis de Góngora y Argote. Biografía y estudio crítico*. Madrid: Tipografía de la «Revistas de Archivos».

BARRA, Eduardo de la (1888): «Prólogo» a Rubén Darío, *Azul...* Valparaíso: Imprenta y Litografía Excelsior, pp. III-XXXIV.

BORGES, Jorge Luis (1920): «Al margen de la moderna estética». *Grecia*, año 3.9 (31 de enero), p. 15.

BORGES, Jorge Luis (1921a): «Anatomía de mi ultra». *Ultra*, año I, 11 (20 de mayo), s. p. [2].

BORGES, Jorge Luis (1921b): «La metáfora». *Cosmópolis*, 35 (noviembre), pp. 395-402.

BORGES, Jorge Luis (1921c): «Ultraísmo». *Nosotros*, año 15, 39.151 (diciembre), pp. 466-471.

BORGES, Jorge Luis (1922): «Proclama» (*Prisma*, 1, noviembre-diciembre de 1921). *Ultra*, año II, número 21 (1 de enero), s. p. [2].

---

de plumas), luego *morar*, un verbo intransitivo, lo usa como transitivo. En cuanto a Quevedo, pensar en Quevedo es pensar en su maestro, Séneca; leer el *Marco Bruto* es recordar las *Epístolas* de Séneca» (2003: 227). Con el texto de esa charla, en el mismo volumen de *Textos recobrados* se recoge a pie de página «Hoy», una nota publicada en *Clarín* el 16 de septiembre de 1982 en la que se puede leer: «Hasta el romanticismo, que se inició, tal es mi opinión, en Escocia, al promediar el siglo dieciocho y que se difundió después por el mundo, Virgilio era el poeta por excelencia. Para mí, en 1982, es casi el arquetipo» (2003: 230).

Borges, Jorge Luis (1923): *Fervor de Buenos Aires*. Buenos Aires: Imprenta Serantes.

Borges, Jorge Luis (1925): *Inquisiciones*. Buenos Aires: Editorial Proa. «Torres Villarroel (1693-1770)» (*Proa* [segunda época], año 1, número 4, noviembre de 1924, pp. 51-55), pp. 7-14; «El *Ulises* de Joyce» (*Proa* [segunda época], año 2, número 6, enero de 1925, pp. 3-6), pp. 20-25; «Después de las imágenes» (*Proa* [segunda época], año 1, número 5, diciembre de 1924, pp. 22-23), pp. 26-29; «Sir Thomas Browne» (*Proa* [segunda época], año 2, número 7, febrero de 1925, pp. 3-8), pp. 30-38; «Menoscabo y grandeza de Quevedo» (*Revista de Occidente*, año 2, número 17, noviembre de 1924, pp. 249-255), pp. 39-45; «Examen de metáforas» (*Alfar*, números 40 y 41, mayo y junio-julio de 1924), pp. 65-75; «E. González Lanuza» («Acotaciones. E. González Lanuza. *Prismas* — Editorial Samet, 1924», *Proa* [segunda época], año 1, número 1, agosto de 1924, pp. 30-32), pp. 96-99; «Acerca de Unamuno, Poeta» («Acerca de Unamuno poeta», *Nosotros*, año XVII, número 175, diciembre de 1923, pp. 405-410), pp. 100-101; «Queja de todo criollo», pp. 131-138; «Herrera y Reissig» (*Inicial*, año I, número 6, septiembre de 1924, pp. 31-34), pp. 139-145.

Borges, Jorge Luis (1926a): *El tamaño de mi esperanza*. Buenos Aires: Editorial Proa. «El idioma infinito» (*Proa* [segunda época], año 2, número 12, julio de 1925, pp. 43-46), pp. 37-42; «Historia de los Ángeles» (*La Prensa*, 7 de marzo de 1926, sección 2ª, p. 3), pp. 63-69; «La aventura y el orden» («Sobre un verso de Apollinaire», *Nosotros*, año 19, núm. 190, marzo de 1925, pp. 320-322), pp. 70-74; «Examen de un soneto de Góngora» (*Inicial. Revista de la nueva generación*, año 2, número 10, mayo de 1926, pp. 50-53), pp. 123-130.

Borges, Jorge Luis (1926b): «Prólogo», en (con A. Hidalgo y V. Huidobro) *Índice de la nueva poesía americana*. Buenos Aires: Sociedad de Publicaciones El Inca, pp. 14-18.

Borges, Jorge Luis (1927a) «Para el centenario de Góngora». En *Martín Fierro*, año 4, número 41 (mayo 28), p. 1.

Borges, Jorge Luis (1927b) «Para el centenario de Góngora». En *Síntesis*, año 1º, número 1 (junio), p. 109.

Borges, Jorge Luis (1927c): «Gongorismo». En *Humanidades* (Universidad Nacional de La Plata, Facultad de Humanidades y Ciencias de la Educación), tomo XV, pp. 237-239.

Borges, Jorge Luis (1928): *El idioma de los argentinos*. Buenos Aires: M. Gleizer, Editor. «Indagación de la palabra» (*Síntesis*, año 1º, número 1, junio de 1927, pp. 69-76), pp. 9-20; «Otra vez la metáfora» («La metáfora», *La Prensa*, 31 de octubre de 1926, sección 2ª, p. 6), 55-63; «El culteranismo» (*La Prensa*, 17 de julio de 1927, sección 2ª, p. 8), pp. 65-74; «La simulación de la imagen» (*La

Prensa, 25 de diciembre de 1927, sección 2ª, p. 6), pp. 83-91; «Alfonso Reyes. *Reloj de Sol*. Madrid, 1926» (*Síntesis*, año 1°, número 1, junio de 1927, pp. 110-114), pp. 124-131.

Borges, Jorge Luis (1930): *Evaristo Carriego*. Buenos Aires: M. Gleizer, Editor.

Borges, Jorge Luis (1932a): *Discusión*. Buenos Aires: M. Gleizer, Editor. «La supersticiosa ética del lector» (*Azul*, año 2, número 10, junio de 1931), pp. 43-50; «La postulación de la realidad» (*Azul*, año 2, número 8, enero-febrero de 1931), pp. 89-99; «Las versiones homéricas» (*La Prensa*, 8 de mayo de 1932), pp. 139-150.

Borges, Jorge Luis (1932b): «Prólogo» a Roberto Godel, *Nacimiento del fuego*. Buenos Aires: Francisco A. Colombo, Impresor, pp. 7-9.

Borges, Jorge Luis (1933): «Roberto Ledesma. *Trasfiguras*, Tor, Buenos Aires». *Crítica. Revista Multicolor de los Sábados*, año I, número 14 (11 de noviembre de 1933), p. 8.

Borges, Jorge Luis (1945): «Nota sobre la paz». *Sur*, año, XIV, número 129 (julio), pp. 9-10.

Borges, Jorge Luis (1947): *Nueva refutación del tiempo*. Buenos Aires: Oportet & Haereses.

Borges, Jorge Luis (1948): «Prólogo». En Francisco de Quevedo, *Prosa y verso*. Selección y notas de Jorge Luis Borges y Adolfo Bioy Casares. Buenos Aires: Emecé Editores, pp. 7-16.

Borges, Jorge Luis (1952): *Otras inquisiciones (1937-1952)*. Buenos Aires: Sur. «Quevedo» («Prólogo» a Francisco de Quevedo, *Prosa y verso*, Buenos Aires: Emecé Editores, 1948, pp. 7-16), pp. 46-54; «Nathaniel Hawthorne» («Hawthorne», *Cursos y conferencias*, año 18, volumen 35, números 208-209-2010, julio-agosto-septiembre de 1949), pp. 59-80.

Borges, Jorge Luis (1953): *Historia de la eternidad*. Buenos Aires: Emecé Editores. «La metáfora» (*La Nación*, 9 de noviembre de 1952), pp. 69-74.

Borges, Jorge Luis (1955a): *Evaristo Carriego*. Buenos Aires: Emecé Editores.

Borges, Jorge Luis (1955b): *Leopoldo Lugones* (con la colaboración de Betina Edelberg). Buenos Aires: Editorial Troquel.

Borges, Jorge Luis (1957): *Discusión*. Buenos Aires: Emecé Editores. «La supersticiosa ética del lector», pp. 45-50; «Nota sobre Walt Whitman» (*Los Anales de Buenos Aires*, año 2, número 13, marzo de 1947), pp. 121-128.

Borges, Jorge Luis (1960a): *El hacedor*. Buenos Aires: Emecé Editores. «Una rosa amarilla» (*El Hogar*, año 52, número 2409, 20 de enero de 1956, p. 17), pp. 31-32; «Borges y yo» («Prosas», *La Biblioteca*, segunda época, volumen 9, número 1, primer semestre de 1957, pp. 116-118 [117-118]), pp. 50-51.

Borges, Jorge Luis (1960b): «Alfonso Reyes». *Sur*, número 264 (mayo-junio), pp. 1-2.

Borges, Jorge Luis (1961): «Discurso». En «Homenaje a don Luis de Góngora». *Boletín de la Academia Argentina de Letras*, tomo XXVI, número 101-102 (julio-diciembre), pp. 391-395.

Borges, Jorge Luis (1965): «*Mutaciones*, por Betina Edelberg. Edit. Colombo. Buenos Aires, 1964». *Davar. Revista Literaria*, 104 (enero-febrero-marzo), pp. 126-127.

Borges, Jorge Luis (1967): «Rubén Darío». *Boletín de la Academia Argentina de Letras*, tomo XXXII, 123-124 (enero-junio), pp. 79-80.

Borges, Jorge Luis (1969): *El otro, el mismo*. Buenos Aires: Emecé.

Borges, Jorge Luis (1980): *Siete noches*. México: Fondo de Cultura Económica: «La pesadilla», pp. 33-54; «La poesía», pp. 99-121.

Borges, Jorge Luis (1981): *La cifra*. Buenos Aires: Emecé Editores.

Borges, Jorge Luis (1982): «Prólogo» a Francisco de Quevedo, *Antología poética*, Madrid: Alianza Editorial, pp. 7-15.

Borges, Jorge Luis (1985a): *Los conjurados*. Madrid: Alianza Editorial.

Borges, Jorge Luis (1985b): «La metáfora». En *Nuestras Letras 1*. Madrid: Servicio de Publicaciones del Ministerio de Educación y Ciencia, pp. 35-46.

Borges, Jorge Luis (1986): «Una alarmante *Historia de la literatura*» (*El Hogar*, 8 de abril de 1938). En *Textos cautivos. Ensayos y reseñas en «El Hogar» (1936-1939)*. Edición de Enrique Sacerio-Garí y Emir Rodríguez Monegal. Barcelona: Tusquets Editores, pp. 222-225.

Borges, Jorge Luis (1997): *Textos recobrados 1919-1929*. Buenos Aires, Emecé Editores. «Ultraísmo» (*El Diario Español*, Buenos Aires, 23 de octubre de 1921), pp. 108-111; «Guillermo de Torre, *Hélices*, Madrid, 1923» (*Proa*, año I, 3, julio de 1923), p. 174.

Borges, Jorge Luis (1999): *Cartas del fervor. Correspondencia con Maurice Abramowicz y Jacobo Sureda (1919-1928)*. Barcelona: Galaxia Gutenberg-Círculo de Lectores-Emecé.

Borges, Jorge Luis (2001): *Textos recobrados 1931-1955*. Buenos Aires, Emecé Editores. «Leyes de la narración policial» (*Hoy Argentina*, abril de 1933), pp. 36-39; «La eternidad y T. S. Eliot» (*Poesía*, julio de 1933), pp. 49-52.

Borges, Jorge Luis (2003): *Textos recobrados 1956-1986*. Buenos Aires, Emecé Editores. «Nostalgia del latín» (*Cuadernos de Psicoanálisis*, Buenos Aires, año XII, 2, 1982), pp. 224-230; «Hoy» (*Clarín*, 16 de diciembre de 1982), p. 230, nota 3.

Cascales, Francisco de (1634): *Cartas philologicas*. Murcia: Luis Verós.

FERNÁNDEZ DE CÓRDOBA, Francisco (1925): «Examen del Antídoto o Apología por las Soledades de Don Luis de Góngora contra el autor de el Antídoto. [Por Don Francisco de Córdoba Abad de Rute.]». En M. Artigas: *Don Luis de Góngora y Argote. Biografía y estudio crítico*, «Apéndice VII», pp. 400-467.

FERNÁNDEZ DURO, Cesáreo (1897): *Armada Española desde la Unión de los reinos de Castilla y de León*, tomo III. Madrid: Sucesores de Rivadeneyra.

GODEL, Roberto (1927): «A don Luis de Góngora». En *Martín Fierro*, año 4, número 41 (mayo 28), p. 2.

GÓNGORA, Luis de (1659): *Obras*. Bruselas: Imprenta de Francisco Foppens.

GÓNGORA, Luis de (1981): *Sonetos*. Edición de Biruté Ciplijauskaité. Madison: Hispanic Seminary of Medieval (University of Wisconsin).

HENRÍQUEZ UREÑA, Pedro (1926): «Borges, J. L. — *Inquisiciones*. — Buenos Aires, Editorial Proa, 1925». *Revista de Filología Española*, vol. XIII, pp. 79-80.

LUGONES, Leopoldo (1916): *El payador. Hijo de la pampa*. Buenos Aires: Otero & Co.-Impresores.

MACHADO, Manuel (1922): «Los poetas españoles de mañana». En *Observando España*, redactado por Juan de Moraleda. Madrid: Imprenta Pueyo, p. 85.

MARECHAL, Leopoldo (1927): L. M., «Venganza». En «Parnaso satírico», *Martín Fierro*, año IV, números 45-46 (agosto 31 – noviembre 15), p. 16.

MENÉNDEZ Pelayo, Marcelino (1896): *Historia de las ideas estéticas en España*, tomo III (siglos XVI y XVII). Madrid: Sucesores de Rivadeneyra.

MILNER, Zidlas (1920): «Góngora et Mallarmé. La connaissance de l'absolu par les mots». *L'Esprit Nouveau*, 3, pp. 285-296.

MOLINARI, Ricardo E. (1927a): «Góngora». En *Martín Fierro*, año 4, número 39 (marzo), p. 4.

MOLINARI, Ricardo E. (1927b): «Alfonso Reyes». En *Martín Fierro*, año 4, número 40 (abril), p. 4.

PELLICER, Juan Antonio (1800): *Vida de Miguel de Cervantes Saavedra*. Madrid: Gabriel de Sancha.

PELLICER, Rosa (1990): «Cartas de Jorge Luis Borges a Adriano del Valle». En *Voz y Letra*, I, número 2, pp. 207-214.

PELLICER DE SALAS Y TOVAR, Joseph (1921): «Vida, i escritos de Don Lvis de Góngora (Vida menor)» y «Vida de Don Luis de Góngora (Vida mayor)». En *Obras poéticas de D. Luis de Góngora*. Edición de Raymond Foulché-Delbosc. New York; The Hispanic Society of America, tomo tercero, pp. 291-295 y 296-308.

REYES, Alfonso (1910): «Sobre la estética de Góngora». En *Cuestiones estéticas*. París: Librería Paul Ollendorff, pp. 89-132.

REYES, Alfonso (1926): «Algunas sociedades secretas». En *Reloj de sol*. Madrid: Tipografía Artística, pp. 44-47.

RODRÍGUEZ MONEGAL, Emir (1978): «Borges, lector del barroco español», *XVII Congreso del Instituto Internacional de Literatura Iberoamericana* [1975]. Madrid: Ediciones Cultura Hispánica del Centro Iberoamericano de Cooperación. *Primer tomo: El barroco en América*, pp. 453-469.

ROJAS PAZ, Pablo (1927): «Góngora y el clasicismo». *Síntesis*, año 1º, número 1 (junio), pp. 85-89.

ROSES, Joaquín (2007): «Borges hechizado por Góngora» [2001]. En *Góngora: Soledades habitadas*. Málaga: Universidad (Colección Thema, 52), pp. 307-345.

ROSES, Joaquín (2014): «La recepción creativa de Góngora en la poesía hispanoamericana». En A. Castro Díaz (ed.): *Actas del Congreso «Góngora y su estela en la poesía española e hispanoamericana. El* Polifemo *y las* Soledades *en su IV Centenario» (Córdoba, 17-20 de octubre de 2013)*. Sevilla: Asociación Andaluza de Profesores de Español «Elio Antonio de Nebrija»/Diputación de Córdoba, pp. 181-209.

TORRE, Guillermo de (1925): «La imagen y la metáfora en la nueva lírica». En *Literaturas europeas de vanguardia*. Madrid: Rafael Caro Raggio, Editor, pp. 396-319.

TORRE BORGES, Miguel de (2005): *Borges. Fotos y manuscritos con 15 retratos*. Recopilación y epílogo de Miguel de Torre Borges; prólogo de Adolfo Bioy Casares. Buenos Aires: Alloni/Proa Editores.

UNAMUNO, Miguel de (1912): *Del sentimiento trágico de la vida*. Madrid: Renacimiento, Sociedad Anónima Editorial.

VACCARO, Alejandro (2006): *Borges: vida y literatura*. Buenos Aires: Edhasa.

VÁZQUEZ SIRUELA, Martín (1925): «Discurso sobre el estilo de don Luis de Góngora». En M. Artigas: *Don Luis de Góngora y Argote. Biografía y estudio crítico*, «Apéndice V», pp. 380-394.

VEGA CARPIO, Lope de (1621): «Respuesta de Lope de Vega Carpio (Discurso de la nueva poesía)». En *La Filomena con otras diversas Rimas, Prosas, y Versos*. Barcelona: Por Sebastián de Cormellas, ff. 189v-199v.

Vicente Cervera

Góngora en el Borges de senectud

Resumen: En su poesía de senectud, Jorge Luis Borges destaca y singulariza la presencia de Luis de Góngora como referente de una poética con la cual estuvo dialogando, tanto en el ámbito del ensayo cuanto en el de la ficción, a lo largo de toda su trayectoria literaria. El poeta cordobés se erige, así pues, como figura central para la comprensión de la estética del argentino, a quien dedicará un poema-epifanía en el último de sus poemarios: *Los conjurados* (1985). El recorrido y análisis de esta relación vertebran este artículo.

Palabras clave: Góngora, Borges, *Los conjurados*, mitología, ultraísmo.

En la inmensa novela lírica *La muerte de Virgilio* plantea su autor, Hermann Broch, uno de los episodios más controvertidos de la historia de la literatura clásica, que el escritor austriaco extrapola a su propia realidad existencial, infiriendo de tal modo una poética general o filosofía del arte. Nos hallamos en las últimas horas de la muerte de Virgilio. La novela, concebida durante la ocupación nazi y la reclusión carcelaria de Broch de cinco semanas en la prisión de Alt-Ausse, y concluida en su exilio norteamericano, donde sería publicada en 1945, refiere las últimas horas de la vida del poeta mantuano, centradas en su firme decisión de convertir en pasto de las llamas el manuscrito de la *Eneida*. El poema épico, como explica Hanna Arendt en su recreación de Broch, «ha de ser quemado en aras del conocimiento empírico y, luego, este conocimiento empírico es sacrificado como precio a la amistad del emperador [Augusto], precio que nos descubre exigencias políticas eminentemente prácticas de la época» (Arendt, 1974: 22–23).

Las profundas razones que determinan la decisión de Virgilio son interiorizadas en el personaje creado por Broch hasta el punto de conformar todo un flujo lírico que recorre las 500 páginas de la novela, y así subrayar con su ejemplo una auténtica negativa a la concepción del arte como mera mímesis o imitación de modelos adocenados, de un arte creado con fines espurios, bien de naturaleza estética o política y que, eminentemente, no está concebido como caudal de conocimiento. Una creación artística que no participa del conocimiento ontológico, el de la vida y el de la muerte, no añade, en la visión que el austriaco nos ofrece de Virgilio, más que mera forma, artefacto externo y funcional, aunque sea hermoso y haya sido bien formulado; un producto hueco y vacío, vestimenta bien ornada sobre un alma simulada; un testimonio sin verdad ni hondura: una nadería. En los ensayos sobre literatura, el mismo Broch argumenta sobre estos asuntos y confirma la invalidez ética de ese sistema falso de valores en el arte que se vincula, en el fondo, a una expresión sofisticada del mal y a la asunción del concepto de *kitsch*. Kitsch en tanto carencia de valor auténtico y expresión de la fruslería o banalidad de la ejecución artística desvinculada de la verdad y de la voluntad de conocer: de conocer desde un sistema de creencias auténtico y no falsificado[1].

En el capítulo tercero de la novela, el único dialogado, y que Broch titula «Tierra. La Espera», asistimos al último encuentro entre el poeta y el emperador, momento crucial que le permite al autor argumentar desde la raíz los motivos que condicionan la firme convicción virgiliana acerca de su decisión. El monólogo interior que sirve de bajo continuo para esta escena capital en la novela indaga en los sentimientos del poeta y en las razones más profundas que habrá de convertir en palabras para convencer al emperador Augusto sobre el fracaso de su hazaña poética. El conocimiento profundo, la mostración veraz de las creencias sobre lo divino y sus vínculos con los hombres, las motivaciones íntimas de las criaturas épicas..., todo ello es interpretado por el espíritu del agonizante como un mero simulacro de una verdad que se había disuelto entre sus versos:

> Nada de esto había sido retenido y, en lugar de esto, había surgido una copia discretamente feliz del modelo homérico, una hueca nada, rellena con dioses y héroes de conducta homérica, frente a cuya irrealidad hasta el cansancio del tataranieto allí sentado

---

1 «El que produce *kitsch* no es uno que produce un arte inferior, no es un ignorante parcial o total en el arte, no es alguien a quien se le pueda enjuiciar de acuerdo con los cánones de la estética, sino que es un proscrito desde el punto de vista ético, un delincuente que quiere el mal radical. Y como quiera que lo que en este caso se manifiesta es el mal radical, el mal en sí mismo que está en una relación de polarización absolutamente negativo respecto a todo sistema de valores, el *kitsch* es necesariamente malo no sólo para el arte, sino también para todo sistema de valores» (Broch, 1974: 431). De ahí surge una doble aplicación histórica: el mal en la época final del Imperio Romano y en la Segunda Guerra Mundial: «El último período histórico del Imperio Romano, amenazado de ruina, produjo *kitsch*, y los tiempos actuales, punto final de ese proceso que acabó con la cosmogonía medieval, han de ser representados asimismo por el mal de lo estético, pues las épocas de la pérdida definitiva de los valores son impulsadas por el mal y por el miedo al mal, y un arte que pretende ser expresión cabal y fidedigna tiene que ser también expresión del mal que actúa en ellas» (*ibidem*: 432).

aún significaba fuerza; sí, divina era incluso esa cansadísima sonrisa, que brillaba aquí en la mirada del César...; pero en el poema, el vencedor del Accio no tiene ni rostro ni sonrisa, sólo posee una armadura y un yelmo; carente de verdad era el poema, lejos de la realidad su héroe Eneas, lejos de la realidad en él el descendiente de Eneas, un poema sin profundidad de conocimiento, que nada verdadero ha retenido, incapaz de ello, porque sólo en el conocimiento se disciernen la luz y la sombra y constituyen una forma: el poema había quedado pálido, sin sombras (Broch, 1984: 322).

Frente a su criatura verbal, Virgilio dialoga, mientras agoniza, con la figura del Poder, a quien brindará su poema y también la razón de ser del mismo: la filiación heroica del descendiente de la guerra de Troya que figura en el noble linaje de Augusto tras la mítica fundación de Roma y que proclama al Emperador descendiente del linaje mítico de los héroes fundacionales. Frente a su *Eneida*, contaminada por tal motivación política y expulsada del sistema de creencias sobre lo divino, cartón piedra entre los versos que simulan su poder sobre los hombres, el poeta distingue la verdad y la autenticidad de los poetas y dramaturgos griegos. Así, «En Esquilo» —argumenta Virgilio ante el Emperador— «el conocimiento precedió a la poesía siempre y desde el principio, mientras que yo lo he querido buscar a través de la poesía» (Broch, 1984: 328). Un método opuesto a la emanación formal de lo verdadero, que provoca un quiebre fatal entre la estética y la ética —de algún modo similar al que Nietzsche decretara enfrentando análogamente el teatro de Esquilo al de Eurípides en lo que denominara «decadencia socrática» de la tragedia desde su nacimiento—. Así, para el Virgilio de Broch, «nacidos del íntimo conocimiento, sus símbolos [los de Esquilo] son al mismo tiempo interiores y exteriores; por eso han pasado a lo perdurable, como todas las imágenes del gran arte griego: nacidas del conocimiento, se han tornado verdad permanente». De este modo, en fin, la poesía se torna víctima, más o menos consciente, «de la asunción de unos ideales inmanentemente estéticos, que se evidencian en el llamado "arte por el arte" de modo patente, desde el momento en que convierte al objeto artístico en mera producción idolátrica de belleza». (Cervera, 2007: 201).

Estas premisas propias de una filosofía del arte parecen resonar en las íntimas objeciones que despliega la mirada poética que en su senectud proyectó Jorge Luis Borges hacia la obra de Luis de Góngora. Y quiero recalcar el hecho de que sea precisamente la mirada poética —y no ya la teórica o ensayística sobre el poeta cordobés— la que en este punto me interesa perfilar, puesto que desde su juventud el autor de las *Soledades* fue objeto de interés estético por parte del autor de *El Aleph*. La recepción gongorina en la obra completa de Borges cabe sintetizarse en el binomio con que la acuñó Joaquín Roses en el Congreso «Góngora y su estela en la poesía española e hispanoamericana» en

2013: «admiración y rechazo» (Roses, 2014: 193)[2]. No obstante, cabe advertir en esta relación estética, como en toda humana, un proceso de construcción hacia un visión más sólida y conclusiva en el Borges liminar. Así, las conversaciones mantenidas en los años ochenta con Osvaldo Ferrari[3], y a propósito del proyecto que ocupaba su atención entonces de realizar una antología de sonetos, se atreve a manifestar el argentino que «los mejores sonetos del idioma castellano han sido escritos por Lope de Vega y por Enrique Banchs», afirmación que precede a una risa registrada por su interlocutor. Tildada como «tesis bastante arriesgada», argumenta Borges que en un principio cualquier lector culto tendería en pensar en los sonetos de Quevedo, de Lugones o de Góngora, pero sin el menor recato añade que realmente le ha «resultado casi imposible encontrar un soneto de estos autores sin una ocasional fealdad», aspecto que no hubo observado en los casos de Lope ni de Banchs. A partir de esta premisa, la ecuménica memoria borgeana comienza a ilustrar con oportunos versos de peculiar afirmación, llegando así al caso del poeta cordobés, donde también ha descubierto «cierta fealdad» en esas determinadas y sorpresivas ocasiones, aunque, en este caso, se trataría más bien de «fealdades decorativas». Y en ese punto postula una consideración de más largo alcance:

> además, el hecho de apelar continuamente a una mitología -lo cual me parece bien- pero a una mitología en la cual él no creía, —no sé si hay derecho a su empleo—. Por ejemplo, me parece bien que un poeta griego hubiera hablado de Febo en lugar de decir «el sol», porque podría creer en Febo, pero en el caso de Góngora no, resulta puramente decorativo, ya que él, ciertamente no era devoto de los dioses paganos. Los usaba (...) como una herencia de los clásicos, pero no sé si tenía derecho a recibir esa herencia (Borges-Ferrari, 2005a: 225)[4].

---

2   Buen ejemplo de tal ambivalencia mantenida en el tiempo es la siguiente declaración que hallamos en el ensayo «Nota a Walt Whitman» de *Discusión*: «Góngora, creo, fue el primero en juzgar que un libro importante puede prescindir de un tema importante; la vaga historia que refieren las *Soledades* es deliberadamente baladí, según lo señalaron y reprobaron Cáscales y Gracián (*Cartas filológicas*, VIII; *El Criticón*, II, 4)» (Borges, 1974: 249).

3   «Con humor, sin afirmar, sino conjeturando, Borges expresaba las constantes de su pensamiento bajo una luz distinta. Ese estado particular de su espíritu se reflejó intensamente en las conversaciones que se desarrollaron entre marzo de 1984 y setiembre de 1985 -fechas en medio de las cuales Borges cumplió 85 y 86 años-; es decir [...] tuvieron lugar en parte de los tres últimos años de su vida» (Borges-Ferrari, 1992: 11).

4   Más tarde matizaría este aserto en otra conversación sobre Góngora. Sin embargo, ese «segundo poema» nunca llegaría a escribirse: «*Osvaldo Ferrari*: Hace poco, Borges, usted me decía que había estado escribiendo un poema a Góngora.

El dictamen de Borges, por más que luego fuera matizado en ulteriores conversaciones con Ferrari, entronca con su visión de la poesía áurea peninsular desde el punto de vista de la rigidez expresiva —no reconocible, en cambio, por él en la poesía del Romancero ni en las del siglo XVI castellanos—, pero en el caso de la obra gongorina su perspectiva crítica se incrementa por efecto de esa reticencia al uso de un repertorio mitológico atraído por razones meramente ornamentales y retóricas. También, en una de las conferencias recogidas en el volumen *Borges profesor*, a la hora de referirse al poema medieval anglosajón de *Beowulf*, de factura épica y de autor anónimo, describe cómo este «ha tomado una antigua leyenda germánica y hace con ella una epopeya siguiendo las normas sintácticas latinas. Gracias a esos pocos versos intercalados, vemos que el autor se ha propuesto hacer una *Eneida* germánica». Y a continuación espeta su reparo: «Pero en ese intento el autor se encontró con un problema: no podía, guardando el decoro de la época, hablar elogiosamente de los dioses paganos. Porque en el siglo VIII se estaba aún muy cerca de la era pagana, que estaba viva en las gentes. En los principios de la era cristiana, ocurrió lo mismo. Solamente

---

—*Jorge Luis Borges*: Un segundo poema. Yo escribí antes uno que empezaba diciendo: "Marte la guerra, Febo el sol, Neptuno el mar / que ya no pueden ver mis ojos / porque lo borra el dios". Es decir, a mí me pareció que las divinidades griegas, en las que ya no creía Góngora, bueno, en este caso le habían tapado, le habían borrado la visión de las cosas; de modo que en lugar de la guerra, él veía a Marte, en lugar del sol a Febo, en lugar del mar a Neptuno.
[*Osvaldo Ferrari*]: Que veía mitológicamente.
[*Borges*]: Veía mitológicamente, y veía mitológicamente a través de una mitología muerta para él. Entonces, yo imaginé ese poema, pero luego, reflexionando, pensé que ese poema era injusto, que podría escribirse otro en el cual Góngora me contestara; me dijera que hablar del mar, de algo tan diverso, tan vasto, tan inagotable como el mar, es no menos mitológico que hablar de Neptuno. Y en cuanto a una guerra, ya sabemos que todas las guerras son terribles; pero ya la palabra "guerra" es, quizá, no menos mitológica que "Marte". Y en cuanto al sol, "Febo", desde luego, es y no es el sol. De manera que podríamos llegar a la conclusión de que todos los idiomas son tan arbitrarios como aquel idioma del Culteranismo, en que no se hablaba del sol sino de Febo. Y hasta Góngora, podría decirse que si él habla de Febo, y habla de Marte, Y en habla de Neptuno, reconoce que hay algo sagrado en esas cosas, y quizá en todas las cosas; ya que si yo digo Febo, yo afirmo algo divino en el sol; y si digo: Marte afirmo algo por lo menos sagrado e inexplicable en la guerra. Es decir, yo pensé que todas las palabras, o que todo un idioma, pueden ser mitológicos, ya que reducen el mundo; el mundo que cambia continuamente, a una serie de palabras rígidas» (Borges-Ferrari, 2005b: 133).

en el siglo XVII, casi diez siglos después, vemos a Góngora hablar tranquilo y sin problemas de los dioses paganos» (Borges, 2000: 28).

Con estas declaraciones, más o menos atenuadas, Borges va pautando, desde los años sesenta en que dictó sus clases en la Universidad de Buenos Aires (1966) hasta su senectud, la visión final sobre la poesía de Luis de Góngora, un cierre apoteósico que culminaría con la publicación en 1985 de su poema «Góngora» en su último poemario, *Los conjurados*, y que vendría así a completar el inmenso y constante interés que profesó, con mayor o menor pudor o veracidad, desde los años veinte y fue espigando de modo disperso a lo largo de toda su producción ensayística. El hecho de que la corona literaria de ese extraño vínculo entre Borges y Góngora se materialice no en una reflexión, ora fugaz, ora perversa, sobre el genio culterano y, por ende, sobre la misma esencia del Barroco hispano, no resulta baladí, pues es precisamente a través de la palabra hecha verso, de esa tan reconocible poesía del logos, como cincela al cabo el poeta argentino sus mejores intuiciones y sus más brillantes iluminaciones. Por ello, lejos de transitar de nuevo por caminos que otros críticos ya han realizado en torno a la presencia errante de Góngora en su obra —aparentemente nunca central, como sí lo fuera la de Quevedo o Cervantes—, trataré de sumergirme en los versos que dictara un Borges octogenario en el poema susodicho sobre un autor al que siempre valoró desde el claroscuro, más por sus tinieblas que por sus deslumbres.

En efecto, estudios rigurosos como los de Martha Lilia Tenorio en sus tres entradas sobre Borges y Góngora en la revista electrónica «Círculo de poesía» en 2014; el de Joaquín Roses, «Borges hechizado por Góngora» (2001) —donde recala en los más destacados textos donde los versos culteranos son atrapados por Borges desde el hechizo de su crítica ambivalente—, o el de Emilia de Zuleta (1999), «Borges y España» —más conectado en general con la presencia de la poesía española en la atención del poeta y ensayista de *Otras inquisiciones*— y, para ir remontando hacia atrás, los trabajos de Gloria Videla, examinando a Borges como «juez de Góngora» y Evangelina Rodríguez Cuadros en 1990, revisitando el «lujoso dialecto de Góngora»[5] en la obra de Borges, nos permiten desistir de la tentación de revisar la diacronía y los pasos —perdidos unos, otros inspirados— que recorre Borges por los versos del cordobés. Su caso dista sobremanera del designio panegírico de su amigo Pedro Henríquez Ureña, ya liberado por la lectura oscurantista y «menendezpelayesca», quien ya en el número de *Martín*

---

5   Sintagma aplicado a Alexander Pope y, por analogía, a Góngora en «Las versiones homéricas» de *Discusión* (Borges, 1974: 243).

Fierro de 1927 apunta la idea de Góngora como precursor del simbolismo y de la nueva sensibilidad vanguardista más allá de la dicotomía entre sus sombras y su luz (Henríquez Ureña, 1927: 2[6]). Y por supuesto se aparta asimismo del minucioso interés filológico de su amigo y maestro Alfonso Reyes, que aisló la obsesión por el *Polifemo* en sus *Cuestiones gongorinas* y sus *Tres alcances a Góngora*[7].

A despecho de ello, Borges nunca olvidó a don Luis y, más bien, lo tuvo bien presente en sus disquisiciones varias, por lo que las alusiones y citas gongorinas en su obra son mucho más frecuentes —aunque, eso sí, en apariencia ocasionales— de lo que pudiera en principio parecer a un lector acostumbrado a las reticencias borgesianas por el exceso y la opulencia expresivas, hasta el extremo de referirse en alguna ocasión a los «sorprendentes defensores de Góngora»[8]. Tal vez, justamente por eso, su infatigable y siempre voraz memoria imantaba con no poca frecuencia versos, metáforas o términos de rara invención gongorina que eran revisitados por el autor de *Ficciones* para apuntalar una impresión

---

6   Así, en sus famosas *Corrientes literarias*... afirma, respecto a los poetas hispanoamericanos del XVII: «Suele decirse que el gusto barroco, y especialmente la influencia de Góngora, ensombrece de un modo lamentable la inteligencia de nuestros poetas, y aun de nuestros prosistas, en la segunda mitad del siglo XVII. Cierto es que, como una especie de *reductio ad absurdum* del barroco, produjéronse gran número de obras extravagantes e inútiles, desde los centones de versos tomados de Góngora o Virgilio hasta los sonetos acrósticos, "laberintos" con criptogramas, romances con eco, poemas en once idiomas, y poema "retrógrados" en latín, que lo mismo pueden leerse de arriba abajo que de abajo arriba. Pero cargarle todo esto a Góngora es una aberración de críticos posteriores y mal informados, pues él nunca prohijó tan extraños monstruos» (Henríquez Ureña, Pedro, 2007: 101).

7   Señala Reyes en la página «Contenido de este libro», —refiriéndose al volumen VII de sus *Obras completas* editadas por el FCE: «Las *Cuestiones gongorinas* —salvo breves líneas adicionales que se indican en el lugar oportuno— datan de la época madrileña y pertenecen a los años 1915 a 1923 (...). Ver también "Correspondencia entre Raymond Foulché-Delbosch y Alfonso Reyes" (*Ábside*, México, 1955, XIX, 1 en adelante), que especialmente se refiere a la preparación de las *Obras Completas* de Góngora, en tres volúmenes, que ambos publicamos en 1921. Por fin: "*Tres alcances a Góngora:* "Sabor de Góngora" y "Lo popular en Góngora", que antes aparecían en la segunda serie de los *Capítulos de literatura española* (1945), pasaron al presente tomo por la afinidad del asunto. Por igual motivo se recoge aquí el ensayo, muy posterior, sobre "La estrofa reacia del *Polifemo*"» (Reyes, 1958: 7).

8   En «La postulación de la realidad» de *Discusión*: «Los sorprendentes defensores de Góngora la vindicaban de la imputación de innovar mediante la prueba documental de la buena ascendencia erudita de sus metáforas. El hallazgo romántico de la personalidad no era ni presentado por ellos» (Borges, 1975: 219).

estética o escalar una disertación retórica o un juicio crítico. Como recapitula con certeza Joaquín Roses, «Desde un ensayo de 1926 dedicado enteramente al análisis de un soneto del cordobés, hasta el poema "Góngora" (1985), en la obra de Borges puede documentarse una intensa inquisición sobre determinadas ideas para cuyo esclarecimiento le era fundamental el caso Góngora». Y añade: «Los latinismos, la metáfora o el hipérbaton, la literatura que se cifra en ser literatura, le recuerdan ineludiblemente lo que él consideraba —utilizando el término de Unamuno— "las tecniquerías" del autor de las *Soledades*», hasta el punto de tildarlo como el «Torquemada de Góngora», a partir de los ensayos de *Inquisiciones* (1925) (Roses, 2001: 609-613), mas sin renunciar en ningún momento a la constatación de su «hechizo». Martha Lilia Tenorio apura aún más la cronología, reconociendo ya en 1921 la primera mención a Góngora del apasionado ultraísta en el manifiesto así intitulado, «Ultraísmo», como curioso antecedente de la práctica multi-metafórica que los jóvenes vanguardistas practicaban en la España de comienzos de esa década[9], y que terminarán también abanderando los miembros de la Generación del 27, en torno al patriarca del «arte por el arte».

Así, en el número conmemorativo dedicado al «aniversario de Góngora» de la revista *Martín Fierro* del año 1927, cuando nuestra generación poética española formaba filas para su visita a la tumba del maestro, Borges arranca su escrito con un memorable apotegma: «Yo siempre estaré listo para pensar en d. Luis de Góngora cada cien años», para cerrar su lacónico comunicado con un juicio frontal y una vigorosa atenuación o petición de gracia por su rigor crítico: «Góngora —ojalá injustamente— es símbolo de la poderosa tecniquería, de la simulación del misterio, de las meras aventuras de la sintaxis. Es decir, del

---

9 «En su juventud, Borges se ofreció como uno de los "teóricos" del ultraísmo. Precisamente en una defensa de ese "credo estético", publicada en *El Diario Español* en 1921, "Ultraísmo", está la primera mención de Góngora; curiosamente, no como ejemplo de lo que no ha de hacerse, sino todo lo contrario, como antecedente de la práctica ultraísta de la sucesión de imágenes. Borges responde una afirmación de Manuel Machado que acusaba a los ultraístas de practicar "una tendencia forastera e importada", demasiado propensa a "escribir en sucesión de imágenes". Explica que el procedimiento no proviene de Apollinaire o de Rimbaud (como Machado supone), sino de "nuestros clásicos"; "no sólo de poetas conscientemente marginales y banderizos como don Luis de Góngora, sino de Calderón, de Baltasar Gracián, y con principalísimo relieve, de Quevedo". No asombra el lugar dado a Quevedo; pero sí es notable la muy natural, asunción de la marginalidad de Góngora» (Tenorio, 2014a: s/p).

academismo que se porta mal y es escandaloso. Es decir de esa melodiosa y perfecta no literatura que he repudiado siempre». Y tras el juicio, la presunción de inocencia: «Consigno mi esperanza —tantas veces satisfecha— de no tener razón» (Borges, 1927: 1). La ironía borgesiana se topa a sí misma con la concesión del beneficio de la duda: la de no tener razón y descreer escépticamente de su propio veredicto estético, de su sentencia; la que condena categóricamente una «perfecta no literatura» desde siempre repudiada. El extremo de esta línea freudianamente denigratoria (en la acusación se revela el asombro, la admiración y el interés, como el de Sarmiento ante Quiroga) se fijará en 1961 en la conferencia «Homenaje a d. Luis de Góngora» (en el cuarto centenario del nacimiento del poeta cordobés), donde llega a exacerbar la clásica polémica entre Góngora y Quevedo, llegando a asegurar —como nos recuerda Teodosio Fernández, y también recoge Juan Gustavo Cobo Borda en el recorrido que hace de Borges por el *Boletín de la Academia Argentina de Letras*[10]— que el mejor soneto de Góngora cabría atribuirse a la pluma de su rival[11], en esa técnica ya acuñada en «Pierre Menard, autor del Quijote» de las «atribuciones erróneas»[12], pero en este caso manifiesta no sin distinguida malevolencia[13].

---

10 «Igual ocurre con Góngora. "Yo tengo para mí que a Góngora sólo le interesaban las palabras" Así comienza Borges su discurso con motivo del cuarto centenario de su nacimiento, y así razona, entre otros, dos temas que vale la pena subrayar. "Yo casi llegaría a decir que no hay metáforas en Góngora, que no compara una cosa con otra; acerca una palabra a otra, lo cual es distinto". (...) En cinco páginas, Borges, lector, no sólo ha enriquecido nuestra idea de Góngora. También nos ha obligado a pensar: ¿la poesía sólo se escribe con palabras o es el Espíritu quien la redacta a través nuestro?» (Cobo Borda, 1999: 298-299).

11 Más tarde atenuaría esta punzada en una curiosa nota escrita en 1954 a su juvenil *Evaristo Carriego* para la edición de Emecé de sus *Obras Completas*: «Conservo estas impertinencias para castigarme por haberlas escrito. En aquel tiempo creía que los poemas de Lugones eran superiores a los de Darío. Es verdad que también creía que los de Quevedo eran superiores a los de Góngora» (Borges, 1974: 122).

12 «Menard (acaso sin quererlo) ha enriquecido mediante una técnica nueva el arte detenido y rudimentario de la lectura: la técnica del anacronismo deliberado y de las atribuciones erróneas» (Borges, 1974: 450).

13 Examina Borges el soneto gongorino «Menos solicitó veloz saeta» estrofa a estrofa. Al llegar a la final declara: «Luego, plenamente justificado por la pasión, ocurre el movimiento extraordinario de los últimos versos: *Mal te perdonarán a ti las horas; las horas que limando están los días, / los días que royendo están los años*. En estos versos últimos el poeta va edificando el tiempo, hace días con horas, años con días, y finalmente los destruye, y si no supiéramos que este soneto es de Góngora, creeríamos que es de Quevedo. Este soneto sería acaso el mejor soneto de Quevedo. ¿Qué

Este arco del Borges veinteañero se da cita en los ochenta con un Borges maduro y sosegado, que asiente y disiente simultáneamente ante las sentencias punzantes de su exaltada juventud. Contrastando, pues, el texto del aniversario argentino de Góngora en 1927 con el poema publicado en 1985, a un año tan solo de su muerte en Ginebra, creemos reproducir en el plano de la lírica una sensación afín a la que produce la lectura de sus cuentos sobre el motivo del doble de sí mismo en etapas contrapuestas de su vida, como lo son «El otro» (de *El libro de arena*, 1975, aunque redactado en 1972), en referencia a los hechos «ocurrido en el mes de febrero de 1969, al norte de Boston, en Cambridge» y «Veinticinco de agosto de 1984», uno de sus últimos relatos, contemporáneo a la escritura del poema de *Los conjurados*. El estupor de hallarse a la orilla del río Charles frente a su propio yo rescatado «a unos pasos del Ródano» ginebrino (Borges, 1989: 11-12), el repentino reconocimiento, la mágica anamnesis efectuada por el provecto narrador, que asiente y disiente al mismo tiempo ante el temperamento vehemente de su mocedad, resuenan al fin en este exquisito poema de un Borges octogenario donde la vigorosa «respiración de la inteligencia» se serena y viste de hermosura y de una luz no usada en los escritos fulgurantes de su juventud.

El contexto en que es editado el poema merece asimismo algún comentario. *Los conjurados*, título con que el argentino cierra su catálogo de «obras completas», mantiene la tendencia manifiesta desde los años setenta a ejercitar un modelo lírico basado en el concepto de «variaciones» sobre temas ya manifiestos anteriormente[14]. La poética de Borges, proclamada de modo definitivo en los

---

consecuencias sacaremos de todo esto? Creo que podemos sacar la consecuencia de que la singularidad personal, aun la singularidad personal de un hombre de tanto talento como Góngora, es deleznable si la comparamos con lo que da la simple y pura pasión. Pudiera decir que hay un tema en la literatura española, ese tema fue prefigurado por Séneca, ese tema es el de Manrique, de Caro, de la *Epístola Censoria* de Quevedo, y de Góngora. Ese tema, que es un lugar común, que tarde o temprano nos alcanza, es el sentir que corremos como el río de Heráclito, que nuestra substancia es el tiempo o la fugacidad. Creo que si tuviéramos que salvar una sola página de Góngora, no habría que salvar una de las páginas decorativas, sino este poema, que más allá de Góngora pertenece al eterno sentimiento español» (Borges, 1988: 68-69). La conferencia fue recogida en el número de julio-diciembre de 1961 en el *Boletín de la Academia Argentina de Letras*, y oportunamente reproducida en 1988 por Saúl Sosnowski en *Hispamérica*.

14 A la pregunta de Ferrari sobre esta última entrega (nadie sabía entonces que efectivamente lo sería), responde el autor: «Yo no sé, yo escribí este libro, no corregí las pruebas, tengo una idea un poco vaga de su contenido; sé que me habían pedido treinta composiciones y llegué a cuarenta, y traté de ordenarlas de un modo… bueno,

años cincuenta y sesenta, habrá de caracterizarse a partir de entonces por ese sema de ingeniosa repetición temática, estilística y referencial, asintiendo así a su célebre estrofa metapoética donde celebraba la idea del verso como el «río interminable / que pasa y queda y es cristal de un mismo / Heráclito inconstante, que es el mismo / y es otro, como el río interminable» (Borges, 1989: 843). Así, el poemario combina estrofas medidas con prosas poéticas, relatos de sueños con tramas y reliquias, milongas para ser cantadas y versos en torno a la ceguera, evocaciones de amigos juveniles con reflexiones emocionadas cuyo objeto es un lobo, son las nubes, es Enrique Banchs, es Haydee Lange o son los «soldados de la Confederación [...] que no ignoraban que todas las empresas del hombre son igualmente vanas» (Borges, 1985: 97). Fulguran dos poemas en esa singular combinatoria: el augural «Cristo en la cruz» y el casi conclusivo dedicado a «Góngora», que conforman una cierta unidad simbólica de temas de tensión cruzada o ambivalente en la obra de Borges. El dedicado al andaluz vendrá precedido por el soneto «De la diversa Andalucía», entre cuya enumeración, de clara estirpe borgesiana, exalta los versos: «Rafael de la noche y de las largas / mesas de la amistad, Góngora de oro» (Borges, 1985: 81). La proximidad emocional de dos figuras permanentes en la trayectoria vital y estética del autor, desde su mocedad hasta su senectud, no deja de emocionarnos: el maestro-amigo, Cansinos Assens, junto al maestro en negativo, la contrafigura del modelo, que no por ello deja paradójicamente de serlo: «Góngora de oro». El oro evoca no solo a los permanentes tigres que arden en la noche de William Blake en la memoria de Borges, sino también al color amarillo que nunca lo abandonó. Como los versos encerrados en la áurea torre gongorina.

«Marte, la guerra. Febo, el sol, Neptuno, / el mar que ya no pueden ver mis ojos / porque los borra el dios. Tales despojos / han desterrado a Dios, que es Tres y es Uno, / de mi despierto corazón. El hado / me impone esta curiosa idolatría. / Cercado estoy por la mitología. / Nada puedo. Virgilio me ha hechizado. / Virgilio y el latín...» (Borges, 1985: 83). Tales son los nueve primeros endecasílabos del poema. Un texto, tal vez concebido originariamente para ser un soneto, y que finalmente —tal vez para desautomatizar una forma preeminente en la

---

por ejemplo, a las composiciones parecidas las puse una al lado de la otra, para que no se descubrieran sus peligrosas afinidades. Pero supongo que un libro mío no puede ser muy distinto de otro, supongo que a mi edad ya se esperan ciertos temas, cierta sintaxis, y es que quizá se espere la monotonía también; y si no soy monótono, no satisfago. Quizás un autor, a cierta edad, tenga que repetirse. Ahora, según Chesterton, todo autor, o todo poeta, sobre todo, concluye siendo su mejor e involuntario parodista» (Borges-Ferrari, 1992: 360).

lírica gongorina— se desplegó hiperbólico en cinco cuartetos más un pareado final, propio este último, en cambio, de la forma isabelina del soneto inglés, también cultivado por Borges en multitud de composiciones[15]. Así, en este arranque decisivo del poema, su autor pone en boca del propio Góngora, mediante el «fatigado» —diríamos, usando precisamente una hipálage gongorina tan cara a Borges— uso del monólogo dramático, una recapitulación de su arte poética. Para ello, anticipa el referente mitológico (Marte, Febo y Neptuno: las tres deidades en el mismo endecasílabo, precisamente para subrayar el efecto) a su ubicación en el plano empírico, de la que parte y a la que trasunta como eje de su *ars rhetorica*. Precisamente los elementos del dominio fáctico (la guerra, el sol o el mar) son los que aparecen nublados por una visión artificiosa y ornamental de la creación, donde siempre prevalece el patrón de alusiones culturales grecolatinas. La deidad así, el dios que nombra el poeta, termina ensombreciendo la percepción subjetiva y personal del mundo, mediante un mecanismo de patrones fijos obtenidos por un conocimiento cultural y por una preeminente valoración estética, que opta por una maquinaria compuesta de figuras y herramientas meramente decorativas y, a la postre, falsas. Falsas por proceder de una cosmovisión religiosa distante y ajena al espíritu religioso del poeta y también por su proliferación acuciante, por su cúmulo reiterativo, por su condición de jerarquía cultural. El término «despojos» confirma la impresión así como el sentimiento de íntimo descontento que el poeta Góngora pudo sentir ante su obra, en la ficción poética que elabora el Borges de senectud.

Al margen de la moderna estética y de sus argucias ensayísticas, propias de su relación con el poeta culterano a lo largo de su vida, la opción de Borges es ahora clara: una inmersión en la sensibilidad de Góngora desde dentro, conjeturando un sentimiento íntimo de distancia ante el modelo poético que coronó, desde la vida imaginaria y posiblemente también madura del artista, es decir, desde el seno, la almendra amarga de la creación poética[16]. Ya no se trata de inquirir a Góngora desde Borges, sino desde Borges ser Góngora, y serlo con

---

15 «Sin embargo, a pesar de alejarse del *pattern* petrarquista, —nos dice Giulia Poggi este— pseudo soneto presenta resabios manieristas en el ritmo cuadrimembre de su último verso, en el que ya Fuentes (1997: 137) ha discernido un eco del gongorino "Mientras por competir con tu cabello"» (Poggi, 2015: 120).

16 Evoquemos la abundancia de poemas donde un personaje, en especial un poeta, rememora su pasado en los aledaños de su muerte, desde el «Poema conjetural» con el padre de la Independencia argentina, Francisco Narciso de Laprida, hasta otros célebres sonetos de *El otro, el mismo* dedicados a autores como Walt Whitman, Edgard Allan Poe o Francisco de Quevedo.

la hermandad que al fin les une y fraterniza: la poesía. Ser Góngora en un acto de confesión poética, pero sin dejar por ello de ser Borges. Ser Borges siendo Góngora o, como sostiene Martha Lilia Tenorio, serlo haciendo «profesión de fe gongorina» (Tenorio, 2014b: s/p)[17]. El conflicto se plantea así no solo en clave estética sino también en una vertiente moral y religiosa: los dioses que son despojos y que han vertebrado el oficio creador le han apartado tanto de su contacto ya referido con lo empírico como de la propia doctrina católica, «contrarreformada» desde el siglo XVII. Si los despojos de las deidades han desterrado a ese Dios «que es Tres y es Uno», no ha sucedido tal operación al margen de su voluntad, sino todo lo contrario: ha sido la herramienta poética vertebradora de su universo creador, lúcida y preclara, inscrita en la consciencia de un corazón despierto: «de mi despierto corazón».

El término «despojo», de gran contundencia semántica, encaja a la perfección con el sintagma «curiosa idolatría» que le provoca al Góngora que es Borges sentirse de algún modo indefenso ante su misma obra, creada, sí, desde una mente lúcida pero no menos determinada por el hado. Es tal destino, el singular destino de poeta culterano y barroco, el acreedor de esa «curiosa idolatría» que le impone transformar perceptos sensitivos o realidades existenciales (la furia bélica, el color del mar o el calor del sol) en un repertorio al fin espurio de falsedades. Así, en otro coloquio con Ferrari sobre la Cultura celta, declaraba Borges: «yo acabo de escribir un poema sobre Góngora. Y el tema es que Góngora, que sin duda era católico, usa, sin embargo, a los dioses latinos, que eran realmente los dioses griegos con nombres distintos. Es decir, él no habla de guerra sino de Marte, o, como dirían los griegos, de Ares; él no habla de mar, sino de Neptuno, o, como dirían los griegos, Poseidón. De manera que esas mitologías han seguido alimentando la imaginación de los hombres, más allá de sus creencias mitológicas» (Borges-Ferrari, 2005b: 61).

---

17 «En efecto, Góngora es el hombre de tibia vocación religiosa, vital, adorador del latín y de Virgilio, hechizado, como Borges, por los arduos laberintos de palabras, que son —dice el escéptico Borges-Góngora— "nada". Pero los versos eternos retornan: el tiempo que huye como una saeta (otra vez el soneto "Menos solicitó veloz saeta...").
No extraña la presencia de este verso, tan cercano a la metafísica borgeana; sí la de los tópicos, aquellos a los que Borges reprochó su huera visualidad, su oquedad retórica: cristal, el agua; oro, el cabello, que está vivo; perlas, la lágrima doliente; con esos adjetivos, el argentino confiesa lo inconfesable: en Góngora hasta los tópicos son la concreción de una emoción» (Tenorio, 2014b: s/p).

El comentario crítico condice a la comprensión del poema desde la premisa de cierta poética falsaria o espuria en relación a la cosmovisión que preside la vida del creador.

Regresaríamos, por tanto, al punto de partida: la muerte de Virgilio. La recapitulación que Broch realizar del poeta en virtud de ese mismo escrúpulo de naturaleza moral (tal vez, en Borges una mera «superstición ética» como el mismo observaba en muchas actitudes de lectores comunes), que me parece transferible al plano genético desde el cual el Góngora que es Borges atisba y enjuicia su poesía. Su poesía y su poética. No en vano, el argentino induce a su criatura a invocar, casi dantescamente, a su modelo literario, que no es otro que Virgilio, como representante de un canon literario que lo ha hechizado, como el «azur» a Mallarmé. Un canon y una lengua, una lengua de creación poética: «Virgilio y el latín». Este modelo, que opera justamente para demostrar, desde la atalaya borgesiana, el descrédito que el Góngora de su poema muestra ante su propia creación, por considerarla mera mimesis sin consistencia de verdad ontológica (sin conexión auténtica en el sistema de creencias que recrea), vendría así pues a coincidir con los recelos que el personaje novelesco de Virgilio planteaba ante el emperador Augusto para convertir así su *Eneida* en pasto de las llamas. El cotejo, por más que pueda resultar remoto, no deja de abrirse paso en la imaginación lectora, no tanto por la hipotética -y descartable- suposición de que Góngora hubiese en algún momento proyectado destruir sus *Soledades* sino por la premisa de calado estético, pero también ético, en torno a la autenticidad, al valor esencial y a la dimensión veraz de su creación[18].

Pero, además del escrúpulo contenido en el comienzo del poema, su desarrollo hace explícito otro vínculo no menos reconocible: el del personaje recreado en relación a su hacedor. Como el rabino con su golem, como la mano en relación a la pieza del ajedrez, como el demiurgo ante su simulacro circundando por ruinas circulares, Borges no deja tampoco de reconocerse en las reticencias proyectadas a su gongorina criatura. Así sucede en el tercer cuarteto, donde más que el universo metafórico de Góngora reconocemos el imaginario visual del

---

18 Otra vez con Ferrari:
    «[*Ferrari*]: Remy de Gourmont, por su parte, llamó a Góngora: "Ese gran malhechor de la estética".
    [*Borges*]: Ah, yo creo que tenía razón.
    [*Ferrari*]: Y lo comparó con Mallarme.
    [*Borges*]: Bueno, quizá los mejores versos de Mallarme sean superiores a los mejores de Góngora» (Borges-Ferrari, 2005b: 136).

argentino, por más que el argumento siga aludiendo al procedimiento retórico del primero: «Hice que cada / estrofa fuera un arduo laberinto / de entretejidas voces, un recinto / vedado al vulgo, que es apenas, nada». Como los anteriores comentaristas de este poema han reconocido, la alargada sombra de Borges fagocita, desde la primera persona vertida a Góngora, la silueta de su criatura. «En primer lugar», señala Gloria Videla, «el sujeto de la enunciación no es el joven Borges, algo chillón e impertinente, sino un anciano Góngora-Borges que hace introspección sobre su modo de ejercer el oficio de poeta y —más aún— sobre el oficio de poeta en general», de tal modo que «cambia el punto de vista, que ya no es el de un juez externo sino el de un yo desdoblado que se autoexamina» (Videla, 1996: 69), de donde la ceguera estética gongorina rimaría semánticamente con la propia ceguera orgánica del argentino. La incorporación del vulgo, desestimado en la recepción ideal de su poesía, colaboraría asimismo en el distanciamiento crítico del autor frente a una obra. Y también el recurso final al sustantivo «nada» que refulge en el verso no puede sino hilar con el famoso cierre del soneto «Mientras por competir por tu cabello» del repertorio gongorino[19].

¿Cómo no evocar en este punto la metáfora del tejido con que el mismo Borges articula su descrédito hacia la vida del poeta en su famoso soneto «El remordimiento» (de *La moneda de hierro*, 1976), dictado tras la muerte de su madre? En este caso, la confesión de la voz poética borgesiana se arrepiente de haber aplicado su mente «a las simétricas porfías / Del arte, que entreteje nadería» (Borges, 1989: 143), estableciendo un secreto lazo con las «entretejidas voces» que hacen eco en la retórica gongorina patente en el poema. La referencia a los elementos de la naturaleza en el soneto del remordimiento («Mis padres me engendraron para el juego / Arriesgado y hermoso de la vida, / Para la tierra, el agua, el aire, el fuego») resuena de manera homóloga en la renuncia gongorina ante la nominación de la realidad física y existencial, que Borges pone en su boca. Al fin y al cabo, ambos poemas aluden no solo a sus experiencias personales sino, de un modo universal, al propio quehacer ínsito al creador. Por tal razón, las estrofas restantes, cuarta y quinta del poema, reconocemos progresivamente la activación de *topoi* meridianamente reconocibles en el estilo adulto del hacedor: «Tal es mi extraño oficio de poeta», confiesa un irreconocible

---

19 «Goza cuello, cabello, labio y frente, / Antes que lo que fue en tu edad dorada / Oro, lilio, clavel, cristal luciente, // No sólo en plata o vïola troncada / Se vuelva, mas tú y ello juntamente / En tierra, en humo, en polvo, en sombra, en nada» (Góngora, 1978: 154).

Góngora, que más bien evoca al protagonista de «Browning resuelve ser poeta» que al artífice del *Polifemo*. Y, sin embargo, la controversia principal entre el vate consagrado y el que se desdobla para ejercer su autocrítica permanece incólume, tratándose en este caso ya no del modelo mitológico periclitado sino de la tópica propagación de metáforas muertas o fosilizadas, otra expresión cabal de lo inauténtico en el arte: «Veo en el tiempo que huye una saeta / rígida» asevera, y la «rigidez» de esa flecha no deja de hacer mella en el verdadero sentido de un tropo que ha perdido su frescura y su flexibilidad. Y también: «un cristal en la corriente / y perlas en la lágrima doliente», y aún más adelante: «Troqué en oro el cabello, que está vivo». La adición ilustra un mismo trance: el remordimiento gongorino (borgesianamente gongorino) por haber trocado en imagen fija el flujo de la vida. Recordemos el dictamen de Hannah Arendt sobre el Virgilio de Broch: «ha de ser quemado en aras del conocimiento empírico» (*ibidem*). Se trata ahora del remordimiento por haber desplazado la esencia por el canon; la verdad por el modelo. En paralelo con el lejano poema apuntado en los años cincuenta[20] a otro de sus blancos predilectos, Baltasar Gracián —como ha señalado Manuel Fuentes en su fino análisis del poema que comentamos—[21], la rememoración de un poeta parodiado comporta la procreación final de sustanciosos interrogantes. Desde una voz externa, Borges acometerá así al jesuita: «¿Qué sucedió cuando el inexorable / Sol de Dios, la Verdad, mostró su fuego? / Quizá la luz de Dios lo dejó ciego / en mitad de la gloria interminable» (Borges, 1974: 882). Subyace un fondo afín al comentario sobre el texto gongorino: la Verdad divina ciega la visión torcida, plagada de «laberintos, retruécanos y emblemas» de Gracián —donde de nuevo el laberinto funge de conector entre el personaje y su recreador—. Desde una voz implícita e identificable con el propio Góngora lo hará Borges en las últimas estrofas: «¿Qué me importan las befas o el renombre? (. . .) / ¿Quién me dirá si en el secreto archivo / de Dios están las letras de mi nombre?». Y ahora reviven célebres estilemas borgesianos como la pregunta retórica del hombre a quien ha despertado la visión reveladora de su ser o la remisión al repertorio alfabético

---

20 Sobre la cronología de estos poemas incluidos en la colección *El otro, el mismo*, véase Cervera Salinas (1992: 98).
21 «Al igual que su repugnancia ante Gracián, que para Borges representa la culminación de un estilo —el Barroco— convertido ya en parodia de sí mismo (. . .), Borges y Góngora confluyen en el mismo mar infinito: el texto. En ambos, cada estrofa es un *arduo laberinto de entretejidas voces* y esa imagen es el símbolo capaz de aunar por encima del tiempo a dos escritores empeñados en construir a sus lectores» (Fuentes, 2006: 112).

en clave divina para verificar la sustancia ontológica de un hombre, inmanente en su «verdadero nombre». El «Poema conjetural» o «El golem», títulos canónicos en la poesía de Borges, vendrían felizmente a nuestro encuentro para verificar esta intuición[22].

El colofón despoja hasta el extremo la cualidad de la pureza, de la transparencia, de la claridad meridiana, del deseo de viajar a la semilla de la vida y la naturaleza, lejos del constructo artificial entretejido en pos de una espuria «sobrenaturaleza» —cabría decir ahora con Lezama— rechazada al fin por el poeta, en un pareado colosal. En el espejo de su obra se observa el Góngora, que es Borges, deformado, próximo a su fin —el de Borges, pero también el de Virgilio e imaginariamente también el del poeta cordobés— y su deseo no es otro que el de recuperar lo esencial, lo sensitivo, lo verdadero. Góngora, el inmortal, ansía de nuevo ese tiempo que es la vida[23]. Como la voz de Dios en el excelso «Juan, I 14» de *Elogio de la sombra*, desde su eternidad no puede sino sentir nostalgia por «el olor de esa carpintería» (Borges, 1974: 977-978). Siente el eco de unos versos inspirados en los años veinte, y hallados «en un manuscrito de Joseph Conrad», donde ya acuñaba su poética: «El humo desdibuja gris las constelaciones / Remotas. Lo inmediato pierde prehistoria y nombre. / El mundo es unas cuantas tiernas imprecisiones. / El río, el primer río. El hombre, el primer hombre» (Borges, 1974: 64). Se trasunta en el otro, que es el mismo, y desde él, desde su querida contrafigura gongorina, no puede sino culminar su más íntimo anhelo: «Quiero volver a las comunes cosas: / el agua, el pan, un cántaro, unas rosas...».

Tal vez está viendo cómo arden los asombrosos oros de sus *Soledades*, mientras él transita incombustible entre sus llamas.

---

22 Así, «El Golem»: «El rabí lo miraba con ternura / Y con algún horror. ¿Cómo (se dijo) / Pude engendrar este penoso hijo / Y la inacción dejé, que es la cordura? // ¿Por qué di en agregar a la infinita / Serie un símbolo más? ¿Por qué a la vana / Madeja que en lo eterno se devana, / Di otra causa, otro efecto y otra cuita? // En la hora de angustia y de luz vaga, / En su Golem los ojos detenía. / ¿Quién nos dirá las cosas que sentía / Dios, al mirar a su rabino en Praga? (Borges, 1974: 886-887). Y el «Poema conjetural»: «Al fin he descubierto / la recóndita clave de mis años, / la suerte de Francisco de Laprida, / la letra que faltaba, la perfecta / forma que supo Dios desde el principio. / En el espejo de esta noche alcanzo / mi insospechado rostro eterno. El círculo / se va a cerrar. Yo aguardo que así sea» (Borges, 1974: 867-868).

23 De nuevo Evangelina Rodríguez Cuadros: «Y frente a la exuberancia ornamental, frente a los laberintos del tiempo y de las voces, que destruyen y ocultan las cosas y sus nombres, abocado a la muerte, el poema se cierra quizá con un secreto homenaje compartido» (Rodríguez Cuadros, 187).

Referencias bibliográficas

ARENDT, Hannah (1974): «Prólogo». En H. Broch, *Poesía e investigación* (15-63). Barcelona: Barral.

BORGES, Jorge Luis (1927): «Para el centenario de Góngora». *Martín Fierro*, Año 4, 41, 1. Recuperado en «Archivo histórico de revistas argentinas» http://www.ahira.com.ar

BORGES, Jorge Luis (1974): *Obras completas. 1923-1972*. Buenos Aires: Emecé.

BORGES, Jorge Luis-Osvaldo FERRARI (1985). Barcelona: Grijalbo.

BORGES, Jorge Luis (1988): «Homenaje a Góngora». *Hispamérica*, Año 71, 50, 66-69.

BORGES, Jorge Luis (1989): *Obras completas. 1975-1985*. Buenos Aires: Emecé.

BORGES, Jorge Luis (2000): *Borges profesor. Curso de literatura inglesa en la Universidad de Buenos Aires*. Eds. Martín Arias y Martin Hadis. Buenos Aires: Emecé.

BORGES, Jorge Luis-Osvaldo FERRARI (1992): *Diálogos*. Barcelona: Seix-Barral.

BORGES, Jorge Luis-Osvaldo FERRARI (2005a): *En Diálogo I*. México: Siglo XXI.

BORGES, Jorge Luis-Osvaldo FERRARI (2005b): *En Diálogo II*. México: Siglo XXI.

BROCH, Hermann (1984): *La muerte de Virgilio*. Madrid: Alianza Tres.

CERVERA SALINAS, Vicente (1992): *La poesía de Jorge Luis Borges: historia de una eternidad*. Murcia: Universidad de Murcia.

COBO BORDA, Juan Gustavo (1999): *Borges enamorado*. Santafé de Bogotá: Instituto Caro y Cuervo.

FUENTES, Manuel (2006): «El narrador narrado (Anotaciones al poema *Góngora* de J. L. Borges»). En *El espejo de obsidiana. Estudios de literatura hispanoamericana y española* (107-118). Lleida: Edicions de la Universitat.

GÓNGORA, Luis de (1978): *Poesías*. México: Porrúa.

HENRÍQUEZ UREÑA, Pedro (1927): «Góngora». *Martín Fierro*, Año 4, 41, 2. Recuperado en «Archivo histórico de revistas argentina». http://www.ahira.com.ar

HENRÍQUEZ UREÑA, Pedro (2007): *Corrientes literarias en la América hispánica*. En V. Cervera (ed.): *Historia cultural y literaria de la América hispánica* (5-263). Madrid: Verbum.

POGGI, Giulia (2015): «Dentro del laberinto (Góngora, Borges, Gimferrer)». *AnMal Electrónica*. 38, 117-132.

REYES, Alfonso (1958): *Obras Completas. Vol. VII*. México: F.C.E.

RODRÍGUEZ CUADROS, Evangelina (1990): «Borges y el lujoso dialecto de Góngora. Notas desde la tradición». En *Borges entre la tradición y la vanguardia* (181-189). Valencia: Generalitat Valenciana.

Roses, Joaquín (2001): «Borges hechizado por Góngora». En *Silva philologica in honorem Isaías Lerner*. Madrid: Castalia, 609–638.

Roses, Joaquín (2014): «La recepción creativa de Góngora en la poesía hispanoamericana». En A. Castro (ed.): *Actas del Congreso Góngora y su estela en la poesía española e hispanoamericana. El* Polifemo *y las* Soledades (182–209). Sevilla: Asociación andaluza de profesores de español «Elio Antonio de Nebrija».

Tenorio, Martha Lilia (2014a): «Borges y Góngora I». *Círculo de Poesía*, 7-febrero-2014, s/p. En https://circulodepoesia.com/2014/01/borges-y-gongora/

Tenorio, Martha Lilia (2014b): «Borges y Góngora III». *Círculo de Poesía*, 20-abril-2014, s/p. En https://circulodepoesia.com/2014/04/borges-y-gongora-iii/

Videla de Rivero, Gloria (1996): «Borges, juez de Góngora». *Cuadernos hispanoamericanos*, 552, 63–70.

Zuleta, Emilia de (1999): «Borges y España». En *Homenaje a Jorge Luis Borges. Anejos del Boletín de la Academia Argentina de Letras*, Buenos Aires. Recuperado en http://www.cervantesvirtual.com/obra-visor/homenaje-a-jorge-luis-borges--0/html/ffbd3264-82b1-11df-acc7-002185ce6064_37.html#I_27_

Selena Millares

Góngora como logosfera. El caso de Neruda

Resumen: La escritura de un poeta implica, además de una belleza y un ideario, una determinada atmósfera y una particular recepción colectiva, que puede llegar a cristalizar en estereotipos e integrarse entre las significaciones inesperadas de su textualidad: es lo que desde una propuesta de Roland Barthes puede nombrarse como *logosfera*. Así ocurrió con el legado poético gongorino, cuyo embrujo fue para el poeta chileno Pablo Neruda tan conflictivo como ineludible: sucumbió a su hipnosis y a su delirio de luz, pero renegó de él durante mucho tiempo por prejuicios ideológicos. La causa era el estigma de Góngora como autor alambicado y torremarfileño, un estigma intensificado, además, por el momento histórico en que lo descubre: esos años treinta que en Europa contemplan el auge de los fascismos y que impulsan al Nobel chileno hacia una poesía comprometida con su época. Sin embargo, desde 1937 hasta 1973 puede rastrearse directamente la huella constante del poeta cordobés en sus escritos a lo largo de tres etapas bien diferenciadas.

Palabras clave: Góngora, Neruda, recepción, estereotipos, contexto, intertexto.

***

> ...*los amigos que comparten lo poco que tienen, la música que nos consuela, la marihuana, la belleza revelada en sitios inverosímiles (en blanco y negro), el amor perfecto y breve como un soneto de Góngora...*
>
> Roberto Bolaño, *Estrella distante*[1]

La voz de un poeta es mucho más que su palabra, que su textualidad, con toda la belleza y el ideario que pueda traer consigo. Es también una música, un ritmo, una melodía que lo identifica, una atmósfera familiar e incluso un aura definida por su recepción a través del tiempo —integrada por la fama, y por los prejuicios también—, más allá de lo que sucede en la página. Es lo que hace, por ejemplo, que al leer un poemario como *Manual de nocturnos* (2017), de Rafael Morales, podamos tener la sensación de que ahí hay algo de la voz de Luis de Góngora y Argote. En su prólogo, el propio autor se declara lector apasionado de poesía y nombra a los que considera sus grandes mentores —Machado, Valente, Juan Ramón, Cernuda, Cavafis, Pessoa, Blas de Otero, Claudio Rodríguez, Gil de Biedma...—: no figura entre ellos Luis de Góngora y, sin embargo,

---

1 (Roberto Bolaño, 1996: 82).

su voz resuena en esas páginas. Consultado el poeta sobre este *sabor* gongorino de sus versos e incluso de las *soledades* que menciona en el prólogo, y también sobre el posible influjo del poeta cordobés, responde afirmativo: «por supuesto, Góngora fue una de mis lecturas favoritas, mucho más que Quevedo, durante veinte años de mi vida»[2].

No es fácil definir esa atmósfera poética distintiva, que nace de una suma de elementos muy diversos, pero tal vez sea útil en ese sentido el concepto de *logosfera* planteado por Roland Barthes en 1975, cuando, al ocuparse de la singularidad del teatro de Bertolt Brecht, anota que «todo lo que leemos y oímos nos recubre como un baño, nos rodea y nos envuelve como un medio: es la logosfera» (1987: 260). Naturalmente él lo usa en relación con otras realidades, pero resulta útil el concepto, en sentido amplio, para referirnos a lo que aquí nos ocupa. Y en esa *logosfera* que convoca Góngora, no solo existe una textualidad y una música, sino también un cosmos completo, un sello único, con sus silencios y fulgores, su cromatismo visionario, su celebración de los sentidos y una inventiva que ha llevado a las más diversas respuestas. Esa misma logosfera incluye, además, una recepción que en el caso del maestro cordobés ha sido controvertida. De ello da fe, por ejemplo, Pedro Henríquez Ureña cuando dice: «Góngora en su tiempo suscita veneración y enemistades, en el nuestro admiración y curiosidad, porque es en la historia de las letras uno de los ejemplos sumos de devoción a la inquisición de la forma [...] Con todas sus estrecheces, pero con todas sus opulencias, seguirá fascinando y embriagando mientras en el mundo haya quien lea versos en nuestro idioma» (Góngora, 1943: 7-8).

Sobre la actitud de Pablo Neruda ante esa logosfera gongorina se ocupan estas páginas: en particular, sobre su reacción ambivalente ante ese universo poético, que supone al tiempo un deslumbramiento estético y un prejuicio ideológico. Porque la poesía del cordobés, como sabemos, ha arrastrado durante siglos un estigma —el de ser elitista y ornamental—, que ha condicionado incluso el significado del adjetivo *gongorino,* por lo que se confunde una

---

2 En esa misma línea, cabe recordar las palabras de Joaquín Roses sobre el *sabor* gongorino del poema nerudiano «Ya se fue la ciudad»: «a los lectores atentos de Góngora, la flecha minutera de ese tiempo-reloj, disparada y clavada inevitablemente en el pasado, nos recordará la saeta del soneto de 1623 que tanto admiraba Borges: "Menos solicitó veloz saeta / destinada señal, que mordió aguda" (vv. 1-2); del mismo modo que los años comidos por el tiempo-reloj y las transitorias diminutas uvas de los días harán evocar sin esfuerzo el cierre del mismo soneto: "Mal te perdonarán a ti las horas, / las horas que limando están los días, / los días que royendo están los años"» (Roses, 2014: 195).

parte de su obra —la más oscura— con el todo. Algo que también ha ocurrido con otros grandes creadores: se identifica lo infernal como *dantesco*, lo cursi como *rubendariaco*, lo absurdo como *kafkiano*. Es conocida la saña con que cierta línea filológica española rechazó a Góngora —recuperado después por el nicaragüense Rubén Darío en América y por la Generación del 27 en España—, por alejarse de lo que esa misma tradición establecía como perfil identitario de nuestra literatura —un austero realismo—, y con desprecio de buena parte de la poesía de Góngora[3].

El caso es que el clisé cala socialmente, y Neruda, que descubre al poeta cordobés precisamente en los años de su «conversión» ideológica en España[4] —son los tiempos del advenimiento del fascismo, Hitler accede al poder en enero de 1933—, hereda el prejuicio y se posicionará ante Góngora de manera ambivalente durante toda su vida, desde la primera mención que hace de él en 1937, hasta la última, en 1973. En aquellos años treinta, su vocación por la poesía francesa y americana dejaba paso al Siglo de Oro, en el que se adentra de la mano de los poetas del 27[5], hasta llegar al corazón de Quevedo, que acompañará

---

3   Me refiero, por ejemplo, a piezas como la fábula satírica dedicada a Hero y Leandro, con ese humor negro y antirromántico que podría sentirse como afín a la sensibilidad de vanguardia.

4   Así nombra Amado Alonso su posicionamiento a partir de «Reunión bajo las nuevas banderas»: «Pero justamente y a tiempo, Pablo Neruda se ha escapado de su terrible tela de araña gracias a una total *conversión*. No conversión a Dios, sino al prójimo» (1979: 348s). Hernán Loyola comenta esta idea en «A modo de epílogo. El joven Neruda deviene comunista (sin "conversión poética")» (París, junio de 1935)», Véase Loyola, 2014: 555s. Recuerda ahí cómo entre mayo y octubre de 1933 se produjo la quema de libros en decenas de ciudades de la Alemania nazi, y la participación del poeta en el multitudinario Congreso de Escritores para la Defensa de la Cultura en París, en junio de 1935; «*allí y entonces decidió instalar su vida y su obra en el área de acción de los comunistas*, aunque todavía sin militancia regular, ya que deberán pasar otros diez años antes de que Neruda reciba por primera vez el carné que certificará su ingreso oficial —y para siempre— en el Partido Comunista de Chile» (561, énfasis del autor).

5   Es bien sabido y no ha de olvidarse aquí que esa devoción de los poetas del 27 no es compartida por otros escritores españoles del momento. Entre ellos, Miguel de Unamuno, que declara esto en el mismo 1927, en *Cómo se hace una novela*: «Y ved cómo yo, que execro del gongorismo, que no encuentro poesía, esto es, creación, o sea, acción, donde no hay pasión, donde no hay cuerpo y carne de dolor humano, donde no hay lágrimas de sangre, me dejo ganar de lo más terrible, de lo más antipoético del gongorismo que es la erudición» (1978: 158); «Todo ese homenaje a Góngora, por las circunstancias en que se ha rendido, por el estado actual de mi pobre patria, me

su poética para siempre. También lo hará Góngora, pero de una manera conflictiva, por ese escrúpulo que puede ejemplificarse en los comentarios que en esos mismos años hace el escritor y periodista ruso Ilyá Ehrenburg en su libro *España, República de Trabajadores* (1932): «La decadencia de la cultura se inició en España. Fue aquí donde se formaron los primeros "decadentes". Los cuadros del Greco y los versos de Góngora anticipan el vacío por donde había de echarse a rodar el arte europeo para entregarse a merced de los rascacielos neoyorquinos y las novelas-cablegramas» (1976: 42).

Ese libro está escrito entre 1931 y 1932, y la cita apunta un elemento de interés: Góngora, al igual que el Greco, es considerado como antecedente de la vanguardia por su distorsión alucinatoria de la realidad. Para Ehrenburg, revolucionario del sector crítico —que participó en la Revolución de Octubre, vivió en el París de las vanguardias y se desmarcó del realismo socialista—, se trata de un arte decadente. Sin embargo, para los poetas de vanguardia se trata de antecesores y patriarcas de su revolución artística: el Greco adelanta el arte nuevo —en particular el cubismo—, y también Góngora, con su delirio de luz y su embrujo verbal[6]. Puede recordarse, en esa misma línea, un texto significativo de Alfonso Reyes, «El derecho a la locura» —de *Cartones de Madrid* (1914-1917)— donde el polígrafo halla intuiciones del arte nuevo en la tradición pictórica española, al tiempo que incita a combatir un realismo ya obsoleto:

> ...algo de español tiene en sus orígenes el cubismo, dejando aparte la nacionalidad de Picasso y el españolismo del Greco y sus humanas columnas vibratorias... [Quevedo, Góngora y Gracián] nos dan ejemplo de esa visión rotativa y envolvente que domina, que doma al objeto, lo observa por todos sus puntos y, una vez que ha logrado saturarlo de luz, descubre que todo él está moviéndose, latiendo [...] Madrid no quiso recibir la comunión de la locura. ¿De suerte que en la tierra de Goya el delirio está hoy prohibido? [...] Inventad un nuevo escalofrío. ¡Ea! ¡Valor de locura, que nos morimos!

---

parece un tácito homenaje de servidumbre a la tiranía, un acto servil [...] ¿Por qué se creía obligado a decirnos que el robo de Europa por Júpiter convertido en toro es una mentira? ¿Por qué él erudito culterano se creía obligado a darnos a entender que eran mentiras sus ficciones? Mentiras y no ficciones. Y es que él, el artista culterano, que era clérigo, sacerdote de la Iglesia Católica Apostólica Romana, ¿creía en el Cristo a quien rendía culto público? ¿Es que al consagrar en la sagrada misa no ejercía de culterano también? Me quedo con la fantasía y la pasión del Dante» (1978: 165-166).

6 Baste recordar las palabras de Luis Rosales, para quien «la palabra de Góngora va a convertirse en una palabra alucinada por la imaginación y también una palabra alucinada por la nueva sintaxis, y este carácter alucinatorio ha constituido durante varios siglos una de las mayores dificultades para su comprensión» (1978: 154).

Esta noche, al volver a casa, romped dos o tres jarros de flores, ordenad que abran las ventanas y enciendan a incendio todas las luces (Reyes 1986, 67-69).

Frente a ese derecho a la locura, frente a esa estética libérrima que adelanta la escritura visionaria de la vanguardia con su osadía y su distorsión creadora, se impone a menudo el prejuicio que hace del gongorismo un estereotipo negativo y esa actitud sigue vigente. La encontramos, por ejemplo, en el escritor rumano Mircea Cărtărescu, de escritura abigarrada y luminosa, que sin embargo se posiciona contra la poética del cordobés, y en ese relato ensayístico que es «Mi Bucarest», reitera el prejuicio, el estigma, como puede verse en el fragmento donde habla de la buhardilla en que vivía en sus tiempos de estudiante: «todo lo que el interior tenía de austero lo tenía de gongorino el balcón de hierro forjado con inflorescencias *Jugendstil*, con horribles mascarones trenzados entre sí» (2016: 38). El adjetivo *gongorino* es reconocido por el Diccionario de la Real Academia Española para referirse a algo que tiene un estilo rebuscado y alambicado, pero tanto Ehrenburg como Cărtărescu van más allá para asimilarlo a lo «decadente» y «horrible», respectivamente. Y ese tipo de menciones tienen su efecto en la recepción colectiva.

En esa reacción polarizada ante la conmoción poética que supuso Góngora, también habrá grandes valedores de su fulgor barroco. Son muchos los escritores y artistas que defienden su legado como algo subversivo, porque no se puede revolucionar el arte desde formas adocenadas; el propio Darío habló en *El canto errante* del clisé verbal que acompaña al clisé mental[7]. Desde esa idea, en el ámbito español tanto la generación del 27 como Pablo Picasso rinden tributo a Góngora, y lo mismo ocurre en el ámbito cubano: recuérdense las obras de Francisco Ichaso (*Góngora y la nueva poesía*, La Habana, Revista de Avance, 1927), Eugenio Florit (*Trópico* [1928-1929], La Habana, Revista de Avance, 1930), José Lezama Lima (*Muerte de Narciso*, 1937), y las sucesivas contribuciones del propio Lezama y también Carpentier, Sarduy, Cabrera Infante o Reinaldo Arenas. Y será curiosa la ecuación que proponga Carpentier para legitimar el barroco: junto con el realismo mágico —lo real maravilloso, en sus términos—, se hace bandera identitaria de la literatura hispanoamericana, con lo cual adquiere una misión fundacional y por ende política e ideológica.

En ese marco histórico que precede a la guerra civil española y a la segunda guerra mundial, Neruda se encuentra situado en una encrucijada conflictiva,

---

[7] «El clisé verbal es dañoso porque encierra en sí el clisé mental, y, juntos, perpetúan la anquilosis, la inmovilidad» («Dilucidaciones», *El canto errante*, 190, Darío, 1977: 302).

como les ocurre a otros artistas de vanguardia, que se desplazan de la estética nueva hacia una actitud más comunicativa. Todo esto afecta a la manera ambigua e inestable con que vive su deslumbramiento por el maestro cordobés, que recorre toda su vida a través de tres momentos bien diferenciados.

1. El descubrimiento. Años treinta

En las declaraciones que hace Neruda al donar su biblioteca a la Universidad de Chile en 1954[8], el poeta recuerda el fervor con que compró en el Madrid de 1934[9], a plazos, la bellísima edición de las *Obras* de Góngora impresas en Bruselas por Foppens en 1659. Sin embargo, en esos años treinta no menciona el dato; son los tiempos de su manifiesto «Sobre una poesía sin pureza» —«penetrada por el sudor y el humo, oliente a orina y a azucena» (IV, 381)—, y de su posicionamiento receloso frente a la poética del cordobés. Su primera mención de Góngora la hace en plena guerra civil, cuando escribe sobre el asesinato de Lorca, al que enaltece como «antiesteta», para concluir: «De esta generación brillante de poetas como Alberti, Aleixandre, Altolaguirre, Cernuda, etc., fue tal vez el único sobre el cual la sombra de Góngora no ejerció el dominio de hielo que el año 1927 esterilizó estéticamente la gran poesía joven de España» (IV, 390). Esto se publica en *Hora de España,* en Valencia (marzo de 1937); su

---

8   «Aquí está la magnífica edición de Góngora del editor flamenco Foppens, impresa en el siglo XVII cuando los libros de los poetas tenían una inigualada majestad. Aunque costaba sólo cien pesetas en la Librería de García Rico, en Madrid, yo conseguí pagarlo por mensualidades», discurso de Neruda en la donación de su biblioteca personal a la Universidad de Chile el 20 de junio de 1954 (IV 947; todas las citas de Neruda incluidas en este ensayo corresponden a la edición de sus *Obras completas* en cinco tomos realizada por Hernán Loyola, e incluida en la bibliografía final. Se indicará solamente el volumen y la página, a fin de evitar reiteraciones innecesarias). Vuelve Neruda a comentar el episodio en 1969 y ahí nos desvela la fecha de la adquisición: «Recuerdo la sorpresa del librero García Rico, en Madrid, en 1934, cuando le propuse comprar una antigua edición de Góngora, que sólo costaba 100 pesetas, en mensualidades de 20. Era muy poca plata, pero yo no la tenía. La pagué puntualmente a lo largo de aquel año. Es la edición de Foppens» («Libros y caracoles», *Ercilla,* 21 de mayo de 1969, en Neruda, V 223).

9   Neruda parte de Buenos Aires para Barcelona el 5 de mayo de 1934, y desembarca a fines de mayo. De allí toma el tren para Madrid el 31 de mayo de 1934: Lorca lo espera en la Estación del Norte. Visita después a Morla Lynch, y a Alberti. En junio se instala en Argüelles, en su Casa de las Flores, con Maruca, su esposa. Ese mismo mes conoce en casa de Morla Lynch a Delia del Carril, que se convertirá en su segunda esposa (Loyola, 2014: 359s), y será decisiva en su «conversión» política.

rechazo de Góngora es obvio, y se entiende ese alineamiento en un contexto de extrema gravedad, en plena guerra civil española, que impulsa a Neruda a un cambio radical en su poética[10]. Pero es interesante, en este punto, considerar un texto publicado algunos meses después por Alejo Carpentier, en «Alberto Aguilera», de la serie «España bajo las bombas, IV»:

> Pablo Neruda, que se ha empeñado en visitar su departamento de otros tiempos, hoy acribillado por los cascos de obús y la metralla, encuentra intactos, en su casa habitada por los milicianos, sus ediciones raras, sus máscaras javanesas, sus *souvenirs* de poeta viajero. Su *Góngora* monumental solo ha sufrido un percance; está atravesado de parte a parte por una bala. Un miliciano filósofo que nos acompaña recoge el trozo de plomo al pie de la biblioteca:
> —Es increíble que esto pueda matar a un hombre [...] ¡Lo que mata es la velocidad! (Carpentier, 1985: 239-240)[11].

Si recordamos la manifiesta hostilidad existente desde los años treinta entre Neruda y Carpentier —tal vez, entre otras cosas, a causa de haber amado ambos a la misma mujer[12]—, podemos considerar que este texto no deja de ser de una enorme ironía. Es decir, Neruda públicamente reniega de Góngora, como se ha visto, pero en privado se deja hechizar por su embrujo y además se precia de poseer ese tesoro bibliográfico, realmente no *monumental* en su tamaño —aunque es voluminoso[13]—, pero sí en su valor y belleza. Cuando Carpentier dice que todo está intacto pero su Góngora inmenso ha sido atravesado entero por una bala, tal vez lo que encontramos es una más de las habituales fabulaciones y bromas del escritor cubano, y lo descomunal no sería el objeto sino el sarcasmo: esa bala caprichosa que atraviesa el corazón de un libro concreto, escogido minuciosamente de entre toda la biblioteca, parece más bien imaginaria, y su objetivo puede ser solo el amor propio del poeta chileno. Neruda nunca habló de ninguna bala, y el volumen —que consulté en 1989 en la Universidad de Chile, y que luego ha sido expuesto al público— no muestra ninguna

---

10 Preguntaréis por qué su poesía.
no nos habla del sueño, de las hojas,
de los grandes volcanes de su país natal?
Venid a ver la sangre por las calles... (Neruda, I: 371).
11 Lo publica en *Carteles*, el 31 de octubre de 1937. El énfasis es del autor.
12 Se trata de la intelectual francesa Eva Fréjaville, que fue la primera esposa de Carpentier, y protagoniza «Las furias y las penas», de Neruda. Véase Loyola (2011) y Millares (2017).
13 Mide 16 x 22 cm. aproximadamente, y tiene un grosor de unos 7 cm.

perforación de ese tipo. Carpentier, que se habría de revelar como gran defensor del barroco, hacía pública por primera vez, antes que el propio Neruda, la pasión secreta del chileno por Góngora.

Es improbable que Neruda desconociera esa mención tan sorprendente. Su relación con Carpentier era a la vez cercana y distante[14], es decir, compartían escenario y amigos, pero no amistad. En cualquier caso, su siguiente mención pública de Góngora, en 1939, ya no es negativa sino ambigua, y se trata de una evocación dolorida de España, en la que recuerda a los artistas vivificados por las nuevas voces:

> Pero me asombró, más que nada, ver revivir en los caminos españoles la mano del pintor, los ojos del poeta, la luz de los intelectuales. Estos habían renacido para el pueblo. Esa tierra estaba sellada no solo por sombras de navegantes y soldados furiosos, también cerraba España la losa fragante de Luis de Góngora, de Pedro de Espinosa, de Francisco de Quevedo, de El Greco y de Goya. Estos estambres de fuego dormían sobre España como venas de estéril luto. Porque cuando el pueblo duerme, duerme la libertad, duerme la paz y duerme la cultura. Y por eso, ante el despertar del pueblo de España, que me ha tocado presenciar con reverencia profunda, con el despertar de los mineros de Asturias, con el nuevo día de los panaderos y de los pescadores, he visto llegar a España como una luna llena de flores, la presencia antigua y fresca de los conquistadores españoles de la poesía y del arte; he visto amanecer de nuevo los corales sonámbulos de Góngora amaneciendo [sic] sobre la noble frente del gran poeta Rafael Alberti; he visto llegar los caballos de El Greco, con la sombra de siglos, a los talleres de los nuevos pintores: he contemplado una derramada luz solar llenando de espigas la poesía y el silencio de España (IV, 425–426)[15].

Pero el mejor testimonio de la fascinación de Neruda por Góngora está en su primera biblioteca, la que dona en 1954, donde encontramos nada menos que ocho volúmenes de sus obras[16]. De entre ellos, cinco parecen haber sido adquiridos en su estancia en España:

---

14 «Llegamos a París. Tomamos un departamento con Rafael Alberti y María Teresa León [...] Detrás de nosotros quedaba la plaza Dauphine, nervaliana, con olor a follaje y restaurant. Allí vivía el escritor francés Alejo Carpentier, uno de los hombres más neutrales que he conocido. No se atrevía a opinar sobre nada, ni siquiera sobre los nazis que ya se le echaban encima a París como lobos hambrientos» (Neruda, V, 534).

15 «España no ha muerto», *Aurora de Chile*, 10, 6.5.1939, discurso leído en Montevideo, marzo de 1939, en representación de la Alianza de Intelectuales de Chile ante el Congreso Internacional de las Democracias (Neruda IV, 425).

16 Sobre los ejemplares contenidos en las dos bibliotecas nerudianas, véase Millares, 1992 (apéndice). Actualmente puede consultarse la Colección Neruda de la primera

1. Luis de Góngora, *Todas las obras de Don Luis de Góngora en varios poemas*, recogidos por don Gonzalo de Hozes y Córdova, Madrid, Imprenta del Reyno, 1634.
2. Luis de Góngora, *Obras*, 2 vols., s.l., s.e., s.f.,
3. Luis de Góngora, *Las obras de don Luis de Góngora*, comentadas por don García de Salcedo Coronel, caballero de la Orden de Santiago, 2 vols., Madrid, Diego Díaz de la Carrera, 1644-48.
4. Luis de Góngora, *Obras de don Luis de Góngora*, Bruselas, Imprenta de Francisco Foppens, 1659[17].
5. Luis de Góngora, *Fábula de Polifemo y Galatea*, Madrid, Rivadeneyra (Biblioteca de Índice), 1923.

2. El reencuentro. Años cuarenta y cincuenta

Ese catálogo gongorino de la primera biblioteca de Neruda va a enriquecerse de manera significativa con tres nuevas adquisiciones en los años cuarenta, época en que además empieza a filtrarse su influjo en la poética del chileno:

6. Luis de Góngora, *Poemas y sonetos*, introducción de Pedro Henríquez Ureña, Buenos Aires, Losada (Las cien obras maestras de la literatura y del pensamiento universal, col. dirigida por P. Henríquez Ureña, nº 16), 1943.

---

biblioteca (Universidad de Chile) en línea: https://bibliotecadigital.uchile.cl/primo-explore/search?query=scope,exact,uchile_coneruda&tab=abello_tab&search_scope=abello_scope&vid=56UDC_ABELLO&lang=es_CL El segundo de los ejemplares mencionados, tal vez por su mal estado, no se encuentra ahí referenciado. Agradezco a Darío Oses, Director de Biblioteca y Archivos de la Fundación Neruda, la información sobre este enlace.

17 En su dedicatoria a don Luis de Benavides, Marqués de Fromista y de Caracena, Gentilhombre de la Cámara de su Majestad y Gobernador General de las Armas en sus Países Bajos (entre otros muchos títulos), firmada por Geronymo de Villegas, se deja sentir esa problemática de la recepción gongorina, que sucede desde el primer momento: «Señor. Las primeras Luzes à que se vieron en España las Obras de Don Luis de Gongora, famoso Poeta, Andaluz, fueron tan escuras, que à quien las estima, le ha parecido sacarlas tan claras en el Pais Baxo, que Ilustradas con el apoyo de V. E. sea mas frequentada su Leccion, y celebrado el ingenio de tal Auctor [...] Y no alcanzando todos à entender la Frasse de Don Luis, no es falta suya, sino del, que no la comprehende. Su Elegancia nadie la regulò mexor que el divino Lope de Vega, llamandole Andaluz Gigante, en su Laurel de Apolo» (Góngora, 1659: 2-3).

7. Luis de Góngora, *Sonetti e frammenti*, Milán, Edizioni della Meridiana, 1948[18], trad. de Gabriele Mucchi.
8. Luis de Góngora, *Vingt Poèmes de Góngora*, traducidos por Z. Milner, grabados en español e ilustrados por Pablo Picasso, París, Roger Lacourière, 1948[19].

Cabe recordar que el poeta está entregado ya a la escritura de su *Canto general*, al que dedica una década de trabajo. Viaja a México como cónsul en agosto de 1940, en 1943 regresa a Santiago, y en 1945 es elegido senador e ingresa en el Partido Comunista de Chile. Son tiempos de intenso fervor político. En 1942 hace una visita a Cuba, espacio afín al barroco como se ha recordado, y en el que la vocación por Góngora se extenderá incluso a la poética conversacional de Roberto Fernández Retamar, quien le rendirá reiterado homenaje en sus versos. Ya en 1965 recuerda cómo Alfonso Reyes «*parapetándose tras Marcial y Góngora, Sor Juana, Mallarmé y Darío [...] reverdeció entre nosotros, con su libro* Cortesía, *la costumbre de publicar versos llamados "de ocasión", a amigos*», para luego dedicar una epístola poética a Pablo Hernández, «hombre que va a España», y en ella leemos:

> Que el aleteo de la voz de Cervantes te toque la boca.
> Que halles el último hueso en pie de Quevedo, calcinado.
> Que el fulgor que usó Góngora en los ojos te sea dado mirar.
>
> (Fernández Retamar, 2009: 160).

---

18 Este ejemplar pudo ser un regalo, pues no está el italiano entre las lenguas frecuentadas por Neruda, pero no parece probable que fuera obtenido por mediación de su principal traductor a esa lengua, Giuseppe Bellini, que contacta con el poeta en 1959 (Véase Spinato, 2012: 63–66; véase también Loyola, 2012). El contacto con Italia se da regularmente desde 1950, y la presencia de este libro en la biblioteca de Neruda, tanto si es adquisición propia como si es regalo, resulta de interés.

19 Los textos fueron copiados íntegros por Picasso y reproducidos mediante heliograbado. Las ilustraciones se componen de una portada, veinte orlas en torno a los textos y veinte estampas, casi siempre cabezas de mujer. Todas son grabados calcográficos originales de Picasso realizados mediante distintas técnicas: aguatinta al azúcar, aguafuerte, buril, punta seca, etc. Existe una reedición en la editorial Casariego, titulada *Veinte sonetos* (2003), con 81 páginas facsímiles de las ilustraciones de Picasso. En el prólogo anota Juan F. Aramo: «la intensificación en el sentido de lo culto que significó Góngora, su elevar a condición de *poesía límite* los procedimientos estéticos de su época, su esforzado sustituir el mundo de las cosas por otro de representaciones, son un mundo afín al de Picasso» (Góngora y Picasso, s.p.).

En 1970 lo recuerda en el poema «Esta noche de domingo en La Habana que es esta mañana de lunes en Vinh», donde encontramos un homenaje a las *Soledades*:

> Los árboles sobrevivientes han empezado a poner esos «verdes halagos» que
> [dijo Góngora.
> De Góngora hablarán quizá este domingo los amigos en casa...
>
> (Fernández Retamar, 2018: 186).

Más tarde, ya en los 90, rinde homenaje al *Polifemo* en el poema «La veo encanecer»:

> Estas mismas líneas las borroneo *a la dudosa luz* de una linterna agonizante
>
> (Fernández Retamar, 2018: 302, énfasis añadido).

Además, lo incluye significativamente en el poema de amor «Agradeciendo el regalo de una pluma de faisán» (1997), donde nombra a tres poetas dilectos, los tres andaluces, Lorca, Machado y Góngora, a cuya *Soledad primera* hace un guiño (y, por cierto, al Neruda de los *Veinte poemas* y su «puedo escribir los versos más tristes esta noche»):

> Con esta hermosa pluma tornasolada puedo
> Escribir las palabras en que García Lorca
> Dijo
> Herido de amor huido.
> Dijo que en tus ojos
> Había un constante desfile de pájaros,
> Un temblor divino como de agua clara
> Sorprendida siempre sobre el arrayán.
>
> Escribir las palabras en que Góngora dijo
> A batallas de amor campos de pluma.
>
> Escribir las palabras en que Antonio Machado
> Dijo
> Hoy es siempre todavía[20].
>
> (Fernández Retamar, 2018: 328).

---

20 Se hace referencia, sucesivamente, al poema de Lorca «Herido de amor» y a su *Mariana Pineda*, al final de la *Soledad primera* de Góngora, y a los *Proverbios y cantares* de Machado.

El entorno chileno será menos afín a la poética gongorina, aunque puede mencionarse a Óscar Hahn y su poema de *Arte de morir* (1977) titulado «O púrpura nevada o nieve roja»[21]:

O PÚRPURA NEVADA O NIEVE ROJA

Batalla de Stalingrado, 1943

Está la sangre púrpura en la nieve
tocando a solas llantos interiores
al soplo de memorias y dolores
y toda la blancura se conmueve

Fluyendo van en ríos de albas flores
los líquidos cabellos de la nieve
y va la sangre en ellos y se mueve
por montes de silencio silbadores

Soñando está la novia del soldado
con aguas y más aguas de dulzura
y el rostro del amado ve pasar

Y luego pasa un río ensangrentado
de blanca y hermosísima hermosura
que va arrastrando el rostro hacia la mar

(Hahn, 2009: 61).

En esos versos, que fusionan los temas del amor trágico y la muerte, el gongorismo no solamente está en la voz *habitada* de Hahn; está también directamente en el título, deudor del *Polifemo*. Además, el diálogo intertextual incluye a Neruda y su poema «Nuevo canto de amor a Stalingrado» (*Tercera residencia*):

Yo escribí sobre el tiempo y sobre el agua,
describí el luto y su metal morado,
yo escribí sobre el cielo y la manzana,
          ahora escribo sobre Stalingrado.
Ya la novia guardó con su pañuelo
el rayo de mi amor enamorado,
ahora mi corazón está en el suelo,

---

21 «Cuando tenía dieciséis o diecisiete años, leía bastante a los poetas españoles del siglo xv, especialmente aquellos textos dedicados al tema de la muerte [...]. Después de eso tuve un periodo en que leí muchísima poesía española de los siglos xvi y xvii, fundamentalmente, Garcilaso de la Vega, San Juan de la Cruz, sobre todo, que leía todo el tiempo, que releía, Góngora y Quevedo» (Garavedian, 1990: 141).

en el humo y la luz de Stalingrado.
[...] Deshechas van las invasoras manos,
triturados los ojos del soldado,
están llenos de sangre los zapatos
que pisaron tu puerta, Stalingrado.
[...] Tu Patria de martillos y laureles,
la sangre sobre tu esplendor nevado,
la mirada de Stalin a la nieve
tejida con tu sangre, Stalingrado.

(Neruda, I 396-397).

En ese mismo entorno chileno, Nicanor Parra, en cambio, seguirá la actitud reticente de Neruda: «El lenguaje periodístico de un Dostoievski, de un Kafka o de un Sartre, cuadran mejor con mi temperamento que las acrobacias verbales de un Góngora o de un "modernista" tomado al azar» (Parra, 2006: 691). Por su parte, Neruda volverá a Góngora a menudo, en sus versos y prosas. Así, en sus *Viajes* (1942-1943): en «Viaje al corazón de Quevedo» lo compara con el poeta madrileño y reconoce que «la innovación formal es más grande en un Góngora» (IV 454), y en «Viaje por las costas del mundo» habla del Conde de Villamediana —al que dedica uno de los poemas más deslumbrantes de *Residencia en la tierra*, donde convoca su resurrección—, y cita la carta de Góngora de 23 de agosto de 1622 donde habla el cordobés de «la desdichada muerte de nuestro conde Villamediana» (IV 502), asesinado en la calle Mayor mientras venía de palacio en su coche con Luis de Haro, hijo del Marqués del Carpio. «La tristeza de Góngora no lo ha salvado del olvido. Espero que ante vosotros lo salvará este dramático, este maravilloso soneto cortesano», escribe Neruda, para transcribir a continuación el soneto del conde que acaba: «de vos no quiero más que lo que os quiero» (IV 503)[22].

En 1946, en «Italia, tesoro universal», vuelve la nostalgia de esa España venerada[23], y también resulta revelador el discurso de 1959 en homenaje a Salvatore

---

22 Puede leerse la carta completa de Luis de Góngora al licenciado Cristóbal de Heredia en Luis de Góngora, *Obras completas*, II, Biblioteca Castro, Madrid, 2000: 427-429. Góngora tuvo además el arrojo de escribir un soneto donde sugería que el asesino del Conde de Villamediana había sido el rey Felipe IV. Véase Luis Rosales, 1969, sobre el polémico asesinato del conde.

23 «porque los patriotas americanos no lucharon con el pueblo español, no lucharon contra el rebelde espíritu de los comuneros castellanos, ni contra Riego, ni contra Quevedo y Cervantes, ni contra Gracián o Góngora, ni contra Goya, sino contra una España tentacular, inquisitorial y maldita» (*Aurora de Chile*, 23, 1946, en IV 592).

Quasimodo, donde Neruda habla de su fascinación por las antologías italianas con «los tercetos deslumbrantes, el apasionado atavío, la profundidad y la pedrería de los Alighieri, Cavalcanti, Ariosto, Tasso, Poliziano», y los recuerda como predecesores de los poetas españoles del Siglo de Oro: «iluminaron a Góngora y tiñeron con su dardo de sombra la melancolía de Quevedo» (V 712).

Es en esos años cuando la poética gongorina se vuelca en los versos de *Canto general* y especialmente en las distintas series de *odas elementales,* donde Neruda recurre al gongorismo como gesto insurreccional que dignifica lo humilde; en ese sentido, cabe recordar las palabras de Joaquín Roses sobre las *Soledades* y su «poética de la oscuridad»: «el empleo de un estilo solemne y magnífico para tratar temas humildes perturba tremendamente el gusto clásico de Jáuregui, para quien las *Soledades* son, por tanto, poesía heroica fallida [...] la hibridación realizada por Góngora se convierte en el instrumento capaz de elevar lo ordinario a la categoría de sublime; un propósito que, al reclamar para lo humilde un lenguaje secuestrado por la tradición, se contradice, paradójicamente, con el pretendido elitismo del poeta cordobés» (Roses, 1994: 188-189).

La recepción creadora de Neruda va más lejos, hacia lo vulgar o lo ínfimo, como la cebolla o el caldillo de congrio, y además fusiona esas imágenes con otras, generando visiones de sello propio. Algunos ejemplos de ese juego los hallamos en *Canto general,* cuando habla de los vinos de Jerez como catedrales donde «arde el topacio» (I 739), o de «la ostra erizada del coral sangriento / [...] cofre envuelto en agujas escarlatas / o nieve con espinas agresoras» (I 797). Otros ejemplos los hallamos en *Las uvas y el viento* (1954) —«el zafiro verde / del mar que canta en mi destierro» (I 846); en *Odas elementales* (1954-57), donde el vino tiene «pies de púrpura o sangre de topacio» (I 271) y un ave es «súbito zafiro» o «cítara escarlata» (I 131, 199); en *Estravagario* (1958), donde la iglesia santiaguina de «San Francisco es un almanaque lleno de fechas gongorinas» (I 692)[24].

3. Góngora como nostalgia. Años sesenta y setenta

Las alusiones a Góngora son constantes en los últimos años del poeta, y aunque no adquiere para su biblioteca nuevos ejemplares del maestro cordobés[25] —sí vuelve a hacerse con poemarios de otros poetas venerados, incluso en las mismas ediciones—, retorna a él una y otra vez, y la obsesión permanece. En el

---

24 Véase Millares 1992 y 2008.
25 Tampoco de Baudelaire, del que tenía 16 ejemplares en su primera biblioteca.

discurso «Mariano Latorre, Pedro Prado y mi propia sombra», leído el 30 de marzo de 1962 en el Salón de Honor de la Universidad de Chile al incorporarse como miembro académico, hace la primera declaración diáfana de su deuda hacia el maestro cordobés: «no hay Rubén Darío sin Góngora, ni Apollinaire sin Rimbaud, ni Baudelaire sin Lamartine, ni Pablo Neruda sin todos ellos juntos» (IV 1095). Ese reconocimiento directo no será un caso aislado; son tiempos de optimismo ideológico y Neruda vuelve a la memoria gongorina, ya no desde el prejuicio, sino desde el asombro ante su inventiva, misterio y delirio verbal. En definitiva, veremos en el poeta chileno dos maneras de reivindicarlo: de un lado, asociado a lo oscuro (el intelecto, la introspección, el subconsciente); de otro, asociado a lo natural, aunque esto último pueda resultar insólito.

La primera dirección apuntada hace que Góngora sea visto como un adelantado de las vanguardias. En «Inaugurando el año de Shakespeare» (publicado en *Anales de la Universidad de Chile* en 1964), Neruda sugiere su carácter de precursor de las nuevas estéticas por su oscuridad sugestiva, y alinea a Góngora con Mallarmé y Shakespeare, nada menos[26]. Después, en sus memorias lo vincula al onirismo al compararlo con el *Hunting of the Snark*, de Lewis Carroll, un «mosaico loco» que resulta «intraducible» (V 535); en esa referencia a su locura —la misma que nombrara Reyes— está implícita una aceptación de su enorme modernidad. En cuanto a la curiosa asimilación de lo gongorino con lo natural, cabe recordar las palabras que escribe Neruda en 1969: «para mí, el idioma, el idioma español, es un cauce infinitamente poblado de gotas y sílabas, es una corriente irrefrenable que baja de las cordilleras de Góngora hasta el lenguaje popular de los ciegos que cantan en las esquinas» (*Ercilla*, 13 de agosto 1969, V: 236). Y en sus memorias, póstumas, leemos: «Los únicos verdaderos ríos de España son sus poetas; Quevedo con sus aguas verdes y profundas, de espuma negra; Calderón, con sus sílabas que cantan; los cristalinos Argensolas; Góngora, río de rubíes» (V, 526).

En el mismo libro, cuando habla de Alberti nos dice que «su poesía tiene, como una rosa roja milagrosamente florecida en invierno, un copo de la nieve de Góngora, una raíz de Jorge Manrique, un pétalo de Garcilaso, un aroma enlutado de Gustavo Adolfo Bécquer. Es decir, que en su copa cristalina se confunden los cantos esenciales de España». Sin embargo, en «Viviendo con el idioma» hace una referencia a Góngora que vuelve al tono de sus comentarios de 1937:

---

26 «Porque la poesía de Shakespeare, como la de Góngora y la de Mallarmé, juega con la luz de la razón, impone un código estricto, aunque secreto» (IV 1198).

> La belleza congelada de Góngora no conviene a nuestras latitudes, y no hay poesía española, ni la más reciente, sin el resabio, sin la opulencia gongorina. Nuestra capa americana es de piedra polvorienta, de lava triturada, de arcilla con sangre. No sabemos tallar el cristal. Nuestros preciosistas suenan a hueco. Una sola gota de vino de *Martín Fierro* o de la miel turbia de Gabriela Mistral los deja en su sitio: muy paraditos en el salón como jarrones con flores de otra parte.
>
> El idioma español se hizo dorado después de Cervantes, adquirió una elegancia cortesana, perdió la fuerza salvaje que traía de Gonzalo de Berceo, del Arcipreste, perdió la pasión genital que aún ardía en Quevedo. Igual pasó en Inglaterra, en Francia, en Italia. La desmesura de Chaucer, de Rabelais, fueron castradas; la petrarquización preciosista hizo brillar las esmeraldas, los diamantes, pero la fuente de la grandeza comenzó a extinguirse (V, 688).

En cualquier caso, su evolución acusa una obsesión por la figura de Góngora y también una deriva hacia posturas conciliadoras; en una entrevista concedida en 1970 afirmaba que «el debate entre poesía pura y poesía impura es un debate inútil. Siempre habrá poesía pura y siempre habrá poesía impura. Yo me quedo con las dos» (2002: 1160). Y en sus memorias leemos:

> Del mismo modo que me gusta el «héroe positivo» encontrado en las turbulentas trincheras de las guerras civiles por el norteamericano Whitman o por el soviético Maiakovski, cabe también en mi corazón el héroe enlutado de Lautréamont, el caballero suspirante de Laforgue, el soldado negativo de Charles Baudelaire. Cuidado con separar estas mitades de la manzana de la creación, porque tal vez nos cortaríamos el corazón y dejaríamos de ser (2002: 725) [27].

Por otra parte, durante esos años permanecen los guiños al maestro cordobés, es decir, a su logosfera. En *Cantos Ceremoniales* (1961) leemos: «las catedrales se incendiaron, en Góngora temblaban los rubíes» (II 937), «habló la

---

[27] En el artículo «Los críticos deben sufrir», publicado en 1968 en la revista *Ercilla*, nos habla de nuevo de esa tensión del escritor entre poesía y política: «Las cosas cambiaron porque el mundo cambió. Y los poetas, de pronto, encabezamos la rebelión de la alegría. El escritor desventurado, el escritor crucificado, forman parte del ritual de la felicidad en el crepúsculo del capitalismo. Hábilmente se encauzó la dirección del gusto a magnificar la desgracia como fermento de la gran creación. La mala conducta y el padecimiento fueron considerados recetas en la elaboración poética. Hölderlin, lunático y desdichado; Rimbaud, errante y amargo; Gérard de Nerval, ahorcándose en un farol de callejuela miserable, dieron al fin del siglo no sólo el paroxismo de la belleza, sino el camino de los tormentos. El dogma fue que este camino de espinas debía ser la condición inherente de la producción espiritual [...] Los poetas tenemos el derecho a ser felices, sobre la base de que estamos férreamente unidos a nuestros pueblos y a la lucha por su felicidad» (Neruda, 2002: 178).

desdentada boca de la turquesa» (II 917); en *Piedras de Chile* (1961): «la espuma / sobre las irritadas / paredes de turquesa» (II 981); en *Memorial de Isla Negra* (1964): «entre botellas rojas que estallaban / a veces derramando sus rubíes» (II 1183); en *Barcarola* (1967) la mano de la amada es «alabastro dormido», tiene «la frescura del ágata», es «estrella de cinco esmeraldas», «cuarzo robado a la tierra nocturna» (III 185), y la granada «huyó desgranando rubíes» (III 204); en *Las piedras del cielo* (1970) leemos:

> El cubo de la sal, los triangulares
> dedos del cuarzo: el agua lineal
> de los diamantes: el laberinto
> del azufre y su gótico esplendor:
> adentro de la nuez de la amatista
>
> (III, 642-643).

Y todavía en la poesía póstuma encontramos huellas de Góngora en versos como los que hablan del oleaje en *Jardín de invierno*, «derrumbe insigne de turquesas, / la espuma donde muere el poderío» (III 819).

4. Coda

A partir de los años treinta, la pasión de Neruda por España va unida al fervor por sus poetas, que es explícito en el caso de Quevedo y secreto en el de Góngora. Sin embargo, el Nobel chileno no puede evitar que a menudo destelle en su imaginería elemental (Morelli, 2004) y telúrica ese fulgor antiguo del preciosismo gongorino, como un guiño cómplice, desde su personal interpretación creadora de la poética del cordobés. Y cabe aquí volver al inicio de estas reflexiones para recordar a Ilyá Ehrenburg y su mención sobre Góngora: Neruda comparte una sólida amistad con el escritor ruso, y le dedica un poema de *Elegía*[28], donde dice de él —que era un enamorado de la cultura francesa, y que ya había fallecido— que su corazón es como una vieja espada en cuya empuñadura cincela «una rosa de Francia / como un amor sacrílego y secreto» (III 756). En ese espejo parece mirarse también el gongorismo del propio Neruda: como otra pasión *sacrílega y secreta*.

---

28 «Ahora, mientras voy / pisando una vez más mi propia arena / Ilyá Grigoriovich, el arrugado, / el hirsuto Ehrenburg, ha vuelto a verme / para burlarse un poco de mi vida / y dándome la luz a su manera, / entre desilusión, severidad, / firmeza, desaliento, valentía...» (III 756).

Referencias bibliográficas

BARTHES, Roland (1987): *El susurro del lenguaje. Más allá de la palabra y la escritura*. Barcelona: Paidós.

BOLAÑO, Roberto (1996): *Estrella distante*. Barcelona: Anagrama.

CARPENTIER, Alejo (1985): *Crónicas*, II. La Habana: Letras Cubanas.

CĂRTĂRESCU, Mircea (2016): *El ojo castaño de nuestro amor*. Traducción de Marian Ochoa de Eribe. Madrid: Impedimenta.

DARÍO, Rubén (1977): *Poesía*. Prólogo de Ángel Rama, edición de Ernesto Mejía Sánchez, cronología de Julio Valle-Castillo. Caracas: Ayacucho.

FERNÁNDEZ RETAMAR, Roberto (2009): *Poesía nuevamente reunida*. La Habana: Editorial Letras Cubanas y Ediciones Unión.

FERNÁNDEZ RETAMAR, Roberto (2018): *Toda la luz, toda la sangre. Antología (1948-2017)*. Edición de Selena Millares. Madrid: Visor.

GARAVEDIAN, Martha Ann (1990): «Entrevista con Óscar Hahn». *Revista Chilena de Literatura*, 35, 141-147.

GÓNGORA Y ARGOTE, Luis de (1659): *Obras de don Luis de Góngora*. Bruselas: Imprenta de Francisco Foppens.

GÓNGORA Y ARGOTE, Luis de (1943): *Poemas y sonetos*. Introducción de Pedro Henríquez Ureña. Buenos Aires: Losada.

GÓNGORA Y ARGOTE, Luis de (2000): *Obras completas*, 2 vols. Madrid: Fundación José Antonio de Castro.

GÓNGORA, LUIS DE, y Pablo Picasso (2003): *Veinte sonetos*. Prólogo de Juan F. Aramo. Madrid: Casariego.

HAHN, Óscar (2009): *Archivo expiatorio. Poesías completas (1961-2009)*. Prólogo de Luis García Montero. Madrid: Visor.

LOYOLA, Hernán (2011): «Eva: la musa secreta de Neruda en "Las furias y las penas"». *América sin Nombre*, 16, 75-92.

LOYOLA, Hernán (ed.) (2012): *Italia en el corazón. Nerudiana*, 13-14.

LOYOLA, Hernán (2014): *El joven Neruda: 1904-1935*. Santiago de Chile: Lumen.

MILLARES, Selena (1992): *La génesis poética de Pablo Neruda*. Madrid: Complutense.

MILLARES, Selena (2008): *Neruda: el fuego y la fragua. Ensayo de literatura comparada*. Salamanca: Universidad de Salamanca.

MILLARES, Selena (2017): «Artes y letras en la vanguardia. Algo más sobre "Las furias y las penas" de Pablo Neruda». *Anales de Literatura Chilena*, 18.27, 83-96.

MORALES BARBA, Rafael (2017): *Manual de nocturnos*. Málaga: Lastura.

MORELLI, Gabriele (2004): «Góngora y Neruda: el universo metafórico y elemental». En J. Roses (ed.), *Góngora hoy*, vol. IV-V (243-264). Córdoba: Diputación de Córdoba.

NERUDA, Pablo (1999-2002): *Obras completas*. Edición de Hernán Loyola, 5 vols. Barcelona: Galaxia Gutenberg y Círculo de Lectores.

PARRA, Nicanor (2006): *Obras completas & algo + (1935-1972)*. I. Madrid: Galaxia Gutenberg.

REYES, Alfonso (1986): *Obras completas*, vol. II. México: FCE.

ROSALES, Luis (1969): *Pasión y muerte del Conde de Villamediana*. Madrid: Gredos.

ROSALES, Luis (1978): *La poesía de Neruda*. Madrid: Editora Nacional.

ROSES, Joaquín (1994): *Una poética de la oscuridad: la recepción crítica de las Soledades en el siglo XVII*. Madrid-Londres: Támesis.

ROSES, Joaquín (2014): «La recepción creativa de Góngora en la poesía hispanoamericana». En A. Castro Díaz (ed.), *Actas del Congreso «Góngora y su estela en la poesía española e hispanoamericana». El Polifemo y las Soledades en su IV Centenario* (181-209). Sevilla: Diputación de Córdoba y Asociación Elio Antonio de Nebrija.

SPINATO, Patrizia (2012): «Un recuerdo de Pablo Neruda. Entrevista a Giuseppe Bellini». *Nerudiana*, 13-14, 63-66.

UNAMUNO, Miguel de (1978): *San Manuel Bueno, mártir. Cómo se hace una novela*. Madrid: Alianza.

IV. Góngora, el Neobarroco y otras proyecciones actuales

Joaquín Roses

Góngora reciclado por Sarduy: idolatría y profanaciones

Resumen: Con el presente estudio se pretende contribuir parcialmente al análisis y la interpretación de la poesía de Severo Sarduy. Tras una breve sinopsis biográfica y el establecimiento de ciertos fundamentos críticos que justifican la necesidad de atender a su producción poética, se indaga teóricamente sobre cómo el autor cubano lee a Luis de Góngora. Para ilustrar y demostrar estas premisas, derivadas tanto de las declaraciones del propio autor como de sus aproximaciones críticas al poeta de Córdoba y al Barroco, se trabaja sobre la recepción creativa de Góngora en la poesía de Sarduy, abordando cuestiones de intertextualidad presentes en todos sus poemarios, las cuales se mueven en un amplio espectro que abarca desde citas e imitaciones textuales hasta el reciclaje de procedimientos métricos, retóricos o temáticos.

Palabras clave: Góngora, Sarduy, Neobarroco, poesía, erotismo, lengua literaria.

Severo Sarduy —como el Inca Garcilaso o César Vallejo— nunca volvió a su lugar de nacimiento. Fue, en muchos sentidos, un adelantado a su época. El carácter innovador de sus propuestas estéticas y de sus manifestaciones literarias fue tan relevante y pionero que ha llegado a ser considerado un autor del *Postboom* en los años del *Boom*. Como escribía Gustavo Guerrero en su fundacional artículo «Sarduy o la religión del vacío», «su trayectoria, dentro de la literatura latinoamericana, sigue siendo menos representativa que ejemplar: lo que nos lega es un paradigma de curiosidad, de libertad y de dignidad intelectual» (1996: 45). En cualquier caso, el autor ha terminado convirtiéndose en un clásico *marginal* de las letras latinoamericanas. Pese a ello, Sarduy es conocido fundamentalmente como ensayista y novelista, pues su producción poética no ha recibido todavía la dedicación que merece. Mi propuesta es aproximarme a él en su calidad de lector de Góngora, a la par que reivindico su poesía.

1. Severo Sarduy (1937–1993)

Casi 30 años después de su muerte, todavía no disponemos de un estudio biográfico de Severo Sarduy. La «Biografía», con numerosos documentos fotográficos —se trata más bien de una cronología—, que cierra el catálogo de la exposición que le dedicó en 1998 el Museo Nacional Centro de Arte Reina Sofía y que no aparece firmada sigue siendo la referencia más útil, por lo que la tomo como guía para esta sinopsis (Díaz de Rábago, 1998: 175-193).

Sarduy nace en Camagüey (Cuba), en 1937, y establece sus primeros contactos literarios con los miembros del grupo reunido en torno a la revista *Orígenes*. Más tarde, al trasladarse a La Habana en 1958, comienza a formar parte del grupo cercano a la revista *Ciclón*, donde publica sus primeras piezas literarias. Cuando triunfa la revolución, se convierte en redactor de *Lunes de Revolución* y llega a dirigir una página literaria en *Diario Libre*. Su diversidad artístico-literaria es temprana, pues ya en su juventud lo mismo escribe que dibuja y pinta.

Becado por el nuevo gobierno cubano viaja a España, donde va a residir solo un mes: su actividad principal consiste en visitar el Museo del Prado en enero de 1960. De allí se traslada a Francia, donde comienza ya su amistad con pintores y escritores. Ese año viajará a varios destinos de Europa. En Roma conoce a François Wahl, quien será una persona determinante en su vida y lo acompañará siempre. De vuelta en Francia, termina fijando su residencia en Sceaux hasta 1990, en que se traslada a París.

Cuando en septiembre de 1960 el gobierno cubano le pide que vuelva a la isla, él renuncia aduciendo razones personales. Mientras tanto, sigue realizando nuevos viajes y desarrolla su actividad formativa vinculada a *L'École du Louvre* y a Cursos de Español.

En 1961 conoce a algunos de sus amigos más cercanos en Francia, Roland Barthes, Philippe Sollers y Nathalie Sarraute, y comienza su primera colaboración profesional seria: un programa de libros y ciencia en *Radio France Internationale*, donde trabajará durante 30 años. Su actividad profesional incluye también labores de editor en *Editions du Seuil* y colaboraciones numerosas en medios impresos y radiofónicos.

Será fundamental en estas fechas su amistad con Barthes, así como su vinculación a la revista estructuralista *Tel Quel*. El viaje a Turquía de ese mismo año y el descubrimiento del arte griego e islámico serán muy importantes en relación con su faceta poética. Se afirma —quizá con exageración—, que «toda la matriz de su poesía proviene de ese viaje» (Díaz de Rábago, 1998: 179). Es el momento de composición de los *Poemas bizantinos*, muchos de los cuales pasarán luego a *Big Bang* (1974).

En 1962 realiza nuevos viajes a destinos europeos y en 1963 se produce su aislamiento civil por los castristas, que solo es roto por Emir Rodríguez Monegal, y que termina con su intento de expulsión de Francia, acusado de espionaje. Editores como Barral y Feltrinelli deben defenderse por haber publicado *Gestos* (Barcelona: Seix Barral, 1963), su primera novela.

Para sus primeras colecciones poéticas publicadas y para su segunda y más conocida novela, *De donde son los cantantes*, será cardinal también el viaje a España de 1964, en el que recorre Madrid, Toledo, Córdoba, Cádiz, Sevilla, Granada, Marbella, según él, «uno de los momentos más felices de su vida». Volverá con frecuencia a esas ciudades de España y, habitualmente, a Córdoba, cuna de Góngora. Todas estas visitas a España están relacionadas con la recuperación de la tradición cultural del Siglo de Oro, especialmente a través de pintores como El Greco, Velázquez, Zurbarán, Valdés Leal o, también, de fecha muy posterior, Goya.

En 1965, Sarduy conoce en París a varios pintores, como Luis Feito, que terminará ilustrando la cubierta de la primera edición de su libro de poemas *Un testigo fugaz y disfrazado* (1985), poemario que, como veremos, ocupa un lugar central en las vinculaciones de Sarduy con Góngora. Al ir a renovar su pasaporte cubano, también en 1965, terminan retirándoselo, con lo que en los próximos dos años no puede moverse de Francia.

En 1967, Carlos Barral rechaza la publicación de su segunda novela, *De donde son los cantantes*, que será publicada por Joaquín Mortiz en México (1967). En fecha tan emblemática como 1968 se le concede la nacionalidad francesa. También sale su primer ensayo extenso, *Escrito sobre un cuerpo* (Buenos Aires: Sudamericana, 1968). El verano lo pasa en Tánger, acompañado de su compañero François Wahl y de Roland Barthes. Volverá muchos veranos a Marruecos, donde encuentra una libertad esencial y propicia para su forma de entender la vida.

Diez años después de haber cruzado el Atlántico, en 1969, vuelve a hacerlo en sentido contrario para viajar, por vez primera, a Nueva York. Sus padres terminan visitándolo ese mismo año en Francia y viajan juntos a España.

Un nuevo viaje a Córdoba en 1970 parece ser decisivo en su trayectoria vital. Allí se emociona viendo la casa donde murió Góngora y el monumento a Maimónides. Es también un año fértil en el terreno creativo, pues aparecen sus primeros cuadernillos poéticos: *Flamenco* (Sttutgart: Manus Presse, 1970) y *Mood Indigo* (Sttutgart: Manus Presse, 1970).

Otra de las experiencias que transformará su vida será el viaje a India en febrero de 1971, que ofrecerá como primer fruto la novela *Cobra* (Buenos Aires: Sudamericana, 1972), a partir de la cual comenzará su fama y reconocimiento en Francia y en algunos países de lengua española. Sus relaciones son extensas y variadas en esa década, sus compromisos artísticos y culturales agotadores y sus viajes también aumentan, sobre todo a África y Asia. Literariamente son también años rentables en que publica en todos los géneros. En 1973 aparece su libro poético *Big Bang* (Montpelier: Fata Morgana, 1973), que

—junto a los dos poemarios breves mencionados antes y otros poemas sueltos— se convertirá un año más tarde en una de las secciones de *Big Bang* (Barcelona: Tusquets, 1974), libro donde recoge toda su poesía dispersa hasta la fecha. En el género ensayístico publica *Barroco* (1974) y su viaje a Irán ese mismo año será el origen de su cuarta novela, *Maitreya* (1978). También publica sus piezas teatrales: *Para la voz* (1978).

Con el final de la década, en 1980, se produce un acontecimiento luctuoso que lo dejará conmocionado, la muerte de Roland Barthes, amigo cercano al que veía al menos una vez por semana. En 1982 se publica en Caracas su ensayo *La simulación*. Dos años más tarde publica su quinta novela, *Colibrí* (Barcelona: Arcos Vergara, 1984). A estas alturas está claro que la obra de Sarduy no llega al gran público. En Francia comienza a decaer su éxito y el mayor reconocimiento procede de los círculos culturales latinoamericanos y españoles. Por esas fechas realiza numerosos viajes a países americanos porque recibe frecuentes invitaciones. Los mejores periódicos y revistas nacionales publican colaboraciones suyas o reportajes sobre su obra y crece el interés por su literatura en las universidades.

Por mediación de Andrés Sánchez Robayna, en 1985 publica en Barcelona, en Edicions del Mall, *Un testigo fugaz y disfrazado*, el libro poético central para nuestros intereses y una vuelta decidida a una poesía de formas clásicas vinculadas a la lírica del Siglo de Oro. En 1987 y en la misma editorial catalana aparece un libro heterogéneo, compuesto de recuerdos y reflexiones ensayísticas, de lectura obligatoria para todos los estudiosos de Sarduy: *El cristo de la rue Jacob*. También ese año ve la luz su ensayo *Nueva inestabilidad* (México: Vuelta, 1987) y se recogen sus numerosos estudios dispersos sobre el Barroco, prácticamente todos sus ensayos anteriores extensos más algunos breves, en *Ensayos generales sobre el Barroco* (Buenos Aires: FCE, 1987).

1990 es un año crucial. Aparece su sexta novela, *Cocuyo* (Barcelona: Tusquets, 1990). Deja de trabajar en Seuil y entra en Gallimard. Entonces se produce la más nefasta de las noticias: el resultado de una prueba de SIDA que se hace en febrero da positivo. No renuncia a sus viajes, pero la inmunodepresión comienza a causarle problemas pulmonares. Se concentra en la poesía y en la pintura. Al año siguiente muere su padre y da su última conferencia, «Poesía bajo programa», en Santa Cruz de Tenerife. Comienzan los ingresos hospitalarios por toxoplasmosis y las secuelas de un fuerte tratamiento médico. Mientras tanto, prepara sus últimos libros que se publicarán el mismo año de su muerte: *Un testigo perenne y delatado*, nuevos sonetos y décimas que aparecen precedidos por el libro de título similar de 1985 (Madrid: Hiperión, 1993) y *Pájaros de la playa* (Barcelona: Tusquets, 1993). El 8 de junio de 1993 muere en París. Póstumamente se publican varios escritos suyos: un cuento infantil ilustrado por Patricio Gómez —*Gatico-Gatico* (México: Cidcli-Consejo Nacional para la Cultura y las Artes: 1994)—, una breve colección de poemas, décimas principalmente —*Epitafios* (Miami: Ediciones Universal, 1994)—, un breve texto dividido en 20 fragmentos escrito en el umbral de la muerte —*El estampido de la vacuidad* (México: Vuelta, 1994) y una selección de las cartas enviadas a su amigo Manuel Díaz Martínez y editadas por este (Madrid: Verbum, 1996). Casi al final del loco siglo XX, ve la luz su *Obra completa* preparada por Gustavo Guerrero y François Wahl (Madrid: Archivos, 1999).

2. Reivindicación de su poesía

Salvo contadas aportaciones, los estudios dedicados a la poesía de Sarduy comienzan a publicarse tras su muerte en 1993, crecen muy lentamente en esos años finales del siglo XX y en la primera década del XXI, y llegan a su punto máximo, significativamente, en la segunda década de este siglo. Por otra parte, dichos estudios no solo son —en su mayoría— dispersos, asistemáticos y tangenciales, sino que concentran su atención en el primer libro en que Sarduy recopila su poesía escrita hasta 1974, *Big Bang*[1].

Aunque lo demostraré en las páginas que siguen, puedo adelantar ya que las colecciones poéticas últimas de Severo Sarduy y las que más nos interesan para nuestro tema, *Un testigo fugaz y disfrazado* (1985) y *Un testigo perenne y delatado* (1993), han sido estudiadas, salvo mínimas excepciones, de manera escasa y superficial. Resulta absolutamente pertinente un estudio en profundidad de estos poemarios.

Que la poesía de Sarduy debe ser estudiada para alcanzar una cabal comprensión de su escritura es algo que el propio autor reclamó en numerosas ocasiones. Resulta paradójico que esta petición no haya sido suficientemente atendida, dada la importancia que tiene este conocimiento como clave descifradora de toda su producción. Por poner solo un ejemplo, cuando Ana Eire lo entrevista en junio de 1991 en París —la entrevista se publicaría en 1996—a la pregunta «¿dónde encaja su poesía?», Sarduy responde: «la poesía es lo primero. La poesía es el origen de todo, es el generador de todo. La visión de todo lo que yo hago —pretende, claro— pretende ser poética» (365).

---

1   Uno de los críticos que ha dedicado más estudios a esta faceta del autor en esta segunda década del siglo ha sido Pedro Antonio Férez Mora. Casi todos sus artículos fueron recogidos en su libro del año 2014b.

La urgencia de estudiar la poesía de Sarduy ha sido reclamada por prestigiosos críticos que fueron además sus amigos cercanos. Así, en la «Introducción» a su *Obra completa*, Gustavo Guerrero, uno de sus albaceas, no solo señala la necesidad de atender a esta faceta de su producción, sino que sitúa este ejercicio como clave de un nuevo paradigma en los asedios a su escritura y afirma que «la fama del novelista ocultó, con demasiada frecuencia, al poeta y al ensayista, y no favoreció su apreciación» (1999: XXII).

En el segundo volumen de esa *Obra completa*, su compañero desde 1961, François Wahl, deja constancia de la importancia de la poesía en la vida del cubano (1999a: 1503-1516 y 1999b). A cumplir el propósito reclamado por Guerrero se dispone también, allí mismo, Andrés Sánchez Robayna (1999) en el que será uno de los primeros artículos comprehensivos sobre la poesía de Sarduy: «El ideograma y el deseo (La poesía de Severo Sarduy)». Después llegaron los estudios parciales de poemas o colecciones, en cuya valoración precisa no puedo entrar ahora[2].

3. Góngora reciclado por Sarduy

Sarduy asume el Barroco español y su trasplante a América y lo hace desde fuera, desde Francia. Allí, sus lecturas más frecuentes serán san Juan de la Cruz, Cervantes y Góngora. En las numerosas entrevistas que se le hicieron siempre es posible encontrar alguna referencia a esta filiación voluntariamente aceptada y reivindicada. En la publicada en *La Nouvelle Littéraire* el 13 de noviembre de 1980 y realizada por Alicia Dujovne-Ortiz, sabe explicar la conjunción entre lo cubano y lo español sustentada en la grandeza de la literatura: «Yo pertenezco a la más estricta tradición cubana, aquella que se vincula con la tradición tupida y lujosa del barroco español [...] a Góngora y aun a la literatura clásica [...] Yo soy un autor [...] típicamente cubano» (Gil, 1994: 109).

El proceso de actualización de Góngora activado por Severo Sarduy puede estudiarse en dos ámbitos: en el teórico, mediante el estudio de sus ensayos; en el práctico, a través del análisis de sus manifestaciones literarias, tanto en prosa como en verso. Es lo que en, en teoría de la recepción se conoce como recepción reproductiva, que yo prefiero llamar crítica (en el caso teórico) y recepción productiva, a la que me gusta referirme como recepción creativa (en el caso práctico).

---

2 Las referencias bibliográficas que aparecen al final de este capítulo se limitan a los trabajos citados, pero el campo crítico actual sobre la poesía del autor es mucho más amplio.

Como el primer ámbito ha sido ampliamente tratado por varios estudiosos, lo mencionaré de pasada, porque lo que me interesa más es situar en su contexto la recepción creativa de Góngora y analizar algunos ejemplos de la misma en su práctica poética.

Hablo de idolatría porque desde sus comienzos el poeta de Córdoba es un modelo de excelencia verbal para Sarduy. Hablo también de profanaciones porque el poeta cubano no se limita a imitar servilmente los estilemas de Góngora, sino que pretende acometer toda una estrategia de adaptación del mensaje poético gongorino a la estética y a la filosofía cultural del siglo xx.

¿Cómo vivió el propio Sarduy esta imagen suya que lo mostraba como un espejo de Góngora? Quizá el cubano fue víctima de sí mismo, es decir, del aparato teórico forjado por él mismo en torno al concepto de neobarroco. En numerosas ocasiones manifestó su hastío ante esa actitud crítica perezosa que lo adscribía a la estética barroca o al Neobarroco, sin más matices. Es cierto que uno no puede escribir del cubano sin mencionar a Góngora, pero los automatismos críticos han difundido, con más frecuencia de la deseable, una idea superficial de esa vinculación. No nos extraña por tanto que el mismo autor, en una de sus últimas entrevistas concedidas, llegara a expresarse en los siguientes términos sobre este exceso interpretativo:

> Yo creo que la palabra barroco ha sido hoy *galvaudé*, es decir, ya pasa por todas partes, ya no tiene sentido porque ya todo hoy es totalmente barroco. ¡Hasta Sartre! Habría que volver a una especie de dureza, casi de sectarismo, con este término. Yo me propuse lo siguiente: volver a la fuente, al modelo astronómico del cual surgió el barroco. Nunca leí el barroco como una tendencia estética, lo que se hace ya en todas las universidades del mundo, o en la escuela del Louvre, de la cual soy graduado, esta pura tendencia estética no me interesa (Gutiérrez, 2001: 187).

Pero Góngora está por todas partes. Tanto Gustavo Guerrero, que ha dedicado libros y artículos a este asunto (1987, 2001), como Françoise Moulin Civil (1999), supieron trazar la evolución de Sarduy sobre esta obsesión estudiando sus ensayos «Góngora o la metáfora al cuadrado» (1966), «Dispersión. Falsas notas / Homenaje a Lezama Lima» (1966) y «El barroco y el neobarroco» (1972). Debo soslayar de momento estas disquisiciones teóricas que serán recogidas en un libro mío posterior sobre la poesía de Sarduy. Baste apuntar ahora que el cubano realiza primero una interpretación estructuralista de Góngora en los años 60 que constituye el embrión del que surge su teoría del Neobarroco hispanoamericano. Más tarde, en los 70, mediante una lectura plenamente neobarroca de Góngora, se exponen los célebres procedimientos relacionados con la retórica que tanto juego darían a los estudiosos de Sarduy: sustitución, proliferación y condensación, cuyas definiciones precisas no tenemos espacio para explicar.

En los añadidos y reelaboraciones de esta tesis dos años más tarde, en su libro *Barroco* (1974), aparece una de las más conocidas definiciones sobre el concepto de Neobarroco, que lo vincula con una actitud antielitista, no esteticista y antiburguesa:

> ser barroco hoy significa amenazar, juzgar y parodiar la economía burguesa, basada en la administración tacaña de los bienes, en su centro y fundamento mismo: [...] el lenguaje [...]. Malgastar, dilapidar, derrochar lenguaje únicamente en función de placer [...] es un atentado al buen sentido, moralista y natural en que se basa toda la ideología del consumo y la acumulación (1999: 1250).

Para completar el desarrollo de su pensamiento, habría que acudir también a algunas nociones expuestas en su último ensayo de carácter sistemático, *Nueva inestabilidad* (1987) (1999: 1347-1375). El tono de queja es constante en sus páginas, por cuanto para Sarduy la crítica contemporánea no ha logrado entender el verdadero alcance del concepto de Neobarroco, restringiéndolo a un estilo, y se ha quedado en lecturas superficiales. Omar Calabrese, desaparecido ya Sarduy, terminaría dándole la razón al proponer la denominación de neobarroca para la compleja era de la Postmodernidad.

El Barroco es, pues, para Sarduy —aunque se queje al final de su vida de las tergiversaciones con que los lectores han aplicado esa dependencia— su principal filiación literaria. Y Góngora es su estrella luciente, como demuestran sus frecuentes visitas a Córdoba, muchas de ellas fundamentales para su formación vital, o los homenajes explícitos que le rinde a don Luis en algunos poemas que veremos de la sección «Flamenco» de *Big Bang*. En ocasiones, su devoción llega a una especie de éxtasis divinizante y sacrílego, como cuando afirma: «Dios es a Góngora lo que Góngora es a Lezama Lima lo que Lezama es a Sarduy» (Rivera, 2010: 32).

4. Algunos ejemplos poéticos

Sería interminable señalar las imitaciones, guiños, homenajes y profanaciones de don Luis en la obra completa de Sarduy. Sus novelas están saturadas de estas referencias. Existe ahí un campo fértil de estudio que daría incluso para un buen trabajo de investigación. Uno de los artículos mejores y más recientes sobre este asunto, «Coronando el (Neo)Barroco: Espejos gongorinos en la obra de Severo Sarduy» (2015), de Catalina Quesada —aunque de carácter muy general— se incardina plenamente en esta línea y nos ofrece célebres ejemplos en *Cobra* (1972) —Góngora aparece como personaje— o *Maitreya* (1978) —en el capítulo «La isla» encontramos una reminiscencia de la llegada del náufrago a tierra en las *Soledades*—.

También muchos de los poemas de «Flamenco», incluidos en el libro *Big Bang* (1974), como apuntamos, pueden ser analizados desde esta perspectiva (pastiches con versos de Góngora, alusiones al poeta o a su ciudad). Incluso la presencia de lo geométrico en ese conjunto poético, un elemento característico de la poesía sarduyana, remite a Córdoba y a la decoración geométrica característica del arte musulmán. Como escribe Perla Rozencvaig: «Esta Córdoba estrecha los lazos entre el occidente y el oriente, produciendo la antítesis que, como bien se sabe, es la figura central del barroco» (39).

4.1. Big Bang *(1974)*

Aunque Sarduy comienza a escribir poesía mucho antes, es a partir de 1970 cuando inicia la publicación de varios poemarios breves, algunos de ellos en ediciones de lujo. Lo hará en Sttutgart (Alemania), donde aparecen en 1970 dos colecciones, ambas ilustradas con grabados de Ehrhardt e impresas en Manus Presse: *Flamenco*[3] y *Mood Indigo*. Poco después, en 1972 (Las Palmas: Inventarios Provisionales), se publica la *plaquette Overdose*[4]. En 1973 —también en edición de lujo con grabados de José Ramón Díaz Alejandro—, se publica *Big Bang* (Montpelier: Fata Morgana). Estas entregas parciales, a las que se les añaden poemas nuevos, serán recogidas en 1974 en el libro que reúne toda la poesía de Sarduy que él considera publicable hasta esa fecha, *Big Bang* (Barcelona: Tusquets) (1999: 129-197). Aquí se incluye como sección el libro homónimo de 1973, que no debe ser confundido con esta recopilación de toda su poesía publicada en Barcelona.

El poemario, diverso y a la zaga de las vanguardias —como veremos—, se divide, por tanto, en cuatro secciones: «Flamenco» (129-148), «Mood Indigo» (150-161), «Big Bang» (164-175) y «Otros poemas» (177-197). Las dos primeras ofrecen similitudes, pero las diferencias entre todas ellos son notables. Nos interesan ahora, sobre todo, tres poemas de «Flamenco», conjunto formado por 30 textos que llevan por título diversos palos del arte flamenco[5], lo cual parece explicar su génesis, junto a otra fuente de inspiración fundamental: la Córdoba

---

3 Algunas fuentes señalan para la publicación de este poemario la fecha de 1969.
4 El texto, en francés, se publicó en *Obra completa* y luego se tradujo al español en la *Antología* publicada en México en 2000 con prólogo de Gustavo Guerrero.
5 Aunque, en una aproximación muy general, Rozencvaig afirma que está «inspirado en los movimientos del baile» (37), apelar a los palos del flamenco resulta más preciso.

de Góngora. Se trata de poemas —en prosa o en verso libre— en los que la puesta en página y los juegos tipográficos son significativos: uso de mayúsculas y minúsculas, presentación del texto en columnas o en diversas formas geométricas. El libro recibió muy poca atención, pero ahora es, curiosamente, su libro poético más estudiado.

Los tres poemas citados son «Fandangos (fig. 1)», «Tientos» (fig. 2) y «Tanguillo» (fig. 3). Vamos a verlos.

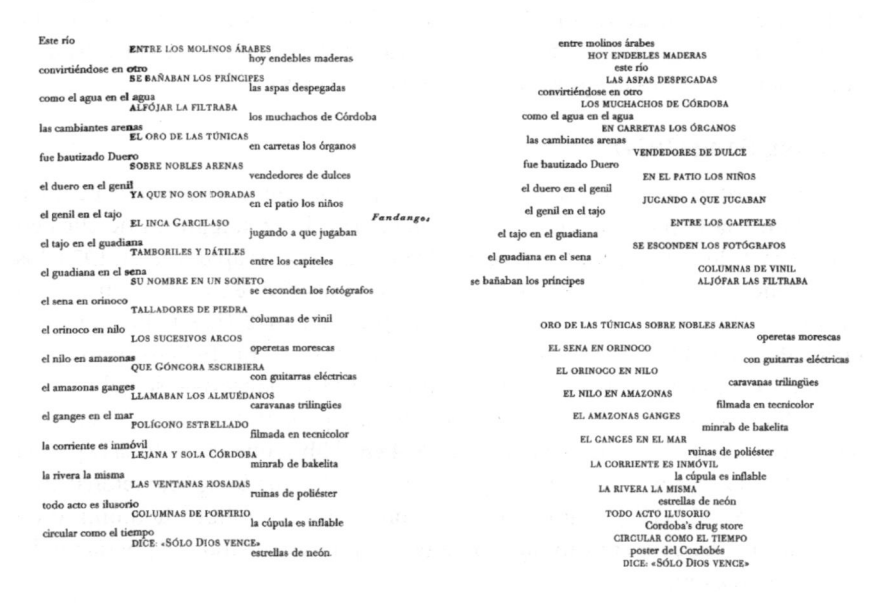

```
Este río                                                              entre molinos árabes
            ENTRE LOS MOLINOS ÁRABES                                       HOY ENDEBLES MADERAS
                     hoy endebles maderas                                        este río
convirtiéndose en otro                                                     LAS ASPAS DESPEGADAS
            SE BAÑABAN LOS PRÍNCIPES                                  convirtiéndose en otro
                     las aspas despegadas                                  LOS MUCHACHOS DE CÓRDOBA
como el agua en el agua                                               como el agua en el agua
            ALFÓJAR LA FILTRABA                                            EN CARRETAS LOS ÓRGANOS
                     los muchachos de Córdoba                         las cambiantes arenas
las cambiantes arenas                                                      VENDEDORES DE DULCE
            EL ORO DE LAS TÚNICAS                                     fue bautizado Duero
                     en carretas los órganos                               EN EL PATIO LOS NIÑOS
fue bautizado Duero                                                   el duero en el genil
            SOBRE NOBLES ARENAS                                            JUGANDO A QUE JUGABAN
                     vendedores de dulces                             el genil en el tajo
el duero en el genil                                       Fandangos       ENTRE LOS CAPITELES
            YA QUE NO SON DORADAS                                     el tajo en el guadiana
                     en el patio los niños                                 SE ESCONDEN LOS FOTÓGRAFOS
el genil en el tajo                                                   el guadiana en el sena
            EL INCA GARCILASO                                              COLUMNAS DE VINIL
                     jugando a que jugaban                                 ALJÓFAR LAS FILTRABA
el tajo en el guadiana                                                se bañaban los príncipes
            TAMBORILES Y DÁTILES
                     entre los capiteles                              ORO DE LAS TÚNICAS SOBRE NOBLES ARENAS
el guadiana en el sena                                                                        operetas morescas
            SU NOMBRE EN UN SONETO                                         EL SENA EN ORINOCO
                     se esconden los fotógrafos                                               con guitarras eléctricas
el sena en orinoco                                                         EL ORINOCO EN NILO
            TALLADORES DE PIEDRA                                                              caravanas trilingües
                     columnas de vinil                                     EL NILO EN AMAZONAS
el orinoco en nilo                                                                            filmada en tecnicolor
            LOS SUCESIVOS ARCOS                                            EL AMAZONAS GANGES
                     operetas morescas                                                        minrab de bakelita
el nilo en amazonas                                                        EL GANGES EN EL MAR
            QUE GÓNGORA ESCRIBIERA                                                            ruinas de poliéster
                     con guitarras eléctricas                              LA CORRIENTE ES INMÓVIL
el amazonas ganges                                                                            la cúpula es inflable
            LLAMABAN LOS ALMUÉDANOS                                        LA RIVERA LA MISMA
                     caravanas trilingües                                                     estrellas de neón
el ganges en el mar                                                   TODO ACTO ILUSORIO
            POLÍGONO ESTRELLADO                                            Cordoba's drug store
                     filmada en tecnicolor                            CIRCULAR COMO EL TIEMPO
la corriente es inmóvil                                                    poster del Cordobés
            LEJANA Y SOLA CÓRDOBA                                     DICE: «SÓLO DIOS VENCE»
                     minrab de bakelita
la rivera la misma
            LAS VENTANAS ROSADAS
                     ruinas de poliéster
todo acto es ilusorio
            COLUMNAS DE PORFIRIO
                     la cúpula es inflable
circular como el tiempo
            DICE: «SÓLO DIOS VENCE»
                     estrellas de neón.
```

Fig. 1: *Poema «Fandangos», del libro* Big Bang

«Fandangos», dedicado a Córdoba y al Guadalquivir, nos recuerda los laberintos barrocos, como el de sor Juana, y su lectura puede acometerse de manera libre, aunque se imponen restricciones semánticas que determinan una lectura triple que luego se convierte en doble. Obsérvese, además, tanto la presencia de vocablos asociados al léxico suntuoso de Góngora como la mención de su nombre en la parte central de la primera página, e incluso antes las alusiones al verso 4 de su poema dedicado a Córdoba: «de arenas nobles, ya que no doradas».

Menos complicado es el poema «Tientos», donde los versos en mayúscula remiten a diversos poemas de Góngora, como en una cámara de eco.

Tientos

por donde hacia la luz huye el sonido
                          ALJÓFAR BLANCO
en sucesivas cámaras de eco
                          NO SÓLO EN PLATA
convertidos los cuerpos y guitarra
                          EN TIERRA, EN HUMO

las cuerdas prolongadas
                          O CUAL POR MANOS HECHA, ARTIFICIOSAS
mecánicas sonoras
                          DESTINADA SEÑAL QUE MORDIÓ AGUDA
volúmenes de ocre
                          BREVE URNA LOS SELLA COMO HUESOS

Fig. 2: *Poema «Tientos», del libro* Big Bang

«Aljófar blanco» nos recuerda el verso 2, «aljófar blanco sobre frescas rosas» de su soneto «Cual parece al romper de la mañana» (1582); «no solo en plata» y «en tierra, en humo» derivan respectivamente del comienzo de los versos 12 y 14 «Mientras por competir con tu cabello» (1582); «destinada señal que mordió aguda» es el verso 2 del hermoso soneto «Menos solicitó veloz saeta» (1623), que despertó la admiración de Borges; «breve urna los sella como huesos» es el verso nueve del soneto de 1600 «Yacen aquí los huesos, sepultados».

Por último, «Tanguillo» es la recreación más nítida del soneto a Córdoba.

Estos tres poemas son ejemplos tempranos de una imitación mediante guiños y ecos, pero para hablar de una influencia determinante habrá que esperar a los sonetos y décimas de las dos colecciones siguientes, menos atendidas por la crítica: *Un testigo fugaz y disfrazado* (1985) y *Un testigo perenne y delatado*

Tanguillo

un prisma la cabeza
                QUE PRIVILEGIA EL CIELO Y DORA EL DÍA
las rayas del tablado
              DE ARENAS NOBLES YA QUE NO DORADAS
ceñido fieltro verde
            TU MEMORIA NO FUE ALIMENTO MÍO

    un prisma transparente estría el rojo
                OH TORRES CORONADAS
    que las rayas apresan, sombra breve
                OH FÉRTIL LLANO
    y en ese fieltro se dibuja el paso
                OH FLOR DE ESPAÑA!

Fig. 3: *Poema «Tanguillo», del libro* Big Bang

(1993). La sombra tutelar de Góngora es aquí obsesiva y visible, pero se halla soterrada bajo mil capas y profanaciones.

4.2. Un testigo fugaz y disfrazado *(1985)*

El primero de estos poemarios supone un cambio radical en la poesía de Severo Sarduy: de las formas experimentales a las formas clásicas inspiradas en el Siglo de Oro. Publicado en 1985 (Barcelona: Ediciones del Mall) (1999: 199–216), se compone de dos bloques: uno formado por 21 sonetos (199–209) y otro formado por 20 décimas (210–216). Pasemos a abordarlo, analizando algunas claves sintéticas que permiten relacionar este poemario de Sarduy con Góngora y el Barroco.

4.2.1. Métrica y retórica

La métrica es uno de los elementos que vinculará a Sarduy con su actualización de Góngora, debido al empleo del endecasílabo y de sus esquemas rítmicos asociados. Existen muchas declaraciones del propio autor sobre este asunto y no podemos exponerlas todas. El mismo año en que aparece publicado *Un testigo fugaz y disfrazado*, Julio Ortega le hace una entrevista al cubano en que le pregunta por esta cuestión: «La belleza lírica de tu poesía reciente ha sido un descubrimiento y otro desafío para tus lectores. Se diría que Góngora imita a Garcilaso si no se tratase de tu propia voz. ¿Cómo se te impusieron estas áreas matutinas de homenaje al español?» (1999: 1826). Sarduy responde:

> Forman parte de ese mismo regreso al país natal de que hablaba al principio. De niño, con mi padre, improvisaba décimas, es decir, la forma cubana de la décima, que es la espinela. En Cuba había trovadores populares, que se afrontaban en barrocos duelos métricos, una verdadera juglaría nacional. También me interesó, desde muy joven, el soneto. Aquí tengo los publicados en *El Camagüeyano*, hacia 1954.
>
> Pero el gesto métrico obedece, paradójicamente, a una subversión. En cierto momento en que la poesía ha llegado a un grado de dispersión, es decir, de total insignificancia —en el sentido más semiológico del término—, en que cualquier acumulación de adjetivos se califica de «barroca», y cualquier pereza de haï-ku, creo que un regreso a lo más riguroso, a lo más formal, a ese código que es también una libertad —el soneto, las formas precisas— se imponía. Barthes decía que el régimen de la significación es el de la libertad vigilada, que el sentido no puede surgir si la libertad es total o nula. Pues bien, las formas métricas y estróficas son eso (1827).

Entre los reciclajes de la lírica del Siglo de Oro, resulta un hallazgo el uso de la construcción que extiende con demora el periodo sintáctico y sitúa al final del mismo la forma verbal. Esto, ligado a la esticomitia estrófica, da como resultado largas oraciones que concluyen con el verbo al final del cuarteto en posición de rima. Veamos dos ejemplos muy significativos:

> La noche que llegaba y precedía
> el viento del desierto, la certera
> luz —o tus pies desnudos en la estera—
> del ocaso, su tiempo *suspendía*[6].

(Soneto 2, vv. 5-8).

---

6   En lo sucesivo y salvo indicación contraria, la cursiva en los vocablos de los poemas es mía.

> Burlada mi cautela y en contraste
> —linimentos, pudores ni cuidados—
> con exiguos anales olvidados
> de golpe y sin aviso te *adentraste*[7].

(Soneto 7, vv. 5-8).

En muchos poetas, el empleo del adjetivo supone una verdadera huella de filiaciones literarias y una marca indudable del estilo propio, por lo que su estudio excede siempre el ámbito de la rima. En *Un testigo fugaz y disfrazado*, la conjunción de su uso libre con la aparición de las formas adjetivales en la posición final de verso produce efectos muy destacables. Una de las principales manifestaciones de este recurso es la anteposición del adjetivo al sustantivo —fenómeno frecuente en poesía— para dejarlo encabalgado, rompiendo de ese modo el sirrema adjetivo-sustantivo. Dicho empleo dota de máxima relevancia al adjetivo que aparece marcado por cuatro factores: rima, pausa, anteposición y encabalgamiento.

El resultado poético se traduce en una ambigüedad del sentido, una suspensión de la idea que nos obliga, mediante una restricción de origen barroco impuesta por el poeta, a desentrañar los diversos sentidos posibles que el sintagma produce durante el proceso lineal de la lectura. Obsérvense los siguientes usos:

> el viento de la noche, la *certera*
> luz —o tus pies desnudos en la estera—

(Soneto 2, vv. 6-7).

> conozco su rigor y su *torcida*
> manera de atacar [...]

(Soneto 9, vv. 12-13).

En ocasiones, la anteposición del adjetivo permite una momentánea adscripción del mismo, en el proceso de lectura, a un sustantivo aparecido anteriormente —fenómeno rastreable también en Góngora—, aunque el sentido generado es tan ilusorio como momentáneo. Así sucede en estos versos:

---

7   Uno de tantos ejemplos de influencia de la mística y de la poesía de san Juan de la Cruz en Sarduy.

> con la textura blanca, *verdadera*
> página —o tu cuerpo que aún releo—
>
> (Soneto 2, vv. 12-13).

Tanto «blanca» como «verdadera» parecen calificar al sustantivo «textura», en una suerte de enumeración adjetival, cuando el segundo de los adjetivos se refiere, realmente, a «página».

Otro de los juegos consiste en propiciar la confusión del adjetivo con un sustantivo debido al retardo métrico que supone la pausa y el encabalgamiento, como en el siguiente caso:

> ni el reflejo voraz de los *desnudos*
> cuerpos en el azogue de los *mudos*
> cristales, sino el trazo escueto, seco
>
> (Soneto 3, vv. 2-4).

Aquí, si no claramente «mudos», «desnudos» sí puede interpretarse inicialmente como sustantivo. Estos y otros muchos ejemplos, que no reproducimos por abreviar, ponen en evidencia la sugerencia del recurso que remite a su raigambre barroca con manifestaciones que todos recordamos en poetas como Góngora.

Esta breve nuestra supone un indicio del buen oído musical de Severo Sarduy y de su dominio técnico de los recursos fónicos, tan característicos de un Garcilaso, Góngora o Darío. Los resultados ofrecidos ratifican la pertinencia de calificar como neogongorina su escritura poética.

4.2.2. Lenguaje y estilo

Los juegos de la repetición y las simetrías, que vemos funcionando en los sonetos de *Un testigo fugaz y disfrazado*, desmienten las apresuradas descripciones del estilo de Sarduy como algo ilegible, juicios críticos del que el autor se declaraba un poco hastiado, según le confiesa a Ada Teja en la entrevista que le concedió poco antes de su muerte:

> Yo creo que la vida me ha ido cambiando mucho, tengo ya cincuenta y cuatro años, al principio yo practicaba un barroco desencadenado, un poco hermético [...]. Pero quizás con el tiempo, con la cincuentena, me he ido convirtiendo a una idea, que es muy italiana, por cierto, y es que el barroco es un *enderezamiento*, el barroco no es una proliferación incontrolable de signos, sino es también un enderezamiento, una reestructuración. Si se piensa en el Caravaggio, si se piensa en Bernini, en Borromini, en Góngora, se ve que hay una especie de voluntad de simetría, casi de estabilidad (60).

Probablemente, *Un testigo fugaz y disfrazado* constituye uno de los ejemplos máximos de puesta en práctica de las formulas sintácticas no solo de la escritura barroca sino del propio Góngora.

Así lo ha reconocido recientemente Catalina Quesada (2015), quien, tras estudiar algunos giros gongorinos en la novela *Maitreya* (1978), afirma:

> Esta circunstancia, la de la utilización por parte de Sarduy de unas estructuras sintácticas o una cadencia que remite sin ambages a Góngora, más de soslayo —el *espejeo gongorino*, que es más una resonancia mínima o un destello fugaz que una simple copia o un convencional uso paródico—, se repetirá en buena parte de su poesía, especialmente en los sonetos (aunque no solo) y su peculiar empleo de la negación o de las adversativas (2015: 289).

La sistematización de estas manifestaciones sería prolija, por lo que ofreceré únicamente una muestra de la rentabilidad de estos procedimientos centrándome solo en la fórmula *No A, sino B*.

El juego barroco entre espejos y reflejos, que será esencial en el pensamiento y la praxis de Sarduy, se formaliza en versos como el siguiente:

> No recuerdo el amor sino el deseo;
> no la falta de fe sino la esfera-

(Soneto 2, vv. 9-10).

donde no faltan los juegos de palabras (no [...] *fe* / sino es*f*era). La misma fórmula y con la misma dicotomía realidad-reflejo, en estos versos:

> [...] No es la muerte
> [...]
> [...] sino el turbio espejo

(Soneto 13, vv. 2-4).

Algo modificada en *Ni A, ni B, sino C*, encontramos la misma construcción en:

> Ni la voz precedida por el eco,
> ni el reflejo voraz de los desnudos
> cuerpos en el azogue de los mudos
> cristales, sino el trazo escueto, seco.

(Soneto 3, vv. 1-4).

El máximo exponente de la estructura lo hallamos en el soneto 11, donde se repite la fórmula nada menos que cuatro veces:

> El paso no, del dios, sino la huella

> [...] No los pasos
> del dios, sino las huellas; no los ojos:
> la mirada. Ni el texto, ni la trama
> de la voz, sino el mar que los decanta
>
> (Soneto 11, vv. 1, 7-10).

En la tercera ocurrencia, la conjunción adversativa «sino» es sustituida por los dos puntos. Esa suplantación de la conjunción adversativa adopta una forma más compleja y extendida en el soneto 21 dedicado a Marc Rothko, donde dicha elisión supone una reorganización heterodoxa, un reciclaje contemporáneo, de la fórmula gongorina, lo cual no deja de ser una muestra más de la filiación barroca de la escritura del cubano.

La retórica barroca se manifiesta también en numerosas figuras de posición: paréntesis, anástrofes e hipérbatos, quiasmos y paralelismos, entre otras.

Los casos de estructuras parentéticas —tan del gusto de Góngora— sobrepasan ampliamente la docena. Al aparecer tipográficamente marcadas mediante guiones son fácilmente reconocibles, por los que sería redundante reproducirlas aquí. Cuatro son las funciones básicas adscritas a esta construcción en los sonetos de *Un testigo fugaz y disfrazado*: disyunción metafórica, aposición, identificación, autorreflexión.

Por lo que respecta a anástrofes e hipérbatos, su selecto uso es tan abundante que confirma la hipótesis de trabajo que aquí desarrollamos, por cuanto estos procedimientos son unos de los más característicos de la escritura barroca. Las anástrofes más llamativas son aquellas en que se invierte el orden entre el sustantivo y la construcción determinativa, como en:

> y vuelca de ceniza la textura
>
> (Soneto 5, v. 13).

> de su cuerpo el contorno sobre rojos
>
> (Soneto 11, v. 5).

Otros casos de anástrofe producen menor extrañamiento, pues afectan solo al orden entre el verbo y sus complementos, lo que los hace menos perceptibles.

Más relevantes son los hipérbatos, algunos de ellos de honda raigambre áurea, como la siguiente metáfora mitológica del ano:

> [...], el templo humedecido
> (de Venus, el segundo) [...]
>
> (Soneto 4, vv. 7-8).

cuyo orden convencional sería *el segundo templo de Venus humedecido*. Por la misma línea homoerótica transitan los siguientes versos, construidos mediante hipérbasis y polisemia del vocablo *anal*:

> pues de ardor y de amor en los *anales*
> de la historia la nupcia está cifrada
>
> [pues la nupcia está cifrada de ardor y de amor en los anales de la historia]
>
> (Soneto 4, vv. 13-14).

Otros ejemplos de hipérbatos, el primero de ellos en estos versos escatológicos con resonancias no solo mitológicas sino eróticas:

> Cerveza transmutada o sidra añeja,
> del oro tibio la furiosa recta
> su apagado licor suma y proyecta
> sobre el cuerpo deseoso que festeja
>
> tanto derrame [...]
>
> [la furiosa recta del oro tibio, como cerveza transmutada o sidra añeja, suma y proyecta su apagado licor sobre el cuerpo deseoso que festeja tanto derrame]
>
> (Soneto 10, vv. 5-9).

> Dejemos, de esa heráldica, que viajen
> los símbolos
>
> [dejemos que viajen los símbolos de esa heráldica]
>
> (Soneto 18, vv. 12-13).

Por último, señalemos algunos casos de paralelismos y quiasmos —este no es sino un paralelismo invertido— en estas pequeñas joyas de la actualización del estilo barroco que son los sonetos de Sarduy. He aquí dos de los paralelismos correlativos más expresivos del poemario:

> lubricantes o medios naturales
> pondrás entre los bordes con taimada
> prudencia, o con cautela ensalivada
>
> (Soneto 4, vv. 9-11).

donde «lubricantes» (A_1) se corresponde «con taimada prudencia» (A_2) y «medios naturales» (B_1) «con cautela ensalivada» (B_2).

En otro soneto encontramos:

> sorprende en el amor o en el trabajo
> y apresura el jadeo con su tajo
> o arranca al laborioso de un zarpazo

(Soneto 14, vv. 6-8).

cuyo esquema paralelístico y correlativo sería: o bien en «en el amor» (A_1) «apresura» (A_2) «el jadeo» (A_3) «con su tajo» (A_4), o bien «en el trabajo» (B_1) «arranca» (B_2) «al laborioso» (B_3) «de un zarpazo» (B_4).

El soneto 6 es un ejemplo impecable de este procedimiento:

> El émbolo brillante y engrasado
> embiste jubiloso la ranura
> y derrama su blanca quemadura
> más abrasante cuanto más pausado.
>
> Un testigo fugaz y disfrazado
> ensaliva y escruta la abertura
> que el volumen dilata y que sutura
> su propia lava [...]

(Soneto 6, vv. 1-8).

He aquí el esquema de correspondencias paralelísticas: «el émbolo [pene]» (A_1) «brillante y engrasado» (A_2) «embiste» (A_3) «la ranura [ano]» (A_4) «y derrama» (A_5) «su blanca quemadura [semen]» (A_6); «un testigo» (B_1) «fugaz y disfrazado» (B_2) «ensaliva y escruta» (B_3) «la abertura [ano]» (B_4). La acción del segundo sujeto queda interrumpida aquí, pero las siguientes palabras completan el desarrollo de las correlaciones con un nuevo sujeto: «el volumen [pene]» (C_1) «dilata» (C_2) [«la abertura»] (B_4); [«la abertura»] (B_4) «que sutura» (B_5) «su propia lava [sangre]» (B_6). El artificio, como puede comprobarse, es menos simétrico y más complejo.

Otro ejemplo de estructura artificiosa, saturada de figuras retóricas, es el siguiente quiasmo entre dos versos, que aparecen por tanto en disposición cruzada:

> muerte que forma parte de la vida.
> Vida que forma parte de la muerte

(Soneto 7, vv. 13-14).

El ritmo reiterado —se trata de dos endecasílabos enfáticos— se desequilibra por contraste no solo con el quiasmo, sino con la antítesis paradójica *muerte/ vida*.

Pueden citarse otros casos:

> La noche que llegaba y precedía
> el viento del desierto [...]
>
> (Soneto 2, vv. 5-6).

> que el volumen dilata y que sutura
> su propia lava [...]
>
> (Soneto 6, vv. 7-8).

En ambos ejemplos los sujetos ocupan los extremos de la oración («noche», «viento»; «volumen», «lava») y los verbos correspondientes la posición central («llegaba», «precedía»; «dilata», «sutura»).

Este análisis sucinto de las figuras de posición establece las esperadas líneas de continuidad con las manifestaciones líricas del siglo XVII.

4.2.3. *Erotismo y muerte*

Tampoco puede entenderse la vinculación de Sarduy con el Barroco sin acudir a una de las claves esenciales de su vida y elemento fundamental en *Un testigo fugaz y disfrazado*: la importancia del erotismo. En su texto en francés de una sola página, «Overdose», escrito en 1975 y recogido en el apartado [2] de «I. Autorretratos» (1999: 21), Sarduy habla de la hipertelia, en relación con el pensamiento de Lezama Lima, y la vincula a la escritura, el cuerpo y el deseo.

Este lugar central de lo erótico conecta también la obra de Sarduy con la experiencia mística y los éxtasis de los santos. La articulación del Barroco con el erotismo es constante en todas las reflexiones ensayísticas del cubano, quien considera que cuando alguien denigra el Barroco expresando su desagrado porque es artificioso y trabajoso habla la moral del *homo faber*, se impugna el regodeo, la voluptuosidad, el fasto y la desmesura y, por tanto, el placer. Como le confiesa a Jean Fossey, 1976:

> Estas nociones de juego, pérdida, desperdicio y placer articulan el barroco con el erotismo, en oposición a la sexualidad. Es decir, el erotismo es una actividad puramente lúdica, que parodia a la función «clásica» de la reproducción, transgresión de lo útil del diálogo «natural» de los cuerpos, etc. (18).

El mejor ejemplo de esta preeminencia del deseo es la *suite* de poemas homoeróticos de *Un testigo fugaz y disfrazado*, donde el tratamiento tanto del sexo como de la muerte es más original que en el Barroco, como reconoce el propio Sarduy:

> Sí, hay un tratamiento efectivamente neobarroco porque está la recuperación de esos modelos del barroco, del barroco fundador. Hay quizás un acercamiento a la imagen y al sentido del humor y sobre todo el erotismo o a la pornografía —si se quiere— que quizás es un poco más violento que el del primer barroco (Eire, 1996: 367).

La Reina de la Nada también debe representar su aparición tétrica para aportarnos otra de las claves de vinculación de Sarduy con Góngora. La reflexión sobre el vacío y la nada está en el centro mismo de su pensamiento. En *El cristo de la rue Jacob*, al final del texto titulado «Benarés», no solo se habla del vacío y de su emanación, el todo, sino que se reitera la idea de que la realidad es una simulación (1999: 65). En otro de sus textos autobiográficos, el breve e intenso *El estampido de la vacuidad*, dedica el fragmento XVII a reflexionar sobre la escritura abocada a la nada y la libertad que conlleva esa gratuidad total.

En *Un testigo fugaz y disfrazado* esta tensión semántico-estética es cardinal. Cuando Ana Eire, en la entrevista de 1991, afirma que los sonetos de *Daiquiri* —pasarán luego al libro de 1985— son realmente barrocos, matiza luego que no solo por el lenguaje, sino por tópicos como la brevedad de la vida (367). La importancia del vacío en la cosmovisión de Sarduy queda constatada también en esa entrevista:

> El sujeto es vacío. La ilusión del yo es persistente pero completamente vacua, efímera. De modo que mudo combate contra el vacío, pero ese vacío es lo que me sostiene, a pesar de mi palabra, a pesar de mi materialidad física aparente, a pesar del discurso que emito, el vacío es el sustrato, el sostén; un sostén, como es natural, totalmente ilusorio, efímero. No hay nada (368).

Los 21 sonetos de *Un testigo fugaz y disfrazado* se distribuyen y articulan por el poemario con una disposición equilibrada y meditada. El orden de los poemas está presidido por el criterio temático. Esta armonía semántica contrasta notablemente con la inestabilidad rítmica.

Dos son, como digo, los temas cardinales del *corpus*: el sexo —en su formalización homoerótica— y la muerte. Se cumple, también aquí, el reciclaje de la tradición clásica española, que se manifiesta en la vieja dualidad barroca revolucionada en este caso mediante las formas expresivas. Ambas líneas temáticas adoptan diversos grados de intensidad mediante su funcionamiento en solitario o en conjunción, lo que ramifica —en proliferación neobarroca— la dualidad semántica inicial.

Los sonetos 4 a 10 forman el bloque temático central debido a su índole erótica. En estos sonetos se funde la vieja teoría sobre el dolor y el placer reformulada por algunos pensadores franceses coetáneos de Sarduy. La muerte sigue, por consiguiente, siempre al fondo. El sujeto que enuncia es el amante homosexual en funciones de dador y receptor. El universo alegórico sigue apelando a la tradición clásica, mediante las comparaciones del acto sexual con el combate. Tampoco se rehúyen las didascalias eróticas, de honda raigambre literaria.

El soneto 4 comienza con un juego de palabras en la construcción imperativa que —pareciendo un chiste erótico— pretende ser una formulación teórica y poética de la sexualidad sarduyana, en la que se acumulan elementos budistas, cosmológicos, lezamianos y, por supuesto, barrocos. A partir del segundo cuarteto, el sujeto aconseja al tú poético el mejor procedimiento para la consecución del placer y termina explicando humorísticamente su predilección por el sexo doloroso con una sentencia conclusiva:

> Omítemela más, que lo omitido
> cuando alcanza y define su aporía,
> enciende en el reverso de su día
> un planeta en la noche del sentido.
>
> A pulso no: que no disfruta herido,
> por flecha berniniana o por manía
> de brusquedad, el templo humedecido
> (de Venus, el segundo). Ya algún día
>
> lubricantes o medios naturales
> pondrás entre los bordes con taimada
> prudencia, o con cautela ensalivada
>
> que atenúen la quema de tu entrada:
> pues de amor y de ardor en los anales
> de la historia la nupcia está cifrada.

Los dos endecasílabos finales son melódicos, como el que les precede, y en ellos volvemos a encontrar el juego polisémico con el sustantivo «anales», que aquí sugiere también su forma adjetival. Este fue uno de los sonetos elegidos por Sarduy para su última lectura púbica en Santa Cruz de Tenerife, invitado por Andrés Sánchez Robayna. De ese modo, estos versos rezuman teoría y aluden a la ausencia: el órgano sexual masculino se omite y representa el vacío (ano, hueco vital) que hace presente la luz en la noche oscura.

Como vemos, una reformulación homoerótica de las experiencias místicas. Es solo una posible lectura, porque el juego fónico del primer verso es también irónico, ya que su fonética nos sugiere otra representación semántica: [Oh, métemela más, que lo metido...], que nos recuerda procedimientos similares en Góngora, como el utilizado en la letrilla de 1585 cuyo estribillo dice «Si en todo lo qu'hago / soy desgraciada / ¿qué quieres qu'haga».

El cuarteto puede entonces interpretarse en dos sentidos que son el mismo en virtud de la dicotomía, tan derridiana, *ausencia/presencia*: el vacío y la plenitud cuando alcanzan su inviabilidad de orden racional encienden en la noche, lugar del sentido, todo un mundo.

Para una mejor compresión del soneto, conviene recordar algún pasaje de *El cristo de la rue Jacob* (1987). Allí, en el primer texto («Una espina en el cráneo») de la primera parte («Arqueología de la piel») al rescatar Sarduy un recuerdo infantil —tuvieron que extraerle una espina de la cabeza—, sitúa ese momento como el de la separación corporal de su madre y la toma de conciencia del cuerpo propio. Al recordar esa experiencia dolorosa alude al concepto de «reverso» (v. 3), ligado siempre en él a la experiencia del placer:

> Comprendí entonces que esa «mata de nervios» [se refiere a él mismo] podía también despertarse con otra manipulación, con otro manoseo que apenas sospechaba, sensible a la penumbra del reverso, al ámbito antípoda de la esquina, a la cámara obscura del placer (1999: 53).

Omitimos posibles comentarios de los sonetos 5 y 6 y pasamos al soneto 7, donde se reiteran algunas ideas sobre el acto sexual, vinculado al placer y al dolor.

> Aunque ungiste el umbral y ensalivaste
> no pudo penetrar, lamida y suave,
> ni siquiera calar tan vasta nave,
> por su volumen como por su lastre.
>
> Burlada mi cautela y en contraste
> —linimentos, pudores ni cuidados—
> con exiguos anales olvidados
> de golpe y sin aviso te adentraste.
>
> Nunca más tolerancia ni acogida
> hallará en mí tan solapada inerte
> que a placeres antípodas convida
>
> y en rigores simétricos se invierte:
> muerte que forma parte de la vida.
> Vida que forma parte de la muerte.

Comprobamos aquí la misma dinámica entre placer y dolor y, sobre todo, detectamos en su final la plasmación exacta del sistema dicotómico que analizamos. Esos versos nos remiten, como recuerda Catalina Quesada, a una décima de Góngora de 1622, que dice:

> Siempre le pedí al Amor,
> divina Fili, después
> que mi rendimiento es
> ejercicio a tu rigor,
> que a un desdén otro mayor
> le suceda; y que pues sabe
> cuánto el morir me es suave
> por ti, concederme quiera
> vida en que siempre se muera,
> muerte en que nunca se acabe.

En el soneto 8, siguiendo en la misma línea de interpretación que vincula el sexo con la muerte, se describe la dificultad para mantener una erección:

> Si marrona cedió, si abandonóme
> ya adentrado el trajín, si presentada
> —hyalo-miel sobre cúpula frotada—
> al umbral deseoso y tibio no me
>
> respondió, si flaqueó, quedo contrita
> ante el abierto lapso lubricado,
> si de frente embistió, más no de lado,
> habrá que perdonarla por su cuita.
>
> No se le inculpe por tamaña treta
> si vejada quedó más que ceñida
> y ante el umbral exiguo fue discreta.
>
> Golpetazos como ese da la vida.
> O la muerte, que es diestra y más secreta,
> y en su inmóvil golpear nunca te olvida.

Algo similar representó Góngora en su décima de 1624 titulada «A un caballero que estando con una dama no pudo cumplir sus deseos», donde se expresa en clave burlesca:

> Con Marfisa en la estacada
> entraste tan mal guarnido,
> que su escudo, aunque hendido,
> no lo rajó vuestra espada.
> ¿Qué mucho, si levantada
> no se vio en trance tan crudo,
> ni vuestra vergüenza pudo
> cuatro lágrimas llorar,
> siquiera para dejar
> de orín tomado el escudo

El dolor no solo aparece vinculado al placer, sino que en ocasiones es condición de la creatividad y garantía de frescura intelectual. Así lo manifiesta el propio Sarduy en «Cuatro puntos de sutura en la ceja derecha», de *El cristo de la rue Jacob*, al relatar un episodio de su vida en que una herida en la ceja propició su desbloqueo creativo. Esta idea se halla relacionada con una de las principales formulaciones teóricas de Sarduy, la que identifica el acto sexual con el acto creativo. Así lo desarrolló en *Escrito sobre un cuerpo* (1969), donde, a propósito del concepto de tatuaje, se exploraban las equivalencias entre el cuerpo y la página, el acto sexual y el literario. Para Sarduy, el erotismo lúdico aparece desvinculado, obviamente, de la reproducción y tiene como objetivo el despilfarro placentero. En correspondencia, la escritura neobarroca, sin mensaje específico de trascendencia, se convierte en predominio de lo retórico, lo que provoca el placer de la lectura. La vinculación de estos presupuestos con una crítica a la moral burguesa del capitalismo y del protestantismo ahorrador es uno de los puntales del pensamiento de Sarduy y se halla en la base de la poética expresada por los sonetos de *Un testigo fugaz y disfrazado*.

Por otro lado, en el ámbito de las construcciones metafóricas, el estudio de la selección y funcionamiento de los términos imaginarios de comparación o analogía resulta muy productiva. Las metáforas empleadas para hacer referencia al pene van desde la maquinaria de inspiración futurista («émbolo») hasta términos más tradicionales («torre»), pasando por una imagen culturalista barroca («flecha berniniana»). Algo distinto puede decirse del ano, cuyos vehículos metafóricos son palabras muy convencionales y denotativas como «umbral», «ranura» o «abertura». El semen («blanca quemadura», «miel»), la sangre («lava») y la saliva («cautela ensalivada») son otras tantas construcciones metafóricas. En otro orden de cosas, la selección léxica verbal para la expresión del coito abarca los campos de la tauromaquia («embiste»), del combate («embate») o de la escritura, como hemos visto.

Un testigo fugaz y disfrazado se cierra con 20 décimas. La mayoría de ellas contienen reflexiones sobre los juegos de espejos y el artificio pictórico, como la anamorfosis, y son una invitación al lector para que sepa mirar adoptando perspectivas no convencionales coherentes con la complejidad de los mensajes propuestos. En dos de ellas podemos ilustrar también esa dualidad del placer y el dolor, la vida y la muerte que hemos rastreado en textos anteriores y que Sarduy no abandonará nunca, como podremos comprobar al final de este estudio:

Véase en la número 9 la exaltación del goce del instante:

>   No porfíes, no rememores,
>   que no se olvida el olvido

> ni su embriaguez: lo que ha sido,
> es y será: Sinsabores,
> dramas discretos y amores
> sin nombre, van a la quema
> final, como un torpe emblema
> de eternidad. No perdura
> más que el goce y la textura
> de un instante: ese es mi lema.

Y en la número 11, la inevitable transitoriedad de la materia:

> Ni firmas, ni firmamento,
> ni el mar con su gris sereno,
> ni ruinas, sueños, veneno,
> gozo, quejido, contento.
> Todo se lo lleva el viento
> con su rauda polvareda.
> Huesos sí. Mas no remeda
> la minuciosa armadura
> más que el rostro y la figura:
> uñas y pelo, eso queda.

Ambas, en la mejor tradición del Barroco y con menor ironía y humor que en los sonetos, constituyen una reflexión sobre la fugacidad de la vida y el horizonte del olvido.

Dos años antes de su muerte, Sarduy reconoce el modesto éxito de este libro suyo. Cuando Ana Eire, en la entrevista ya citada, le pregunta, mencionando el poemario *Big Bang*, si le molesta que su prosa haya eclipsado a su poesía, el cubano responde tajante: «No, no, porque ahora este último libro *Un testigo fugaz y disfrazado* es lo que más me piden. Por ejemplo, cuando voy a dar una conferencia me piden un recital de poemas. Esta forma de sonetos y décimas ha tenido bastante eco».

4.3. Un testigo perenne y delatado *(1993)*

El mismo año de la muerte de Sarduy vuelve a publicarse *Un testigo fugaz y disfrazado*, seguido de una nueva entrega de sonetos y décimas agrupados bajo el título, guiño nostálgico al anterior, *Un testigo perenne y delatado* (Madrid: Hiperión, 1993) (1999: 217-235). En este caso se trata de 14 sonetos (217-225) y 25 décimas. De estas últimas, las diez primeras forman el conjunto «Corona de las frutas» (226-229), que había visto la luz anteriormente en 1991 en una edición de lujo en la que José Ramón Díaz Alejandro pintó las frutas de las que se habla en las décimas; las diez décimas siguientes forman otra suite que, bajo la denominación «En el ámbar del estío» (230-233), está dedicada a los orishas. Como cierre, las cinco últimas décimas se agrupan bajo el marbete «Otras décimas» (234-235).

Salvo alguna excepción, los sonetos no han sido muy estudiados, mientras las diez décimas de «Corona de las frutas» sí han merecido alguna atención. El título es un nuevo homenaje a Lezama Lima, autor de un breve ensayo titulado precisamente «Corona de las frutas» que apareció en *Lunes de Revolución* el 21 de diciembre de 1959. Como el propio Sarduy le confiesa a Fossey, 1976: «En el origen de todo está un cubano cuya corona barroca es norma tanto de la ficción como del saber del ensayo: se trata por supuesto de José Lezama Lima [...]. El personaje que más ha interesado a Lezama es precisamente Góngora» (22). Y sobre la relación de estas décimas frutales con la poesía de Góngora llama la atención Catalina Quesada en su artículo citado (2015: 292), las cuales pueden ser estudiadas en relación con la técnica barroca del bodegón (292-293).

Comprobamos cómo la primera décima nos recuerda el verso final del soneto de Góngora «Ilustre y hermosísima María», de 1583.

> ANÓN
> ¿Quién no ha probado un anón
> a la sombra de un ateje?
> Danae teje y desteje
> el tiempo de oro y de ron.
> Empalagoso y dulzón
> para el gusto no avezado;
> ni verde ni apolimado
> el paladar lo disfruta.
> Fruta no: pulpa de fruta.
> Goce: mas goce al cuadrado.

Mientras la décima y última es otra vuelta al tema de la materia corroída por el tiempo, que nos recuerda también el verso final de un famoso soneto de Góngora de 1582, «Mientras por competir con tu cabello».

> COLOFÓN
> Se acabó lo que se daba
> —que era nada— y es por eso
> que la carencia en exceso
> también sobra. Confrontada
> con su rival, la Materia,
> la Nada se puso seria
> y la desafió —en allegro—:
> «El viento —mas no las flores—

píntamelo de colores,
o gris con pespunte negro».

4.4. Epitafios *(1994)*

La poesía de Sarduy, tal y como la presentan agrupada sus albaceas en *Obra completa*, incluye, tras las colecciones anteriores, una sección miscelánea titulada «Últimos poemas» (237-252). Se divide, a su vez, en tres secciones: «Uno» (237-241), que consta de cinco sonetos y un acróstico, de los cuales Férez Mora comentó (2014a: 75-76) el titulado «Palabras del Buda en Sarnath»; «Dos» (242-249), que resulta esencial para la relación de Sarduy con la figura de san Juan de la Cruz, pues incluye su «Bosquejo para una lectura erótica del *Cántico espiritual* seguido de *Imitación*», un texto en prosa que termina con un poema en liras que supone un homenaje y una profanación de la poesía de san Juan; y «Tres» (250-252), que consta de 7 décimas denominadas «Epitafios», escritas hacia 1992. Estas décimas, más las liras de «Imitación» y una sección en prosa denominada «Aforismos» en 8 fragmentos —es una versión reducida de *El estampido de la vacuidad*—, serían publicadas póstumamente bajo el título común *Epitafios* (Miami: Ediciones Universal, 1994).

He aquí el primero de esos epitafios, que corresponde al propio Sarduy:

> Yace aquí, sordo y severo
> quien suelas tantas usó
> y de cadera abusó
> por delantero y postrero.
> Parco adagio —y agorero—
> Para inscribir en su tumba
> —la osamenta se derrumba,
> oro de joyas deshechas—:
> su nombre, y entre dos fechas,
> «el muerto se fue de rumba».

El comienzo es un calco del primer verso de una décima erótica de Góngora escrita en 1622, en que alude con gracia a un *cunnilingus* zoofílico. El título lo dice todo, «De un perrillo que se le murió a una dama, estando ausente su marido»:

> Yace aquí Flor, un perrillo
> que fue, en un catarro grave
> de ausencia, sin ser jarabe,
> lamedor de culantrillo:
> saldrá un clavel a decillo
> la primavera, que Amor,

natural legislador,
medicinal hace ley,
si en hierba hay lengua de buey,
que la haya de perro en flor.

Así pues, también en el mismo ámbito de los desarrollos temáticos del barroco debe abordarse el estudio de los epitafios de Sarduy, formalizados otra vez en el molde estrófico de la décima y buen ejemplo de las consonancias entre el motivo de la muerte y las tonalidades burlescas. Espero haber mostrado con estos ejemplos que las posibilidades críticas siguen siendo innumerables. A todos los que deseen vivir una vida plena de lectura, investigación y estudio, jóvenes y menos jóvenes que hayan dedicado su tiempo a la comprensión de estas páginas, les recuerdo la vieja locución latina que no solo es un emblema de la dificultad poética de Góngora y sus seguidores, sino una divisa para la propia vida, o al menos para la mía: «*Persevera, per severa, per se vera*»: persevera en las dificultades por grandes que de verdad sean.

Referencias bibliográficas

Eire, Ana (1996): «Mudo combate contra el vacío: conversación con Severo Sarduy». *Inti: Revista de Literatura Hispánica*, 43–44, 361–368.

Díaz de Rábago, Belén (coord.) (1998): *Severo Sarduy*. Madrid: Museo Nacional Centro de Arte Reina Sofía, 1998.

Férez Mora, Pedro Antonio (2014a): «La poética de Severo Sarduy: Neobarroco de la inmanencia». *Iberoamericana: América Latina-España-Portugal*, 14, 56, 71–84.

Férez Mora, Pedro Antonio (2014b): *La sensualidad matérica: didáctica de la literatura de Severo Sarduy*. Murcia: Universidad, Servicio de Publicaciones.

Fossey, Jean-Michel (1976): «Severo Sarduy: máquina barroca revolucionaria». En Julián Ríos (ed.) Severo Sarduy (15-24). Madrid: Fundamentos (Colección Espiral).

Gil, Lourdes (1994): «El desenfado y la burla en los Epitafios de Severo Sarduy», *Circulo: Revista de Cultura*, 23, 108–113.

Guerrero, Gustavo (1987): *La estrategia neobarroca: estudio sobre el resurgimiento de la poética barroca en la obra de Severo Sarduy*. Barcelona: Ediciones del Mall.

Guerrero, Gustavo (1996): «Sarduy o la religión del vacío». *Cuadernos Hispanoamericanos*, 552, 33–46. En S. Sarduy (1999). Tomo II, 1689–1703.

GUERRERO, Gustavo (2001): «Góngora, Sarduy y el neobarroco». *Cuadernos Hispanoamericanos*, 613-614, 141-154.

GUTIÉRREZ, N. Rocío (2001): «Obsesiones, rituales y escritura en la obra literaria de Severo Sarduy». *Cuadernos de Literatura*, 7, 13-14, 186-193.

MOULIN CIVIL, Françoise (1999): «Invención y epifanía del neobarroco: excesos, desbordamientos, reverberaciones». En S. Sarduy (1999), tomo II, 1649-1678.

ORTEGA, Julio (1999): «Severo Sarduy: escribir con colores» [1985]. En S. Sarduy (1999), tomo II, 1822-1827.

QUESADA, Catalina (2015): «Coronando el (Neo)Barroco: Espejos gongorinos en la obra de Severo Sarduy». *Romance Notes*, 55, 2, 285-299.

Ríos, Julián (ed.) (1976): *Severo Sarduy*. Madrid: Fundamentos (Colección Espiral).

RIVERA, Juan Pablo (2010): «Cobra mística: Sarduy y Santa Teresa». *Confluencia: Revista Hispánica de Cultura y Literatura*, 25, 2, 31-42.

ROZENCVAIG, Perla (1980): «El *Big Bang* de Severo Sarduy o la explosión poética». *Chasqui: Revista de Literatura Latinoamericana*, 10, 1, 36-42.

SÁNCHEZ ROBAYNA, Andrés (1999): «El ideograma y el deseo (La poesía de Severo Sarduy)». En Severo Sarduy (1999), tomo II, 1551-1570.

TEJA, Ada (1992): «Severo Sarduy». *Hispamérica*, 61, 59-64.

WAHL, François (1999a): «Severo de la rue Jacob». En S. Sarduy (1999), tomo II, 1447-1557.

WAHL, François (1999b): «Le poète, le romancier et le cosmologue». En S. Sarduy (1999), Tomo II, 1679-1688.

Gema Areta

El barroco del siglo XX: *Gestos* de Severo Sarduy

Resumen: Análisis de la primera novela de Sarduy *Gestos* (1963), principales modelos y formas imaginarias con especial incidencia en el reflejo de la cosmología barroca, su mimetismo elíptico y herencias enajenantes.

Palabras clave: Sarduy, gestos, cubanidad, neobarroco.

Severo Sarduy (Camagüey 1937, París 1993) publicó su primera novela *Gestos* en 1963[1] (Barcelona, Seix Barral) dentro de la colección Biblioteca Breve. El libro llevaba una sobrecubierta ilustrada con original fotográfico en blanco y negro de Oriol Maspons, el retratista de la Gauche Divine y el hipismo de Ibiza, quien realizara algunas de las más famosas portadas de aquella colección (como ejemplos emblemáticos *La ciudad y los perros* en 1963 y *Tiempo de silencio* en 1972). Muchas de esas fotografías se corresponden con imágenes tomadas durante el año y medio que pasó en París desde 1955, mientras que otras fueron hechas específicamente para la editorial[2]. La portada de *Gestos* es el rostro de una hermosa mulata, sonriente, que está en consonancia con la estética de *P.M.* (1961) el documental censurado de Orlando Jiménez Leal y Sabá Cabrera Infante.

Gestos inauguraba la narrativa de Sarduy en su exilio francés (voluntario o no), cuando poco después de la entrada de Fidel Castro en La Habana y gracias

---

1   *Gestes* se había editado primero en francés ese mismo año (Paris, Editions du Seuil, Tr. Henri Sylvestre), y poco después se traduce al italiano (*La bomba del l'Avana*, Milán, Feltrinelli, 1964, Tr. Alvar González Palacios), al danés (*Kapricer*, Copenhage, Grafisk Forlag, 1964, Tr. Ebbe Traberg), al polaco (*Gesty*, Varsovia, Instytut Wydawniczy, 1965, Tr. Mikolaj Bieszczadowski) y al alemán (*Beuegungen Erzählung*, Frankfort, Suhrkamp, 1968, Tr. Helmut Frielinghaus).
2   Oriol Maspons dedicaba mucho tiempo a las portadas: «Si podía hablaba con el autor sobre la obra y, cuando era extranjero, discutía con los productores... Conocí a gente muy interesante y muy inteligente, mucho más que yo... Yo tenía complejo de no haber ido a la universidad, pero se quita cuando pasas una semana hablando con Delibes cazando perdices...» («Entrevista a Oriol Maspons», *El País*, 23 de octubre de 2006, https://elpais.com/cultura/2006/10/23/actualidad/1161615600_1161617989.html).

a una beca del gobierno para estudiar durante un año Crítica de Arte en el país galo sale del «puerto de La Habana en la segunda quincena del mes de diciembre —su hermana Mercedes cree que fue el 24 exactamente—» (Romero, 2007: 5); luego de una breve estancia en Madrid se instala en París matriculándose en la École du Louvre. Cuando se termina la beca sigue quedándose para terminar su tesis sobre el retrato Flavio, dirigida por Jean Charbonneaux[3]. Sería su encuentro con François Wahl —«lo conocí en Roma, en la Capilla Sixtina» (Sarduy, 1999: 13-14)[4]—, con quien compartirá su vida durante 34 años, factor determinante de su conversión en «un *quedado*, o si se quiere –procedo de una isla– un a-islado. Me quedé así, de un día para otro» (Sarduy, 1999: 42)[5]; mientras tanto ingresaba en el grupo de la revista *Tel Quel* (de cuya publicación su novio era editor), creada por Philipe Sollers[6] y Jean-Edern Hallier, donde colaboraron, además de Sarduy y de Roland Barthes, figuras como Julia Kristeva, Georges Bataille, Jacques Derrida, Michel Foucault, Bernard-Henri Lévy, Jean-Luc Godard, Maurice Blanchot, etc. Este mundo intelectual parisino de los sesenta y setenta, que acoge a nuestro escritor, se enriquece con la amistad de Roland Barthes y Jacques Lacan (presentados por François Wahl, editor de ambos desde Editions du Seuil), mediante lazos fortalecidos a través de su asistencia en los 60 a los seminarios de Barthes en la École Pratique des Hautes Études, y a los de Lacan como «La logique du fantasme» impartido entre 1966 y 1967. Desde *Tel Quel* se asomaría nuestro autor a las grandes corrientes del pensamiento de entonces, esencialmente el estructuralismo, el psicoanálisis, la lingüística y el marxismo.

La dos primeras publicaciones de Sarduy en *Tel Quel* fueron «Pages dans le blanc» (núm. 23, Otoño 1965) sobre la pintura de Franz Kline y «Sur Góngora. La métaphore au carré» (núm. 25, Primavera 1966) —publicado también ese mismo año en el núm. 6 de *Mundo Nuevo* (Diciembre 1966) como «Sobre Góngora: La metáfora al cuadrado», después incluido en *Escrito sobre un cuerpo* (1969)—, ensayos que permiten seguir los hitos principales de su recién estrenado

---

[3] Para Sarduy su tesis fue realmente una formulación de toda la «gramática», de toda la retórica, del *Art Noveau* por la relación que guardan el «arte del 1900, el rococó y el arte Flavio», por ser «épocas en que la retórica ha sido "afichada" sin ningún temor», comentarios a Emir Rodríguez Monegal en la entrevista de *Mundo Nuevo* (2, agosto de 1966), reproducida en la *Obra completa* (Sarduy, 1999: 1797).

[4] Procede la cita de «Para una biografía pulverizada en el número —que espero no póstumo— de *Quimera*».

[5] En el texto «Exilado de mí mismo».

[6] Años después traduciría *Cobra* al francés, París, Editions du Seuil, 1972.

andamiaje teórico francés, tanto como esa autobiografía que alimenta y sostiene todas sus páginas. La recuperación que emprende de Góngora con su «Barroco de la Revolución» en *Tel Quel* coincide, además, con una larga entrevista de Emir Rodríguez Monegal en el núm. 2 de *Mundo Nuevo* (Agosto 1966) titulada «Las estructuras de la narración», aunque en la portada de la revista se anunciaba como «¿Qué es Cuba?». Según François Wahl el texto sobre Góngora en *Tel Quel* era también «una explicación del método creativo de Severo, de cómo las referencias culturales —al psicoanálisis, a la religión, etcétera— eran transformadas en juegos lingüísticos, en "metáforas al cuadrado" que ya no apuntaban a ninguna realidad fuera del lenguaje» (Gallo, 2006: 53).

De este modo la pintura —con su fascinación entonces por «las barras negras que un pintor bailando trazaba sobre inmensas telas blancas» (Sarduy, 1999: 8)[7]—, Góngora (que sería uno de los caminos para su conversión en el heredero de José Lezama Lima en Francia[8]) y la cubanidad establecen entre sí una alianza que nos muestra el subsuelo de *Gestos*. Pero además la escritura de la novela se encuentra todavía muy cercana del contexto formativo cubano de los años cuarenta y cincuenta de Severo Sarduy (sobre todo desde su venida a La Habana en julio de 1956 para estudiar Medicina), tanto como su particular vivencia de la revolución cubana: los XII capítulos de la novela se desarrollan en La Habana, una ciudad convulsa amenazada por las bombas, durante los días previos a la llegada las tropas revolucionarias. Como resume su autor para la fecha de 1959 «Entretanto (*cf.*: *Gestos*) la revolución iba subiendo. Entrada de Castro en La Habana» (Sarduy, 1999: 7)[9].

Si en el espacio narrativo de *Gestos* Sarduy dialoga con aquella Cuba a la que nunca regresó, lo hace también incorporando sus propios textos, repitiendo gestos, invocando presencias: basta con leer algunos de los que publicara en «Nueva Generación», página literaria del periódico *Revolución*, como sus relatos «Las bombas» (19 de enero de 1959) y «El torturador»[10] (6 de febrero de

---

7   En «Severo Sarduy (1937...)».
8   En una entrevista con Gustavo Guerrero detalla que su acercamiento a Lezama fue progresivo, «su escritura, con la lejanía, fue creciendo, se fue acercando a mí como una gracia o un carisma, como algo que tenía el habla materna —su énfasis y sus hipérboles no son sólo gongorinas, existen en la conversación cubana y le dan su sal— y quizás su misma afectuosidad» (Sarduy, 1999: 1838).
9   En «Severo Sarduy (1937...)».
10 Los relatos publicados antes de *Gestos* fueron «El seguro» (*Carteles*, 33, 18 de agosto de 1957), «Las bombas» (*Nueva Generación*, 19 de enero de 1959), «El general» (*Nueva Generación*, 27 de enero de 1959), y «El torturador» (*Nueva Generación*, 6 de febrero de 1959).

1959) para darnos cuenta de la huella que Virgilio Piñera (y con él *Ciclón*) dejó en su obra; sin olvidarnos que fue la publicación de un poema suyo en aquella revista[11], enviado desde Camagüey, el acontecimiento que el mismo Sarduy considerara como su principio en el mundo de las letras.

Virgilio Piñera, camagüeyano por adopción, había realizado con anterioridad a Sarduy aquel viaje iniciático de la provincia a la ciudad letrada, se había formado con Lezama Lima amparado en la generación de *Espuela de Plata*, había roto con él independizándose de su estética, editado una revista propia (*Poeta*) y convertido en figura indiscutible del periódico *Revolución* y de su magazine literario *Lunes de Revolución*. Además, la obra de Piñera (poesía, narrativa, teatro y ensayo) mostraba ya aquella superposición de géneros que será capital en la obra de Sarduy.

De la sintonía con Piñera —quien «era como un miembro más de mi familia. Hacía batidos con mi madre» (Sarduy, 1999: 13)[12]— podemos deducir la relación que pudo mantener desde la distancia Sarduy con Lezama Lima[13] porque si bien este «no era santo de la devoción de *Ciclón*. *Orígenes* había terminado con un escandalete que dividió a La Habana en dos» (Sarduy, 1999: 13), Virgilio Piñera[14] conservó siempre intacta la admiración por un poeta que «rompió los

---

11 «Poema» se publicó en *Ciclón*, en el número 4 de julio de 1955 dentro de una sección titulada «Cinco poetas jóvenes cubanos» que agrupaba a Ramón D. Miniet, José Triana, Severo Sarduy, Luis R. Morán y J. Enrique Piedra.

12 En «Para una biografía pulverizada en el número –que espero no póstumo– de *Quimera*».

13 En relación con su discipulado de Lezama Sarduy escribe en «Para una biografía pulverizada en el número —que espero no póstumo— de *Quimera*» que «afiliado a *Ciclón*, conocí muy tarde a Lezama y compartí poco con él. Hasta cometí una nota en un periódico un tanto "objetiva" sobre uno de sus libros, creo que fue *La expresión americana*. Sus devotos de entonces me abominaron. Que Dios me perdone» (Sarduy, 1999: 13). Se equivoca de texto porque su reseña titulada «Tratados en La Habana» se publicó en *El Mundo Ilustrado*, 10 de agosto de 1958. Sobre las relaciones Sarduy-Lezama consultar de Gustavo Guerrero «A la sombra del espejo de obsidiana» (1997) y «El prolongado eco de una vieja disputa» (1998), junto a su entrevista recogida en la *Obra completa* de Severo Sarduy (1999).

14 Fue Virgilio Piñera quien le recomendara escribir en prosa: «Sus poemas, joven —me dijo enseguida, con un ligero nerviosismo, discreto pero burlón— no están nada mal. Pero mire —añadió perentorio, como quien constata una fatalidad—, en español cualquiera, más o menos puede hilvanar —fue la palabra que empleó— un poema. ¿Usted comprende? Mire —concluyó sigiloso— ¿por qué no escribe en prosa? ¿Por qué no cuenta, por ejemplo, lo que le ocurre por el día —hizo una pausa desmesurada— y por la noche?» (Sarduy, 1992: 328).

moldes, soltó los diques y metió a la gente por los ojos y por las orejas una poesía que hería la vista como un espejo puesto contra el sol y atronaba los oídos como el sonido de una gaita en medio de la ejecución de una sinfonía de Mozart» (Piñera, 2015: 150). Sería suficiente con la lectura de «Veinte años atrás» (publicado en *Revolución*, 9 de octubre de 1959), ensayo piñeriano del que procede el fragmento anterior y donde el escriba realiza su particular homenaje a *Enemigo rumor*, para confirmar dicha tesis. Por ello a nadie puede extrañarle que en Francia Sarduy se instale en la Era Lezama, habiendo recibido previamente en su país las lecciones de quien supo reconocer tempranamente la voluptuosidad de lo extenso. En una entrevista realizada a Severo Sarduy por Luis Peraza en La Habana en 1958 afirmó que «Orígenes es el grupo más trascendente y la figura más trascendente es Virgilio Piñera», y cuando el periodista le pregunta por Lezama responde: «Me gustaría hablar con él pero no me recibe»[15].

En la entrevista de *Mundo Nuevo* le contaba Sarduy a Rodríguez Monegal que, como muchos otros escritores en el exilio, fue al distanciarse de Cuba cuando formula la pregunta sobre «qué es la *cubanidad*» (Sarduy, 1999: 1796), saber inquisitivo del que parten todos sus trabajos, «las posibilidades ontológicas, las posibilidades de ser de mi país» (Sarduy, 1999: 1797). Enlaza también su pregunta sobre el ser cubano con Lezama «clave para mí» por ser una de las dos respuestas a dicha pregunta, la primera con el *Diario* de Martí, y la segunda con la obra de Lezama de la que cita el poema «El coche musical» de *Dador*, realizando la siguiente defensa férrea: «el *barroco* de verdad en Cuba es Lezama. Carpentier es un neogótico, que no es lo mismo que un barroco» (Sarduy, 1999: 1807). Según le explicara años después a Jacobo Machover los «alumnos de Lezama, y los fundadores, no de *Orígenes* en mi caso sino de *Ciclón*, partimos de esa pregunta: ¿Qué es la cubanidad? Esa pregunta me sigue interesando muchísimo hoy en día, simplemente porque soy un escritor cubano, incluso típicamente cubano, casi académicamente cubano, inserto en esa tradición» (1998: 70-71).

Parte de la escritura de *Gestos* fue compartida con la de «Poemas bizantinos»[16] iniciados durante un viaje a Turquía a principios de los sesenta. La imposibilidad de separar la primera novela de Sarduy de sus primeros poemas

---

15 Entrevista publicada en *Diario de la Marina*, 15 de diciembre de 1958, p. 24. Es una de las tres concedidas a la prensa habanera, se encuentran recogidas por Cira Romero en las pp. 245-255.
16 Libro que no llegó a aparecer como tal. Algunos de sus poemas fueron publicados en la revista *Sur* y en la italiana *Tempo Presente*. También aparecieron en la edición de *Big Bang* de 1974, y en su integridad en 1999.

de exilio ha sido apuntada por la crítica como Andrés Sánchez Robayna (1999: 1554) y Rolando Pérez (quien destaca la importancia del blanco y el negro en *Gestos*, 2018: 140); poemas y novela comparten la pasión de Sarduy por el pintor estadounidense Franz Kline, cuyo expresionismo abstracto tanto le impactó. Su muerte en 1962 provocó la escritura de un poema cuyos primeros versos eran: «Quise escribir un artículo y no pude, / un poema y me salió cojo. / Franz Kline: / bailaste un mambo y era La Pelona con quien bailabas, / pintaste un muro y te llamaron del otro lado, / atravesaste un canal veneciano y era el RÍO FIJO el que atravesabas» (Sarduy, 1999: 119). La exposición de la pintura de Kline en la Bienal de Venecia (1963) coincide con la publicación de *Gestos* donde una ciudad dibuja los distintos universos en torno al centro de la nada, grafos sobre la página en blanco. En uno de sus balances provisorios añade Gustavo Guerrero:

> Siete novelas, cuatro libros de poesía, cuatro libros de ensayo y siete piezas de teatro, el todo escrito, en la estela de la revolución estructuralista y muy cerca de la órbita de Lezama, durante los 33 años de su exilio parisino. Tal vez lo más notable de esta obra o, al menos, así me lo parece hoy, son los poemas, hasta el punto que muchas veces me he preguntado si Sarduy no habrá sido, en el fondo, un poeta felizmente extraviado en los mundos de la novela, el ensayo y el teatro. Es más, creo que cualquiera que lo haya leído con alguna atención no puede menos que hacerse esta pregunta, pues lo primero que sobresale en un texto suyo es su calidad poética[17].

Sarduy escribe *Gestos* desde una Europa que para él en 1960 es esencialmente un museo, «Europa y/o El Louvre» (Sarduy, 1999: 7)[18], recién llegado a una cultura, una lengua y un país donde como exilado debe «abrazar una orden: integrase [...] escribir como ellos, o mejor, tienes que darle a esta lejanía —la de tu tierra natal— consistencia, textura, tienes que hacer un *sentido* con esta *falta*» (Sarduy, 1999: 42)[19]. Es indudable que su primera novela se encuentra más mediatizada por su recién estrenada lejanía que la segunda, *De donde son los cantantes* que publicará en 1967, por ello y como le aclara a Rodríguez Monegal «en la primera novela yo había caído en una trampa de orden anecdótico, es decir, en una trampa de orden histórico (yo estaba aún preso del "devenir" de la historia), aquí doy otra respuesta que no es de orden diacrónico, sino de orden sincrónico». Segunda novela que es «una estructura» donde «Cuba aparece [...]

---

17 Gustavo Guerrero, «Severo Sarduy», *Letras Libres*, 30 de septiembre 2003. Consultado en https://www.letraslibres.com/mexico-espana/severo-sarduy-0.
18 En «Severo Sarduy (1937...)».
19 En «Exilado de sí mismo».

como una superposición de tres culturas, que son, por supuesto, la española, la africana y la china» (Sarduy, 1999: 1800).

Pero junto a ese devenir cubano tan influyente parece que la crítica se haya olvidado de cuánto le debe desde 1960 el presente de su escritura a la intervención de François Wahl, quien no dejará de recordar su lugar junto a Severo como «recíprocos *testigos interiores*» porque «desde el comienzo, con *Gestos*, Severo no escribió nada que no discutiéramos línea por línea» (Wahl, 1997: 19). Ante la primera novela de Sarduy Wahl empezó a descubrir un mundo que le era extraño, que venía dado en una lengua cargada de ritmo, guiándole en las lecturas y siendo testigo principal del proceso creativo. Aunque extensa creemos que la cita lo merece:

> Ante *Gestos*, que se reclama de Pollock y Kline, pero debe más al *noveau roman* francés —un movimiento que culminará en *La playa*— yo me encontraba más bien en posición de observador, descubriendo un mundo que ignoraba por completo. Él poseía ya sus imágenes (no la bomba, sino los mariscos aplastados en el suelo). Poseía su ritmo, el balanceo de las cláusulas en la oración, siendo que la principal sólo concluye al término. Yo le insistía acerca de las repeticiones de palabras, indiferentes en español y en italiano, insoportables en francés. Y protestaba, desde un chato buen sentido, contra ciertos impulsos que lo dominaban; así, una noche, en Venecia, declaró que haría nevar en La Habana; se dirá que, al contradecirlo, hice gala de un realismo mezquino; creo que la elección que hizo aquel día le evitó cualquier tentación surrealista, lo que no carece de importancia en relación al lugar que ocupaba, al margen de lo «maravilloso» sudamericano. Fue un escritor del color sin ser un escritor pintoresco, y tal disciplina es uno de los componentes de su grandeza.
>
> Entre los escritores que necesitaba conocer, yo le había aconsejado, en principio: el *noveau roman*, Roland Barthes y la revista *Tel Quel*. Aunque no se lo hubiera dicho, no sé qué otra elección podía haber realizado. [...]. Por otra parte, en lo sustancial, no era él un autor de intrigas y el «nudo» le era extraño. [...] La agudeza de su percepción era parcelaria. Vincular los hechos le era difícil; unir los tonos, natural. Y, no obstante, se sentía llevado sin la menor duda hacia la novela como su modo de escritura. Es porque necesitaba personajes; amaba a sus personajes, estaba enamorado de ellos (Wahl, 1997: 20).
>
> Severo, además, tenía el poder, no ya de describir sino de *constituir* la imagen, trazo a trazo, a la manera como un cuadro aparece progresivamente sobre la tela, y encadenar musicalmente sus gestos. Lo que singulariza su escritura, además, es la conjunción del humor, el afecto y la gracia (Wahl, 1997: 22).

Según le comentaba a Joaquín Soler Serrano «*Gestos* es una novela —yo diría— extremadamente narrativa que cuenta una experiencia de la revolución cubana. Simplemente, cuenta la vida de una cantante negra que se decide por amor a poner una bomba en una planta eléctrica»[20]. A Rodríguez Monegal le confesó

---

20 Entrevista a Severo Sarduy en el programa *A fondo* de Joaquín Soler Serrano en 1976 (Minuto 36), https://vimeo.com/63373559.

que el impulso evidente de esta novela (escrita en dos o tres años) fue «el hecho de la Revolución», aunque existían otros impulsos implícitos como «tratar de reconstituir una realidad —la cubana— a partir de percepciones plásticas. [...] El arte me sirvió de *intermediario* con la realidad» (Sarduy, 1999: 1798).

De su obsesión por la pintura de Franz Kline refiere para 1963 que «salió un equivalente (¡ojalá!) del action painting: *Gestos* (escritura gestual) que hubiera querido un libro de action writing» (Sarduy, 1999: 8)[21]. Será el movimiento una de las claves de esta escritura gestual, que en la entrevista a Danubio Torres se convierte en «escritura corporal» porque las barras negras sobre la tela son «*la huella de una danza.* [...] Lo que interesa es el movimiento, el gesto, la rapidez, la acción [...] una escritura en que el cuerpo en su totalidad participe, no sólo la cabeza, una escritura —llamémosla— muscular» (Sarduy, 1999: 1815-1816). Sarduy, cuyo «ideal del yo» era Nureyev (1999: 1814), pretendía reproducir con palabras aquella gestualidad definida como «el movimiento de la frase voluntariamente descentrado, estallado, disperso, plural» (Sarduy, 1999: 1816).

Precisamente es esta práctica gestual de la literatura la argumentada a Monegal por nuestro autor para su alejamiento del *Noveau roman* «porque éste es, al contrario, muy estático» (Sarduy, 1999: 1799), y de la articulación de su novela con los orígenes del *Noveau roman*: aquellas páginas escritas en 1932 que Nathalie Sarrante llamó *Tropismes* y «que son en realidad movimientos de gente que se desplaza» (Sarduy, 1999: 1799). Así detalla aquel libro a Danubio Torres en relación con *Gestos*:

> En *Tropismos* lo que me importaba es el paso del individuo al grupo; todo el libro no describe más que movimientos colectivos, su persona es la tercera del plural. La materia de la novela son precisamente los tropismos, esos movimientos casi indefinibles, de atracción o de repulsión, esas energías que animan localmente la multitud, que la desplazan, que la hacen cuerpo vivo. En el principio de *Gestos* también las calles de La Habana se ven así, como un fluir, un ir y venir sin centro, acciones múltiples, colores, voces, ruidos, como un largo *travelling* a través de una calle. El personaje no existe, en realidad, sino como catalizador de esos movimientos, de esos tropismos, el verdadero personaje es la ciudad por la mañana, como si la novela se llamara *La mañana, La Habana* (1999: 1816).

Gestos comenzaba de la siguiente manera: «Pasan de un lado a otro, de un lado a otro de la calle. El tránsito nunca cesa. No se detienen, no se vuelven sobre sí mismos: siempre de un lado a otro, sin llegar» (1963: 7)[22], principio que es la

---

21 En «Severo Sarduy (1937...)».
22 Citamos la novela por la primera edición de Barcelona, Seix Barral, 1963. Para no repetir la fecha solo incluiremos a partir de aquí el número de la página.

crónica cinética de alguien que mira por nosotros y nos lo cuenta. Aspecto clave de esta escritura corporal es lo que Anke Birkenmaier considera como «la materialidad radiofónica del lenguaje de Severo Sarduy» (Birkenmaier, 2018: 235), la no separación entre escritura y oralidad, y la asociación con lo que Barthes en otra ocasión llamaba *el susurro del lenguaje* (Birkenmaier, 2018: 234). Ya en «Soy una Juana de Arco electrónica, actual» (1985) escribía Sarduy

> El texto —y no sólo un texto radiofónico; todos, hasta un poema— nunca se me presenta en abstracto, desencarnado, si así puede decirse, reducido a su desnudez o a su conceptualidad. Nunca pienso en un argumento o en un contenido preciso que las palabras, más tarde, se encargarían de consignar laboriosamente, de cincelar. Todo ya está «dicho» desde el comienzo, no hay más comienzo que el de la *escucha* (Sarduy, 1999: 30).

Y continuaba: «De modo que escribo para la radio. Además: me gano la vida como periodista radiofónico, en Radio Francia Internacional[23]. Pero no sólo las emisiones de radio, sino todo lo que escribo se presta para la difusión, es *esencialmente vocal*. Creo que no sólo mis poemas, sino hasta mis novelas ganan al ser leídas en alta voz» (Sarduy, 1999: 30). Convertido en una Juana de Arco electrónica Sarduy privilegia esa «escucha inicial», la voz antes que la imagen, aquello que Barthes llamó el «grano de la voz»: una «textura, una entonación, una rugosidad, un timbre, un deje: algo que une al cuerpo con otra cosa, que a la vez lo centra, lo motiva y lo trasciende; algo que es como el doble del cuerpo y del que emite la voz en otra esfera, en una *cámara de eco* que es su espacio verdadero, su verdad» (Sarduy, 1999: 30-31). Escritura dependiente de la escucha de algunas voces, «girando alrededor de ellas como un ciclón alrededor de un centro calmo, de rumores casi inescuchables, sin pájaros» (Sarduy, 1999: 31). Hemos de destacar que cuando se refiere a la sonoridad esta tiene también la capacidad de centrar el cuerpo, de dirigir el erotismo hacia la voz, permitiendo el acceso a la verdad. Sonoridad representada en *Gestos* por los negros de La Habana: «Percusión. Voz y coro. Los negros de La Habana nunca cesan. [...] Cantan siempre. [...] Van y vienen a todas horas, van y vienen siempre cantando, [...] de un lado a otro de la calle. [...] Nunca cesan, nunca» (12).

Coincidimos plenamente con Roberto González Echevarría cuando afirma que *Gestos* es «el primer motor de su obra madura» (1987: 78), tanto como con Roberto Méndez para quien «allí está el núcleo de ese "neobarroco" que

---

[23] Según Anke Birkenmaier empezó a trabajar para la radio francesa tres años después de su llegada a Francia (2018: 237).

enunciará más tarde y sobre todo esa antropología tropical de Sarduy, empeñado en leer la cultura cubana como un palimpsesto racial de márgenes inabarcables»[24].

Escribe Sarduy que «Heredero es el que descifra, el que lee. La herencia, más que una donación, es una obligación de hermenéutica. Heredero es el que, gracias a la fulguración de un desciframiento se apodera instantáneamente de un saber. [...] El heredero, pues, al descifrar, funda» (Sarduy, 1999: 1411-1412)[25].

La práctica de esta herencia tiene según Sarduy unas características temporales determinadas porque el «antecesor, el adelantado, el que vuelve desde el porvenir» (Lezama, Hölderlin para Heidegger[26]...) regresa para hacerse presente, futuridad virtual que parece determinar el mecanismo de las herencias porque frente a la glosa y la imitación se trataría de «practicar esa escucha inédita, única, [...]. Adivinar, más que descifrar, incluir, injertar sentido [...] desconstruir, más que estructurar» (Sarduy, 1999: 1412-1413). Por ello la pluralización de los tiempos (pasado, presente, futuro) incide específicamente en las formas miméticas defendidas por Sarduy para quien heredar a Lezama significa ante todo «asumir su *pasión*, en los dos sentidos del término: vocación indestructible, dedicación y padecimiento, agonía» (Sarduy, 1999: 1413). Este mismo temple y juegos de tiempos puede ser adjudicado a las intérpretes de Góngora comenzando por su maestro Lezama cuando en *Paradiso* «la utilería gongorina nos vuelve en forma de obscenidad exaltada» (Sarduy, 1999: 1408). Son estos regresos los espejos infinitos en los que Sarduy se mira, escribiendo en lo oscuro, escribiendo oscuros en la página blanca.

En su ensayo *Nueva Inestabilidad* (1987) explicaba Sarduy ese «barroco del siglo xx» (1999: 1374), el regreso de un arte barroco desde lo que llamó la «*retombée*» descrita como «causalidad acrónica: la causa y la consecuencia de un fenómeno dado pueden no sucederse en el tiempo, sino coexistir [...]. *Retombée* es también una similaridad o un parecido en lo discontinuo [...]

---

24 Roberto Méndez, «Sarduy nos devuelve sus gestos». *Cubaliteraria*, 21 de noviembre de 2008, http://www.cubaliteraria.cu/articuloc.php?idarticulo=9176&idcolumna=38.

25 Este fragmento pertenece a un texto de Severo Sarduy que sería incluido en la edición de Archivos de *Paradiso* (1988) con el título de «Un heredero», aunque como aclara Gustavo Guerrero en la «Nota filológica preliminar» a la *Obra completa* de Sarduy en el manuscrito conservado en el archivo se lee, sin embargo «El heredero» y no hay signo de que Sarduy lo haya enmendado. «El heredero» se encuentra en la sección de «Otros ensayos».

26 Con una cita de Martin Heidegger sobre Hölderlin tomada de su libro *Por qué los poetas* se inicia el ensayo «El heredero» antes mencionado.

no hay ninguna jerarquía de valores entre el modelo y la copia» (1999: 1370). La *retombée* neobarroca estaría caracterizada por «la materia fonética y gráfica en expansión accidentada», mientras que «la elipse —en sus dos versiones, geométrica y retórica, la elipsis— constituye la *retombeée* y la marca maestra del primer barroco —Bernini, Borromini y Góngora bastarían para ilustrar esta aseveración—» (Sarduy, 1999: 1375). En la entrevista de Jean-Michel Fossey exponía Sarduy que «el barroco con la elipse y la elipsis, subvierte el orden establecido: "deformación" del círculo, dilatación del círculo, forma «perfecta», «deformación» del enunciado lineal, informativo, con la supresión de uno de los términos (elipsis)» (1976: 17).

Consideramos que el discurso político de Sarduy en *Gestos* se encuentra descentrado por una elipse/elipsis[27] donde serán los gestos los encargados de injertar sentido a ese centro dislocado. En aquella novela iniciática, «escritura gestual» como la definió su autor, «escritura muscular» de cuerpos en movimiento, encontramos la danza de una palabra donde la repetición de unos gestos nos permite seguir las pasiones y herencias de Sarduy. *Descifrando a contracorriente* (1999: 1412)[28].

1. Los gestos

El título de su primera novela sería después utilizado por Sarduy en *El Cristo de la rue Jacob* (1987) donde glosa las formas repetidas de cuatro actividades, cuatro pulsiones basadas en la repetición de un gesto (1999: 78). Cuatro gestos que en *Cromoterapia* (octubre de 1990) justifica «que se repiten, que se encadenan de un modo inexorable, como si al cumplirlos obedeciéramos a otro deseo, al deseo de otro. Somos el doble, la mímesis de alguien que es nuestro amante antípoda y nuestro rival» (1999: 35). Estos gestos que se repiten son *escribir, pintar, beber* y *ligar*.

---

27 En *Cobra* (1972) no dejará de repetir que «La escritura es el arte de la elipsis». Otros aforismos de esta novela son: «La escritura es el arte de la digresión», «La escritura es el arte de recrear la realidad», «La escritura es el arte de restituir la Historia», «La escritura es el arte de descomponer un orden y componer un desorden», «La escritura es el arte del remedio».

28 «¿Cómo heredar no lo que nos precede, sino lo que nos sucede, lo que vendrá después de nosotros y que nadie puede sobrepasar? Quizás, *descifrando a contracorriente*, haciendo con la lectura que su palabra advenga para que el porvenir se convierta en presente, en presencia» (En «El heredero», 1999: 1412).

En *Barroco* (1974) Sarduy denomina a la elipsis «el suelo del barroco», formulando su funcionamiento: «la elipsis opera como denegación de un elemento y concentración metonímica de la luz en otro, láser que alcanza en Góngora su intensidad máxima» (1999: 1231). Caracterizada por «la mecánica del oscurecimiento, repudio de un significante que se expulsa del universo simbólico» (1999: 1232), para Sarduy la mecánica clásica de la elipsis «es análoga a la que el psicoanálisis conoce con el nombre de *supresión*», operación donde «el significante suprimido, como el elidido, pasa a la zona del preconsciente y no a la del inconsciente: el poeta tendrá siempre *más o menos presente* el significante expulsado de su discurso legible» (1999: 1234). La metáfora barroca se equipararía así «con un modo radicalmente diferente de la *supresión*, que consiste en un cambio de estructura: la *represión*», porque el lenguaje barroco funciona como el del delirio, cuyas características define Jacques Lacan: fijación de la idea, híbridos del vocabulario, cáncer verbal del neologismo, enviscamiento de la sintaxis, duplicidad de la enunciación... (1999: 1235-1236)[29].

Nos interesa estudiar en su primera novela *Gestos* esta represión que en «el plano del sistema Inconsciente» Sarduy identifica en *Barroco* (1974) con una «organización de la carencia —y ante todo como carencia "originaria"—» (1999: 1235), funcionamiento de un discurso donde «el sujeto no está donde se le espera» (1999: 1237), es decir en el sitio «donde un Yo gobierna visiblemente el discurso que se enuncia, sino allí donde no se le sabe buscar, bajo el significante elidido» (1999: 1237).

La lectura que queremos proponer de *Gestos* parte del significado elíptico de la perífrasis gongorina, que según Sarduy en «Sobre Góngora: la metáfora al cuadrado» funciona a partir de ese «nudo patógeno» del que habla Jacques Lacan (1999: 1157) que en la lectura longitudinal del discurso es «ese tema regularmente repetido (repetido como ausencia estructurante, como lo que se elude), frente al cual la palabra falla. [...]. La cadena longitudinal de la perífrasis describe un arco: la lectura radial de esos fallos permite descifrar el centro ausente. Esa referencia central es la naturaleza pensada» (1999: 1157). Referencia central que es la cubanidad, pregunta vital que trasladamos a la representación

---

29 Según le reconocía a Jacobo Machover en una entrevista de 1998: «[...] yo escribo únicamente para curarme, yo escribo para tratar de ser normal, para ser como todo el mundo, ya que, con absoluta evidencia, no lo soy. Soy un ser neurótico, fóbico, lleno de obsesiones y de ansiedades. Y en lugar de ir a un psicoanalista, o de suicidarme, o de alcoholizarme, o de entregarme a la droga, escribo, y esa es mi terapia. O pinto, me curo con los colores» (1998: 70).

narrativa de unos gestos que se repiten longitudinalmente donde queremos situar verticalmente la elipsis y anotar algunos de sus centros ausentes.

Gestos con XII capítulos se fija en un espacio, la ciudad de La Habana, y en un tiempo que son los días anteriores al arribo de las tropas revolucionarias. La novela depende de ese largo travelling donde la cámara se detiene en la gente, las loterías, la música, el baile, la noche habanera con sus bares y clubes... y en la historia de amor entre una mujer negra y su amante blanco, un revolucionario que viene de luchar en la selva. Por amor esta mujer acabará poniendo bombas porque aunque asegura en el capítulo VI que «Yo que siempre le he tenido tanto miedo a la electricidad. Nunca he tenido un tocadiscos por miedo a electrocutarme» (74), cederá luego: «Poner una bomba no es difícil. Yo pondré las que tú quieras» (79). El lector asiste a la iniciación revolucionaria de la protagonista que comienza en el capítulo III, en el V intenta poner una bomba fallida en un bar, en el VI tiene lugar la planificación del atentado a la planta eléctrica (sería la Planta Eléctrica de Tallapiedra, alarde de la arquitectura moderna debida al francés Jorge Julián Carpentier, el padre del novelista), el VII escenifica su marcha hacia la misma, el VIII cuando llega y pone la bomba y el IX con la explosión en la que muere su amante.

El funcionamiento de la elipsis (denegación de un elemento/ concentración en otro) se cumple en aquel activismo político que no es más que un producto simulado, copia y reproducción del modelo. Sin embargo es una mujer con una clara conciencia social porque en el capítulo III hablando con un camarero en el Picasso Club le pregunta si no siente «el empuje: lo que asusta, lo que aprieta, los que están arriba» (35), el camarero entonces le comenta «Usted es un poco barbuda, ¿no?» pero ella contesta: «Yo no comprendo nada. Nothing about nada» (35); y en el capítulo V en un bar realiza un alegato a favor de la «raza de color» porque «Los negros somos gente como todo el mundo, ¿sabe?, ¿eh?, ¿sabe?» (66).

En el capítulo X se produce un arco narrativo que rompe la lectura radial revolucionaria de nuestra protagonista con un texto dedicado a la representación de *Antígona*, la tragedia de Sófocles que representa nuestra protagonista convertida en actriz de teatro. El capítulo comienza «Estamos en Tebas» y termina de la misma forma:

> Estamos en Tebas. Estamos en Tebas. Estamos en La Habana. En el bosque de La Habana. En el Cuento de los Bosques de Viena. Aquí termina todo. Aquí Dolores Rondón finalizó su carrera ven mortal y considera las grandezas cuáles son. Soledad. Habrá que poner un girasol para Ochúm. Pero estamos en Tebas. Usted es de los que piensan que un día se va a acabar el mundo. Que un día se va a acabar el mundo. Un día. ¿No me han llamado? (117).

Nuestra protagonista anónima hasta entonces (es siempre la tercera persona del singular) quedaba conectada con el personaje de Dolores Rondón, quien además aparece citada ya en uno de los textos autobiográficos de Sarduy para la fecha de 1960: «el peinado de la Dolores Rondón es el de Julia Titi, hija de Tito, el emperador» (1999: 8)[30]. En *Gestos* Sarduy reproduce los primeros versos de la décima epitafio grabada en la lápida del cementerio de Camagüey, que después transformará en relato en *De dónde son los cantantes* (1967) como «La Dolores Rondón».

Al capítulo XI con la celebración de la reparación de la planta eléctrica y el mitin de proclamación le sigue el capítulo final cuando entre ráfagas de tiros, que preceden a la llegada triunfal de las tropas revolucionarias en La Habana, ella simplemente expresa: «He perdido toda la tarde. Toda la tarde. Ni siquiera he lavado» (140), palabras finales de nuestra novela.

La estructura sigue la de la rumba y el compás de la clave 3-2, «tres golpes rápidos, dos lentos» que aparecen en el primer capítulo y en el último de la novela con los negros que cantan en La Habana, los negros de La Habana que cantan. En el capítulo final cuando la ciudad es un «oeste», llena de tiroteos, ella reflexiona de la siguiente manera:

> Habrá que cambiarlo todo, que virar la vida boca abajo, y luego salir de pronto a la calle, a cualquier esquina e ir sorprendiendo a cada uno que pase para sacudirlo por los hombros y gritarle oiga mire coño oiga mire hay que virar la vida al revés. O quizá sea mejor que me vaya antes de que empiece la montaña rusa, antes de que esta niña termine su poema o caiga sobre la galleta que la busca. Terrible. He perdido toda la tarde y tengo una ronquera total (139).

2. Escribir, pintar, beber y ligar

En *El Cristo de la rue Jacob* (1987) contestaba Sarduy a la pregunta «Severo, ¿por qué pintas»:

> —Severo, ¿por qué pintas?
> —Pues te diré: pinto porque escribo.
> —¿Hay alguna relación entre las dos cosas?
> —Para mí, sencillamente es lo mismo. El mismo perro con distinto collar. Claro está, el resultado es diferente. Aunque no tanto... Pero en fin, la pintura y la escritura son como las dos vertientes de un mismo techo, las dos caras de una misma moneda, etc. Se trata más bien de un cubo, es decir, que hay cuatro caras... (1999: 77-78).

---

30 En «Severo Sarduy (1937...)».

La escritura de Sarduy es como califica Jorge Schwartz en su entrevista «desaforadamente visual, profundamente arraigada en lo pictórico», Sarduy le aclara que él no es realmente un escritor «sino una especie de pintor, que en lugar de usar acrílico, óleo, tela, utiliza palabras. Una persona que pinta utilizando un material nuevo, el material de la fonética» (Sarduy, 1999: 1830). Pero de esta relación con la pintura en sus obras Sarduy distingue tres niveles: el «puramente citacional o mimético», el segundo es el «metafórico», cuando la cita de un cuadro no es textual, no está entre comillas pero «hay en el funcionamiento del texto algo que recuerda lo que funciona como tal (cuadro)», y el tercero donde «la imaginación técnica utilizada es de orden plástico» (Sarduy, 1999: 1830-1831). El ejemplo para el segundo nivel es *Gestos* (y para el tercero *Cobra*):

> [...] en *Gestos* hay una planta eléctrica que durante el relato del libro será dinamitada. Y de repente el piso de esa planta eléctrica funciona como un cuadro de Soto. O sea, son rejillas que el narrador ve como un movimiento cinético: hay un piso encima que funciona como un cuadro de Soto, otro piso que funciona como un cuadro de Vassarely, etc. La realidad de la planta eléctrica está, en el fondo, cifrada a partir de un código de la figuración de la pintura cinética. Este segundo nivel no es una cita textual, sino un funcionamiento dado de la plástica, en un momento dado del libro (1999: 1830-1831).

Para el lector de *Gestos* es difícil advertir en el capítulo VIII la descripción de la sala de máquinas desde dicho funcionamiento pictórico, cifrar aquella figuración. Sin embargo para entonces ya sabe que la novela sigue el complejo recorrido de la mirada, es ella la que nos lleva a los lugares de la vista cuya representación impone las leyes de su forma, de su propia estructura: «no hay observador que no sea observable, no hay mirada que no suponga un espejo, ni fenómeno —como ya lo apuntaba Husserl— que se deje contemplar desde varios puntos de vista a la vez» (1999: 1369)[31] anota Sarduy. Al principio de la novela (Capítulo I) la mirada se detiene de forma explícita en el «tránsito que nunca cesa» de una ciudad frente a la fijeza de los apuntadores de las diferentes loterías, y en un «aquí» que es un bloque determinado donde la gente espera «las apariciones de la suerte», un bloque donde se unen la ciudad vieja y la nueva «A partir de esta casa ya es el Vedado, ésta es la Habana» (8-9). En ese límite, representado por un absurdo arquitectónico (una casa que en el segundo piso se convierte en una torre que termina en cúpula renacentista) es donde se apunta y se espera la tirada, ese aquí donde se reúnen decimistas, trovadores

---

31 En «Una maqueta del universo» de *Nueva Inestabilidad*.

improvisados, negros que cantan. Esos negros que cantan entre tirada y tirada, que van y vienen a todas horas siempre cantando. La ciudad y sus múltiples loterías (sobre todo la china), las cifras y sus símbolos, la gente que va y viene. «Están sin trabajo».

Será entonces cuando Sarduy recuerda a «un negro con voz de bajo que canta en la playa» (10), que como no puede pagarse una publicidad va poniendo su nombre y su cruz en todas las paredes, puertas, aceras, espacios en blanco que encuentra en el camino, «Canta sin micrófono, en una casa de guano llena de cintas azules» (10), acompañado de una batería rudimentaria: cucharas, sartenes, una quijada de vaca. «Es pobre, bebe. Una vez lo vistieron a la moda. Lo hicieron estrella de un cabaret. De frac, peinado, pulcro, cantaba sones orientales acompañado de orquesta para los americanos. No pudo resistirlo» (11).

Sarduy se refiere al Chori, personaje en P. M., a quien Padura dedicara el texto «Vida, pasión y muerte del más célebre timbalero cubano» en su libro *El viaje más largo* (1994). Como escribe Sarduy en *Gestos* «A veces se puede seguir una ruta a través de la ciudad, hasta que las marcas, poco a poco, van quedando más claras, ya en las afueras, hasta que desaparecen» (11). Será en el último capítulo cuando nuestra protagonista deambula por la ciudad y en «los contenes está escrito con tiza Chori Chori Chori y una cruz. Otra vez la calle. Un teatro solo. Ella sola» (136). La novela como una larga elipsis de la ruta del Chori, de dentro/afuera de La Habana, y su revés con la salida de Sarduy/el regreso de Sarduy. El sujeto no está donde se le espera.

Todo lo anterior sirve de presentación a esta novela dedicada a una mujer negra, lavandera de día, cantante en los clubes nocturnos y actriz, con un carácter fuerte, una alta conciencia de su raza, dolores de cabeza constantes, siempre acompañada de una pequeña maleta (su fetiche) con sus aspirinas, una bata de cola roja, guantes negros, un par de sandalias de cuero, la misma donde esconderá la bomba, porque por amor a su amante blanco se convertirá en terrorista.

«Pero ésta es la mejor de todos. Casi nadie la conoce. Aparece cuando quiere. Canta si tiene deseos. Siempre bebe» (12), así inicia en la novela Sarduy la presentación de nuestra protagonista que se dirige «a un muchacho blanco que siempre está sentado próximo a la pista. [...] Fue el día que él no vino que ella interrumpió para hablar de su dolor de cabeza y su doble personalidad» (14).

> Raramente ensaya, y cuando lo hace, es siempre peleando. Por una luz mal puesta, por el piano fuera de tiempo, por la falta de público o por el exceso, por el poco sueldo, por la cabeza con su pelo y su dolor. Su voz es grave, baja, áspera casi. Es su modo de decir y no su voz lo que importa. Ella modifica la letra de las canciones y frecuentemente tararea párrafos enteros que no recuerda; una vez interrumpió para hablar de su dolor: «miren, miren bien y díganme si no es un asco de vida, de manos y de uñas.

No sé a qué atenerme. Así, con esta estampa, quién puede ser feliz. Criada por el día y artista por la noche. Una doble personalidad» (13–14).

Sarduy desgrana lentamente su número, y a ella como una marioneta, acompañada de una orquesta que «aparece como un grupo de títeres que manejara un borracho» (16), lo busca, pero él no ha ido, cuando termina su actuación entra en un bar. «Ella debe esperar aquí abajo o salir sola a la calle, a deambular entre la gente que va y viene hasta que amanezca, hasta que rendida de buscarlo entre los que vienen de la playa, entre los que apuntan números, entre los que toman café, decida irse a su casa» (18).

El reencuentro se produce en el segundo capítulo, en el café Vicky, se describe al amado, la barba, la nariz gruesa que da un aire mulato al rostro, el pelo en desorden, él ha estado fuera, «fuera de la Habana..., en la selva..., sí claro, en el bosque digo...», (21), mientras ella lo ha buscado por esta esquina, por toda la ciudad. Él comenta las noticias, han comenzado las bombas, la guerra en Oriente «dicen que tienen hasta aviones, van a venir en una invasión», mientras ella expresa su angustia amorosa: «Te he esperado, ha llovido toda la noche... [...]. Y he estado caminando sola...[...] por esta esquina...por toda la ciudad...[...] que te espere..., que piense...[...] en ti, que me torture...ésta será la última vez» (21–22). Salen por la calle Infanta en dirección a La Habana, hasta que llegan a la casa de él. «Es aquí donde he estado. [...] en esta selva» (28–29) abriendo una puerta gruesa y negra cerrada por un candado, al abrirse Sarduy especifica el espacio de la siguiente manera:

> Una selva. Una verdadera selva. Inmóvil. Donde no se escucha el grito de las fieras y los pájaros ni el rumor de la hierba creciendo. Donde los árboles no se pueden talar para formar un camino ni apartar para que recobren luego, elásticos, su posición anterior, sino trasladar en peso para formar otras selvas que permanecerán estáticas, secretas. Frondosa de ametralladoras. Las lianas unen pistolas, granadas, niples (29).

Fragmento que incorpora las influencias de Wifredo Lam y de Virgilio Piñera[32], y de paso los vínculos casi siempre olvidados de nuestro escritor con las revistas *Ciclón* y *Lunes de Revolución*. Piñera editará su poema largo *La Isla en Peso* en 23

---

32 Sabemos de la llegada de Lam a La Habana en 1941, del impacto que fue para Piñera, y el cambio producido en su estética entre su poema «La destrucción del danzante» —publicado por la revista *Clavileño* en 1941, un poema lezamiano de los pies a la cabeza, cuando desconocía a Breton, Apollinaire, Peret, etc.— frente a los textos del segundo número de su revista *Poeta* en mayo de 1943 con una traducción piñeriana de un capítulo del libro de Nicolás Calas *Foyers d´incendie* titulado «Oración y poesía», y otra de un fragmento del poema de Aimé Césaire «Conquista del alba».

de noviembre de 1943, mientras que entre 1942 y 1943 pinta Lam *La jungla*, que Sarduy convierte en selva, en bosque. El bosque sería también citado por Sarduy como «la *jungla*»[33] en su ensayo «El pensador de monedas y de excremento» (2000: 93), entendida como exuberancia y característica esencial del barroco que reinterpreta (más allá de su repetido fundamento en la naturaleza) desde el «injerto» y «el mestizaje de las lenguas y de las pieles» que entiende como «"la artificialización" de donde nace el barroco sudamericano» (2000: 93). En *Escrito sobre un cuerpo* (1968) Sarduy comprendía lo cubano como una superposición en la que siempre se desliza «por el impacto mismo del *collage*, un elemento de risa, de burla discreta, algo de "choteo"» (1999: 1166). Por ello una «novela cubana debe hacer explícitos todos los estratos, mostrar todos los planos "arqueológicos" de la superposición —podría hasta separarlos por relatos, por ejemplo, uno español, otro africano, y otro chino— y lograr lo cubano en el encuentro de éstos, con su coexistencia en el *volumen* del libro» (1999: 1166). En esta novela cubana de la revolución delirante Sarduy realiza su primera performance neobarroca, y lo hace a través de una escritura que va tomando cuerpo, una sexualidad liberada desde una galaxia de voces.

En el capítulo III ella corre en una ciudad lluviosa, se refugia en un bar, el «Picasso club», donde tiene lugar la conversación con el camarero que antes hemos reproducido, cuando terminan «Ella se pone de pie. El camarero sigue jugando con la botella. La seda amarilla y húmeda del vestido aprieta el cuerpo. El camarero sigue los entrantes y salientes desde los senos hasta el borde de la mesa. Arranca los restos de la etiqueta. Se va» (35). «Todo se mueve, da vueltas», escribe Sarduy, «Objetos mirados a través de un líquido espeso. [...] Salir a la noche. Sin tambalear, sin caer. Como en el teatro. [...] El bosque, el teatro. Salir. El aguacero azul veteado, silbido. Qué calor, qué asco de vida, qué mierda» (35-38).

Será una constante ese paralelismo entre el bosque (como espacio político del amante) y el teatro (como espacio ritual de nuestra cantante), por ejemplo en el Capítulo VI cuando están preparando el atentado y su amante le aconseja: «Esta es su gran oportunidad para hacer teatro. [...] Eso sí, hay que actuar bien, natural, como usted dice [...]. Una entrada, una salida. Como en el teatro» (76-77). Previamente ella se queja: «mira cómo me he comido las uñas, mira qué uñas para poner una bomba. ¡Mira qué estampa! ¡Lavar por el día y poner bombas por la noche! Una artista poniendo bombas, ¡qué vida! Dinamitera y actriz» (73-74).

---

[33] «Es el bosque, la *jungla*, la exuberancia» (2000: 93).

Para Roberto Méndez (2008) el capítulo X, con la representación de *Antígona* en la que participa nuestra cantante, funciona «como una parábola del país, en el que los hermanos han luchado hasta la muerte solo para propiciar el advenimiento del dictador Creón. Antígona es una especie de fuerza elemental que no entiende de convenciones políticas sino de la voz de la sangre». En su opinión nuestra actriz no ve «separación alguna entre su rol artístico y el clandestino: ambos son reales o ambos ficticios. Bomba y libreto van siempre en la misma maleta». El lector asiste a la representación:

> Párrafos enteros, parlamentos, cantos, páginas y páginas.
> Las lanzas de los lapitas dividen la piedra en bandas paralelas.
> Detrás de la espesura de las armas, los cuerpos semidesnudos se flexionan.
> Un paso más, un gesto más y se escuchará la voz del jefe del coro, un movimiento leve, un desplazamiento casi imperceptible, una señal y ella caerá al suelo suplicante (110-111).

Aunque se reproducen párrafos de *Antígona* Sarduy se detiene en mostrar todo el montaje del escenario, una mirada sobre los sostenes ocultos del montaje («Detrás están ocultos los sostenes de todo el montaje», 111), para revelar eso que bautiza como «su doble valencia», porque (ahora sí) ese fondo oculto del escenario es su particular homenaje a *Las Meninas*:

> A la altura de la pared de fondo el montaje revela su doble valencia; vuelta hacia el público la armazón frontal del palacio, la banda compacta del arquitrabe, la cornisa pulida y simple, el isósceles ligero donde los personajes vuelan hacia el vacío libres de la gravedad y el mármol, saltadores, bélicos; hacia atrás una selva de tablas, los hilos suspensores del decorado, las pizarras de luces, varias armaduras abolladas, cajones llenos de botellas vacías y residuos de comida, un juego de barajas, sillas, una corona, sandalias doradas, lanzas, pelucas, barbas (112).

Es en este capítulo donde se produce la deconstrucción definitiva de esta Habana convertida en Tebas, de ese virar la vida boca abajo, de un escenario fracturado que terminará incendiándose. En el capítulo XI ella forma parte de la caravana celebratoria, subida a un descapotable con un chofer chino en su canasta guarda todo tipo de clavos, tornillos, y pinchos de todas clases, que irá arrojando. Seguramente sabe para entonces que su amado no regresará jamás. Será entonces su último homenaje.

Sorprende su parsimonia en capítulo final (con una ciudad donde se siente el olor a pólvora, llena de tiros y muertos), su deambular por las calles: «Todo cerrado. Regreso dando tumbos, vueltas y vueltas como un trompo. Hasta la noche. Entonces a cantar. Qué asco de vida. Cantar "soy tan feliz" como a quien no le preocupa el mundo. Muy simple, muy natural, por amor al arte. De película» (137-138). La vida sigue.

Referencias bibliográficas

BIRKENMAIER, Anke (2018): «Severo Sarduy y la radio». En G. Guerrero y C. Quesada (eds.), *Cámara de eco. Homenaje a Severo Sarduy* (234–258). México: Fondo de Cultura Económica.

El País (2006): «Entrevista a Oriol Maspons». Disponible en: https://elpais.com/cultura/2006/10/23/actualidad/1161615600_1161617989.html [12/01/2020].

FOSSEY, Jean-Michel (1976): «Severo Sarduy: máquina barroca revolucionaria». En J. Aguilar Mora *et al.*, *Severo Sarduy* (15–24). Madrid: Espiral/Fundamentos.

GALLO, Rubén (2006): «Severo Sarduy, Jacques Lacan y el psicoanálisis. Entrevista con François Wahl». *Revista Hispánica Moderna*, 59, 1/2, 51–59.

GONZÁLEZ ECHEVARRÍA, Roberto (1987): *La ruta de Severo Sarduy*. Hanover: Ediciones del Norte.

GUERRERO, Gustavo (1997): «A la sombra del espejo de obsidiana». *Cuadernos Hispanoamericanos*, 563, 27–43.

GUERRERO, Gustavo (1998): «El prolongado eco de una vieja disputa». *América: Cahiers du CRICCAL*, 21, 73–79.

GUERRERO, Gustavo (2003): «Severo Sarduy». *Letras Libres*. Disponible en https://www.letraslibres.com/mexico-espana/severo-sarduy-0 [12/01/2020].

MACHOVER, Jacobo (1998): «Conversación con Severo Sarduy: "La máxima distanciación para hablar de Cuba"». *América: Cahiers du CRICCAL*, 20, 67–78.

MÉNDEZ, Roberto (2008): «Sarduy nos devuelve sus gestos». *Cubaliteraria*. Disponible en http://www.cubaliteraria.cu/articuloc.php?idarticulo=9176&idcolumna=38 [12/01/2020].

PÉREZ, Rolando (2018): «Entre literatura, artes visuales y ciencia: la imagen de pensamiento de Severo Sarduy y Ramón Dachs». En G. Guerrero y C. Quesada (eds.), *Cámara de eco. Homenaje a Severo Sarduy* (139–165). México: Fondo de Cultura Económica.

PIÑERA, Virgilio (2015): *Ensayos selectos*, edición de Gema Areta. Madrid: Verbum.

ROMERO, Cira (2007): «Para asaltar el cielo la picadura fue mortal». En C. Romero, *Severo Sarduy en Cuba 1953–1961* (5–15). Santiago de Cuba: Editorial Oriente.

SÁNCHEZ ROBAYNA, Andrés (1999): «El ideograma y el deseo (La poesía de Severo Sarduy)». En S. Sarduy, *Obra completa Tomo II* (1551–1570). Madrid; Barcelona; Lisboa; París; México; Buenos Aires; São Paulo; Lima; Guatemala; San José: ALLCA XX Colección Archivos.

SARDUY, Severo (1963): *Gestos*. Barcelona: Seix Barral.

SARDUY, Severo (1992): «Textos inéditos de Severo Sarduy: Ciclón/Diagonal-Armand/Arenas». *Revista Iberoamericana*, 57, 327–335.

SARDUY, Severo (1999): *Obra completa Tomos I y II*. Madrid; Barcelona; Lisboa; París; México; Buenos Aires; São Paulo; Lima; Guatemala; San José: ALLCA XX Colección Archivos.

SARDUY, Severo (2000): *Antología*. México: Fondo de Cultura Económica.

SOLER SERRANO, Joaquín (1976): «Entrevista a Severo Sarduy en *A fondo*». Disponible en https://vimeo.com/63373559 [12/01/2020].

WAHL, François (1997): «La escritura a orillas del estanque». *Cuadernos Hispanoamericanos*, 563, 19–25.

Carmen Alemany

Lo implícito gongorino en poetas mexicanas recientes[1]

Resumen: La finalidad de estas páginas es rastrear la «imitación» y la «influencia» de Luis de Góngora en poetas mexicanos, a partir de la segunda mitad del siglo xx. Para ello nos centraremos en algunas composiciones de Octavio Paz, José Emilio Pacheco, David Huerta, Marco Antonio Campos, Vicente Quirarte o Eduardo Langagne, hasta llegar a poéticas, de índole computacional, que experimentan con el lenguaje del poeta del Siglo de Oro. La otra parte de nuestro estudio se centrará en cómo y de qué manera la sombra del vate pervive en poetas mexicanas actuales (Gloria Gervitz, Coral Bracho, Laura Solórzano, Roxana Elvridge-Thomas, Julia Santibáñez, Adriana Tafoya, Karen Villeda, Xitlalitl Rodríguez Mendoza o Diana Garza Islas), o de décadas anteriores, como Margarita Michelena. A partir de estas aproximaciones podremos detectar las notables diferencias entre los poetas mencionados y las actuales poetas mexicanas en relación con la obra gongorina.

Palabras clave: Luis de Góngora y Argote, Octavio Paz, José Emilio Pacheco, David Huerta, poética computacional, poetas mexicanas actuales.

Joaquín Roses, en su artículo «La recepción creativa de Góngora en la poesía hispanoamericana», acudía a la necesidad de un amplio estudio sobre el poeta cordobés en América; ensayos similares a los que en su momento varios críticos concentraron sus esfuerzos como por ejemplo la presencia de Francisco de Quevedo en la poesía de aquellos países. El mismo crítico ha realizado estudios que podríamos considerar neurálgicos de la presencia de Luis de Góngora y Argote en poetas señeros de aquel continente como Rubén Darío, Alfonso Reyes, Jorge Luis Borges, Pablo Neruda, hasta llegar a José Lezama Lima o Severo Sarduy. También hasta llegar a la polémica antología *Medusario* (1996), en la que, y siguiendo a Roses: «la presencia de don Luis es menor en sus poemas que en sus

---

1 La presente investigación forma parte de un Proyecto, financiado por el Ministerio de Educación del gobierno español, que lleva por título «Construcción / reconstrucción del mundo precolombino y colonial en la escritura de mujeres en México (siglos xix-xxi)» (PGC2018-096926-B-100), del que soy investigadora principal.

prólogos y en las notas introductorias a los poetas redactadas por los editores» (2014: 197).

Estas reflexiones nos llevan a pensar que «en los últimos años cada vez se lee menos a Góngora [...] Cada vez dudo más de la existencia del Gongorismo y cada vez desconfío más de quienes se presentan bajo ese inmenso refugio para sobrevivir al diluvio de su propia nadería poética», Roses *dixit* (2014: 199). Y estamos de acuerdo, y también creemos que a día de hoy el gongorismo es un término «excesivamente lato» (Roses, 2014: 182), como lo viene siendo quizás desde el siglo XVII, e incluso habría que plantearse la existencia de este en nuestros días.

Seguimos la estela de Roses, quien invoca en el citado artículo a Andrés Sánchez Rovayna, quien a su vez toma la voz de Alejandro Cioranescu, para acudir a la necesidad de delimitar entre cita o alusión a la hora de aplicarlo a los estudios gongorinos; así como establecer las fronteras entre «imitación» (huellas en detalles, rasgos compositivos, episodios, procedimientos o tropos) e «influencia» (transmisión menos material que modifica la poética de un seguidor), subrayando que los estudios se han centrado más en lo primero que en lo segundo (Roses, 2014: 184-185). Y es que en realidad hay más de lo primero que de lo segundo en este último medio siglo, entre otras razones porque lo segundo es difícilmente detectable.

Es nuestro objetivo rastrear la «imitación», y si se puede también la «influencia», en algunos de los poetas mexicanos desde Octavio Paz; o sea, desde poco antes de la segunda mitad del siglo XX. Adelantamos que cuando los poetas de la segunda mitad de la anterior centuria al poeta cordobés acuden es para «imitar» o seguir ciertos procedimientos que suenan al Góngora de las *Soledades*. En cambio, observamos una transformación del paradigma en la poesía que —aunque sinceramente creo difícilmente podríamos llamar gongorina— algunas poetas mexicanas llevan a cabo en pleno siglo XXI. No es que esté la poética de Góngora presente sino que aquello que en su momento instauró el poeta de Córdoba, tras sus consabidas evoluciones, llega hasta hoy, de la forma y manera que tiene que ser, evolucionada. Y nos servimos, para lo que acabamos de mencionar, de otro texto de Roses, «La magnitud estética de Góngora», en el que afirma que «la poesía de Góngora es el cometa que cruza, su origen estelar, su fugaz trayectoria y las partículas minúsculas que se desprenden de su estela» (2012: 101). Y son esas partículas minúsculas las que creo prevalecen en la poesía de algunos autores de hoy —de diferente manera, seguro— en sus textos; es la alquimia estilística gongorina la que ha permeado hasta nuestros días: el refinado léxico, ciertos cultismos, uso del hipérbaton, cuidadas fórmulas estilísticas, perífrasis, alusiones, y siempre, siempre, la metáfora y la imagen que por supuesto van más allá de lo gongorino.

Desarrollemos lo que acabamos de afirmar, y para ello nos situaremos —como señalamos en líneas anteriores— en uno de los poetas paradigmáticos de la poesía mexicana del siglo XX, Octavio Paz (1914-1998); concretamente en una de las composiciones en las que la crítica ha visto la presencia de Góngora, «Himno entre ruinas». La entradilla nos remite directamente al genial cordobés: *«donde espumoso el mar siciliano...»*, y el lenguaje emula al poeta de las *Soledades* alejándose del idiosincrático lenguaje paciano, aunque la presencia de la palabra «surtidor» nos hace pensar en su gran poema *Piedra de sol* (1957) y el siguiente verso referencial: «un alto surtidor que el viento arquea». Aquí algunos versos de «Himno entre ruinas»: «Coronado de sí el día extiende sus plumas. / ¡Alto grito amarillo, / caliente surtidor en el centro de un cielo / imparcial y benéfico! / Las apariencias son hermosas en esta su verdad momentánea. / El mar trepa la costa, / se afianza entre las peñas, araña deslumbrante» (2014: 201).

De esta composición ha hablado extensamente Crystal Chemris estableciendo paralelismos con la poesía de Luis de Góngora, vía Mallarmé. Y también cómo con esta composición concluye su primera etapa para comenzar con la elaboración de sus grandes obras, siendo «Himno» una clara antesala de *Blanco*. Desde la perspectiva de Chemris, «Paz's creative appropriation ofthe Gongora-Symbolist parallel goes beyond his work with translation. Perhaps one of the most interesting expressions of the creative use of the parallel occurs in his poem "Himno entre ruinas", where Paz uses allusions to Gongoras poetry to explore the problems ofmodemity and to mark a turning point in late Symbolist poetic. In "Himno entre ruinas" Paz participates in what has come to be called the "neobaroque", incorporating elements of Spanish baroque literature, in this case Gongora's poetry, in order to express aesthetically the problems of the modern» (2006: 150-151). Estamos ante una apropiación del «simbolismo» gongorino como medio para expresar los problemas de la modernidad. Punto de arranque del poema, Góngora; al que se añaden pinceladas de corte gongorino.

Y casi como pincelada, un poeta tan poco abyecto en principio a la estética gongorina como Marco Antonio Campos (1949), perteneciente a la generación de los 50, en su libro *Ningún sitio que sea mío*, publicado en el 2006, en el verso inicial de «*Zum Weissen Engel*», «Es del otoño un día soleado» (40), nos hace recordar la primera línea de las *Soledades* de Góngora.

Tiempo antes, José Emilio Pacheco, acumulador en su poética de tantas tradiciones, publicó un breve poema, «Un gorrión»; composición que forma parte de *Irás y no volverás* [1969-1972] dentro de la sección «Examen a la vista». Se trata de un arte poética en la que su primer verso, pero también su contenido, nos introduce en el universo gongorino: «Baja a las soledades del jardín / y de pronto lo espanta tu mirada. / Y alza el vuelo sin fin, / alza su libertad amenazada» (2010: 145).

Un arte poética (la paradoja sobre la tradición poética y su evolución), muy al estilo de Pacheco, apuntando el paso de la tradición versal al versolibrismo. Tal como anotó Alejandro Higashi: «en solo cuatro versos, replica la estructura básica de la silva gongorina: un poema monóstrofe donde se mezclaban con absoluta libertad endecasílabos y heptasílabos. A pesar de que en la tradición de la silva era común que los versos fueran sueltos o blancos (es decir, sin rima alguna), Góngora se impuso un patrón riguroso de rimas, seguido por Pacheco con suma atención» (2016).

Sin olvidar que en «Un poeta novohispano», perteneciente al libro *Islas a la deriva* [1973-1975] y a la sección «Antigüedades mexicanas», Pacheco mencionaba la influencia del poeta de Córdoba en los artesanos de la pluma de aquellos tiempos. No olvidemos que el autor de *Tarde o temprano* estuvo siempre atento a las tradiciones y fundamentalmente a la pugna de estas respecto a la poética contemporánea: «Sus poemas verdaderos en los que está su voz los sonetos / que alcanzan la maestría del nuevo arte / a la sombra de Góngora es verdad / pero con algo en ellos que no es enteramente español / los sembró noche a noche en la ceniza» (2010: 174).

Si acudimos a una generación posterior a la de José Emilio Pacheco, en ella descuella uno de los acérrimos gongoristas, David Huerta (1949). Estimamos que una gran prueba de ese apego a la poesía del de Córdoba fue la octava incluida en su libro *After Auden*[2], publicado en el 2018, en el que se integran dos poemas en inglés, dedicados a Wystan Hugh Auden y otro a Wallace Stevens, y en donde homenajea a sus poetas referenciales: sor Juana Inés de la Cruz, Ramón López Velarde y Luis de Góngora. Y este último así es elogiado y aludido: «De oseznos hay en la fragosa cumbre / copia lucida: en mi redil guardados / negros copos de hirsuta mansedumbre, / antes fieros, al fin domesticados. / Serán doble solaz de amada lumbre, / calor para tus brazos adorados, / ¡oh hermosa, oh sin par dulce Galatea: / fuente de tu sonrisa este par sea!» (2018: 14).

La escritura de una octava ya es, en este contexto, una clara alusión a Góngora, pero también otros elementos despuntan y nos remiten directamente a su

---

[2] La información sobre la existencia de esta octava me fue transmitida por la doctora Martha Lilia Tenorio Trillo, a quien agradezco el dato.

Fábula de Polifemo y Galatea. En el primer verso sale a colación el «osezno»: «De oseznos hay en la fragosa cumbre», con lo que se establece un largo diálogo de tradiciones si recordamos las palabras de Dámaso Alonso a este respecto: «Hay pormenores deliciosos, en Ovidio, como el ya apuntado en Teócrito, de los dos oseznos —tan igualitos que apenas se pueden diferenciar—. Polifemo los ha cogido en la alta montaña para que Galatea juegue con ellos; Marino vio la graciosa ternura de este prepuesto regalo. Hasta, entre nosotros, Barahona de Soto lo comprendió también Góngora —probablemente el color de los oseznos no servía para sus fines— lo desdeña» (1961). Y que sí son incorporados por Huerta, dándonos así su propia versión, que dialoga con la de los más clásicos (Ovidio y Teócrito), en la que esos «oseznos» son «domesticados» por la bella Galatea a la que dedica de manera explícita los dos últimos versos de la octava: «¡oh hermosa, oh sin par dulce Galatea: / fuente de tu sonrisa este par sea!». La belleza de Galatea que fue incorporada por Góngora a partir de la estrofa 13 de su poemario, y que de manera sustantiva seguirá en las dos subsiguientes: «Ninfa, de Doris hija, la más bella / adora, que vio el reino de la espuma. / Galatea es su nombre y dulce en ella / el terno Venus de sus Gracias suma. / Son una y otra luminosa estrella / lucientes ojos de su blanca pluma. . .» (1999). David Huerta, por tanto, da una nueva versión de esta fábula clásica apoyándose en las transformaciones que el propio Góngora hizo en sus versos.

El genio cordobés vuelve en los momentos más álgidos de la carrera poética de Huerta. El 30 de noviembre de 2019, recibía el premio FIL en Lenguas Romances. En su discurso, titulado «El mejor poema del mundo», el autor hizo un sentido homenaje a aquellos que han sido sus referencias ancilares, y entre ellos no podía faltar Luis de Góngora y Argote, presente en su poesía tal como hemos visto en *After Auden* (2018). Por la importancia de la presencia del poeta de Córdoba en sus palabras, reproduzco a continuación aquellos párrafos que me parecen neurálgicos para entender no solo la poesía de Huerta sino su inteligente lectura sobre nuestro poeta:

> La descripción del mejor poema del mundo despierta en mí una especie de pulsión locativa: veo lugares y objetos cuando se habla de la mente y de la red increíblemente animada que la ocupa. Es una red llena de movimiento, al mismo tiempo cerrada y abierta. En la Soledad segunda, don Luis de Góngora describió las redes de los pescadores, redes tendidas verticalmente dentro de las aguas marinas, de un tamaño que permite llevar a cabo la recolección del día con eficacia —no una de esas redes mayores, que, dice el poema, «mucho océano y pocas aguas prenden». De las redes pescadoras realmente eficaces, don Luis ofreció estas imágenes prodigiosas; son, dice,
>
>   . . . laberinto nudoso, de marino
>   Dédalo, si de leño no, de lino

> fábrica escrupulosa, y aunque incierta,
> siempre murada, pero siempre abierta.

Así, como esas redes, el vertical trasmallo de la pesca marinera, con «sus plomos graves y sus corchos leves», dice el poeta —objetos que le permiten estabilidad y firmeza—; así es la mente: «siempre murada, pero siempre abierta». Es asimismo un laberinto, como lo describe don Luis de Góngora, además de ese entramado de simetrías dinámicas que atrapan las sensaciones, las imágenes, los significados, los ritmos, las melodías léxicas y silábicas, y las instalan, al fijarlas, sin que pierdan su vivacidad, en la mente y en las estribaciones y hondonadas de la imaginación. Es ahí, y de esa manera, como circula ávida e incesantemente, en la mente de la tribu, el mejor poema del mundo.
[...]
Encuentro en Góngora exactamente lo contrario de lo que en él ven, por desgracia, muchos lectores y expertos: no la forma por la forma misma, con sus lujos y suntuosidades; sino una pasión auténticamente volcánica, de una originalidad deslumbrante y una sabiduría que no tengo ninguna reserva en comparar con la de los artistas más grandes, Bach, Leonardo, Mozart, Kafka (2019).

De igual calado me parecen las palabras recogidas por Carlos Salinas Maldonado en una entrevista realizada al autor en *Tiempo de Ser,* **«La Poesía no está al servicio del optimismo», y que fue publicada el martes 7 de enero de 2020, poco después de la entrega del mencionado Premio. Ante la pregunta «Usted ha estudiado la poesía del Siglo de Oro. ¿Cómo se relaciona con ella?», Huerta responde:**

> He leído la poesía del Siglo de Oro, porque no podría ser de otra manera, desde que sé leer. Cervantes, Quevedo, Góngora, Lope de Vega, fray Luis de León, san Juan de la Cruz... Son formidables. Mi poeta favorito en cualquier lengua es don Luis de Góngora, que pasa por ser un poeta dificilísimo, suntuoso. Es muy exigente para leerlo, tienes que pelearte con él, pero cuando descubres la maravilla de lo que está diciendo, te dices: «¡Qué barbaridad, esta es una mente privilegiada, es un hombre inspiradísimo!» Y él está muy presente en nuestro vocabulario. No sé si estos poetas son los padres, pero sí unos abuelos magníficos, resplandecientes. Hay que pelearse con ellos, pero aprender todo lo que uno pueda. Me llamaría mucho la atención un poeta que no se acerque a estos monstruos[3].

---

3   Muchas son las referencias que podemos encontrar en las que Huerta estudia o menciona la obra de Góngora. Como muestra destacamos el artículo publicado en la revista *Universidad de México*, una reflexión sobre Góngora y sus relaciones con Villamediana: «Aguas aéreas. Góngora y Villamediana» (2013); o la entrevista en «Café de nadie» (2014), donde nuestro autor dedica los 26 minutos de duración del programa a la figura de Góngora.

Acercándonos más en el tiempo, la obra *Teatro sobre el viento armado* (1979), primer poemario de Vicente Quirarte (1954), también seguidor y autor inclusivo de tradiciones, se debe a unos versos de Góngora pertenecientes al poema «A un sueño». Dedicado a Efraín Huerta, aparece encabezado por los siguientes versos, aunque bien es cierto que pocas reminiscencias gongorinas podemos encontrar en este libro novel: «El sueño, autor de representaciones, / en su teatro sobre el viento armado, / sombras suele vestir de bulto (*sic*) bello» (Quirarte, 2000:19).

Contemporáneo de Quirarte, Eduardo Langagne (1952) escribe algunas redondillas en *Verdad posible* (2014) en donde el nombre del insigne poeta aparece entre sus versos, también el de Gutierre de Cetina. Un homenaje explícito a dos poetas de origen español y referenciales en la cultura latinoamericana: «Cuando la tarde declina / y la lluvia es torrencial, / tus ojos son madrigal / de Gutierre de Cetina. // Don Luis de Góngora en ello / ve más allá del Arcano: / compite con tu cabello, / pero el sol relumbra en vano» (40).

Para cerrar estas muestras de *los* poetas, nos remitimos en esta ocasión a un epílogo, el del libro *El drama del lavaplatos* (2010) de Eugenio Tisselli (1972). Se trata de poesía elaborada con la ayuda de ordenador (la llamada PAC, Poesía Asistida por Computadora), creada por un autor nacido en los setenta, al igual que Vicente Luis Mora, quien cierra el libro con unas páginas que llevan por título «Góngora asistido» y en las que reza lo siguiente: «se me ocurrió que lo mejor era plantear el punto de partida pensando en un poeta de verdad, Luis de Góngora» (2010: 86). El experimento consistía, tal como nos explica Mora, en «crear (cierto que con un poco de dirección, pero es que esa dirección ya está prevista por el programa), un verso gongorino. Es decir: no un verso de Góngora, rastreable en sus obras completas —un juego diferente y no falto de interés, pero que requeriría de un explorador con más tiempo libre que yo—, sino algo diferente: un verso que pudiera pasar por una línea de Luis de Góngora» (2010: 88). El resultado fue el siguiente: «a una hora en que la fruta llena / azul celeste método congrega». Y el autor —cuya procedencia he ocultado hasta ahora, es nacido en Córdoba— se plantea: «dos endecasílabos que sí podrían, a mi juicio, haber estado en un soneto de Góngora. ¿Es Góngora el autor? No. ¿Soy yo el autor? No. Los derechos a Eugenio Tisselli y su PAC, que han acrecentado el corpus gongorino» (2010: 90).

Este último aporte creo que nos lleva a plantearnos por una parte la vigencia del autor cordobés como modelo de poesía auténtica y de referencia; y, por otra parte, la posibilidad de emular al autor de las *Soledades* como creador de un modelo propio de lo poético y, por tanto, transferible aun por medios computacionales.

La presencia de Góngora en los textos referidos nos lleva a concluir que su ser a través de la intertextualidad es imagen de calidad, de ahí la voluntad de inmiscuir a un autor de culto con el que referenciar la propia poética; pero en ningún caso estamos ante cambios o desviaciones del modelo gongorino a partir de este mismo modelo.

Góngora y las poetas mexicanas de hoy

El núcleo central de estas páginas es si las poetas mexicanas contemporáneas acuden al creador del gongorismo en sus versos. Hay que partir de hechos fehacientes como que el corpus de las poetas anteriores a la modernidad no es extenso; aunque sí debemos contar con el aporte, por ende gongorino, de sor Juana Inés de la Cruz. Si Góngora se hace presente en México a través de sor Juana, si hay reminiscencias, lógicamente la mayoría de estas serán a través del tamiz sorjuanino; pero ese sería otro discurso. Salvo la dignísima excepción, la de sor Juana, los resortes gongorinos poco campean sobre los versos escritos por mujeres. Será por tanto nuestro objetivo vislumbrar de qué manera la sombra del vate pervive en las actuales poetas mexicanas, su presencia directa o más bien indirecta.

Nos planteamos en primer lugar si existen muestras de un homenaje explícito a nuestra figura barroca, y la respuesta es que son escasos, casi inexistentes, a no ser por Margarita Michelena quien en *El país más allá de la niebla* (1968) recupera a Góngora en cuanto motivo referencial, y lo menciona explícitamente en el citado poemario (1969: 118). En líneas posteriores volveremos sobre el asunto.

A nuestro modo de entender, la verdadera posteridad del genio cordobés, en cuanto a su prevalencia en nuestros días, es haber construido una poética muy propia, y que a pesar del paso de los siglos sigue teniendo su eficacia. Baste recordar el concepto de neobarroco —o su variante en el cono sur, neobarroso— para darnos cuenta de que es la oscura estructura, por tanto la forma —ya hacíamos alusión a ello anteriormente—, por la que Luis de Góngora y Argote está presente en los poetas de hoy. Un discurso que tiende a descolocar al lector por su marcado carácter excéntrico; una tendencia a que el yo se disuelva y el recurso ekfrástico se confabule con las palabras o las reglas del carnaval de las que hablara Mijaíl Bajtín, entendidas estas como la anulación de las normas convencionales que rigen la realidad o la alteran. Así se entiende el neobarroco, al modo y manera de Néstor Perlongher, por ejemplo. Pero estaríamos hablando de los años ochenta e incluso de una década anterior. ¿Nos sirve hoy el concepto de neobarroco, incluso el de estilo gongorino tal como planteábamos en las primeras líneas? Lo que creo que prima en parte de la poesía occidental de nuestro tiempo es un estilo en el que predomina cierto caos tendente a la abstracción, las estructuras complejas o los enredos conceptuales y lingüísticos a través de imágenes o experiencias concretas; revelando, de este modo, su resistencia al discurso «fácil» y palmariamente concreto que definiera la poética coloquial tan predominante a partir de la década de los sesenta. Pero sería erróneo identificar, como se ha hecho en no pocas ocasiones, «enredos conceptuales y lingüísticos» con la poesía de Góngora.

El de hoy es un discurso distinto y que se abre hacia la experiencia de la otredad y de la comunalidad, tal como ha defendido la también poeta mexicana Cristina Rivera Garza con el nombre de «poéticas de desapropiación»; poéticas que desafían la originalidad «exhumando», reciclando, copiando y recontextualizando textos ya existentes, tal como resaltó a su vez Marjorie Perloff en 2012 al hablar de la «estética citacionista» (el reciclaje, la copia, la recontextualización, el dialogismo inter y transtextual, técnicas que suponen una relación dinámica y colectiva del autor con el lenguaje en uso constante)[4]. No estamos ante un creador original e inspirado sino ante un reciclador, un recreador que «cura las frases que habrá de injertar, extirpar, citar, transcribir», según Rivera Garza (2013: 93). Un nuevo siglo en el que las referencias cultas ya no tienen el peso de antaño y la mirada casi siempre es desafiante y desafiadora ante los modelos canónicos. Ni siquiera existe un posible cuestionamiento de la brecha entre el ayer y el hoy en la que tantas veces se debatió José Emilio Pacheco.

La magnificencia y también la actualidad de la poesía de Góngora es, como afirmaba Roses, su espíritu disidente, que reivindica el ingenio, la inteligencia verbal; pero también «su mezcolanza de géneros, tonos y tradiciones, uno

---

4 «Whatever the poet's ostensible subject—and here identity politics has produced a degree of variation, so that we have Latina poetry, Asian American poetry, queer poetry, the poetry of the disabled, and so on—the poems you will read in *American Poetry Review* or similar publications will, with rare exceptions, exhibit the following characteristics: 1) irregular lines of free verse, with little or no emphasis on the construction of the line itself or on what the Russian Formalists called "the word as such"; 2) prose syntax with lots of prepositional and parenthetical phrases, laced with graphic imagery or even extravagant metaphor (the sign of "poeticity"); 3) the expression of a profound thought or small epiphany, usually based on a particular memory, designating the lyric speaker as a particularly sensitive person who really *feels* the pain, whether of our imperialist wars in the Middle East or of late capitalism or of some personal tragedy such as the death of a loved one» (Marjorie Perloff, 2012).

de los signos distintivos de su poesía» (2012: 105); así como la gracia. Y es en este punto en el que sí podríamos hablar de cierta vigencia del discurso gongorino[5]. Ahora bien, que se consiga o que se llegue a la «originalidad» o a la «gracia» del de las *Soledades*, ya es harina de otro costal; como también lo es presenciar en las composiciones de nuestros días la matemática del verso tan decisiva en los textos gongorinos y algunos de sus seguidores de antaño (Roses, 2012: 106).

Tras los necesarios preliminares, son las siguientes poetas mexicanas las que podríamos relacionar, por diferentes motivos, con los versos de Luis de Góngora: Gloria Gervitz, Coral Bracho, Laura Solórzano, Roxana Elvridge-Thomas, Julia Santibáñez, Adriana Tafoya, Karen Villeda, Xitlalitl Rodríguez Mendoza o Diana Garza Islas.

Por seguir un recorrido cronológico, comenzaremos con Gloria Gervitz (1943), y en concreto su poemario *Migraciones* (1991) en donde expone un poema de largo aliento, de oscura forma, que puede recordarnos a las *Soledades*. Ciertas formas en realidad de neogongorismo que tendrá en Coral Bracho (1951) su máximo exponente (Néstor Perlongher, en su antología *Caribe transplatino*, la cita como uno de los ejemplos de poesía neobarroca latinoamericana (2009: 14), aunque la autora no esté de acuerdo con esa ubicación[6]), dada su complejidad verbal que se acompaña de un lenguaje dificultoso (Palma, 2012). Y como ha afirmado Ana G. Chouciño: «En el caso de Bracho es innegable que se trata de una poesía que selecciona un vocabulario poco común y bastante erudito. En lugar de dar preferencia a las ideas, Bracho se interesa más por el vocabulario para poetizarlas. En la selección léxica se busca la repetición de ciertos fonemas para llamar la atención del lector sobre los elementos del lenguaje» (1998: 149).

---

5   No existe en América Latina una antología con características similares a la que se publicó en España con el título *Desviada luz. Antología gongorina para el siglo XXI*, en la que sesenta poetas españoles actuales, de tendencias diversas y de diferentes generaciones, desde la segunda mitad del siglo XX hasta las primeras décadas del siglo XXI, homenajeaban a Góngora con sus versos. En el prólogo, el editor de la antología, Jesús Ponce Cárdenas, advertía otro detalle que a veces se nos escapa a los lectores de hoy: «la naturaleza poliédrica y multiforme de la escritura gongorina» (2014: XIV).

6   Para Germán Carrasco «el neobarroco es una cosa absolutamente obsoleta. Gran parte de lo que fue ese invento estratégico de poder que se llamó neobarroco para tomarse el campo cultura sigue siendo parte de mi relectura: los mexicanos Gerardo Deniz, David Huerta, Coral Bracho, autores que reniegan de esa etiqueta» (2013: 57).

Uno de los ejemplos cúspide de su obra poética es «En la humedad cifrada»[7], incluido en *El ser que va a morir*, libro con el que ganara el Premio Aguascalientes de Poesía en 1981. Su poema vincula lo metafórico con la transfiguración erótica, y para ello se sirve del tránsito y la mezcla de los reinos mineral, vegetal, animal y humano[8]:

> Oigo tu cuerpo con la avidez abrevada y tranquila
> de quien se impregna (de quien
> emerge,
> de quien se extiende saturado,
> recorrido
> de esperma) en la humedad
> cifrada (suave oráculo espeso; templo)
> en los limos, embalses tibios, deltas,
> de su origen; bebo

---

[7] Siguiendo las observaciones de Chouciño, «Los textos de Bracho pueden leerse como un deseo de liberación de la expresión reprimida. En muchos de los poemas de *El ser que va a morir*, el tema del deseo sexual tiene una presencia relevante». Para añadir sobre esta composición: «El primer poema del libro presenta una voz describiendo una escena amorosa. No hay ningún elemento que indique una identidad sexual concreta de la voz, lo cual permite la visión del hablante en términos más universales. El lenguaje recrea un mundo sinuoso y sensual, de ahí la repetición de verbos que apuntan a la actividad de los sentidos, como "oigo," "huelo," "toco" [...] El rechazo de un discurso regido por el lenguaje convencional impide de nuevo un acercamiento estrictamente hermenéutico al texto. No obstante, ciertos recursos contribuyen a crear un poema altamente sensual. En primer lugar, la selección de un vocabulario referente a lo geográfico relaciona el momento amoroso con la tierra (limos, embalses, deltas, costas, selvas, vertientes). La exploración del cuerpo de la pareja alcanza niveles mucho más amplios que vinculan lo humano con la naturaleza. Por otro lado, el poema adquiere un movimiento propio por la constante repetición de fonemas líquidos, /s/ y /l/ principalmente ("lascivas . . . landas"), así como por los encabalgamientos combinados con versos muy largos, además de los referentes semánticos a los líquidos y fluidos de la naturaleza y del cuerpo humano (savias, esperma, semen)» (1998: 151).

[8] Para Rita Catrina Imboden, «Mediante estos rasgos exteriores, desde la disposición tipográfica hasta las estructuras morfosintácticas, el poema crea un efecto de discontinuidad, mientras que, en el nivel del contenido, entramos en un ambiente ambiguo y vago, de densidad erótica, donde los elementos están en un movimiento lento, pero continuo. El fluir de las imágenes, sobre el escenario de las representaciones figurativas, contrasta con el carácter discontinuo de la compleja sintaxis —o hipersintaxis, como diría Néstor Perlongher— y del vocabulario rebuscado que hacen prácticamente imposible una lectura convencional» (2007: 309).

> (tus raíces abiertas y penetrables; en tus costas
> lascivas —cieno bullente— landas)
> los designios musgosos, tus savias densas
> (parva de lianas ebrias) Huelo
> en tus bordes profundos, expectantes, las brasas,
> en tus selvas untuosas,
> las vertientes. Oigo (tu semen táctil) los veneros, las larvas;
> (ábside fértil) Toco
> en tus ciénagas vivas, en tus lamas: los rastros en tu fragua
> envolvente: los indicios
> (Abro
> a tus muslos ungidos, rezumantes; escanciados de luz) Oigo
> en tus légamos agrios, a tu orilla: los palpos, los augurios
> —siglas inmersas; blastos—. En tus atrios:
> las huellas vítreas, las libaciones (glebas fecundas),
> los hervideros.
>
> (2006: 35).

Para Alejandro Palma, quien ha estudiado meticulosamente la composición, «la gran diferencia respecto a Góngora reside en que el poema de Bracho, no permite descifrarse del todo, no hay un centro de significación, pues el texto huye de la lectura principal y privilegia, en su lugar, varias lecturas» (2005: 142). Para continuar con otro argumento que nos lleva a otras reflexiones que pudieran ser de calado: «Sería casi imposible interpretar este texto como sí se puede hacer con la mayoría de la poesía barroca la cual, una vez deshaciendo el artificio del dificultismo, revela un mensaje a nivel prosódico» (2005: 142-143). Estas palabras de Palma pudieran marcarnos la diferencia entre la poética gongorina, sita en un tiempo en el que pese a todo la comprensión signaba lo poético, frente a los nuevos tiempos en los que se privilegia la obertura, la plurilectura y no hay una focalización en la necesidad de encontrar o promulgar un significado; pues estos son tiempos de la descentralización de la significación. Y para afianzar estos argumentos nos servimos nuevamente de las palabras de Palma: «Cuando Góngora tenía la firme intención de transmitir mensajes, buscaba la forma adecuada por hacerse entender claramente, y cuando su intención era el juego agudo, se privilegiaba la forma relegando lo dicho a un segundo término. Lo sugerente en la dificultad poética no implicaba una necesidad por tratar temas censurables, más bien se planteaba un juego de límites para darle novedad a un tema común» (2005: 138). Y nos remitimos a otra composición de Bracho incluida en *Si ríe el emperador*, «Turbulenta su fluida calma», en el que se nos dice: «[...] *su abierto sol; como un acorde que se enreda, que se* desteje / *en un oscuro jardín:* / *lazos que alumbran* / *y desatan, brillos que anudan y despejan en sombras su urdida llama;* / *cifrado, vertido en cauce. Toca»* (2010: 9). Si sacamos a colación precisamente este poema es porque nos conduce, desde una perspectiva temática, al «Himno entre ruinas» de Octavio Paz; pues ambos nos remiten a la exaltación de la luz, al alumbramiento del día frente a la ruina, motivo poético que a su vez nos dirige a lo gongorino.

Por su parte, la tapatía Laura Solórzano (1961) inaugura su obra poética a mediados de setenta con *Evolución* (1976), a la que le seguirán *Semilla de ficus* (1999), *Lobo de labio* (2003), *Boca perdida* (2005), *Un rosal para el señor K* (2006) o *Nervio náufrago* (2011). A excepción de este último título, menos clásico que los anteriores, su cadencia poética está muy próxima al neobarroco, especialmente su libro *Lobo de labio* cuya entradilla es más que sugerente en este sentido. Unos versos de Ana Becciu: «*Con las imágenes de mi morada* / *construyo mi lengua* / *y la paso por cada palabra* / *hasta disimularla en ellas...*» que se encadenan con los de Lezama Lima: «*Si no fuese por la flor exterior, que nos mira,* / *donde volcamos las piedras de nuestras entretelas,* / *lo oscuro sería un zumbido,* / *quizás más suave pero inapresable*» (2003). Ambos le sirven de pórtico para introducirnos en unos poemas condensados que sin duda remiten a un aire clásico que se imbrica con una forma de dicción semejante a los que autoras como Coral Bracho incluye en sus versos. Los versos de Solórzano beben de una savia similar a esos autores que la crítica literaria ha denominado abiertamente neobarrocos y que resumen en su esencia el purismo poético, de estelas barrocas, con las nuevas afrentas que posee la poesía de hoy. Y volvemos a plantearnos la pregunta de hasta qué punto estamos ante un lenguaje neobarroco con claras raíces gongorinas. Como ejemplo este poema que abre el citado libro: «Decirte cosa, cal, cisterna de cisne subido al despojo / que fragua el césped en tu fobia, frontal e indiferente, / inhóspita y subdividida en cierta acidez, te tengo / anestesiado, sonámbulo de casa de sequedad de severa / insuficiencia, sucia e inyectada. / Tu desliz hacia la forma. Decirte cosa hermosa en la cubierta. / Decirte a ti, tubérculo que trizas el arroz cocido / en el rábano de la salsa insegura, tensas, / tuerces, entierras cal de cisterna de cosa / que se rasca lívida y ligera» (2006).

Roxana Elvridge-Thomas (1964) es una poeta que acumula numerosos libros publicados desde la década de los noventa, entre los que destacamos *El segundo laberinto* (1991), *La fontana* (1995), *Imágenes para una anunciación* (2000), *La turba silenciosa de las aguas* (2001) y *Fuego* (2003) hasta *Tocar tu argoya en llamas* (2018). En sus versos la autora recurre a la tradición y aunque en algunos poemas se incline por el verso libre, este siempre guarda el tono, el acento y el ritmo de la lírica barroca que nos recuerda por momentos a los ecos de la poesía gongorina y también a la de Francisco de Quevedo. Ilustrativas nos parecen a este respecto las palabras que sobre el ritual poético resume en su ensayo «Arte combinatoria», incluido en *A contraluz. Poéticas y reflexiones de la poesía mexicana reciente* (2005): «A través del rito, se actualiza el mito. El rito es esa fiesta, ese juego trascendente. Quienes participan de él son seres colmados de vida al haber salido de sí para entrar en ese espacio-temporalidad que los hace tocar los pliegues del misterio. Ser en suma, como los dioses: creadores, artistas» (2005: 39). Y como apuntara Jair Cortés sobre la poesía de Roxana Elvridge-Thomas: «Son muchas las influencias que alimentan la poesía de esta poderosa, e imprescindible poeta: los místicos españoles, sor Juana Inés de la Cruz, Góngora, García Lorca, Xavier Villaurrutia y Octavio Paz, entre los más visibles» (2014). Para añadir a continuación palabras que sirven para nuestros intereses:

> De ese árbol ritual que es el canto de Elvridge-Thomas, nacen diversos frutos: conciencia de la tradición, una musicalidad inusitada que seduce al lector y un despliegue de recursos retóricos alimentado por un espíritu barroco que fascina e imanta a todos sus lectores: «Un estrépito de aldabas. / Sus bronces incitan clarines por las cóncavas esquinas de la tierra. / —Despiertan del letargo altivas bestias. En los manantiales nace la respiración del mundo». Y es justo esa «respiración del mundo» la que se advierte en cada poema de Roxana Elvridge-Thomas, ritmo vital del lenguaje sagrado que revela su más primigenia esencia (2014).

Un ejemplo de esa clasicidad, por ende, gongorina, podemos detectarla en el poema «Ciervo» incluido en su poemario *Fuego*: «Quiero poseerte hasta los huesos, doblegar la cólera encendida de esa cuerna, abatir el lenguaje de tus belfos, ser la letra de ponzoña que en tu lengua sobrevive. // Rasgo mis yemas al tocar tu argolla en llamas. Ansío tu imposible regreso, tu aliento que sacie en mi sed el alma calcinada. // Soy la fuente y el veneno. Eres hiel y manantial. // Acaba ya, dulce, perdido, y llévate mi ser en tu carrera» (2008).

Una poeta más reciente, Adriana Tafoya (1974), se acerca a la enredadera del erotismo verbal en un largo poema titulado *Mujer embrión* (2013), que se acompaña de imágenes que vienen de la mano de Miguel Jesús Escabernal. El lenguaje, la complejidad, el artificio, el *horror vacui*, la presencia de expresiones que se apoyan en lo visual, en las ilustraciones, muestran la línea continuadora de Coral Bracho, o del llamado dificultismo poético (Palma, 2016; Higashi, 2018) que muestra —y no sé hasta qué punto demuestra— el peso del culteranismo en México. En una reseña a la antología *La semilla desnuda* (2010), y titulada «Semilla desnuda, poesía viva de México», Tafoya hacía referencia a cómo los poetas de los 50 tomaban a Góngora como referente:

> Cabe comentar que la generación de los 50 es importante para la poesía nacional por su intento de incluir en su lenguaje poético el compendio de lo «popular», pero asumido desde sus respectivas clases sociales; así, los poetas de clase media, o media alta, se dedican a incluir en sus escritos contextos citadinos o laborales, aparte de tomar en muchas ocasiones una estructura que tiende a lo narrativo, o en algunos por lo contrario, la influencia de un Góngora asistido por el jazz, la lectura de los malditos y versos que apuntan a lo ensayístico; retomando la cultura oriental como fondo (2011).

En 2018, Julia Santibáñez (1967) publica *Sonetos y son quince*. Su poema «De la argucia» (19) puede compararse con el que situamos a la izquierda, de Luis Góngora:

La dulce boca que a gustar **convida**	Entre la tarde y yo está tu roja,
Un humor entre perlas distilado,	cuyo arrebato es todo mi desvelo,
Y a no invidiar aquel licor sagrado	sola suave que mórbida anhelo,
Que a Júpiter ministra el garzón de Ida,	remordible que cómo se me antoja.
Amantes, no toquéis, si queréis vida;	Dicen que mi obsesión es paradoja,
Porque entre un labio y otro colorado	que la roja no es dulce caramelo
Amor está, de su veneno armado,	sino, acaso, amarguísimo gemelo,
Cual entre flor y flor sierpe **escondida**.	que **esconde** una traición, una congoja.
No os engañen las rosas que a la Aurora	No pretendo avalar mi necedad:
Diréis que, aljofaradas y olorosas	llámenme torpe víctima de afrenta
Se le cayeron del purpúreo seno;	por esa pulpa, cándida y loca.
Manzanas son de Tántalo, y no rosas,	Me callo la pragmática verdad:
Que después huyen del que incitan hora	es razón que mis versos alimenta
Y sólo del Amor queda el veneno.	las ansias que me evoca y me **convoca**.

El poema de Góngora describe la boca, los labios y la piel de una mujer, preámbulo que le sirve para hablar de no entregarse a la pasión amorosa porque al final producirá dolor en los amantes; en definitiva, el tema del amor engañoso tan prototípico del barroco. Tanto la boca como los labios de la amada incitan al deseo pero el poeta pide resistirse porque después podrá vivir el desprecio y por tanto la amargura. La poesía es un exhorto o advertencia contra los males derivados del enamoramiento. Tafoya, utilizando no pocos de los tropos del cordobés en este soneto, sobre todo epítetos, hipérbatos, hipérbole y metáforas, establece una continuidad con el soneto gongorino pero ofrece una nueva interpretación que se centra en el deseo y no en el tópico mencionado, y tan gongorino, del amor engañoso. Probablemente Santibáñez no tomó este modelo de Góngora; sin embargo, hay algunas coincidencias implícitas o inconscientes: en primer lugar, el calambur de la poeta mexicana (entre otros: «convoca», en la última palabra) describe el tema del poema (la boca), cuya palabra nunca nombra más que en los juegos sonoros, como la propia autora lo reconoce en el programa de radio de Fernando Fernández (2018). El poeta español, en el primer verso, encripta lo descrito en un llamamiento por la misma parte del cuerpo: «convida». En ambos casos, el final del segundo cuarteto alude a lo que logra el mismo lenguaje barroco: «escondida» «esconde». Tales paralelismos se refuerzan con el acento sáfico en primer lugar («La dulce boca que a gustar convida» / «Entre la tarde y yo está tu roja») (2002), y enfático en sendos finales («y solo del amor queda el veneno» / «las ansias que me evoca y me convoca») (2018); es decir, de la cuarta a la sexta sílaba, en los endecasílabos con rima consonante, el pilar del verso se desplaza por la tensión descrita con una mínima variable en la última estrofa del esquema petrarquista ABBA ABBA CDE: DCE en Góngora y CDE en Santibáñez. Estamos, sin duda, ante una reactualización del tópico con la finalidad de ofrecer una nueva resignificación.

Siguiendo con el entramado lingüístico y referencial que nos ocupa, podemos dar con más ejemplos de poetas en esta línea. La tapatía Xitlalitl Rodríguez Mendoza (1982) ofrece en *Datsun* (2009) una escena que provoca el extrañamiento de Shklovski y lo siniestro, según Freud, a partir del surrealismo cotidiano:

> Datsun murió mientras esperaba el tren, en uno de sus largos viajes para volver a casa. Todo fue claro y preciso: Datsun se pisó el vestido y cayó de nuca sobre las vías. No hubo sangre escurriendo durante metros y metros par anunciar a los curiosos el deceso, sino un poco acumulada alrededor de sus orejas y dientes. Para facilitar la repatriación de los restos, echaron sus cenizas en varias macetas:
> El clavo de olor es un pillo.
> El albahaca se quedó parado y sometido afuera de las tiendas.
> La granada es una puta introvertida.
> El girasol es un lunático.
> Los dedos de niño... bueno, esos siguen siendo los mismos. (41)

Por su parte, y en esta línea neolingüística, la tlaxqueña Karen Villeda (1985) otorga un nuevo significado a los términos que engloban lo masculino y lo femenino en *Tesauro* (2010). Se trata de la creación de un peculiar diccionario, lo que podría vincularse con el conceptismo, desde la perspectiva de la definición; y desde la del contenido al culteranismo. El objetivo es resignificar los términos (también desde la perspectiva *queer* o de la homosexualidad), lograr una definición propia para conceptos que han ido cambiando en el México del XXI. Una visión poética nueva a la que llegarán con posterioridad autoras como Cristina Rivera Garza o Isabel Zapata quienes juegan de manera continuada con la complejidad del lenguaje con el fin de entretejer una red de significados complejos. Así dice uno de sus poemas del citado libro de Villeda: «Femenino sentencia: "Masculinidad, siempre pensarás en mí". Mi nombre es Eva y nunca terceros. *"Vio que el árbol era bueno para comer, y que era agradable a los ojos, y árbol codiciable para alcanzar la sabiduría"*» (2010: 101).

En ningún caso estaríamos ante una referencia gongorina sino ante lo residual del neogongorismo que hace general otro tipo de poéticas más actuales. Por su parte, Diana Garza Islas (Santiago, Nuevo León, 1985) sería un caso particular del laberíntico universo recreado. En su poemario *Caja negra que se llame como a mí* (2015) rompe la sintaxis en estructuras gongorinas del tipo «Gritan mediodía en un bosque infinito / así me mueren umbra sagital de aves magenta» (2015: 18). Las dos últimas poetas, tanto Villeda como Garza, demuestran su preocupación por crear no ya un personaje al estilo de Xitlalitl Rodríguez, sino un nuevo lenguaje a través del tesauro: otro significado para las palabras —y eso sí es muy gongorino—, que se enriquece con hipervínculos y demás referencias que obnubilan al tiempo que atraen y estimulan.

Tras estos sucintos análisis, volvamos a la referencia explícita de Góngora en los versos de Margarita Michelena. Pero para explicarnos esa presencia debemos de tener en cuenta algunas referencias que convienen a nuestros intereses, ya que como hemos anotado no es común entre las poetas mexicanas referenciar al poeta de Córdoba. En este caso, sin duda, influye que los padres de la autora eran emigrantes de origen español, y es en *El país más allá de la niebla* donde la poeta, perteneciente a la generación de Octavio Paz, recurre a la memoria de sus antepasados, al alma vasca, y a la casa, la *exte*, que es el lugar más íntimo de los suyos. La referencia a Luis de Góngora en la extensa composición es la siguiente: «Te debo así el amor por el orden / y las criaturas jerarquizadas. / Casi nunca me hablabas de Cristo / y en Góngora me hiciste cristiana» (1969: 117–118).

Gracias a su tío, Manuel Mateos, a quien se refiere en los citados versos, se acercó a Góngora cuando le leyó *La soledad primera*, y no dejó de tener cerca a los clásicos españoles y la silva peninsular. Así lo referencia en versos anteriores: «Me leíste un poema cuando sólo tenía / siete años azules a la espalda. / Me leíste un poema / que era relojerías celestiales, / magia latina y delirar de luces / puras, enloquecidas y exactas. / Me leíste un poema y me perdiste. / La Soledad Primera se llamaba» (1969: 117). En su caso Góngora no es influencia, es referencia, como también lo son otros clásicos que se asumen en la obra de Michelena como Garcilaso, Quevedo y también Baudelaire, Racine, Mallarmé y Rimbaud; y sus temas, lo ontológico en el Ser, Dios, el ser humano, su búsqueda.

Llegados a este punto no nos queda más que recapitular lo dicho. Los poetas que desarrollaron su obra a mediados del siglo pasado siguen pensando en Luis de Góngora y Argote como un referente culto que sirve para repotencializar sus poéticas; incluso aquellas poéticas que experimentan con el poeta del Siglo de Oro la poesía computacional. De leve imitación podríamos hablar. Sin embargo, la poesía escrita hoy en México por algunas poetas el autor de las *Soledades* no es un referente —salvo el caso de Michelena y por lo mencionado—; pero a pesar de ello Góngora está implícitamente en sus versos al construirlos desde la complejidad del artefacto verbal, como juego pero también como reto, tal como lo hiciera Luis de Góngora. Si la «mezcolanza de géneros, tonos y tradiciones» era uno de los signos distintivos —y signo de modernidad, añadimos nosotros— de la poesía del andaluz, como nos decía Roses; es precisamente esto lo que implícitamente prevalece de lo gongorino en la poesía de hoy, quizás por ello podríamos hablar indirectamente de una levísima influencia, pues «la poesía de Góngora es el cometa que cruza, su origen estelar, su fugaz trayectoria y las partículas minúsculas que se desprenden de su estela» (2012: 101).

Referencias bibliográficas

ALONSO, Dámaso (1961): «El *Polifemo*, poema barroco por Dámaso Alonso». *Atenea*, año XXXVIII, tomo CXLII, 393, julio/septiembre. Publicado en los 500 números de la revista en 2009, 231–249. Disponible en https://scielo.conicyt.cl/scielo.php?script=sci_arttext&pid=S0718-04622009000200019#n10 [20/11/2019].

BRACHO, Coral (2006): *Huellas de luz. Poesía 1977–1992*. México: Era.

BRACHO, Coral (2010): *Si ríe el emperador*. México: Era.

CAMPOS, Marco Antonio (2006): *Ningún sitio que sea mío*. México: Calamus/Conaculta/INBA. Disponible en https://circulodepoesia.com/wp-content/uploads/2009/06/galeria_ningunsitioqueseamio.pdf [20/05/2019].

CARRASCO, Germán (2013): *A mano alzada*. Santiago de Chile: Editorial Cuarto propio.

CHEMRIS, Crystal (2006): «A reading of Octavio Paz's "Himno entre ruinas" in Light of Góngora-Simbolist Parallel». *Cincinnati Romance Review*, 25.1, 149–158.

CHOUCIÑO FERNÁNDEZ, Ana G. (1998): «Poesía del lenguaje en México: rechazo de la comunicación convencional». *Hispanic Review*, 66, 245–260. Disponible en http://www.academicroom.com/article/poesia-del-lenguaje-en-mexico-rechazo-de-la-comunicacion-convencional [20/12/2019].

Cortés, Jair (2014): «El árbol de lo ritual: la poesía de Roxana Elvridge-Thomas». *La Jornada semanal*, 12 de octubre. Disponible en https://www.jornada.com.mx/2014/10/12/sem-jair.html [20/11/2019].

Elvridge-Thomas, Roxana (2005): «Arte combinatoria». En R. Guedea y J. Cortés, *A contraluz. Poéticas y reflexiones de la poesía mexicana reciente* (37–42). México: Fondo Editorial Tierra Adentro.

Elvridge-Thomas, Roxana (2008): «Foja de poesía No. 009: Roxana Elvridge-Thomas». *Círculo de Poesía*. Disponible en https://circulodepoesia.com/2008/09/foja-de-poesia-no-009-roxana-elvridge-thomas/ [20/11/2019].

Fernández, Fernando (2018): «Entrevista a Julia Santibáñez sobre *Sonetos y son quince*». *A pie de página*. Ivoox, 19 de noviembre. Disponible en <https://www.ivoox.com/a-pie-pagina-249-entrevista-a-julia-audios-mp3_rf_30285655_1.html> [26/05/ 2019].

Garza Islas, Diana (2015): *Caja negra que se llame como a mí*. Monterrey: Bonobos / Universidad Autónoma de Nuevo León.

Gervitz, Gloria (1991): *Migraciones*. México: Fondo de Cultura Económica.

Góngora y Argote, Luis de (1999): *Fábula de Polifemo y Galatea*. Alicante: Biblioteca Virtual Miguel de Cervantes. Disponible en http://www.cervantesvirtual.com/obra-visor/fabula-de-polifemo-y-galatea--0/html/fedcc184-82b1-11df-acc7-002185ce6064_2.html [03/05/2019].

Góngora y Argote, Luis de (2002): «La dulce boca que a gustar convida». Alicante: Biblioteca Virtual Miguel de Cervantes. Disponible en <http://www.cervantesvirtual.com/obra/la-dulce-boca-que-a-gustar-convida-soneto--0/> [21/05/2019].

Higashi, Alejandro (2016): «El poema breve y la lectura extendida de José Emilio Pacheco a Alejandro Albarrán». *Ancila*, 7. Disponible en revistaanciladotorg.wordpress.com/2016/02/11/el-poema-breve-y-la-lectura-extendida-de-jose-emilio-pacheco-a-alejandro-albarran/ [20/05/2019].

Higashi, Alejandro (2018): «El dificultismo de Eduardo Lizalde y Gerardo Deniz en la tradición de la poesía mexicana actual». *América sin Nombre*, 23, 37–47. Disponible en <https://americasinnombre.ua.es/article/view/2018-n23-el-dificultismo-de-eduardo-lizalde-y-gerardo-deniz-en-la-tradicion-de-la-poesia-mexicana-actual> [06/05/ 2019].

Huerta, David (2013): «Aguas aéreas. Góngora y Villamediana». *Revista de la Universidad*, 18. Disponible en http://www.revistadelauniversidad.unam.mx/ojs_rum/index.php/rum/article/view/2444/3589 [22/12/ 2019].

Huerta, David (2014): Entrevista en «Café de nadie». Disponible en https://youtu.be/CkSQPouR8c [22/12/ 2019].

Huerta, David (2018): *After Auden*. México: Parentalia.

Huerta, David (2019): «El mejor poema del mundo. Discurso de David Huerta en la FIL». Disponible en http://wmagazin.com/relatos/david-huerta-la-mente-humana-es-el-mejor-poema-del-mundo-una-obra-de-belleza-y-dolor/ [22/12/ 2019].

Imboden, Rita Catrina (2007): «Desde el cuerpo. La poesía neobarroca de Coral Bracho». En B. Mariscal y M. T. Miaja de la Peña (coord.), *Actas XV Congreso AIH. Las dos orillas*, (Vol. IV, 301–318). Disponible en: https://cvc.cervantes.es/literatura/aih/pdf/15/aih_15_4_031.pdf [22/11/ 2019].

Langagne, Eduardo (2014): *Verdad posible*. México: Fondo de Cultura Económica.

Michelena, Margarita (1969): *El país más allá de la niebla* [1968]. En *Reunión de imágenes*. México: Fondo de Cultura Económica.

Pacheco, José Emilio (2010): *Tarde o temprano [poemas 1958–2000]*. Barcelona: Tusquets editores.

Palma Castro, Alejandro (2005): «Dificultismo poético a propósito de "La humedad cifrada" de Coral Bracho». En M. Calderón. *Aristas. Acercamientos a la literatura mexicana*. (135–144). Puebla: Benemérita Universidad Autónoma de Puebla. Disponible en <https://www.academia.edu/6421436/Dificultismo_po%C3%A9tico_a_prop%C3%B3sito_de_La_humedad_cifrada_de_Coral_Bracho> [21/06/ 2019].

Palma Castro, Alejandro (2012): «El furor neobarroco en la poesía latinoamericana». *Literatura hispanoamericana: juegos y estrategias* (21–38). Tlaxcala: Universidad Autónoma de Tlaxcala. Disponible en <https://www.academia.edu/34157725/El_furor_neobarroco_en_la_poes%C3%ADa_hispanoamericana> [27/06/ 2019].

Palma Castro, Alejandro (2016): «De la extrañeza al dificultismo: los monstruos de Gerardo Deniz». En M. J. McGrath, *«This Spanish Thing»: Essays in Honor of Edward F. Stanton* (221–236). Newark, Delawere: Juan de la Cuesta. Disponible en <https://www.academia.edu/34143726/De_la_extra%C3%B1eza_al_dificultismo_los_monstruos_de_Gerardo_Deniz> [27/08/ 2019].

Paz, Octavio (2014): *Obra poética (1935–1998)*. J. P. Roa y A. Major (eds.). Barcelona: Galaxia Gutenberg.

Perloff, Marjorie (2012): «Poetry on the brink. Reivinting the Lyric» [en línea]. https://www.bostonreview.net/forum/poetry-brink [08/08/2019].

Perlongher, Néstor (pról. y comp.) (2009): *Caribe transplatino: poesía neobarroca y cubana e rioplatense*. Sao Paulo: Iluminura.

Ponce Cárdenas, Jesús (ed.) (2014): *Desviada luz. Antología gongorina para el siglo XXI*. Madrid: Editorial Fragua / Editorial Delirio.

Ponce Cárdenas, Jesús (pról.) (2014): «*Desviada luz*: presencias gongorinas en la poesía actual». En *Desviada luz. Antología gongorina para el siglo XXI* (IX-XXIII). Madrid: Editorial Fragua / Editorial Delirio.

Quirarte, Vicente (2000): *Razones del samurai (1978-1999)*. México: Universidad Nacional Autónoma de México.

Rivera Garza, Cristina (2013): *Los muertos indóciles. Necroescrituras y desapropiación*. México: Tusquets Editores.

Rodríguez Mendoza, Xitlalitl (2009): *Datsun*. México: Universidad Nacional Autónoma de México / Ediciones de Punto de partida. Disponible en <https://poesiamexa.wordpress.com/2016/04/18/xitlalitl-rodriguez-mendoza/> [5/05/2019].

Roses, Joaquín (2012): «La magnitud estética de Góngora». En J. Roses (coord.), *Góngora: la estrella inextinguible. Magnitud estética y universo contemporáneo* (101–107). Madrid: Biblioteca Nacional de España.

Roses, Joaquín (2014): «La recepción creativa de Góngora en la poesía hispanoamericana». En A. Castro Díaz (eds.), *Actas del Congreso «Góngora y su estela en la poesía española e hispanoamericana. El Polifemo y las Soledades en su IV Centenario* (181–209). Sevilla: Diputación de Córdoba / Asociación Andaluza de Profesores de Español «Elio Antonio de Nebrija».

Salinas Maldonado, Carlos (2020): «La Poesía no está al servicio del optimismo (entrevista a David Huerta)». *Tiempo de Ser*, 7 de enero. Disponible en https://www.tiempodeser.com.mx/la-poesia-no-esta-al-servicio-del-optimismo [08/08/2019].

Santibáñez, Julia (2018): *Sonetos y son quince*. México: Parentalia.

Solórzano, Laura (2003): *Lobo de labio*. Guadalajara: El Cálamo. Disponible en http://www.elcalamo.com/laura.html [08/08/2019].

Tafoya, Adriana (2010): «Semilla desnuda, poesía viva de México. Reseña a la antología *La semilla desnuda*» [en línea]. http://www.cicloliterario.com/ciclo105noviembre2011/semilla.html [08/08/2019].

Tafoya, Adriana (2013): *Mujer embrión*. México: VersodestierrO.

Tisselli, Eugenio (2010): *El drama del lavaplatos*. Prólogo de F. Broncano y epílogo de V. L. Mora. Salamanca: Delirio. Disponible en <https://poesiamexa.wordpress.com/tag/el-drama-del-lavaplatos/> [26/06/2019].

Villeda, Karen (2010): *Tesauro*. México: Consejo Nacional para la Cultura y las Artes. Disponible en <https://poesiamexa.wordpress.com/2016/03/15/karen-villeda/> [20/08/2019].

Eva Valero

Ecos gongorinos en la poesía de José Antonio Mazzotti

Resumen: Partiendo del concepto de «recepción creativa» propuesto por Joaquín Roses, el presente estudio se propone abordar el gongorismo presente en la obra de un autor fundamental de la denominada poesía «transbarroca» peruana de la generación del 80, José Antonio Mazzotti. El trabajo detecta y analiza aquellos poemas de los libros publicados hasta el fin del siglo xx en los que la presencia de la obra de Góngora es explícita. La localización e interpretación de versos de clara ascendencia gongorina permite un análisis del rico procedimiento intertextual con el que Mazzotti pone en funcionamiento la actualización del referente literario y mitológico, transpuesto al Perú de los 80 o a la actualidad planetaria —el Minotauro, Dante, Virgilio, Polifemo, Galatea—. Con este procedimiento, que involucra también a otras figuras del Barroco como son Fernando de Valverde o el Inca Garcilaso de la Vega —y a través de este último, el entrecruzamiento entre las *Soledades* y la cosmogonía andina— Mazzotti poetiza el amor, el contexto de la violencia política de los 80 en Perú y la degradación del planeta.

Palabras clave: Góngora, Mazzotti, poesía transbarroca, intertextualidad, interculturalidad.

En el imprescindible trabajo de Joaquín Roses «La recepción creativa de Góngora en la poesía hispanoamericana» no solo se problematiza la definición del «gongorismo», su simplificación, y los modos y grados en que se ha producido su influjo en América, sino que se sientan las bases de lo que deben ser unos preliminares metodológicos de los que partir para ahondar, desde el siglo xxi, en dicho influjo. Estos preliminares van dirigidos hacia el concepto de intertextualidad, que «rectifica, amplía y sustituye el antiguo de influencia y se incardina en el más abarcador de recepción» (Roses, 2014: 184), distinguiendo tres tipos de recepción según la taxonomía establecida por Maria Moog-Grünewald: la pasiva (representada por los lectores), la reproductiva (es decir, la crítica literaria), y la recepción productiva, que Roses prefiere denominar «recepción creativa» (Roses, 2014: 184). A partir de esta perspectiva metodológica, basada en el proceso intertextual que se desarrolla desde la recepción creativa, me propongo abordar los ecos gongorinos en la poesía del poeta peruano José Antonio Mazzotti.

La dimensión como investigador de Mazzotti, especialista en la literatura hispanoamericana colonial, no le ha impedido desarrollar toda una trayectoria como poeta desde los años 80, reconocida en 2018 con el prestigioso Premio José Lezama Lima de Poesía. En esa trayectoria, que se ubica en el denominado transbarroco peruano, el gongorismo a través del cual se desarrolla su barroquismo se hace explícito en algunos poemas concretos, quedando implícito en muchos otros: los titulados «Convite» y «Dante y Virgilio bajan por el infierno» (ambos del poemario *Fierro curvo (Órbita poética)*, 1985, y por tanto de la primera etapa poética del autor), «Fábula de Polifemo y Galatea» (de *Castillo de popa*, 1988), «Glaciares» (de *Apu-Kalypso / palabras de la bruma*, 2015), «Declinaciones latinas IX» e «Interdicciones con el Inca» (de *Declinaciones latinas*, 1999). Pero antes de introducirnos en el Mazzotti gongorino, es preciso contextualizarlo tanto en el denominado «transbarroco peruano», como en el contexto histórico-político del Perú de los 80 en tanto que este es materia poética básica de los poemarios en los que nace y crece el poeta.

1. El transbarroco peruano

Para clarificar a qué nos referimos con la expresión «transbarroco», hay que referirse a quien la acuñó, el filósofo y poeta Rubén Quiroz, en concreto en un artículo de 2012 que desarrolló después como prólogo a la antología de 2017 *Divina metalengua que pronuncio. Dieciséis poetas transbarrocos*. La dilucidación del término con respecto al concepto «neobarroco» es sencilla: el barroco se inicia en Perú en el siglo XVII, como es bien conocido, con el poema de quien está considerado introductor del gongorismo en el virreinato del Perú, Fray Juan de Ayllón: *Poema de las fiestas que hizo el convento de San Francisco de Jesús de Lima a la canonización de los veintitrés mártires de Japón* (1630); y desde este momento el estilo barroco se convierte en una permanencia a lo largo de toda la historia de la literatura peruana con una recurrencia que se materializa en diversas manifestaciones artísticas y formas discursivas, de modo muy especial en la poesía, coexistiendo —claro está— con otras formas poéticas. Escribe Quiroz al respecto:

> el *transbarroco* es entendido como un paradigma matricial y nuclear, que usa permanentemente un lenguaje caleidoscópico y dialógico, con una lógica argumentativa y retórica no lineal que se recrea a sí misma y como construcción metarreferente que se enhebra en clave moebius, atraviesa la literatura peruana avanzada la colonización europea y la reconfigura hasta nuestros días. Ergo, es medular para acceder a dispositivos teóricos y horizontes de sentido que permitan juzgar mejor la dinámica poética actual. Ello nos lleva a presentar autores del siglo pasado de los primeros dos tercios

como Martín Adán, Joel Marroquín, Mirko Lauer, hasta la actualidad enlazados con las propuestas de Vladimir Herrera, José Antonio Mazzotti, José Morales Saravia, Reynaldo Jiménez, Edgar Guzmán, Roger Santiváñez, etc. (Quiroz, 2012: 432).

Es justamente esa recurrencia la que, desde su punto de vista, singulariza el caso peruano con respecto a las diversas modalidades surgidas en los distintos países que han dado lugar a variantes terminológicas como neobarroco caribeño, neobarroso rioplatense, neoberraco dominicano, entre otras. Ahora bien, a pesar de esa recurrencia en el estilo barroco, este ha experimentado un especial vigor en la poesía peruana del cambio de siglo al nuevo milenio, reemplazando a la tendencia conversacional de las décadas previas a los 80, las del 60 y 70. Como muestra de esa tendencia última, la mencionada antología, *Divina metalengua*, editada por Quiroz en 2017, es la más completa que existe hasta hoy. Entre los antecedentes que Quiroz menciona del periodo colonial en su prólogo, que acompañan al poema de Fray Juan de Ayllón, es preciso destacar el poema épico-pastoril *Santuario de Nuestra Señora de Copacabana en el Perú*, escrito por un criollo limeño, el agustino Fernando de Valverde, y publicado en 1641, en tanto que veremos emerger algunos de sus versos en uno de los mencionados poemas de Mazzotti; también *Fundación y grandezas de Lima*, del jesuita criollo Rodrigo de Valdés en 1687; y *Lima fundada o Conquista del Perú*, de Pedro de Peralta Barnuevo (1732). Estos serían algunos de los títulos imprescindibles del barroco peruano virreinal; obras y autores en los que Mazzotti es especialista, como puede verse en diversos de sus trabajos y en su libro *Lima fundida: épica y nación criolla en el Perú* (2016).

Desde estos siglos coloniales, la aludida recurrencia no ha cesado, de modo que el barroco en el Perú, como el propio Mazzotti ha expresado en más de una ocasión, no es nada nuevo, argumentación que apoya fundamentalmente en los casos de *Trilce* de César Vallejo (1922) y de Martín Adán, como representantes de la renovación del barroco literario en el Perú del siglo xx. El prefijo «neo» no tendría por tanto validez en esta tradición literaria, y por ello su sustitución por el prefijo «trans», que alude a ese traspasar siglos de un estilo secular en la literatura peruana.

2. El contexto histórico, político y literario del Perú en los 80

No es lugar el de este trabajo para desarrollar lo ocurrido en el Perú de los 80 con la guerra desatada por *Sendero Luminoso* y la atmósfera de violencia y muerte que la población sufrió con consecuencias terribles en la historia del país; una guerra civil que se extendió hasta finales del siglo, dejando un tremendo saldo de víctimas, unido a una profunda crisis económica y al agudo problema de la corrupción. Solo es preciso recordar que la literatura, obviamente, no quedaría indiferente ante el horror vivido (ni la prosa ni la poesía). De hecho, esta historia ha marcado profundamente el devenir temático de la literatura peruana desde los 80 a nuestros días. Precisamente Mazzotti lo ha abordado en su imprescindible libro *Poéticas del flujo. Migración y violencia verbales en el Perú de los 80*, publicado en 2002, sobre la poesía de los 80 en la que él mismo se inscribe, desde un replanteamiento crítico de las categorías de literatura, cultura e imaginario nacionales para sugerir el trasvase constante entre arte y sociedad y recoger los flujos poéticos que convergieron en esa década: los de la poesía quechua, los de las poetas, los de los poetas provenientes de las décadas previas, y en especial del grupo Hora Zero, los del grupo de los 80 o «Los tres tristes tigres» (Eduardo Chirinos, Raúl Mendizábal y el propio Mazzotti); por último, el flujo que llega a los poetas del Movimiento Kloaka a través de las voces de Domingo de Ramos y Roger Santiváñez.

Por este camino de convergencia de flujos, llegamos a esa poesía que a comienzos de los 80 se verá traspasada por el contexto, con autores en los que el desquiciamiento ante tal realidad se va a materializar en una estética esencialmente barroca, con ruptura de la lógica del lenguaje, experimentación verbal a través de la utilización de recursos expresivos como el anacoluto, la hiperaliteración, los retruécanos, las metátesis silábicas, los amalgamientos morfológicos y, por supuesto, los hipérbatos y campos semánticos inéditos, construidos sobre neologismos o con desacostumbradas combinaciones de palabras. El resultado es una estética que se aleja de las funciones comunicativas del lenguaje y, por tanto, de la estética conversacional, cuestión que a su tiempo conlleva un cambio temático: el desencanto y el fin del entusiasmo por las grandes utopías propias de los 60 y del conversacionalismo poético previo. Mazzotti se ha referido en algunas conferencias a este fenómeno como «neobarroco expresionista», que surge con anterioridad a la emergencia del neobarroco, asumido internacionalmente como nueva estética poética latinoamericana desde la antología *Medusario. Muestra de poesía latinoamericana* de Roberto Echavarren, José Kozer y Jacobo Sefamí, de 1996.

3. Ecos de Góngora en la poesía de Mazzotti

Mazzotti pertenece pues a la llamada generación de los 80 en la poesía peruana (inició su trayectoria poética con la fundación del mencionado grupo «Tres tristes tigres»), generación que sucedió a la de la poesía coloquial de los 60, de la que bebe y que reelabora a partir del desencanto y la decepción ante el fracaso político. La sucesión de poemarios que parten de los 80, en concreto de

Poemas no recogidos en libro (1981), ha devenido en la creación de un mundo verbal que ha sintetizado a la perfección Luis Fernando Chueca: «Vocación intertextual, una similar y compleja polifonía, una erudición manifiesta en referencias culturales y poéticas, tanto clásicas como contemporáneas, una cercana aproximación crítica al entorno, una parecida vocación deconstructora de relatos sólidamente asentados en el imaginario (o en cierto imaginario) colectivo» (Chueca, 2009).

Este mundo verbal, en sus inicios, asienta las bases en los temas del amor y la ciudad enlazados con el del lenguaje y la escritura. Un verso de uno de sus poemas da el tono que atravesará su trayectoria poética: «Respeten su sílaba trabada» (Mazzotti, 1981: 41), como declaración y defensa de un estilo. Pero este estilo va más allá de las fronteras de su siglo y sus raíces pueden detectarse siglos atrás, en los orígenes del barroco en el Perú. Asimismo, la evidencia de ese vínculo se encuentra en las propias reflexiones del autor sobre una de las obras principales de finales del siglo XVI, el *Arauco domado* de Pedro de Oña. Precisamente en su *Lima fundida* Mazzotti ha explicado la diferencia que tal obra introduce en el estilo poético en la época, refiriéndose a esa trabazón de la sílaba que él adoptaría como estética en su propia poesía:

> es discernible desde la misma estructuración de la obra en tanto materia verbal una marca de la diferencia: el «nuevo modo de las octavas», que el propio Oña advierte en su prólogo [al «Arauco domado»]. Alterando el orden convencional de las rimas, Oña introduce una «nueva trabazón de las cadencias, [que] no fue por más que salir, no de orden, sino del ordinario, como quiera que sea de más autoridad, aunque más impedidas». De este modo, el poema se presenta como una variante áspera del modelo canónico, un discurso «impedido» desde su propia sonoridad. La octava real que emplea Oña es de rima a-b-b-a-a-b-c-c, a diferencia de la octava tradicional, de rima a-b-a-b-a-b-c-c (Mazzotti, 2016: 110).

Por otra parte, la temática metafísica amanece ya en este poemario para desarrollarse con intensidad en el siguiente libro, cuyo título coadyuva a esa trabazón de la sílaba: *Fierro curvo (órbita poética)* (1985). En esa curvatura, y en dicha trabazón, ejerce un poder rotundo la memoria y la angustia de la experiencia vital en su etapa primera. La imposibilidad del amor, en relación con esa agustina, es tema clave tanto en este libro como en el siguiente, *Castillo de popa* (1989). Como ha explicado Roger Santiváñez, «la pena de amor —en cuya entraña vibra siempre el auténtico deseo de realizar ese amor— deviene pronto no solo en una lucha íntima y personal, sino en la sincera preocupación por los problemas sociales de la realidad peruana, principalmente el sufrimiento del pueblo explotado y marginado, así como la reivindicación de un cambio revolucionario hacia la liberación de la persona humana» (2018: 217).

De *Fierro curvo* (1985), veamos dos poemas de estirpe gongorina: los citados «Convite» y «Dante y Virgilio bajan por el infierno». El primero de ellos, «Convite», comienza con un epígrafe sobre el amor erótico que se corresponde con los dos últimos versos de la «Soledad primera» de Góngora: los famosos versos «Bien previno la hija de la espuma: a batallas de amor, campo de pluma». La elección de tal epígrafe para encabezar el poema nos sitúa en la que Roger Santiváñez denomina «la onda literaria y mitológica» (2018: 218) de Mazzotti: onda literaria por el establecimiento del vínculo con Góngora; onda mitológica por la elección de estos versos en los que nuestro poeta se refiere a Venus como «la hija de la espuma» y a través de ella al amor. Sobre esa dimensión mitológica, Vitelia Cisneros ha señalado con acierto que un aspecto destacado y característico de muchos poemas de Mazzotti «es el rol que cumplen los mitos al proporcionar referencias de identidad tanto individual como colectiva» (2011: 105). En el caso que nos ocupa, la prevención de Venus, «a batallas de amor, campo de pluma», ha sido bien discutida e interpretada por la crítica. Como observó Maurice Molho, hay una «asonancia inversa» en ambas vertientes de la cesura, «amor-campo», «que finge la antítesis de las dos batallas: la guerrera y la amorosa» (1994: 54). Por otro lado, Lore Terracine explica al respecto:

> En «a batallas de amor campo de pluma», verso famosísimo sobre el cual ya discutían Verlaine y Rubén Darío, la cama ha desaparecido y sólo aparece por perífrasis, pero está adelantada en un verso poco anterior («casta Venus, que el lecho ha prevenido»), así como están adelantadas las plumas («de las plumas que baten más suaves»). Es explícita la contraposición «dulce-duro» («las plumas que baten más süaves-los novios entra en dura no estacada»), así como es explícita la repetición de la intervención de la diosa de amor («casta Venus, que el lecho ha prevenido... bien previno la hija de la espuma»). La rima «espuma-pluma», muy frecuente en la poesía de Góngora, pone en relación el mundo del mar (la diosa nacida del agua) con el mundo del cielo (la pluma de las aves; como además resulta claro en la mención de Amor, «deidad alada») (Terracine, 1996: 531).

Ahora bien, la posibilidad de realizar otra lectura, aunque las recurrencias gongorinas apoyen sin duda la lectura anterior, resulta significativa en el contexto del poema de Mazzotti. Y es que las batallas de amor, que podemos leer también como las penas de amor, son las que generan los más fértiles campos para las plumas de los escritores: a batallas de amor, campo para la literatura. Creo que es fructífero leer también estos versos de Góngora en este sentido en el contexto del poema de Mazzotti, en tanto que la imposibilidad o la pena de amor sería entonces la generadora del propio poema: todo un campo en el que la pluma del poeta comienza de hecho con una reflexión sobre el acto de la escritura, en dos versos de estética barroca: «Porque acaso no vuelva a escribir, como ocurre / siempre que escribo y me limpio los ojos» (Mazzotti, 2018: 49). La antítesis del «nunca» implícito en el primer verso y el «siempre» del segundo transmite la idea del poema recién escrito como acto único e irrepetible, que deja al poeta con la sensación de que tal vez no vuelva a escribir, tras regresar los ya limpios ojos a la esfera de lo real.

A la reflexión metaliteraria sucede el «convite» que da título al poema: la invitación a la amada que trastoca el devenir de la vida, medido en amor y no en tiempo: «Porque acaso hayamos muerto ya de amor, y no de tiempo» (Mazzotti, 2018: 49). El convite se cifra en llevar a la amada al jardín del poeta «a remover el pasto» (verso de clara ascendencia gongorina: los campos, el pasto). Y a partir de aquí se suceden una serie de imágenes vinculadas al campo (y por tanto al espacio propio de las *Soledades* de Góngora), a la raíz, al origen: los zapatos del «cuerpo que se extiende bajo la tierra» para alzar sus flores, o el verso «pájaros, retamas, cochinillas» en el que se acrisolan el mundo del cielo y de la tierra. Por otra parte, la aparición del «suburbio» que «se arregla los cabellos y te espera» parece una alusión al yo poético marginal propio de esta etapa del poeta, expresándose esa marginalidad a través de la introducción de un elemento propiamente urbano en un poema presidido por imágenes de la naturaleza y el campo; un yo «escondido entre las ramas / encima de donde late / radiante una raíz / a la que baja la noche a reposarse». Versos que evocan tonalidades de la «Soledad primera» como: «la carroza de la luz desciende a templarse en las ondas» en «los dudosos términos del día» (Góngora, 1994: 417). El poema concluye con la invitación final, el convite, a la amada: «cruza la reja y acepta el alimento / que humildemente te ofrezco / en esta servilleta de palabras» (Mazzotti, 2018: 49). De modo que el poema se cierra de forma circular, con una nueva reflexión metaliteraria al convertir el convite amoroso en el convite literario, pues son las palabras el alimento ofrecido al fin.

«Dante y Virgilio bajan por el infierno» es el otro poema de *Fierro curvo* en el que los ecos de Góngora se manifiestan desde el comienzo, con la alusión al Minotauro de Creta representado como el Zeus-Toro del inicio de las *Soledades*. Para introducirnos en este poema hay que tener presente el contexto de la violencia política, que se hizo evidente en la obra de Mazzotti sobre todo a partir del segundo libro en el que se publicó este poema. En todo caso, la vivencia dolorosa del amor y la desazón existencial provenientes del primero se funden con la temática que alude al contexto de la violencia en *Fierro curvo*, en el que además se patentiza la evolución hacia un estilo afín a lo que se trata de poetizar: la fractura del sujeto poético, tanto desde el punto de vista metafísico como social. El «fierro curvo» aludirá entonces a ese dislocamiento, pero también al estilo barroco con el que este se pasa por el tamiz de la literatura en medio de la debacle del país.

«Dante y Virgilio bajan por el infierno» es un poema paradigmático y medular en estos sentidos. Siguiendo en «la onda literaria y mitológica» antes apuntada, el protagonismo de dos figuras principales de la tradición literaria occidental como son Virgilio y Dante, así como la alusión a la figura mitológica del Minotauro, nos sitúan en el punto de partida de estas páginas: la recepción creativa. El poema transforma a Dante y Virgilio a través de un diálogo teatral entre dos amigos, confiriéndoles así un carácter actual, en un contexto presente. En ese diálogo Virgilio terminará abandonando a Dante en el Infierno, que en el poema es el Perú de aquellos años.

Con tal transformación, el poema actualiza y transmuta sentidos en varias dimensiones: por un lado, a los propios personajes, a través de la recreación poética de ese diálogo entre la clásica pareja del Maestro (Virgilio) y el discípulo (Dante) que se desarrolla mediante una fusión de expresiones coloquiales e hipercultismos, generando un efecto paródico; en segundo lugar, el poema traslada a la pareja desde la Florencia del siglo XIV al Perú de los 80, actualizando la persecución y marginación sufrida por el gran autor florentino a dicho contexto, de modo que se va sugiriendo progresivamente la identificación de Mazzotti con Dante.

Nuestro poeta construye el contexto de la violencia de los 80 mediante esta transposición literaria y mitológica, y en versos explícitos como los iniciales: «La sangre chorrea por las escaleras / y las almas como grumos / se cocinan» (Mazzotti, 2018: 52). Pero veamos los modos en que se realiza esa transposición literaria y mitológica y la intertextualidad con la «Soledad primera». El poema comienza, al igual que «Convite», con un epígrafe inicial de *La Divina comedia* de Dante: «El lugar del descenso que nos toca / agrio es asaz, y el guarda allí presente», en concreto de la parte correspondiente al «Infierno» (Canto XII, estrofa 1). Se trata del pasaje que da la entrada al Círculo Séptimo, el Círculo de los condenados por haber cometido actos violentos y tiránicos, a donde para Dante deben ir quienes han cometido atrocidades y donde el castigo es bullir en aguas y lavas hirvientes para siempre. Con ello, Mazzotti funde actos y personajes del mundo clásico occidental con elementos del ámbito social y político peruano de fines del siglo XX. En ese Círculo se encuentran Raniero de Cornetto y Ranier Pazzo, dos nobles bandidos de la Toscana, que aparecen en el poema, junto con «el hijo de una loca cubierta de una Res imbécil», es decir, el Minotauro de Creta que protagoniza el poema desde el epígrafe: «El guarda allí presente», nacido de las relaciones sexuales entre Pasifae y el toro blanco. Como he avanzado, el Minotauro es representado como el Zeus-Toro de las *Soledades* a través de la intertextualidad que se concreta con la introducción explícita del tercer verso de la «Soledad primera»:

> Era del año la estación florida
> en que el mentido robador de Europa
> (media luna las armas de su frente
> y el Sol todos los rayos de su pelo),
> luciente honor del cielo
> en campos de zafiro pace estrellas
>
> (Góngora, 1994: 195–196).

Así aparece esa identificación en el poema de Mazzotti, cuando se presenta el Minotauro:

> Y una sombra
> más fuerte que el olvido
>   (*media luna las armas de su frente*)
> se aproximó a nosotros
>   (*pisadas parecidas al click clack*
> *de una cassettera malograda*)
>
> (Mazzotti, 2018: 52).

A partir de aquí el Minotauro es la figura que representa un poder público represivo que les pide papeles, o les dice «circulen», con «su boca pestilente en mi cara / alumbrándome las fosas nasales...»; una presencia a lo largo del poema que «nos seguía con ojos desconfiados» (Mazzotti, 2018: 54), y que simboliza la bestialización del ser humano en un Perú sufriente y caótico –el de la guerra contra los propios habitantes del país– que estaría representado por este círculo dantesco; el Perú de la violencia generalizada en el que parecieran todos condenados por la eternidad, como en el Infierno de Dante. Esta utilización del mito reaparecerá en el extenso poema «Himnos nacionales», perteneciente a *Declinaciones latinas* (1995-1999) que, en palabras de Vitelia Cisneros, «brinda una mirada a la difícil realidad del Perú durante las dos últimas décadas del siglo pasado. Así, la imagen que domina nuestro texto es el triste sacrificio de jóvenes para aplacar la ira del Minotauro» (2011: 105); jóvenes que son las víctimas de la guerra que estuvieron en los dos bandos enfrentados, de los cuales el 85% fueron habitantes andinos, como estableció la Comisión de la Verdad[1].

Regresando al poema, en este contexto de la violencia los dos caminantes protagonistas del poema, Virgilio (como Maestro) y Dante (como *alter ego* de Mazzotti), deberían dirigir sus pasos por el camino de la razón y de la sabiduría para poder

---

1   Sobre «Himnos nacionales», véase Luis Fernando Chueca (2010).

sacar a este último del infierno, llegar al purgatorio y, finalmente, al encuentro con su amada Beatriz —Beti en el poema— en el Paraíso Terrenal. Una Beti parodiada tras la cual aparece el inciso entre paréntesis y en cursiva que sugiere la ubicación espacial de la escena, la Lima de la neblina y la garúa: «*(La neblina / empezaba a enroscarse en nuestros pelos)*» (Mazzotti, 2018: 53). Sin duda es la presencia del Minotauro la que marca ese estado generalizado de caos, sufrimiento y desesperanza, que impide el encuentro con Beatriz (de nuevo la imposibilidad del amor). Por ello el desenlace de derrota, expresado en el ruego de Dante a Virgilio: «¡Maestro!, grité, ¡Ayúdame!», ante el cual se produce la respuesta irónica de un Virgilio que abandona a su discípulo (al poeta y al ciudadano), en el Infierno: «Pero él solo sonrió. / Estúpido. / ¿A qué te metes en ridículo / negocio?», le dice. «Y frotó su saquito / y desapareció en la multitud» (Mazzotti, 2018: 54).

El siguiente poemario, ya mencionado, se titula *Castillo de popa*, y está publicado tres años después, en 1988. En él, sin duda el poema más explícito en lo relativo a la intertextualidad con Góngora es «Fábula de Polifemo y Galatea», en alusión directa al tan conocido poema homónimo del poeta cordobés. Al igual que acabamos de ver en el poema anterior, el mecanismo es idéntico en tanto que se utiliza el referente literario y mitológico transpuesto al Perú de los 80; tendencia cultista que preside este poemario —estructurado a través del tópico del viaje y el naufragio— en el que encontramos otros poemas que se desarrollan en esta misma dirección, como por ejemplo «Francesca / Infierno, V». Este poema y la «fábula» tienen como eje el tema del amor, abordado mediante la actualización, en tiempo presente, de tópicos y figuras del pasado. En este sentido, resulta fundamental apuntar que «Mazzotti va más lejos: en el ámbito de la forma poética logra asumir una tradición en cuanto fuerza viva, enhebrándola con quiebres fuertes de verso y construcciones de imagen incompletas características de la poesía moderna» (Henrickson, 2019).

El comienzo del poema nos sitúa ante un paisaje constituido por un valle y un riachuelo, que arrasa con todo y cuyos jirones «aparecen vacíos sin una gota de carne» (Mazzotti, 2018: 75), evocando el pasaje final del poema de Góngora, cuando, tras la estrofa en que Polifemo lanza a Acis «la mayor punta de la excelsa roca», no queda ni rastro de él, incluso sus huesos se convierten en la «corriente plata»:

> Sus miembros lastimosamente opresos
> del escollo fatal fueron apenas,
> que los pies de los árboles más gruesos
> calzó el líquido aljófar de sus venas.
> Corriente plata al fin sus blancos huesos,
> lamiendo flores y argentando arenas,

a Doris llega, que, con llanto pío,
yerno lo saludó, lo aclamó río.

(Góngora, 1999).

El joven termina pues en los brazos de Doris, la diosa marina oceánide que se encuentra en las bocas de los ríos. Sucede después en el poema de Mazzotti la imagen de un Polifemo de «cabeza sucia» que extiende «su menuda testa y cabecea» en letrinas; un «chancho» que dice adorar la «ranura» de una Galatea cuyas piernas de pronto son envueltas de «calles» en la noche, referencia urbana que asoma en este espacio natural, como hemos visto que ocurría en «Convite» y en «Dante y Virgilio. . .», sugiriendo el lugar de enunciación y trasposición: la ciudad. Galatea se configura entonces como un ser único en esa «tierra pedregosa / húmeda y silente», anunciando «la redención de los que nunca fuimos héroes, marchitos, pusilánimes», y «condenados por el mito a la hoguera / de su leche y su miel», en posible alusión a la condena de amor. Una Galatea que se alza «ante un raro paisaje» (Mazzotti, 2018: 75), el de la ciudad de los 80, frente a un yo poético que expresa el temor de no verla; y que es «la medida inversa de lo que inventaron / los hombres: bajíos, herrajes, y hazañas que no fueron sino grandes / matanzas». Es decir, Galatea es la cara opuesta a los males del ser humano. El final del poema nos deja un Polifemo enmudecido, cuyo eco, sin embargo, «remueve en Galatea unos muslos / dorados y limpios»; posible alusión metaliteraria al poema mismo cifrado en ese eco que ha dado nueva vida a Galatea. El poema concluye con dos versos de invocación a Galatea, a quien solo reclama «un rictus» (Mazzotti, 2018: 76) y su voz para dormirse.

Una nueva reelaboración de la «Fábula de Polifemo y Galatea», perteneciente a su último libro, *Apu-Kalypso / palabras de la bruma* (2015), lleva por título «Glaciares»; reelaboración en clave ecológica, uno de los grandes temas del poeta, sobre todo en los últimos tiempos. A través de un juego fonético Mazzotti identifica a Galatea con los glaciares en proceso de desintegración. Galatea, que en griego significa «blanca como la leche» y que es esa nereida o ninfa idílica, se torna en su opuesto para representar la gravedad ecológica del deshielo: «Galatea cremolada sangrante haraposa te chorreas inundando ciudades / más oscura que el hielo. . .» (Mazzotti, 2018: 282). Cremolada es un peruanismo proveniente de un galicismo que significa crema-nata y en Perú refresco hecho con pulpa o jarabe de frutas, de modo que Galatea se adjetiva primero con esta palabra para transmitir ese deshielo de lo blanco, y después con el calificativo «haraposa», desprovista por tanto de su antigua belleza, y «oscura», antítesis de su blancura originaria. Esta Galatea chorrea «inundando ciudades», en referencia a la subida del nivel del mar como consecuencia del deshielo. En los párrafos siguientes la vemos «sangrar», resultado de una «dolencia» que produce efectos devastadores como los que se van desgranando en el poema, por ejemplo: «Del etílico aliento que descargan las nubes sobre tus mejillas durazneras» (Mazzotti, 2018: 283), apuntando seguramente a las lluvias ácidas o, en definitiva, contaminadas. Y si el Minotauro era en «Dante y Virgilio bajan por el infierno» la representación del mal del Perú de los 80, ahora es Polifemo la figura a través de la cual simbolizar esa otra terrible lacra universal que es la degradación del planeta: «ese / Polifemo de trompa sucia y de pelaje infecto y de palabras confianzudas / Él tejió la trampa en la que te han depositado a escala inconmensurable» (Mazzotti, 2018: 282), resultado de la furia ante «su ninfa inalcanzable». Se repite así el mecanismo: la actualización del mito para revelar poéticamente los grandes problemas de la humanidad partiendo de una base ancestral.

Regresando a la cronología del camino poético y vital de Mazzotti, en el mismo año de publicación de *Castillo de popa*, hacia la mitad de 1988, el poeta se traslada a Estados Unidos para estudiar postgrado en Pittsburgh y obtener su doctorado en Princeton University con una tesis sobre su gran tema: el Inca Garcilaso de la Vega. Da comienzo entonces una poesía traspasada por la nostalgia del país dejado atrás, tal y como ocurre en *Libro de las Auroras Boreales* (1994). Sigue después *Señora de la Noche* (1998) hasta que llegamos al poemario que me interesa para concluir: *Declinaciones latinas. Antología del exilio*, fechado entre 1995 y 1999, y publicado en 1999; escrito por tanto en los años de finalización del siglo XX, que Santibáñez lee con «un sentido de balance y liquidación de una etapa» (Santiváñez, 2018: 223) en la trayectoria de Mazzotti. El tema central en este poemario gira en torno a la reflexión sobre el Perú y sus destinos realizada desde la distancia de los Estados Unidos. El poemario contiene dos conjuntos, cada uno de ellos constituido por diez cantos: «Himnos nacionales» y «Declinaciones latinas». «Himnos nacionales» es una suerte de «canto generacional» (Santiváñez, 2018: 223) y está dedicado a las víctimas de la violencia. En lo referente al segundo bloque, «Declinaciones latinas», empieza con el vuelo del sujeto poético en el avión «a 33 mil pies de altura», desde la que «el arte de la memoria» comienza su «canto» (Mazzotti, 2018: 169). En estos diez poemas, el problema nacional sigue siendo motivo de reflexión, pero, como ha observado Santiváñez, ahora esa meditación «está trasvasada por una lectura del viaje de Eneas, símil aquí de la fundación de un nuevo lugar para vivir, es decir, en los EEUU» (2018: 224).

Para concluir el eje del gongorismo en este libro, hay que detenerse en el poema «Interdicciones con el Inca», que es parte del díptico «Exilios Dos Poetas» (dos poemas dedicados al Inca y a Cernuda), ubicado entre los dos bloques

«Himnos nacionales» y «Declinaciones latinas» en la edición *El zorro y la luna. Poemas reunidos 1981–2016* (2018). Es en «Interdicciones con el Inca» y en el poema IX de la sección «Declinaciones latinas» donde concluyo el eje trazado por poemas de explícito gongorismo. Ambos poemas son, además, el cierre perfecto del círculo que dibuja el ligamen entre el poeta y el investigador especialista en el Inca y en el mundo cultural y literario virreinal, puesto que el primero está dedicado a su gran autor, el Inca Garcilaso, y el segundo se inicia con un texto literal (en cursivas) del citado poema de Fernando de Valverde, cargadamente gongorino, *Santuario de Nuestra Señora de Copacabana en el Perú*[2]. La sabiduría de Mazzotti con respecto a estos autores se transmuta, pues, en visión poética.

Comenzando por el primero, el Inca Garcilaso aparece intertextualizado al final del poema con la «Soledad Primera», cuyo verso número 6 es el último verso del poema de Mazzotti: «En campos de zafiro pace estrellas». En «Interdicciones con el Inca» Mazzotti se dirige directamente al Inca recordando la negativa que obtuvo en España a la petición de su legado, la nula consideración en España a los conquistadores, la dimensión que sin embargo obtuvo el Inca a través de la escritura («el vuelo de la mano con la inteligencia», Mazzotti, 2018: 167), el orgullo expresado en *Comentarios reales* respecto de su condición indígena, la vida con sus familiares y condiscípulos, sus historias pasadas, la unión de sus padres, la memoria de aquella «otra Roma en su imperio» que fue el Cuzco. En definitiva, todas las claves de vida y obra del Inca concentradas en un poema que concluye con esta estrofa entre comillas:

> «Así me incliné a vindicar los nombres mancillados
> desde estos rincones de soledad
> y de pobreza, martilleando
> como los pájaros guaneros otro Imperio, contemplando
> cómo un rebaño de llamas
> en campos de zafiro pace estrellas».
>
> (Mazzotti, 2018: 168).

Si en la «Soledad primera» de Góngora es el Zeus-toro quien pace estrellas, en el poema dedicado al Inca es un rebaño de llamas el que el gran autor cuzqueño visualiza paciendo en ese campo azul que es el cielo. Esta visión no responde a una mera proyección de una imagen del Perú en el cielo estrellado, sino que obedece a una recreación poética que refleja la gran importancia cultural y vital que tuvo la observación del cielo y en definitiva la astrología para

---

2 Obra a la que Mazzotti ha dedicado un trabajo esencial: «Fernando Valverde y los monstruos andinos: criollismo místico en el peregrinaje a Copacabana» (2004).

los pueblos del mundo andino antiguo. Como explica Alfio Pinasco, «los ciclos de los astros, del agua y la renovación de la vida también son mencionados en el manuscrito de los Ritos y tradiciones de Huarochirí cuando se narra el mito de la Yacana: "La mancha negra que llamamos Yacana, el cámac o prototipo celeste que transmite la fuerza vital a las llamas, camina por en medio del cielo. Nosotros los hombres la vemos cuando llega toda negra. Se dice que la Yacana anda en medio de un río" (la Vía Láctea)» (2017: 25). Tesis sobre la que abunda Alfredo Alberdi: «en la imaginería andina, las llamas han surgido del "río celestial" o Vía Láctea. Constelaciones de llamas en el cielo, hembra y macho (Yakana y Qatachilla). Estas constelaciones de las llamas ascienden a mediados de marzo. Después del solsticio de invierno, el 30 de junio a las 21 h. alcanzan el cenit. Para los quechuas, es el momento del celo de las llamas celestes y terrenas, por ello los llaneros celebran la ceremonia del apareamiento de las llamas» (2008: 20).

Es más, el propio Inca Garcilaso aborda temas de astrología en los capítulos XXI a XXIII del Libro Segundo de los *Comentarios reales*. En concreto, en el capítulo XXIII aparece el mito de la zorra y las manchas de la luna, así como esta breve referencia a la constelación oscura de la llama, que él denomina «oveja» para hacerse entender en España: «En la vía que los astrólogos llaman Láctea, en unas manchas negras que van por ella a la larga, quisieron imaginar que había una figura de oveja con su cuerpo entero, que estaba amamantando un cordero. A mí me la querían mostrar, diciendo: "Ves allí la cabeza de la oveja, ves acullá la del cordero mamando, ves el cuerpo, brazos y piernas del uno y del otro". Mas yo no veía las figuras, sino las manchas, y debía de ser por no saberlas imaginar» (1976: 108)[3].

Con todo ello, Mazzotti entrecruza el mito del Zeus-toro, poetizado por Góngora, con el Inca, en una suerte de visión de la patria a través de los ojos de este último, puestos en ese cielo estrellado en el que proyecta la visión andina de los astros. El Inca y Mazzotti contemplan ese cielo desde «estos rincones de soledad» del exilio, de modo que se produce una simbiosis de la voz del sujeto poético con la de esa figura excelsa que ha sido y es su objeto de investigación. Góngora, en medio, es el lazo que une esas voces con la parte española y cordobesa, y con la mitología occidental que se funde con el mundo incaico en el poema: *Hatun Qusqu, Ancha Llaqta, Sumaq Llaqta*, mitificación del Cuzco que aparece en la estrofa anterior expresada en quechua.

---

3   Sobre toda esta cuestión astrológica y la imagen de las llamas véase también Gary Urton 1976 y 1981.

Ese mismo cielo estrellado es precisamente el motivo literario con el que se inicia el poema IX de «Declinaciones latinas», mediante la reproducción textual del poema de Valverde, quien, como hiciera Góngora en las *Soledades*, construye poéticamente un cielo que es rostro, a través de la metáfora de los «limpios ojos» que en el sueño «pestañean», en una reformulación de la imagen de la «Soledad segunda» que identifica ojos y estrellas:

> que a las estrellas hoy del firmamento
> se atreviera su vuelo,
> en cuanto ojos del cielo
>
> (Góngora, 1994: 567, vv. 899–901).

El poema prosigue con los versos de Mazzotti en los que esa luz de las estrellas se abre «en la tiniebla», oscilando entre la esperanza de la orientación anhelada y la desesperanza de «la soledad que aterra»; una luz que difumina los límites de lo real en un juego de espejos entre el agua y el cielo: «Casi es imposible adivinar / si las luces en el agua son las luces, / o los peces / del cielo son los peces» (Mazzotti, 2018: 183). El contraste de la niebla impone el final metaliterario, cuando su efecto disuelve el poema «único» que se muerde «la cola hasta la aurora», sugiriendo el círculo de un poema compuesto por dos poetas separados por cuatro siglos que se complementan mordiéndose la cola. Como también se complementa el verso «el único poema se disuelve» (Mazzotti, 2018: 183) con lo expresado en «Convite», que conviene traer de nuevo a colación: «Porque acaso no vuelva a escribir, como ocurre siempre que escribo y me limpio los ojos» (Mazzotti, 2018: 49). En definitiva, la escritura como acto irrepetible del que se es consciente cuando aparecen esos «limpios ojos» que a su vez acabamos de leer en la estrofa de Valverde metaforizando las estrellas. La reconciliación con el yo desde el lugar lejano a la patria se realiza así a través de la literatura, resolviendo la tensión entre la esperanza y la desesperanza en un reflejo cósmico.

En este 1999 de *Declinaciones latinas* cierro estas páginas, consciente de todo lo que los libros posteriores contienen para la compresión de una trayectoria poética en la que la intertextualidad con la tradición literaria y mitológica de ambos lados, occidental y quechua, ha sido fundamental para la construcción del sentido trascendente que, creo no equivocarme, ha sido una savia vital en el devenir biográfico y literario de Mazzotti. *Sakra Boccata* (2006), *Las flores del mall* (2009) y *Apu-Kalypso / palabras de la bruma* (2015), son los títulos de los poemarios publicados en el siglo XXI, en los que cabrá seguir escuchando y auscultando los ecos de Góngora. Como una caja de resonancia que en la mezcla produce ecos imprevistos, la obra de Mazzotti se erige, en definitiva, en ejemplo paradigmático, y apasionante, de la renovada impronta gongorina en la poesía latinoamericana actual.

Referencias bibliográficas

Alberdi Vallejo, Alfredo (2008): *Las constelaciones de la Vía Láctea en la visión de los quechuas y los usos del espacio-tiempo sur andino*. Berlín, revista electrónica *Runa Yachachiy*. Disponible en http://www.alberdi.de/Vialacque060208.pdf [29/10/2019].

Cisneros, Vitelia (2011): «Una visión al problema del exilio en el Perú a través de la poesía de José Antonio Mazzotti». *Hispanic Journal*, 23.1, 103–117.

Chueca, Luis Fernando (2009): «*Las flores del mall*. José Antonio Mazzotti». Chule: Proyecto Patrimonio. Disponible en http://letras.mysite.com/jam131009.html [24/10/2019].

Chueca, Luis Fernando (2010): «Los himnos del Perú de José Antonio Mazzotti». *Desde el Sur*, 2.1, 35–56.

Garcilaso de la Vega, el Inca (1976): *Comentarios reales de los Incas*. Tomo I. A. Miró Quesada (ed.). Caracas: Biblioteca Ayacucho.

Góngora, Luis de (1994): *Soledades*. Madrid: Castalia.

Góngora, Luis de (1999): *Fábula de Polifemo y Galatea*. Alicante: Biblioteca Virtual Miguel de Cervantes. Disponible en: http://www.cervantesvirtual.com/portales/luis_de_gongora/obra/fabula-de-polifemo-y-galatea--0/ [24/10/2019].

Henrickson, Carlos (2019): «José Antonio Mazzotti: una lectura desde el sur sobre *El zorro y la luna*». Chile: portal Concreto Azul. Disponible en: http://concretoazul.cl/jose-antonio-mazzotti-una-lectura-desde-el-sur/?fbclid=IwAR2iglXfgX5nNomn5HAvJsDnQ4oI9XEk04zWQsPUhwGwNyZWTpEKVqJHqsw [24/10/2019].

Mazzotti, José Antonio (1981): *Poemas no recogidos en libro*. Lima: Federación Universitaria de San Marcos.

Mazzotti, José Antonio (2002): *Poéticas del flujo. Migración y violencia verbales en el Perú de los 80*. Lima: Fondo Editorial del Congreso del Perú.

Mazzotti, José Antonio (2004): «Fernando Valverde y los monstruos andinos: criollismo místico en el peregrinaje a Copacabana». En K. Kohut (ed.), *La formación de la cultura virreinal*, vol. II, el siglo XVII (439–454). Madrid: Iberoamericana-Vervuert.

Mazzotti, José Antonio (2018): *El zorro y la luna, poemas reunidos 1981–2016*. Lima: Hipocampo Editores.

Molho, Maurice (1994): «Para una lingüística del significante». En J. Villegas (coord.), *Actas del XI Congreso de la Asociación Internacional de Hispanistas*. Asociación Internacional de Hispanistas, 42-56.

Pinasco Carella, Alfio (2017): *El orden de un espacio y tiempo organizado en el santuario de Pachacamac*. Lima: Pontificia Universidad Católica del Perú.

Quiroz, Rubén (2012): «El transbarroco en la poesía peruana contemporánea». *Revista de Crítica Literaria Latinoamericana*, 38.76, 431-444.

Quiroz, Rubén (2017): *Divina metalengua que pronuncio. Dieciséis poetas transbarrocos*. Lima: El lamparero alucinado Ediciones.

Roses, Joaquín (2014): «La recepción creativa de Góngora en la poesía hispanoamericana». En A. Castro Díaz (ed.), *Actas del Congreso «Góngora y su estela en la poesía española e hispanoamericana. El Polifemo y las Soledades en su IV Centenario»*. Sevilla: Asociación Española de Profesores de Español, 181-209.

Santiváñez, Roger (2018): «Un viaje por la poesía de José Antonio Mazzotti: a propósito de *El Zorro y la Luna. Poemas reunidos 1981-2016*». *Letras*, 89.129, 209-222.

Terracine, Lore (1996): «Camas de batalla gongorinas». En I. Arellano, C. Pinillos, M. Vitse y F. Serralta (coords.), *Studia Aurea. Actas de la AISO*. Toulouse-Pamplona: GRISO, 525-534.

Urton, Gary (1976): «La constelación oscura de la llama en los Andes peruanos». *Allpanchis*, 9, 59-119.

Urton, Gary (1981): «Animals and Astronomy in the Quechua Universe». Source: Proceedings of the American Philosophical Society, 125.2 (apr. 30), 110-127.

Renato Guizado

Reflexión y praxis del neogongorismo de Javier Sologuren

Resumen: Javier Sologuren (Lima, 1921-2004) es un autor principal para la poesía peruana del siglo XX, cuya propuesta estética está caracterizada, entre otros rasgos, por procurar el equilibrio entre elementos de la literatura moderna y del pasado. Así, su primer conjunto de poemas, *El morador* (1944), está marcado por el uso de formas métricas tradicionales y giros estilísticos procedentes en gran medida de la lengua poética de don Luis de Góngora. Este estudio analiza las formas e implicancias del neogongorismo de Sologuren, compaginando el análisis del representativo poema «Décimas de entresueño» con el de textos críticos del autor acerca de la vigencia del cordobés. Se concluye que *El morador* conlleva una toma de posición del autor dentro del debate sobre la modernidad de la poesía gongorina y su relación con Stéphane Mallarmé. En consecuencia, se observa cómo Sologuren elabora un lenguaje original al hibridar formas y temas de la poesía de Góngora, del simbolismo y otras corrientes.

Palabras clave: Javier Sologuren, *El morador*, poesía peruana del siglo XX, Luis de Góngora, Stéphane Mallarmé, neogongorismo, simbolismo

1. Introducción

Sin duda, Javier Sologuren (Lima, 1921-2004) es uno de los poetas más representativos y prolíficos del grupo poético de 1945: su variada obra poética (reunida bajo el título de *Vida continua,* 2016) es tan admirable como sus textos críticos y numerosas traducciones literarias. Su primera colección de poemas, *El morador*, vio la luz en 1944 como separata del número 8 de la revista *Historia*. Esta comprende ocho poemas cuyo lenguaje está marcado por el uso de formas métricas tradicionales (la décima y el soneto) y la notoria presencia de giros estilísticos propios de la lírica del Siglo de Oro español, procedentes en gran medida de la lengua poética de Luis de Góngora. Por esa razón, el estilo de *El morador* se ha calificado como neogongorista[1].

De los diferentes textos donde la estudia, se colige que Javier Sologuren conocía muy bien la poesía áurea, especialmente la obra de Góngora, así como su influencia en la literatura española del siglo XX. Ya su amigo y congénere

---

1 Véanse los comentarios de Anna Soncini (1984: 96) y de Roberto Paoli (1985: 113).

Jorge E. Eielson atestigua el contacto y recuerda a un Sologuren adolescente «sujeto [...] a sorprendentes delirios verbales, concebidos entre un verso de Góngora y un ataque de tos inventada [...]» (1989: 279). El autor mismo reconoce la impronta de la lírica áurea en su escritura.

Con el fin de indagar por las razones y formas del gongorismo de este primer Javier Sologuren, el presente estudio analizará el poema «Décimas de entresueño», que principia *El morador*:

1

Si suspendida arena, nuevo mundo,
nace pronta en elipse aclimatada,
el silencio recoge despuntada
su espina de fragor, que no circundo,
y en crecida marea me confundo;
naufrago en olivar, y renacido
a cuesta de sus ramas verdecido,
recuerdo, acaso, la virtud del verde,
descanso de la vista que se pierde
en sueño rondador no repetido.

2

Pero es sombra y vigilia en su momento
—incandescente flor, casi pupila—
mariposa luz de piedra hila que hila
madeja trabajada en movimiento
de vuelo circular y seco aliento.
Y es sentirse en el aire o sobre el suelo,
abrasado, sin luz; despierto en hielo,
acechando el revés de la conciencia;
dormir ejercitando olvido, ausencia
de la tierra — y del infierno al cielo.

3

Apronta tu partir, sal de tu ciego
ambular de color, papel alado,
hacia tu verde mar alimonado;
suelta tu viento en llama, débil fuego
en la palma de la mano; aunque lego
tu ademán, ignorante del viaje,
alcanza su motivo y su paisaje
en la linde del mundo (en incipiente
aventura del párpado yacente)
viéndolo todo, y todo sin su traje.

4

A tono de la tierra con su oficio
encanecido y apagada lumbre,
recóndita ceniza y muchedumbre
llovida del recuerdo — buen servicio
para el llanto — recorre su solsticio
inesperado; ya durmiente, instancia
desolada, vivido azar, distancia
desenvuelta casi al rodar de ovillo
que diestro tejedor vuelve al anillo
del minuto interior, crecido en ansia (1944).

Para una comprensión cabal, será necesario situar *El morador* en el marco de las discusiones de época sobre las relaciones entre la poesía de Góngora y las expresiones poéticas del siglo XX. Se revisarán las opiniones que al respecto vierte Sologuren en algunos textos críticos de la época. *El morador*, pues, debe entenderse como una toma de posición del autor sobre este asunto.

2. Gongorismos en «Décimas de entresueño»

Los rasgos del lenguaje poético de Luis de Góngora que se hallan en «Décimas de entresueño» pueden clasificarse en cuatro tipos: imaginativos, léxicos, sintácticos y métricos.

Primero, ambos estilos participan de una sensibilidad análoga. Góngora era un poeta de los sentidos por sus ricas descripciones, el cromatismo del léxico, la variedad de campos semánticos de las metáforas, que buscaban comunicar incluso conceptos abstractos con imágenes (Capllonch y Micó, 2013). Y este Sologuren también lo es, a juzgar por sus numerosas y plásticas imágenes. Hay en el poema un claro énfasis en la percepción sensorial; y un gusto por la abundancia, variedad, cromatismo y vida de las materias representadas, característicos de Góngora (Alonso, 1978: 304–312). De lo anterior deriva la profusión de metáforas en ambos autores: al igual que en Góngora, las décimas de Sologuren presentan superposiciones metafóricas y una predilección por la metáfora apositiva. Y es también gongorino construir poemas partiendo de una figura geométrica que se concreta en diferentes puntos del texto (Capllonch y Micó, 2013: 249–258), como ocurre en la constante aparición de figuras circulares en «Décimas de entresueño».

En cuanto al léxico, llama la atención la abundancia de palabras de raíz culta, especialmente aquellas que se desmarcan del habla cotidiana, como «fragor» o «circundar». Pero el paralelismo es más patente en el uso de adjetivo – participios, numerosos en la poesía del cordobés y que responden a una intención de procurar dinamismo en el discurso (Sobejano, 1956: 327-329). En otro aspecto, la extrañeza que produjo el léxico de Góngora mucho se debía a los cultismos semánticos: es el caso de «confuso» con el sentido de 'mezclado' (Jammes, 2016: 106). Sologuren usa el mismo cultismo de acepción («me confundo», v. 5).

En la sintaxis, lo gongorino de las décimas de Sologuren reside en la tendencia a las frases y periodos extendidos generalmente por incisos, así como a la supresión del sujeto en las construcciones. De este poema en concreto no se puede decir lo mismo en cuanto al orden, pues apuesta por la fluidez lineal, y no por el hipérbaton u otros cultismos y peculiaridades sintácticas del cordobés (Alonso, 1978: 227-233), que sí se encuentran en otros textos de *El morador*[2].

En el aspecto métrico, Góngora fue un gran cultivador de la décima octosílaba, la cual usa con casi tanta incidencia y flexibilidad temática que el soneto. Y lo fue del verso endecasílabo, del cual emplea diferentes formas de segmentación, que suponían también un juego semántico (Alonso, 1978: 241-356). «Décimas de entresueño» contiene trece endecasílabos bimembres, especialmente los de tipo colorista (gongorinos por sí mismos) y de contrarios.

Muchos de los rasgos anteriores le valieron el apelativo de oscuras a las *Soledades* (Jammes, 2016: 104). Estos y más paralelismos pueden contarse en los otros poemas de *El morador*. Por la cantidad de elementos de la lengua poética de Góngora conscientemente empleados, «Décimas de entresueño» se inscribe en una práctica poética de la que participaron, a efectos del homenaje por el tricentenario de la muerte de Góngora, poetas como Alberti y García Lorca, y que se caracterizó por componer poemas al estilo gongorino, especialmente el de las *Soledades* (Pérez, 1998: 127-128).

3. El gongorismo de la generación de 1927

La iniciación poética de Sologuren tiene lugar cuando la poesía española del Siglo de Oro ya había sido revalidada en temas y estilo por los poetas de la generación del 1927. Su contacto con estos autores se remonta a la adolescencia. En parte, la afinidad de su generación por los españoles del 27 se debe a que coinciden en las lecciones de los poetas franceses simbolistas y de sus herederos, como Paul Valéry. En el grupo del 27 hallaron una relectura moderna de la poesía española clásica que ya admiraban (Belli, 2015: 129). En consecuencia, son tres los motivos del gongorismo del grupo del 27 que arrojan luces sobre el gongorismo de

---

2   Hay hipérbatos llamativamente gongorinos en los poemas «Encuentro» e «Interludio», por ejemplo: «Como en soñada flor venido presto...» (2016: 27, v. 1) y «Del imperio suavísimo corono / aromoso sitial...» (2016: 33, vv. 5-6).

algunos poetas peruanos de la primera mitad del siglo XX: idealismo estético, metaforismo y la concepción de la poesía como creación de otra realidad.

Luis Cernuda reconoce en el gusto de su generación por Góngora un viraje clasicista que la define, si bien este fue en parte emulado de autores franceses como André Gide y Paul Valéry (2002: 187-188). Para el nuevo clasicismo, la tradición literaria está comprendida en la modernidad poética como materia de nuevas creaciones. Por ejemplo, Pedro Salinas sostiene: «Ahí delante está la tradición. En ella hay que arriesgarse a la gran jugada de elegir» (1974: 114). Tales concepciones proceden del idealismo estético que, tomando distancia de una visión historicista del arte, comprende las obras del pasado como hechos estéticos vivos, lo que permite hallar en ellas valores actualizados. Por eso los poetas consideran distintas formas de dialogar con la tradición, maneras de intertextualidad más diversas, como las que se dan en el nivel estilístico (García-Jurado, 2017: 17-24).

Así, Góngora adquiere pleno interés gracias a la predilección de los poetas del momento por las metáforas inusitadas y libres de ataduras lógicas, que consideraban signo de modernidad. Estos admiran en Góngora un presagio de las expresiones poéticas actuales, puesto que encuentran en sus complejas y atrevidas metáforas signos de doble posibilidad semántica: una que nace de la relación lógica de un fenómeno de la realidad y la otra, moderna, de imágenes asociadas por la evocación de sensaciones, libres de lógica y creadoras de otra realidad (Cernuda, 2002: 187). La afinidad con Góngora, entonces, era natural para su concepción de la poesía como creación de nuevas realidades (Debicki, 1981: 34). Este antirrealismo fue, con el metaforismo y el clasicismo, otra nota principal de la generación[3].

4. La lírica áurea en la poesía peruana del siglo XX

Las ideas sobre la actualidad de la poesía tradicional española germinan en los poetas peruanos desde fines de la década de 1920. El influjo de la generación del 27 fue inmediato al respecto: su clasicismo se compagina con el de los autores extranjeros que los peruanos frecuentaban. En la década del 20 brota en Perú un interés sintomático por conocer la poesía del cordobés[4]. Y en la década siguiente

---

3   El Góngora que evade la realidad e instituye una antirrealidad es una lectura de época, sustentada por críticos y poetas como Dámaso Alonso y Pedro Salinas. No obstante, es más justa la lectura de Robert Jammes, según la cual Góngora no evade, sino que exalta los rasgos sensibles de la realidad (1987: 509-515).
4   Una de las vías para llegar a Góngora era el interés por los autores coloniales que habían bebido de él, y principalmente el interés por Juan de Espinosa Medrano, cuyo

la validez de Góngora para la poesía peruana del momento era ya un hecho en el ejercicio creativo y en las discusiones sobre el carácter de la nueva poesía, donde surgieron posturas originales (bien informadas e incluso enfrentadas) sobre el estilo del cordobés y su influencia. El cambio de la crítica fue drástico: críticos importantes de inicios del siglo veían en la impronta gongorina un lastre formal de la literatura colonial, sin futuro en la literatura peruana[5].

Es representativa de dicho cambio la tesis de José Jiménez Borja, *Elogio de don Luis de Góngora*, presentada en 1927. Recoge la distinción entre poesía culta (la que «con lenguaje poético nos da una visión del mundo ultrageográfica, entelequia llena de creación») y poesía culterana (que es «sólo el misterio y el rebuscamiento acrobático»). Para Jiménez, a diferencia de los imitadores del pasado, los gongoristas del XX dejan de lado la epidermis lingüística culterana y apuntan a conseguir la esencia gongorina, que estaría en repoblar de metáforas el mundo. La nota que une a Góngora con la poesía moderna será la metáfora entendida como figura nuclear del poema, que crea un mundo nuevo desligado del hombre (despersonalizado):

> En función de la nueva estética ha nacido pues la poesía poética y no el romanticismo, el dolor o el amor poético. Porque «el poeta comienza donde el hombre acaba» y «la poesía es el álgebra superior de las metáforas». La circunferencia invade en consecuencia el círculo como la metáfora, antes exorno y lentejuela epitelial, invade el cuerpo hasta hacerse su vértebra. Corrijan inmediatamente los manuales esa inserción de la metáfora entre figuras de elegancia. Corrijan porque la nueva metáfora es jovial y va a reírse con desgarro. Hay para el arte nuevo cosas bellas y cosas embellecidas. [...] Corrijan que está sonando otra vez la hora de Góngora (1986: 12-13).

La revista *3*, que Jiménez Borja codirigió con Luis Fabio Xammar y José Hernández, dio tribuna al tema. Por ejemplo, el artículo de Raúl Pereira «De lo

---

Apologético fue reeditado por Ventura García Calderón (1925). Tómense en cuenta los estudios de Luis Alberto Sánchez sobre literatura colonial, en especial *Góngora en América y el Lunarejo y Góngora* (1927).

5 A esta crítica anterior le preocupaba el carácter de la literatura propiamente peruana, y veía en el culteranismo y en Góngora un lastre del colonialismo español. Son los casos de José Gálvez (1915: 7) y de José Carlos Mariátegui ([1928] 2007: 214). Años antes, José de la Riva Agüero, pese a considerar la literatura peruana como parte de la española, sostuvo que el gongorismo en el Perú había sido pura y pedestre imitación ([1905] 1962). Ninguno de ellos imaginaba que el gongorismo tuviera un futuro en la poesía peruana. Por eso, Mariátegui considera que lo revolucionario de los sonetos primerizos de Martín Adán (que llama «antisonetos») se debe a que toman lo «culterano» y lo «gongorino» para mostrar que todo eso es «cáscara pura» (1928: 76).

gongórico en la poesía peruana actual» (1939) concluye, del examen de los poemas de Ricardo Peña Barrenechea, Martín Adán, Xavier Abril y José Hernández, un vivo influjo del cordobés sobre los principales poetas peruanos del momento. Pereira busca insertar la poesía peruana dentro del circuito de la poesía hispánica a partir del gongorismo. Para ello, maneja un criterio amplio de influencia y no solo anota paralelos temáticos y formales, sino que aprecia especialmente los de sensibilidad, por lo que incide, como Jiménez, en el metaforismo como eco principal de Góngora.

Abril, Adán y Peña fueron seleccionados por Sologuren, Sebastián Salazar Bondy y Jorge Eielson (compañeros de generación) en la antología *La poesía contemporánea del Perú* (1946), libro donde traslucen sus criterios estéticos y proponen una nueva genealogía para la poesía peruana moderna (Eielson *et al.*, 2013: 12). El tema de lo gongorino en las nuevas expresiones no se les escapa, y se lo atribuyen a Martín Adán y a Ricardo Peña Barrenechea.

La reflexión de Ricardo Peña sobre Góngora tuvo una vertiente crítica y otra poética. Su estudio sobre los horizontes de la literatura del Perú, *Realización y sentido cultural del arte* (1933), aborda el gongorismo con un notorio conocimiento de la crítica más reciente. Al igual que Jiménez Borja, diferencia a Góngora del culteranismo gongorista: no toda la poesía de Góngora es gongorística, ni fue él su inventor. La idea procede de E. Kane, en *Gongorism and the Golden Age* (1928), para quien el «gongorismo» es un fenómeno universal de decadencia artística. Así, lo culterano es «la afectación y el mal gusto, la paradoja, la sonoridad, el abuso de la metáfora» vueltos fórmula fija, y resulta de la conjunción del conceptismo y el cultismo (vocabulario latinizado, sonoridad, pedantería, hipérbaton, figuras grotescas, abuso de la metáfora). Sostiene Peña que la literatura peruana ha preferido la asepsia del poema y la limitación de lo culterano, en pro de una sensibilidad que cultive ya no el tropo que reviste un hecho prosaico, sino la imagen creadora que sugiere su propio significado (Peña Barrenechea, 1933. González Vigil, 1974: 153).

En 1932 publica *Eclipse de una tarde gongorina y Burla de don Luis de Góngora*, en cuyos poemas destaca la «capacidad para poseer a Góngora», incorporando a la poesía del cordobés sensibilidad y técnicas modernas (Xammar, 1939: 323-324). Al comentar el libro, Javier Sologuren acierta en que Peña no retiene del cordobés la acrobacia gramatical de la frase compleja. Lo que guarda es la riqueza sensorial, el colorismo del léxico y las «ágiles metáforas en concisos saltos de color», que deriva de la variedad de imágenes (Eielson *et al.*, 2013: 133-134). Si bien sus sensibilidades difieren, puesto que Peña no se sustenta en la razón y las relaciones lógicas, sino que es impresionista (González

Vigil, 1974: 265-267), el poeta diferencia en Góngora esa auténtica imagen poética (que propugna su crítica) del truco y las fáciles complicaciones retóricas.

Otro es el caso de Martín Adán. Influido por Eugenio D'Ors, en su tesis *De lo barroco en el Perú* (1938) define lo barroco como una constante histórica opuesta al clasicismo y germen del Romanticismo. Considera a Góngora uno de sus máximos exponentes y que su arte es más bien realista (Sobrevilla, 1988: 307-309). Sostiene que la literatura peruana posee una naturaleza barroca que se muestra en diferentes épocas y estilos. El influjo gongorino de este poeta se observa en el intento de expresar una «poesía pura» con giros lingüísticos castizos y moldes tradicionales españoles (Pereira, 1939: 68; Bendezú, 1986: 206). En su segunda etapa creativa, que comprende los conjuntos *La rosa de la espinela* (1939), *Travesía de extramares: Sonetos a Chopin* (1950), Adán imitará la inventiva verbal gongorina (Paoli, 1985: 141).

Estos ejemplos de poetas y críticos representativos muestran la diversidad de las opiniones y decisiones creativas sobre el gongorismo y que este tuvo un lugar en la nueva poesía peruana. Javier Sologuren, como era propio del carácter de su grupo, tomó también una postura.

5. Góngora, la tradición y la modernidad, según Javier Sologuren

Semejante a la del grupo del 27, la concepción de Sologuren sobre la tradición es bastante idealista. Sin duda, conoce las ideas de Valéry (y de otros autores), uno de sus escritores predilectos, sobre la influencia inevitable de las obras del pasado en las creaciones originales (1995: 206); y de lo clásico como cuidado de las convenciones compositivas, que procura orden y pureza en la expresión (1995: 177-178). Para el limeño la literatura es un hecho universal, en cuyos textos los hombres de todas las épocas pueden reconocer la esencia de lo humano y algo de sí mismos. Escribe en 1947: «Toda obra clásica es, pues, patrimonio universal de perpetua actualidad [...]» (2005a: 68). Sobre esa visión y en el conocimiento de lenguas, se funda su apertura al arte del pasado y a las literaturas extranjeras.

En sintonía con la idea de la tradición viva, sostiene que «en Góngora [...] hallamos clara prefiguración contemporánea en la rigurosa pasión por lo puramente estético, tanto como en la virtud de su magia verbal [...]» (2005a: 54); y lo tiene por «fénix de imposible ceniza» (Eielson *et al.*, 2013: 134). Esta postura se presenta en varios textos. Por ejemplo, de Ricardo Peña celebra su «módulo gongorino de muy atrayente factura moderna» (Eielson *et al.*, 2013: 134). Y en su tesis doctoral, demuestra en la poesía de Carlos Germán Belli el uso de elementos del culteranismo, en el léxico, el hipérbaton y en algunas fórmulas sintácticas (2005a: 195-197). Sustentado en la declaración de Belli sobre su escritura como engranaje entre la tradición y la revolución poética[6], Sologuren concluye que la originalidad de su elaboración está en el hibridismo: los materiales culteranos moldearán temas modernos y sociales, mezclados con aportes vanguardistas y con el uso de tecnicismos, coloquialismos y neologismos (2005a: 200-202). Según su perspectiva, la «epidermis» lingüística culterana no es un elemento prescindible o despreciable para la poesía en boga, como fuera para Peña y Jiménez. Tampoco lo sería en la composición de *El morador*.

A propósito, es concluyente el ensayo «Gracián y la agudeza por alusión» (1947), donde Sologuren comenta el concepto de alusión de *Agudeza y arte de ingenio* con relación a su pertinencia para definir el simbolismo de Mallarmé. Para Sologuren, las ideas de Gracián señalan principios del simbolismo: sus postulados sobre la dificultad de lenguaje y sobre la alusión como artificio que refiere a un objeto sin declararlo directamente ni del todo, sino apuntándolo con misterio, de modo que el concepto adquiere más significación, profunda e inefable. En eso consistiría, pues, el arte simbólico de Mallarmé, cuya máxima sobre el lenguaje poético sentencia: «Nombrar un objeto es suprimir las tres cuartas partes del goce del poema que se obtiene al irlo adivinando poco a poco: sugerirlo, ese es el sueño» (2020: 415-416). Así, para Sologuren, la «obra mallarmeana [...] siempre ha de ser una pura e inagotable alusión», con la cual la palabra «se libera de una concreta servidumbre significativa [...] para conducir a una realidad tan cierta como intangible» (2005a: 55). No obstante, continúa Sologuren, si para Gracián la alusión está destinada a develar lo ingenioso de su nexo, la de Mallarmé está destinada a ser una alusión absoluta, que tiende al misterio irresuelto que infunde vida.

Indirectamente, Sologuren relaciona a Mallarmé con Góngora, lo que se sigue de que Gracián ilustra la alusión y el concepto de misterio con versos del cordobés (1996: 71-79 y 426-430). Porque el arte gongorino tiende a la sustitución de la noción por la metáfora o su perífrasis alusiva (Alonso, 1978: 319), que la comunica indirectamente, rodeándola, como recomendaría Mallarmé. El ensayo inicia con la idea (ya citada) de Góngora como prefiguración de la poesía moderna, la cual justifica mostrando el nexo técnico y la semejanza de concepciones con la poética simbolista, fundacional para las expresiones del siglo XX.

---

6   Cita un discurso donde Belli indica su uso de la elipsis y el hipérbaton como formas de una «sintaxis intemporal» que procede de Góngora y de otros poetas cultistas.

Con ello, su ensayo toma posición dentro del famoso y extenso debate sobre las equivalencias entre el lenguaje de Mallarmé y el de Góngora, abierto en las primeras décadas del siglo y del cual participan renombrados filólogos[7]. La coincidencia, principalmente estilística, se estimaba tanta que uno ha servido como apoyo lingüístico en la traducción del otro[8]. Entrando en la discusión, Dámaso Alonso analiza los paralelismos y los reduce a los más objetivos: «la dificultad de uno y otro [...]; ciertas coincidencias de lenguaje (cultismo de acepción, elipsis, hipérbaton); y, sobre todo, la estricta escrupulosidad, el insaciable prurito de perfecciones de uno y de otro» (1978: 741). Sin embargo, para Alonso son insustanciales, pues los dos se oponen en lo principal, en las bases metafóricas con las que «evaden» la realidad: si la metáfora de Góngora se funda en la relación lógica y legible entre un rasgo preciso de la noción real y un término imaginario; las de Mallarmé brotan sucesivas, fundadas en la asociación de impresiones, «incoherentes» dirá, en constante cambio (Alonso, 1978: 737–739). Al ser deudora de ese principio metafórico de Mallarmé, Dámaso Alonso estima que la poesía de su generación poco guarda del lenguaje de Góngora.

El español es categórico al contraponerlos. En cambio, Sologuren reflexiona la relación desde el tratamiento alusivo de los objetos (donde la coincidencia es más redonda) y no sobre las bases metafóricas, como otros críticos[9]. Resalta, entonces, que la alusión barroca es el mismo instrumento de la poética mallarmeana y que la diferencia no será de sustancia, sino de grado: está en lo que cada autor busca con la alusión y cómo la resuelve. La actualidad de la alusión barroca está en que considera, en su contexto histórico, el valor semántico y poético del misterio. Porque para Sologuren el misterio es propio de la poesía simbolista y las expresiones del siglo XX. Es, además, un valor que procura en *El morador* (y a lo largo de su obra)[10].

---

7   Sánchez Robayna presenta un resumen del debate y explica satisfactoriamente cómo se pudo establecer la relación la poesía de Góngora con la del simbolismo a inicios del siglo (1983).

8   Se ha visto en ellos a poetas que transformaron radicalmente la lengua que recibieron y que hallaron técnicas semejantes para semejantes problemas expresivos (Pradal-Rodríguez, 1950: 279).

9   En el artículo «Alusión y elusión en la poesía de Góngora», publicado en la *Revista de Occidente* en 1928 y que con seguridad Sologuren leyó, Dámaso Alonso sostiene que la poesía y el gusto modernos se alejan de la alusión y la elusión gongorinas, por causa del exceso de referencias mitológicas y científicas, y por sus limitaciones temáticas e imaginativas (1978: 336–337).

10 Como sentencia en una de sus reflexiones sobre la poesía: «El poeta y el artista buscan a la vez los signos de una verdad elusiva [...]» (2005b: 34).

Sologuren es un tanto más cercano a las posturas analógicas de críticos y poetas como Jorge Guillén. Como afirma Sánchez Robayna, Guillén interioriza la asociación Góngora-Mallarmé como operación creadora de su poesía inicial y criterio de su crítica posterior. En «Lenguaje poético: Góngora», texto posterior al ensayo del limeño, Guillén resalta que el lenguaje gongorino es, por definición, indirecto y alusivo, y usa términos que remiten necesariamente a los planteamientos poéticos de Mallarmé (1983: 22). Y en un poema de 1923, «Los dos valientes», tematiza la relación entre ambos autores, equiparándolos en la búsqueda de una esencia evanescente como la poesía (Silva-Santisteban, 1998: 150). El caso de Javier Sologuren es similar, aunque con notables diferencias.

6. Oscuridad y sentido de «Décimas de entresueño»

La difícil lectura de «Décimas de entresueño» se debe a diferentes factores: la concentración de metáforas, la ampliación de la frase por incisos que diluyen la relación sujeto-verbo, etc. Pero la intención es la misma: eludir la mención del objeto poético y del relato. Así, también se aprecian elipsis constantes del sujeto (remarcadas por los pronominales que se prestan a confusión) y cambios de persona gramatical. Y aunque el asunto del poema traza una cadena de eventos, es borrosa porque no se narra directamente: el proceso se presenta bien con enunciados descriptivos (décimas 1 y 4), bien por medio de una definición (2) o de una invocación (3). La acción se aprecia más en el flujo de imágenes y los deverbales que en los verbos.

Sologuren construye así una alusión extendida, cuyos relato y objeto aludidos se entrevén en algunas imágenes dispersas. El yo lírico invita a una oruga a culminar su transformación en «mariposa» y alzar vuelo, lo que se constituye en metáfora de la escritura poética, porque la mariposa es «papel alado» que prende «fuego en la palma de la mano». Entonces, la «elipse aclimatada» se entiende como alusión geométrica del capullo de donde «nace» la mariposa. Y al ser esta mariposa el poema (arte sonoro), su nacimiento destruye el «silencio». De ese modo, «Décimas de entresueño» es un arte poética, un discurso indirecto sobre qué es la poesía y cómo es su proceso creativo, y que establece las pautas que siguen los otros poemas de *El morador*. Para ello es funcional la alusión: el circunloquio mezcla la noción de la oruga con otras imágenes y pensamientos, de manera que sugiere diferentes ideas sobre la poesía. En consecuencia, el poema resulta bastante proteico, porque expresa una idea compleja con subtemas.

La secuencia oruga-mariposa figura la esencia de la poesía, su efecto estético y su producción. Se caracteriza la poesía con tres rasgos que las imágenes mezclan. Primero, esta brota del interior del sujeto y crea un mundo nuevo, al igual que la oruga prepara su vuelo dentro del capullo. Más exacto es decir que la creación es un descubrimiento introspectivo (del «revés de la conciencia») que el sujeto emprende a través del lenguaje. Se inserta en esto el onirismo superrealista: el sujeto ingresa al ámbito del «sueño», que se lee en el «descanso de la vista» y «la aventura del párpado yacente», y que aquí está concebido como ámbito maravilloso donde los seres y objetos de los campos más disímiles se engarzan con fluidez. Segundo, la experiencia poética transporta y eleva al sujeto, y por ello se figura como una navegación y un vuelo de mariposa. Tercero, este nuevo mundo posee organicidad y vida plena: la materia se presenta en formación y crecimiento. Por eso el elemento vegetal es tan importante en *El morador* (y para toda la obra de Sologuren). Es una realidad en perenne metamorfosis y renovación: el poema trata de una oruga en proceso de tornarse mariposa; el sujeto lírico se mezcla en la vegetación y renace; y se suceden seres y objetos de diferente tipo (aunque en su mayoría tomados de la naturaleza). Y de ese modo vuelo y navegación se hacen un mismo movimiento («papel alado / hacia tu verde mar»), pues incluso la playa («suspendida arena») nace del capullo. E igual la vegetación y el mar se confunden.

La escritura es definida en relación con lo anterior. Como la oruga que teje cuidadosamente la seda, el poeta es un «diestro tejedor», para quien el vuelo conlleva dificultades y trabajo («seco aliento»). El enunciante se encuentra en el «entresueño», entre lo onírico y la consciencia, desde donde se esfuerza por ingresar al mundo del sueño con la escritura. Ello requiere de una sensibilidad especial, que interiorice los fenómenos para captar su esencia, las materias mudadas y «sin su traje»: el sujeto lírico debe descubrir las correspondencias de los fenómenos disímiles. Pero el poema no se alcanza una vez para siempre, la creación debe rehacerse constantemente: la décima final presenta la consumición del vuelo («recóndita ceniza») y al poeta presto a recomenzar la escritura («vuelve al anillo»). Esta sugerencia se refuerza con las imágenes circulares del texto. Al ser nuevo cada intento, la elaboración del poema es un riesgo y un misterio, y su escritura, un «ademán ignorante del viaje».

El poema trasunta la emoción del sujeto lírico, su anhelo apremiante («ansia») y la incertidumbre de alcanzar la experiencia poética que lo maravilla, y a la que necesita volver constantemente porque es una necesidad vital (que lo hace renacer y verdecer). Estas décimas son una declaración del autor sobre su quehacer. La poesía abre un mundo, pero solo a partir del esfuerzo del autor por crear una lengua que dé entidad a su misterio interior (su «vivido azar»). Sologuren siempre recalcó que su obra nace de una íntima necesidad por expresar sus experiencias (2005b: 319). Y de *El morador* dirá que sus versos no nacen de una irrealidad, sino que el sentido de su poesía viene del mundo real (2005b: 345).

7. Confluencias y originalidad del lenguaje de Sologuren

«Décimas de entresueño» reproduce el nexo que pocos años después Sologuren expondrá en su ensayo sobre Gracián: la tendencia a la elusión como parte del lenguaje del cordobés y del misterio de la poesía propuesto por el simbolismo francés. El poema estudiado presenta varios puntos de contacto, profundos y felices. Por ejemplo, la analogía escritura-vuelo-navegación está en los vv. 603-610 de la *Soledad primera*: las «grullas veleras» surcan los «piélagos del aire» y se agrupan como letras «en el papel diáfano del cielo» (Góngora, 2016: 317-319); y constituye un motivo en la poesía de Mallarmé (Bellet, 1987: 7): en «Brise marine», el hacerse al mar a donde van las aves es símbolo de la aventura de la creación poética (Mallarmé 1998: 15).

Pero la confluencia más importante está en el motivo de la poesía como metamorfosis perenne: el símbolo base es una oruga en transformación, la materia cambia constantemente y se anuncia una regeneración. Nótese que el francés y el cordobés trasponen los relatos de sus poemas por metamorfosis; es una de las convergencias que apunta la crítica y que Dámaso Alonso desestima (1978: 736). Sin embargo, Sologuren no pretende pastiche ni afectación imitativa alguna. El fin de su poética trasciende el pretexto de equiparar a Góngora y Mallarmé. Y, de hecho, con la alusión mallarmeana, se establece el diálogo con otros códigos del siglo XX. El estilo de Góngora le sirvió a Sologuren para filtrar, en su lengua natural, la alusión sugestiva simbolista que tanto se apoya en las particularidades lingüísticas del francés. Ambas lecciones son el material con que produce un lenguaje original, hibridándolas y añadiendo otros aportes de su sensibilidad personal.

La elusión base persigue esa directriz al mezclar la oruga con otros elementos. Y a partir de ello, lo hará la sucesión de imágenes, nacida en gran medida de la libre asociación que permite, por ejemplo, la «mariposa luz de piedra» (con la omisión de la coma que anula el límite entre imágenes e indetermina la categoría de las palabras). También participa la alternancia entre la vegetación y el mar, que se mezclan lingüísticamente («naufrago en olivar», «mar alimonado») al punto que el espacio queda indeterminado (el enunciante «se confunde»). Su pivote es el color verde. Esta impresión cromática matizada es lo único fijo y simboliza las ideas de inicio (por el agua) y de cambio y regeneración (de lo vegetal), que comunican el concepto de la creación como constante reinicio.

Y en ese sistema se insertan los rasgos gongorinos. De hecho, la alternancia mar-vegetación tiene por base la misma analogía colorista a partir de la cual Góngora llama «campos de zafiro» al cielo (2016: 197), aunque la resolución es otra, porque Sologuren indetermina el punto de partida. La misma suerte para el léxico y la sintaxis. Los deverbales pretenden el dinamismo de la poesía del cordobés, pero en «Décimas de entresueño» designan imágenes en transformación («despuntada», «renacido», «verdecido», «abrasado», «encanecido»). Y el período dilatado confiere fluidez al tránsito de materias, engarzadas todas en la misma construcción.

Las formas con las que el cordobés produjo una poesía de lo objetivo recrean aquí una realidad nacida del interior del sujeto lírico e integran un lenguaje que contempla nuevas maneras de significación en la sugerencia del significante. Adquieren así un dinamismo nuevo, pues traban imágenes que aceleran y multiplican las relaciones inusitadas. Mientras que la transformación elusiva de Góngora es temporal y retorna siempre al punto fijo de la realidad objetiva del que parte, el lenguaje de Sologuren ofrece una transformación perenne que va construyendo una realidad[11]. El trabajo creativo del limeño está en tornar los giros áureos en signos que no revisten fenómenos, sino que les dan vida y nuevos significados.

8. La décima de Sologuren: libertad compositiva

Sologuren también opera modificaciones al uso tradicional de la décima espinela en favor de su materia. Desde que su forma se fija en la segunda mitad del siglo XVI, gracias a la fama de las *Diversas rimas* (1591) de Vicente Espinel, la décima ha sido una de las estrofas castellanas más cultivadas. Tradicionalmente, esta consta de diez versos octosílabos con rimas consonantes en el orden abbaaccddc. Sus versos, incluso en las décimas continuas, se dividen sintáctica y semánticamente en dos partes: una de cuatro versos, otra de seis. Esa división modula el discurso hacia la estrechez y la unidad del tema, porque los primeros cuatro versos presentan el tema y los restantes deben ampliar el planteamiento sin presentar nuevas ideas (Baehr, 1973: 300). Por eso, la décima se asume como uno de los cauces preferidos para el trasvase de los epigramas, que consistían en

---

11 Léase la comparación que hace Octavio Paz entre la metáfora barroca y la imagen moderna: los conceptos barrocos son movimiento «congelado» entre términos fijos, la imagen moderna es ávida de nuevas relaciones (1967: 76). Reléase la nota 3 sobre el realismo de la poesía de Góngora.

el planteamiento de una idea. En Góngora, el discurso epigramático se decantó casi exclusivamente por el soneto y la décima (Matas, 2013: 167-168), y entonces sus décimas siguen la estructura tradicional, con la redondez temática consiguiente.

Durante el siglo XX la décima se retoma en España e Hispanoamérica. Por ejemplo, el poeta mexicano Xavier Villaurrutia (1903-1950) adopta intactos sus principios compositivos: con metro, división temática 4/6 y correlaciones del ingenio barroco. Como apunta la crítica, Villaurrutia, movido por las ideas de Valéry, busca con la décima una depuración expresiva, pues sus límites le sirvieron para «ensimismar un contenido o para desarrollar una idea en sí, como si se tratara del epigrama que da realce a un pensamiento completo» (Lima, 2015: 39). El caso paradigmático del Perú son las décimas octosílabas de *La rosa de la espinela* (1939) de Martín Adán. La poética de este conjunto consiste en una exploración metafísica y cada décima aprovecha la división 4/6 para detallar un aspecto puntual del símbolo de la rosa.

Esa predisposición de la décima a la unidad circunscrita contrasta con la proteica apertura del tema de «Décimas de entresueño». En consecuencia, las décimas de *El morador* presentan licencias notorias, que propugnan una estrofa adecuada para un discurso expansivo, no cerrado[12]. Evita la distribución semántica 4/6, con lo que propicia la profusión de ese otro espacio onírico, no limitado en una sola idea, sino rebosante y en crecimiento. Por eso prefiere el endecasílabo al octosílabo[13], porque concede mayor comodidad a las metáforas. Además, le permite practicar las antítesis y versos bimembres coloristas del Góngora de los sonetos. Los endecasílabos de Sologuren presentan una tendencia al encabalgamiento (que en este poema presenta una concentración inusual para la poesía áurea), con la que torna borrosa la pausa versal y refuerza la fluidez del tránsito de imágenes (Ramírez, 1967: 10). En la misma línea, la rima no busca restringir la selección léxica, sino que Sologuren la emplea para dar validez a su mundo nuevo: aquí la semejanza fónica remarca la pertenencia y consecución de entidades que fuera del texto no coinciden.

---

12 Ocurre en las dos décimas del poema «Encuentro» y en las tres de «Destinada», quizá las primeras que escribió, pues se publicaron en el primer número de la revista *Signo*, correspondiente a agosto-setiembre de 1942 (Sologuren, 2004: 639-640).
13 Las décimas endecasílabas son variantes poco comunes y posteriores, pero se registran ya en el siglo XVIII, y los modernistas llegan a aclimatarlas (Baehr, 1973: 305).

9. Conclusiones

Javier Sologuren se ha caracterizado por desarrollar el ejercicio creativo en estrecha relación con el ejercicio crítico: es un poeta que reflexiona sobre el arte, para luego analizar y complementar el suyo. Los versos de *El morador* constituyen el paso a la madurez artística de su autor, porque la recepción de sus improntas es plenamente creativa. Sologuren opta así por hibridar sus lecciones de juventud y ordenarlas según un designio expresivo personal.

Pese a que sus versos tientan una realidad interior, a la vez su escritura nace de una reflexión acerca del devenir histórico de la poesía de su tiempo (del mundo externo). *El morador*, entonces, demuestra indirectamente una tesis sobre la pertinencia de la lengua de Luis de Góngora para la escritura poética del siglo XX, una tesis personal porque forja sus criterios particulares y porque se opone a otras voces autorizadas. A las opiniones que cuestionan el posible nexo de Góngora con la poesía moderna, Sologuren opone la destreza del trabajo con el lenguaje y la confianza en la poesía como ámbito universal en que convergen ideas y técnicas de distintos tiempos, e hibrida poéticas. Y frente a opiniones como las de Ricardo Peña y Jiménez Borja, que pretenden la ascesis de todo rasgo culterano, demuestra que esa «epidermis» gongórica no enturbia la imagen creadora, antes bien la sustenta, le confiere cuerpo y dinamismo.

Por eso Eielson acierta cuando concluye sobre *El morador* que «[e]l alma gongorina de Javier revela su más secreto proyecto: dar forma a la pasión» (1989: 280): claro ejemplo son las formas métricas clásicas, donde isosilabismo y rimas reflejan la coherencia de lo recién nacido. La impronta es completamente calibrada y sus cálculos se extienden al conjunto. Pero debe matizarse esa remisión al clasicismo depurador de Valéry, latente en el juicio de Eielson: Sologuren es más libre de modificar las convenciones y no es despersonalizador.

La presencia de usos tradicionales en un arte poética como «Décimas de entresueño», que ve en la poesía la génesis de un mundo nuevo e interior, supone una propuesta consciente de la plena funcionalidad de la literatura del pasado en la creación original y revela la importancia que para Sologuren tiene este asunto. Al respecto, es interesante que la señalada analogía de la escritura como viaje marítimo (presente en Mallarmé y base de una metáfora gongorina) sea en verdad una de las metáforas más antiguas de la literatura occidental (Curtius, 2012: 189-190). Con *El morador* Sologuren abre una línea que su obra posterior profundizará temáticamente: la voz personal que es continuidad de las voces del pasado. Y es que la búsqueda de lenguajes y formas de diferentes tradiciones literarias constituye un ejercicio primordial en su escritura, la seda con que teje las alas de su verso.

Referencias bibliográficas

ALONSO, Dámaso (1978): *Obras completas. Góngora y el gongorismo*, t. V. Madrid: Gredos.

BELLI, Carlos Germán (2015): *Morar en la superficie*. Lima: FCE.

BELLET, Roger (1987): *Mallarmé, l'encre et le ciel*. Seyssel (Francia): Champ Vallon.

BENDEZÚ, Edmundo (1986): «La obra poética de Martín Adán». En A. D. Kossoff, R. H. Kossoff, G. Ribbans y J. Amor y Vázquez (eds.), *Actas del VIII Congreso de la Asociación Internacional de Hispanistas*, v. 1 (203-210). Madrid: Ediciones Istmo.

CAPLLONCH, Begoña y José M. MICÓ (2013): «La invención poética en las décimas gongorinas». En J. Matas, J. M. Micó y J. Ponce Cárdenas (eds.), *Góngora y el epigrama: estudios sobre las décimas* (243-260). Madrid / Frankfurt am Main: Iberoamericana / Vervuert.

CERNUDA, Luis (2002): *Prosa I, Obras completas II*. Madrid: Ediciones Siruela.

CURTIUS, Ernst R. (2012): *Literatura europea y Edad Media latina*, t. I. México, D.F.: FCE.

DEBICKI, Andrew (1981): *Estudios sobre poesía española contemporánea*. Madrid: Gredos.

EIELSON, Jorge E. (1989): «La pasión según Sologuren». *Lienzo*, 9, 279-289.

EIELSON, Jorge E., Salazar BONDY, Sebastián y Javier SOLOGUREN (2013): *La poesía contemporánea del Perú*. Ed. I. Lergo. Ica: Biblioteca Abraham Valdelomar.

GÁLVEZ, José (1915): *Posibilidad de una genuina literatura nacional*. Lima: Casa Editora M. Moral.

GARCÍA-JURADO, Francisco (2017): «La estética idealista de la tradición literaria: una lectura del "Soneto gongorino" de García Lorca». *Literatura: teoría, historia, crítica*, 19, 11-37.

GÓNGORA, Luis de (2016): *Soledades*. Ed. Robert Jammes. Madrid: Castalia.

GONZÁLEZ VIGIL, Ricardo (1974): *Forma e indeterminación en «Eclipse de una tarde gongorina»* [Tesis doctoral. Pontificia Universidad Católica del Perú].

GRACIÁN, Baltasar (1996): *Agudeza y arte de ingenio*. México, D.F.: UNAM.

JAMMES, Robert (1987): *La obra poética de don Luis de Góngora y Argote*. Madrid: Castalia.

JAMMES, Robert (2016): «Introducción». En Luis de Góngora, *Soledades* (7-176). Madrid: Castalia.

JIMÉNEZ BORJA, José (1986): *Obra selecta*. Lima: Academia Peruana de la Lengua.

Lima, Diego (2015): «Origen, continuidad e ingenio en las décimas nocturnas de Xavier Villaurrutia». *Signos literarios*, 22, 32–47.

Mallarmé, Stéphane (1998): *Œuvres complètes I*. Ed. Bertrand Marchal. París: Gallimard.

Mallarmé, Stéphane (2020): *Divagaciones. Prosa diversa*. Ed. y trad. R. Silva-Santisteban. Lima: Alastor Editores.

Mariátegui, José Carlos (1928): «Nota de *Amauta*. El antisoneto». *Amauta*, 17, 76.

Mariátegui, José Carlos (2007): *7 ensayos de interpretación de la realidad peruana*. Caracas: Biblioteca Ayacucho.

Matas, Juan (2013): «Del soneto a la décima: estilística y género en la poesía breve de Góngora». En J. Matas, J. M. Micó y J. Ponce Cárdenas (eds.), *Góngora y el epigrama: estudios sobre las décimas* (167–188). Madrid / Frankfurt am Main: Iberoamericana / Vervuert.

Paoli, Roberto (1985): *Estudios sobre literatura peruana contemporánea*. Florencia: Stamperia Editoriale Parenti.

Paz, Octavio (1967): *Puertas al campo*. México, D. F.: UNAM.

Peña Barrenechea, Ricardo (1933): «Realización y sentido cultural del arte». *Social*, 45.

Pereira, Raúl M. (1939): «De lo gongórico en la poesía peruana actual». *3*, 3, 62–72.

Pérez, Javier (1998): «Las "Soledades" gongorinas de Rafael Alberti y Federico García Lorca, o la imitación ejemplar». *Criticón*, 74, 125–154.

Pradal-Rodríguez, Gabriel (1950): «La técnica poética y el caso Góngora-Mallarmé». *Comparative Literature*. 11.3, 269–280.

Ramírez, Luis H. (1967): *Estilo y poesía de Javier Sologuren*. Lima: Ediciones de la Biblioteca Universitaria.

Riva Agüero, José [de la] (1962): *Carácter de la literatura del Perú independiente. Obras completas, t. I*. Lima: Pontificia Universidad Católica del Perú.

Salinas, Pedro (1974): *Jorge Manrique o tradición y originalidad*. Barcelona: Seix Barral.

Sánchez Robayna, Andrés (1983): «Un debate inconcluso. Notas sobre Góngora y Mallarmé». *Revista de la Universidad de México*, 30, 17–24.

Silva-Santisteban, Ricardo (1998): *Stéphane Mallarmé en castellano*. Lima: Pontificia Universidad Católica del Perú.

Sobejano, Gonzalo (1956): *El epíteto en la lírica española*. Madrid: Gredos.

Sobrevilla, David (1998): «*De lo barroco en el Perú* de Martín Adán». *Lienzo*, 19, 305–356.

SOLOGUREN, Javier (1944): *El morador.* Separata de *Historia,* 8.

SOLOGUREN, Javier (2004): *Vida continua. Obras completas, t. I.* Ed. R. Silva-Santisteban. Lima: Pontificia Universidad Católica del Perú.

SOLOGUREN, Javier (2005a): *Al andar del camino I. Obras completas, t. VIII.* Ed. Ricardo Silva-Santisteban. Lima: Pontificia Universidad Católica del Perú.

SOLOGUREN, Javier (2005b): *Hojas de herbolario. Obras completas, t. X.* Ed. R. Silva-Santisteban. Lima: Pontificia Universidad Católica del Perú.

SOLOGUREN, Javier (2016): *Vida continua.* Ed. R. Silva-Santisteban. Lima: Academia Peruana de la Lengua.

SONCINI, Anna (1984): «Continuo y discreto en la escritura de Javier Sologuren». *Lexis,* 8.1, 95–111.

VALÉRY, Paul (1995): *Estudios literarios.* Trad. J. Carlos Díaz. Madrid: Visor.

XAMMAR, Luis Fabio (1939): «Comentario a la materia de Ricardo Peña». *Mercurio Peruano,* 150, 312–329.

Enrique Ortiz

'Gongoritmos' en un *Cuervo imposible* del poeta salvadoreño André Cruchaga: hacia una poesía total desde lo sublime

Resumen: La constatada influencia de la poesía de Luis de Góngora y Argote en la literatura hispanoamericana encuentra una dimensión de todo el interés en la poesía centroamericana de nuestros días, singularmente en el poemario de *Cuervo imposible*, publicado en 2019 por el prolífico salvadoreño André Cruchaga. Se trata de una influencia creativa cuya impronta innovadora constituye una de las características medulares de la poética hispanoamericana y, concretamente, de este poeta, cuyo tratamiento de los temas y de los recursos formales lo separan de las tendencias del simbolismo acartonado y del coloquialismo que caracterizan la poesía centroamericana actual. Esta impronta encuentra su fulcro tanto en la pretensión de la autonomía de la obra artística y, por tanto, del lenguaje literario, capaz de generar sus propios referentes, como en una particular asunción de la estética de lo sublime provenientes de la producción gongorina, tal y como se trata de mostrar/demostrar en este artículo; de nuevo, la sombra del poeta cordobés universal se torna alargada, fértil y adalid de la renovación poética en todos los órdenes.

Palabras clave: Literatura comparada, gongorismo, literatura hispanoamericana actual, André Cruchaga, poética

> *Música le pidió ayer su albedrío*
> Luis de Góngora
> [Cita incorporada por el poeta André Cruchaga en uno de sus poemas]

1. Atrio

Sin lugar a duda, la poesía del salvadoreño André Cruchaga no solo constituye una voz singular en el panorama centroamericano actual, sino en la literatura hispanoamericana en general. Ello es así porque se aleja del mero coloquialismo y de cierto simbolismo acartonado (frecuentes en la poesía centroamericana actual) (Millares, 1994: 125) (Duarte, 2016: 34–35), para promover una experiencia poética radical que resultaría incomprensible sin la impronta gongorina, indiscutible fulcro de originalidad a lo largo y ancho de la poesía hispanoamericana, y no solo centroamericana (Robayna, 2012: 171).

Este artículo, pues, persigue como objetivo fundamental identificar la huella gongorina como una de las vertebraciones demiúrgicas de la ideación poética en la producción de André Cruchaga (Madera, 2010: 10; Ortiz, 2019: 7-9), ya que, frente a la poesía pura y su consiguiente depuración, simplificación y minimización de elementos retóricos (Azam, 1989: 145), se opta por la pura poesía mediante una indagación en la esencia del lenguaje poético, que despliega toda una estética —en la que el sujeto poético opta por la expresión sincera (Duarte, 2016: 27)— confiada a la autonomía de la obra artística (desde la independencia del lenguaje poético propio, no identificable con el de la comunicación en nuestros intercambios consuetudinarios), y que se entrega a la interdisciplinariedad como naturaleza de una poesía total que, en su rabiosa modernidad, reivindica la estética de lo sublime desde el alarde deliberado del ingenio retórico como epítome y como plétora, de suerte que no solo se propone como paradigma, sino que lo satura para encumbrarlo (Haro, 2006: 193).

En cuanto a la metodología adoptada, se trata de plantear la exégesis analítica de la poética gongorina en la poesía de André con ejemplos concretos (musicalidad, hipérbatos, metáforas, hipálages, aliteraciones, cultismos, alegorías, plasticidad, entropía, cromatismo, sensorialidad, exuberancia, hipérbole y desmesura, sonoridad, preciosismo, intertextualidad, plurisignificación connotativa, rotundidad, acusativo griego, desplazamientos, laboriosidad, desautomatización del lenguaje, inefabilidad, *horror vacui*, novedad y riesgo; por ende, la profusión retórica o el ornato como indagación poética en la búsqueda del lector exigente y exigido, en la esencia de lo poético desde una singularísima voz que descoyunta el lenguaje en el cuidado formal y en el aristocratismo líricos para adentrarnos en los territorios de lo mítico, de lo genésico, del origen) que demuestren, a su vez, que de la intertextualidad del cordobés se colegirán otras resonancias que identifican los poemarios del prolífico poeta salvadoreño y que procurarán de manera holística (orquestada e inseparable) el carácter sublime a sus artefactos (san Juan de la Cruz, Charles Baudelaire, Mallarmé, Edgar Allan Poe, Whitman, Rubén Darío, Nicanor Parra, Vicente Huidobro, Vallejo y el Surrealismo, entre otras notorias influencias) (Siles, 2017: 246).

2. Fundamentación

Sea como fuere, se trata de constatar la incontrovertida modernidad del autor de *Soledades,* mediante el análisis de materiales literarios, que deviene demiurgo gnoseológico/ontológico al procurar, a través de mecanismos reconocibles, el hálito de lo sublime, una categoría estética tan ineludible para comprender la sociedad líquida —esa permanente inestabilidad y ausencia de solidez generalizada que explica la posmodernidad, según Zygmunt Bauman (2003)— de los tiempos actuales (Llorente, 2016: 10) como para identificar la singularísima voz poética de André Cruchaga, corroborada en *Cuervo imposible* (Cruchaga, 2019b), de recentísima publicación, y que respondería por exceso a la propia naturaleza del género lírico, mediante la sobresaturación como detonante hacia la entropía y la sublimidad, ya que es una poesía que habla del sujeto y de su trágica condición en la tensión con sus propios cimientos, volátiles, de los vínculos humanos y de su problemática, y del lenguaje como instrumento insuficiente y, al tiempo, auténtico alarde, protagonista brillante de este vuelo imposible, logrado desde las raíces en la naturalizada incorporación del poeta cordobés (Vich, 2019: 2).

De hecho, esta denodada búsqueda a través de la poética de la totalidad persigue la estética de lo sublime, inspirada directamente en el quehacer gongorino, cuyos recursos formales y temáticos revisaremos más adelante; sin olvidar que se ha señalado la presencia de la sublimidad como categoría estética en la poética de Góngora, incluso Correas reserva el término para calificar al poeta cordobés (Blanco, 2016: 48). Este extremo no resulta baladí, ya que el fulcro común de ambas poéticas descansa sobre esta sublimidad convergente, relacionada con cierta oscuridad expresiva y con la implementación de mecanismos estéticos concretos, como los hipérbatos, la utilización de neologismos o la articulación de metáforas, que confieren magnificencia al estilo (Roses, 1992: 104), sin renunciar a la incrustación del leguaje corriente. Una particularidad, debido a que, junto a los cultismos y las palabras eruditas, Góngora destacó también (y de ahí, en parte, su apuesta por una poesía total, holística en su concepción) por incorporar al lenguaje poético palabras de uso habitual, tal y como podremos comprobar también en la poesía del escritor chalateco: «En el idiolecto de Góngora, más que los cultismos estrictos, destaca el novedoso empleo de términos corrientes, junto con el llamado cultismo semántico o de acepción, ya practicado por Boscán y Garcilaso, que actualiza y revitaliza palabras desgastadas» (Carreira, 2013: 254).

Esta misma naturaleza totalizadora, síntoma de una poética de lo sublime —inaprehensible, absoluta, ilimitada, holística (Cuartas, 2007: 79)—, la encontramos en el decir poético del salvadoreño de marras: «En *Cuervo imposible*, André nos presenta una voz imantada de incertidumbre, de desazón y de muerte [...], pero, sobre todo, de urgencia por decirlo todo» (Chávez, 2019); así como algunos mecanismos estilísticos y temáticos en los que se sustancia, con un menor o mayor grado de identificación, debido a que, a la influencia gongorina que el propio autor reconoce al asumir citas literales del autor de *Soledades* (Cruchaga, 2019a), se aúnan otras improntas en rica polifonía. Enseguida trataremos lo sublime en la poesía de Góngora, pero la aseveración de Pere Gimferrer sobre la permanente búsqueda de lo absoluto en su poética (Gimferrer, 2014: 20) nos coloca ya en los dominios de la sublimidad. Precisamente, esta pretensión totalizadora impregnará de sensualidad la poesía del salvadoreño André Cruchaga, que perseguirá la poesía total, también, desde la musicalidad pergeñada mediante la plasticidad y el cromatismo, por lo que la naturaleza sinestésica, poderosa en la supresión de compartimentos estanco, devendrá mecanismo único para procurar también una estética de lo sublime que, habida cuenta de le enorme distancia cronológica, se articula muchísimo menos en esquemas métricos tradicionales, cuya renovación casa perfectamente con el Barroco y prácticamente nada con la poesía actual, caracterizada por la liberación absoluta de los corsés formales de la tradición, también en la poesía centroamericana contemporánea (Millares, 2013: 27). En todo caso, la persecución de lo absoluto, epítome y plétora de la poesía de Góngora (Gimferrer, 2014: 22), se convierte también en marchamo de la poesía del salvadoreño; eso sí, desde la reinterpretación, pero articulada mediante similares mecanismos formales y tratamientos temáticos. Además, la visión poética cruchaguiana en *Cuervo imposible* se confía en gran medida a la metáfora gongorina, demiurgo de la entropía existencialista mediante la plétora significativa y la experiencia sensorial: principal detonante de lo sublime —por sobreabundancia—, y concomitancia esencial de una poética compartida; la de Cruchaga, deudora de la del cordobés. Una recreación gongorina, pues, a modo de poética. Esta coincidencia en la vertebración metafórica del discurso poético resulta esencial, ya que conlleva como corolario la asunción de la poesía como un territorio metarreferencial, capacitado para crear sus propios referentes, aunque estos encuentren su inspiración en la realidad circundante. Por tanto, ambos poetas coinciden plenamente en la construcción de imágenes como método para indagar en la naturaleza de la obra artística y como una propuesta de autonomía del lenguaje, que mediante la sustitución de una realidad metafórica por otra (la circundante) genera referentes estéticos independientes de la realidad mostrenca de nuestro entorno próximo: en el caso de Góngora, incardinada en la estética barroca del metadiscurso y la *mise en abyme* (Vecchio, 2007: 243); en el poeta centroamericano que nos ocupa, inspirada en el discurso poético gongorino tamizado por el espíritu de las Vanguardias (Sánchez Clemente, 2011: 90) y el impulso objetualizador —el valor de los significantes creadores de un significado propio— de la obra de arte. Este es un aspecto central, ya que esta coincidencia en ambas poéticas resulta clave para establecer la influencia directa, y declarada, de Góngora en la poesía de Cruchaga. Por otra parte, se trata de un elemento central para entender el íntimo vínculo entre la poesía gongorina y la modernidad, tan visitado, mediante la culminación de un proceso de autonomía artística (lenguaje literario, en el caso que nos ocupa) que se gestó durante los siglos XVI y XVII:

> Existe una evolución a lo largo de los siglos XVI y XVII muy similar a la que puede seguirse en la pintura tendente a la consecución de una cierta autonomía de las palabras o el color con respecto a los conceptos o el dibujo. El lenguaje instrumento de conocimiento en el Renacimiento, cuando se concibe que las palabras reflejan el alma de las cosas deja de expresar la esencia misma de la realidad y su sentido último; de forma que aumenta la desconfianza en el valor de la palabra y se justifica, de alguna manera, el refugio en las *verba* y la renuncia al perfecto ajuste con la *res* (o, de otra manera: cada vez adquiere mayor independencia la belleza que pudiera crearse directamente del sonido de las palabras, aunque se resienta su contenido). Y esta modificación no sólo afecta al proceso de la imitación, sino que expresa —quizá mejor que ninguna otra circunstancia— la verdadera identidad del cambio. El proceso puede seguirse de Herrera a Góngora (Lasheras, 2000: 442).

En ambos casos, nos encontramos con una poética que problematiza la relación verdad/apariencia, y que la tensiona en una suerte de solución paradójica (el Barroco, enraizado en el engaño/desengaño de los sentidos; las Vanguardias, en el periodo de encrucijada de entreguerras ante el descreimiento de una realidad desoladora y de un lenguaje artístico en crisis cuya impronta llega hasta nuestros días, de manera general a la Literatura hispanoamericana y —singularmente— a la poesía de André Cruchaga). En todo caso, poco debe extrañarnos la relación entre Góngora y las Vanguardias, pues —a pesar de las polémicas— «la generación del 27 española se encargó de solventar e hiperbolizar la figura del cordobés [Góngora], pues su barroco formalista coincidía con el formalismo vanguardista. Esta admiración, quizás exagerada, pasa a la vanguardia cubana, particularmente en su arista de la poesía pura: [...] el juego metalingüístico de la poesía gongorina» (Chazarreta, 2012: 330); aspecto extrapolable a la poesía centroamericana.

Cuervo imposible de André Cruchaga, publicada en 2019 (Cruchaga, 2019b), es un poemario que corrobora la trayectoria poética del poeta salvadoreño. Conformado por setenta y seis *artefactos*, ya desde el término acuñado por el propio autor para sus composiciones, se plantea una concepción artificiosa del arte, de compleja elaboración estética, al tiempo que se reivindica su condición interdisciplinar, un elemento más de raigambre holística, que entroncaría con propuestas totalizadoras como las de Nicanor Parra, cuyos *artefactos* consisten en poemas breves acompañados de imágenes para proponer una interrelación entre las imágenes visuales y el código verbal (Vásquez Rocca, 2012). De todo ello dará cuenta la poesía cruchaguiana mediante la construcción metafórica, capaz de generar significaciones inéditas que reclaman sus propios referentes en virtud de la autonomía de la obra artística, al igual que lo haría la gongorina:

> Por influencia del platonismo, la idea de lo sublime, como se ha encargado de demostrar Mercedes Blanco, serviría de argumento central a la hora de reafirmar el poder verbal de un poeta como Góngora, que trascendía «lo socialmente corriente y admitido». Y no olvidemos que el mismo Góngora acudió a la irracional defensa de origen platónico cuando quiso explicar el sentido hermético de su poesía mayor. Indiscutiblemente, la teoría platónica resultaba de gran utilidad ante la necesidad de defender una creación original como las *Soledades*. El concepto de genio poético potenciaba no sólo la libertad de la imaginación del creador, sino la propia autoconciencia del poeta, la personalidad y el individualismo en el sentido moderno que hoy conocemos. Aludir a esta condición excepcional del poeta equivalía a dar licencia a sus experimentaciones y, en definitiva, a otorgarle a su obra un carácter autónomo frente a la realidad material que se le impone (Pedraza, 2014: 142).

Asimismo, a tenor de la búsqueda de la sublimidad estética, en profunda connivencia con los presupuestos poéticos gongorinos que promueven lo absoluto (Gimferrer, 2014: 25), se dinamizan la polifonía, la intertextualidad, la propuesta de una racionalidad propia (desde presupuestos de una poética gnoseológica), el hibridismo y el carácter proteico que fluyen a través de un verso torrencial, cuyas tiradas habitan los territorios de la entropía y de la plétora como expresión de cierto existencialismo apocalíptico arraigado en la proliferación entrópica de significantes desasistidos de su significado convencional a modo de poética del vacío, profundamente arraigada en la poética barroca y, especialmente, en la gongorina (Vecchio, 2007: 242). La sublimidad, pues, de ambas poéticas, se hermana en la sobreabundancia, rebasadora de límites y de formas, y en la naturaleza sinestésica —promotora de labilidad en los límites entre los sentidos y potenciadora de la dilución de fronteras, en los dominios de lo sublime—, absolutamente características del estilo barroco (Sarduy, 1999: 1401), de la poesía gongorina (Malpartida, 2010: 29) y de la producción cruchaguiana (Siles, 2017: 246).

3. El influjo de Góngora en Hispanoamérica

A pesar de que la influencia de la poesía de Luis de Góngora en la Literatura hispanoamericana es indudable, no en todos los poetas hispanoamericanos se dio de una misma forma:

> Sería absurdo pensar que en todos estos poetas se da un influjo idéntico del autor de las *Soledades*, es decir, que todos ellos presentan un registro similar de los rasgos de estilo gongorinos. Nada más lejos de la realidad. En rigor, tendríamos que hablar de

modulaciones y registros muy diversos, que van desde la traducción hasta la parodia, pasando por la reelaboración, la adaptación, la imitación y la paráfrasis. Puede decirse que, en general, el influjo de Góngora aparece combinado y, en pocos casos, armonizado [...], y también con la huella de otros poetas españoles (Ledesma, Quevedo y, sobre todo, Lope de Vega) (Robayna, 2012: 175-176).

Tampoco parece que, a estas alturas, se haga necesario insistir en que esta evidente impronta gongorina en Hispanoamérica representa, por antonomasia, la repercusión del Barroco español concebido desde un prisma de originalidad poética: «Por supuesto, el gongorismo no se vierte únicamente en las bimembraciones o en los característicos cultismos; es también un sistema de imágenes o, por mejor decir, un modo de tratar la imagen, de establecer su valor y función en el poema» (Robayna, 2012: 176).

Ciertamente, esta reinterpretación desde una creatividad poética genuina convierte el gongorismo en «un signo muy americano», en el decir del poeta cubano José Lezama Lima (Lezama, 1993: 53), tanto que el verdadero eco de Góngora estaría en América, y resulta patente en el caso de nuestro poeta centroamericano y, singularmente, en su poemario *Cuervo imposible*. Sin olvidar que se trata de un influjo que «aparece como una apetencia de frenesí innovador, de rebelión desafiante, de orgullo desatado, que lleva a excesos luciferinos y que se explica por su intento de destruir el contorno para domesticar una naturaleza verbal» (Iniesta, 1999: 781).

De hecho, esta índole reinterpretativa de carácter netamente creativa supondrá la necesidad de decantarse hacia el concepto de *influencia* frente al de *imitación*, en la concepción teórica de Alejandro Cioranescu (2014), ya que junto a la acomodación de la poética de Góngora aparecen *los excesos luciferinos* (Lezama, 1993: 87) que promoverán una entropía capaz de situarnos en los dominios de lo sublime. Así, frente a la imitación, basada en detalles materiales, rasgos de composición, episodios, procedimientos o tropos bien determinados, nos encontramos ante la influencia, debido a que no se trata de un mero contacto localizado y circunscrito, sino a la presencia de una trasmisión menos material, más difícil de concretar, que lleva aparejadas una modificación de la *forma mentis* y de la visión artística o ideológica del receptor; sin embargo, el auténtico gongorismo lo encontraríamos en casos como el del poeta centroamericano de marras, ya que no persigue retorcer la sintaxis, copiar el vocabulario poético del cordobés o calcar sus fórmulas estilísticas, sino que se trataría de una influencia «resultado de una decisión de carácter estético e intelectual: la elección, no por moda, sino convencida, razonada, estéticamente preferible, de la lengua poética propuesta por Góngora» (Tenorio, 2013: 24).

Aunque en América, durante el siglo XVII, hay —sobre todo— imitación respecto de la obra de Góngora y, sin embargo, la influencia es muy escasa —salvo en casos singulares como el de sor Juana (Robayna, 2012: 184)—, la poesía de André Cruchaga es una muestra más de influencia, marchamo de la poesía hispanoamericana desde la modernidad que, de manera identificadora, mantiene incluso en la actualidad tal impronta, como se ha abordado en la fundamentación de este artículo respecto al poeta salvadoreño, y como trataremos —después— de mostrar también con algunos ejemplos, ya que, en su caso, la poética gongorina supone una adquisición fundamental que se adopta para incorporarla a la misma personalidad del autor.

4. Góngora y André Cruchaga. Consideraciones

Al tratarse de una influencia y no de una imitación sin más, resulta algo más complicado rastrear mecanismos literales o aspectos concretos meramente reproducidos. Sin embargo, encontramos fenómenos lingüísticos comunes que pueden advertirse desde la reelaboración, y ello resulta de especial interés al tratarse de un poeta centroamericano de El Salvador, una literatura que demanda, en general, una mayor atención por parte de la crítica. Sea como fuere, la definitiva influencia de la poesía de Luis de Góngora en André Cruchaga puede identificarse en una serie de concepciones poéticas que desglosaremos sucintamente a continuación, al servicio de la fundamentación esgrimida, para tratar en el siguiente apartado elementos de *Cuervo imposible*, ilustrados con sus correspondientes ejemplos, tanto en el tratamiento de los temas como en el lenguaje, a modo de reelaboración y no de mera emulación superficial, por lo que la identificación total de mecanismos no será objeto de la ejemplificación.

Entre ellas, una de las más determinantes la constituye la concepción gnoseológica de la poesía, es decir, la construcción de la poesía como una forma de conocimiento, como lenguaje que permite acceder a instancias suprarreales, no identificables necesariamente con referentes de la realidad más inmediata, sino con una dimensión instalada ya en los dominios de lo sublime, en relación con ese esfuerzo común por indagar en la autonomía del lenguaje poético asediado en el apartado de la fundamentación. En este sentido, también pueden identificarse los *gongoritmos*, una musicalidad que se expresa mediante la naturaleza sinestésica y la plasticidad del cromatismo, articulados en las frecuentes aliteraciones, el ritmo épico y apocalíptico, así como en la abrumadora sonoridad torrencial, garante de la saturación en la musicalidad. Por otra parte, el uso del poeta chalateco de *artefactos* poéticos aleja su poesía de la sencillez expresiva tanto como de la simplificación y la instala en la órbita de la pura poesía, en tanto en cuanto la convierte en búsqueda del extrañamiento en la expresión y en la creación de relaciones insólitas que se acrecen sobre la realidad circundante para apuntar hacia la autonomía de la obra artística y la oscuridad expresiva, que tanto se asocia con la poesía gongorina como epítome y plétora de su poética (Roses, 1994). Asimismo, la dificultad como laboriosidad poética y la exigencia se alían como propuesta al encuentro del origen, de suerte que la poesía conforma un territorio mítico que refiere lo genésico. En directa relación con la dificultad, se incorpora la oscuridad como apuesta moderna en la que se demanda un lector activo, necesario en la construcción significativa del texto, sin olvidar que la metáfora constituye la espina dorsal de lo poético en el cultivo de una poesía como imagen en los intersticios de la sinestesia y de la explosión sensorial, a modo de demiurgo poético que promueve la entropía y, por ende, la dilución de límites caracterizadora de la sublimidad; en realidad, la metáfora como demiurgo supone una irradiación caleidoscópica que se articula en un llamativo brillo de la imagen, que pasa por dotar los detalles del mundo material de un seductor relieve de asombro y de belleza, de descubrimiento creador, en una exaltación de la vida de la imagen como autonomía de la obra artística, enraizada en el espíritu vanguardista de la poesía cruchaguiana (con especial deuda respecto al surrealismo) y, desde luego, en una concepción de la metáfora como paradigma de innovación (Jiménez, 2018). Y es que, como Aullón de Haro interpreta en el poeta colombiano Domínguez Camargo, también en el caso de Cruchaga «[Góngora responde a] una apetencia de frenesí innovador, de rebelión desafiante, de orgullo desatado [...] por destruir el contorno con que al mismo tiempo intenta domesticar una naturaleza verbal, de suyo feraz y temeraria» (Aullón, 2004: 1081). En este sentido, Góngora contribuirá tanto a la entropía como a la dinamización de lo sublime y dejará su impronta reelaborada en la poesía de André: «Como Góngora en su tiempo, la obra de Cruchaga quizás no corresponda a la vanguardia poética de nuestros días, sino que va más allá y supera los límites» (Calero, 2018).

Hay más. Elementos que Emilio Carilla considera esenciales en la poética de Góngora aparecen también con rotundidad en la poesía de André Cruchaga, tales como las «violentas antítesis, simetrías y bimembraciones, continuas alusiones mitológicas, el juego sonoro de los distintos tipos de rima, reiteradas metáforas» o el «ornato dialéctico» al que se refería Baltasar Gracián respecto de la poesía gongorina (Carilla, 1972: 46), cuyos ejemplos mostraremos enseguida; sin olvidar la especial aclimatación que la poesía del cordobés supuso en Hispanoamérica, y que constituye un fantástico corolario para este apartado: «El ejemplo de Góngora es [...] un caso extraordinario de influencia, sin equivalente casi en la lírica española de todos los tiempos, y que pasa a ser un fenómeno de dimensión universal. Lo concreto es que los ingenios americanos se sintieron fuertemente atraídos por las 'locuciones maravillosas', por sus hipérbatos, por sus metáforas... Por su poesía, en fin. Y, si muchos no pasaron de débiles ecos, hubo algunos [...] que mostraron en el Nuevo Mundo ser buenos discípulos de tal maestro» (Carilla, 1972: 46).

5. Góngora y *Cuervo imposible* de André Cruchaga: tratamiento del lenguaje y de los temas

Tal y como se deduce de los apartados anteriores, la influencia de la poesía de Luis de Góngora en este poemario de Cruchaga, poeta salvadoreño nacido en Nueva Concepción, Chalatenango, circula indisociablemente unida a una pretensión de renovación poética tanto en el plano del lenguaje como en el tratamiento de los temas, con lo que nos encontramos ante una reelaboración holística. Se trata, pues, de incidir —en primer lugar— en la influencia que encontramos en el plano del lenguaje, para abordar después el tratamiento de los temas.

En cuanto al plano del lenguaje, podemos señalar como influencia gongorina, entre otros aspectos, la resurrección o aplicación al castellano de un vocabulario de cultismos:

> Allí, en tu pecho, cae la luz abisal,
> pese al resplandor *mortuorio*
> que nos acecha,
> a esta *fluctuante* turbación de dientes,
> que con su *insania* nos *anhela*.
>
> «Rictus del hollín» (Cruchaga, 2019b: 63).

Por ejemplo, «anhelar» es considerado término culto (Corominas; Pascual, 1984), utilizado también por Góngora (en «De la toma de Larache»: «sino en las oficinas donde el belga / rebelde anhela, el berberisco suda»).

O:

> Existe el zigzag en el laberinto de la *caverna*,
> la herida oscura del sueño: los pañuelos trascienden
> las lecciones de tristeza del aliento.
>
> «Ventanas movedizas» (Cruchaga, 2019b: 22).

«Caverna» se incluye también como cultismo (Corominas; Pascual, 1984), y aparece en los versos gongorinos (estrofa V de la *Fábula de Polifemo y*

Galatea: «menos luz debe, menos aire puro / la caverna profunda, que a la peña»).
O:

>¿Hacia qué bosque podemos dirigir nuestras *plegarias*
>y vigilias, el *escapulario* de viaje de la brisa?
>[...]
>Cada relámpago tiene sus propios *memorándumes*.
>
>«Rictus del hollín» (Cruchaga, 2019b: 64).

«Escapulario», del *scapularius* latino (Nortes, 1978: 164), también se incluye en la poesía gongorina («En la beatificación de Santa Teresa»: «Si extrañaren los vulgares / y acusaren la licencia, / escapularios del carmen / mies escapatorios sean»).

Estos fragmentos demuestran también el gusto por vocablos sonoros e, incluso, por la reiteración de sonidos rotundos que confieren un ritmo gongorino a la composición. Además, la poesía de Cruchaga promueve también la búsqueda del significado culto en las palabras, a modo de cultismos semánticos:

>donde columnas de libélulas,
>lamen el epitafio *apócrifo* del hombre.
>
>«Libélulas» (Cruchaga, 2019b: 86).

Donde la palabra *apócrifo* se utiliza con su significado culto de *desconocido*, como ocurre en el caso gongorino, que también le otorga al vocablo esta significación (Artigas, 1935: 26).
O:

>Dejé el asombro para interpretar lo *adusto*, me decidí entonces,
>por la oscuridad.
>
>«Introducción al trópico» (Cruchaga, 2019b: 26).

Y:

>En cada ternura, hay grietas de relojes *adustos*;
>amargos dedos
>sobre sombras.
>
>«Hora de grietas» (Cruchaga, 2019b: 99).

En ambos casos, el término *adusto* se refiere al significado de negro —de ahí su asociación con lo umbrío, lo sombrío y lo oscuro—, en la misma acepción en la que lo utiliza Góngora (Carreira, 2009: 14).

Además, también en la poesía de Cruchaga encontramos un hibridismo que responde a la confluencia de los vocablos cultos y los de uso corriente, tal y como se justificó en el caso gongorino al inicio de este artículo, en la pretendida armonía entre lo popular y el aristocratismo lírico como renovación poética:

> El mercado de *pulgas* de las ideas,
> cuando la palabra es un laberinto de *veleidades*.
>
> «Cántaro quebrado» (Cruchaga, 2019: 18).

O:

> Un oráculo para entender el *charco* de sal
> en las pupilas,
> la pipa servida en el plato de la sobremesa,
> el gato negro visible en el cielo irreal de los *delirios* [...]
> Siempre *letal* en su amarilla *pelambre*.
>
> «Vacío en el estanque» (Cruchaga, 2019: 69).

Se destacan en negrita palabras de uso corriente junto a palabras consideradas en un nivel culto de manejo del idioma (aparecen subrayadas). Asimismo, resulta especialmente llamativo el uso de la perífrasis, circunloquios lingüísticos que dibujan el merodeo poético, una amplificación ineluctablemente unida al poder omnímodo de la metáfora:

> Es suficiente la ebriedad de los poros,
> el petate de la lengua,
> los fulminantes ciegos del estertor
> y ese sueño sin piedad por donde
> bebemos las almohadas húmedas de los anhelos.
>
> «Ebriedad de sábanas» (Cruchaga, 2019b: 101).

Así como la aparición de giros no usuales en la lengua común, que contribuyen decididamente a la complejidad expresiva (oscuridad) y que se ayudan a menudo de los hipérbatos, desórdenes en el orden sintáctico lógico, que potencian la complejidad desde el extrañamiento:

> [...]
> La sombra que no sabe que es sombra y guarda
> en su alacena, armarios de desahuciados diccionarios,

> *titánicas erratas jugando a la ternura.*
>
> «Taburete de la sombra» (Cruchaga, 2019b: 29).

O:

> Cuando la nostalgia disuelve los objetos del espejo,
> *las sombras destruyen el pálpito,*
> la piel en su rasgado abismo.
>
> «El poro en el espejo» (Cruchaga, 2019b: 77–78).

Incluso, el hipérbaton se convierte en elemento vertebrador, al servicio -una vez más- de la complejidad expresiva y de cierta oscuridad estilística:

> De nuevo el crepúsculo con su rictus de piedra,
> hundido en la voz,
> opaco como los ojos en medio de la neblina.
> *Bajo el tiesto de los ecos*
> *qué noche nos vigila hasta estremecer las sienes,*
> a veces la poca quietud de la medialuz,
> mientras *no nos cunde*
> *el sobresalto de la bala inminente* o la gravedad de la ceniza,
> [...]
> *En la incertidumbre nos acecha el óleo de la muerte* [...]
>
> «Rictus del hollín» (Cruchaga, 2019b: 62).

O:

> (Las palabras emergen como brasa de ásperos patíbulos,
> *alada dentro de los días*
> *a veces intangibles del relámpago).*
>
> «Áspero patíbulo» (Cruchaga, 2019b: 74).

En los dos primeros ejemplos, aparecen antepuestos complementos que en un orden sintáctico lógico se colocarían pospuestos al sujeto; el último fragmento, además de dislocar el orden esperable del complemento del nombre destacado, por añadidura, muestra la inclinación hacia palabras esdrújulas, sumamente sonoras en su condición acentual de proparoxítonas, tan caras a la poesía gongorina (Bechara, 1995: 415–417), incluso en el marbete mismo de la poesía. Sin olvidar, también en el plano del lenguaje, la ausencia de nexos relacionantes, atribuidos al estilo gongorino (piénsese en el célebre soneto cuyo último verso es: «En tierra, en humo, en polvo, en sombra, en nada», donde el asíndeton se funde para confundirse con la gradación para dibujar la ausencia, el vacío); aquí aparecen los dos puntos, también en una utilización de la supresión de nexos para dar cuenta del vacío:

> La calle, hoy, tiene su propio rostro:
> nos muerde su bramido de muerte.
>
> «Rostro de la calle» (Cruchaga, 2019b: 55).

O el uso de elementos sintácticos latinos, tales como el ablativo absoluto, típico de la poesía gongorina —«impedido el rayo nuevo", en *Soledades* (Osuna, 2008: 256)—:

> Un día invernal,
> *congregada la lluvia.*
>
> «Delirio de aguas» (Cruchaga, 2019b: 114).

Así como la poética de los sentidos, un calificativo que se atribuye indiscutiblemente a la poesía de Góngora, 'poeta de los sentidos' y 'halago para los sentidos' (Orozco, 1984: 57) (Alonso, 1982: 75). Muy en relación con la sinestesia, y en una indagación de las posibilidades expresivas, como en el caso gongorino (Jornet, 2014), André Cruchaga centra su objeto poético en la realidad material para proponer una realidad muy otra a través del lenguaje poético, al igual que el poeta cordobés:

> Salvarnos de las almas descompuestas,
> olvidar la nostalgia
> y el sollozo cuando el humo invade la transparencia.
> El fuego en los sentidos,
> la luz visible en la sombra
> el plano cartesiano derramado.
>
> «Poniente del sigilo» (Cruchaga, 2019b: 17).

O:

> La antesala es una niebla en la sombra [...]
> el cuerpo de la noche o la piedra,
> la aurora lapidada de la sed.
>
> «Antesala del páramo» (Cruchaga, 2019b: 81).

O:

> Las manos hundidas en el sueño,

el espejo que siempre es un salto mortal.

«Espacio insondable» (Cruchaga, 2019b: 86).

En su condición holística, los diferentes territorios de los sentidos se funden para confundirse en un magma de sublimidad en el que, desde la retórica (quiasmo, hipálage, sinestesia, metáfora), se produce la consunción de fronteras entre la vista, el gusto, el olfato, el oído y el tacto. Además, este fragmento da cuenta de una preocupación poética compartida: lo especular; profundamente barroca, aparece, verbigracia, en el *Polifemo* gongorino: «[...] el día / que espejo de zafiro fue, luciente, / la playa [...]» y constituye una seña de identidad de su poética (Pastor, 2003: 153-154). Igualmente, le confieren al espejo una estética sublime que representa lo ilimitado (la siniestra atracción hacia la inmensidad; en la «Soledad Segunda», Góngora le atribuye también al espejo esta capacidad de extensión subsumidora desde su vastedad: «En la incierta ribera / guarnición desigual a tanto espejo», indagando, de manera general, en su identificación con el mar —ya se sabe: «Nuestras vidas son los ríos / que van a dar en la mar, / que es el morir»)—.

Por otra parte, como en el caso de la poética gongorina, la complejidad expresiva no renuncia tampoco a la concentración significativa, a la condensación expresiva que analiza exhaustivamente Dámaso Alonso en el *Polifemo* gongorino, en un célebre trabajo de 1961 publicado de nuevo por la revista *Atenea* (Alonso, 2009: 232), que también hace acto de presencia en la poética cruchaguiana: «también la simplicidad duele» («Césped táctil», Cruchaga, 2019b: 106) o «El País es este dolor en mis ojos» («Anotaciones para el olvido», Cruchaga, 2019b: 39).

Esta condensación expresiva coexiste con la de recursos -por acumulación- que, en el claroscuro barroco, arroja la contradicción amplificadora, de la que se dijo ya algo al esgrimir la proliferación de recursos o el hecho de acudir a los circunloquios expresivos. Por supuesto, la imaginación y la fantasía poéticas gongorinas implican el desbordamiento mediante la sobreabundancia de metáforas que, en aras de la sensorialidad, algunos críticos vinculan al oído (Kroll, 2012: 34); sea como fuere, una vez más, el lector queda incardinado en lo absoluto, en la poesía de lo sublime. De hecho, las metáforas cruchaguianas devienen demiurgo poético esencial y mecanismo garante de una estética de la sublimidad, y apelan también a la riqueza auditiva. Por añadidura, la naturaleza metafórica de la creación poética promueve la independencia de los significantes líricos respecto del entorno reconocible; ya advirtió esta condición Federico García Lorca —también— en las metáforas gongorinas: «[Góngora] Inventa por primera vez en el castellano un nuevo método para cazar y plasmar las metáforas, y piensa, sin decirlo, que la eternidad de un poema depende de la calidad y trabazón de sus imágenes. Después ha escrito Marcel Proust: 'Solo la metáfora puede dar una suerte de eternidad al estilo'. La necesidad de una belleza nueva y el aburrimiento que le causaba la producción poética de su época desarrolló en él una aguda y casi insoportable sensibilidad crítica» (Lorca, 1965: 66).

Esa misma trabazón de imágenes, desde la ideación gongorina, vertebra la poética de Cruchaga:

> Cada calle nos borra la esperanza.
> Salvo el laberinto de la muerte,
> nada más nos acompaña
> en la travesía: cada transeúnte es un grito.
>
> «Rostro de la calle» (Cruchaga, 2019b: 53).

O:

> La muerte allí en el hilo [...],
> el tiempo en la pesadilla de los crucifijos,
> el mundo oscuro de los murciélagos:
> el homicidio para desterrar al enemigo [...]
> ilegibles habitaciones con escamas afiladas.
>
> «Laberinto de la oquedad» (Cruchaga, 2019b: 65).

O:

> En el mapa de los sueños,
> la luz lanzada del espejo;
> sobre el vendaval de luciérnagas,
> el blanco de la sombra
> del poro en la ventana cautiva del reojo.
>
> «El poro en el espejo» (Cruchaga, 2019b: 77).

Obviamente, no se trata de una imitación, sino de una influencia que, en el caso cruchaguiano se fusiona con otros alientos innovadores, singularmente, los surrealistas. En todo caso, estos ejemplos ilustrativos dejan traslucir una influencia que habita otros órdenes del lenguaje que se podrían añadir (como el acusativo griego o la utilización de la hipérbole), pero que, al fin y a la postre, encuentran su correlato en el tratamiento de los temas —en la persecución inexorable de lo sublime—, como es el caso de la recreación poética de los mitos clásicos, como en el caso gongorino, al servicio del extrañamiento y de la dimensión innovadora del lenguaje poético (Rojas, 2017: 115):

> Daphne, omnipresente en la sombra,
> entre roncos cuchillos,
> tangible en mi cansancio, convocada,
> coagulada en las sombras [...]
>
> Junto al granizo oscuro de los cuervos, Daphne,
> la angustia que nos retrata,
> al fragor del incendio.
> Y la estrofa de sombras,
> como una muerte perenne.
>
> «Daphne y los cuervos» (Cruchaga, 2019b: 130-131).

O:

> Congregada la lluvia
> en mis sienes, sin la caja de Pandora maloliente.
> Descalzo siento la sordidez de los guijarros
> y la rigidez del suelo en el que camina Antígona.
>
> «Delirio de aguas» (Cruchaga, 2019b: 114).

En lo temático, encontramos la simbiosis de lo mítico y de lo popular, y viceversa, como correlato necesario de lo acontecido en el plano del lenguaje, y como expresión necesaria del absoluto que habita en lo sublime, y que necesariamente funde elementos contrapuestos:

> Cada inclemencia me roba la claridad de la vista.
> Cada risa pestañea en la lengua con un tambor de cuero
> curtido en el alfabeto náufrago de las sombras,
> —piedras pesadas en la boca y sobre el féretro.
>
> «Destrucción de la paciencia» (Cruchaga, 2019b: 115).

Un elemento esencial en el tratamiento de los temas es el del nihilismo o el vacío existencial, del que se da buena cuenta mediante el protagonismo de la entropía, que se articula desde la sobreabundancia como mecanismo que dinamiza la oscuridad del deslumbramiento, un poso existencial para una poética del vacío capaz de nombrar lo inefable; una escritura dolorosa en lucha permanente con la palabra, un exceso que se enraíza en el concepto de *hipertelia*: «un estado en el que los mecanismos de representación van más allá de sus fines aparentes impulsados por la condición excesiva que los caracteriza» (Cornago, 2004: 38), en ese intento permanente de la poesía gongorina y, por extensión del barroquismo, de trascender y rebasar la realidad circundante para desvincular el lenguaje poético de sus referentes inmediatos (Garí, 2013: 50). Unas muestras de esta poética del vacío en Cruchaga, obviamente confundidas con hallazgos vanguardistas, serían las siguientes:

> Al caminar, cuántos zapatos vacíos,
> de espaldas, roto el pulso
> de los tragantes, la música fúnebre
> la sal hasta el cuello de las arterias.
> [...]
> con su frontera de cuchillos,
> hay un desierto de fuego endurecido.
> Nunca se vive sino en la muerte de todos los días:
> Siempre hay una sombra que vigila en la sombra [...]
> Ya no sé qué rumbo deben tomar nuestros sueños.
> No hay lugar seguro en las vigas de la luz;
> la atarraya enfangada de las lámparas,
> el puñado de lava que nos asfixia.
>
> «Rostro de la calle» (Cruchaga, 2019b: 54–55).

O:

> Hoy, todos los caminos son inciertos,
> los cubre el humo,
> el desfile de los pensamientos calcinados,
> el establo del cielo,
> envuelto en harapos,
> [...]
> entonces, nos volvemos alucinadas ebulliciones,
> viscosos laberintos,
> ácidas persianas de la piedad,
> baúles de cementerios,
> cadáveres impuros renegando del fuego.
>
> «Interiores» (Cruchaga, 2019b: 90–91).

O:

> Todo crece hacia el escombro:
> la lengua, la oración, el escapulario [...]
> Hemos dejado de ser,
> para ser Nadie,
> de escombro y funeral inexplicables;
> y, aunque sobrevivimos,
> no dejamos de ser arqueados espejos

de la mano fría de la muerte.

«Anotaciones para el olvido» (Cruchaga, 2019b: 39).

Así como la connotativa sombra gongorina a modo de gradación hacia la nada, asociada con el silencio (Laguna, 1999: 211-212), una deriva temática que se vincula, en cierta medida al tópico del *carpe diem* en este estremecedor poema en prosa cruchaguiano, en el que la sombra se hace consustancial al culto del cuerpo:

> SOMBRA
>
> Como sombra, la sal disuelta en el cuerpo: en la pluma de la niebla, el cuervo desnudo de la saliva fundido en la nuca. Entre tantas inclemencias, sólo el eco colgado de mi cobija. Aquel pez de hambre en medio de tu cuerpo, los callados sermones, ciegos, sobre la arena (Cruchaga, 2019b: 159).

Con todo ello, los mecanismos del lenguaje y los tratamientos de los temas muestran y demuestran la influencia gongorina como recreación literaria esencial en la poética de André Cruchaga, singularmente probada en el caso de *Cuervo imposible* a modo de influencia, que no de imitación literal, por lo que la impronta gongorina, tal y como acontece en la poesía hispanoamericana en general (Sáinz de Medrano, 1993: 11), se aúna a otras influencias determinantes para conformar un magma de renovación poética.

6. Conclusiones

En definitiva, la recentísima obra del poeta centroamericano André Cruchaga conforma una evidencia más del influjo de Góngora en América, sobradamente acreditado por acercamientos críticos de toda índole, pero que -en este caso- incluso da cuenta de él en la actualidad, y que resulta especialmente profundo y duradero en una concepción de impronta poética renovadora e innovadora en las letras hispanoamericanas. Por tanto, la transformación creativa en la poesía del salvadoreño —a modo de influencia— privilegia el legado de Góngora como ejercicio poético modernísimo y abandona la mera imitación, característica de la incidencia gongorina en los principios de su incidencia en América. Al tratarse de una influencia y, por ende, de una transformación creativa, se elude el hecho de que Góngora constituya un referente 'peligroso', en tanto en cuanto se agota en sí mismo desde la inevitable imitación, pero otorga grandeza a la poesía de André Cruchaga (como a la de Sor Juana, o a la de Lezama). Así, la influencia gongorina dota de originalidad a la poesía de Cruchaga, tanto en el panorama salvadoreño como, por extensión, en el hispanoamericano, aunada simbióticamente a otras influencias importantísimas, como la impronta vanguardista, especialmente de los autores surrealistas.

Por último, este artículo coloca a Góngora como fulcro de una poética cruchaguiana que habita la sublimidad para expresar la confusión y la soledad ante la crisis existencial del hombre desde un modernísimo decir que exalta el poema como artefacto capaz de proclamar su propia autonomía como obra artística, independiente de la realidad circundante.

Referencias bibliográficas

Alonso, Dámaso (1982): *Estudios y ensayos gongorinos*. Madrid: Gredos.

Alonso, Dámaso (2009): «El *Polifemo*, poema barroco». *Atenea (Concepción)*, 500, 231–249.

Artigas, Miguel (1935): *Discursos leídos ante la Academia Española en la recepción... del Ilmo. Sr. Don Miguel Artigas Ferrando el día 13 de enero de 1935: El purismo lingüístico*. Madrid: [s.n.] (Imp. S. Aguirre).

Aullón de Haro, Pedro (2004): *Barroco*. Madrid: Editorial Verbum Mayor.

Aullón de Haro, Pedro (2006): *La sublimidad y lo sublime*. Madrid: Editorial Verbum.

Azam, Gilbert (1989): «Ser y estar en la poesía pura». En *Actas del IX Congreso de la Asociación Internacional de Hispanistas*. Madrid: Iberoamericana Vervuert, 143–152.

Bauman, Zygmunt (2003): *Modernidad líquida*. México: Fondo de Cultura Económica.

Bechara, Zamir (1995): «La moda de los *sdruccioli* en España y en el Nuevo Reino de Granada». *Thesaurus: Boletín del Instituto Caro y Cuervo*, 50.1–3, 406–442.

Blanco, Mercedes (2016): *Góngora o la invención de una lengua*. León: Universidad de León.

Calero Rodríguez, Juan (2018): «Poesía sin anestesia». En *elDiario.es*, 23 de mayo de 2018. Recuperado de https://www.eldiario.es/canariasahora/lapalmaahora/lapalmaopina/poesia-anestesia_132_2103280.html (consultado el 1 de octubre de 2019).

Carilla, Emilio (1972): *La Literatura barroca en Hispanoamérica*. Madrid: Anaya.

Carreira, Antonio (ed.) (2009): Luis de Góngora y Argote: *Soledades*. México: Fondo de Cultura Económica.

Carreira, Antonio (2013): «Mercedes Blanco, Góngora o la invención de una lengua. Universidad, León, 2012; 518 pp. con 37 ilustraciones, la mayoría en color (Anejo III de Lectura y Signo)». *Nueva Revista de Filología Hispánica (NRFH)*, 61.1, 246-258.

Carreira, Antonio (ed.) (2016): «Poesía». En M. Blanco (dir.), *Polémique gongorine*, París: OBVIL.

Chávez, Luis Antonio (2019): «La renovación poética en la pluma de André Cruchaga». *Contrapunto: Diario Digital*, 9 de octubre de 2019. Recuperado de https://www.contrapunto.com.sv/cultura/literatura/la-renovacion-poetica-en-la-pluma-de-andre-cruchaga/11243 (consultado el 9 de octubre de 2019).

Chazarreta, Daniela Evangelina (2012): *Lecturas de la tradición en la poesía de José Lezama Lima*. Quilmes: Caligrafías.

Cioranescu, Alejandro (2014): «Imitación e influencia o la insuficiencia de dos nociones». En *La forma del tiempo. Estudios de literatura general y comparada* (21-28). Madrid: Biblioteca Nueva.

Cornago Bernal, Óscar (2004): «Nuevos enfoques sobre el Barroco y la (Pos) Modernidad». *Dicenda: Cuadernos de Filología Hispánica*, 22, 27-51.

Corominas, J.; Pascual, J.A. (1984): *Diccionario crítico-etimológico castellano e hispánico*. Madrid: Gredos.

Cruchaga, André (2019a): *Metáfora del desequilibrio*. San Salvador: Teseo Ediciones.

Cruchaga, André (2019b): *Cuervo imposible*. San Salvador: Teseo Ediciones.

Cuartas, Juan Manuel (2007): «¿Desde dónde pensar lo bello y lo sublime?». *Entre artes*, 5, 67-80.

Duarte, Missael (2016): «La función discursiva de la antología de poesía centroamericana *Puertas abiertas* y la configuración del sujeto poético de la generación del ochenta». *Open Access Theses & Dissertations*, 639.

García Lorca, Federico (1965): «La imagen poética de Luis de Góngora». En Federico García Lorca, *Obras Completas* (62-84). Madrid: Aguilar.

Garí Barceló, Bernat (2013): «La exploración de los límites del lenguaje en la poesía de Góngora y en una invención de Johann Sebastian Bach». En L. Josa y M. Lambea (eds.), *Allegro con brío* (39-52). Barcelona: Universitat de Barcelona.

Gimferrer, Pere (2014): «Góngora o el absoluto». En J. Roses (ed.), *El universo de Góngora: orígenes textos y representaciones* (19-30). Córdoba: Diputación de Córdoba.

Iniesta Cámara, Amelia (1999): «José Lezama Lima: Cuestiones de la escritura americana». *Anales de Literatura Hispanoamericana*, 28, 765-785.

Jiménez Simón, Juan Ramón (2018): «El realismo fractal de la palabra». En *Proverso: Revista Cultural*. Recuperado de http://www.latintadelpoema.com/proverso/tag/andre-cruchaga/ (consultado el 30 de septiembre de 2019).

Jornet Somoza, Albert (2014): «Sentido(s) en la poesía de Luis de Góngora». En *SENSIGLORO: Sentido(s) de la Literatura del Siglo de Oro*, Monografía 6. Recuperado de http://sensigloro.weebly.com/ (consultado el 1 de octubre de 2019).

Kroll, Simon (2012): «El sonido de las metáforas gongorinas: un análisis de la estructura sonora del comienzo de la *Soledad segunda*». En *Iberoromania*, 75-76, 33-40.

Laguna Mariscal, Gabriel (1999): «En tierra, en humo, en polvo, en sombra, en nada: Historia de un tópico literario». *Anuario de Estudios Filológicos*, XXII, 197-213.

Lezama Lima, José (1993): *La expresión americana*. Madrid: Alianza Editorial.

Llorente, Jaime (2016): «Sin medida: la categoría estética de lo sublime a la luz de la teoría del fenómeno saturado de Jean-Luc Marion». *Comprendre*, 29.18/1, 9-29.

Madera, Teonilda (2010): «Introducción». En A. Cruchaga, *Sublimación de la noche: Sublimació de la nit*. El Salvador: [s.n.], Impr. y offset Ricaldone, 7-15.

Malpartida, Juan (2010): «Góngora». *Letras Libres*, 100, 28-29.

Millares, Selena (1994): «Geografía de la poesía centroamericana actual». *La poesía nueva en el mundo hispánico: los últimos años* (125-140). Madrid: Visor.

Millares, Selena (2013): *Prosas hispánicas de vanguardia*. Madrid: Cátedra.

Nortes Valls, Oliveri (1978): *Estudio léxico latino medieval en diplomas aragoneses anteriores a 1157*. Barcelona: Secretariado de Publicaciones, Intercambio Científico y Extensión Universitaria.

Orozco, Emilio (1984): *Introducción a Góngora*. Barcelona: Crítica.

Ortiz Aguirre, Enrique (2019): «Atrio para un *Cuervo imposible*». En A. Cruchaga, *Cuervo imposible* (7-13). San Salvador: Teseo Ediciones.

Osuna Cabezas, María José (2008): *Góngora vindicado: Soledad primera, ilustrada y defendida*. Zaragoza: Prensas Universitarias de Zaragoza.

Pastor Comín, Juan José (2003): «Música y literatura en la obra de Góngora: el espejo barroco». *Edad de Oro*, XXII, 147-204.

Pedraza Rodríguez, Amanda (2014): *Entre la perceptiva áurea y la estética moderna: el concepto de autonomía poética en Luis de Góngora*. Barcelona: Universitat Pompeu Fabra.

Pérez Lasheras, Antonio (2000): «La crítica literaria en la polémica gongorina». *Bulletin Hispanique*, 102.2, 429-452.

Rojas Castro, Antonio (2017): «Luis de Góngora y la fábula mitológica del Siglo de Oro: clasificación de textos y análisis léxico con métodos informáticos». *Studia Aurea*, 11, 111-142.

Roses, Joaquín (1992): «La Apología en favor de don Luis de Góngora de Francisco Martínez de Portichuelo». *Criticón*, 55, 91–130.

Roses, Joaquín (1994): *Una poética de la oscuridad: la recepción crítica de las Soledades en el siglo XVII*. Londres-Madrid: Támesis.

Sáinz de Medrano, Luis (1993): «La poesía hispanoamericana tras las Vanguardias históricas». En L. Sáinz de Medrano (coord.), *Las vanguardias tardías en la poesía* (11–22). Roma: Bulzoni Editore.

Sánchez Clemente, Javier (2011): «El concepto de autonomía del arte en la primera época de la Revista de Occidente». *NORBA, Revista de Arte*, XXXI, 89–110.

Sánchez Robayna, Andrés (2012): «La recepción de Góngora en Europa y su estela en América». En J. Roses (dir.), *Góngora: la estrella inextinguible: magnitud estética y universo contemporáneo* (171–189). Madrid: Sociedad Estatal de Acción Cultural.

Sarduy, Severo (1999): «Barroco y neobarroco». En S. Sarduy, *Obras completas* (1385–1404), vol. II. Paris: Archivos.

Siles González, José (2017): «*Cielorraso*, la poesía sinestésica de André Cruchaga». *Cultura de los Cuidados*, 21.48, 245–246.

Tenorio, Martha Lilia (2013): *El gongorismo en Nueva España. Ensayo de restitución*. El Colegio de México: México.

Vásquez Rocca, Adolfo (2012): «Nicanor Parra: antipoemas, parodias y lenguajes híbridos. De la antipoesía al lenguaje del artefacto». *Critical Journal of Social and Juridical Sciences*, extra 0, (ejemplar dedicado a América Latina), 213–231.

Vecchio, Diego (2007): «El despliegue del vacío: Arturo Carrera, el barroco, los orígenes». *Cahiers de LI.RI.CO*, 3, 241–253.

Vich, Víctor (2019): «¿Qué es la poesía?: Esa eterna pregunta, otra respuesta incompleta». *Red Literaria Peruana*, 1–9.

V. Estudios y ediciones sobre Góngora y el Gongorismo

Amelia de Paz

El Colegio de México, la casa de Góngora en América

Resumen: Entre los hitos que marcaron la suerte de Góngora en el siglo XX, el encuentro de Alfonso Reyes con Raymond Foulché-Delbosc en el París anterior a la Gran Guerra y la colaboración filológica que se inicia entre ambos constituyen uno de los episodios más decisivos. Estas páginas recuerdan el lugar que Góngora ocupó en la trayectoria intelectual de Reyes y el modo en que después de la Segunda Guerra Mundial los estudios gongorinos arraigan en México, con consecuencias hasta nuestros días.

Palabras clave: Góngora, Gongorismo mexicano, Alfonso Reyes, Antonio Alatorre.

En la suma de pulsiones, estímulos y sueños que conforman la inmensidad de América Latina, de esa América vibrante y heterogénea que el cliché nos pinta como proclive a la efusión *barroca* —adjetivo diabólico—, debo confesar que ignoro lo que pueda significar hoy Góngora. Del gongorismo en América se ha llegado a decir que es un estado de ánimo, que América habría sido gongorina aunque no hubiera existido Góngora. Fascinante a más no poder, especialmente para quien se empecina en la quimera de remontar el río del olvido y tratar de entender al poeta en su medio, en su tiempo, en un medio y un tiempo cada vez más borrosos. Un estado de ánimo continental, un gongorismo sin Góngora. Ante tales enormidades, me temo que mi intención va a sonar un tanto ramplona, pues solo pretendo recordar a dos americanos del siglo XX que sí discurrieron como si Góngora hubiera existido.

Alfonso Reyes Ochoa, gloria de las letras mexicanas. En junio de 1913, cuando viene a Europa —a París, naturalmente—, es un jovencísimo abogado con vocación de literato, un *puer senex* que escribe como los ángeles y ha leído ya todos los libros. Un «niño brillante» (Reyes, 1990b: 159) con el alma hecha añicos, un perro callejero al que «un vehículo destroza una pata» (Reyes, 1990a: 27), un despojo que llega como secretario en la legación mexicana huyendo de aquella madrugada que trastornó el curso de su existencia: la del 9 de febrero anterior, «febrero de Caín y de metralla» (Reyes, 1959: 146), cuando su padre, el general sublevado Bernardo Reyes, preboste del porfiriato, cayó cosido a balazos en el asalto frustrado al Palacio Nacional de México. «Aquí morí yo —dirá Alfonso Reyes (1990a: 39)— y volví a nacer, y el que quiera saber quién soy que lo pregunte a los hados de febrero. Todo lo que salga de mí, en bien o en mal, será imputable a ese amargo día».

En París, dos años atrás, se había publicado su primer libro, las *Cuestiones estéticas*, gracias a un peruano eminente, Francisco García-Calderón Rey, por entonces empeñado en erigir su propuesta panlatinoamericana frente al modelo de Tocqueville. (Francisco García-Calderón es el hermano mayor de Ventura, editor —como saben— del *Apologético* de Espinosa Medrano). En la precocidad, en el prurito humanista de Reyes, García-Calderón —Francisco— se reconocería a buen seguro; «paladín del arielismo» lo llama, arrimando el ascua a su sardina (García Calderón, 1911: 4). Con el tiempo, Reyes repudiará la «facundia» de sus mocedades, no el espíritu (Reyes, 1990b: 159). Pero cuántas trayectorias consumadas quisieran para sí una obra como las *Cuestiones estéticas*. No me extraña que Arturo Farinelli, cuando recibió el libro, invitara a Reyes a Turín, a profesar —oferta que declinó— (Reyes, 1990b: 159). En ellas hallamos ya prefigurado lo esencial de lo que Alfonso Reyes llegará a ser. En ellas, entre observaciones acerca de la tragedia griega, la novela prerrenacentista española, Goethe, Mallarmé, y citas de medio mundo, hay ya un capítulo sobre Góngora: el discurso con que Reyes obsequió a Rafael Altamira en el Ateneo de la Juventud de México en 1910, durante el viaje que llevó a Altamira por varios países de Latinoamérica, buscando limar aristas tras el «Desastre» (no se imaginaba el pobre don Rafael que octogenario acabaría exiliado en México y enterrado en el Panteón Español). Es probable que hoy no percibamos lo que suponía apostar por Góngora en aquella coyuntura: un discurso —tanto valdría decir *una oración*, en aquel templo laico que constituía el Ateneo de la Juventud, del que Reyes era miembro fundador—, ante un institucionista español, acerca del poeta símbolo de la Colonia (y además para ensalzarlo). Toda una declaración de principios.

El Góngora de Alfonso Reyes —que no ha cumplido los veintiuno cuando dicta la conferencia— es instructivo hasta en sus defectos: penetrante, documentado, con la laboriosidad esforzada de quien a despecho de su brillantez busca comprender. Incapaz aún de superar las dicotomías con que el siglo del buen gusto cuadriculó a Góngora, pero consciente ya de su inoperancia. Muy deudor, sí, de don Marcelino —creo que para bien—, aunque con la virtud de trocar en simpatía —no sin reparos— lo que en Menéndez Pelayo era pura víscera. Difícilmente un español hubiera podido tratar con tanta normalidad al oráculo de la Montaña. A la altura de 1910, Reyes demuestra ya un notable comercio directo con la obra de Góngora. Lo ha leído en la edición en la que más se leyó a Góngora antes del siglo XX, la de Hoces. Pero su curiosidad lo ha llevado aún más lejos.

La lectura filológica de Góngora —perdón por la perogrullada— nació en vida del poeta, de la forma en la que nacen los saberes fuertes: de la controversia entre adeptos y detractores. Ese modo combativo de leer a Góngora alcanza su madurez en el cuarto de siglo posterior a su muerte y tiene en América, como se ha visto aquí esta semana, su más vigorosa prolongación durante la segunda mitad del Seiscientos. Luego el tiempo se ocupó de hacer lo suyo. Hasta que a finales del siglo XIX, surge el impulso de volver con un criterio pretendidamente más válido por científico sobre la amalgama de tergiversaciones y amnesia en que para entonces se ha convertido Góngora. La fecha redonda de 1900 es clave en el proceso de recuperación gongorina. Ese año, en la *Revue Hispanique*, Raimundo Foulché-Delbosc da noticia de tres manuscritos que contienen su poesía, los tres de primer orden: los llamados Iriarte y Estrada, que hoy paran en la Fundación Lázaro Galdiano de Madrid, el segundo de los cuales era propiedad de Foulché en aquel momento, y el manuscrito Chacón, en tres volúmenes, *codex optimus* de la transmisión textual gongorina, informado, según se cree, por el poeta en persona. Sobre el manuscrito Chacón se fundan los estudios gongorinos del siglo XX, el siglo que volvió a encumbrar a don Luis en la cima del Parnaso. Sin el manuscrito Chacón tengan por muy improbable que estuviéramos hoy aquí. Produce un escalofrío pensar que José Sancho Rayón lo rescató a mediados del siglo XIX en un puesto callejero de libros de lance en Madrid—por lo visto, encontró allí los dos primeros volúmenes, más adelante, milagrosamente, pudo hacerse también con el tercero— (Sánchez Mariana, 1991: xi). ¿Qué hubiera sido de Góngora si don José Sancho se queda ese día en cama con cuartanas? ¿Qué habría pasado con Góngora si desaparece el manuscrito Chacón? ¿Hubieran existido los fastos de 1927? ¿Hubiera podido influir Góngora en algún poeta, americano o no, del siglo XX? ¿Dónde estaríamos ahora mismo cada uno de nosotros? (O a la inversa: ¿en cuántos lugares estaremos dejando de estar por extravíos equivalentes?). En realidad, ya anduvo desaparecido durante un par de siglos el manuscrito que reunió don Antonio Chacón, señor de Polvoranca: de la biblioteca de Olivares, a quien fue dedicado en 1628, debió de pasar a la de su sobrino don Luis Méndez de Haro, el VI marqués del Carpio, en cuya casa, en dos generaciones, se le pierde la pista. Hasta que Sancho Rayón —«el Culebro», como lo llamaba Gallardo— lo salva en el siglo XIX, se lo cede a Pascual de Gayangos, quien lo manda encuadernar en piel verde en Inglaterra, y a la muerte de Gayangos lo adquiere con el resto de su biblioteca el Estado español. De manera que en 1900 pasa a la Biblioteca Nacional (Sánchez Mariana, 1991: xi). De inmediato, Foulché-Delbosc saca una copia del manuscrito e informa de su existencia en su revista; allá en México, Alfonso Reyes —al tanto de lo que se imprime en Francia— tiene acceso al artículo, así como a los otros trabajos gongorinos publicados por Foulché en 1903 (una transcripción de veintitrés cartas de Góngora) y 1908 (un acopio bibliográfico de estudios acerca de su obra), y el 26 de enero de 1910 las paredes del mexicano Ateneo de la Juventud, aquel semillero de inquietudes —Caso, Acevedo, Cravioto, los Henríquez Ureña, Vasconcelos (Reyes, 1990b: 158)—, asisten a la primera aproximación de Reyes a la poesía gongorina, que se anticipa al libro de Lucien-Paul Thomas sobre Góngora y es apenas posterior en unos meses al estudio del propio Thomas sobre del cultismo. Cuando Reyes habla ante Rafael Altamira conoce, por tanto, el Escrutinio de la poesía de Góngora incluido en el manuscrito Estrada; sabe que en Chacón los poemas están fechados, hecho extraordinario en la poesía áurea. Lo que ignora es hasta qué punto este manuscrito va a acompañar sus días.

En el París de 1913, el francófilo Reyes se topa con la Francia real. A veces se siente más lejos de París que cuando en México visitaba las librerías francesas (Reyes, 1990b: 159). El trabajo en la Embajada lo extenúa. Frecuenta a sus paisanos. De la mano de Ángel Zárraga y Diego Rivera, descubre el cubismo. Conoce personalmente a Foulché-Delbosc, a quien en su día había enviado las *Cuestiones estéticas*. Foulché lo mima. Lo invita a su apartamento en París y a su casa de campo. También, a colaborar en la *Revue Hispanique*. Entablan una amistad vitalicia. Pedro Henríquez Ureña, buen amigo de Reyes, le reprocha que lo que más parezca atraerle del París de la Vanguardia sea un hispanista talludito.

Llega la guerra. En agosto de 1914, despedido de su empleo en la Embajada al suprimir Carranza el cuerpo diplomático, Reyes pone rumbo a España. En San Sebastián encuentra a Azorín; con el tiempo, llegarán a intimar. En octubre se instala en Madrid. Se gana la vida escribiendo a destajo —el «niño brillante» tiene esposa y un hijo de dos años—; vive en pensiones de mala muerte. Madrid es la intemperie material y el entorno intelectual amigable que acabará de cuajarlo como escritor y como hombre. Se cartea con Foulché, que conoce bien la fauna letrada madrileña y le facilita contactos —que no siempre aprovecha— y lo aconseja (Reyes, 1955: 52–54). Enrique Díez-Canedo le presenta a Francisco Acebal, quien le propone editar a Ruiz de Alarcón en los «Clásicos Castellanos» de La Lectura, la colección divulgativa del Centro de Estudios Históricos. Como su compatriota Alarcón en otro tiempo, Reyes se siente un pretendiente en corte. Esa edición va a ser el hilo que lo lleve hasta el núcleo mismo del Centro de Estudios Históricos, con el respaldo de Federico de Onís: el Centro de Estudios Históricos, avanzadilla de la incipiente ciencia española, la joya del proyecto regeneracionista de la Junta para la Ampliación de Estudios, fundado cuatro años atrás por real decreto bajo el que estampa su rúbrica el conde de Romanones —así podrá presumir don Américo años después, en el exilio, de que le debía la cátedra de Princeton a Romanones— (Llorens, 1973: 5). Menéndez Pidal lo incorpora a la sección de Filología (Castro, Navarro Tomás, el propio Onís, Solalinde, primera hornada de discípulos de don Ramón, todos más o menos de la edad de Alfonso Reyes). En la recién creada *Revista de Filología Española*, órgano de la escuela pidalina, se le encomienda la sección bibliográfica. Al tiempo, da rienda suelta a su pasión literaria: escribe la *Visión de Anáhuac*, sus *Cartones de Madrid*.

El 23 de septiembre de 1916, mientras los hombres se desangran en Verdún, ocurre un nuevo hecho capital para Góngora. En los anales del gongorismo ha pasado inadvertido, porque lo fundamental muchas veces pasa inadvertido. Ese día, Foulché-Delbosc, que sigue en París, solicita ayuda a Reyes (Reyes, 1955: 453). Foulché, desde que tuvo conocimiento del manuscrito Chacón, comprendió que había que publicarlo entero, que una edición a partir de un testimonio de tal calibre significaría un avance extraordinario. Y eso es lo que se propuso, con una imprenta francesa. Sin embargo, se enemista con la casa editorial, decide abandonarla y le ofrece la edición a otra, esta vez madrileña (Bailly-Bailliere). En septiembre de 1916, cuando escribe a Reyes, el libro está a punto de darse a las prensas en Madrid. Es preciso hacer un doble cotejo: compulsar en la Biblioteca Nacional con el original del manuscrito Chacón la copia que en su día había sacado Foulché, y luego las pruebas de imprenta. Pero don Raimundo no puede salir del París en guerra y trasladarse a Madrid. Y Alfonso Reyes está en Madrid y yendo a diario a la Nacional (el Centro de Estudios Históricos tenía la sede en los bajos del edificio). Así que le hace a él el encargo, urgentísimo. Se trata de comprobar dos tercios del manuscrito; el primer tercio ya se lo ha cotejado un archivero a Foulché. Reyes responde afirmativamente a vuelta de correo. Un mes después comienza a llegarle el material de París. En la gélida sala de manuscritos de la Biblioteca Nacional, sujetando con una mano el manuscrito Chacón para que no se le cierre y con la otra la pluma, Alfonso Reyes se hace gongorista (Reyes, 1960: 218).

En teoría, el libro tenía que estar en la calle en un plazo de tres meses: acabará saliendo cinco años después y en Nueva York. Es la edición base de todas las posteriores, incluidas —si me apuran— las ediciones críticas, por el bedierismo de la tradición ecdótica gongorina. Y en esa medida, es el origen de cualquier influencia genuina que Góngora haya podido ejercer durante el último siglo, lo sepan o no los influidos. De modo que no estamos hablando de una edición cualquiera. En principio iban a ser dos los volúmenes, pero en 1918 Foulché propone ampliarlos a tres, y Reyes acepta intensificar la colaboración.

Lo cual, por su parte, suponía ponerle una vela a Dios y otra al diablo, pues Menéndez Pidal y Foulché llevaban años enfrentados por discrepancias inconciliables acerca de la épica hispánica; la polémica se había reavivado además en 1914, justamente el año en que Reyes llegó a Madrid, por una reseña tremenda de don Ramón contra Foulché (Menéndez Pidal, 1914).

La correspondencia cruzada entre Alfonso Reyes y Foulché-Delbosc durante los años en que se fragua la edición de Góngora es una fiesta. Reyes la hará pública tiempo después (1955) en *Ábside*, la revista de los hermanos Méndez Plancarte; su difusión coincide de modo impensado con la muerte del menor de ellos, Alfonso, autor de unas discretas *Cuestiúnculas gongorinas*, reunidas póstumamente por sus amigos. El epistolario con Foulché prueba hasta qué punto Reyes se implicó en la empresa, cómo su contribución no fue meramente ancilar, sino que trabajó en términos de igualdad con el maestro, aunque la obra saliera solo a nombre de este. Todo el repertorio de problemas que tiene que encarar un editor de Góngora está en esas cartas: variantes, atribuciones, fechas, orden de los poemas, géneros, criterios ortográficos y de puntuación, prosodia... De ese conocimiento en profundidad del manuscrito Chacón, y del rastreo bibliográfico que Alfonso Reyes lleva a cabo para el Centro de Estudios Históricos —en la Biblioteca Nacional tiene al alcance otros muchos manuscritos e impresos antiguos, incluidos los comentaristas gongorinos—, salen su edición del *Polifemo* en la biblioteca Índice de Juan Ramón Jiménez, y los demás artículos sobre Góngora que va a ir publicando hasta 1924, en que da por concluida su etapa madrileña y regresa a Francia con un cargo ministerial. Uno de ellos, una bibliografía comentada, que complementa la de Foulché-Delbosc, y en la que le ayudan Enrique Díez-Canedo y un mexicano exiliado, Martín Luis Guzmán. En 1927 se reúnen en el volumen *Cuestiones gongorinas*, impreso en Madrid cuando el autor está ya en Buenos Aires. Él es, según Foulché, y así lo acreditan estos trabajos, el gran maestro del gongorismo. Pero para entonces, Reyes ya ha pasado página. Sabe que el suyo es un Góngora al máximo nivel, sumamente especializado, y que lejos de las fuentes primarias y con una vida ambulante como la suya no puede mantener semejante exigencia; que el impresionismo a vuelapluma es incompatible con el rigor documental, con la parsimonia de benedictino aprendidos en el Centro de Estudios Históricos. Tal vez recordara cuando Pedro Henríquez Ureña le recomendó que no se dejase absorber del todo por la labor erudita, o cuando él mismo se lo aconsejó a Jorge Guillén (Reyes, 1990a: 218). La investigación de primera mano no tolera veleidades, y Reyes es demasiado versátil para ser solo gongorista. Serio dilema. *El deslinde*, de 1944, como también en parte *La experiencia literaria* (1942), presumo que son su justificación madura del camino tomado en esta encrucijada hermenéutica.

Los preparativos del tricentenario de Góngora lo cogen ya —como vemos— fuera de España. La joven generación de poetas españoles, de la que forman parte algunos compañeros que se han ido sumando al Centro de Estudios Históricos —Pedro Salinas, Dámaso Alonso, el propio Guillén—, quiere festejar a don Luis. Al margen de la oficialidad y como juego —recuerden el divertimento en tercetos encadenados que Gerardo Diego envía a Rafael Alberti para convocar a los participantes, designados con perífrasis ultragongorinas (Diego, 1927: 3)—. Con Reyes y con Miguel Artigas, que por edad sobrepasan el límite cronológico establecido, hacen una excepción y los invitan en razón a su ejecutoria (Artigas ha publicado en 1925 la biografía de Góngora). El objetivo es de lo más virtuoso para venir de una panda de gamberros: editar a Góngora en su integridad; Gerardo Diego repare las tareas. A Reyes le tocan, por descarte, las letrillas. Aunque cumple y entrega el manuscrito, no llega a tiempo de publicarse. Como tampoco ninguna otra de las ediciones, por cierto, salvo los *Romances* a cargo de José María de Cossío y las *Soledades* por Dámaso Alonso. Se ha querido ver un afán nacionalista de excluir a Reyes de la celebración gongorina —que los hechos desmienten—, y también rivalidad, en especial por parte de don Dámaso, que ya empieza a despuntar como el maestro que llegará a ser. Creo que tales suspicacias hubieran hecho reír a Alfonso Reyes. En relación a lo segundo, hay una carta de Dámaso Alonso a Reyes —no sé si publicada—, de 1948, que a mi juicio desvanece ese espejismo: «Yo le tengo a V. el mismo afecto y la misma admiración que cuando llegué al gongorismo dirigido por sus *Cuestiones gongorinas*» (Alonso, 1948a). Considerando quién es don Dámaso en la historia del gongorismo, me parece que con esa frase queda dicho todo acerca de quién es Alfonso Reyes y por qué estamos hablando aquí hoy de él.

Los juegos de agua a lo Felipe IV sobre los muros del caserón de la Real Academia Española pronto dan paso a otros juegos y otros muros más siniestros. Pocos como Reyes, que ha probado el pan del exilio y sabe lo que es subir las escaleras de una casa ajena, podía comprender la situación en que la guerra del 36 dejaba a sus amigos y colegas españoles, aquellos que lo habían amparado durante un decenio en Madrid. Aunque no va a ser él, sino otro mexicano, el diplomático Daniel Cosío Villegas, visionario pragmatista, quien en fecha tan temprana como septiembre de 1936 empieza a concebir un plan institucional: «Invitar a cinco o diez de los más eminentes españoles que como consecuencia del triunfo militar no podrán hacer por muchos años su vida en España» (Cosío Villegas, 2000: 32). Es lo que propone, vaticinando el resultado de la guerra. Es decir: trasplantar la flor del Centro de Estudios Históricos al México de Cárdenas. Es el germen de la fundación de la Casa de España en México, con Reyes y el propio Cosío al frente, en agosto de 1938, cuando la guerra ya se va decantando. Tal vez, el episodio más decisivo del siglo pasado para el porvenir intelectual de México y de España. Un programa ambiciosísimo de *captación de talento* —como hoy se dice—, en el que no se escatimaron recursos; en el que Cosío, Reyes, Genaro Estrada se dejaron la piel (este último, literalmente, pues murió antes de verlo consumado). El Archivo del Colegio de México —la Casa de España, como es sabido, pasa a denominarse así en 1940— conserva los entresijos de aquella campaña en forma de expedientes personales: Menéndez Pidal, Américo Castro, Tomás Navarro Tomás, José Fernández Montesinos, Pedro Salinas, etc., etc. Detrás de cada uno, esfuerzos sin tasa, expectativas y al cabo una decepción. El fracaso es monumental. Salvo alguna excepción (por lo que toca a Góngora, el paleógrafo Agustín Millares Carlo, maestro del también exiliado y recientemente fallecido José Pascual Buxó), los candidatos prefieren la Argentina de los dictadores, los campus estadounidenses, la España franquista, excusándose cortésmente por razones familiares y de salud. El mal de altura. Y de la oferta mexicana acabarán beneficiándose en cambio otros ajenos al Centro de Estudios Históricos, que no estaban en la lista inicial. Intelectuales y escritores que salvan la vida gracias a México y que se volcarán en corresponder con sus obras. Pero no se trataba de eso, al menos en principio. El chasco mayor: Menéndez Pidal, naturalmente, a cuya medida se había forjado aquel sueño. La prensa mexicana llegó a difundir el bulo de que había desembarcado en Veracruz. Pero lo cierto es que mientras don Ignacio Bolívar, el entomólogo, partía nonagenario a México «a morir con dignidad» (Gomis, 2010: 148), don Ramón se quedó completando sus fichas en Chamartín.

Entre los primeros invitados a pasar a Nueva España, un gongorista (para entonces ya, *el* gongorista): Dámaso Alonso, cuya presencia se considera «indispensable» —es lo que pone literalmente en su informe, de 1938— (Cosío Villegas, 1938). Rehúsa, por motivos de salud. Se le insiste, aduciendo que la enfermedad será transitoria. Vuelve a negarse. Ni siquiera la intercesión de José Gaos obra efecto. En algún momento parece que se ha ablandado, pero nada. Hasta 1948 y 1954 no pisará Dámaso Alonso suelo mexicano, como conferenciante, de gira por América. Y bien que le va a echar en cara la colonia española ese turismo literario. El Colegio lo recibe con los brazos abiertos, sin ningún rencor: el lunes 15 de noviembre de 1948, Dámaso Alonso habla acerca del *Polifemo* en el Colegio de México (Alonso, 1948b). Los mayores conocedores de Góngora bajo un mismo techo por unas horas. Y Reyes, posiblemente, pensando en su propia edición del *Polifemo*, que nunca perdió la esperanza de rehacer, ni siquiera después de su cuarto infarto, el de agosto de 1951, que lo sorprendió enfrascado en esa obra (Reyes, 1990b: 130).

Pero tiempo al tiempo. Desde 1922, ya tenía el Centro de Estudios Históricos una sucursal en América, el Instituto de Filología de Buenos Aires, fundado bajo la supervisión de Menéndez Pidal. Su primer e incómodo director, el discípulo predilecto de don Ramón: el doctor Américus, como lo llama Bergamín en su farsa pretendidamente aristofanesca *Los filólogos*, que sospecho que hubiera hecho roncar al público de Aristófanes —a mi gusto solo se salva el coro de Fichas—. A Américo Castro le sucede al frente del Instituto de Buenos Aires Millares Carlo, y a este, Manuel Montoliú, el dialectólogo. Y en 1927, al no poder hacerse cargo de la dirección —según lo estipulado— Navarro Tomás, se envía para ocupar el puesto a Amado Alonso, aquel muchacho navarro que años atrás había aparecido por Madrid, y que según Reyes aprendió a su lado a redactar sus primeras fichas bibliográficas (1990b: 218). Si Castro, como no podía ser menos, se dedicó a editar la *Biblia* y a soliviantar los ánimos —recuerden su agarrada con Borges a propósito del lunfardo (Borges, 1941)—, Amado Alonso, el cautivador Amado Alonso, mucho más ponderado y flexible, supo cumplir con creces su cometido. Hoy el instituto lleva su nombre; su impronta permanece. Incluso Góngora se ha beneficiado (Melchora Romanos). Amado Alonso forma, entre otros, a los Lida, María Rosa —la incomparable María Rosa Lida— y su hermano Raimundo.

El mismo año que Amado Alonso, había llegado a Buenos Aires de embajador Alfonso Reyes. Allí vivirá años felices. No tan feliz, por el contrario, es a mi juicio la conferencia «Sabor de Góngora», que publica en *La Nación* en 1928: se le nota que vive ya de las rentas y —lo que es peor— de datos e ideas ajenos. Se reimprime en 1945 en los *Capítulos de literatura española*, junto con un examen de lo popular en Góngora, más inspirado, escrito igualmente en Buenos Aires y aparecido por vez primera en México en 1938, que es, de hecho, un intento de rebajar el Góngora heroico. Ambos trabajos, junto con el célebre análisis de «La estrofa reacia del *Polifemo*» —la número XI—, constituyen sus *Tres alcances a Góngora* en las *Obras completas*. Entre Buenos Aires y Río de Janeiro, donde asimismo lo lleva su carrera diplomática, de 1929 a 1931 da a la imprenta diversos apuntes gongorinos, a modo de noticiero; fundamentalmente, su «Góngora y América». Son notas bibliográficas que se quedan en eso acaso por falta de tiempo; bocetos de obras que con más sosiego Reyes hubiera podido escribir. De Brasil vuelve a Argentina, de allí otra vez a Brasil, y de Brasil a México en 1938.

En Buenos Aires continúa Amado Alonso al frente del Instituto de Filología. Con la llegada de Perón en 1946, se le aparta de su cargo. Alonso marcha a Harvard, pero no deja a los suyos abandonados a su suerte: a María Rosa Lida le consigue un destino en los Estados Unidos, donde la influencia de otros ex-céntricos —Onís, don Américo, Montesinos— ya se deja sentir con fuerza;

Raimundo Lida, que ya había estado en Harvard, es invitado por Alfonso Reyes al Colegio de México. Es así cómo, por caminos sinuosos, la ilusión de Cosío acaba por realizarse con una década de retraso. En México, Raimundo Lida, digno discípulo de su maestro, va a hacer lo que este en Argentina: propagar con ventaja la semilla de la escuela filológica de Menéndez Pidal. El testigo lo recibe en esta ocasión un joven muy prometedor llegado de Jalisco, criado a los pechos de Juan José Arreola, que después de una temporada de intensa labor y aprendizaje en el Fondo de Cultura Económica, ingresa en el Colegio de México en 1947.

Mucho le debemos a Alfonso Reyes por sus escritos. Pero tanto o más, por haber creado junto con Daniel Cosío las condiciones que hicieron posible un filólogo —en la más noble acepción del término— como Antonio Alatorre. Acerca de Antonio Alatorre no voy a explayarme porque temo agraviar su nombre con mis cortas alabanzas. Alatorre para mí representa, en muchos sentidos, el ideal. Es decir, la heterodoxia. Heterodoxia que se manifiesta en una forma de relacionarse con el poder —su antiacademicismo a prueba de bomba— y con el oficio. Insobornable, generoso. Capaz de confeccionar él solo números enteros de la *Nueva Revista de Filología Hispánica* y dejar que otros se llevaran los honores; capaz de entregarse a la traducción, ejercicio supremo de altruismo (a Bataillon, por ejemplo, le mejoró el *Erasmo y España* —dicho por el propio autor [Bataillon, 1966: xvii-xviii]—; hay que leerlo en la segunda edición en castellano, no en francés). Capaz Alatorre de ponerse a la altura del lector, sin mirarlo por encima del hombro, sin adoptar tono de dómine. Siempre meridiano, siempre tan natural, regalando a manos llenas saberes dificilísimos de adquirir. Si de mí dependiera, un libro suyo, *Los 1001 años de la lengua española*, sería el manual de lengua y literatura en la escuela obligatoria. Lengua y Literatura (*Wörter und Sachen*) indisociables: la gran enseñanza del Centro de Estudios Históricos, inculcada por Raimundo Lida, y que en España hemos desoído.

No creo que la afición a Góngora le viniera a Alatorre de su maestro Lida. Ni —curiosamente— de su mentor Reyes, aunque el primer trabajo gongorino de Alatorre saliese en el *Libro jubilar de Alfonso Reyes*, en 1956. El propio Reyes —como hemos visto— tampoco le debía la suya al Centro de Estudios Históricos, un cuerpo tan medievalista, tan romántico, tan producto de la generación que no supo comprender a Góngora. Pienso que en ambos el gusto por don Luis responde a un impulso espontáneo más íntimo, inducido o no por sor Juana. ¿Gongorista Alatorre? Quizás sorprenda que llame así a quien apenas publicó una media docena de trabajos sobre Góngora, un tercio de los cuales son reseñas. Como si fuera preciso hacer gemir las prensas sin cesar para conocer a Góngora como el que mejor, para amarlo sin reservas. Hasta en eso admirable. Alatorre decía que para saber quién es Raimundo Lida, nada como leer su ensayo «Cartas de Quevedo». Y qué razón tenía. Pues bien: a quien quisiera saber quién es Antonio Alatorre, se le podría recomendar cualquiera de sus obras. Pero ya que estamos con Góngora, bastaría con solo esta: la reseña que hizo en 1996 de las *Soledades* editadas por Robert Jammes. Creo que es una de las más hermosas lecturas que pueden hacerse en las letras hispánicas. Dar en una reseña la experiencia de Góngora acumulada durante decenios: Alatorre en estado puro. Alatorre, capaz de garantizar la continuidad: ahí está Martha Lilia Tenorio. Capaz de colaborar, con la propia Martha Lilia, desde luego, pero no solamente: el día que Antonio Alatorre y Antonio Carreira, los dos tocayos —tal para cual—, publicaron juntos el *Primero Sueño* de sor Juana y las *Soledades* de Góngora —fue en 2009—, hicieron más por la hermandad entre las naciones que todo el cuerpo diplomático.

Hay un libro precioso, que reunió Martha Lilia, donde Alatorre cuenta la historia de sus andanzas en el Colegio de México y retrata a varias de las personalidades que aquí nos han salido —Cosío y aquel «para qué carajo» (Alatorre, 2012: 12) con que decidió el porvenir de aquel jovenzuelo un tanto desnortado que era Alatorre; la relectura, a la vuelta de muchos años, de la *Introducción al teatro de Sófocles* de María Rosa Lida; Alfonso Reyes apeado de su pedestal; el magisterio de Raimundo Lida—. Y Octavio Paz, y Rulfo, y Arreola, y Tomás Segovia, todos vistos con la mirada franca de Alatorre. Cuando leemos a Antonio Alatorre, a Alfonso Reyes, solo podemos sentir una gratitud inmensa. Góngora tuvo la suerte de conocer al abad de Rute. Lo que no imaginó es que una inteligencia y una sensibilidad como las de Reyes, como las de Alatorre, se prendaran de su obra.

***

Español, ¿cuánto has pensado en América? Americano, ¿cuánto has pensado en España? Americano, español, ¿cuánto habéis pensado en Góngora, la lengua que habitamos? ¿Cuántos versos de Góngora necesita un hombre? Propongo a Joaquín Roses que abra en la Cátedra Luis de Góngora un canal permanente donde americanos y españoles podamos discutir estas preguntas y otras, donde podamos compartir nuestras incertidumbres, nuestras ensoñaciones y nuestros anhelos comunes.

Epílogo bibliográfico:
Los títulos mencionados o comentados se recogen en la bibliografía sin salpicar de llamadas el texto. Solo las citas literales o implícitas van con la referencia bibliográfica de rigor embebida en el cuerpo de la frase. En la trastienda de esta

parquedad hay numerosas alusiones que el lector identificará sin necesidad de ningún indicador.

Sabido es que Alfonso Reyes se ocupó de contar con pelos y señales su trayectoria vital y literaria en diversas obras, ahorrando a la posteridad la fruición de la conjetura. Las noticias que aquí espigamos proceden en lo esencial de su propio relato —no era lugar este para cuestionarlo—. No obstante, la fuente inspiradora de nuestra semblanza ha sido el epistolario que cruzó con Foulché-Delbosc durante los años en que ambos preparaban la edición de Góngora (1913-1916). Lo mismo cabe decir de la documentación acerca de Dámaso Alonso conservada en el Archivo Histórico del Colegio de México.

El homenaje a Ortega y Gasset del colofón creemos que resultará diáfano. Quizá no tanto la referencia a la parábola de Tolstói («¿Cuánta tierra necesita un hombre?»).

Referencias bibliográficas

Alatorre, Antonio (1956): «Los romances de Hero y Leandro». En VVAA, *Libro jubilar de Alfonso Reyes* (1-41). México: Universidad Nacional Autónoma de México.

Alatorre, Antonio (1991): *Los 1001 años de la lengua española*. México: Fondo de Cultura Económica.

Alatorre, Antonio (1996): «Notas sobre las *Soledades* (a propósito de la edición de Robert Jammes)». *Nueva Revista de Filología Hispánica*, 44.1, 57-97.

Alatorre, Antonio (2012): *Estampas*. México: El Colegio de México.

Alonso, Dámaso (1948a): Carta manuscrita a Alfonso Reyes; 27 de marzo de 1948 (s. f.). Archivo Histórico del Colegio de México, fondo «La Casa de España», caja 1, exp. «Dámaso Alonso».

Alonso, Dámaso (1948b): Programa de «Conferencias de Dámaso Alonso. Poesía española. (Cuatro lecciones sobre textos del Siglo de Oro)» (s. f.). Archivo Histórico del Colegio de México, fondo «La Casa de España», caja 1, exp. «Dámaso Alonso».

Artigas, Miguel (1925): *Don Luis de Góngora y Argote. Biografía y estudio crítico*. Madrid: Tipografía de la Revista de Archivos.

Bataillon, Marcel (1966): *Erasmo y España. Estudios sobre la historia espiritual del siglo xvi*. Traducción de Antonio Alatorre. México: Fondo de Cultura Económica.

Bergamín, José (1978): *Los filólogos. Comedia* [1925]. Madrid: Ediciones Turner.

Borges, Jorge Luis (1941): «Los libros. Américo Castro: *La peculiaridad lingüística rioplatense y su sentido histórico* (Buenos Aires, Losada, 1941)». *Sur*, 86, 66-70.

Cosío Villegas, Daniel (1938): Carta a Eduardo Hay; 26 de agosto de 1938 (s. f.). Archivo Histórico del Colegio de México, fondo «La Casa de España», caja 1, exp. «Dámaso Alonso».

Cosío Villegas, Daniel (2000): Carta a Francisco J. Múgica; 30 de septiembre de 1936 (32). En C. E. Lida, J. A. Matesanz y J. Z. Vázquez, *La Casa de España y El Colegio de México. Memoria 1938-2000*. México: El Colegio de México.

Diego, Gerardo (1927): «A Rafael Alberti». *Verso y Prosa. Boletín de la Joven Literatura*, 2, 3.

Espinosa Medrano, Juan de (1925): «Apologético en favor de D. Luis de Góngora. Reimpreso por Ventura García Calderón». *Revue Hispanique*, 65.148, 397-538.

Foulché-Delbosc, Raymond (1900): «Note sur trois manuscrits des œuvres poétiques de Gongora». *Revue Hispanique*, 7.23-24, 454-504.

Foulché-Delbosc, Raymond (1903): «Vingt-six lettres de Góngora», *Revue Hispanique*. 10.33-34, 184-225.

Foulché-Delbosc, Raymond (1908): «Bibliografía de Góngora». *Revue Hispanique*, 18.53, 73-161.

García-Calderón, Francisco (1911): «Prólogo». En A. Reyes, *Cuestiones estéticas* (1-4). París: Librería Paul Ollendorff.

Gomis, Alberto (2010): «Los Bolívar, una nueva vida en México». En J. Valender y G. Rojo (eds.), *Los refugiados españoles y la cultura mexicana. Actas de las jornadas celebradas en España y México para conmemorar el septuagésimo aniversario de la Casa de España en México (1938-2008)* (145-154). México: Colegio de México / Residencia de Estudiantes.

Góngora, Luis de (1921): *Obras poéticas* (3 vols.), ed. de Raymond Foulché-Delbosc. Nueva York: Hispanic Society of America.

Góngora, Luis de (1923): *Fábula de Polifemo y Galatea*. Madrid: Índice.

Góngora, Luis de (1927): *Romances*, ed. de José María de Cossío. Madrid: Revista de Occidente.

Góngora, Luis de (1927): *Soledades*, ed. de Dámaso Alonso. Madrid: Revista de Occidente.

Góngora, Luis de y De la Cruz, sor Juana Inés (2009): *Soledades / Primero Sueño*, ed. de Antonio Carreira y Antonio Alatorre. México: Fondo de Cultura Económica.

LIDA, Raimundo (1981): «Cartas de Quevedo», *Letras hispánicas. Estudios. Esquemas* [1958]. México: El Colegio de México-Fondo de Cultura Económica (103-123).

LIDA DE MALKIEL, María Rosa (1944): *Introducción al teatro de Sófocles*. Buenos Aires: Losada.

LLORENS, Vicente (1973): «Américo Castro, el conversador». *Ínsula*, 314-315, 5.

MÉNDEZ PLANCARTE, Alfonso (1955): *Cuestiúnculas gongorinas*. México: Studium.

MENÉNDEZ PIDAL, Ramón (1914): «Sobre R. Foulché-Delbosc: *Essai sur les origines du Romancero*». *Revista de Libros*, 2.8, 3-14.

REYES, Alfonso (1911): *Cuestiones estéticas*. París: Librería Paul Ollendorff.

REYES, Alfonso (1917): *Cartones de Madrid (1914-1917)*. *Cultura*, 6.

REYES, Alfonso (1927): *Cuestiones gongorinas*. Madrid: Espasa Calpe.

REYES, Alfonso (1929): «Góngora y América (reseña bibliográfica)». *Libra*, 1, 88-96.

REYES, Alfonso (1937): *Las vísperas de España*. Buenos Aires: Sur.

REYES, Alfonso (1941): *Pasado inmediato y otros ensayos*. México: El Colegio de México.

REYES, Alfonso (1942): *La experiencia literaria*. Buenos Aires: Losada.

REYES, Alfonso (1944): *El deslinde. Prolegómenos a la teoría literaria*. México: El Colegio de México.

REYES, Alfonso (1945): *Capítulos de literatura española (segunda serie)*. México: El Colegio de México.

REYES, Alfonso (1945): «Lo popular en Góngora» (1938). En A. Reyes, *Capítulos de literatura española (segunda serie)* (175-198). México: El Colegio de México.

REYES, Alfonso (1952): *Visión de Anáhuac (1519)*. México: El Colegio de México.

REYES, Alfonso (1954): «La estrofa reacia del *Polifemo*». *Nueva Revista de Filología Hispánica*, 8.3, 295-306.

REYES, Alfonso (1955): «Correspondencia entre Raymond Foulché-Delbosc y Alfonso Reyes». *Ábside. Revista de Cultura Mexicana*, 19.1, 43-57; 19.3, 341-364; 19.4, 453-475.

REYES, Alfonso (1958): «Sabor de Góngora» (1928). En A. Reyes, *Obras completas, VII* (171-198). México: Fondo de Cultura Económica.

REYES, Alfonso (1958): *Tres alcances a Góngora*. En A. Reyes, *Obras completas, VII* (169-232). México: Fondo de Cultura Económica.

REYES, Alfonso (1959): «Repaso poético» [1906-1958]. En A. Reyes, *Obras completas, X. Constancia poética* (16-238). México: Fondo de Cultura Económica.

Reyes, Alfonso (1960): «El reverso de un libro (Memorias literarias)» (1939). En A. Reyes, *Obras completas, XII* (217-241). México: Fondo de Cultura Económica.

Reyes, Alfonso (1990a): «Oración del 9 de febrero» [1930]. En A. Reyes, *Obras completas, XXIV. Memorias* (24-52). México: Fondo de Cultura Económica.

Reyes, Alfonso (1990b): «Historia documental de mis libros» [1955-1959]. En A. Reyes, *Obras completas, XXIV. Memorias* (148-351). México: Fondo de Cultura Económica.

Ruiz de Alarcón, Juan (1918): *Teatro*. Ed., pról. y notas de Alfonso Reyes. Madrid: La Lectura.

Sánchez Mariana, Manuel (1991): «Las obras de don Luis de Góngora reconocidas y comunicadas con él por don Antonio Chacón: historia y descripción de los manuscritos». En *Obras de don Luis de Góngora [Manuscrito Chacón], II* (VII-XXXV). Málaga: Real Academia Española / Caja de Ahorros de Ronda.

Thomas, Lucien-Paul (1909): *Le lyrisme et la préciosité cultistes en Espagne. Première partie: les origines et l'évolution*. Halle a / S.: Max Niemeyer-París: Honoré Champion.

Thomas, Lucien-Paul (1911): *Góngora et le gongorisme considérés dans leurs rapports avec le marinisme*. París: Honoré Champion.

Emil Volek

Las ediciones de un sueño gongorino: el cierre del Barroco en sor Juana Inés de la Cruz

Resumen: El estudio se enfoca en las implicaciones del trabajo textual hecho para una nueva edición crítica de *El sueño* de la poetisa mexicana, trabajo que ha arrojado una nueva textualidad del poema, ha permitido hacer una comparación más precisa con el «gongorismo» y ha identificado numerosas consecuencias negativas que la textualidad equívoca en ediciones y prosificaciones modernas clave ha ejercido sobre la recepción del poema.

Palabras clave: Juana Inés de la Cruz, *El sueño*, gongorismo, textualidad, interpretación, Karl Vossler, Alfonso Méndez Plancarte

Un trabajo detallado con y sobre el texto literario suele poner sobre el tapete muchas cosas, incluido su entendimiento. En algunos textos sorjuaninos como, por ejemplo, el archiconocido soneto «Detente, Sombra de mi bien Esquivo», la textualidad (o su enmienda) implica directamente la interpretación del mismo: si aceptamos —según la versión del poema en ciertas ediciones del *Segundo volumen de las obras* (1693b y c, según Sabat de Rivers, 1974)— unas palabras dentro del texto señaladas con mayúsculas (Sombra, Esquivo, Imán) como elementos del anagrama «Amor Iesu Nobiscum. A(men)» (Volek, 1979; 2016: 154-72), el inquietante poema petrarquista de amor se convierte en un laberinto de dos pisos, a saber, en un poema amoroso-religioso; si no las aceptamos, seguimos reduciéndolo a un poema amoroso convencional.

Las dos lecturas opuestas encajan, a su vez, perfectamente en sendas visiones contrastantes de su autora: en el primer caso, tenemos un diálogo interior de una monja que se debate entre su cometido religioso asumido, el amor a Dios, y ser esposa de un marido intangible, al que desea sentir más íntimamente (de ahí el título de mi libro)[1]; en el segundo caso, se corrobora el concepto forzadamente secularizado de la figura de sor Juana como una monja bajo sospecha (todavía

---

[1] Un diálogo semejante, y hasta textualmente análogo, se encuentra tanto en un poema temprano «Copia divina en quien veo», recogido en *Inundación castálida* (1689), no clasificado como religioso por la crítica (por errores cumulativos de lectura creados, en parte, por las ediciones modernas), como en un romance tardío, indiscutiblemente religioso, entre aquellos que se encontraron a la muerte de la autora en su celda, «Traigo conmigo un cuidado» (Volek, 2016: 140-53, 230-39).

prevalente en la crítica). En vista del dilema planteado por las dos lecturas, lo que cabría hacer sería discutir la posible autoridad de las distintas ediciones: la *princeps* de Sevilla (de 1692) y la segunda y tercera reediciones de Barcelona del *Segundo volumen*, de 1693 (1693b y c). Y dirimir también la ética de ignorar el texto en cierta edición clave, a saber, la última aparecida en la vida de la autora.

En *La mujer que quiso ser amada por Dios* aventuré la hipótesis de que precisamente las dos reediciones de Barcelona de 1693 (1693b y c) representan las de «la última mano», donde la jerónima tuvo la primera y la última oportunidad de hacer correcciones sobre la primera edición del *Segundo volumen*, que había aparecido en Sevilla a finales de mayo de 1692. Si recordamos que llegar a América tomaba para el correo en aquel entonces varios meses hasta fácil medio año, entendemos por qué las correcciones que hubiera querido hacer la monja no llegaron a tiempo para la primera reedición de este volumen (1693a), el cual —en lo textual— sigue de cerca la edición *princeps* (solo repartiendo de otra manera ciertos textos entre las nuevas ediciones de sus obras en la ciudad condal en 1691 y 1693).

Viendo la necesidad de hacer ciertos ajustes al texto de *El sueño*, que vendrían precisamente de la reedición 1693b y de su reimpresión imperfecta 1693c, me propuse la tarea de preparar una nueva edición del poema. La cosa se complicó porque las vacilaciones en las ediciones antiguas y ciertos deslices textuales e interpretativos de detalle que encontré en las ediciones modernas y sus comentarios, me mandaron a releer cuidadosamente la obra de fray Luis de Granada *Introducción del símbolo de la fe* (1583), identificada por Méndez Plancarte como texto de referencia clave para *El sueño*. Sin embargo, los cambios interpretativos de mayor peso para el sentido del poema han venido de la reflexión sobre los detalles del significado de los lugares específicos del texto, reflexión apoyada, por un lado, en la comparación de las ediciones antiguas y modernas y, por otro, en la búsqueda tentativa de su encaje en el contexto total del poema y de la obra sorjuanina.

El círculo hermenéutico empleado, infinito en sus posibles vueltas y siempre interrogando las opciones tomadas y sus premisas, fatiga y desconcierta a veces, pero rinde. La edición de un texto tan complejo como *El sueño* es un trabajo de relojería: hay que sopesar las opciones dentro del contexto global, creado por las mismas; antes de saltar a hacer enmiendas, hay que tratar de entender hasta lo máximo a la autora; y, finalmente, hay que aceptar no lo que nos guste que ella escribiera sino aquello que ella efectivamente escribió, y partir de allí.

El tercer libro que continúa en la vena abierta por el cuestionamiento de la crítica sorjuanista, es una nueva antología de la poesía de la monja (Volek, 2021), que se propone, además de ofrecer una nueva textualidad, presentar su obra poética de una manera diferente: a saber, en bloques contextuales coherentes. En un caso, ciertos poemas se reubican por la nueva textualidad aceptada o reinterpretada; aquellos sorjuanistas apegados visceralmente a su creación de la sor Juana secular tendrán su oportunidad de poner el grito en el cielo.

En otro caso, en el conjunto de los poemas dirigidos a los marqueses de la Laguna, los virreyes de México entre 1680 y 1686, se destaca su carácter *cronológico* y *familiar*. Cuando sor Juana escribe al marqués, siempre le recuerda que vive en el cielo con su bella esposa; y cuando le escribe a ella, no deja de mandar saludos a él; incluso conviete a la marquesa en ventrílocuo de sus mensajes al marido. Luego viene el hijo Josef, el lindo «mexicano»: el americanismo se cuela en la celebración del joven, nacido en 1683 en el «palacio de Moctezuma».

La reconstrucción cronológica precisa, si bien tentativa, de este corpus familiar de poemas, propuesta en *La mujer que quiso ser amada por Dios*, revela muchas cosas: el proceso lento de la formación de la amistad, acelerado por el tan esperado nacimiento feliz del hijo; toda una locura con el niño nacido vivo y viviendo después de tantas pérdidas anteriores. Si la amistad se hacía antes de a poco, ahora se rompe el dique: la alegría hace estallar las barreras de la etiqueta y de las castas. Una vez establecido el contexto familiar, se refuerza la reconstrucción cronológica por ciertos motivos repetidos en los poemas contemporáneos, o por el uso de las mismas formas poéticas para los cumpleaños próximos de la marquesa y del marqués (sobre esto más en Volek, 2016 y 2018b).

Esta contextualización desinfla aún más ciertos intereses de voyeurismo mórbido, tan de nuestra época sobresexualizada, basados en unos poemas mal leídos y sacados fuera del contexto, aun fuera del español de la época (especialmente «Lo atrevido de un pincel»; Volek, 2016: 125–39); y, para colmo, poemas que eran en principio *cartas públicas,* escritas para el festejo de las fiestas y cumpleaños en el Palacio, interpretados en esta vena de conspirativismo husmeante como secretas misivas de amor que habría que esconder ya que se prestarían a imaginarios chantajes (en la última teleserie mexicana).

No sorprende que la textualidad irresuelta haya empañado también el entendimiento de *El sueño*. Sabemos que el poema ocupa un lugar único en la obra de la autora, la cual confiesa, en la «Respuesta», que «yo nunca he escrito cosa alguna por mi voluntad, sino por ruegos y preceptos ajenos; de tal manera, que no me acuerdo haber escrito por mi gusto sino es un papelillo que llaman *El Sueño*» (Salceda, 1957: 471). Merecerá la joya del Barroco hispánico que se la lea con ojos abiertos. Pero para leerla así se necesita contar con un texto fidedigno, cuidadosamente establecido y lo más legible posible.

El complejo poema mítico-filosófico-moral ocupa un lugar único también en la literatura de su época. No es un sueño tradicional (como *Somnium Scipionis,* de Cicerón); no es un sueño místico del alma y no es tampoco un simple tratado astronómico disimulado en un aparente sueño de un viaje interplanetario (como *Somnium*, 1634, de Kepler, o *Itinerarium extaticum*, 1656, del padre Kircher, entre otros que se han multiplicado por aquella época cuando un sueño podía decir lo que no se atrevía hacer la boca). En el sueño sorjuanino, el universo está ahí para estimular el planteamiento de muchas preguntas acerca de las cosas grandes y pequeñas, agónicas, con que lidia el ser humano en su viaje diario por este mundo, preguntas que se asomaban con cada nuevo descubrimiento en la tierra y en el cielo.

El sueño es el texto que, en la época moderna, más atención ha atraído de los editores y comentaristas, críticos, poetas, filósofos y filólogos. Un problema de entrada lo ha creado el hecho de que prácticamente ninguno de los editores modernos ha podido trabajar con todas las ediciones antiguas publicadas en la vida de la autora. El único que las ha tenido delante (Pérez-Amador, 1996, 2015), ha dejado hundir lo esencial en el ruido de los detalles superfluos; le faltó el criterio acerca de la jerarquía de las ediciones. Y más allá del problema de la textualidad irresuelta, siguiendo el anclaje llamativo, si bien parcial, del poema en los mundos «conocidos» (la mitología antigua y la fisiología galénica) y ciertos errores puntuales de lectura en Karl Vossler (1941), la crítica se ha esforzado, aun inconscientemente, por leerlo en la gastada clave medieval o por inventarle heterodoxias que no tiene.

El sueño pide una absoluta humildad ante el texto. Explica sor Juana que la «prisa de los traslados», la de hacer copias de sus obras, tarea en que participaron muchas manos expertas e inexpertas, no le permitió corregirlo todo bien, y que a veces los impedidos «muchachos» lograron matar el sentido de los versos. Se entiende perfectamente: leer manuscritos casi ilegibles (incluso de uno mismo), llenos de palabras raras y sintaxis complicada, confunde fácilmente; además, periódicamente se producen lugares de cansancio (nos ocurre a todos aun al corregir).

Los manuscritos copiados tuvieron que transcribirse repetidamente en España: unos papeles circulaban entre amigos y otros entre los dictaminadores que avalarían la probidad moral y el valor intachable de la obra por publicar; la copia final la preparaba el editor para la imprenta. Esta última tarea, casi sobrehumana, no consistía solo en poner epígrafes descriptivos e interpretativos a los poemas, sino también en dar el toque final a los textos para la imprenta según y como los entendía el editor. Luego vendría todavía el cajista, sus errores de lectura y de mano (al escoger y entrar las letras), incluidos sus propios lugares de cansancio. Todos estos descuidos serían solo parcialmente enmendados en las listas de erratas percibidas...

Una mirada sobre las ediciones *princeps* de los dos volúmenes (la del primero, publicado bajo un título «gongorino» cursi *Inundación castálida* en Madrid en 1689, y la del segundo, publicado en Sevilla en 1692) revela que eran ediciones relativamente bien cuidadas en lo textual, pero caóticas en cuanto a las marcas sintácticas: la puntuación es ininteligible en unos lugares (o los hace ininteligibles), pero es sugerente en otros; total, no se puede ni desecharla ni aceptarla en su totalidad; hay que ir paso por paso, lugar por lugar y sentido por sentido. Las reediciones de 1691 y 1693, respectivamente (ambas de Barcelona), tal vez por ser «comerciales», parecen ser menos cuidadas: notamos numerosas erratas textuales, especialmente en la 1693c, «la peor de todas»; esta es, sin embargo, la edición ampliamente asequible fuera de España, especialmente en México y en Argentina.

Tomemos un ejemplo, un breve pasaje de *El sueño* (vv. 69-77); en la *princeps* leemos (1692: 249; el lugar se refiere al dudoso canto silencioso de los condenados y metamorfoseados pájaros nocturnos):

> Antes si lentamente
> Su obtusa consonancia espaciosa
> Al sossiego inducia,
> Y al reposo los miembros combidaba,
> El silencio intimando à los vivientes,
> Vno, y otro sellando labio obscuro,
> Con indicante dedo,
> Harpocrates la noche silencioso;
> [...]

Con mínimos cambios aparece este lugar en 1693b (173: inducìa) y en 1693c (173: inducìa, Uno). El primer editor moderno, Abreu Gómez (1928: 275), no percibe el giro gongorino en el primer verso y transcribe:

> antes sí, lentamente,
> su obtusa consonancia espaciosa
> al sosiego inducía
> y al reposo los miembros convidaba,
> el silencio intimando a los vivientes,
> uno y otro sellando labio oscuro
> con indicante dedo,
> Harpócrates la noche silencioso;

Vossler (1941: 75), quien aparentemente no ha conocido la edición de Abreu Gómez, tampoco nota el giro gongorino y transcribe:

> antes sí lentamente
> su obtusa consonancia espaciosa

> al sosiego inducía
> y al reposo los miembros convidaba;
> el silencio intimando a los vivientes,
> uno y otro sellando labio obscuro
> con indicante dedo,
> Harpócrates, la noche, silencioso,

Méndez Plancarte (1951), sorprendentemente, sigue primero a Abreu Gómez, pero luego segmenta el lugar de una manera diferente:

> antes sí, lentamente,
> su obtusa consonancia espacïosa
> al sosiego inducía
> y al reposo los miembros convidaba
> —el silencio intimando a los vivientes,
> uno y otro sellando labio obscuro
> con indicante dedo,
> Harpócrates, la noche, silencioso;
> a cuyo, aunque no duro,
> si bien imperïoso
> precepto, todos fueron obedientes—.

Sabat de Rivers y Rivers (2004) vuelven a Abreu Gómez y solo quitan la coma después de «dedo». Alatorre (2009) sigue a los anteriores, pero introduce una nueva segmentación del lugar:

> antes sí, lentamente,
> su obtusa consonancia espacïosa
> al sosiego inducía
> y al reposo los miembros convidaba,
> el silencio intimando a los vivientes
> (uno y otro sellando labio obscuro
> con indicante dedo),
> Harpócrates, la noche, silencioso;

Pérez-Amador (1996) sigue a Méndez Plancarte; pero en la reedición (2015) adopta la lectura de Alatorre. En cambio, en mi edición el lugar se aclara de una manera radicalmente diferente: entre otras cosas, enlazando «dedo» con el adjetivo explicativo «silencioso» y correlacionando más claramente «uno y otro» también progresivamente con «Harpócrates» y «la noche»[2]:

---

2   La vacilación sintáctica, la transformación de una relación aparentemente retrospectiva (anafórica) en prospectiva (catafórica), anticipándose a un nuevo elemento que emerge en el discurso posteriormente, no es nada aislado en el poema y crea

antes, si lentamente,
su obtusa consonancia espacïosa
al sosiego inducía
y al reposo los miembros convidaba,
el silencio intimando a los vivientes:
uno y otro sellando labio obscuro
con indicante dedo
—Harpócrates, la noche— silencioso,

Mientras que las antiguas no están claras, en las ediciones modernas, que repiten el desatino del primer editor amateur, Góngora no aparece donde está y, si identificamos el gongorismo con la dificultad y la confusión sintáctica (en su caso, por la habitual yuxtaposición de los elementos subordinados), se asoma donde claramente no está.

El sueño se publica en el *Segundo volumen* (1692) y en sus reimpresiones. Tal como en el caso de Góngora, el texto provocará comentarios explicativos de sus contemporáneos (en el caso sorjuanino tan solo fragmentarios, como el del canario Álvarez de Lugo, y hasta reciente poco conocidos[3]; Sánchez Robayna, 1991). En la época moderna vienen, a su vez, las prosificaciones perifrásticas, que buscan explicitar el texto arcano para los lectores, y al lado de ellas se encuentran las ediciones más o menos críticas (la espléndida de Robert Jammes, de *Soledades,* y las más tentativas de sor Juana de que vamos a hablar más adelante). Es todo un andamiaje de textos y metatextos, íntimamente trabados, que influyen los unos sobre los otros, y cuyas trabazones e influencias mutuas hay que desenredar.

Entendemos el porqué de estos complementos, «complementos» que esperamos nos iluminen, pero los cuales, por más logrados que fueren, no sustituyen a los textos mismos porque también nos fallan necesariamente (así se justifica la «falacia de la perífrasis», bandera del New Criticism angloamericano, o la insuficiencia de los «complementos» señalada por Derrida).

---

problemas para los editores, a veces irresolubles. En mi edición prefiero dejar fluir la ambigüedad a tratar de eliminarla a toda costa, aun al precio de destrozar el sentido «comatizándolo» al azar.

3   En la edición de Stein (2007) se incluye un facsímil de la transcripción completa del poema por el canario que permite enmendar más plausiblemente la lección del v. 794, que ha desafiado a los editores: la errata de «renovar» de las ediciones originarias, sustituida en Vossler por no muy feliz «remover» (repetido luego por los editores modernos), encuentra en la transcripción de Álvarez de Lugo una enmienda apropiada de «revocar» (enmienda reforzada por un claro antecedente en el v. 455).

Hagamos un paréntesis sobre Góngora y el gongorismo. Góngora, progresivamente, no crea solo una poética y un lenguaje poético específicos, manieristas, sino un *álgebra* de la poesía basada de alguna manera en el español. Digo «de alguna manera», porque el español «cruje» bajo su pluma: es obligado a asumir la densidad de una lengua flexiva y parca de palabras, como el latín, lengua si bien genéticamente relacionada y en parte aun engañosamente similar en cuanto a cierto léxico, pero que es totalmente diferente del tipo analítico que ostenta su vástago actual; se imita hasta la sintaxis del griego, dicen. Si se quiere, se escribe sobre los márgenes del lenguaje, tal como aún más radicalmente lo harán ciertas corrientes absurdistas literarias modernas (Lewis Carroll, el último James Joyce, Morgenstern o, bajo la influencia del Futurismo, los poetas del *zaum* ruso o de la *jitanjáfora* hispánica). En todas ellas se está escribiendo fuera del centro normativo de sus lenguas-matrices, creando unos lenguajes poéticos que se licúan como los relojes de Dalí; y, sin embargo, aun estos «metalenguajes» permiten reconocer a primera vista que el molde de su nuevo discurso fantasmagórico es el inglés, el latín, el ruso o el español, cuyos «sustratos» le ofrecen a aquel una semblanza de sentido, extrañamente familiar y desfamiliarizado [*unheimlich*] al mismo tiempo.

Este «deslenguaje» evita, además, los lugares comunes desgastados de la época y se llena de unos elementos exquisitos como los culteranismos, latinismos, rebuscados giros estilísticos (si/no) y alusivas imágenes arcanas, sacadas de los fondos de la enciclopedia cultural de la era clásica. En el nuevo contexto, aun ciertas palabras corrientes se resemantizan y se vuelven «extrañas»[4]. Así, se refina y se condensa el lenguaje poético hispánico ya de por sí refinado y condensado en la época renacentista: resulta una radical *condensación de la condensación*. Aparece casi un *newspeak*. Y este es solo un aspecto de la poética gongorina, el del lenguaje y del estilo. Los exégetas han señalado la autoironía y las «disidencias» del poeta: el anticolonialismo, antibelicismo, antimisoginia, sensualidad y placer sexual como ejes de la poesía gongorina (Roses, 2010a: 417).

En una poética tan extremadamente ciselada, cada elemento tiene luego el sabor —es sinécdoque— de la totalidad; no puede separarse de ella y se la lleva consigo dondequiera que aparezca repetido o imitado. Ahora bien; los lectores de Góngora, afortunadamente, tenían bien presente la enciclopedia cultural acumulada desde la Antigüedad occidental, apoyada en la enorme labor difusora de la prensa. Si el español se «prensaba» hasta el máximo, la enciclopedia

---

4 En el sentido shklovskiano de *ostranenie* (desfamiliarización) como procedimiento artístico fundamental.

cultural heredada y el horizonte compartido de la época permitían atar los cabos hasta cierto punto.

Estas características nos explican por qué es tan fácil reconocer las imitaciones gongorinas: porque utilizan en gran parte solo el ropaje exterior. Utilizan, no repiensan. Para repensar poéticamente se habría necesitado una categoría que los imitadores no tienen, aunque de vez en cuando encontramos algún verso o poema logrados.

Hay dos excepciones surgidas en tiempos distintos: sor Juana Inés de la Cruz y José Lezama Lima. Mirémoslos desde este ángulo.

En la «Respuesta», como hemos apuntado ya, sor Juana se refiere a su gran poema como «un papelillo que llaman *El Sueño*» (Salceda, 1957: 471). Dejemos en suspenso el que no dice cómo lo llama ella misma. Los editores afirman que ella lo ha intitulado «Primero sueño», tal vez para la publicación en España, y agregan que lo hizo «imitando a Góngora». Sea como fuere, con esta clave puesta ante nuestros ojos, los lectores leemos el poema: buscamos la imitación y, como siempre, encontramos lo que buscamos. Aun de sobra: palabras, giros estilísticos e hipérbatos que se han grabado en la experiencia de los lectores como «gongorinos». Recordemos que a lo «gongorino» se ha asociado además la cualidad de «difícil», «enredado» y hasta «incomprensible» o «cursi».

En este último sentido, las ediciones antiguas y modernas contribuyen significativamente a esta impresión: todas crean una selva de comas que pone en coma al texto; para paliar esta situación, algunas ediciones modernas fragmentan más o menos arbitrariamente el texto en presuntas «estrofas». Es esta selva comatosa la que dificulta la emergencia del sentido, lo cual produce en algunos lectores la impresión de «vaguedad» (así Schons, 1939, en un artículo clave redescubierto por Roses, 2010b: 291); y el tema del sueño acude luego solícitamente para encubrir esta situación como supuestamente «onírica» (así en Vossler). No, no hay vaguedad ni onirismo en *El sueño*. Lo que hay son ediciones del texto que dificultan su lectura y su entendimiento; y contribuyen a ello también las mitologías ya alejadas para nosotros, y especialmente las teorías fisiológicas hoy totalmente anticuadas, que ahora no serían pasables ni como «poéticas», rozando la literatura fantástica profetizada por Borges. Es el desfase creciente entre las épocas históricas.

El uso de ciertos recursos métricos y poéticos, entre otros, ¿la pone a sor Juana en la categoría de la «imitación»? Muchos de los recursos que ella utiliza son simplemente «culteranistas» y no específicamente gongorinos, y forman parte del lenguaje poético de la época, del lenguaje manierista, barroco, posgongorino. O sea, son parte de la situación en la cual se han diluido numerosos «modelos» poéticos de distinta procedencia y niveles de dificultad.

El enfoque histórico de la lectura y el acopio en ella de recursos poéticos gongorinos ponen en el punto ciego de omisión los recursos estilísticos de signo opuesto, que también caracterizan al poema: el discurso personal directo, que no se limita al último verso: «digo» (v. 47 y *passim* nueve veces) o «mi entendimiento» (v. 617), donde asoma la voz subjetiva del hablante, aunque sin definición de género (esta viene en el verso final del poema). Este discurso personal directo puede juntarse con elementos de matiz coloquial: «como ya digo» (v. 226). Otros elementos coloquiales, especialmente los prosaicos «pueses», van punteando el estilo elevado del poema: «Este, pues» (v. 65), «Así, pues» (166), etc., como signos de enlace y continuación de la «narración» (v. 226). Asoman americanismos coloquiales junto con el precioso mexicanismo «no más» (v. 491), con el cual los editores (incluidos los doctos mexicanos!), tal como muchos extranjeros, no saben qué hacer...

Notamos aún otros signos de discurso subjetivo, que ponen de manifiesto la valoración subjetiva: «Causa, quizá» (v. 143), «en fin» (v. 147, 148); comentarios como «si hay amable trabajo» (v. 171), o la carga subjetiva y emocional que va en aumento en cierto pasaje clave (vv. 690–701), en admiración del milagro hipostático. Góngora se encogería de vergüenza ante este «gongorismo».

El poema que caería mejor en la categoría de «imitación gongorina» sería más bien el «Epinicio gratulatorio al conde de Galve», del marzo de 1691, oda «fastuosamente gongorina» según Méndez Plancarte (1951: 570); pero esta caería también en la categoría de imitación de sí misma, ya que muchos de sus versos derivan de los motivos de *El sueño*, poema escrito el año anterior.

Si aceptamos la percepción del «gongorismo» por sus detractores, el mencionado «Epinicio» calificaría también por cierta retórica retorcida y vacía. Fue un poema escrito por demanda social circunstancial en los convulsos meses del comienzo de 1691, meses de la diversa polémica desatada por la no tan ambigua «Carta de Sor Filotea» y la *Carta atenagórica* (1690), cuando llega a México, en marzo, la noticia de la venturosa victoria de los españoles sobre los piratas franceses en el Caribe.

¿Resuelve la situación, si hablamos de «emulación»? ¿En el sentido de «algo escrito para competir» con una obra específica? No lo creo tampoco. *El sueño* no fue concebido para competir con las *Soledades*; o sea, escribir mejor sobre el mismo tema o sobre algo semejante. Es un poema pensado y ejecutado dentro de sus propios parámetros y que va por sus propios derroteros. Entonces, el único concepto de «emulación» posible sería la comparación de una obra de arte lograda con otra. Elementos del estilo gongorino son, cuando más, partes del andamiaje que sostiene una obra independiente. La diferencia no puede ser reducida tampoco al contraste entre «día» y luminosidad de parte de Góngora, y «noche» y oscuridad de parte de sor Juana: el tema central de *El sueño* no es la noche sino la problematicidad del conocimiento humano en la crisis de la episteme tradicional.

La alegoría del sueño desvela el desasosiego de la autora ante los abismos del universo poscopernicano que se abren a la vista de sus ojos espirituales. El conocimiento de las cosas grandes y pequeñas se pone en tela de juicio. Las diez categorías aristotélicas no resuelven los enigmas. La respuesta tradicional de «así lo quiso la Providencia» no satisface a la nueva curiosidad de saber el «porqué» de esto y aquello...

El sueño es un poema especular en el cual, por debajo de los mismos recursos estilísticos, observamos un vaivén de las modalidades de discursos y mundos: la descripción mitológica de la noche hecha con toques de humor negro; la dramatización de los procesos fisiológicos que llevan al sueño; la parte central de la pieza, la especulación filosófica —epistémico-religiosa-moral— sobre el ser humano cognoscente en el mundo de la primera modernidad, reflexión que queda abierta, coartada por los procesos fisiológicos de despertar y del despertar mitológico del día en el nuevo amanecer.

Observemos que el corte viene precisamente en el momento cuando se tocan «las sirtes», los «imposibles» que impiden al conocimiento llegar a un puerto hospitalario, que ya no es la filosofía aristotélica tradicional. Por lo tanto, el ver todo lo que está allí por conocer humanamente (*humana mente*) en el universo y el camino infinito abierto para hacerlo *no es un fracaso*. La cautela viene con los atrevidos Ícaros, Faetones y Eróstratos, cuyo ejemplo tan atractivo como pernicioso es difícil de «revocar». El poema no apunta ni al *desengaño* barroco ni al personal, que le imputan sus lectores tempranos y asumen por inercia los tardíos.

Al hacerse preguntas sin respuestas aparentes, en el poema se infiltra subrepticiamente la crisis de la episteme clásica que se abre paso hacia finales del siglo XVII, en las postrimerías del Barroco hispánico. Sor Juana bien podría confiar todavía en la Fe y en la Providencia; pero estos atajos seguros no le bastan ya: ella quiere saber «todo lo que en esta vida se puede alcanzar, por medios naturales, de los divinos misterios» (Salceda, 1957: 447), misterios de la vida y de la naturaleza. A los otros se les dedicará más tarde, hacia el final de su vida, con el espectacular «vuelo hacia la santidad», tan mal interpretado por los modernos.

En el momento de escribir *El sueño*, en la primavera de 1690[5], ella sabe que «más mundos hay» en la tierra (en la loa a San Hermenegildo): en fin, ella nació

---

5 Hasta podríamos fechar *El sueño* más precisamente: el caballero peruano que le escribe el romance llamándola Fénix («Madre que haces chiquitos», n. 48bis), leyó

en el Nuevo Mundo; y también dejó atrás el concepto aristotélico-ptolemaico del cielo, con el cual jugó poéticamente todavía hasta la mitad de los años 1680. Ahora sabe que desde allá no se escucha ninguna música de las esferas y que las estrellas no son cristalinos adornos navideños pegados a ningún «firmamento», sino que en su lugar se ve «el espanto portentoso» (v. 544), «inordinado caos [. . .] / de confusas especies. . .» (v. 550) y una «espantosa / máquina inmensa» (v. 770). Sabe que el mundo ha empezado a ser más complicado y confuso, y que los antiguos no tienen las respuestas a las nuevas interrogantes. Pero no ve, no puede ver todavía un nuevo horizonte de la escisión entre la fe y la ciencia en la Ilustración. Por lo tanto, no tiene que «regresar» a las seguridades del día y de la ortodoxia.

Despierta ella a un mundo más complejo con el mismo imperativo soñado de conocerlo todo lo más posible, pero atemperando este deseo con una larga reflexión sobre la moralidad y la utilidad para la sociedad de los soberbios «novadores», dispuestos a sacrificar sus vidas por cualquier «novedad». Si tomamos en consideración la «Respuesta», el contexto de esta reflexión es más bien el conflicto de la Reforma y la Contrarreforma.

El comienzo y el final del Barroco presentan dos mundos gemelos, especulares y opuestos: en uno, un naufragio permite todavía refugiarse del hastío del mundo moderno en la utopía de un mundo arcádico o pastoral; en otro, de la tierra y el cielo revueltos no hay escapatoria ni en el sueño.

En *Paradiso* (1966) de Lezama Lima cada capítulo es un mundo diferente. La novela se gesta, espaciadamente, en un tiempo histórico de los más convulsos del siglo XX, tiempo que se precipita en Cuba en 1959 y coarta la emergente saga de la formación de una familia cubana moderna, empezada por el poeta en los años cuarenta. El único escape es la deleitosa —o fatigosa, según se mire— elaboración neobarroca de cada paso narrativo y de cada momento de la percepción, para terminar todo en la literatura, en un símbolo y, en el declive, en la alegoría. Lezama promete, o parece armar, un «sistema poético del mundo», propuesta laboriosa y deslumbrante al mismo tiempo (que muchos tomaron en serio), la cual resulta ser necesariamente un simulacro, una «trascendencia vacía», como ya Hugo Friedrich había caracterizado en 1956 a semejantes construcciones metafísicas de los escritores modernos, aquellas esperanzadas

---

el manuscrito del poema y así la «encontró» a la monja por la celebración de «la Invención de la Cruz», fiesta celebrada el 3 de mayo. En mi libro he relacionado el poema con la *Libra astronómica y filosófica* de Sigüenza y Góngora, preparada para la imprenta en 1682, pero publicada en enero de 1690 (Volek, 2016: 85–88).

alternativas al limitado positivismo de la ciencia moderna y testigos de la crisis de la episteme moderna; construcciones deslumbrantes, pero en última instancia vacías por ser garantizadas solamente por la imaginación de unos grandes poetas y sus selectas bibliotecas esotéricas.

Guiado por Ezra Pound de los *Cantos*, en el enjambre de imágenes que nos asaltan en la poesía, en el ensayo y en la novela de Lezama pueden aparecer «de súbito» (y creando «súbitos») motivos e imágenes que vienen de todos los tiempos y de todas las culturas habidas y por haber (inventar la desaparecida cultura etrusca fue un placer especial del poeta cubano). En otro trabajo (Volek, 2018a) llamé este mundo «universo cuántico», por la teoría física desconcertante que pone en tela de juicio la episteme moderna y que, sin embargo, contra toda la lógica, muestra su realidad y aun sobrada utilidad. Para este nuevo universo falta la enciclopedia cultural definida, obligatoria, a que acudir; por lo tanto, los lectores de Lezama, desconcertados con su poesía y ensayo, apreciamos las estructuras narrativas de *Paradiso*, aunque relajadas, que organizan de alguna manera el alud y el carnaval de las imágenes infinitas, que nos anonadan, repulsan y, sin embargo, al final conquistan.

El neobarroco lezamiano ciertamente no es ni imitación ni emulación ni tampoco *re*creación gongorina: es una excelsa creación a secas, que, entre otros mundos, lanza también calas transhistóricas desde un mundo moderno en crisis a un mundo en crisis de la primera modernidad; de una poética «jocoseria» y sensual a otra; de una poética disidente a otra (disidencia que el tiempo histórico angosta en Lezama en lo político, pero la duplica cuando el exaltado nacionalismo republicano, ejemplificado en *family romance*, choca con el pretendido internacionalismo «tercermundista», hoja de parra de una sociedad totalitaria, y cuando el jocoso discurso rabelaisiano se estrella contra la mojigatería de la Revolución: otro desfase de épocas).

Volvamos ahora a *El sueño* para confrontar aquello que acabamos de plantear con las ediciones modernas del poema. Esta historia se bosqueja más detalladamente en la introducción a mi edición (Volek, 2019: 15-26). Veo ahora aún más claramente la trascendencia de la intervención de Karl Vossler (1941) para la recepción moderna del poema, intervención que ha proyectado su sombra sobre la vida y la obra de la monja hasta la actualidad. El destacado filólogo romanista alemán empezó a ocuparse de la poetisa mexicana en los años treinta, cuando presentó al público académico en 1934 un relativamente bien informado comentario sobre su vida y obra, centrado en *El sueño*. En 1941 (reed. corregida en 1946) ya ofrece una edición bilingüe del poema, con una paráfrasis (*Nachdichtung*) en alemán. Si el texto establecido es bastante superior a la edición de Abreu Gómez, que dice desconocer; y si informa la edición textual de Méndez Plancarte, de 1951, su «aporte» principal, y también más problemático, para la «vida» ulterior del poema está en las notas interpretativas[6].

Se trata de tres observaciones puntuales sobre el pasaje de transición del Alma entre la descripción fisiológica del sueño y la reflexión epistemológica ante el universo (cca. versos 280–410). Sobre «intelectuales claras estrellas» (v. 287) Vossler opina que «son los ángeles o inteligencias celestiales que, según se creía, dirigían los movimientos de las esferas» (1941: 112; cito según Moldenhauer, 1953: 79). Con ello, el poema se insertaría firmemente en el concepto aristotélico-ptolemaico del universo. Aunque diferentes autores adjudican aquella referencia a distintas cosas (Soriano Vallès insiste en que son simplemente «ángeles», 2000: 113 y passim), nadie ha dudado del universo ptolemaico como contexto referencial de *El sueño*, tal vez porque este error fue aceptado por Méndez Plancarte y fue integrado en su prosificación del poema, que guía a los lectores perdidos en la selva de los versos y las comas.

Los versos siguientes: «La cual [el Alma], en tanto, toda convertida / a su inmaterial ser y esencia bella, / aquella contemplaba / participada de Alto Ser centella / que con similitud en sí gozaba» (vv. 292–96; si no se indica de otra manera, cito por mi edición del poema) le parecen a Vossler que implican platonismo o neoplatonismo, transmitido por el humanismo renacentista, manifiesto en Giordano Bruno y Galileo Galilei (que llevarían a sor Juana a los ruidos con el Santo Oficio). La prueba, según el filólogo, está aparentemente en los versos 303–308: «[el Alma] ya el curso considera / regular con que giran, desiguales, / los cuerpos celestiales: / culpa —si grave, merecida pena / (torcedor del sosiego riguroso)— / de estudio vanamente judicioso». Yo veo en estos versos, cuando más, algo de la astronomía nueva y de astrología. El rechazo a la astrología «judiciosa» y su determinismo por las estrellas era parte de la doctrina católica. En la cita anterior, la frase «con similitud» es clave: es centella por semejanza, «no porque sea ella partícula de aquella divina substancia, como algunos herejes dijeron» (Luis de Granada, en cap. XXXIV, 1996: 286).

El tercer «aporte» introduce el hermetismo, propiciado por las elucubraciones del padre Athanasius Kircher (1602–1680) sobre las pirámides egipcias. Vossler menciona que en el poema la pirámide aparece en dos contextos: en

---

6 Gerardo Moldenhauer (1953) se propuso ofrecer estos aportes al mundo hispánico para el gran aniversario sorjuanino en 1951; su edición incluye parte de la introducción de Vossler, «El mundo en el sueño», una paráfrasis del poema por Ludwig Pfandl, inventor de los trastornos hormonales de la monja, y las notas de Vossler; el texto del poema sigue a este con cierta autonomía a nivel de detalles.

el comienzo, es la sombra de la Tierra; en el pasaje de transición, son «pirámides de luz», que representan la aspiración del hombre por elevarse psíquica y espiritualmente (1941: 113; Moldenhauer, 1953: 79). El filólogo adopta y adapta el esquema del jesuita ilusionado en el cual el Alma del Mundo, desde arriba, infunde en el cosmos un rayo de Amor, que lo hace vivir y moverse alrededor de su eje (Gómez de Liaño, vol. I, 1986: 150). En Kircher, en torno al eje del Amor se intersecan dos pirámides: de abajo sube una pirámide oscura y de arriba baja una clara. En Vossler desaparece la función generadora del Amor y se quedan solo dos pirámides, una oscura y una clara (Moldenhauer las invierte), que se intersecan. Extrañamente, la idea del hermetismo sobrevive en Vossler a la operación que le quita su fuerza motriz (el eje del Amor).

En el poema leemos que las pirámides de Egipto son símbolos exteriores de la aspiración del alma humana: tal como aquellas se levantan hacia la altura, «así la humana mente / su figura trasunta [o sea, copia] / y a la Causa Primera siempre aspira» (vv. 406-408); la «Causa Primera» siendo obviamente Dios. Si bien todo este sentido deriva supuestamente de Homero (v. 399), que tampoco tiene mucho que ver con el hermetismo, elevarse o aspirar a Dios es la imagen cristiana tradicional. Apuntemos todavía, de paso, que esta observación no convierte el poema en un viaje místico en busca de Dios (como cree Soriano Vallès y parece aceptar Pérez-Amat): su tema es el impacto del nuevo cosmos y los límites y la moralidad del conocimiento humano.

El sorjuanismo va a lidiar heroicamente con la equívoca herencia del gran filólogo. Anticipemos que todas estas ideas van a ser reveladas, tarde o temprano, como erróneas, producto de lectura rápida, de malentendidos o de sobreinterpretación: la erudición desmedida produce a veces sus fantasmas. De las tres ideas mencionadas, la vida más larga va a tener el supuesto ptolemaísmo del poema.

En este punto es interesante observar las estrategias interpretativas utilizadas por las corrientes críticas encontradas. Los modernizadores, por un lado, sitúan a la monja en contextos seculares modernos (el feminismo, el cartesianismo) y, por otro, buscan arrancarla de la ortodoxia a como dé lugar, adjuntándole con dudosa pegatina hermetismos neoplatónicos, si bien documentados en el Renacimiento; lo que no quieren ver es la modernidad real, la primera modernidad reflejada en *El sueño*. En cambio, los católicos defienden la ortodoxia, y con razón; pero lo que no quieren ver tampoco son los mismos signos de la primera modernidad, agravados por el derrumbe del cielo ptolemaico en el universo poscopernicano. De eso precisamente trata *El sueño*.

El padre Alfonso Méndez Plancarte, puesto a cargo de la edición de las *Obras completas* por FCE (1951-1957), fue un notable editor de la poesía mexicana de la Colonia. Su versión textual de *El sueño* sigue en unos pocos detalles a Abreu Gómez, pero en general está más cerca de Vossler, aunque resuelva unos lugares, por el sentido, más satisfactoriamente que este. Por un lado, los dos tienen acceso solo a la edición 1693c, «la peor de todas», y posteriores; por otro lado, les une un excelente conocimiento de la poesía del Siglo de Oro (lo cual no los salva de lapsos puntuales, véase el citado v. 69). En total, Méndez Plancarte ofrece un texto mucho más cuidado y logrado, uno que va a ser la base para las ediciones y comentarios posteriores.

El comentario ilustrativo hace alarde de la imponente erudición literaria y clásica, que le falla muy pocas veces (para el sonado caso del «Lilibeo» en «Lo atrevido de un pincel» véase Volek, 2016: 131-33). Se notan muchas reservas respecto del supuesto hermetismo y neoplatonismo de la monja; pero el prestigio del gran filólogo fuerza un resquicio de duda, que otros abrirán de par en par (así Octavio Paz), para ser destruidos minuciosamente por Antonio Alatorre y Alejandro Soriano Vallès, entre otros.

Un importante legado de esta edición ha sido la prosificación de *El sueño*. Tal como las *Soledades* las desciframos *illo tempore* los lectores ingenuos con Dámaso Alonso a mano, muchos aficionados de sor Juana han utilizado la ayuda de Méndez Plancarte para «entender» el poema. Sin embargo, la asumida obligación de clarificar el texto a través de la prosificación explicativa ha llevado a explicitar con «demasiada» precisión ciertos lugares de indeterminación, cuando la mención somera o la ambigüedad son utilizadas en el texto estratégicamente. Al haber asimilado como real el ptolemaísmo de la interpretación de Vossler de los «ángeles» que mueven las esferas (aunque luego, para él, las «intelectuales estrellas» son, mejor, simplemente «conceptos espirituales»), Méndez Plancarte refuerza por sus propias interpretaciones excesivas el sistema ptolemaico en el tejido semántico de *El sueño*, lo cual ancla el poema firmemente en el Medioevo. Este ha sido luego el punto de partida incuestionable para sus interpretaciones tanto por los tradicionalistas como por los modernizadores.

Si las ediciones textuales de la poesía sorjuanina hechas por Méndez Plancarte se han impuesto como textos de base para la labor crítica posterior, los únicos reparos ante algunas de sus soluciones y enmiendas que se hayan formulado, se deben al hecho de que él no tuviera acceso a las primeras ediciones. Las ediciones facsimilares, que empezaron a proliferar desde los años sesenta, mostraron la importancia de aquella laguna y propiciaron un giro en las prácticas editoriales, dándose prioridad a las ediciones *princeps* de 1689 y 1692. Este cambio se refleja en la edición crítica parcial de *Inundación castálida* por Georgina Sabat de Rivers (1982) y en las «Notas» de Antonio Alatorre (1995), escritas con los ojos puestos en una futura edición crítica de *El sueño*. La preferencia por las ediciones *princeps* se manifiesta en la edición del primer volumen de las obras completas que el filólogo mexicano preparará para FCE (2009). Esta última edición revela una extraña inversión con respecto a ciertos logros puntuales de Méndez Plancarte: si este, guiado por la accidentada edición 1693c, tanteaba las últimas intenciones de la poetisa, Alatorre vuelve el proceso al punto cero[7]. Los pocos aciertos puntuales no compensan la multitud de erratas, errores de lección y aun de interpretación caprichosa en esta edición, que no sustituye adecuadamente la de Méndez Plancarte.

Como he planteado en el comienzo de esta reflexión, de la textualidad van muchas ramificaciones. La edición de la obra poética de sor Juana es todavía un «work in progress». Espero que mi edición de *El sueño* y la nueva antología de su poesía contribuyan a ese proceso. La obra de la monja mexicana lo merece.

Referencias bibliográficas

ABREU GÓMEZ, Ermilo (ed.) (1928): «Primero Sueño». *Contemporáneos* 3, 272-313.

ALATORRE, Antonio (1995): «Notas al *Primero Sueño* de sor Juana». *NRFH*, 43.2, 379-407.

ALATORRE, Antonio (ed.) (2009): «Primero sueño» en *Obras completas de sor Juana Inés de la Cruz, I: Lírica personal*. México: FCE, 486-538.

FRIEDRICH, Hugo (1956): *Die Struktur der modernen Lyrik*. Hamburg: Rowohlt. [La traducción española es inservible].

GÓMEZ DE LIAÑO, Ignacio (ed.) (1986): *Athanasius Kircher. Itinerario del éxtasis o las imágenes de un saber universal*. 2 vols. Madrid: Ediciones Siruela.

GRANADA, fray Luis de (1996): *Introducción del símbolo de la fe, I*. En *Obras completas, tomo IX*. Ed. Álvaro Huerga. Madrid: Fundación Universitaria Española/Dominicos de Andalucía.

---

7 Las dos ediciones por Alberto Pérez-Amador (1996 y 2015; aquella se comenta en Volek, 2019: 24-25; a esta tuve acceso después de publicarse mi edición) reflejan el cambio de épocas: la primera, textualmente más cerca de Méndez Plancarte (1951), está dominada en los comentarios por los modernizadores; la segunda integra mínimamente las lecciones de Alatorre (2009) y da lugar prominente a la crítica ortodoxa (Soriano Vallès); así, las dos ediciones representan los dos extremos problemáticos en la crítica sorjuanista. En la segunda edición, el lector apreciará el análisis histórico del léxico que pone a mano muchas fuentes dispersas. En 2019 apareció también una edición por Soriano Vallès; el texto sigue a Méndez Plancarte (salvo un pequeño número de acertadas enmiendas puntuales) y el comentario se apoya en su gran obra exegética de 2000.

Cruz, Sor Juana Inés de la. (1689): *Inundación castálida de la única poetisa, musa décima, sor Juana Inés de la Cruz*. Madrid: Juan García Infanzón. Edición facsimilar, presentación Sergio Fernández. Apéndice de variantes, coordinación y cuidado de la edición Gabriela Eguía-Lis Ponce. México: UNAM, 1995.

Cruz, Sor Juana Inés de la. (1692): *Segundo volumen de las obras de soror Juana Inés de la Cruz*. Sevilla: Tomás López de Haro. Edición facsimilar, prólogo Margo Glantz. Apéndice de variantes, coordinación y cuidado de la edición Gabriela Eguía-Lis Ponce. México: UNAM, 1995.

Cruz, Sor Juana Inés de la. (1693): *Segundo tomo de las obras de soror Juana Inés de la Cruz*. Barcelona: Joseph Llopis. Tres ediciones (referidas en el texto como II/1693a, b, c). Microfilmes Biblioteca Nacional de Madrid.

Méndez Plancarte, Alfonso (ed.) (1951): Sor Juana Inés de la Cruz. *El sueño*. México: UNAM [reed. 1989, 1995]. Integrado como «El Sueño» en Sor Juana Inés de la Cruz, *Obras Completas* 1: 335-59, 575-617. [Edición, introducción, prosificación y notas.]

Moldenhauer, Gerardo (ed.) (1953): Sor Juana Inés de la Cruz. *Primero sueño. Texto con introducción y notas*. Buenos Aires: Imprenta de la Universidad. [Incluye: Karl Vossler, «El mundo en el sueño» (1941), 7-17; Ludwig Pfandl, «Sor Juana como soñadora», 19-31; notas de Vossler (1941) y unas pocas más].

Pérez-Amador Adam, Alberto (ed.) (1996): *El precipicio de Faetón: Nueva edición, estudio filológico y comentario de Primero Sueño de sor Juana Inés de la Cruz*. Frankfurt/Madrid: Vervuert/Iberoamericana.

Pérez-Amador Adam, Alberto (ed.) (2015): *El precipicio de Faetón: Edición y comento de Primero sueño de sor Juana Inés de la Cruz*. Madrid/México: Iberoamericana/Vervuert y UAM-Iztapalapa. Segunda ed. fuertemente ampliada de 1996.

Roses, Joaquín (2010a): «La alhaja en el estiércol: Claves geográficas y estéticas de la poesía virreinal (acerca del gongorismo colonial)». En A. Sánchez Robayna, *Literatura y territorio. Hacia una geografía de la creación literaria en los siglos de Oro* (407-43). Las Palmas de Gran Canaria: Academia Canaria de la Historia.

Roses, Joaquín (2010b): «Lecciones de Góngora y disidencias de sor Juana». *Edad de Oro*, 29, 289-311.

Sabat de Rivers, Georgina (1974): «Nota bibliográfica sobre sor Juana Inés de la Cruz: son tres las ediciones de Barcelona, 1693». *NRFH*, 23.2, 391-401.

Sabat de Rivers, Georgina (1982): *Inundación castálida*. Madrid: Castalia.

Sabat de Rivers, Georgina y Elías Rivers (eds.) (2004): «Primero Sueño». En Sor Juana Inés de la Cruz, *Poesía, teatro, pensamiento. Lírica personal, lírica coral, teatro, prosa* (435-64, 548-55). Madrid: Espasa Calpe.

SALCEDA, Alberto G. (ed.) (1957): *Obras completas de sor Juana Inés de la Cruz*, vol. 4. México: FCE.

SÁNCHEZ ROBAYNA, Andrés (1991): *Para leer «Primero Sueño» de sor Juana Inés de la Cruz*. México: FCE.

SCHONS, Dorothy (1939): «The Influence of Góngora on Mexican Literature During the Seventeenth Century». *Hispanic Review*, 7.1, 22-34.

SORIANO VALLÈS, Alejandro (2000): *El Primero sueño de sor Juana Inés de la Cruz. Bases tomistas*. México: Instituto de Investigaciones Estéticas, UNAM.

SORIANO VALLÈS, Alejandro (ed.) (2019): Sor Juana Inés de la Cruz. *Primero sueño*. Toluca: Secretaría de Cultura del Gobierno del Estado de México.

STEIN, Tadeo (ed.) (2007): Sor Juana Inés de la Cruz. *Primero Sueño*. Santa Fe/Rosario (Argentina): Editorial Serapis. [Incluye: introducción de Sonia Contardi, 7-18; facsímile de la transcripción de Pedro Álvarez de Lugo, 145-94.]

VOLEK, Emil (1979): «Un soneto de sor Juana Inés de la Cruz "Detente sombra de mi bien esquivo"». *Cuadernos americanos*, 38.2, 196-211.

VOLEK, Emil (2016): *La mujer que quiso ser amada por Dios: sor Juana Inés en la cruz de la crítica*. Madrid: Verbum.

VOLEK, Emil (2018a): «El jardín de las delicias poéticas: un paseo accidental por el imaginario de José Lezama Lima a cincuenta años de Paradiso». En A. Pérez-Simón, *Despistemes: la teoría literaria y cultural de Emil Volek* (349-66). Madrid: Verbum.

VOLEK, Emil (2018b): «Sor Juana Inés de la Cruz: Love vs. Patronage». *Laberinto Journal*, 11, 19-30.

VOLEK, Emil (ed.) (2019): Sor Juana Inés de la Cruz. *El sueño (1690)*. Madrid: Visor.

VOLEK, Emil (ed.) (2021): Sor Juana Inés de la Cruz. *120 poesías. (Una antología diferente)*. Madrid: Visor.

VOSSLER, Karl (ed.) (1941): *Die Welt im Traum*. Berlín: Ulrich Riemerschmidt Verlag.

STUDIEN ZU DEN ROMANISCHEN LITERATUREN UND KULTUREN
STUDIES ON ROMANCE LITERATURES AND CULTURES

Band 1   Mariá Fernanda de Abreu: Cervantes y los mares. En los 400 años del *Persiles*. In memoriam José María Casasayas. 2019.

Band 2   Antonio Rivero Machina, Guadalupe Nieto Caballero, Ismael López Martín y Alberto Escalante Varona (eds.): La mirada ibérica a través de los géneros literarios. 2019.

Band 3   Berit Callsen (ed.): Escrituras del yo en la obra de Miguel de Unamuno. 2019.

Band 4   Emanuele La Rosa: Impegno metonimico, impegno esplicito: poetiche della Neoavanguardia a confronto. Elio Pagliarani, Edoardo Sanguineti, Adriano Spatola. 2019.

Band 5   Dorothea Kraus: Das *auto sacramental* Calderóns zwischen Tridentinum und Theatralität. 2019.

Band 6   Johanna Pumb: Dokumentarfilm als Medium der Erinnerungspolitik in Spanien. 2019.

Band 7   Guadalupe Nieto Caballero: Francisco Valdés en sus libros. Estudio de la obra de un autor olvidado de la Edad de Plata. 2020.

Band 8   José Manuel Goñi Pérez, Ricardo de la Fuente Ballesteros (eds.): Poesía y Traducción en el Siglo XIX Hispánico. 2020.

Band 9   Clara Marías: Conversaciones en verso. La epístola ética del Renacimiento y la construcción del yo poético. 2020.

Band 10 Paloma Gracia / Alejandro Casais (eds.): Le roman arthurien du Pseudo-Robert de Boron en France et dans la Péninsule Ibérique. 2020.

Band 11 Alfredo Rodríguez López-Vázquez / Arturo Rodríguez López-Abadía (eds.): El *Lazarillo de Tormes* y sus continuadores. 2020.

Band 12 Carmen F. Blanco Valdés (Ed.): Vida de Dante Alighieri. Tratado en honor de Dante Alighieri florentino, poeta ilustre. 2020.

Band 13 Claudio Castro Filho / Simon Kroll (eds): El *Theatro de los dioses*: herencia clásica y nuevas mitografías en el campo cultural hispánico. 2021.

Band 14 Senda Souabni-Jlidi: De la Poétique du mal à l'Écriture de l'épidémie dans La Peste d'Albert Camus et Le Hussard sur le toit de Jean Giono. 2021.

Band 15 Daniela Santonocito: Gonzalo Argote de Molina, editor de textos medievales. 2020.

Band 16 Ali Abassi: Un Paradigme en Péril. La Biculturalité en Tunisie. 2021.

Band 17 Antonio Sáez Delgado: Literaturas entrelazadas. Portugal y España, del modernismo y la vanguardia al tiempo de las dictaduras. 2021.

Band 18 Ana Davis González: Vanguardia y refundación nacional en *Adán Buenosayres*. 2021.

Band 19 Cora Requena Hidalgo / Alejandra Bottinelli Wolleter (eds.): Dislocaciones de la modernidad iberoamericana. Escrituras de los márgenes en el primer tercio del siglo XX. 2021.

Band 20 José Muñoz Rivas: Poesía italiana contemporánea. Del Crepuscularismo al Neoexperimentalismo y la Neovanguardia. 2021.

Band 21 Joaquín Roses (ed.): La recepción de Góngora en la literatura hispanoamericana. De la época colonial al siglo XXI. 2021.

Band 22 Gennaro Schiano: Relatar la catástrofe en el Siglo de Oro. Entre noticia y narración. 2021.

www.peterlang.com

Printed by
CPI books GmbH, Leck